ISBN 978-0-282-36900-2
PIBN 10849095

1 MONTH OF
FREE
READING

at

www.ForgottenBooks.com

By purchasing this book you are eligible for one month membership to ForgottenBooks.com, giving you unlimited access to our entire collection of over 1,000,000 titles via our web site and mobile apps.

To claim your free month visit:

www.forgottenbooks.com/free849095

English
Français
Deutsche
Italiano
Español
Português

www.forgottenbooks.com

Mythology Photography **Fiction**
Fishing Christianity **Art** Cooking
Essays Buddhism Freemasonry
Medicine **Biology** Music **Ancient
Egypt** Evolution Carpentry Physics
Dance Geology **Mathematics** Fitness
Shakespeare **Folklore** Yoga Marketing
Confidence Immortality Biographies
Poetry **Psychology** Witchcraft
Electronics Chemistry History **Law**
Accounting **Philosophy** Anthropology
Alchemy Drama Quantum Mechanics
Atheism Sexual Health **Ancient History**
Entrepreneurship Languages Sport
Paleontology Needlework Islam
Metaphysics Investment Archaeology
Parenting Statistics Criminology
Motivational

REVISTA

CUBANA

PERIODICO MENSUAL

DE CIENCIAS, FILOSOFIA, LITERATURA Y BELLAS ARTES

DIRECTOR:

ENRIQUE JOSE VARONA.

C. Z⸱ ⸱ᴸ⸱ ⸱ Parl⸱
Habar⸱.

TOMO VII.

HABANA.
—
ESTABLECIMIENTO TIPOGRÁFICO DE SOLER, ALVAREZ Y COMP.
calle de Ricla, número 40.
1888.

APUNTES SOBRE ANDRES BELLO.

OBRAS COMPLETAS DE D. ANDRES BELLO.—DIEZ VOLUMENES.—SANTIAGO DE CHILE.—1881-1886.

Desde el año de 1872 votó el Congreso Nacional de Chile una ley para que se ordenase é imprimiese á costa del tesoro público la edicion completa de las obras, tanto publicadas como inéditas, de Andrés Bello, en recompensa (dice el texto de la ley) á los servicios prestados como escritor, profesor y codificador. La edicion, llevada á cabo bajo la direccion del Consejo de Instruccion Pública, es sin disputa un hermoso monumento elevado á la gloria de Bello: diez gruesos volúmenes, en octavo grande, en condiciones tipográficas bastante buenas, precedidos todos de extensa introduccion, y acopiando en el cuerpo del tomo, ó bien á veces en esas introducciones, cuanto se ha podido encontrar debido á la pluma del ilustre venezolano, tanto entre sus manuscritos, como en los más antiguos y olvidados papeles periódicos, donde escribió durante el curso de su larga vida.

Invitado Bello por el gobierno chileno habia ido á establecerse en Santiago el año de 1829; tenía entonces cuarenta y ocho años de edad, una familia numerosa creada en Inglaterra donde habia residido diez y nueve años y se habia casado dos veces. En esos diez y nueve años habia sido secretario de legacion de Venezuela, de Chile ó de Colombia en varias ocasiones, y además periodista, profesor en casas particulares, luchando de mil maneras por evitar la miseria y sostener su familia. Pero el sueldo de diplomático era corto y siempre mal pagado, los otros trabajos mezquinamente retribuidos, y el pobre hombre, á pesar de su instruccion extraordinaria y su infatigable laboriosidad, se acercaba en las más precarias condiciones al límite fatal de los cincuenta años, sin recursos de fortuna y agobiado por necesidades de familia. No le era ya dado pensar en volver á Carácas, su patria; sobre no estar satisfecho del modo como en su ausencia lo habian tratado, ni del aprecio con que sus jefes, incluso el mismo Bolívar, habian aceptado sus servicios, en ese año de 1829 parecia ya inevitable la disolucion de Colombia y se propagaba terriblemente la anarquía.

Halló en Chile lo que fué á buscar: seguridad de la existencia y campo donde ir ejerciendo sus grandes facultades de literato, periodista, educador del país, maestro de la juventud. Treinta y seis años más debia vivir residiendo siempre en la ciudad de Santiago, hasta su muerte, en Octubre de 1865, á la respetable edad de ochenta y cuatro años. El gobierno le confirió desde luego la categoría de empleo que habia ofrecido, lo nombró al poco tiempo oficial mayor del ministerio del Exterior, y gradualmente fué otorgándole cargos y honores, Rector de la Universidad, Senador, comisionado especial de la redaccion de códigos, etc. El congreso en 1855 acordó una ley dándole las gracias por sus servicios, abonándole el tiempo necesario para jubilarse con el sueldo íntegro del empleo, y consignándole sumas especiales por sus servicios de codificador. Despues de su muerte se le han erigido estátuas, se ha celebrado con entusiasmo, en 1881, el primer centenario de la fecha de su nacimiento, y se ha publicado, en fin, esta hermosa edicion de sus obras, costeada por fondos públicos y regalada en gran parte á la familia, á los herederos de Bello.

Se ha mostrado, por tanto, la República chilena noblemente agradecida al ilustre venezolano que la escogió como segunda patria. Pero antes de llegar al período de triunfo, debió Bello pasar momentos muy amargos. Desde su llegada, encontrándose el país en situacion bastante incierta, en vísperas de discordias sangrientas, se vió forzado por las circunstancias á colocarse, ó parecer colocado, del lado de uno de los dos partidos que se disputaban el porvenir de la República. Afortunadamente resultó victorioso el lado á que se inclinó: de ahí que pudiese quedarse tranquilamente y dejar al tiempo traerle los honores y el respeto que sus grandes méritos justificaban, pero de ahí surgieron tambien enemistades, rencores que desde el principio lo expusieron á rudos ataques, y durante muchos años á insultos y alardes incesantes de desdén. Todavía en 1835, seis años despues de su instalacion, un chileno distinguido, justamente calificado de «patriota venerable» por Amunátegui, en su copiosa é interesante *Vida de Don Andrés Bello* (1882), llamó *miserable aventurero* al insigne autor de la silva á la Zona Tórrida.

Recibir cara á cara tal vilipendio, á los cincuenta y cuatro años de edad, despues de haber escrito obras inmortales, y en un país, que si no es la patria, es lo más próximo posible por la identidad de la lengua, de las costumbres, de las tradiciones y hasta de los infortunios, debe superar al más punzante de los dolores materiales. Huella profunda del efecto que ese y otros ataques produjeron en su espíritu, aparecen en varios de los escritos de Bello, apesar de la calma y moderacion ingénitas en su carácter, señaladamente en una muy sentida octava de un apóstrofe al campo, con que comienza el canto tercero del poema *El Proscrito*, y que dice así:

¡Al campo! ¡Al campo! Allí la peregrina
Planta, que floreciendo en el destierro,
Suspira por su valle ó su colina,
Simpatiza conmigo; el río, el cerro
Me engaña un breve instante y me alucina;
Y no me avisa ingrata voz que yerro,
Ni disipando el lisonjero hechizo
Oigo decir á nadie: *¡advenedizo!*

Pero dadas las condiciones en que Bello se encontraba no debe extrañarse sobremanera que fuese cruelmente atacado, ni es justo deducir cargo demasiado severo contra Chile. Es probable que en cualquiera otra parte le hubiera sucedido lo mismo, y es seguro, por lo ménos que allí obtuvo al fin y al cabo grandes compensaciones.

Los trabajos coleccionados en esta gran edicion ofrecen la mayor variedad.

El tomo I contiene la *Filosofía del Entendimiento*, un tratado póstumo de psicología y lógica, que el autor habia hecho copiar en limpio preparándolo para la impresion. Su principal importancia consiste en revelarnos cuáles fueron las doctrinas que enseñaba Bello á sus discípulos; fuera de eso, es materia completamente envejecida. Su larga estancia en Inglaterra lo llevó á abrazar la filosofía allí entonces imperante, los sistemas de la escuela escocesa, muy en consonancia con sus tendencias espiritualistas y con su modo práctico de pensar. Entre los varios filósofos que escribian ó enseñaban en ese tiempo, parece haber preferido, aunque á veces refutándolo, á Thomas Brown, que como él era poeta tambien y prosista distinguido. Pero los libros de Brown están ya completamente olvidados aún en Inglaterra mismo, y nada ó casi nada queda hoy de sus aplaudidas doctrinas filosóficas. El tratado de Bello está muy bien hecho; es un libro de enseñanza del género de los que más tarde compuso el presbítero Balmes, y si no escrito con la animacion y brillantez de éstos, tiene en el fondo más solidez y más sinceridad en la exposicion.

El tomo II comprende el poema del Cid conforme á una nueva version corregida del texto publicado por Sanchez, con más de cien páginas de notas llenas de erudicion y sagaces conjeturas, dos apéndices sobre la lengua y la literatura españolas de la Edad media, y un glosario.

Las materias contenidas en estos dos primeros tomos adolecen del mismo mal. Muy notablemente tratadas para la época á que se refieren, conservan gran valor en la historia de la vida de Andrés Bello, pero carecen de utilidad é interés directo para filósofos ó eruditos al corriente de la ciencia de nuestros dias. La psicología escocesa, aún mirada al través de los universitarios franceses, parece una curiosidad histórica, una antigualla venerable; y el texto publicado por Sanchez de la Gesta del Cid es una fecha de la historia literaria de España, y nada más. Era lo único que se conocia en tiempo de Bello, y era muy poco; el códice del siglo XIV no ha sido atenta, esmeradamente transcrito hasta una época muy posterior, en uno de los últimos volúmenes

de la Biblioteca de Rivadeneyra, y sobre todo por el sabio aleman
Volmöller en su edicion de Halle, 1879. Faltáronle, pues, los elementos indispensables, y es muy de celebrarse por lo mismo que á menudo adivinase, detrás de las mentiras del texto de Sanchez, la version
exacta del manuscrito antiguo. Otras veces cambia, dando por sentado, respecto al metro y otros puntos dudosos, soluciones que era preciso demostrar. De todos modos, si su estudio se hubiese publicado en
la época en que lo proyectó y en parte realizó, cuando acudia diariamente al Museo Británico á extractar las viejas crónicas españolas,
hubiera precedido y aventajado á otros que despues con ménos trabajo han podido llegar algo más lejos.

La Gramática castellana (con las excelentes notas del Sr. Cuervo)
ocupa todo el tomo IV, y en el V están reunidos el compendio y sus
trabajos menores del mismo género, análisis de los verbos, métrica, &.
En este terreno no tiene Bello rival, ni en Europa ni en América.
La utilidad práctica de esas obras puede ir sin duda disminuyendo
con los años, pero el nombre del autor, como principe de los gra-
mátiticos españoles, en la primera mitad del siglo xix, no morirá
jamás.

El tratado de Derecho Internacional, cuya primera edicion data
de 1832, y ha obtenido éxito mayor todavía que la Gramática de la
lengua, unánimemente considerado como modelo de su especie, llena
el tomo X, así como el IX sus *Opúsculos jurídicos:* ambos revelan sus
vastos conocimientos y gran talento de jurisconsulto.

Todos los documentos necesarios para comprender la vida literaria
de Bello se hallan reunidos bajo el rótulo de *Opúsculos literarios y
críticos* en los tomos IV, VII y VIII: ahí reaparecen sus artículos
insertos en papeles periódicos de Lóndres y de Santiago, en la *Biblioteca,* el *Repertorio,* el *Araucano,* los *Anales* y varios otros, sus discursos de la Universidad, sus memorias oficiales; y en los prólogos sumi-
nistrados por el Sr. Miguel Luis Amunátegui (uno para cada tomo) se
encuentran hasta fragmentos de artículos no concluidos descubiertos
entre sus manuscritos. Todos ellos por desgracia, los conocidos y los
inéditos, confusamente amontonados, sin órden de materias ni siquiera
de fechas.

El Sr. Amunátegui, prologuista infatigable, que ha ocupado cientos de páginas de esta edicion con sus introducciones, desaliñadamente escritas, pero repletas de datos y rebosantes en amor y ardiente admiracion por el ilustre autor, ha tenido la suerte de extraer de los manuscritos fragmentos interesantes, y aún á veces trabajos completos y valiosos. Pero era un filon de mina penoso de beneficiar. Bello usaba forma de letra malísima, y en los últimos períodos de su vida escribia en caractéres microscópicos, desiguales y borrosos, que ni con fuerte vidrio de aumento se dejan fácilmente descifrar y exigen gran dósis de paciencia y conciencia en el descifrador. Varias de las obras inéditas estarán probablemente cuajadas de errores nacidos de esa causa, y el mismo Amunátegui lealmente lo advierte, facilitándonos armas con que atacarlo en su calidad de lector de jeroglíficos.

Una vez se figuró haber encontrado versos inéditos en un papel, que más cuidadosamente examinado resultó ser un viejo borrador de artículos del Código civil. En cambio tuvo otra vez la dicha singular de poner la mano nada menos que sobre el final, que se creía perdido, de la Epístola de Olmedo, de los hermosos tercetos que en 1827 dirigió Bello á ese amigo bajo el título de *Carta escrita desde Lóndres á París por un Americano á otro*, y de los cuales habia publicado hasta el número de cincuenta y uno el mismo Amunátegui en su Vida de Don Andrés, edicion de 1882, deplorando que faltase el final, ó que no hubiese el autor llegado á escribirlo. Con muy legítima satisfaccion, por tanto, ha dado á luz en la Introduccion del tomo III, consagrado á las Poesías, nueve estrofas más: ocho tercetos y el cuarteto que cierra definitivamente la epístola

El hallazgo era una fortuna, resolvia una curiosidad bibliográfica, pero nada añadía á la reputación del autor; antes al contrario, parecia bien extraño que Bello en la fuerza de sus años escribiese terceto tan áspero y rocalloso como éste:

> Y en todos sus oráculos proclama
> Que al Magdalena y al Rimac turbioso
> Ya sobre el Tiber y el Garona ama.

O que, poeta tan sobrio y conceptuoso, echase á volar este verso insulso y palabrero:

Bella vision de cándidos cristales.

No habia tal cosa, tales adefesios no eran de Bello, sino mala lectura del manuscrito, que por venturosa coincidencia se podia fácilmente rectificar en el presente caso.

La epístola termina con una apoteosis á la antigua moda clásica, Olmedo se sienta entre las musas, en el Parnaso, donde entonan un himno en su loor, y para hacer el elogio más cumplido y delicado pone Bello en boca de las nueve hermanas versos del mismo Olmedo, versos tomados del magnífico canto á la victoria de Junín, donde se dice:

Que al Madalen y al Rímac bullicioso
Ya sobre el Tiber y el Eurotas ama.

De esa manera un rio clásico, el rio de Esparta, viene á sustituir al Garona, el rio de Burdeos, que tan impertinentemente se pretendió hacer correr por esta region de pura poesía. Lo mismo sucede con la absurda vision de *cándidos cristales*, que eran y debian ser cándidas vestales, como habia dicho Olmedo. *Et sic de cœteris.*

Bello nunca será olvidado como gramático y como filólogo; en Chile es seguro que no se borrará su fama de legislador; pero los timbres indelebles de su gloria se conservarán perpétuamente en sus obras poéticas. Es por tanto el más importante de los tomos de esta edicion el III, que contiene las *Poesías*, donde por primera vez se encuentra á Bello completo, reunido todo cuanto compuso y cuanto de bueno, de mediano y de insignificante tradujo en verso, hasta donde ha sido posible sacarlo de sus casi ilegibles manuscritos. La coleccion es muy superior á la que en 1882 se publicó en Madrid, en la imprenta de Dubrull, y sólo ambas se asemejan en contar muchas erratas; pero esto es cosa corriente, el corregir pruebas de imprenta parece un arte perdido, ó ignorado de todos los que en Europa y en América publican libros en castellano.

Esa edicion de Madrid, aunque comete el crímen de mutilar lastimosamente al poeta suprimiendo hasta cuarenta y seis versos de una de las mejores obras, la *Alocucion á la Poesía*, tiene el mérito de llevar al frente un Estudio biográfico y crítico por don Miguel Antonio Caro, trabajo muy notable, elegantemente escrito y de sólida doctrina, salvo en alguno que otro lugar donde el distinguido literato colombiano afirma en forma demasiado concluyente y despótica, por decirlo así, su gusto y su impresion personal. Por ejemplo, cuando en marcado son de vituperio llama *intemperante* el lirismo de Quintana, como si templanza y lirismo no se excluyesen casi siempre, y como si el lirismo, mientras más genuino y más sincero, no pudiese siempre correr el riesgo de parecer intemperante, sin perder por eso su valor poético ni aminorar la intensidad de su efecto artístico. En otra parte celebra mucho más de lo justo una oda juvenil de Víctor Hugo, *Moisés en el Nilo*, para poder seguramente dar al traste con todo lo demás que compuso el autor de las *Contemplaciones*. Nuestro modo de pensar nos hace considerar como equivocadas esas apreciaciones del Sr. Caro, pero reconocemos que se desprenden naturalmente del punto de vista en que agrada al Sr. Caro colocarse, punto de vista muy propio y oportuno en un juicio crítico (1) de las poesías de Bello, á quien indisputablemente aprecia con íntima simpatía y con tino singular.

Desde que se estableció Bello en Chile, entregado inmediatamente á monótonas y apremiantes ocupaciones, cultivó poco la poesía, y publicó menos aún de lo que á ratos perdidos escribiría para su propio solaz. La necesidad de congraciarse el afecto de la nueva patria

[1] Usamos la expresion *juicio crítico*, apesar de la opinion muy respetable del Sr. Menendez Pelayo, que la reprueba en el título de una obra de los Sres. Amunátegui. Parécenos que puede por lo ménos pasar como pleonasmo muy admisible y admitido. "Juicio crítico" quiere decir una disertacion en que se *juzga* un autor ó una obra conforme á las reglas de la *crítica*. Y que no va esto tan descaminado nos lo prueba la misma Academia Española, pues en su Diccionario define al *Crítico* así: El que *juzga* segun las reglas de la *crítica*.

que habia escogido, lo movió á cantar dos veces, aunque con *once* años
de intervalo, el *Diez y ocho de Setiembre*, fecha oficial de la independencia de la República de Chile; y es bien de admirar que esas dos
odas, así tituladas y nacidas en tales condiciones, sean lo que son:
dignas de Fray Luis de Leon, por su tono elevado y solemne. Imitan
evidentemente las producciones del gran lírico castellano, ascendiendo sin desfallecer al mismo nivel de estilo y entonacion. En la primera, la de 1830, es de notarse la siguiente estrofa, por la energía de la
expresion, pues la imágen ha sido antes usada por el mismo Bello y
por muchos escritores:

> ¡Vano error! Cuando el rápido torrente
> Que arrastra al mar su propia pesadumbre,
> En busca de la fuente
> Retroceda á la cumbre,
> Volverá el que fué libre á servidumbre.

En la segunda, de 1841, más extensa y variada, hay un símil hermoso, magistralmente desenvuelto:

> Pero del rumbo en que te engolfas mira
> los aleves bajíos
> que infaman los despojos miserables
> ay! de tantos navíos!
>
> Aquella que de lejos verde orilla
> á la vista parece,
> es edificio aéreo de celajes
> que un soplo desvanece.
>
> Oye el bramido de alterados vientos
> y de la mar, que un blanco
> monte levanta de rizada espuma
> sobre el oculto banco.
>
> Y de las naves, las amigas naves,
> que soltaron á una
> contigo al viento las flamantes velas
> contempla la fortuna.

> ¿Las ves, arrebatadas de las olas
> al caso extremo y triste
> apercibirse ya?.. Tú misma, cerca
> de zozobrar te viste!

Es perder el tiempo ahora lamentar la interposición de ese largo
y estéril espacio de once años, en que nada más hizo el poeta; en que
la dura necesidad de ganar el sustento de otra manera lo forzó al silencio, rodeado por una sociedad donde no hallaba ni auditorio, ni
estímulo, ni esperanza para la poesía; y que acaeciese eso precisamente cuando se aproximaba á los umbrales de la ancianidad, corriendo
peligro de perderse inútilmente las últimas llamaradas de su genio
poético. Es ocioso deplorarlo, porque contribuyeron á ese resultado
circunstancias incontrastables, asumiendo el carácter de decreto incle-
mente de los hados; pero la pérdida es incalculable. Ese año de 1841
en que volvió á empezar á cantar, descubre una transformacion completa, un inesperado rejuvenecimiento de sus facultades poéticas,
prueba irrecusable del grande y raro vigor de su talento, pues iba entonces á cumplir sesenta años.

Fueron fruto de ese año de 1841 y de los tres ó cuatro siguientes
unas siete composiciones, ya originales, ya imitadas del francés, que
figuran entre sus obras mejores. Además de la cancion ya citada, las
incomparables quintillas de *El Incendio de la Compañia*, en que sin
dejarse un momento arrastrar por las melosas seducciones del metro,
imprime á todo el poema el acento de sobria y profunda tristeza que
el asunto requería:

> Noche oscura, muerta calma,
> ¡Solemne melancolía!

La primera parte describe poderosamente, sin exceso, sin inútil
exageracion de horror, el incendio del antiguo y venerado edificio;
la segunda reproduce el aspecto de las ruinas visitadas despues de la
catástrofe, por una procesion de fantasmas, para cuya pintura no ape-
la á enumeraciones fatigantes ni vagos delirios, como en la conocida

leyenda de Espronceda ó en otras de Zorrilla, sino que lucha por condensar todo en pocas estrofas, y lo consigue sin que falte ni sobre una
palabra ó una partícula:

Va á su cabeza un anciano.
(Una blanca mitra deja
Asomar su pelo cano).
Cantan, y el canto semeja
Sordo murmullo lejano.

Mueven el labio, y despues
Desmayados ecos gimen;
La luna pasa al través
De sus cuerpos, y no imprimen
Huella en el polvo sus piés.

El color romántico que distingue *El Incendio de la Compañía* era
ya más que un indicio de la tendencia de la musa de Bello á emprender vuelo por regiones nuevas. Dan de ello testimonio las cinco imitaciones de Víctor Hugo, que publicó inmediatamente despues, en
las cuales su hermosa diccion y su rico lenguaje se amoldan sin dete-
riorarse á los libres arranques de la poesía romántica. Las cinco son
muy buenas, modelos perpétuos de lo que debe ser la verdadera traduccion en verso, de la manera única cómo puede un gran poeta ser
vertido á idioma extraño por otro poeta, sin que ninguno de los dos
deslustre ó menoscabe demasiado su inspiracion.

Bello escribió poco en verso, su gloria reposa en sólo unas diez ó
doce composiciones, todas notables, aunque en grados y cualidades
diferentes. Los detalles de la historia de su vida explican cómo en
realidad le faltó tiempo para escribir más, á pesar de la cifra de años
que alcanzó á vivir. Pero crece muchos puntos la admiracion que
despierta el conjunto de sus obras poéticas, cuando se piensa que el
anciano autor de esas quintillas líricas de *El Incendio,* ó de las caprichosas y elegantísimas estrofas de *Las Fantasmas,* ó del ascenso y
descenso habilísimo del metro de *Los Duendes,* es el mismo que en

plena madurez compuso la majestuosa y severa silva á la *Agricultura de la zona tórrida*, ó renovó la inspiracion del cantor de las Ruinas de Itálica en el final del primer fragmento de la *Alocucion á la poesía*. Esa feliz y brillante oposicion entre los dos extremos de su carrera de poeta, entre la pureza clásica del principio y el esplendor romántico del fin, constituye su mayor originalidad, y la verdadera razon para colocarlo encima de Olmedo y de Heredia, sus contemporáneos, sus rivales, que por otra parte es innegable que lo vencen á menudo en la impetuosidad de los movimientos, en el vuelo de la inspiracion.

Hubo además otra faz en la poesía de Bello, de que tenemos ahora muestras abundantes, aunque póstumas casi todas y mal copiadas quizás de sus manuscritos: una vena joco-seria ó «humorística», que desde el principio se hizo notar, como lo indica su traduccion del *Orlando Enamorado*, conforme á la refundicion burlesca de Berni; y que persistió hasta sus últimos dias, como lo prueban los cinco cantos de *El Proscrito*, que se publican por primera vez en esta edicion, tales como quedaron á la muerte del autor. Tambien era de esperarse que la elegancia natural de su estilo, la riqueza de su vocubulario y la precision de su lenguaje lo condujesen fácilmente á un alto grado de distincion en este género; y hay efectivamente en los dos poemas muchas octavas tan buenas como las mejores de Villaviciosa en *La Mosquea*. Es una lástima que nada nos dejase de definitivo, de bien acabado en esa linea, pues *El Proscrito* apénas puede calificarse más que de esbozo incompleto, y en el *Orlando* sólo son originales los exordios de algunos de los cantos. Produce efecto bastante curioso en *El Proscrito* la mezcla de un gran número de provincialismos chilenos, de chilenismos, diremos mejor, en la pura trama castellana de su lenguaje.

Quizás se descubra todavía alguna otra composicion, algun otro fragmento olvidado; pero nada importante agregarán á lo que ya poseemos, y el monumento literario queda para siempre firmemente elevado. Débese á la gratitud de la República de Chile exclusivamente, y es justo que todos los hispanos-americanos se lo agradezcamos á nuestra vez.

ENRIQUE PIÑEYRO.

París, Diciembre 15 de 1887.

LA RELIGION SIN DOGMAS. (1)

No instruye nunca más el estudio de la Historia que cuando se hace con el propósito de trazar el progreso de la libertad en lucha contra la autoridad, de la investigacion oponiéndose á la afirmacion dogmática, de la razon y el derecho contra la arbitariedad de la fuerza.

Como habremos á menudo menester de hablar de la autoridad, bueno será que préviamente distingamos entre sus varias especies y que determinemos luego la acepcion por que se usa en nuestro discuro. Hay que admitir que la autoridad debe ser el método principal empleado en la educacion de los jóvenes. Por ese principio aprendimos en nuestros tiernos años muchas lecciones: las reglas de la aritmética, las relaciones de la geometría, las fórmulas de la lógica, los rudimentos de la física y teorías varias sobre la naturaleza fluida de la electricidad y la estructura atómica de la materia. Además, recibimos lecciones de historia, en la que se afirmaba que Cárlos I de Inglaterra fué un mártir; y, por último, el Catecismo de la Iglesia; todo lo cual nos aprendimos diligentemente de memoria y tuvimos por verdadero. Con el trascurso de los años nos vino la percepcion de que las lecciones de la

---

[1] Conferencia pronunciada en Montreal (Canadá) y traducida para la REVISTA CUBANA por G. Z.

ñiñez y de la juventud no eran todas de un valor igual. Las matemá-
ticas y la lógica, como que á la comprension apelaban, permanecieron
y tambien la mayor parte de la física, pero la naturaleza hipotética de
la electricidad y la estructura final de la materia fueron cosas consideradas no tan ciertas. Nuestra manera de ver en la historia sufrió
algun cambio, y tachamos á Cárlos I del rol del ejército de nuestros
mártires. Los venerandos renglones del Catecismo, que tan desemba-
razadamente contaban el orígen y destino de todas las cosas, la naturaleza é intenciones de la Causa Suprema, fueron sometidos á pruebas
tales que perdieron algun tanto de la fuerza que antes poseian. Las
potencias de la razon madura pusieron á las autoridades en tela de
juicio, dejaron á algunas intactas, á otras más ó ménos respetadas,
segun parecian acercarse más ó ménos á la certeza de las cosas, y,
finalmente, echó á las restantes á la categoría de los asertos infundados.

Dejadme ahora presentar por caso típico de autoridad legítima y
reconocida la resolucion del Dr. Tyndall de que el vapor acuoso sus-
pendido en la atmósfera obra como un absorbente poderoso del calor
radiante de la tierra. Aceptamos esta afirmacion, porque los físicos,
que tienen la competencia para ponerla á prueba, la recomiendan por
buena, y porque nosotros mismos pudiéramos tambien verificar, como
lo han hecho ya otros muchos, la bondad de sus conclusiones, si qui-
siéramos tomarnos el trabajo de repetir los experimentos del Dr. Tyndall. La autoridad genuina siempre nos presenta sus pruebas, predice
y sus predicciones se cumplen. Un geólogo declara que ciertas capas
pueden contener carbon de piedra, y si se perfora el suelo aparece el
combustible. El meteorologista advierte con veinte y cuatro horas de
anticipacion las condiciones del tiempo, y el ciclo confirma lo que
ha dicho. Vénus, dícennos del Observatorio, cruzará por el disco del
sol en tal tiempo, y puntualmente, en el instante previsto, el planeta
aparece. Despues del afanoso exámen del agrupamiento molecular
de ciertos compuestos del carbono, un químico aleman calculó que
una sustancia que trataba de sacar de sus elementos, poseería gran
belleza y mérito como material de tinte, y el mejor éxito coronó su
paciente labor, y la industria textil ha sido dotada de un nuevo matiz.
La clase de autoridad que ejercen los hombres de méritos científicos,

y que gozan todos los que poseen especiales dotes de carácter y talento, es una autoridad á la que debemos rendir un inteligente y cordial pleito homenaje. Avanza el mundo con esa clase de caudillos, y por su lealtad á caudillos tales. Pero cuando un teólogo dice que el mundo se hizo de la nada, que el hombre fué hecho, por súbito *fiat*, del barro de la tierra y sujeto luego á la tentacion para que cayera...... cuando vemos que todo esto se dá por cierto, porque sí, y se utiliza en una definida y complicadísima construccion de teología sobrenatural..... ¿cómo negar que nos hallamos enfrente de una autoridad cuyos asertos carecen de evidencia, autoridad á que interroga la razon y que la ciencia ignora?

La historia de todo hombre pensador, en su distincion, como válidas y no válidas, de las autoridades que le rodean exigiéndole su obediencia, no es, en cierto modo, más que la reduccion de la historia de la raza humana en su gradual emancipacion de la dictadura en la ciencia, en el Estado, en la teología. Las memorias de la ciencia nos presentan el caso repetido en que hombres de genio extraordinario se han alzado tanto sobre sus semejantes que éstos, al venerarlos por sus obras, no han sentido, sin embargo, emulacion para seguir empleando esos mismos métodos que inventaron. Así la humana especie á menudo ha pagado á la habilidad sobresaliente, produciendo largas generaciones de meros comentaristas y citadores, y reverenciando tanto las obras de los maestros que consideraban sacrílega toda tentativa para ampliarlas ó mejorarlas. El sistema del Universo de Ptolomeo fué tan superior á las explicaciones precedentes, que se impuso durante diez y seis oscuros siglos á los estudiantes de astronomía. Hasta Copérnico no se estableció la teoría de que el sol es el centro de nuestro sistema, contra la nocion de que éste y los planetas giraban en torno de la tierra. Aristóteles, tuvo una inteligencia tan maravillosamente firme, un saber tan comprensivo y génio tan organizador y constructivo, que la admiracion que produjo á los hombres paralizó la investigacion científica por cerca de dos mil años. Whewell, el historiador de las ciencias inductivas, demuestra cómo el amor helénico á la simetria del pensamiento que tenía Aristóteles, le condujo á colmar las lagunas de la evidencia y de la induccion con proposiciones verbales,

Sus obras aparecen tan completas, que se impusieron á los estudiosos durante muchos siglos. Los meros comentarios no cedieron el puesto á los
trabajos originales sino cuando Bacon, Galileo, y otros como ellos, enseñaron que el modo de conocer á la naturaleza era observándola, experimentando y generalizando. Cuando se imitaron los métodos de
observacion de Aristóteles y Ptolomeo, y dejaron de repetirse los resultados que ellos habian obtenido, nació de nuevo la ciencia para recabar asombrosas victorias; entonces el andar de carneros de los hombres instruidos se tornó en la marcha progresiva de la exploracion.

La actual protesta contra el predominio de la educacion clásica y
en favor de la científica es una valiosa señal de los tiempos. Creíase
que el griego y el latin producian una capacidad mental que no se
conseguia por otros estudios. Mas ya va pasando el dominio de las
palabras. En las escuelas técnicas y en los colegios pónese hoy á los
estudiantes en contacto directo con los hechos de la naturaleza, y se
les enseña á interpretar en principios estos hechos. Reconociéndose
esto, cada dia más que las literaturas antiguas sólo prestaban á la
mente un ejercicio, que puede muy bien prestarse mejorando en las
tareas del laboratorio, de las escuelas talleres y los jardines botánicos.
En vez de hacerle repetir prosa y versos griego, el estudiante de las
ciencias adquiere habilidad en el uso de sus sentidos y facultades ra-
zonadoras; tratándose sobre todo de que adquiera saber, para que
pueda á su vez aumentar los tesoros del saber.

Como en la historia de la ciencia y de la educacion, así tambien
en la del Estado la autoridad ha tenido que ceder ante el desarrollo
del amor á la libertad. La historia de la civilizacion europea y americana es la historia del reconocimiento gradual de los derechos individuales contra las reclamaciones de la monarquía y la aristocracia,
de las personas privilegiadas, familias y clases. Y por más imperfecto
que sea el modo con que la democracia cumple las esperanzas de sus
defensores, pues que á menudo la libertad ha venido ántes que la educacion en la responsabilidad, lo cierto y evidente es que la idea de esa
democracia es mejor que todas las que ha suplantado; y la idea es
esta:—que así como cada hombre individualmente tiene deberes hácia
el Estado, tambien tiene correlativos derechos que lo capacitan para

emitir su voto en el nombramiento de los que van á hacer las leyes y de los que van á ejecutarlas.

La historia de la teología cristiana en su progreso de la autoridad á la libertad presenta un paralelismo con la de la ciencia y la del Estado. El cristianismo tiene en la iglesia católica de Roma su más fuerte y natural expositor. Esta iglesia presenta sus dogmas protestando absolutamente de su verdad é infalibilidad, y exigiendo la completa sumision de la inteligencia y de la voluntad, como representante en la tierra del Divino Salvador. El yugo de esta iglesia, aunque firmemente atado en el cuello de sus fieles, llegó á ser al fin tan pesado, que surgió la Reforma; y millones de hombres trasladaron su creencia de la iglesia infalible á un libro infalible, cuyo libro, sin embargo, habia de ser interpretado á la luz del juicio privado. Pero al hacerse caso omiso del gobierno de Roma, conservóse mucha parte de su credo, y aún hoy dia el Protestantismo apénas si se distingue del Catolicismo, su engendrador, por sus formas ritualistas y autoritarias. No satisfaciéndoles la Biblia como dechado y medida de la fé y la moral, las iglesias más liberales la han privado de su privilegio de suprema autoridad para aceptar á Cristo como Señor y Maestro espiritual. Este grupo liberal ha dado origen á su vez á una escuela de mucha influencia que, incapacitada de inclinarse ante ninguna guia externa, contempla hácia adentro, y encuentra en la intuicion suficiente guia para la vida espiritual. La historia del Cristianismo desde el tiempo de los Apóstoles al de Teodoro Parker manifiesta primero la evolucion gradual de la autoridad, y despues, nos muestra cómo, por el abuso de su poder y por su corrupcion y arbitrariedades, incitó á la rebelion de los hombres libres y valerosos que han ido conquistando una por una las ciudadelas de la no probada afirmacion y del dogma. La teología, sujeta á exámen, no resulta ser más que una idea de la naturaleza abrigada por sus observadores en un pasado remoto. Esta idea, formulada en credos y cristalizada en las instituciones, pudo ejercer su dominio nó ménos por el amor del poder que por el deseo de hacer bien.

Los fundadores de iglesias, animados de un espíritu muy distinto al de los hombres de ciencias, no han tenido que considerar á los

hechos sino á las opiniones sobre los hechos, y bien examinado el caso
se verá como han procedido por equivocados caminos. Negándole
competencia al intelecto para el estudio de los problemas de la vida,
los teólogos no han dejado en cierto modo de exagerar los poderes de
ese mismo intelecto.

Afirman la existencia del supremo misterio que envuelve al Universo, y en seguida, sin lógica ninguna, pónense á dar explicaciones
verbales de ese misterio. En la misma página donde hacen constar
la incapacidad de la mente humana y la poca confianza que debemos
poner en ella, puede leerse tambien un relato completo del orígen de
todas las cosas y de su destino, además de un análisis de la Divinidad,
de su naturaleza é intenciones. Enfáticamente rebájase la habilidad
humana y se recomienda la mayor modestia para tratar de las graves
cuestiones de la vida y la muerte, y sobre esto se fundan soluciones
de todo aquello que se acaba de declarar que es inexcrutable. La teología se ha visto envuelta en contradicciones sin cuento por tratar de
elevarse de la naturaleza á la concepcion de un espíritu creador y
dominante, pero diferente en su carácter de lo que la observacion de
la naturaleza nos conduciria á imaginar que ese espíritu seria. La idea
cristiana de la Deidad parece haberse desarrollado á la luz de las simpatías nacidas en la vida doméstica y social del hombre. Estas simpatías con sus sentimientos aliados han sido injustificadamente sacadas
de su propia esfera, que comprende las humanas relaciones, para la
formacion de una idea de lo Divino;—habiéndose olvidado en el procedimiento que la naturaleza, en su más amplio aspecto, es la mejor
manifestacion que conocemos del poder divino y que de la naturaleza
misma en sus variadas operaciones debiéramos tratar de integrar una
concepcion del espíritu que la informa. De aquí resulta la discrepancia entre la concepcion de la Deidad teológica y los hechos del Universo. ¿Acaso exhiben simpatía, misericordia ó amor los procedimientos de la naturaleza? ¿Y no observamos más bien en ellos la
uniformidad de una potencia, manifestada por un mecanismo infinito
que no disculpa á la ignorancia ni perdona á la debilidad? Tanto y
tan injustificadamente, á nuestro modo de ver, han divergido las ideas
de Dios y la naturaleza, que Tennyson, contemplando las agonías de

la lucha por la existencia y la profusion de gasto de la vida orgánica; exclama: «¿En guerra están entónces Dios y la Natura?»

«Are God and Nature then, at strife?»

Toda teoría del Universo que pretenda ser comprensiva ha de subordinar los impulsos del sentimiento y la emoción, y ha de afrontar todos los casos de la experiencia. El órden natural nos muestra que la redundancia de la vida es necesaria para esa competencia, por medio de la cual los indivíduos y especies más apropiados pueden vivir y mejorar. El más apropiado podrá no ser siempre, conforme al punto de vista humano, el mejor ó el más elevado; el parásito, protegido de toda lucha dentro de un estómago de hombre ó de caballo, puede degenerar y asumir un tipo inferior á aquel en que comenzó su existencia. El sistema de la presa, las miles de especies de parásitos que amargan y acortan los dias de tantos tipos de vida mucho más nobles.... todo esto está comprendido en el órden natural, no ménos que las culminaciones de la conciencia humana, y el génio cuya potencia nos extremece cual si nos halláramos en la propia presencia de lo divino. Presenta la naturaleza á nuestra contemplacion y estudio un mecanismo de infinita complejidad. Podremos conocer en parte únicamente sus reglas de accion y, obedeciendo esas reglas, hacer nuestra la felicidad; más por diligentes que seamos en el estudio, ó por voluntaria que sea nuestra obediencia, jamás adivinar podremos sus leyes todas, y sus ruedas nos sorprenderán, quizás hiriéndonos dolorosamente, ó destrozándonos la vida en cualquier instante.... víctimas de los latentes gérmenes en nuestro cuerpo de una dolencia heredada, ó de los que flotan por la atmósfera en torno nuestro, de las imprevistas ráfagas de un tornado, de los choques de un terremoto, de las catástrofes incidentales á la moderna locomocion ó de los variados procedimientos de la industria contemporánea. Añádase la obstinada agencia de la malignidad humana, y se verán los sustraendos que influyen en rebajarnos la alegría de la vida. Nuestras simpatías, burladas en su atan de encontrar espacio en que medrar más allá de los límites de las relaciones humanas, retornan allí otra vez, á sus fuentes, que constituyen quizás la única legítima esfera de su actividad. Y la humanidad permanece, aunque la causa suprema continúe indefinida. Despues de escudriñar hasta en su espíritu muchas aseveraciones de los teólogos, tenemos que seguir reconociendo nuestra incapacidad de elevarnos de los fenómenos á la última causa ó esencia. Dejémonos, pues, de buscar soluciones al orígen y destino del universo; tratemos de efectuar la tarea aún por hacer de la humanidad, que está á nuestro alcance, y abandonemos desde luego toda discusion sobre lo remoto é imposible.

No sólo se equivocaron nuestros antepasados al exagerar las potencias del intelecto; tambien han demostrado la poca madurez de su juicio por el concepto que se formaron de la verdad cognoscible. La verdad, así puede definirse, es la realidad de las cosas que yace bajo el parcial conocimiento que de ellas tenemos. Excepto en el área limitada del axioma, nuestro saber es imperfecto é incompleto. No consiste generalmente, como resulta de su exámen, sino de meros signos y símbolos. Podemos establecer la ley por que se efectúa la gravitacion, pero la fuerza misma se escapa á nuestra investigacion. Podemos formular su proporcion y medir su cantidad, pero el por qué de que los cuerpos tiendan los unos hácia los otros en toda la universal naturaleza es cosa tan poco conocida de nuestros más sábios físicos como del ménos instruido de los salvajes. Las analogías todas nos hacen pensar en que es necesario un medio para conducir esa atraccion, mas, si un medio exíste, ¿cómo es que obra? ¿cómo es que lo hace con instantaneidad práctica á través del diámetro del universo visible? Lo mismo pasa con respecto á las propiedades de las sustancias, que son seguramente de las cosas más sencillas que podemos considerar. ¿Cuál es la diferencia esencial entre el hierro y el plomo? ¿por qué siempre se hiela el agua en cristales de seis pétalos? Problemas como estos, que yacen precisamente en los umbrales del templo del saber, sirven para demostrarnos lo dificultoso de nuestra tarea cuando pasamos de la rotulata, de los nombres que á las cosas hemos dado, y que el ejercicio de la investigacion no produce más que una mudanza de las apariencias.

Á riesgo aún de parecer cansado, he de presentar un ejemplo del acrecimiento de nuestra informacion sobre una sola sustancia, para que se vea lo infinitamente grande de la extension del saber que somos ca-

paces de adquirir, en cualquiera direccion que lo busquemos, y para
que sirva tambien de contraste al concepto de la verdad cognoscible
que era corriente en la infancia de la ciencia. El hierro se hizo notar,
sin duda, en los más remotos tiempos, por su tenacidad y maleabilidad;
observóse, por supuesto, que era útil para hacer armas con él y herra-
mientas. Conocióse más tarde su magnetismo, y en una fecha incierta,
y probablemente en China, empezóse á utilizar en la navegacion cómo
brújula. Tambien debió haberse observado desde muy temprano la oxidacion del metal, pero no más de un siglo hace que ese hecho vulgar
se explicó racionalmente, y que se comenzaron á estudiar las relaciones químicas del hierro. El exámen determinó su estructura cristalina,
su capacidad como trasmisor del sonido, del calor y la electricidad, y
su mayor tenacidad cuando se une al carbono para formar el acero.
Y el largo catálogo de las varias propiedades del hierro no parece por
cierto que se vá á cerrar en breve, sino todo lo contrario. El análisis
espectral ha determinado recientemente las rayas peculiares, contadas
por centenas, que nos permiten identificarlo como un vapor ígneo
igual en las llamas del observatorio que en los remotos orbes del espacio. El teléfono prueba que un pequeño disco de este metal oculta
dentro á su estructura sutiles medios para convertir las ondas sonoras
en eléctricos tremores, y tornar á estos de nuevo en vibraciones audi-
bles que conservan distintamente el tono de la voz de la persona que
ante él hable. Pues bien, si el hierro, cosa tan simple relativamente,
tal multitud de potencias y de propiedades nos presenta, y se halla re-
lacionado con todo lo demás de la naturaleza, si todo conocimiento
importante que de él poseemos no hemos podido adquirirlo sino recientemente, ¡con cuánta mayor cautela no estamos obligados á proceder cuando el objeto del pensamiento no es un elemento químico sino,
pongamos por caso, algun grave poblema de la naturaleza humana ó
de pública policía! El cristalito gris del hierro, elocuentemente nos recomienda una discreta vacilacion cuando tengamos que considerar,
verbi gratia, algun proyecto de ley que vá á efectar los sentimientos
complexos, y los deseos, y las pasiones de los hombres. Por la falta de
esa vacilacion discreta, vénse los códigos cuajados de leyes que no se
cumplen, ó que producen resultados contrarios á los que de ellas se

esperaban, todo lo cual hace que en la mente popular se introduzca una contradiccion injuriosa entre el sentido comun y la ley. Y cuán suprema desconfianza no abrigarémos, pues, cuando nos afanemos, no ya en adquirir algun conocimiento de una ciencia dada, ó en resolver una dificultad en materia de legislacion ó del Estado, sino en estos problemas, que son los más elevados:—¿De qué modo interpretaremos mejor á la naturaleza para formar una concepcion del espíritu que la informa? ¿Si un hombre muere vivirá otra vez? ¿Qué sancion tiene y qué tipo la buena conducta?—¿En qué consiste entónces la mayor reverencia: en aceptar el dicho de una autoridad local y arbitraria en respuesta á estas preguntas, ó en estudiarlas con paciencia á la luz de toda la experiencia humana recogida hasta este día, y con el auxilio de las más elevadas facultades que poseemos? A menudo se nos manda que nos inclinemos ante la autoridad, en singular; mas es el caso que estamos rodeados nó por la autoridad sino por las autoridades, en plural, y que son diferentes. Entre todas ellas—religiosas, sociales ó científicas—tenemos á la fuerza que apoyarnos en el sentido comun, que poseer podamos, para que nos ayude en la seleccion y el aprendizaje.

He definido á la verdad diciendo que es la realidad de las cosas que yace debajo del parcial conocimiento que de ellas tenemos. Nuestros antepasados creyeron que la verdad era una cosa que podian asir y comprender tan completa y perfectamente como la mano de un niño agarra y envuelve las chinitas con que juega. Nuestra actual concepcion de la verdad es la de algo á que podemos aproximarnos pero que jamás poseerémos, excepto en el campo restringido del axioma. Se nos figura la opaca faz de una estrella columbrada entre las dificultades de la distancia, las deformaciones del medio interpuesto y los defectos del órgano que mira. Esa antigua idea de finalidad, del saber completo, perfecto, la abandonamos por no estar fundada absolutamente en los hechos. Nada tiene que ver la ciencia con las infalibilidades que antaño se creia conveniente aceptar. Los tipos de infalibilidad de la iglesia, la biblia y la intuicion, nunca han rendido bajo la investigacion más que una envoltura verbal de certeza aceptada sin garantías. La ciencia acepta los riesgos de una falibilidad inevitable, pero que trata de reducir al mínimum por la cooperacion del mayor número de inteligencias. Sin embargo, es bien explicable el afan de poseer la certeza, ese afan que promovió la institucion de los oráculos y estableció las sucesivas infalibilidades de que hemos hablado. La duda y la ignorancia no son estados mentales que se confiesan con gusto, y el procedimiento para alcanzar buenos juicios es tan laborioso como penoso. Pero en vez de asumir la certeza sin garantías, porque así se desea, debemos tratar de conquistarla, reconociéndole á todos los hombres el deber y el privilegio de aumentar la cantidad de verdad adquirida, ó de hacerla más precisa, más completa ó más clara. Y, puesto que el campo de lo desconocido es infinito, lleno está de esperanzas·y de promesas el cumplimiento de ese deber, el uso de ese privilegio. No es la ciencia como el dogma, que señala campos segados y cosechados de mucho tiempo atrás, sino que promete continentes en espera de sus Colones;. problemas graves y urgentes de la vida individual, social y política, cuya solucion no pueden presentar más que los hombres pensadores. Podemos ver que en los campos de la investigacion científica todo hecho y ley reconocido nuevamente viene á ensanchar el horizonte del territorio inexplorado, estimulando así á los estudiosos al cumplimiento de más hazañas. En las investigaciones referentes á la mente y al cerebro y á sus mútuas relaciones, en el sondaje de la consciencia en sus íntimas profundidades, y en los resultados que pueden obtenerse del estudio del intelecto y de su contacto directo con la naturaleza externa, algunos de los mejores pensadores de nuestra época esperan obtener más luz para iluminar los problemas principales de la vida. Así es, que nuestro concepto del saber nos conduce á la antigua comparacion que lo asemejaba á un árbol. El saber no se aumenta como un panal de abejas por la mera agregacion de nuevas celdas, mas como una encina, cuyo crecimiento anual no sólo significa una mera adicion, sino tambien una vital transformacion de la estructura. Nada es fijo más que el eje de donde las ramas arrancan para extenderse, como si supieran que todo el espacio del mundo estaba abierto á su expansion. Una encina jóven es tambien hermosa, con las cortas galas de las pocas estaciones de su vida, mas no sería prudente ni útil desarraigarla así, colocarla en un museo

·y declarar luego que representaba una finalidad en las posibilidades de una encina.

La idea del saber, que he tratado de expresar, aclara los terrenos sobre que el pensamiento y la discusion reclaman completa libertad. Como los hombres difieren entre sí por su capacidad natural, por su temperamento y educacion, y por sus puntos de mira, los resultados que obtengan en su afan por alcanzar la verdad tienen que variar inevitablemnte. Por esto debemos sustituir la proposicion «reconocimiento del distinto punto de mira» al ofensivo término de «tolerancia del disenso» que en boca de uno que afirma poseer la verdad no quiere decir sino que permite la existencia del error que él no puede ó no quiere castigar. Pero las diferencias del punto de mira que los hombres de temperamentos y tendencias opuestas pueden tener, á menudo se completan mútuamente, y alcanzan unidad y relieve estereoscópicos en el pensamiento de un hombre superior. Permitidme que de ello cite un ejemplo: Dos escuelas del pensamiento trataban de explicar la conciencia bajo principios diferentes: una de ellas afirmaba que surgia de un sentido moral innato; la otra, que era el resultado de la experiencia. La filosofía de la evolucion viene á incluir en sus explicaciones las dos séries de hechos que ambas escuelas recomendaban, demostrando cómo las experiencias de la buena de la mala conducta de los antepasados se organizan en la raza y se trasmiten á la prole en forma de tendencias morales, que se desarrollan un paso más por la experiencia de cada vida individual.

Ya hemos explicado cómo no nos satisface el método de la autoridad teológica, por haberse empeñado en la resolucion de problemas que se hallan aún fuera del alcance del intelecto humano, y por sus erróneas nociones sobre la cognoscibilidad de la verdad; tratemos ahora de describir el método científico que adoptaríamos en la esfera toda de nuestra actividad mental. El método científico nada tiene de nuevo, ni de excepcional; es la misma manera de pensar comun, corregida por los cánones de un procedimiento más exacto y cauteloso. Es el sentido comun organizado poniéndose en contacto con el hecho, y que tamiza con cuidado toda prueba de los hechos. Los hombres de negocios lo emplean al importar ó fabricar sus mercancías, al estimar la

demanda de los mercados y al averiguar las condiciones de sus clientes
ó empleados. Los médicos obran tambien conforme á este método
científico cuando diagnostican sus casos, prescriben sus tratamientos
ú operan quirúrgicamente. Los abogados lo siguen al sostener sus
demandas y alegaciones y los jueces lo aplican al pronunciar sus sentencias dentro á los límites de la ley escrita y consuetudinaria. El
método científico no ignora ninguna de las facultades humanas, ninguno de los hechos naturales; reconoce por entero nuestras emociones,
afectos y sentimientos, pero á todos éstos los subordina el intelecto, á
cuyo dictado únicamente debe obodecer la voluntad educada. La autoridad descansa en la inspiracion, en la revelacion, en lo milagroso y
sobrenatural; la ciencia descansa en el cerebro, en la experiencia, en
el dominio sobre los hechos ejercido por el pensamiento seguro y paciente. Recibe la una ó figúrase que recibe; la otra adquiere, y ninguna opinion abriga que no esté dispuesta á modificar si nuevos datos ó
pruebas se le presentan para ello. No conserva creencia que no se
funde en las evidencias, ni tampoco busca ninguna especialmente.
Nada sabe de guías infalibles, interiores ó exteriores; nada de autoridad que no pueda ser dudada y que no quiera presentar pruebas de
sus afirmaciones. Trata la ciencia de sustituir al mero asentimiento la
conviccion; y pretende, en vez de la adhesion mecánica, darle á una
autoridad genuina la inteligente concurrencia obtenida por la labor de
la mente individual. Y no porque la ciencia haya ganado más señala-
das victorias en el mundo físico, cuyos problemas de relativa sencillez
invitaban á ser tratados, debemos formarnos una idea imperfecta de
su capacidad. Esta se refiere á todo el conjunto del pensamiento y
sentimiento humanos. La ciencia no está limitada á las cosas que se
miden por relojes ó micrómetros, ó que se computen por las tablas de
longaritmos; reconocen tambien las emociones humanas, los sentimientos y la voluntad. Puede y debe dirigir el estudio en estos asuntos,
lo mismo que el de aquellos en que se obtienen resultados exactos.

Si el método científico se aplica al exámen de la teología, veráse
como esta no consiste más que en una tentativa para explicar los hechos de la naturaleza y las sanciones del deber, llevada á cabo en
épocas distantes de escasos conocimientos. Las revelaciones de sus

escrituras han venido á nuestras manos, á través de las centurias, bajo
custodias que no inspiran mucha confianza; y ya no son revelaciones
para nosotros sino noticias de revelaciones, que deben ser juzgadas por
los mismos cánones de crítica que aplicamos en los demás departamen
tos de la literatura. En toda teología, por enfáticamente que afirme la
divinidad de su fuente, se ven claramente las huellas de su orígen
humano. Las nociones de Dios varian con las zonas geográficas, y
guardan estrecho paralelismo con el grado de la civilizacion del pueblo
y del tiempo en que se forman. Los mandamientos que se llaman divinos se van haciendo más elevados conforme la cultura general avanza.
Los discípulos de un profeta, ó apóstol, enderezan los nobles impulsos
sembrado por él en sus corazones para ampliar sus enseñanzas y corregir sus errores. Póngase en contraste al Dios de tríbu, cuasi humano,
de Abraham, Isaac y Jacob, con la elevada idea de la Deidad que
abrigaba Isaías. Compárese aún esta última con el Padre universal
que Jesús enseñó á adorar á sus discípulos. Nótese la embarazosa legalidad y ritualismo complicado del Antiguo Testamento y su silencio
respecto á la vida futura ¡cuán diferente de la enseñanza de Jesus que
elevaba el espíritu sobre la letra, valoraba en más el amor que el sacrificio y le aseguraba á sus oyentes una inmortalidad, que venía á hacer
de este mundo sólo un teatro temporal de sufrimiento y prueba! Recuérdese cómo Pablo, el de elevados pensamientos, nada encontró de
reprensible en la esclavitud; y cómpárese luego su humildad con la
de una época que hasta á los mudos animales concede derechos que
recabar de sus propietarios. La evolucion del pensamiento en general
vése perfectamente comprobada por la del pensamiento en teología,
apesar de las aseveraciones que se hacen de su sagrada inmutabilidad.
John Wesley, hombre consecuente si los ha habido, decia: que si habia de abandonar su creencia en las brujas, abandonaba la Biblia. Y
sus sectarios se burlan hoy de la brujería y siguen venerando á la
Biblia.

Ningun valor tendría cualquier estudio sobre la historia humana
que no reconociera, como un hecho primordial los profundos instintos
religiosos de nuestra raza. El espanto inspirado por la sublimidad de
los cielos estrellados y las terribles, incontrastables fuerzas de la na-

turaleza:—las de los volcanes, tempestades y epidemias, de orígen y
desarrollo tan misterioso, y las hambres tan devastadóras en la infancia de los pueblos;—no ménos que la propicia sucesion de las estaciones y los goces de la salud y del hogar, han sugerido la idea una Potencia infinita, Espíritu inmanente y sostenedor de la vida universal.
Las esperanzas y aspiraciones burladas del alma, la angustia del afecto
interrumpido por la desgracia, los enigmas y tragedias de la vida,
hánse adunado para arraigar la fé de otra existencia, que habrá de ser
un complemento y compensacion de la vida terrenal. El sentimiento
religioso es acreedor á nuestro más profundo respeto por ser un efecto
de la percepcion adquirida por el hombre de su desvalimiento para el
combate contra la naturaleza, una patética constancia de sus esperanzas, temores y remordimientos. Pero si todo sentimiento del corazon
humano nos impone por sí mismo respeto ó veneracion, esta influencia
se rebaja mucho en nosotros cuando lo vemos expresado en las instituciones. Los Sanhedrines y concilios de las iglesias que han surgido
por virtud de los sentimientos religiosos de la raza humana, no parecen haberse elevado sobre las pasiones y banderías que agitan á los
modernos parlamentos. Mucho respetamos el íntimo sentido de humildad y reverencia de las religiones, mas no tanto á las iglesias. La
inevitable pérdida que sufre el sentimiento al ser trasladado á una
organizacion práctica puede quizás ser observado en el caso de nuestro instinto por la justicia. Ese instinto, que se confunde con el amor
á la verdad, en su expresion de la propia y eficaz defensa contra el
daño, ha dado lugar á la creacion de las leyes y de los tribunales de
justicia. Pues bien: ¿son los resultados de sus procedimientos tales
que infundan la reverencia misma que inspira el sentimiento de la
justicia? La discrepancia entre el sentimiento religioso y el eclesiasti-
cismo; el amor al derecho y la ley, como prácticamente se promulga
y ejecuta, sugieren esa laguna y paraleles entre sí sobre las que los
filósofos y poetas tanto se han lamentado: golfos entre la idea y el
lenguaje; por los que se abandona á la música la expresion de muchas
cosas que yacen inarticuladas en el discurso. Esos exímios artistas
de la tierra, cuyas obras maestras han causado el asombro de las generaciones, amargamente han deplorado la distancia que existe entre

sus trabajos y sus ideales. Shakespeare, el dramaturgo supremo, parece que no creyó su obra bastante buena para curarse de conservarla al conocimiento de la posteridad.

El sentimiento religioso ha prestado á la humanidad incalculable servicio desde que alcanzó la idea deística. ¡Cuán vigorizante es el pensamiento de que es uno el universo y representa una voluntad no contradicha! ¡Qué influencia para bien no tiene la creencia de que una Suprema inteligencia, demasiado excelsa para ser burlada, y absolutamente justiciera, posée el conocimiento de todo lo que se piensa y de todo lo que se hace! «Tu Dios me mira» ha servido para prevenir el mal en la mente de los deistas conscientes con mucha más eficacia, así lo creo al ménos, que todas las reflexiones que pudieran ellos haber hecho sobre las consecuencias de la accion. No porque á algunos de entre nosotros les disguste la teología, dejaremos de reconocer su valor en el pasado y en el presente. Asociada á los códigos morales, ha servido para inculcar éstos en las mentes que aún no tenian madurez necesaria para comprender las responsabilidades de la libertad; para darle estabilidad al órden con el auxilio de la fuerza dogmática. No porque aparezcan groseros é imperfectos los conceptos de los dioses de las sectas, hemos de suponer que el sentimiento religioso del hombre, que les dió orígen, ha de perecer. Subsistirá, esta es mi creencia, en el tiempo, y construirá una teoría jamás de explicar los hechos de la vida humana y de la naturaleza universal, y de impresionar la imaginacion y cautivar la voluntad.

En el problema que hoy nos ocupa ejerce profunda influencia un resultado de la ciencia, es á saber, su adquisicion de la idea de la Ley, su percepcion de la uniformidad y constancia de la naturaleza; evidencia, que se posee hoy en gran parte, de que la historia del universo desde el estado nebular hasta el hombre obedece á la causacion y la continuidad. Esta idea, que excluye todo lo milagroso y sobrenatural, nos lleva á considerar la historia del universo como un desenvolvimiento no interrumpido é inconsecuente. Con este concepto no es posible que ningun nuevo artículo del saber produzca una interrupcion del orden natural. Se nos incita así á escudriñar las relaciones que son inmutables. El sentimiento del misterio supremo crecerá conforme se vaya ampliando los términos de lo conocido y vayan comprendiendo círculos cada vez mayores del espacio de lo desconocido; pero estaremos seguros de conservar los territorios conquistados. Y aunque nuestro saber no sea ni extenso ni profundo, mucha parte de él, sin embargo, será tenido por útil é importante por nuestra futura raza. Las leyes de la gravitacion y de la evolucion serán aplicadas por el hombre del porvenir en más ámplias generalizaciones, pero no podemos concebir que dejen de ser jamás tenidas sino por partes inmutables y fundamentales de la verdad. No somos nosotros de los que dicen que el saber humano es solo relativo á la conciencia individual y, por ende, lleno de sombras y destituido de valor. Dicho sea con todo respeto: nosotros afirmamos que el conocimiento que tenemos del agua ó del hierro son porciones, aunque infinitesimales, del saber divino sobre estas cosas.

Las religiones instituidas nos han suministrado algo más que la idea deística, tenemos tambien que estarle profundamente obligados por haber establecido la única manera de instruir en la moral á la raza humana. Pero no dejemos tampoco de notar ahora los perjuicios causados por la accidental asociacion de un código moral con una cosmogonía que se desarrolló cuando daba el saber sus primeros pasos. No porque el Génesis dá un relato poco satisfactorio de los comienzos del mundo, deja el decálogo de hacer constar debidamente los dictados de la humana experiencia informados en el cerebro de un gran legislador. El código mosáico, así como todos los demás códigos autoritarios de conducta, están fundados, como se reconoce hoy generalmente, en la experiencia; y por esto la mision de los pensadores competentes es revisar estos códigos á la luz de todo cuanto los hombres han pensado y hecho desde que se promulgaron á la fecha. Déber es de la ciencia investigar las condiciones de la felicidad, que tenemos que cumplir moralmente si es que la deseamos; nosotros no conocemos otra regla de conducta más que ésta.

En cuanto á la esencia de la religion, que es la fé de que la justicia prevalecerá al cabo en el mundo, y que nosotros estamos obligados á ayudarla en ello, le debemos la idea al cristianismo, en su forma racionalizada, y por esa fé le damos las gracias.

Pero las iglesias han hecho aún más que predicar el deismo y enseñar la moral: han tratado de imitar su fundador en los cuidados que se tomó por los desolados y oprimidos. Innumerables corazones cariñosos y tiernos han encontrado en las nobles filantropías de la iglesia adecuado espacio para el ejercicio de su caridad y misericordia. En este punto, como en todo, no queremos, en la independencia de nuestro juicio, desheredarnos de ninguna cosa de valor que puede el cristianismo habernos legado. Las concepciones científicas del deber, á que tratamos de llegar, han de ser profundizadas y éxtendidas por las simpatías que producen las más elevadas satisfacciones del hombre. Nunca como ahora ha sido más urgente la necesidad del reconocimiento de ese elemento en la conducta. Las masas humanas nacidas en un mundo cuajado de penas y de males, habían estado dispuestas hasta ahora á considerar sus cargas como providenciales. Pero ahora empiezan á distinguir entre los males que las agobian. Algunos considera inevitables y que debe soportar con ánimo viril: otros, como infracciones de la justicia y que pudieran ser prevenidos por adecuados medios. No es que se note la repugnancia á cumplir las disciplinas de la vida doméstica y de los negocios, pero sí un descontento creciente por las desigualdades extremadas de la fortuna—desigualdades que se tienen por el resultado de las malas leyes, de las costumbres poco sábias, y de la evidente falta de honradez. La venta enorme de libros de Henry George no es debida, segun creo, á la fé popular de que el remedio por el propuesto, y que consiste en la pública confiscaciou de la tierra, ha de corregir los perjuicios del pauperismo. La conciencia pública se conmueve por la inmoralidad de la proposicion. El inmenso auditorio de Mr. George le pone gran atencion porque él enumera con mucha energía las ansiedades y peligros que agobian á los que tienen que ganar el pan en medio á las contingencias del mundo industrial moderno. Cuando de allende el mar oimos noticias de las venganzas nihilistas, de las insurrecciones socialistas y de los complots de dinamita, parece que los recursos de la civilizacion en contra de una recaida en la barbarie son ménos eficaces de lo que se crée comunmente. Mas ¿no surgen otros peligros por la falta de simpatía entre la saciedad y la necesidad? Y no simplemente en materias de mercancias y bienes muebles, sino en las superiores cosas que atañen la cultura y el refinamiento. El hombre generoso que cariñosamente corrija los defectuosos argumentos de su vecino, ménos instruido; que fomente en el hijo de un conocido suyo una aficion literaria, artística ó científica hará tanto en la afirmacion de los lazos sociales como si dividiera sus rentas con los que viven en la destitucion y el abandono.

Cuando estuve en Irlanda, hace cuatro años, oí atribuir á varias causas el descontento actual. Mis informantes afirmaban que, más quizás á la injusticia de los propietarios de las tierras, debíase la enemiga del pueblo á las maneras antipáticas y arrogantes de muchos de ellos, ó de sus agentes.—Dejadme, pues, repetir que la principal esperanza en el establecimiento de una fraternidad verdadera entre los hombres, estriba en el desarrollo y satisfaccion de las simpatías.

Teniendo á la felicidad por punto de mira, declaramos que el saber y la obediencia á ese saber son los medios para alcanzarla, y su condicion, la libertad. Debemos prestar mucho cuidado al cultivo del corazon, no ménos que al apercibimiento y mejoramiento de nuestro cerebro, si queremos que nuestras existencias sean dignas, útiles y dichsoas.

GEORGE ILES.

EL ESTOMAGO Y SUS SUFRIMIENTOS (1).

I

CONSIDERACIONES GENERALES.

El *Times* de Lóndres dijo una vez que «La verdad en su sencillez constituye medicamento demasiado fuerte para la gran masa de la humanidad, de ese conjunto que en último resultado, sólo es una mera creacion de hábitos y de preocupaciones.» Si esto fuese cierto, no lo sería ménos que existen numerosas pruebas de que tal resultado, en todo caso, no dependeria de defectos inherentes á la humana inteligencia. El deseo sincero y vehemente de adquirir conocimientos verdaderos es una de sus más constantes y fundamentales aspiraciones, tanto que llega á ser una necesidad, en ausencia de la posesion de sanas máximas, el ocupar tan sofocante vacío con creaciones de la imaginacion, fábulas corrientes, que adquieren sobre ella, por la fuerza del hábito, todos el poder de creencias dominadoras.

En presencia de tales hechos resulta justificado que consideremos las ilusorias preocupaciones y las insanas costumbres estigmatizados

---

. (1) Su texto original en inglés traducido por Mario García Lebredo.

por el *Diario de Lóndres* como signos de una estucacion defectuosa, sabiendo por otro lado que ninguna parte de la sociedad se halla en absoluto exenta de su dominio y que, consistiendo solamente en grados la diferencia entre sus acciones sobre las clases é indivíduos designados con los nombres de bien y mal educados. Esa diferencia, en último caso, viene á ser de cantidad y no de calidad. Nuestra experiencia nos enseña que, exceptuando aquellos que se consagran al estudio y práctica de la Medicina, los indivíduos de las clases educadas pueden tener profunda y exacta inteligencia, de todos los detalles relativos á su propia profesion ú oficio, y sin embargo, no poseen suficiente acopio de aquellos conocimientos de que dependen principalmente el éxito y la felicidad en la vida. Por ejemplo: los que se refieren al mecanismo, extructura y funciones de sus propios cuerpos y al modo de conservarlos en estado de salud.

Este, el primero en importancia de todos ellos, no ha sido,—extraño es decirlo,—hasta aquí incluido en nuestros cursos de instruccion pública.

Generalmente reconocida hoy esta importancia, pronto serán enseñadas en todas nuestras escuelas públicas, los elementos esenciales de Anatomía, Fisiología y Química.

Nadie duda de que cuando estamos enfermos, es para nosotros más importante que todos los demás conocimientos, el de cómo recobraremos la salud; y ¿acaso sería de ménos interés el que se nos enseñe el modo de que no nos enfermemos?

Si no debiesen, pues, ser inculcadas claras nociones de este conocimiento en las primeras lecciones de las escuelas mentales, ni continuadas en los otros establecimientos de más elevada enseñanza, para felicidad de las generaciones futuras tal deficiencia en la preparacion para la vida únicamente puede ser hasta cierto punto remediadas no sólo respecto de aquellas generaciones, sino de la que ha pasado ya la edad de la escuela, con el auxilio de breves rudimentos, propagada en publicaciones de carácter popular, tales como los que la presente ofrece.

«Del estómago y de cómo debemos emplearle» sería en verdad título adecuado para este artículo,

Los desórdenes funcionales del estómago constituyen en general los primeros sufrimientos de la infancia, los más frecuentes de la juventud y de la pubertad y se señalan las más perversa de la edad madura, siendo muy amenudo la causa inicial de las más graves enfermedades que afligen á la humanidad.

Felizmente los grandes progresos por la ciencia médica realizados durante la última mitad del siglo, han colocado aquellos desórdenes en la categoría de las enfermedades que pueden evitarse.

Estos progresos, sin embargo, permanecen aún encerrados en los límites de la profesion médica sin que hayan pasado á la inteligencia popular al través de la instruccion pública, como deberia suceder y creo que sucederá, en no lejanos tiempos.

El principio de nuestro conocimiento claro y definido respecto á las propiedades químicas y á la accion de las diferentes secreciones de nuestros órganos digestivos, es debido á las fáciles ocasiones encontradas por el Dr. Beaumont de observar aquellas en el notable caso de Alexis Snt. Martin, que tenía una fístula gástrica de dos y media pulgadas de diámetro, consecutiva á una herida de arma de fuego, recibida en 1822.

Aunque con anterioridad habian sido practicados numerosos experimentos en animales inferiores por Reaumur, Stephens, Spallansani, Prout, Gmelin y otros, para demostrar las propiedades y accion química del jugo gástrico, sin embargo, las dimensiones de la fístula y la salud robusta de St. Martin despues de su restablecimiento la larga série de observaciones y experimento durante muchos años realizados por Beaumont ó la inteligente y concienzuda manera con que están relatados en su monografía, todas estas circunstancias conspiran á revestir á ésta de indiscutible autoridad respecto de este particular.

La publicacion de las investigaciones de Beaumont dió gran impulso al estudio experimental de la fisiología en el que se ocuparon las mejores inteligencias de nuestro siglo constituyendo la larga lista de nombres ilustres, entre los que se encuentran los de: Magendie, Berzelius, Wasmann, Dumas, Blondl, Fiedemam, Lohmann, Bidder, Schmidt, Dalton, Bernard, Robin, Smith, Flint y otros. A medida que la ciencia médica avance ámpliamente, llegará este progresivo conocimiento á ser diseminado á su debido tiempo entre el público en general, acrecentando la salud y, por consiguiente, el bienestar de la sociedad.

Alexis St. Martin era un empleado de la *American Fur Co.*, de 18 años de edad y constitucion robusta, cuando el dia 6 de Junio de 1822 sufrió accidentalmente el tiro de un fusil cargado con municiones y cuyo cañon se encontraba á tres piés de distancia y un poco hácia atrás de su lado izquierdo, llevándole parte de su vestido y de la pared abdominal, cinco ó seis costillas con sus cartílagos, hiriendo tambien el óbulo izquierdo del pulmon, fracturando una abertura en el estómago. El Dr. Beaumont fué llamado media hora despues del accidente y le asistió hasta el completo restablecimiento de su herida, efectuado dos años despues próximamente; durante cuyo tiempo persistió una extensa úlcera que dejó una fístula permanente en el estómago, de forma irregular y de más de dos pulgadas, como vá dicho, de diámetro, que la naturaleza cubrió con mucha curiosidad por el deslizamiento de un repliegue de la membrana mucosa que constituyendo una válvula completa para la oclusion de la abertura, permitia así que el estómago retuviese perfectamente su contenido, á la vez que por una presion con el dedo hácia adentro y abajo se conseguia una inspeccion del interior del órgano y de los procesos naturales que en él se efectuaban.

La primera série de las observaciones del Dr. Beaumont se verificó durante los cuatro meses transcurridos desde Mayo á Agosto de 1825, cuando el estómago se hallaba en perfecto estado de salud y sus digestiones se realizaban con una regularidad normal, suministrando los datos más seguros para su objeto científico.

En Agosto de 1825, St. Martin se trasladó al Canadá y volvió á ver al Dr. Beaumont en 1831, en cuyo intervalo se habia casado, habia llegado á ser padre de dos niños, conservándose en la más completa salud. Durante 5 años, es decir, desde esta época hasta 1836 estuvo empleado en casa del Dr. Beaumont gozando incesantemente de la mejor salud y sometido á una constante observacion.

En otros diferentes períodos fué objeto del estudio del citado doctor, de C. F. Smith, de Filadelfia y de otros varios fisiólogos de Alemania y Francia hasta 1856, en cuyo año fueron publicadas las últimas *observaciones* practicadas en el. (1)

Estas consistieron en anotar cuidadosamente todos los detalles ofrecidos en los métodos naturales de disolucion y de transformacion de las diferentes especies de alimentos introducidos en el estómago despues de haber sido preparados por variados modos de coccion, y los diversos espacios de tiempo empleados en aquellos procesos; el análisis exacto para determinar las propiedades físicas y químicas del jugo gástrico de la saliva y de otras secreciones que intervienen en estos procesos; la parte precisa tomada por cada secrecion, en los experimentos ejecutados ya en el interior del cuerpo, ya exteriormente á él por medio de combinaciones especiales. Estas observaciones tambien se extendieron al estudio de los efectos de las diferentes temperaturas sobre tales actos secretorios durante el proceso digestivo; á la accion de los diversos condimentos, estimulantes y narcóticos sobre el estómago en general, y sobre las distintas secreciones separadamente; y á la influencia sobre el mismo de las emociones intensamente excitantes, etc., etc.

La gran cantidad de datos debidos á estas observaciones hechas en St. Martin han sido ámpliamente acrecentadas por los psiólogos modernos, con nuevas observaciones y experimentos sobre perros, gatos, cerdos, caballos y otros animales por medio de vivisecciones ya con el mismo objeto, ya extendiendo este á todos los métodos naturales de produccion, conservacion y reparacion.

La literatura de esta rama de la ciencia alcanza ahora á centenares de volúmenes que registran esas investigaciones con todos sus numerosos detalles, y ella revela el asíduo estudio de todos los fervorosos é industriosos miembros de la profesion médica á quienes es dado de este modo prescribir con mayor esmero los remedios y dirigir con más confianza y seguridad las fuerzas reparadoras de la naturaleza.

Dar á conocer por medio de breves nociones estos progresos es el fin que me propongo en este pequeño libro al uso popular destinado.

---

(1) Examinador médico de Filadelfia, reimpreso en el Diario de Fisiología de París, 1858.

II.

ÓRGANOS DE LA DIGESTION.

Boca.—Esófago.—Estómago.—Intestinos.

Es de creencia popular que el estómago constituye el único órgano de la digestion,—en otros términos,—que ésta comienza y concluye en él; primer error que deseo corregir.

Todos los órganos incluidos en este capítulo no solo están destinados á aquella funcion, sino que cada uno de ellos tiene una accion exclusiva que ejercer en ella y que ninguno de los otros es capaz de realizar. Además de la capacidad para ejecutar varios actos mecánicos, posee cada uno su secrecion particular á las diferentes funciones químicas indispensables para que la digestion sea perfecta ó eficaz. Mientras que el jugo gástrico que desempeña el principal papel en las funciones digestivas del estómago tiene una reaccion ácida, absolutamente necesaria para la digestion en él, resulta precisamente lo contrario en lo líquido de la boca, del esófago y de los intestinos, sin cuyas condiciones no seria realizable en ellos dicha funcion. Las carnes y otros alimentos nitrogenados no son químicamente atacados por los fluidos de la boca; pero su trituracion mecánica por los dientes es una preparacion necesaria para su impregnacion por el jugo gástrico á fin de facilitar la accion química de éste sobre ellos, y esta se hace todavía ulteriormente más realizable por medio de la mezcla mecánica debida á las contracciones musculares de las paredes del estómago. Tampoco se completa en este órgano la digestion de las fibras musculares; son sí transformadas por la accion química sobre ellos del jugo gástrico que las prepara así para su completa digestion en los intestinos, lo cual no ocurriria sin la accion prévia sobre ellos del mencionado jugo. Asimismo cuando alimentos amiláceos, tales como el pan, el arroz, las papas, etc., etc, eran introducidos directamente en el estómago al través de la fístula gástrica de Alexis St. Martin permanecian en él sin digerirse; pero cuando eran masticadas en la boca y bien mezcladas con la saliva, ántes de que pasasen á dicho órgano, entonces se disolvian rápidamente en él y en los intestinos.

Tambien las grasas ó aceites tomados con los alimentos, permanecian invariables con los jugos de la boca ó del estómago, que atravesaban sin alteracion alguna, pero cuando pasaban del estómago al duodeno, donde el jugo pancreático se mezcla con ellos, se transformaban inmediatamente en una fina emulsion que era digerida y absorbida por los guilijeros.

Necesidad de la alimentacion mixta.

Los experimentos de Mangendie, Stark, Hammond y otros han demostrado que una alimentacion compuesta de sustancias animales y vegetales que contengan fibras musculares, caseina, albúmina, grasas, sales minerales, almidon, azúcar, gluten etc. son indispensables á la salud, y tambien á la conservacion de la vida humana. Nuestra estructura anatómica, así como nuestros instintos naturales prueban igualmente nuestras necesidades omnívoras.

Estos hechos fueron dolorosamente corroborados durante la guerra civil en los Estados Unidos, por los diez mil prisioneros que sucumbieron en Andersonville, porque los rebeldes únicamente tenian para alimentarse pan hecho de harina de maíz. Estas observaciones prueban tambien el carácter suplementario y las funciones separadas de los órganos digestivos y de los elementos. Ahora pasemos á ocuparnos brevemente de los diferentes jugos digestivos.

LA SALIVA.

Propiedades físicas y químicas.

La saliva, normalmente considerada, es incolora, ligeramense viscosa, alcalina y tiene en general un olor algo desagradable poco despues de ser expulsada. Su peso específico es de 1004 á 1008. En la boca de las personas enfermas, en aquellas que ofrecen inflamaciones locales dependientes del mal estado de la dentadura, de depósitos de tártaro ó de condiciones patológicas del estómago, y en las de aquellas personas agotadas por un trabajo muscular prolongado, ó por la exposicion al calor, acontece con frecuencia que su reaccion es más ó menos ácida.

La composicion de la saliva humana normal analizada por los doctores Bidder y Schmidt (1) es la siguiente:

Agua.........................	995. 16
Epitelio...........................	1. 62
Materia orgánica soluble.............	1. 34
Sulfo-cianuro de potasio	0. 06
Fosfatos de cal, sosa y magnesia....., ...	0. 98
Cloruro de potasio........................	0. 84
Cloruro de sodio..........	0. 84
	1.000

Berselius dió al elemento orgánico soluble de la saliva el nombre de *ptialina* y Mialhe, quien tambien la estudió sometiéndola á la experimentacion, la llamó *diastasn animal*, y demostró que su accion digestiva sobre el almidon es tan enérgica que una parte de ella es suficiente para transformar más de doscientas de aquel principio, primero en dextrina y despues en azúcar de uva glucosas.

Cuando se elimina de la saliva dicho elemento orgánico, la accion digestiva de ésta sobre el almidon es completamente débil.

Cuando éste no ha sido sometido á la coccion, que es como existe naturalmente en los granos de los cereales—por ejemplo en el arroz, que contiene un noventa por ciento de dicha sustancia—se presenta en forma de gránulos cubiertos de una envoltura celulosa, materia nitrogenada insoluble en la saliva.

Una coccion conveniente hincha ó dilata el almidon en estos gránulos microscópicos, rompe su envoltura, facilitando así que la saliva

---

(1) Mhialhe.—Química aplicada á la Fisiología y la Terapéutica. París 1806,

durante la masticacion vaya mezclándose é incorporándose con aquel, dando principio de este modo á su inmediata digestion.

Si á una persona sana con saliva normal se le hace tomar en la boca un poco de almidon cocido y masticarle completamente, se observará que aquel pierde su propiedad característica de tomar el color azul por la accion del yodo, transformándose tan rápidamente en azúcar que en el acto corresponde al reactivo de Frommer haciéndose perceptible el gusto de ésta en la lengua.

Funciones de la saliva.

Las funciones de la saliva son de la mayor importancia para la digestion de las sustancias farináceas, además de la que mecánicamente tiene para facilitar la degluticion de toda clase de alimentos.

Los experimentos de Dalton demuestran que el pan de harina perfectamente masticado absorbe un cincuenta y cinco por ciento de su peso primitivo de saliva y las carnes cocidas un cuarenta y ocho por ciento. Fluye en pequeñas porciones constantemente de las diferentes glándulas que la producen; pero su cantidad aumenta considerablemente con la introduccion de sustancias en la cavidad bucal, y hasta la vista de alimentos excita un copioso aflujo *haciéndose* como vulgarmente se dice, «la boca agua.»

JUGO GÁSTRICO.

Propiedades físicas y químicas.

El jugo gástrico es un fluido poco denso, acuoso, trasparente, de reaccion ácida, que contiene un principio orgánico ó fermento, la pepsina, de la que depende en gran parte la actividad de sus propiedades disolventes.

El Dr. Beaumont, con auxilio del caso de St. Martin, fué el primero en demostrar la ausencia de este jugo en el estómago durante el ayuno; que es producido por los folículos gástricos estimulados á su accion desde el instante en que el alimento ha penetrado en dicho órgano, y que su aflujo es mucho más abundante cuando la sustancia ha sido completamente mezclada con la saliva alcalina normal.

Esta observacion ha sido despues confirmada por Blondlot, (1) Longet y otros muchos fsiólogos, quienes han probado tambien que no solo es un hecho que la saliva alcalina provoca enérgicamente el aflujo del jugo gástrico sino que tambien este ácido, en sus condiciones normales, al progresar, con el alimento en digestion, del estómago á los intestinos, estimula grandemente por su presencia en ellos la secrecion de los fluidos alcalinos intestinal y pancreático, que son indispensables para el complemento del proceso digestivo, en cuanto debe ser completado en estos órganos; es decir, para la transformacion del alimento en quilo, condicion preparatoria para la absorcion de sus elementos nutritivos en el conducto torácico y en las venas.

Estos sufren todavía otros cambios, despues de su absorcion hasta su vitalizacion final, por la oxigenacion en los pulmones, de la que pasan, al través del corazon, á la circulacion arterial, como sangre ya convenientemente preparada para que de ella sean asimilados á los diferentes tejidos del cuerpo. Cuando el azúcar de caña ó la albúmina son inyectados directamente en las venas, se encuentran invariablemente sin alteracion, como excreciones, en la orina; pero cuando se introducen al través de la boca son disueltos por la saliva y transformados por ella y los jugos gástrico é intestinal, respectivamente, en glucosa y albuminosa antes de ser recogidos por los absorbentes. Cuando se hacian penetrar directamente por la fístula gástrica en el estómago de St. Martin eran transformados lentamente por el jugo gástrico solo, y Dalton observó, en sus experimentos sobre los perros, que la introduccion directa del azúcar de caña en aquel órgano provocaba curiosa pero muy regularmente, un reflujo hácia el estómago de bilis y de jugos pancreático, y estos la convertian rápidamente en dextrina y despues en glucosa (azúcar de uva), forma esta última bajo la cual es absorvida con brevedad para pasar á la sangre tanto en dicha víscera como en los intestinos.

---

(1) Blondlot,—Tratado analítico de la Digeston. París 1843.

Las investigaciones de Bernard y Barresnill (1) prueban igual-mente que cuando se inyecta en las venas albúmina, fibrina, caseina ó gelatina son eliminadas, tambien sin alteracion alguna, por los riño-nes; pero, despues de haber sido atacadas por los líquidos digestivos, son absorbidas y asimiladas sin que se encuentren vestigios de ella en la orina.

De esta manera se ha llegado á saber que las funciones del jugo gástrico se extienden á algo más que á la disolucion de los alimentos nitrogenados. Tiene tambien una accion cabalítica, en virtud de la cual, obrando su pepsina como un fermento, comunica á las sustancias alimenticias nitrogenadas cambios peculiares sin los que su absorcion y penetracion en la sangre serian imposibles. Bernard colocó esta ca-tálisis entre las funciones del hígado,—creyendo que tanto el azúcar de caña como la albúmina eran exclusiva y directamente absorbidas de el estómago por la vena porta atravesando el hígado antes de entrar en la circulacion general de la sangre; pero los experimentos de Lehmann y otros han probado que esto es erróneo y que el azúcar de caña y la albúmina son digeridos y convertidos en glucosa y albumi-nosa, respectivamente ántes de su incorporacion á aquel líquido.

Flint demostró que el hígado desempeña, entre otras funciones, la de elaborar una clase particular de azúcar, á expensas de los materia-les conducidos hasta él por la sangre; así como tambien la excretoria de eliminar de la sangre una sustancia venenosa, la colesterina. En cuanto á lo que se refiere á las fibras musculares, debe saberse que su digestion en el estómago no es más que parcial y preparatoria, en virtud de la cual aquellas se reducen á una masa pulposa, cuya trans-formacion digestiva completa está reservada á los intestinos.

ERATUS WILSON.

(Concluirá.)

---

(1) Bernard y Barresirill, Memoria soére el Jugo gástrico y su papel en la nutri-cion. París 1844.

DOCUMENTOS HISTORICOS.

Cartas de la correspondencia del Doctor Félix Figueredo.

(*Continúa.*)

De Luis Figueredo á Félix Figueredo.

Camagüey, Agosto 10 de 1873.

Apreciable amigo Félix: he llegado al Cuartel General del compañero Gomez con toda felicidad, me puse á las órdenes de éste como Jefe del Departamento Central, manifestándole mi nombramiento de Jefe de la Division de las Villas, pero al exigirle la entrega de dicha fuerza, me contestó que sentía bastante el no efectuarlo, por razon que el Gobierno no le había pasado comunicacion alguna sobre el particular; así es, que me hallo aún á su lado hasta tanto reciba la órden del Gobierno.

El Ejército de este Departamento se halla en el mejor estado de disciplina y subordinacion, la oficialidad es escogida, pues son personas decentes y de mucha inteligencia, de manera que nos prometen muchas esperanzas en nuestras operaciones, las cuales creo se emprenderán desde mañana, pues el general Gomez ha hecho una reconcentracion, la cual poco más ó ménos llegará á 1.300 hombres armados y bien equipados, de éstos como 300 de caballería muy bien montados.

Te adjunto una carta para mi esposa, recomendándote siempre me complazcas en sostener mi correspondencia con ella, pues solamente contando contigo podré tener ese gusto.

Dispensándome mis inoportunidades, pues debes juzgar, como esposo que eres, el regocijo que recibimos los que tenemos familias en el extranjero cuando tenemos carta de ellas. Tu queredor amigo

Luis Figueredo.

De Tomás Estrada á Félix Figueredo.

Guaramao, Setiembre 19 de 1875.

Estimado y querido amigo: su largo silencio no me mueve—sin embargo,—á usar de represalias.

Le escribo, pues, y con ello me proporciono placer.

Despues de maduro estudio y de análisis detenido de la situacion política y militar de la República, el Gobierno ha resuelto que el Mayor General Vicente García, asuma el mando en propiedad del departamento militar «Camagüey» y el interino de Oriente.—Esta solucion conciliará por lo pronto los encontrados intereses de ámbos departamentos, y dará tiempo para que, más adelante, cuando los ánimos esten agenos á las pasiones que los pertubáran en meses pasados; cuando la nueva Representacion Nacional nombre el Presidente de la República en propiedad, se adopten, con la garantía de la opinion esplícita del País, soluciones definitivas.

Entre tanto, los que se precian de verdaderos patriotas, tienen el deber ineludible de secundar al Gobierno en sus miras de conciliacion y en cuanto tienda á conservar la unidad de la República.

Hace cuatro ó cinco dias que me hallo en el cuartel del general García, á donde me han traido asuntos relativos al 1er cuerpo de Ejército y al refuerzo con que ha de contribuir en favor de las Villas.

El contigente oriental debe estar en marcha á fines de Noviembre. No es posible eludir su envio. La conveniencia del país lo exije y el honor mismo de los hijos de Oriente nos lo impone. Confío, querido Félix, en que V. establecerá una propaganda favorable para que se cumpla sin obstáculos, sin resistencia, la órden del Gobierno relativa al refuerzo de las Villas.

Creo provechoso al departamento militar, al cuerpo de Sanidad y al prestigio de su jefe, que éste resida en el cuartel general. Me atrevo á dirigir á V. esta indicacion, y no dudo de que la acogerá, como emanada de la sincera amistad que le profeso.

Estimo que es un acto de justicia la propuesta de ascenso á favor del Comandante de Sanidad Militar Dr. Incháustegui. Si V. participa de mi opinion, me congratularé de que cuanto ántes la eleve, pudiendo apoyarla en las razones que V. considere oportunas, á reserva de acompañar la hoja de servicios del interesado, caso de que no la tenga á manos.

No le remito *Estrellas* ni *Boletines* porque no los he recibido aún de la última tirada.

Las noticias de las Villas son, como siempre, plausibles.

Los partes oficiales de las operaciones de Guantánamo y Baracoa son muy interesantes.

En Camagüey, el enemigo ha practicado dos incursiones, limitándose á destacar guerrillas para que asalten ranchos de familias, roben, violen y asesinen. El Comandante Enrique Téllez, el viejo Infante y varias otras personas indefensas, han sido víctimas de tales mónstruos. Tambien cayó en su poder el Coronel M. Polhamn, Sub-secretario cesante. Fué conducido hasta cerca de Vistahermosa, dándole muerte en el acto de ser hostilizada por el coronel Benitez la columna enemiga.

La noticia única del exterior se concreta á la indigna conducta del Gobierno Haitiano, que entregó al comandante del vapor español «Churruca» la expedicion de armamento y parque conducida á Port—au—Prince por la goleta «Laura Pride,» para trasbordarla luego al vapor «Octavio,» que debía traerla á Cuba.

Mientras vuelvo á escribirle, admita esta prueba de mi afecto.

Su amigo y S. S.

T. ESTRADA.

Coronel Félix Figueredo.

Las Guásimas de Machado, Mayo 6 de 1876.

Mi querido amigo: Vale más tarde que nunca, dice el adagio antiguo, y yo cobijándome con su moral, me tomo la libertad de hacerle á V. estos renglones, prueba evidente de que lo recuerdo, de que me ocupo de V., y, por consiguiente, que lo aprecio.

Aunque ya la fiebre de la política y la moda de los políticos pasó, y aunque yo no me dejé pillar de la primera y me horrorizaba hallarme en el número de los segundos, voy á principiar mi carta con algunas pinceladas semi-políticas, y referirle el estado de esta etapa de la República y aunque á la ligera, la de los altos poderes de la nacion.— Comenzaremos por el Camagüey. Supongo que V. sabrá de la peticion que á fines de Marzo se presentó al Gobierno de Spotorno, pidiendo la separacion de Vicente García del mando del Departamento. Al ménos el disgusto con que fué visto su nombramiento. Esta exposicion, firmada por unos treinta jefes y oficiales, fué seguida por otra, titulada contra-exposicion, firmada, segun se me ha asegurado, por muchos oficiales, clases y como 200 soldados, pidiendo á Vicente García para el mando del Camagüey. Esto habló mas alto que nada y el Gobierno se tapó los oidos á la primera instancia.—Resultado: Que hoy se halla Vicente al frente de este cuerpo aceptado, con excepcion de unos pocos, con plácemes. Él trabaja bien: se mueve mucho y promete mucho. Hoy se encuentra en la zona al frente de 150 caballos, sostenido por las infanterías de Camagüey y Túnas que se encuentran aquí hace dos meses. Antier se dió un gran banquete por las fuerzas del Camagüey á las de las Túnas. A él asistió el General García con su E. M., Brigadier Suarez y ayudantes y todos los oficiales y jefes de las infanterías y caballerías del Camagüey y las Tunas. El salon proyectado, donde se extendieron mesas para 200 cubiertos, estaba adornado con pabellones de armas, banderas y lemas de: «La Union constituye la fuerza,» «Unidos venceremos,» «Separados seremos débiles.» Asistió tambien una comision de la Cámara y del Gobierno. Esto como usted comprenderá, es muy significativo, como se hizo notar por los discursos pronunciados por Sanguily, Trujillo, Victoriano, Lúcas Castillo, Dr. Bravo y todos, todos los presentes. Creo que hemos dado un gran paso en la senda de la union.

Estrada ha nombrado su gabinete. Ha encargado la cartera de la Guerra al entendido Comandante La Rua, y la de Relaciones Exteriores al conocido Teniente Coronel Roa.—Este jóven gabinete, desempeñado por patriotas inteligentes y honrados, ayudará mucho á Estrada en el desarrollo del plan que se ha trazado.

Por renuncia del cargo de Representante por La Rua, me tiene V. de Secretario de la Cámara, en cuyo destino, como siempre, me tiene á sus órdenes. Hace algunos dias nos estamos ocupando de medidas enérgicas que pongan coto á abusos de parte de los españoles y cubanos. Estamos trabajando unas nuevas ordenanzas militares—La cuestion General en Jefe se ha propuesto.—El Dr. Bravo tomó posesion antier. Lúcas y Jaime Santisteban están aquí tambien—Le mando una carta del hombre de ultra-trocha. Ya me escribe significándome su agradecimiento por los esfuerzos que hice, y los combates que tuve porque fuera á las Villas—Supongo que á V. le dirá lo mismo.

Escríbame y cuénteme todo lo de por allá.

Suyo affmo. amigo.

FERNANDO FIGUEREDO SOCARRÁS.

———

San Gerónimo, Octubre 12 de 1876.

Estimado amigo: Le incluyo carta para el brigadier Maceo.

Tengo hoy mayor empeño en que V. pase á Bio, porque Maceo me significa que tambien le han mandado medicinas de *Baracoa*, y es conveniente que V. vaya al cuartel general de dicho jefe para que, teniendo á la vista la nota que al Brigadier envió, separe y reciba las medicinas que componen el pedido que dirijí á *Pompeyo*.

Me intereso especialmente en que las dos libras de quinina no se extravien, pues deseo distribuirlas equitativamente por conducto de V·

Confio en que nos veremos en la concentracion, mas espero que ántes me remitirá V las medicinas que le recomiendo.

Su amigo y S. S.

T. ESTRADA.

————

CORONEL FÉLIX FIGUEREDO.—JEFE DE SANIDAD DE ORIENTE.

La Loma de Sevilla, Diciembre 4 de 1878.

Estimado amigo: Hemos llegado al Camagüey, despues de atravesar los peores caminos, que no había recorrido ántes en los ocho años que llevamos de Revolucion. Ignoramos aún cómo tuvimos la fortuna de salir de los pantanos que formaban la parte de camino comprendido entre la Guinea y la Trinidad Holguinera.

Ha llegado hasta nosotros la noticia de que una columna enemiga estuvo por Báguanos, poco despues de haber salido nosotros de esa zona. Supongo que la hostilizarían convenientemente.

Le recuerdo la autorizacion que V. tiene para pedir medicamentos á Pompeyo, sobre todo, los necesarios para la curacion de los bubosos. No descuide este asunto, pues la pátria está profundamente interesada en él. Despliegue toda la actividad de que se halla V. dotado, y estoy seguro que triunfaremos en Oriente de la terrible enfermedad que amenaza inutilizar ese cuerpo de Ejército.

Nada nuevo le comunico por que no hay materia de que escribirle sobre noticias importántes, á no ser la de hallarse en tierra Martinez Campos con algunos millares de quintos, apénas salidos de la adolescencia, y con un cuadro de Mariscales de Campo, Brigadieres y Coroneles, que absorberán muy pronto el empréstito contratado y cuantas rentas puedan ser recaudadas. Veremos qué tal se conduce D. Arsénio.

Mientras tengo el gusto de volverle á escribir, me complazco en recordarle mi afecto.

T. ESTRADA.

DE FERNANDO FIGUEREDO Á FÉLIX FIGUEREDO.

Camagüey, Enero 20 de 1877.

Mi muy querido amigo: Dos son los principales objetos de esta carta; primero, remitirle la que tengo el gusto de adjuntarle, y, segundo, darle una explicacion por remitírsela abierta.

Al ver su sobrescrito, comprenderá con cuánta facilidad podria caber la equivocacion. Esa carta me la entregó el capitan Collazo, delante de Tomasito y otros varios, y como él y yo supusiéramos que era para mí, la abrí. Tan pronto hube rasgado la cubierta, advertí la equivocacion, volviendo á guardar la carta con el respeto que ella y V. pudieran inspirarme. Tenga la bondad de hacerle saber á su esposa, lo fácil que puede equivocarse su nombre con el muy humilde mio, cuando está escrito como en el presente caso, con eso me proporcionará el placer de enviarle á V. su correspondencia sin el disgusto con que remito la presente.

Pasemos á otra cosa.

La Cámara de R. R. ha facultado, por acuerdo del 9, al Presidente de la República para que, con el carácter de Generalísimo, asuma el mando del Ejército. Tomasito propuso á la Cámara al General Gomez para el cargo de Secretario de la Guerra. El dia 15 prestó juramento dicho General. Hoy lo tenemos convertido en Secretario de la Guerra, que con el giro que han tomado los asuntos, desempeñará, con dicho nombre, las funciones de Jefe de E. M. General. Yo creo que V. es partidario de tal solucion, que era apremiante en vista del cariz que los asuntos públicos estaban tomando. Usted comprenderá la importancia que tomarán las operaciones militares, que bajo la direccion de Gomez directamente, adquirirán la actividad y vigor inherentes á su carácter y la madurez y cordura que distinguen al Presidente Estrada.—Yo creo que hemos ganado mucho, y en conciencia di mi voto á favor de la prosicion. ¿Qué cree V. sobre el particular? Déme su opinion franca y leal, y si por fortuna fuere favorable, influya en esa gente, que le oye á V., para que se secunden los planes del Gobierno en las operaciones que han de practicarse.

Se me dice que el hombre del Bejuco—como V. llama al de la calaverada de Sagunto—se mueve con actividad por esos mundos. (A mi pobre mujer le habrá hecho dar sus buenos sustos y carreras) ¿Cómo le ha ido á V. y á su plantel?

¿Qué es de Maceo? ¿Es cierto estuvo cinco dias en la poblacion de Baracoa, que incendió? ¿Es verdad que Martinez Campos, para llamarlo por su nombre, se marcha? Esta noticia corre con alguna validez por estos contornos hace dias. Es de fuente laborante, y, por lo tanto, necesitamos su confirmacion.

El Gobierno marcha en breve á Oriente. No sé si se correrá hasta la línea oriental, pero, por lo que pueda importar, es necesario que lo sepan con tiempo.

El Gobierno ha nombrado á Vicente para la Jefatura de las Villas. Marchará para su destino tan pronto haya concluido algunas bellaquerías que trae entre manos por las riberas del rio Cauto.

¿Qué me dice de Collado? Debió seguirme á los pocos dias de haber salido yo de Holguin, y, aunque hace cerca de dos meses que yo salí de allá, todavía no se nos ha dejado ver.

Escríbame largo y agradable como sabe V. hacer, déme cuenta de todo, pues de todo me interesa saber.

Tomasito, Gomez, los diputados y sus innumerables amigos lo recuerdan. Y usted acepte las presentes líneas como prueba de la sinceridad y afecto que le profesa su amigo verdadero

FERNANDO.

Hoy debe haberse embarcado el General Sanguily en comision del Gobierno. La Agencia General ha sido suprimida, y necesitándose de recursos, el Ejecutivo envía á Julio—Vino Pacheco, nos trajo azufre en abundancia y algunas otras cositas—¿Sabe V. que en Puerto Príncipe se fabrica un globo, diz que para explorar la Cámara? Estos españoles, que nunca se corrigen, no saben ya qué inventar.

CARTA DE "EL LUGAREÑO."

La siguiente carta de Gaspar Betancourt Cisneros es un documento, interesante en alto grado para los que deseen penetrarse del espíritu con que acogió la convocatoria para la Junta de Informacion el más conspícuo representante del separatismo cubano antes de 1868. El original autógrafo pertenece al Director de esta REVISTA.

SEÑOR CONDE DE CAÑONGO.

Camagüey, Febrero 24 de 1866.

Agustin mio:

A los tres dias mortales, ó 70 horas de viaje llegamos á Nuevitas; pero llegamos sanos y salvos, y Dios sea loado.

Aquí anda la gente caliente con las candidaturas propuestas. No faltan sus intriguillas y amaños para preparar la eleccion de tal ó cual favorito. En mi concepto el partido que se llama conservador, y yo llamo retrógrado, reaccionario, negrero y *negrófobo*, se llevará el gato á España.

No me ha sido posible desenredarme de negocios de la ciudad para esconderme en las maniguas de Najaza á escapar de chismes, intri-

gas y picardías electorales. Lo que siento es no saber el dia para po-
nerme á 12 leguas de distancia de los electores, y dar mi voto al aire
libre, al primer cao ú cotorra que al amanecer bendiga á Dios sobre
una palma.

Mis afectuosas expresiones á Chuchita, Pepe y buena gente tresi-
llera. Creo que pronto tendré que volver á la Habana á buscar lo que
tengo por allá. Date un paseo por Jesus del Monte, y en el núm. 410
encontrarás á la Bola y el Bolillo de tu afmo. amigo y deudo

GASPAROTE.

HISTORIA LA DE ESCLAVITUD

de la raza africana en el Nuevo Mundo y en especial en los países Hispano-Americanos.

Informe del Ldo. D. Bernardo María Navarro, residente en Matanzas, acerca del proyecto de convenio sobre emancipacion propuesto por la Inglaterra.

Excmo. Señor:

Para cumplir el encargo que V. E. se sirve hacerme en el oficio de 12 del pasado Agosto, he meditado detenidamente sobre el proyecto de convenio, que la gran Bretaña, por medio de su enviado en Madrid, propone al Gobierno de S. M. C. para autorizar al tribunal de la comision mixta establecida en la Habana, á recibir declaraciones con el objeto de averiguar, si existen en esta Isla negros en esclavitud introducidos de Africa recientemente y á declarar libres tales negros, siempre que á satisfaccion de este tribunal no resulte justificado que han nacido en los dominios españoles de América ó que se han importado de Africa con anterioridad al 30 de Octubre de 1820.

Hasta ahora, Excmo. Sr., no se ha provocado, ni tal vez se provocará jamás una cuestion de tanta importancia para la Isla de Cuba.

Por fortuna el Gobierno de S. M., bastante circunspecto, no ha querido resolver en asunto tan grave sin los consejos de V. E.; y V. E., no ménos ilustrado que amante de la inflexible justicia, sabrá defender nuestra causa, y evitar que el mónstruo del egoismo, cubierto con el respetable velo de la filantropía, conduzca la desolacion á los campos de este país, y arruinando la agricultura, única fuente de su riqueza, pierda para el mundo entero la primera y más hermosa de las Antillas.

Miéntras más se reflexiona sobre los términos de ese convenio, ménos puede creerse que una nacion que tanto decanta el amor de sus semejantes haya propuesto de buena fé al Gobierno español la infraccion más elocuente de todos los principios de equidad y de justicia, y que para dar á treinta mil salvajes africanos una libertad prematura, que les sería funesta, por ser incapaces de gozarla, se condenen á perecer de un golpe las fortunas y aún la existencia de quinientos mil hombres civilizados cuyos derechos se fundan en los mismos pactos celebrados por esa nacion y la nuestra.

Dos tratados se han ajustado hasta el dia entre España é Inglaterra para llevar á cabo la abolicion del tráfico de negros. Uno en 1817 y otro en 1835: en ambos se han acordado las medidas que la sagacidad, combinada con los sentimientos de humanidad que movian á las dos naciones, creyó más eficaces al noble y generoso intento que se proponian; sin embargo, en el primero y segundo todas las disposiciones que se tomaron fueron dirigidas á perseguir los traficantes, al hacer la trata, en el viaje de Africa á esta Isla, y en el acto de introducir los negros en ella. En ninguno se estableció la menor pena contra los que adquiriesen dichos negros despues de estar ya introducidos, sin duda porque se advirtió que quedaría ilusoria cualquiera que se dictase por la dificultad de distinguir entre los negros importados con anterioridad y posterioridad al año de 20, y porque una medida insuficiente al fin de acabar con la trata iba á ser perjudicial á los poseedores de esclavos introducidos cuando era lícito traerlos. Los poseedores de esos esclavos, del silencio mismo de esos tratados y especialmente del celebrado en 1835, que escogitó nuevas y más severas medidas contra los que iban al comercio de negros, dedujeron un permiso implícito para adquirirlos despues que estaban en el país, y con mayor razon creyeron que esto era lícito, considerando que tanto nuestras leyes, como las adoptadas generalmente por las naciones cultas para reprimir el contrabando, castigan al que lo hace y no al que compra los efectos clandestinamente introducidos. Si pues todos los anatemas se dirigieron siempre contra el que hacía la trata de los negros en Africa ó los importaba en la Isla; si jamás se conminó con pena alguna al que los compraba despues de estar en ella, ¿por qué principio se quiere condenar ahora á los poseedores de los esclavos venidos despues del año 20, á la pérdida de sus capitales invertidos en ellos con tan buena fé? ¿Cómo puede ponerse la mano en el sagrado de una propiedad adquirida en conformidad de esos mismos tratados? ¡Que! ¿Se ha olvidado que las leyes no pueden tener efecto retroactivo, y que su sancion ha de ser para los casos que ocurran, no para los que han ocurrido? Si los que hoy poseen esclavos importados con posterioridad al año de 20 hubieran sabido la pena á que se trata de sujetarlos ahora, de cierto no los hubieran comprado.

La misma Real órden de 2 de Enero de 1826, aunque dá facultad para denunciar los negros que se reciban de contrabando, é impone 200 pesos de multa al comprador de ellos, no los declara libres, y cuando dice que lo serán los que denuncien los buques en que ellos mismos hayan venido con posterioridad á la publicacion de esa disposicion, pero nó los introducidos con anterioridad en la isla, tampoco dispone cosa alguna respecto de los compradores de esos negros, ni les concede la libertad á éstos, sino en el caso que denuncien el buque que los trajo, y en este caso la concede; porque el poseedor ó dueño de tales esclavos con la designacion del buque, ya vé marcada la persona que puede indemnizarle los perjuicios; pero á los poseedores actuales ni aún este recurso les quedaría, pues en la imposibilidad de averiguar el que introdujo los negros, no sabrian contra quién habian de dirigir sus acciones.

Si los negros se encontrasen en poder de los traficantes, justa sería la medida que se propone, porque al cabo, éstos eran los que habian quebrantado la prohibicion de la trata; pero de ninguna manera lo sería habiendo pasado ya esos esclavos por cien poseedores que los

adquirieron por un título legítimo y con buena fé, puesto que no existía ley alguna que prohibiese comprarlos, ni tampoco era posible averiguar la época de su introduccion en la Isla. Pretender que se con-
dene á los poseedores de esclavos á perder los importados despues de
1820, es aspirar á que se cometa una injusticía atroz, castigando al
que ha obrado en la seguridad de que no infringía ley alguna y dejando impune al que la ha quebrantado.

Declarados libres los negros importados despues del año de 20
por el principio de haber sido ilícita su adquisicion, como resultaría,
admitido el convenio, desde luego reclamarian los salarios del tiempo
que hubieran servido á sus amos. En tal caso, si se diferia á la demanda de los negros, fundada en tan exacta consecuencia, ¡qué manantial
de dificultades se presenta! ¿cómo se averiguaria el importe de esos
salarios?, ¿dónde estaban los medios para satisfacerlos? Sería preciso
entregarles las fincas, y los que antes habian sido propietarios se verian reducidos á la miseria. Si se desestimaba el reclamo, ¿callarian
los negros con tal resolucion?, quedarian tranquilos cuando se sintie-
ran con justicia, con fuerzas para tomarla, con necesidades que satisfacer y con ánsia de pretextos para una revolucion? La imaginacion
más fecunda no podria preveer los resultados de ese convenio. Sólo la
noticia de haberse propuesto, ha esparcido ya en esta Isla semillas capaces de producir frutos amargos. Además, el convenio que se propone, ataca igualmente á todos los propietarios de negros importados
de Africa, ya sea antes ó despues del año de 20; porque los negros,
bien por el innato amor á la libertad, ó bien por carecer de ideas de
tiempo, en el momento que se publicase el convenio, todos se creerían
comprendidos en él, abandonarian las casas de sus amos y acudirian
en tropel al Tribunal de la Comision mixta; y como la primera disposicion de éste, sería mandarlos depositar, los dueños de los importados
antes del año 20, despojados desde luego de su propiedad, perderian
la utilidad que pudieran sacar de sus siervos, á lo ménos mientras el
tribunal diese la resolucion que de seguro no sería muy breve, porque
el cúmulo de reclamos que simultáneamente se establecieran demora-
ría el despacho y muchos tendrían que esperar años enteros por el
resultado de su causa.

Desde el momento que se publicase el convenio, disminuiría de su valor el capital invertido en esclavos, y esta es otra injusticia que se causaria á los propietarios de los introducidos antes de 1820, porque nadie querria comprar un negro, en la duda de que fuese importado despues de esa época. Para conseguir la enagenacion de un esclavo, faltando registros públicos en que constase cuando habia venido á la isla, sería preciso entrar en una purificación difícil, comprometida y de funesto ejemplo para la subordinacion de los esclavos, tan necesaria en la soledad de nuestros campos.

Mas no se limitan á esto los males con que el convenio amenaza á los poseedores de esclavos importados antes del año de 1820. Obligando á los primeros á justificar la época de la introduccion de los segundos, se les condena á la pérdida de sus propiedades, porque, ¿cuál de esos poseedores podria acreditar que sus esclavos fuesen importados antes de 1820? En esa época no intervenian en la venta de negros bozales otros documentos que unas simples papeletas, llamadas de *barracon*, las cuales nadie conserva hoy dia, unos porque las consideraron inútiles, como en efecto lo eran; pues no identificaban al negro á que se referían, y otros porque descansando en el legítimo título que les daba tan dilatada y pacífica posesion, nunca pudieron presumir que se les llamaria á responder de la propiedad de sus esclavos. En tales circunstancias, ¿qué harían esos poseedores? ¿acudirían á la prueba de testigos?, ¿los habria al tiempo en que compraron los negros? ¿recordarian los poseedores quienes fueron esos testigos caso que los hubiera habido?, y aunque lo recordasen ¿dónde se encontrarian despues de tantos años? y dado que se encontrasen ¿se atrevería alguno de los testigos á reconocer y afirmar que el negro en cuestion era el mismo que habia visto vender por lo ménos 21 años antes, cuando solo una ocasion y sin interés lo habia visto?, y faltando las pruebas por ser imposible darlas, ¿por quién se decidiría el Tribunal de la Comision mixta?, ¿creería á los amos ó á los esclavos? Si creía á los primeros, todos los negros resultarian importados antes del año de 20: á ninguno se le declararía la libertad, y el convenio no haría más que introducir el desórden; crear esperanzas de un bien que no habia de realizarse, exitar los negros á la insubordinacion ó al ménos á la indocilidad y exponer la Isla á una revolucion en que todos fuesen víctimas. Y si el Tribunal, bien por el deseo de conjurar estos males, ó más bien por ceñirse á la letra y espíritu del convenio que le encargaba declarar libres los esclavos que á su satisfaccion no se acreditase completamente que habian sido importados antes del año de 20, ó nacidos en los dominios españoles de América, resolvia en favor de los negros, quedaba hecha de un golpe la emancipacion total, y con ella la misma revolucion que se habia tratado de prevenir.

En las mismas facultades que se dan al Tribunal de la Comision mixta, encontrará el Gobierno de S. M. una razon más para desechar tan ominoso convenio. Se autoriza á este Tribunal para establecer una especie de pesquisa; no se le sujeta á trámites ni fórmulas de ninguna clase; puede proceder á su arbitrio, y de sus determinaciones no hay apelacion ni recurso alguno. Con tales facultades prohibidas todas por nuestras leyes, ya se puede calcular cuál sería la desconfianza que inspiraria un tribunal, compuesto, en parte de extranjeros fanáticos por la libertad de los negros é interesados al mismo tiempo en la ruina de este país.

Examinando á la luz de los principios políticos y económicos el convenio que se propone, desde luego se vé como una tea encendida, que, arrojada en este rico país, pudiera en un solo dia convertirlo en una inmensa hoguera donde todo quedase reducido á pavesas. Sí, Excmo. Señor, el plan que la filantropía inglesa ha presentado al Gobierno de S. M. ofrece inconvenientes y males de tanto tamaño que pueden decidir de un golpe, no sólo de la riqueza y prosperidad de la Isla sino de la tranquilidad y vida de sus habitantes.

Para conocer hasta qué punto se comprometeria el órden y sosiego públicos permítaseme observar que si la concesion del derecho de ciudadanía, otorgada por la asamblea nacional de Francia á los libertos de Santo Domingo, bastó para alentarlos á restituir la libertad á los esclavos, y que si este fué el orígen de la desastrosa revolucion que al fin produjo la ruina de esa Isla, ¿cuántos desastres no deberán temerse en ésta, dándose la libertad repentinamente á quinientos mil negros salvajes, que por lo ménos la alcanzarian con el convenio á que aspira la Gran Bretaña segun queda demostrado? Una vez publicado

no tardarian más tiempo en levantarse que el que éste tardase en llegar á su noticia. Rotos entonces los diques de la subordinacion y disciplina por tan enorme masa de bárbaros que no podrán olvidar los recuerdos de la dura condicion á que habian estado sujetos, y que si,
oprimidos eran débiles y sumisos, libres serian atrevidos y osados;
ansiosos de vengar los profundos agravios recibidos de la raza que los
habia dominado; arrastrados por la impresion vehemente que debería
producir en sus ánimos el inesperado suceso que les habia vuelto á la
suspirada libertad; alentados de la fortaleza que se supondrian contando su número, del cual se convencerian á la puerta del Tribunal de
la Comision mixta; ignorantes al mismo tiempo de su impotencia por
la falta de conocimientos y destreza en el manejo de las armas; y mo-
vidos por otras mil pasiones, fáciles de concebirse, tratarian de repetir
las lamentables escenas de la colonia francesa, y recorriendo y asolan-
do los campos y ciudades forzarían las casas, saquerían y robarían las
familias, matarían al que les opusiese resistencia, y aún sólo por el
bárbaro placer de atormentar á los blancos; destruirían cuanto encontrasen al paso, y nos envolverían en una espantosa revolucion, aspi-
rando por último á dominarnos, para lo cual contarian con las simpa-
tias y ayuda de la república vecina de Haití, sin preveer que ellos
tambien serían víctimas de su loco frenesí, como lo fueron en 1825
los que osaron rebelarse contra sus amos en el partido de Guamacaro.

He aquí, Excmo. Señor, los primeros eslabones de la pesada, cuanto interminable cadena de males con que la extraviada filantropía de
los ingleses pretende que España cargue á sus propios hijos. Así como
el signo de la redencion, siendo la bandera de paz y mansedumbre ha
servido en manos supersticiosas para conducir la guerra á todas partes
y despedazar los hombres vivos, así la filantropía, que ciega, no atiende á épocas ni circunstancias, convertirá en un vasto desierto, regado
de sangre y de cadáveres, la más preciosa de las Antillas, si el Gobierno de S. M. no rechaza el proyecto de la Gran Bretaña.

Difícil sería explicar la filantropía de los ingleses respecto á nuestros esclavos, si se tiene presente la conducta que para la emancipacion observaron en sus colonias. Pretenden que acá se haga de repente
y de tropel, violando las leyes patrias; y en sus colonias todo se hizo

con calma y con arreglo á las leyes, que se iban dictando despues de
largas y acaloradas discusiones en el Parlamento, sin que se diese á
ninguna disposicion el tiránico efecto retroactivo que quieren para
nosotros. Acá no se han preparado á los amos y á los esclavos para
que la libertad de éstos no sea peligrosa á los unos y sea un progreso
para los otros y allá no se atrevieron á quebrantar las cadenas de la
servidumbre, sino despues de un aprendizaje de seis años, en cuyo
tiempo procuraron, aunque inútilmente, infundir á sus negros ideas
de órden, principios de moralidad, amor al trabajo y las puras y san-
tas máximas del evangelio.

Mejor sería que el Gobierno inglés llevara esa propaganda filantró-
pica á los países del Africa y difundiese en ellos la luz del evangelio,
pues las tinieblas de la ignorancia son causa de que allí comience la
esclavitud de esos séres desgraciados que no lo son tanto entre noso_
tros. En ningun pueblo donde ha habido esclavos ha sido más limitada por las leyes la potestad domínica que en esta Isla: ellas quieren
que el esclavo sea contado en el número de los domésticos del Señor:
ellas exigen que se les instruyan en los principios de nuestra religion
y que no se les prive de los consuelos santos que ofrece: ellas le dan
el derecho de matrimonio que gozan los indivíduos de la raza blanca,
proporcionándole así los dulces goces de la paternidad y el hábito de
vivir en familia: los amos dan con generosidad al esclavo los medios de adquirir un peculio y esas leyes protejen este peculio y
otorgan los derechos inherentes á él, así como el de rescatar su libertad por un precio justo: esas leyes conceden al esclavo en muchos
casos el consuelo de pasar de un amo malo á otro que sea bueno. El
esclavo entre nosotros debe ser alimentado y asistido en todas las épocas y trances de su vida: nadie sino su dueño puede castigarle, y si
éste se excede queda sujeto á una pena. En todos los pueblos donde
hay Ayuntamiento tienen los esclavos un defensor que los ampara y
levanta gratuitamente su voz con energía contra los abusos de la potestad de sus amos. En las causas de los esclavos se guardan los mismos trámites y detenidas fórmulas que en las de los hombres libres;
y en iguales circunstancias las mismas penas se imponen á unos que
á otros.

Pero volvamos al exámen del convenio interrumpido por esta digresion, que se nos disimulará en gracia del deseo de vindicar nuestro amor á la humanidad y leyes patrias. Doy por un momento que fuese posible restituir repentinamente á la libertad los quinientos mil esclavos que poseemos, sin riesgo de nuestras vidas, ¿podrá esperarse que fuese lo mismo respecto de nuestras fortunas que irremisiblemente quedarian anonadadas en un solo dia; viéndose millares de familias lanzadas de la cumbre de la más legítima opulencia al abismo de la miseria más espantosa? La pérdida de los propietarios, Excmo. Señor, no se limitaría al valor de los esclavos: en ella irán envuelta tambien la de los gruesos capitales invertidos en tierras y siembras, fábricas y máquinas. Arrebatados á la agricultura en un dia esos brazos que le dan la vida, y que no podrian reemplazarse, por ser muy escasa la poblacion blanca de la Isla, capaz de aplicarse á sostener el cultivo, pronto se verían los deliciosos jardines y las opulentas fincas rurales convertidas en un vasto desierto, y la Isla entera tornada en un país casi bárbaro, habitado por africanos, que volverían á las costumbres de su tierra, y obligarían al cabo á emigrar la raza de los blancos, como sucedió en la desventurada Española.

Es un delirio creer que los negros se prestarían á seguir trabajando por un salario moderado: esto pudiera esperarse de hombres, que tuvieran ideas exactas sobre la libertad; pero no de los que creen que ésta consiste en la holgazanería y la vagancia. Libres los negros y entregados á sí mismos, en la ignorancia y estupidez en que los conservamos por nuestra conveniencia, retrogradarían desde luego al estado del salvaje. El amor al trabajo es el fruto de la civilizacion; ella crea goces; éstos necesidades, y éstas obligan al hombre á procurar los medios de satisfacerlas, que no se adquieren sino con el trabajo. Tan cierto es esto, que los países más adelantados en civilizacion son los más laboriosos. El salvaje desconoce y ni puede imaginarse los gustos que proporcionan las riquezas, sólo goza en la comida ó en los impuros placeres sensuales: cuando tiene para saciar estas tan cortas necesidades, se entrega al sueño ó á la vagancia. Esto es lo que sucede en todas partes, y con mayor razon sucedería en la isla de Cuba, donde pródiga la naturaleza, es la tierra tan fértil que casi produce sin trabajar para conservar la vida. El que tenga algun conocimiento de los negros, no podrá negar la exactitud de estas observaciones. Es tal la natural indolencia y aversion al trabajo de esa desgraciada raza, que sabiendo que si adquieren pueden rescatar su libertad, es preciso en las fincas apremiar á muchos, para que se ocupen en sus propias huertas, ó *conucos*, que todos los propietarios se empeñan en proporcionarles para entretenerlos en los dias de fiesta, y evitar los excesos á que se entregarían si estuviesen ociosos.

En los negocios políticos no deben olvidarse las lecciones de la historia; y en el presente siempre será preciso ocurrir á la de los pueblos, cuyas circunstancias han sido iguales. Hecha la revolucion de Santo Domingo, y acosados por la miseria los mismos negros, convencidos de su propia indolencia, formaron un código llamado rural, en el cual eran obligados los trabajadores á fijarse en las fincas sin salir de ellas, á ménos de haber obtenido licencia del Gobierno, y facultades los propietarios para renovar la antigua costumbre del castigo, con la diferencia que debia infligirse con un baston. Por estos medios consiguieron que en 1806, los productos de la isla llegasen á una tercera parte de lo que habian sido en 1789; pero en un régimen republicano, y en medio de sucesivas revoluciones que no permiten que el poder estuviese seguro en mano alguna, no pudieron subsistir mucho tiempo leyes tan violentas, y el resultado fué que volviese á caer en abandono el cultivo, que á las valiosas fincas rurales se sustituyeron los sombríos bosques, y que la exportacion de azúcar que en 1806 ascendió á 47 millones 516,531 libras, en 1835 se vió reducida á 2,020.

En las mismas colonias inglesas, donde como se ha dicho, á la emancipacion precedió el largo aprendizaje de seis años, encontramos la prueba más concluyente de la aversion que tienen los negros al trabajo, sin embargo de que ahora le era útil y necesario, se han entregado á la vagancia, dando lugar á la lamentable decadencia que ha experimentado la agricultura en esos países, por cuyo motivo los mismos ingleses convencidos, y tal vez arrepentidos de su error en libertar de una vez á tan inmensa multitud de hombres, han adoptado el recurso de traer negros de la costa de Africa, contratados por 14 años: esclavitud disfrazada de una nueva especie, y quizás de peores consecuencias para la humanidad. En la esclavitud antigua el amo debia alimentar y asistir á los enfermos y ancianos, y en este sistema de contratos con salvajes que no pueden graduar el peso de las obligaciones que se imponen, despues de haberse aprovechado de los más risueños dias del trabajador, se le abandona tal vez enfermo y de cierto desvalido, para que vaya á concluir su existencia en la miseria. El esclavo podia rescatarse ó mudar de dueño, y los contratados ninguno de estos recursos tienen mientras no se cumpla el término de su enganche. El amo tenía interés en la vida del esclavo, á lo ménos por conservar el capital que representaba, y el contratado carece de esta garantía, si dá con un capataz que, sordo á la voz de la humanidad, no oye sino la del interés. Estos inconvenientes pueden preveerse y salvarse en las contratas; pero nunca dejará de ser este sistema una verdadera esclavitud temporal que siempre pondrá en duda la rectitud de las intenciones con que el Gobierno inglés se empeña en la emancipacion de nuestros esclavos.

Aniquilada como quedaría la agricultura de esta Isla, única fuente de su riqueza, ¿cuáles serían sus productos?, ¿cómo podrian sus rentas alzarse hasta la enorme suma de nueve millones con que sostiene sus cargas y ayuda á cubrir las del Estado?, ¿dónde sacaríamos los recursos para mantener ese benemérito ejército que desempeña la guarnicion del país, y hace que todos respeten su territorio?, qué golpe tan terrible recibirían la industria y el comercio peninsular?, ¿cómo podria la Isla adquirir las harinas, los vinos, el aceite, el jabon y los demás artículos que se introducen de España?, ¿qué destino tomaría el gran número de buques nacionales, que ahora se emplean en el comercio de estas colonias y principalmente en el de carnes para nuestras fincas?, ¿en qué se ocuparán los marineros que tripulan esos buques, de donde salen los que han de servir en la marina Real?, ¿quién proveerá á las provincias de la España europea del azúcar, del café, del tabaco y de otros frutos preciosos al poco costo y de la calidad que los tiene hoy porque los lleva de aquí?, ¿cuál será entonces la suerte de millares de familias desvalidas, que existen en la Península pendientes de sus padres ó maridos ó hijos ó hermanos que vinieron á esta Isla, y encontraron en su prosperidad los medios de adquirir, ocupándose honestamente para socorrer á esos desgraciados y libertarlos de la mendicad? En la cuestion suscitada por los ingleses, Excmo. Señor, no están interesados los cubanos solamente, lo están así mismo nuestros hermanos peninsulares, y ellos tienen un incontestable derecho á ser oidos en esta discusion importante que afecta á los intereses de la nacion entera.

El convenio propuesto tambien ataca la independencia de la nacion ó por lo ménos ofende altamente su dignidad. Se trata de que súbditos españoles, por un hecho cometido en territorio español, sean juzgados por un tribunal en parte extranjero. No basta decir que ese tribunal ha sido admitido por nuestro Gobierno en los tratados para la abolicion del tráfico de negros, pues si se admitió fué para decidir las causas sobre las presas que hacían los buques de la marina inglesa; y como en esos expedientes intervenían por una parte súbditos ingleses y por otra súbditos españoles justo y racional era que los jueces perteneciesen á las dos naciones. Pero en los negocios de que habla el convenio no sucede así: ellos se verian solamente contra los poseedores de esclavos, que siendo españoles no pueden ser sometidos á jueces extranjeros. Asentir al convenio sería lo mismo que confesar la pundonorosa nacion española que ella necesitaba que viniesen de afuera á hacerle cumplir sus compromisos.

Ninguna de las naciones que han prohibido hasta ahora el tráfico de negros ha admitido jueces extraños para castigar las infracciones de esa prohibicion. Esta circunstancia por sí sola bastaría para rechazar con la más alta indignacion la enojosa y degradante propuesta de los ingleses.

Por la Real órden de 2 de Enero de 1826, antes citada está cometida á los Capitanes Generales de la Isla la facultad de conocer exclusivamente de las causas que se formen por denuncias de esclavos introducidos de contrabando, y los ingleses mismos han declarado que no tienen queja de la autoridad de esta Isla, ¿en qué, pues, fundan la desconfianza que envuelve el proyecto de convenio? En el deseo que los atormenta de gobernar en todas partes, Excmo. Señor.

V. E. se ha dignado permitirme que informe cuanto se me ofrezca y parezca en el asunto respecto de los verdaderos intereses de esta país, y yo, aceptando con gusto tan honrosa confianza y cumpliendo al mismo tiempo con lo que debo á mi conciencia, diré francamente lo que pienso. Si la inflexible justicia, la riqueza y prosperidad de la Isla, la tranquilidad y vida de sus habitantes, el interés del Estado, la industria y el comercio de nuestros hermanos de la Península, y la misma suerte de los desgraciados negros á quienes se trata de proteger, exigen que no se toque á la llaga de la esclavitud existente, estos mismos objetos, la buena fé de los tratados, la paz y el decoro nacional comprometidos en ella, la humanidad y la fuerza irresistible de las ideas del siglo tambien demandan *que se cierre de todo punto las puertas á la nueva introduccion de esclavos.* Detestado y prohibido su comercio por nuestro Gobierno y el de todas las naciones de Europa y América, excepto el Brasil, no ha podido extinguirse; la codicia de los hombres, fértil en recursos para burlar la ley y la vigilancia de las autoridades ha encontrado hasta ahora medios para continuar el contrabando, y ya se hace preciso oponerle nuevas y más enérgicas medidas que ejecutadas irremisiblemente, atajen un cáncer que pudiera devorarnos. *Este es el voto de la masa pensadora de los cubanos: ellos desean un porvenir para su país y no lo ven sino en la conservacion de los derechos adquiridos y en la extincion de la trata.* Concluida ésta, calmará el entusiasmo de los filántropos, y la Inglaterra, viendo que hemos hecho lo que debemos, cesará en sus exigencias, y aunque es verdad que el progreso de la prosperidad de la Isla quedará estacionario por algunos años, tambien lo es que aseguramos para siempre lo que poseemos, y que con el aumento de la poblacion libre llegaremos al grado de riqueza á que nos llaman la fertilidad de este suelo y su posicion geográfica.

Desde el principio se conoció el error de reunir en un país aislado un gran número de negros esclavos, á quienes esta condicion habia de hacer y hará siempre enemigos mortales de la raza blanca que los domina. Por este motivo el Gobernador de la Española, Ovando, se resistió á la introduccion de negros en estas regiones, y el Ayuntamiento, la Sociedad Patriótica y el Consulado de la Habana, en la respetuosa, pero enérgica representacion que dirigieron á las Córtes constituyentes de la nacion en 1811, si bien defendieron que se atacase con precipitacion el establecimiento de la esclavitud, convinieron en que debian tomarse medidas para remediar un mal, que aunque por envejecido y arraigado, era necesario respetar, no convenía mirar con indiferencia, y por esto mismo, Excmo. Señor, la isla de Cuba espera hoy que el Gobierno de S. M. al mismo tiempo que niegue su condescendencia al convenio propuesto por la Inglaterra, dicte todas las providencias qne conduzcan á impedir la nueva introduccion de esclavos.—Dios etc.—Matanzas 2 de Setiembre de 1841.—Excelentísimo Señor—Bernardo M. Navarro.

CUESTION DE MONEDAS....

CUENTO.

I.

Cierto jóven, inexperto sí, pero no pobre, porque llevaba consigo considerable suma de dinero, salió á correr el mundo, y fué á parar la noche de aquel dia á una ciudad populosa en donde quiso proveerse de lo necesario; y era ésto algo de comer, porque se sentía con buen apetito, y una cama en donde reposar porque estaba por demás fatigado del viaje que fué largo y penoso. Pidió, pues, con qué aplacar el hambre, en el primer *restaurant* que topó, y puso sobre la mesa un reluciente doblon, diciendo: ¡Ea, ahí va el dinero! Miráronle con ademan de gente incómoda los del *restaurant*, y le increparon que si era esa la moneda que él usaba.«—¿Cómo que nó, dijo el novel viajero; y que es de oro, y de buena ley».—Váyase noramala el estafador, le rugieron en los oidos, y le pusieron en la puerta de la calle. Desde allí oyó que se reían de él á carcajadas otros que le tomaban por loco, y que daban á entender esto á los mozos del meson. Perplejo se estuvo nuestro viajero algunos instantes, mirando alternativamente las estrellas y los adoquines, porque aquella ciudad estaba adoquinada, y era de noche, aunque no llovia; pero al fin, echó á andar y fué á parar á una casa de huéspedes que de allí no léjos alumbraba con una gran farola su tentadora muestra. Aquí, como pidiera cama y quisiera hacer la prueba de su dinero, acontecióle lo mismo que en la fonda. ¡Si me habrán engañado los que me enseñaron allá en mi casa que el oro era metal de gran precio, y me dieron ésta por buena moneda, (dijo, como si desconfiase de la calidad de la que llevaba); y esta vez su perplejidad fué mayor, y mayor tambien el número de adoquines y de estrellas que pudo contar antes de resolverse á seguir adelante y á probar en otra parte la fortuna que en el *restaurant* y la hospedería le habia faltado.

Caminando caminando, se encontró en medio de una gran plaza en donde se vendia de todo; comestibles y ropa, virtud y fama; que es decir, que habia de qué contentar las necesidades del cuerpo y las del alma. ¡Ah! se me olvidaba decir que el Amor estaba asomado al postigo de su tienda que tenía en medio de la plaza, y que pregonaba con voz enfática su mercancía. Aquí seré sin duda más afortunado, se dijo, y parándose delante del primer escaparate, pidió de lo primero que vió, y en llegando el momento de pagarlo le tiraron á la cara el dinero que ofrecía. Pidió explicaciones y no se las dieron; y allí mismo se agruparon los de las tiendas convecinas que acudian como á defenderse de comun peligro. Huyó, esta vez huyó nuestro viajero, sintiéndose reo de un crímen que más podia sospechar por la opinion general, que conocer por la revelacion de su conciencia; y anduvo así vagando entre el lodo y la sombra de que estaba llena la ciudad, hasta que apuntó el alba. No tenía hambre ni sed; que con el susto, junto con el cansancio, se le habian ido del cuerpo; pero le acosaba otra necesidad que le aguijoneaba el alma con la tiranía de un verdadero apetito.

He dicho que era nuestro viajero jóven é inexperto, y no es extraño que sintiese necesidad de amar. Se le ocurrió una idea lumínosa: si será el amor, dijo, lo único que se pueda comprar con este dinero mio, porque sea lo único que lo valga; pues que, á la verdad, y á pesar de todo cuanto me ha sucedido, tengo todavía por bueno mi dinero. Es además de esto, tan sincero, leal y desinteresado el vendedor de este sentimiento, que no pretenderá engañarme como esos otros comerciantes de víveres, de honor y de buena fama.

Y con el corazon más que con los ojos, vió la tienda que buscaba y en la cual habia toda la noche encendido un candil, que daba más humo que claridad. ¡Cómo le palpitaba el corazon á nuestro jóven! (Pero advierto que no lo hemos bautizado todavía; llamémosle Apofemo, nombre aunque bárbaro sonoro, y que le cuadra bien por otra parte) ¡cómo le palpitaba el corazon á Apofemo cuando llegó á la puerta de la tienda! Ya allí, escogió entre sus monedas la mayor, de más precio y más luciente, y la arrojó con cierto atrevimiento sobre el mostrador. ¡Que se me dé en cambio lo que eso valga! dijo. Y vino el dependiente, que era una muchacha, cogió la moneda, miró de frente al advenedizo, y rompió á reir en son de burla: á ésto salieron otras que estaban en el interior de la tienda y la hicieron coro; tiraron por el suelo la moneda, pisoteáronla y le echaron luego á la calle, deslustrada y sucia. Estaba Apofemo lívido como ladron cojido *infraganti*, y acercándose á la que parecia directora del Establecimiento, en voz baja y balbuciente se excusó como supo de su falta, y le dijo por fin: —Decidme, señorita, cuál es la materia de que está hecha la moneda que circula en este país; y dejadme por Dios, que vea vuestro dinero. Metieron las muchachas las manos en los bolsillos y sacaron en ellas unos pedazos informes de una cosa negra: ¡Mirad! le dijeron con voz y ademán satisfechos. Tomó Apofemo uno de aquellos cuerpos, y vió que eran hechos de lodo muy hediondo. ¿Con que es esta vuestra moneda, prorrumpió, entre asombrado y afligido; con que es esto lo que preferís al oro? ¡Ah! vosotras no conoceis su precio, no: desgraciadas, yo os diré.... Las muchachas le cerraron el postigo en las narices y quedó Apofemo sólo en la plaza, con sus pensamientos que ya se iban oscureciendo con tantos disgustos, y con el dia que aclaraba con el sol.

II.

Al que me diga que la situacion de Apofemo no era difícil y dolorosa, le diré yo que lo era, y mucho. Considérese si nó, la naturaleza de los contrapuestos afectos que en aquel trance se disputaban la atención de su juicio mortificándole con dolorosísima obsesion. De una parte, los aguijones de la necesidad, y de otra, un sentimiento como de indignacion y de temor que se hacía lugar en su alma ante aquel desprecio que de todos habia sufrido: el cuerpo que pedia pan, y el espíritu que demandaba con no ménos premura la reparacion de una ofensa tan injustamente inferida á sus mejores y más sólidas creencias; dolor y disgusto, hambre y cólera, sobresalto y miedo, y todo esto con no sé qué vaguedad de pensamientos que abultaba los males de que se sentia aquejado. ¿Será posible, decia para sus adentros, que toda esta gente de esta ciudad se engañe ó pretendan engañarme cuando desprecian mi oro, ó será, por el contrario, que mis buenos padres y todos aquellos que me enseñaron á usar esta moneda y me proveyeron de ella en abundancia, se equivocaron, y me dieron con una mala doctrina, tan despreciable materia como parece serlo aquí el oro? Y que no hay por donde pasar; que esto es lo que tengo, y no otra cosa para proveerme de lo necesario, y en esta ciudad no está en uso, y yo no puedo prolongar mi ayuno, ni vivir así al raso como vivo. ¡Buenos ojos tenía tambien la muchacha aquella de la tienda del amor!......pero ¿qué vamos á hacer? ¿Será así todo el mundo? se dijo. Y con esto le vino al pensamiento la idea de salirse de la ciudad; y así pensando, tiró por una calle y luego por otra, y anduvo todo el dia vagando sin encontrar salida; que estaba encerrado como en un laberinto, y se le oscurecia, de la mucha hambre, la vista, y nadie quiso decirle por dónde se salia de aquella *Creta*.

¡Conque estoy prisionero en este maldito lugar, exclamó el desgraciado Apofemo, dejándose caer sobre una piedra, y rompiendo á sollozar, conque no tendré más remedio que morirme de hambre, aquí, en medio de la abundancia; de pobreza viéndome rico; aislado como leproso entre tanta gente que hace asco de mí y que me insulta con insolente satisfaccion!

Un recurso le quedaba y era robar algo de qué comer; pero ni se le ocurrió, ni sabia qué cosa fuera robar, ni lo hubiera hecho, sabiéndolo. En medio de aquella tribulacion desconfió por completo de sí mismo, y procuró, escudriñando su conciencia, ver en ella su crímen;

que tanta es la fuerza abrumadora del juicio del mayor número cuando se ejerce sobre un espíritu débil ó ineducado en las artes de la vida. Mi oro no es oro, ó el oro no vale lo que me dijeron, concluyó; porque todos aquí no pueden engañarse. Y estas reflexiones se las sugerian el aislamiento y el hambre, que son poderosos á sugerirlas peores en todos casos. Estando en esto, acertó á pasar por allí un viejo de cara maliciosa y de cínico aspecto; y encarándose con Apofemo le dijo con burlona sonrisa: Sé lo que te pasa y eres un tonto si tanto te embaraza tu situacion. Muchos otros como tú han llegado á esta ciudad y hoy se encuentran entre nosotros muy á su sabor, y en vías de progreso. ¿Por qué, en vez de estarte atormentando con inútiles preocupaciones, no tiras todo ese metal que llevas encima, y que te embarga los movimientos?, ¿por qué no buscas aquí trabajo con que ganes la moneda que se usa en el país?, por qué, en suma, no te acomodas á nuestros gustos y costumbres? Ya ves que aquí vivimos todos y que no eres mejor que nosotros.

Aquellas palabras cayeron como una descarga eléctrica sobre Apofemo; inquietóse más de lo que estaba, y en un punto sintió todas las turbaciones de la vacilacion y las solicitaciones todas de sus no satisfechos apetitos con la fuerza de la gran tentacion que se le ofrecia. Cerró los ojos, se incorporó como pudo, y dió al viejo una mano fria y sudorosa. Guiadme, le dijo.

III.

Sin que supiera cómo, se encontró nuestro mal aventurado viajero colocado en un establecimiento de los mejores de la ciudad, y vestido á la usanza y moda de aquel país: las gentes que le rodean mirábanle con cierta sospechosa reserva, y el viejo habia desaparecido. Dijéronle lo que tenía que hacer, y él lo hizo bien; que era hombre capaz en aquellos momentos de dar vueltas á una noria. Llegada la hora de comer, comieron; y comió un manjar desabrido que era el plato que allí más gustaba. Por la noche cayó rendido en su tarima, y el cansancio no le dió tiempo, ni la postracion lucidez para reflexionar sobre su estado. Llamáronle al alba, y aquel dia le hicieron trabajar tanto como el anterior, con lo cual se durmió tambien fatigadísimo aquella noche; y así fueron sucediéndose los dias y las semanas y corriendo el tiempo, embotando en su espíritu, por el dolor y por la influencia insensible é incontrastable del hábito, todo sentimiento de disgusto y aún el de su propia existencia. Habia sido dominado por el cuerpo, tirano tan brutal como absoluto.

Así y todo, y con haberse acomodado á los usos y costumbres de los hombres con quienes vivia, era escaso el jornal que le daban y se lo pagaban en el peor lodo del país. No podian perdonarle que hubiera pretendido hacer valer en aquella plaza otra moneda, ni se avenian bien con cierto aire de candidez y de segura inocencia que Apofemo, á pesar de todo conservaba. Dábanle vaya; burlábanle de todos modos; y lograron infundirle un sentimiento de penosísima desconfianza de sí mismo. Vedábanle los goces más necesarios, á tal punto, que encarecian á sus ojos las groseras satisfacciones que solo á hurtadillas podia proporcionarse. No hay para qué decir que todos allí disfrutaban en toda la plenitud del goce de aquello mismo que á él le estaba vedado; y que en ocasiones, cuando tímidamente se atrevia á probar de lo que todos se hartaban, echábanselo en cara con mal encubierto espíritu de acusacion, y con tal cinismo, que para él se convertía en espíritu de justicia á fuerza de ser, como era, audaz, soez y descarada la gente aquella. ¡Ah! lector de mi alma, por la salvacion de ella, te juro que le pusieron en los labios y en el corazon más hiel y más veneno que se pudieran encontrar en los hígados de todos los tigres de la Hircania y en las habas famosas del Calabar. Tornóse en asustadizo su génio: desconfiaba de todo, atrevíase apénas á respirar medíase la luz que le era dado tener; y aún su sueño, con estar en él adormecidas sus potencias, era inquieto, breve y lleno de horrorosas pesadillas. Hambriento así de todo, acarició alguna vez entre las sombras de su enflaquecida mente la esperanza de amontonar mucho lodo con que saciar sus hambres; y guardó como un tesoro esta punzante fruicion que para consuelo de sus cuitas le elaboraba todavía su lastimado cerebro.

Iba entretanto pasando el tiempo y saliendo insensiblemente nuestro amigo de la estupefaccion dolorosa en que le habian sumido sus desgracias, y con esto, como recobrasen su imperio las embotadas actividades de su espíritu, tuvo algunas vislumbres de su verdadera situacion y conciencia do lo que le pasaba. Vió y conoció en toda su horrible fealdad el vicio que á todos corroía y la disolucion á que habian llegado los elementos de aquel extraño pueblo: supo darse cuenta de su propio valor, comparó, y la comparacion le fué favorable, y se encontró mejor de lo que le habian hecho creer que era, y muy superior á todos los que le rodeaban. Metió los ojos en la hediondez en que vivian sumidos, y de asombro en asombro, hizo la repugnante diseccion del cadáver putrefacto de aquella sociedad.

Nada sé decirte sino que al tener conocimiento de ello fué su indignacion tan grande como habia sido su sufrimiento; y tan profundo el desprecio que sintió por todos, como habia sido terrible el miedo y el temeroso respeto que supieron inspirarle. Apoderóse de su espíritu un saludable horror que le dió fuerzas para romper los lazos que á aquella sociedad le ligaban, y una noche se salió despavorido por los tejados, y se echó al campo y echó á correr como alma perseguida por el enemigo. Tropezó en el camino con un cuerpo duro, cayó; y reconoció al tocarlo que era el talego de oro que los de la ciudad habian tirado á un muladar: recuperaba intacto su tesoro.

Una cosa habia perdido, que fué la inocencia y el vigor, que le robaron en aquella vida; acompañábale un gran dolor, pero conservaba en su alma inexhaustas las fuentes del consuelo: lloró, lloró mucho y se sintió fortalecido.

El recuerdo de su vida pasada ha ido desvaneciéndose en su memória como el de un sueño penoso; y aunque á veces y cuando se revuelve el tiempo le lastiman el alma las cicatrices y costurones de sus viejas heridas, cúrase de estos dolores con el bálsamo de la experiencia, única cosa buena que sacó en el pueblo donde sufrió tanto.

Hoy vive en su modesta ciudad natal, en donde corre con general aceptacion la buena moneda; y ha conseguido del ilustrado Gobierno de su país la creacion de un cuerpo especial de vigilancia que vela constantemente porque no se introduzca en sus mercados el lodo que circula en aquel otro maldecido lugar.

ESTÉBAN BORRERO ECHEVERRIA.

Habana, Abril 20 de 1879.

GIBARA Y SU JURISDICCION.

APUNTES HISTORICOS Y ESTADISTICOS.

(CONTINUACION).

Afluyendo, pues, por entónces, alguna poblacion hácia la parte de Holguin, fundóse el primer caserío ó *paraje* que tuvo su jurisdiccion en el hato de Managuaco, segun expresa Pezuela (1) con estas palabras.

«Su territorio (el de Holguin) segun hemos dicho en el anterior artículo de su J., formó parte de la de Bayamo desde los tiempos primitivos de la conquista, sin que en su inmensa area, que sepamos, principiara á fomentarse ninguna poblacion, hasta que hácia los años de 1698 se fabricó una ermita de ladrillos y tejas en el hato de Managuaco, á algunas leguas al N. N. O. de la actual ciudad, en el antiguo partido de Auras, á la derecha y no muy léjos del rio Cacuyugüin. Trasladada luego en 1700 con licencia del venerable Obispo Compostela al hato de las Guásimas, algo más al Sur, se erigió en parroquia, siendo el primer cura el Pbro. D. Francisco Gonzalez de Milian y Batista. Pero ni aún aquí subsistió mucho tiempo el templo, porque en

---

(1) Diccionario. Tomo III, Pág. 411.

1720 se trasladó definitivamente al hato de Holguin, por haberse tambien mudado á ese lugar las familias que residian en Managuaco y las Guásimas.»

Así es, repito, que la primera poblacion holguinera tuvo su asiento, ántes que en Holguin, en Managuaco y en las Guásimas, sabana de las Cuevas.

Pertenecia este sitio de las Guásimas, segun consta de un acuerdo capitular celebrado en 17 de Agosto de 1778, á Dª María de las Nieves Rodriguez de Leyva y Aldama, llamada la *Eva de Holguin*, por la mucha descendencia que dió á su poblacion, casada con D. Juan Francisco de la Torre y Fuentes. De este matrimonio puede decirse que arranca la familia holguinera, puesto que en la última *visita de ordenanza*—así se llamaba en aquellos tiempos—que hizo en 1649 el Regidor de Bayamo D. Juan Lorenzo Muñoz, se contaron, en la lista que llevó, 175 personas procedentes y enlazadas con la familia de Fuentes, estando viva todavía la Rodriguez.

Trasladada la poblacion que existia en los *parajes* de Managuaco y las Guásimas al hato de Holguin y cuando ya contaba con más de 60 casas y una plaza, bien arregladas esas calles, con curato propio, representó el vecindario al Gobernador de Cuba manifestándole «el desconsuelo en que se hallaban por falta de administracion de justicia y las *muchas vejaciones que experimentaban de la de Bayamo*, á causa de estar en su jurisdiccion, etc., etc.»

Por manera que los holguineros no hicieron otra cosa en aquella fecha, respecto de Bayamo, que lo que hizo Gibara en 1847, respecto de Holguin, cuando ya habian desaparecido para entrambos pueblos aquellos tiempos de los Zayas y los Avilas, que tan paternalmente supieron mantener amistosa armonía entre ambas localidades.

Bien es verdad que, para que se cumpla el destino que la Providencia tiene señalado á cada pueblo en particular, viene generalmente á servir de intrumento separatista, el eterno comportamiento del más fuerte contra el más débil; cuya causa es la lima que rompe al fin y á la postre las cadenas de toda opresion.

Volviendo á los sucesos de Holguin, resultó que el Gobernador de Cuba, D. Alonso de Arcos y Moreno, elevó á S. M., la queja de los holguineros en carta de 11 de Julio del año 1735, manifestándole qué considerando justa la peticion, habia nombrado ministros que los atendiese en justicia y por teniente de ella á D. Diego de la Torre y Hechevarría.

Atendida fué por el Rey la expresada querella, á tal extremo, que no sólo se aprobaron en Real órden de 19 de Noviembre de 1732 las medidas adoptadas por el Gobernador de Cuba, sino que órdenó al mismo tiempo «que se rigieran los vecinos del partido de San Isidoro de Holguin con arreglo á lo dispuesto por leyes y ordenanzas mias, evitándosen por este medio las vejaciones que experimentan de las justicias de Bayamo.»

¡Dichosos tiempos aquellos! Así corrieron las cosas entre Holguin y Bayamo hasta que descendió la Real Cédula fechada en Buen Retiro el 1º de Febrero de 1751, disponiendo que pasara el Jefe Político de Cuba á formalizar la gobernacion del pueblo de Holguin, señalándose término, egido y demás repartimientos que las leyes prevenian, así como tambien, que se hiciera la correspondiente creacion y nombramiento de justicias, regidores y demás oficios que el caso requeria.

En virtud, pues, de esa soberana disposicion se deslindó la jurisdiccion en Marzo de 1751, por el agrimensor publico D. Baltasar Diaz de Pliego con asistencia del escribano D. Lorenzo Castellanos, en esta forma.

«Desde el frente de la boca de Manatíes al S. franco y en distancia como de cinco y media leguas corre al Ojo de Agua, camino de esta ciudad (Holguin) á la de Puerto Príncipe. Desde este punto formando un ángulo de 78 grados, segundo cuadrante, corre á la Laguna de Cauto camino de la ciudad de Bayamo y de distancia como de siete y media leguas. Sigue al Este, como doce leguas hasta el Paso de Aguas Verdes, camino antiguo de Santiago de Cuba. Por otra recta calculada con catorce y media leguas y 58 grados del primer cuadrante, sigue á la boca de Arroyo Centeno en su estero de la bahía de Nipes, por cuya rada, costas del mar están las bahías de Banes, Punta de Mulas, Samá, Naranjo, Vita, Bariay, Jururú, Gibara, Caletones, Herradura, Puerto Padre y Maniabon que son confluentes, Escobar, Gran Lagunato de Malagueta y la de Manatíes en donde se principió.»

Por cierto que es curioso en extremo un incidente que ocurrió á propósito de esta mensura, cuyo hecho voy á relatar para solaz de mis lectores copiándolo textualmente del documento original que tengo á la vista. Dice así el expresado documento:

«J. H. S. (Jesucristo).

Sr. Gobernador.

Ausente V. S. y así como con la ausencia del Sol queda en tinieblas este hemisferio, así sin hiperbole, quedó esta pobre ciudad hecha un caos de confusion, cuya novedad advertida por sus moradores, inmediatamente se retiraron á los campos, pretestando la administracion de sus haciendas, llevándose los más todas sus familias y para que se recreciese mi soledad, tomó Infante el portante para Bayamo y el Ldo. Ir. Xptoval Baron, y el Agrimensor para Nipes, de donde los espero con impaciencia para marchar.

»Señor: en virtud de los encargos de V. S. y obligados en que me constituyo por Teniente de esta ciudad, paso á informar lo siguiente: El Agrimensor Balthasar de Pliegos ha retirado la mensura de esta ciudad, sin embargo de habérsele prevenido que de órden de V. S. lo tiene practicado D. Gregorio Francisco y formado Mapa que entregó y el dia de la fecha ha iniciado el deslinde del egido y sementeras, observando el terreno desde el Cerro, para operar segun su arte, y dice que despues proseguirá desde Nipe, á circular toda la jurisdiccion que V. S. ha asignado á esta ciudad y que los vecinos han de concurrir con cal y ladrillo, para en ciertas partes poner padrones permanentes y que en todo este tiempo ¡aquí el dolor! gana diariamente cuatro ducados y seis reales para el plato, pero en esto último lo he reducido á que reciba, almuerzo, comida y cena, sin exhibicion de dichos seis reales.

»Pues ahora, señor, habiendo nombrado el cabildo por sus comisarios para este ministerio, al Alcalde Almaguey y al Provincial. Salieron éstos por la ciudad, á juntar entre los vecinos algunos pesos, para las asistencias á dicho Pliego, de que resulta habérseme llenado la casa varias veces de hombres y mujeres, quejándose de que con multas, los quieren obligar á que contribuyan, con lo que tienen, ni aún para mantener sus hijos, y esto mismo me ha representado el Curador General y los más de los Regidores y aún el mismo comisario Diego de Avila, para que tiemple las multas del Alcalde y finalmente por las calles me salen á las puertas las mujeres diciendo que me dejarán sólo el pueblo y que, sólo por mí, se mantienen en él, lo que aseveran los señores vicario y cura, pues al mismo tiempo, se hallan afligidos, por dicho Alcalde, estos vecinos con voletas para pesa y multa al que faltare, sobre cuyo asunto no son ménos los clamores que lastiman mi corazon, pero en una y otra materia tengo consolados á estos pobres ofreciéndoles hacer correo como lo hago á V. S. para que como Padre tan benigno, serene esta tempestad: é incluyo del puño de nuestro cura ese apunte que me lo trajo en compañía de los Regidores Chavarrías para que en su vista y de ser claros, notorios y permanentes se sería V. S. de haberlos por suficientes, dispensando la mensura de Pliego por que esta pobreza, no puede sufrir seiscientos pesos que dice será lo ménos que ganará fuera de la comida, y con eso se aquietarán los vecinos y templarán los sinsabores que les ha dado Almaguey, diciéndoles que se ha ir tarde y se valle luego; y que las pesas sea lo que cada uno pueda.

»Suplico á V. S. me remita nombramiento de Ayudante Mayor de estas milicias á Baltasar de Fuentes, á quien yo le he nombrado, por que es el que puede ayudarme. A mi Sra. Dª Francisca. B. L. P. Holguin y Febrero 3 de 1752.—Señor: B. L. M. de V. S. su más servidor.

Dr. Joseph Antonio de Silva y Lamrz.»

En aquella forma continuó el territorio holguinero sin division alguna interior, hasta el año 1816, que promovido lo necesario á consecuencia de las gestiones hechas por el general Cienfuegos, para contener los desmanes de los piratas, que tanto molestaban al país, todavía en aquella fecha, se dividió la jurisdiccion de Holgun en doce capitanías de partido, señalándosele á cada una sus respectivos límites.

Entraron, por consiguiente, á figurar desde entónces los términos pedáneos de Banes, Bariay, Tacajó, Fray Benito, Sao Arriba, Tacámara, Guairajal, San Cristóbal ó Maniabon, San Andrés, Cacocein, Majibacoa y Auras, algunos de los cuales se suprimieron despues.

Como se vé por estos antecedentes, todavía en esa época, año de 1816, no tenía Gibara personalidad propia; pertenecia y dependia de la capitanía de Auras, segun el deslinde que de éstas se hizo al repartir la jurisdiccion holguinera en las trece porciones á que me he referido ántes.

Sin embargo, si no figuraba todavía en esa época como cabeza de partido conocíanse ya sus terrenos, desde mediados del siglo pasado con el nombre de Punta de Yarey, puesto que tratando S. M. de proporcionar recursos de existencia al Ayuntamiento de Holguin, dispuso por Real Cédula de 31 de Mayo de 1759, que se destinaran á los Propios de dicho Ayuntamiento las rentas de los terrenos del Vedado, Los Alfonsos, Punta del Yarey y Seibabo, como he dicho ya en otro lugar.

He rebuscado lo que no es decible, tratando de inquirir la causa que dió nombre á Gibara, determinándole personalidad propia y puedo asegurar, despues de ímprobo trabajo, que no se conocia ese nombre en los tiempos primitivos de la conquista.

Encuentro escrita la palabra por primera vez, en un curioso documento del siglo pasado que, copiado á la letra, dice así:

«Sr. Gobernador.—Muy Sr. mio: acaba de llegar á esta ciudad Xenaro de Cabrera, quien entró con su goletilla en *Xivara*, y asegura no aver novedad en toda la costa ni encontrado embarcacion alguna. Para la venida de los negros suplico á V. S. me tenga presente porque necesito de seis de hacha y machete, y para que estos vezinos ocurran á comprar los que pudieren.—Aquí llueve tanto que si fuera por castigo como el diluvio, este le ubiera exedido un tanto más en la altura de las aguas, pues desde Septiembre apenas escampa, y varios vecinos han abandonado sus casas, por avérseles ynnundado, rebentando manantiales dentro de ellas, y la mia ha sido una de ellas, pero la defiendo con casimbas, por no tener otro remedio.—Mi niña rinde á V. S. muchas gracias, por la fineza de su atenzion y reitera los afectos de su inclinazion.—Dios guarde á V. S. muchos años. Holguin y Noviembre 13 de 1755.—B. L. M. de V. S. su más rendido servidor.—*Doctor Joseph Antonio de Silva y Aamrz.*»

(*Continuará*). FERMINIO C. LEIVA.

REVISTA DE LIBROS.

Los Crímenes de Concha, por Francisco Calcagno. — *Mi tio el empleado*, por Ramon Meza. — *Una vocacion*, por A. L. Baró. — *Dos
amores*, por Cirilo Villaverde.

Sobre nuestra mesa han quedado los más de los libros cubanos publicados en los últimos meses del año anterior. Es una deuda que
reconocemos, y comenzamos á pagar.

.*.

Si bastara escribir un libro curioso para componer una novela, el
Sr. Calcagno tendría buenos títulos para ser considerado novelista.
Hay, en efecto, muchas páginas entretenidas en *Los Crímenes de
Concha*; por donde quiera se descubre el anticuario, que conoce y re-
cuerda con placer de erudito las costumbres de antaño, los trajes de
nuestras abuelas y los gustos de los galanes del año treinta y cuatro.
Se pueden entresacar fragmentos de la obrita que presentan lo que
llaman los pintores cuadros de género: la sala de un *sitio* de Vuelta
Abajo; el salon de una casa principal de la Habana de Ricafort; la
féria del Calabazar; pero eso es todo. Hay pinturas, no hay escenas.

Una novela no es una galería de cuadros. Esto es lo que no han com-

prendido bien los inventores de la novela arqueológica, de las que puede
decirse, todavía con más razon, lo que Gervinus de las novelas históricas, cuando las llama productos híbridos, que destruyen el sentido
histórico sin fomentar el sentimiento artístico. Pedimos á la novela ó
una trama que nos suspenda con las complicaciones de incidentes y
acontecimientos, ó el juego y conflicto de pasiones que puedan revelarnos uno ó más caracteres. Es decir, la novela de intriga, que se ha
pasado de moda, ó la novela psicológica, que hoy priva. Naturalmente
no habríamos de condenar una novela, porque fuese de moda atrasada, con tal que fuera en realidad artística. Si hay quien escriba hoy
Los tres mosqueteros y nos los haga tan simpáticos como el famoso
narrador semi-criollo, lo aplaudiremos.

Pero nos hemos alejado buen trecho de *Los Crímenes de Concha.* La obra del Sr. Calcagno no puede clasificarse entre las novelas
de intriga—aunque hay en ella ciertamente una y hasta más de una—
ni entre las novelas que estudian un carácter, á pesar del tremebundo
Doctor italiano. Tampoco es un estudio de costumbres. Nada nos ha
chocado tanto en el libro como la familia de vegueros, que nos da á
conocer. Al oirlos hablar, y al recordar la generalidad de las pinturas
de nuestro abigarrado pueblo que nos ofrecen nuestros autores, tenemos que confesarnos que, ó nos falta poder de observacion, ó carecemos completamente de sinceridad.

En ninguna parte ménos que en nuestros campos, situados moralmente en los últimos confines de la civilizacion, puede florecer el
idilio. El que tenga valor y patriotismo bastantes para fotografiar la
vida de esas comarcas, en que la iniquidad humana lo ha oscurecido
y emponzoñado todo, la conciencia como las costumbres, no puede,
no debe escribir con la pluma de Saint-Pierre; debe hacer lo que
Tolstoi, acostumbrar primero su vista á las tinieblas y describir despues las monstruosidades que hormiguean en su profundo seno. Para
otra cosa, no vale la pena de que escriban.

El resultado es que el Sr. Calcagno nos ha obsequiado no con una
novela, sino con una curiosidad. A este título, bien puede leerse. No
falta en sus páginas qué aprobar. Su autor no es solo hombre docto y
escritor laborioso, es un filántropo. La suerte mísera del negro lo ha

conmovido desde temprano; y este sentimiento generoso anima en muchos pasajes su pluma. Nunca están demás páginas como esas entre nosotros.

Pero tenemos que hacer una reserva antes de concluir. No podemos perdonar al autor la mala opinion política que tiene de nosotros, es decir, de sus compatriotas. Lo ménos que puede creer un pueblo de sí es que no le falta capacidad para vivir sin tutela. Pero en Cuba se da el caso singular de que, despues de grandes y heróicos esfuerzos en pro de la emancipacion política, realizados por generaciones sucesivas, haya hoy todavía no pocos de sus hijos que declaren, por lo ménos sin violencia aparente, que debemos ser menores á perpetuidad. Bueno es ser humildes, pero no tanto.

•

¡País de pillos! Si hay hombres que dejan memoria de sí por un solo acto de su vida, D. Vicente Cuevas es un personaje de novela que vivirá solo por esta frase. Porque en realidad esta muletilla, que no se le cae de los lábios, es un hallazgo y una revelacion. El autor ha logrado hacer de ella un foco de extraordinario poder lumínico, que baña en súbita luz nuestro hombre, y nos lo deja indeleblemente retratado en la imaginacion. Una fotografía instantánea.

Vemos, para no olvidarlo más, al palurdo inculto y malicioso, que de todo desconfía en fuerza de su ignorancia y á todo se atreve, impelido por su audacia. La codicia lo deslumbra, y con tanto ahinco desea medrar, subir, ser, estar en lo alto, que el camino oblícuo le parece el recto, sus manejos equívocos el procedimiento normal, sus fraudes y prevaricaciones el mero ejercicio de su empleo; y acaba por extrañarse del disimulo que ha de emplear, como si fuera una hipocresía insolente de la sociedad, que no cierra bien los ojos, y por irritarse contra los obstáculos que lo detienen al paso, como si se los pusiera la hostilidad ó la perfidia de las que se llaman gentes honradas. ¿Por qué no lo dejan? ¿por qué no le abren camino? Tropieza el negocio: *¡país de pillos!* regatea la víctima: *¡país de pillos!* hay un jefe recalcitrante: *¡país de pillos!* se estanca el expediente: *¡país de pillos!* sí, de pillos que estorban al bueno de don Vicente, que no desea mal á nadie, sino ser rico, poderoso é ilustre, pues para eso vino de España en el bergantin *Tolosa*, y tomó posesion de su parte de tierra americana, con buenas recomendaciones en el bolsillo.

El Sr. Meza ha concebido muy bien su héroe; su tipo ha delineado con rasgos precisos en su fantasía; lo conoce y nos lo da á conocer. Sin embargo, resulta algo muy singular, leyendo su novela. A medida que adelantamos en la lectura, el personaje pierde en precision, al fin lo conocemos ménos que al principio. Y no es porque sea un carácter muy complicado, lo contrario, puede decirse que es el hombre de una sola idea. Sino porque el autor ha sabido caracterizarlo; pero no ha sabido desarrollarlo. El Sr. Meza carece aún—y esto no es de extrañar, porque es muy jóven—de verdadera penetracion psicológica. Ve bien los objetos, y por lo tanto las personas; pero no penetra mucho más allá de la superficie. Por esto, aunque ha sorprendido en la realidad un verdadero tipo, y ha logrado sugerir todo lo que significa, ha sido, como hemos indicado ántes, por una especie de iluminacion súbita, por dos ó tres rasgos de excelente efecto; pero no por el desenvolvimiento de la accion, preparada diestramente para ir poniendo de relieve todas las fases ó todas las situaciones de un carácter.

Por esto mismo resulta que la creacion del autor en esta novela no es *mi tio el empleado*, que llena los dos tomos, sino Clotilde que ocupa solo algunas páginas. Esta aparicion, pues apénas puede llamarse otra cosa, de la mujer *únicamente* bella, especie de estátua que tiene solo la vida necesaria para dar brillo á los ojos, expresion á las facciones y suave y ondulado movimiento al seno, nos parece lo mejor de la obra. La pintura es sóbria y llena de vida. Erguida en el coche ó recostada en el divan, de codos en el piano, ó de brazo del esposo bajando la escalera, siempre serena, triunfante siempre, sin una nube en el pensamiento, sin tener en qué ocuparse, ni de qué preocuparse, puesto que nada contraría la perenne radiacion de su belleza. No es buena, ni es mala, no es egoista, ni desprendida, es bella. Ha descendido al mundo y se ha encontrado sobre una alfombra mullida, se ha incorporado y se ha sentido en un pedestal; se ha visto en el espejo y se ha deleitado en su propia imágen. Vivir le parece fácil y agradable,

y vive. No le pidais más, porque se sorprendería. No le hableis dè la
pasion, del deber, del sacrificio, porque abriría sus grandes ojos húmedos y claros, y os miraría sin deciros nada. No os ha entendido.

Con dos personajes y hasta con uno hay para una novela; y sin
embargo, este libro no nos deja la impresion de conjunto de una verdadera obra de esta clase. Parece hecha á retazos. Sus capítulos pródu-
cen la impresion de cróquis tomados rápidamente al paso, y retocados
con elementos de pura fantasía. En el fondo hay algo real, algo que se ha
visto; pero hay demasiados accesorios que resultan postizos. Por eso
en vez de una sátira de costumbres, como ha querido su autor, ha
resultado una série de caricaturas. El autor ha imaginado más que ha
observado; y lo malo es que la obra debiera de ser de mera observacion, para los fines que se ha propuesto su autor.

La culpa no es completamente suya; los defectos en que abunda la
obra nacen de las exigencias del género á que pertenece, para las que aún
no está preparado. El *humorismo* es producto de la madurez del espíritu.
Hasta que el hombre no ha visto mucho, no ha podido abarcar á la
vez los dos polos de la vida humana; el anverso y el reverso de todas
las cosas, de las grandes y las pequeñas; no ha descubierto los matices
insensibles por donde la virtud va degradándose hasta convertirse en
vicio, ni ha aprendido á transparentar lo risible á través de lo sublime;
y hasta entonces sabe reir á carcajadas y sabe llorar amargamente, pero
no sabe mezclar la sonrisa irónica con la lágrima compasiva. Esa disposicion especial del espíritu que ni se indigna del todo, ni del todo
se resigna ante el mal del mundo, que juzga inevitable, y quizás,
quizás incorregible, esa disposicion que es la de los verdaderos humo-
ristas, ha sido reservada á muy pocos, y sobre todo no ha sido nunca
patrimonio de la primera juventud. Casi todas las grandes obras hu-
morísticas han sido escritas por hombres entrados en años. Ariosto
pasaba de los cuarenta cuando publicó el *Orlando*, y no le dió su forma definitiva hasta los cincuenta y ocho años. Cervantes tenía cerca
de sesenta cuando dió á la estampa la primera parte de *El Quijote*.
Sterne contaba cuarenta y siete años cuando comenzó á publicar su
Tristran Shandy; y Le Sage esta misma edad cuando imprimió el
Gil Blas. El autor que ha empezado más temprano á escribir una

obra humorística de gran extension ha sido Byron, y ya tenía treinta, cuando comenzó el *Don Juan*, y luego ¡qué vida la de Byron!

No es decir esto que creamos al jóven novelista incapaz de escribir en este género, pero nos parece que aún no le ha llegado su tiempo.

Prescindiendo de estas observaciones generales, tenemos otra más particular que hacerle; lo encontramos todavía muy preocupado de imitar sus modelos. Hay lugares en que aparece demasiado viva la reminiscencia. Don Vicente, en la cazuela de Tacon, apostrofando al público que sale del patio, sin mirarlo, ni saber que existe, recuerda al punto al *Nabab* de Daudet en situacion muy parecida. La cocina de las Armández evoca forzosamente ante nosotros la de aquellos buenos marqueses de *Vetusta*, que frecuentaba la *Regenta* de Leopoldo Alas.

Aquí hay un peligro para el jóven autor. El novelista debe desconfiar de los *documentos* escritos, y buscar los documentos vivos. Es decir, que debe procurar ver el mundo real y verlo directamente, nunca con la vista de otro, por penetrante que ésta sea, nunca á través de las páginas de otro autor, por mucho que le seduzcan. El lenguaje se aprende en los libros; pero nada más que el lenguaje. Aun el estilo se forma, no se aprende. Para ser original hay que decir lo que uno ha observado y de la manera que lo ha observado. Solamente así se puede llegar á ser interesante. En *Carmela* nos da mucho el autor de su fondo propio, y Carmela nos interesa vivamente. En *Mi tio el empleado* nos da poco, por eso nos divierte á ratos, y nada más.

Voltaire ha encontrado la fórmula de lo que necesitan las obras de esta clase para durar, cuando dijo que el Gil Blas se había perpetuado, *parce qu' il y a du naturel*. Aquí está todo; es decir, aquí está toda la dificultad.

**

El Sr. Baró sabe que, en esta era de periódicos de á metro y de revistas de trescientas páginas, leemos muy de prisa; y por eso sin duda nos ha ofrecido el resúmen de una novela, que no sabemos por dónde se le ocurrido llamar *síntesis* de una novela. Es la historia de un mozuelo listo, ambicioso é hipócrita, que se tonsura, cursa algun tiempo en un seminario, y un buen dia ahorca los hábitos.

12

En realidad no hay aquí sino el pretexto necesario para trazar el retrato algo recargado, pero felizmente concebido en el fondo, de un original que es fácil encontrar en las épocas de transicion, como la nuestra. Las viejas instituciones religiosas conservan aún buena parte de su prestigio en la imaginacion de los adolescentes y aún de muchos para quienes se prolonga la adolescencia en la edad madura; pero como están en desacuerdo con las nuevas ideas y los nuevos sentimientos que van labrando las exigencias de la vida actual, en su seno solo pueden encontrar abrigo verdadero los que se han aislado por completo de las influencias externas, aquellos en quienes una educacion especial ha atrofiado las aptitudes más desarrolladas en el hombre moderno, las más características, la duda, el exámen, la confianza en las fuerzas de la razon, la crítica de toda autoridad; ó bien ciertos náufragos de los conflictos de la inteligencia ó de las tempestades de la pasion, que se abren anticipadamente una tumba, para creerse con derecho á esperar algun reposo en la tierra. Son períodos poco propicios para las vocaciones sinceras; y las que nacen en los que no están colocados en esas circunstancias, son flores tempraneras, abiertas antes de la mañana, que los primeros rayos del sol de la vida real marchitan y queman. La del Braulio del Sr. Baró es de éstas.

El pretexto ha servido al autor para trazar otras dos figuras, en segundo término. La de Don Cosme, el padre de Braulio, que merecía estar en primero, dibujada con pocos rasgos, firmes y precisos. Y la de un tio Guillermo, que apénas está esbozada, y áun eso con mano bastante insegura.

Aunque más que capítulos nos da el autor sumarios, casi todos se leen con gusto. A ratos se anima el estilo, y aquí y allí se bosquejan análisis interesantes. El autor demuestra talento descriptivo, y salpica sus descripciones de rasgos que revelan ó fina observacion ó buena memoria. A la verdad, el resultado de esta lectura debe ser para muchos lo que ha sido para nosotros. Esto es, preguntarnos ¿qué prisa tenía el autor? ¿por qué no ha dejado madurar su plan y acabar de conformarse en su mente sus personajes? ¿por qué no ha escrito de una vez su novela? Todos habríamos ganado, el autor y los lectores.

***

Cuando se ha vivido mucho, y, al cabo de la jornada larga, no se ha perdido con el del cuerpo el vigor del ánimo, las primeras escenas que nos interesaron deben presentarse al recuerdo como envueltas por la ligera gasa de la niebla que poco á poco se desvanece, y bañadas por la luz tranquila de una mañana serena. Aunque á la evocacion responda dócil la fantasía, y las figuras se dibujen, se destaquen, se muevan y vivan, el sosiego que dan al espíritu los años y la distancia no puede ménos de influir en el cuadro, dulcificando los tonos, redondeando las formas y suavizando los movimientos.

La especie singular de encanto que comunica la memoria de lo que pasó ha tiempo, de lo que vimos y nos conmovió cuando empezábamos á ver y á observar, y ha vivido en el fondo de nuestra mente, como esas melodías de que hemos gustado mucho y que nos sorprenden á ratos resonando blandamente en lo más íntimo de nuestro oido, éste es el que tiene la novela del Sr. Villaverde, *Dos amores*. Nos parece, creemos seguramente que el autor conoció sus personajes y se interesó por ellos; y á poco los conocemos tambien, simpatizamos con el atribulado Don Rafael, queremos á la madre Agustina, desconfiamos de la Seráfica, nos familiarizamos con la negrita pizpireta y arriscada, con Loreto, el diablillo del beaterio, y nos detenemos llenos de plácida admiracion ante la figura exquisita de Celeste, ya discurra vestida de blanco, como rayo de luna que penetra á través de una bóveda de sombría verdura, por entre los ramos secos y las empolvadas hojas del jardin de las beatas, ya se apoye con gracia espontánea en el respaldo del sillon del afligido padre, con los ojos aún brillantes por las lágrimas, como para guarecerlo con su inocencia y su piedad filial.

Cuando un autor logra contagiarnos con sus sentimientos, no hay que indagar más, antes de escribir ha sentido. No es un mero escritor, es un artista. No viene á probar ahora que lo es, el Sr. Villaverde; y puede parecer un descubrimiento algo tardío, ó un elogio extemporáneo el que se lo digamos. Pero no hemos podido ménos de pensarlo muchas veces leyendo las páginas de su libro, penetrando con él en esa casa, donde se recluían las beatas, y que ha sabido pintarnos con tanta verdad, con tanto arte. Vemos el edificio viejo, como si siempre lo hubiera sido, frio, sordo, la sala perennemente sumida en una semioscuridad de celda cerrada, los retablos con poca luz y flores fingidas, las figuras de bulto de las imágenes ciegas é inmóviles, y las figuras reales de las tres madres deslizándose más bien que andando, como fantasmas á quienes pesa lo poco de vida que tienen, hablando en voz queda, murmurando plegarias que parecen ensalmos; y junto á ellas las niñas de don Rafael, lindas, inquietas, y Celeste, en el fulgor de su juventud, que no acaban de empañar sus pesares prematuros, como una rosa recien abierta entre dos capullos, nacidos en un ramo que creció al acaso en una vieja maceta, arrinconada y sin dueño.

Y lo que más nos complace es la sobriedad de los rasgos, los pocos pormenores que necesita el autor para producir un efecto indeleble. Turgueneff, *en Tierras Vírgenes*, describe la casa y la vida de un matrimonio ruso del tiempo viejo, Fomushka y Fimushka; lo mismo que el beaterio de Villaverde es una antigualla que ha durado bastante más que sus coetáneas; la descripcion sin duda es admirable, pero tiene siete páginas. Todo lo que dice el autor cubano para dar á conocer el semi-convento de la calle de Compostela cabría en dos párrafos. El resultado es que lo vemos mejor, y no se olvida fácilmente.

Lectura que tiene tantos atractivos no deja mucho lugar para la crítica; y á la verdad nos costaría trabajo recordar que algun personaje muy importante, como Weber, es demasiado teatral, gusta con exceso de presentarse por escotillon. Y casi, casi no hemos tenido tiempo para notar que el desenlace se atropella, tambien á guisa de comedia de capa y espada; satisfechos con haber estado algunas horas tan lejos de nosotros mismos, de nuestra época, poseida de vértigo, y de haber tratado con tan amables personas, en el sosiego de aquel retiro, que prometía desde luego á todas aquellas pequeñas tempestades la bonanza final. Ya que los novelistas dispensan el bueno y el mal tiempo, nos alegramos de que el Sr. Villaverde haya desempeñado su papel de providencia á satisfaccion de la interesante familia Perez; sin inquietarlo mucho, pidiéndole cuenta estrecha de los acontecimientos. *All's well that ends well.*

MISCELANEA.

El profesor Aloys von Brinz, jurista muy distinguido, falleció en Munich el 13 de Setiembre.

—El 17 del mismo mes falleció en Inglaterra el Dr. Richard Quain, autor de valiosos trabajos sobre medicina y de un *Dictionary of Medicine*, publicado en 1882.

—El teatro inglés contemporáneo ha sufrido otra pérdida. Sir Charles Joung falleció repentinamente en Lóndres el 11 de Setiembre.

—El 14 de Setiembre ha muerto uno de los más famosos críticos alemanes coetáneos, Federico Teodoro Vischer. En la historia de la estética le corresponde un lugar prominente; sus compatriotas le han llamado «el primer estético contemporáneo.» En la universidad de Tubinga y en la Escuela Politécnica de Stuttgard profesó la estética y la literatura alemana. Su obra principal es la *Aesthetik oder Wischenschaft des Schœnen* (Estética ó Ciencia de lo bello) 1848–1857, 6 vol. Es una obra á la par teórica é histórica. Ha dejado tambien *Kristische Gaenge* (Excursiones críticas), y otras Memorias y estudios sobre las materias de su competencia.

—Entre las pérdidas sufridas durante el año que acaba de pasar, en las ciencias, las letras ó las artes, debemos mencionar aún al signor Caracciolo, compositor italiano; signor Margotti, periodista de Turin; M. Gallait, pintor francés; Herr Scheuren, paisajista; M. E. L. Lequesne, escultor francés; F. Amerling, pintor austriaco; al novelista aleman G. W. Genast; M. E. Médard, célebre pintor de batallas; signor Favretto, pintor veneciano; signor Amendola, escultor; al actor dramático inglés Mr. David Fisher; al novelista é historiador Mr. James Grant; Mr. T. F. Hughes, orientalista; á la novelista Mrs. Henry Wood; al profesor A. Goldschmidt, poeta y periodista danés; Miss. Margaret Gillies, pintora; Mr. Samuel Cousins, grabador; Mr. John Godfrey Saxe, poeta norte americano; Mr. John A. Heraud, crítico de arte; Mr. Thomas Stevenson, ingeniero escocés; Mr. George Goldie, arquitecto inglés; Mr. Julian Adams, compositor; Mr. Collingwood, acuarelista; Miss. Magaret Veley, novelista; Mr. Charles W. Campbell y Mr. Francis Bacon, grabadores; Mr. John Palliser, viajero y autor; Mr. Francis Fuller, arquitecto é ingeniero; Mr. Sefton Parry, autor dramático; Mr. Edward Moira, miniaturista; Mr. John Arthur Phillips, químico y geólogo; Herr Heuzen, anticuario aleman; Schirmer, arquitecto noruego; Michael Hauser, violinista; el Dr. E. Luther, profesor de astronomía y director del observatorio de Königsberg; el Dr. Robert Caspary, botanista aleman; Mr. Joseph Maxendell, meteorologista y astrónomo inglés, y Mr. Thomas Bolton, naturalista y microscopista.

—Ha muerto recientemente en Alemania uno de los hombres más notables de la actual época científica, Gustavo Teodoro Fechner, el fundador de la psico-física. Aunque uno de los grandes campeones de la psicología experimental, su pluma ha tocado todas las materias de interés filosófico: metafísica, moral, estética, religion, evolucion. De ello dan testimonio sus obras: *Das Büchlein von Leben nach den Tode,* 1836 (La vida despues de la muerte); *Ueber das höchste Gut,* 1846 (El sumo bien); *Nanna oder über das seelenleben der Pflazen,* 1848 (Nanna ó el alma de las plantas); *Zenddavesta oder über die Dinge der Himmels und der Jenseits,* 1851 (Zenddavesta, ó las cosas del cielo y del más allá); *Die physikalische und philosophische Atomenlehre,* 1855 (Doctrina física y filosófica de los átomos); *Ueber die seelen-*

frange, 1861 (Cuestiones sobre el alma); *Die drei Motive und Gründe des Glaubens,* 1863 (Los tres motivos y fundamentos de la creencia); *Einige Ideen zur Schöpfungs und Entwickelungsgeschichte der Organismen,* 1874 (Ideas sobre la creacion é historia evolutiva de los organismos); *Vorschule der Æsthetik,* 1876 (Preparacion á la Estética) etc. Pero los trabajos que han cimentado y extendido su reputacion han sido los que dedicó á fundar, propagar y defender la psicofísica, los *Elementos de Psicofísica* que aparecieron en 1860, y su libro *Con motivo de la Psicofísica* de 1877, en que responde á todos sus críticos.

Fechner ha producido un movimiento considerable, sobre todo en Alemania, y las obras en pro y en contra de sus doctrinas forman ya una biblioteca. Ha muerto de ochenta y seis años; y era profesor de física experimental en la universidad de Leipsic.

—En el mes de Diciembre falleció en Madrid D. Manuel Fernandez y Gonzalez, escritor infatigable, que inundó su país de novelas por entregas, desperdiciando su facundia y talento en tareas literarias muy inferiores á sus verdaderas fuerzas. Ha dejado más de setenta novelas y unas de quince composiciones dramáticas.

—El 19 de Diciembre falleció en Inglaterra uno de sus sábios más famosos en el extranjero, el profesor Balfour Stewart. Era presidente de la *Physical Society* de Lóndres y desde 1870 catedrático de física del Colegio Owens, de Manchester. En 1868 la Sociedad Real le confirió la medalla Rumford, por su descubrimiento de la ley de igualdad entre el poder de absorcion y el de irradiacion de los cuerpos. Es autor de uno de los volúmenes más estimables de la Biblioteca Científica Internacional: *The Conservation of Energy* (1874). En colaboracion con De la Rue y Loewy dió á luz la obra *Researchs on Solar Physics;* con el profesor Tait escribió sus investigaciones sobre el calor producido por la rotacion en el vacío; y con el mismo la obra *Unseen Universe,* que ha alcanzado doce ediciones. Tambien escribió ya sólo ya en colaboracion: *Elementary Treatise on Heat, Lessons in Elementary Physics* (1871); *Physics* (1872) y *Practical Physics* (1885). El artículo sobre el magnatismo terrestre en la Enciclopedia Británica es de su pluma. Sólo contaba cincuenta y nueve años.

—El dia 16 del mes actual ha fallecido en Roma el célebre juris-consulto señor Carrara.

—El 17 de Diciembre murió en Lóndres, á la edad de setenta y siete años, el Dr. Arthur Farre, el más eminente de los especialistas ingleses en obstetricia. Era miembro de la Sociedad Real de Lóndres y de otras sociedades científicas. Deja una obra titulada *The Uterus and its Appendages*, y numerosos artículos profesionales.

—El 6 de Noviembre falleció el profesor Oscar Harger, catedráti-co de paleontología en Iale College. Se le debe un catálogo de los isópodos del sur de Nueva Inglaterra y otros papeles científicos.

—M. H. Bayard, muerto recientemente en París, á la edad de ochenta y un años, deja nombre en los anales científicos, por haber descubierto un procedimiento fotográfico en 1839, casi al mismo tiem-po que Daguerre y Talbot.

—El 15 de Setiembre murió en Inglaterra el R. William S. Symonds, distinguido por sus estudios geológicos. Es autor de las obras tituladas: *Records of the Rocks, Old Stones* y *Old Bones*. Tam-bien escribió dos novelas, *Malvern Chase* y *Hornby Castle*.

—Robert Hunt, uno de los más hábiles popularizadores de la cien-cia en Inglaterra, falleció el 17 de Octubre á los ochenta y un años. La fotografía, la cristalizacion, la accion química de la luz—al tratar de la cual introdujo el término *actinismo*,—la influencia de los colores en la germinacion y crecimiento de las plantas, fueron materias que trató con particular competencia. Es autor del interesante libro *Poe-try of Science*, y de otro titulado *Panthea, or the spirit of Nature*. Despues de la muerte del Dr. Ure ha sido editor de su conocido *Dic-tionary of Arts*. Tambien ha dejado dos Manuales de las Exposiciones de 1851 y 1852.

—El conde Augusto von Marschall, director de los archivos del Instituto Geológico de Viena falleció recientemente de edad de ochen-ta y dos años. Es autor de varias obras científicas.

ERRATA.

En el título del trabajo del Sr. Jorrin, publicado en el número anterior, se cometió la siguiente errata importante: EXCERPTAS, por EXCERPTA.

ESTUDIO MEDICO-LEGAL (1).

— ·

UN CRIMEN COMETIDO BAJO EL IMPERIO DE LA PASION.

A consecuencia de exhorto del Sr. Juez de Primera Instancia de Remedios remitió el del distrito del Pilar en esta ciudad, con fecha 26 de Abril de 1883, un testimonio á esta Real Academia, á fin de que en su vista y prévio exámen del moreno Cesáreo García y Peña, que se encontraba ya en la Cárcel de la Habana, se emitiera el informe á que se contrae el auto inserto al final de dicho testimonio.

Comprende éste: 1º el auto de proceder, 2º las declaraciones de D. M.. R.. y otros, 3º la instructiva del procesado, 4º la necropsia de la negra Buenviaje Perez y de su hija, 5º la acusacion fiscal, 6º la defensa del encausado, 7º informes referentes á Cesáreo y 8º auto del Juzgado actuante.

Segun consta en el *auto de proceder*, en 20 de Noviembre de 1882 y á las siete de la mañana, se presentó al Sr. Alcalde Municipal de Remedios, el negro Cesáreo García con un machete ensangrentado en la mano, manifestando que acababa de matar á la morena Buenviaje

---

(1) Informe leido por su autor en la Real Academia de Ciencias, en la sesion celebrada el 10 de Febrero de 1884, siendo Presidente de la Comision de Medicina Legal de aquella

Perez; y llevado ante el Sr. Juez de primera instancia, dispuso S. S. su traslacion á la Cárcel de dicha ciudad.

En la *declaracion* del Sr. D. M.. D.., Alcalde Municipal de la misma, prestada en 5 de Marzo de 1883, ratificó lo que ántes habia participado, agregando que aquél habia dado muerte tambien á la hija de la mencionada negra, de un año de edad, llamada Ramona García, reservándose la causa impulsiva del hecho; que el citado Cesáreo vino á ponerse á disposicion de la justicia para que se le castigara y dijo que no habia podido ménos de cometerlo, dominado por una idea fija y constante. Llamó su atencion la espontaneidad del procesado en presentarse, en vez de huir como lo hacen todos los criminales, sobre los que pesa una condena de muerte; y le sorprendió el hecho, teniendo en cuenta los antecedentes de Cesáreo como hombre laborioso y honrado vecino, hasta ese dia de una conducta intachable.

En la *instructiva del procesado*, á 20 de Noviembre de 1882, se apunta que éste es un negro natural y vecino de Remedios, soltero, de 41 años de edad, de oficio zapatero, hijo de Gregorio y de Rita, con instruccion; el cual interrogado, expuso: que lo habia preso un alguacil del Juzgado, por órden del Sr. Juez que le pregunta y con motivo de haberse presentado allí, á las siete de la mañana de aquel dia, manifestando que acababa de dar muerte á la morena Buenviaje Perez; que hizo esto por haberlo mandado buscar aquella noche para que fuese á su casa, y estando en ella lo injurió y lo insultó; que lo mandó buscar con su esposo M.. G.. y le dijo que no hacía más que robar, puesto que le habia cobrado cinco pesos por efectos llevados de una venduta que tiene el exponente, cuando tan sólo los habia suministrado por valor de cuatro; que estuvo largo rato insultándolo á presencia de dos mujeres que se encontraban en la misma casa, y no pudiendo sufrir los insultos se marchó sin contestarle una palabra; que esto sucedió un poco más de las ocho de la noche; que se fué á su casa y á los pocos momentos se presentó D. J.. P.. y le compró un medio de café, prometiendo pagarlo por la mañana, lo que efectuó bien temprano; que de su casa no volvió á salir, acostándose como á la una de la madrugada y durmió dos horas próximamente; que se levantó y estuvo como una dando vueltas por el cuarto, fumando, volviéndose á acostar y levantándose como á las cinco de la mañana; que tan luego se levantó se fué á la tienda de «El Modelo Remediano», en donde compró un machete de calabozo en 23 reales; que de allí volvió á su casa, desde la cual vió á Buenviaje Perez que se hallaba en el patio de la suya con un niño en brazos; que á esto llegó á su casa un muchachito que tiene D. P.. del P.., á comprar una calabaza, la que despachó, y concluido de entregarla se fué al patio de la Buenviaje, en donde la encontró con el niño en brazos y le tiró unos machetazos; que ella se metió en la sala, en donde le dió otros golpes, y entónces se acogió á un cuarto á la derecha de la sala é hizo resistencia en la puerta para que no entrase; que á pesar de esto dió un empujon á la puerta, consiguiendo penetrar en el cuarto y allí le tiró varios tajos; que, no obstante lo estrecho del cuarto por su pequeñez y la posicion en que estaban las camas, la Buenviaje se arrinconó y agachapó en un pequeño hueco entre la cama y la pared; que encontrándola en esta posicion, le tiró muchos machetazos, no separándose de allí hasta que quedó bien convencido de que la habia matado; que cuando abandonó el cuarto y la casa aquella, no sabiendo donde estaba el Juzgado, se fué á la del Sr. Comandante Militar D. J.. F.. y dijo al portero lo ocurrido; que éste lo acompañó á casa del Sr. Alcalde Municipal y todos juntos pasaron á la del Sr. Juez que le interroga; no puede determinar si hirió al niño, pues despues de empezar á dar machetazos á Buenviaje no atendió más que á la idea de matarla bien, porque habia formado ese propósito desde la noche anterior en la casa, despues de la cuestion que tuvieron; hacía como 20 meses que llevaba con ella relaciones amorosas, pero á ocultas de su marido, y solían verse unas veces en casa del exponente y otras en un platanal cercano; no ha tenido ningun otro disgusto, y en el momento de matarla no vió á otra persona que á Marina; la víctima tan sólo le dijo varias veces *¡á mí, Cesáreo!*, como extrañando que fuese el que le pegaba; él reconoció el arma con que infirió la muerte; dijo además en su declaracion que desde hará dos años tiene puesto una venduta; que no era padre del último hijo de la Buenviaje, y que nunca ha estado preso ni procesado.

En la declaracion de M.. G.., marido de la difunta, consta que fué la noche anterior al crímen á buscar al procesado, por habérselo dicho así su mujer, la que le habia manifestado que aquél la requeria de amores y ella deseaba le hiciera cesar en su persecucion; que, presentes ámbos, imputaba Cesáreo á su mujer que tenía cartas de su mano; que ella negaba y añadia que esto no era posible, pues de haberlo sido, no le hubiera cobrado pocos momentos ántes cinco pesos y que últimamente él les dijo que callasen y no volviesen á tratar del asundo; que Cesáreo salió y no medió disputa alguna de dinero, ni reclamacion de ninguna especie.

S.. P.., otro de los indivíduos que cita el procesado, nada esclarece con su declaracion; no puede precisar particular alguno y sólo observó que Buenviaje y Cesáreo se disputaban sin fijarse en lo que decian, ni detenerse en la casa donde ésta tenía lugar.

En 20 de Noviembre de 1882, practicado el reconocimiento del cadáver de dicha negra, expuso el Dr. D. F.. R.. que presentaba las heridas siguientes: una inciso-cortante en la parte anterior de la mano derecha; otra en el tercio inferior del antebrazo izquierdo con separacion completa de él, pendiente sólo de un poquito de piel de la mano; otra en la parte superior del hombro derecho, de 8 á 10 centímetros de longitud y escasa profundidad; otra en la region posterior del hombro izquierdo; otra en la parte media y anterior del muslo derecho; otra en la parte superior y anterior de la cabeza, con seccion del cuero cabelludo en forma circular; otra en la parte lateral izquierda del cuello, de unos 10 centímetros de longitud y una profundidad representada por la lesion y corte de todos los tejidos blandos y de la tercera vértebra cervical, interesando por consiguiente la médula. La niña R.. G.., como de un año, presentaba una gran herida en la cabeza, que debió producir la muerte instatáneamente.

En la acusacion fiscal se consigna «si bien la brutalidad de la fiera, la serenidad de las mismas ante el peligro. Ni un momento de duda, ni un ademán descompuesto, ni la más insignificante sombra de temor. Nada de eludir la accion de la justicia, nada de arrepentimiento ni de lágrimas. Es un *fanático de la pasion*, que cree cumplir con un *deber* al cometer un crímen.» Y el Ministerio «considera que ha habido *obcecacion* y hasta *enagenacion mental* momentánea, pues no puede en sana lógica admitirse que el hombre capaz de cometer un crímen tal, tenga luego la grandeza de alma que demuestra, en su conducta inmediata y posterior al delito, el procesado en cuestion;» insiste despues muy oportunamente en el estado de degradacion moral en que nace y vive la raza negra en el país, crée que existe la circuntancia atenuante de los celos, y concluye pidiendo se imponga al procesado la pena de 17 años 4 meses y 1 dia de cadena temporal, con las accesorias de interdiccion civil 'durante la condena, inhabilitacion absoluta, perpétua sujecion á la vigilancia de la autoridad durante su vida y el pago de todas las costas. (Enero 31 de 1883).

La *defensa del acusado* sostiene que «no es el depravado criminal que medita en la soledad y en las tinieblas, con fría calma y con razon serena un horroroso crímen, sino el hombre cuya pasion le impele con irresistible fuerza á cometer un acto del que no se dá cuenta cabal y á cuya ejecucion es arrastrado por una ciega fatalidad»; no ha podido desentrañarse la causa eficiente de semejante determinacion; Cesáreo padeció una enagenacion mental momentánea; en casos especiales el hombre obra de la misma manera que lo haría un irracional, y la conducta del delincuente, posterior al hecho, induce á creerlo así. «No es la primera vez qua el fanatismo ha puesto el puñal en las manos, no de un asesino, que no merece tal nombre un infeliz que no ha tenido fuerza suficiente para contrarrestar el ímpetu de sus pasiones, sino de un hombre que .dejó de serlo en el momento de cometer el delito, por abandonarle las facultades que caracterizan el sér racional.» Los insultos de la víctima, la reconvencion del marido y los celos que de él se apoderaron; el insomnio de aquella noche, la influencia de la educacion, el embrutecimiento en que se halla la clase de color, todas estas causas han concurrido á determinar el acto, y finaliza pidiendo se declare á su defendido exento de responsabilidad criminal, con las costas de oficio. (Febrero 15 de 1883).

En 26 de Febrero de 1883 informa D. A.. R.., Alcaide de la Cárcel de Remedios, que Cesáreo García ha observado buena conducta en dicho establecimiento desde que ingresó, sin que haya dado el más leve motivo de reprension.

En otro informe, del Sr. Alcalde del primer Barrio de la ciudad, dado en 27 de Febrero, se asevera que su conducta y antecedentes son buenos, los de un hombre honrado, pacífico y constante en el trabajo, sin que jamás mereciera reconvencion alguna por la policía.

En un tercer informe, de la celaduría respectiva, se ratifica su honradez, laboriosidad y buenas costumbres, así como la ausencia de todo antecedente desfavorable. (Febrero 28 de 1883).

Por último: atendiendo á que en varios lugares de la causa «se sostiene que el procesado estaba loco en los momentos de cometer el delito, porque sus antecedentes anteriores y posteriores á la perpetracion de aquél demuestran una perturacion instantánea de sus facultades mentales, dispuso el Sr. Juez de Primera Instancia de· Remedios que se pidiera informe á la Academia de Ciencias Médicas, á fin de que, con vista de los testimonios que se le han remitido, dictamine: *«si está ó estuvo momentáneamente perturbado en sus facultades mentales, en el acto de cometer el delito, el procesado Cesáreo Garcia y Peña.»* (Febrero 25).

Y habiendo pedido esta Corporacion su traslacion á la Casa General de Enajenados, para que allí fuese observado el tiempo suficiente y por personas peritas, con fecha 26 de Diciembre último se recibió la historia clínica del procesado, á que en breve nos referiremos, pues ántes de formular más concretamente el problema de su estado mental, nos parece oportuno entrar en algunas consideraciones que faciliten su resolucion.

Verdaderos actos intermedios entre la razon y la locura, ofrecen las pasiones multitud de analogías con el delirio parcial sobre todo, á la vez que un corto número de caractéres diferenciales: aquellas existen en el orígen de ámbos estados, así como en su período de intensidad y en sus resultados; en uno y otro caso, empieza el trastorno por el lado afectivo de nuestra naturaleza, siéndole consecutivo y hasta subordinado el de la razon. Pero, por esto mismo se hace necesario y muy importante trazar las líneas y contornos que los separan, y Falret, entre otros, ha procurado hacerlo de la manera que vamos á exponer.

Existe en la pasion una causa real procedente del mundo exterior; miéntras que si en la locura puede esta causa haber tenido realidad en lo pasado, en el presente no reside ya sino en la espontaneidad de las percepciones, esto es, en una disposicion íntima del sistema nervioso y particularmente del encéfalo.

En la pasion más violenta el desórden del sentimiento no se extiende casi á la inteligencia, siendo por lo general la asociacion de ideas demasiado rápida y exclusiva: en la locura, por el contrario, el desórden de los pensamientos y de las palabras existe junto con el delirio de la pasion, á menudo de un modo dominante, y á la rapidez de la asociacion de las ideas ha sucedido su incoherencia más ó ménos manifiesta y general.

En la pasion los actos son mal interpretados: atribúyese á sus autores intenciones que no tienen realidad; en la locura, á la inversa, se ven las personas y las cosas como no son y se crée verlas cuando no están en la esfera de las sensaciones. Con las ilusiones del espíritu sucede lo mismo que con las de los ojos; no hay locura si la razon rectifica los errores intelectuales y sensoriales; pero si las concepciones más extravagantes y las percepciones más fantásticas son consideradas como realidades, no solamente se está entónces en lo falso, sino en lo imposible, y la enagenacion mental es cierta. En fin, en la pasion el trastorno intelectual, efímero, limitado á un objeto, tiene lugar con conciencia; en tanto que en la locura, el desórden es persistente, más ó ménos general, y por lo tanto inadvertido por la conciencia. Y esta pluralidad del delirio en las enagenaciones más limitadas y mal calificadas con el nombre de monomanías, constituye para Falret el signo más característico de la locura, y la considera de suma importancia para la jurisprudencia médica.

Pero es preciso no olvidar que hay casos en que la vesania se traduce ménos por el delirio intelectual propiamente dicho, es decir, por el desórden en las ideas y los propósitos, que por el delirio ó extravagancia de las acciones y de los sentimientos, que parecen ser el resultado de un impulso instintivo, automático, sin que el raciocinio ni la reflexion intervengan para dirigirlas como el hombre cuerdo. Mas esta locura impulsiva, instintiva ó *locura de los actos*, que así tambien se llama, se desarrolla sobre todo en los indivíduos que presentan un estado general de predisposiciones neuropáticas, reconocido por la excentricidad, la movilidad, la irregularidad de todas sus funciones

nerviosas; tiene por síntomas característicos actos delirantes, unas veces pasajeros, otras casi contínuos, mucho más á menudo repitiéndose
periódicamente á manera de paroxismos, actos ya idénticos, ya varia-
bles en el mismo enfermo y que comprenden todos los géneros de
extravíos desde la ira, la maldad y los excesos sexuales ó alcohólicos,
hasta el robo, el incendio, el suicidio y el homicidio;—se manifiesta
sobre todo en sujetos aún jóvenes y con mucha frecuencia en la época
de la pubertad, durando toda la vida ó temporalmente, aunque *persiste el estado neuropático general, que le sirve de substractum, y las
recaidas son siempre fáciles é inminentes.* (Foville.)

Y el diagnóstico de la locura impulsiva nunca debe basarse en la
naturaleza sola de los actos cometidos; no hay uno de éstos, que no
pueda ser realizado por un hombre sensato y responsable, lo mismo
que por un enagenado. Es preciso, por lo tanto, indagar por el estudio
de las circunstancias concomitantes si existe ó nó un estado de abe-
rracion mental: ciertos actos son cometidos de una manera automática,
súbita y espontánea, sin conciencia ni reflexion, no quedando entónces ninguna duda respecto á la existencia de la vesania; pero no basta, por el contrario, que el acto haya sido premeditado y hasta preparado con mucha habilidad, para establecer la sanidad de la razon y lo
intacto del juicio, porque aún en tales condiciones, el móvil determi-
nante ha podido ser un impulso morboso que se ha impuesto
forzosamente á la conciencia, asegurándose el concurso de todas las
facultades. Presunciones habrá de ello si el acto perpetrado se halla
en abierta contradiccion con lo que se sabe de las disposiciones habituales del actor, cuando su comision no procura á éste ventaja actual
ni futura, cuando en vez de negarlo ó de tratar de sustraerse por la
fuga á sus malas consecuencias, corre él mismo á denunciarse á la
justicia, ó se deja arrestar sin ninguna resistencia.

Agreguemos, no obstante, que todas esas circunstancias, aún hallándose reunidas, no bastan siempre para establecer la certidumbre,
ménos de comprobarse que el hechor por sus condiciones de familia ó
nacimiento, estaba predispuesto á las afecciones neuropáticas y sobre
todo si se sabe que ya ha mostrado indicios de enfermedad mental, ó
que el momento del hecho acusaba impresionabilidad exagerada, per-

version del apetito, trastorno de las funciones abdominales y por encima de esto insomnio, cefalalgia, sentimiento general de angustia y de ansiedad precordial, síntomas generales que caracterizan comunmente los períodos paroxísticos de las afecciones nerviosas crónicas. «Cuando esas perturbaciones físicas é intelectuales coinciden con predisposiciones congénitas neuropáticas bien establecidas y con presunciones que resultan de las circunstancias insólitas en que se ha cometido el acto, éste deberá ser atribuido sin vacilacion á la locura» (1).

No hay, por otra parte, que confundir ese estado con lo que se ha denominado *locura transitoria, pasajera, instantánea;* ésta no existe como especie nosológica; el hecho de estallar de un modo súbito y de no tener sino una duracion muy corta, no basta en patología mental, segun dice Foville y nosotros nos asociamos á su opinion, para caracterizar una entidad morbosa distinta; no es más que un síntoma, el cual puede encontrarse en la locura instintiva, pero que en muchos otros casos pertenece á especies enteramente diversas, siendo las más frecuentes la manía, la locura epiléptica, la alcohólica y otras.

Y si actos delirantes muy gráves, como el homicidio y el suicidio, parecen haber sido efectuados sin ningun motivo plausible, bajo la influencia de un impulso insólito, y en esta virtud podrian ser achacados á la locura instintiva, profundizando la situacion mental de sus autores, se reconoce que la ausencia de reflexion no es sino aparente, que han obrado á sabiendas, empujados por largos sufrimientos cuya fuente está en las lesiones sensoriales, aunque han logrado disimular sus alucinaciones y sus alucinaciones delirantes; el acto extravagante ó criminal ha sido su primera manifestacion exterior, y despues de haberlo ejecutado, han vuelto á entrar en su discresion habitual; salvo este disimulo, el encadenamiento de los fenómenos morbosos ha sido en ellos exactamente el mismo que en los otros alucinados, y estos actos de delirio, en apariencia transitorio é instantáneo, deben ser atribuidos á la variedad de lipemanía parcial que los estudios de La-

---

(1) [Foville, Nouveau *Dict. de Méd. et de Chir. pratiques,* dirigé par Jaccoud, t. XV. págs. 331, 337 y 345.]

ségue han hecho nombrar «delirio de las persecusiones.» (Foville).

El delirio es, sin disputa, un síntoma constante de la locura y constituye su carácter esencial; es preciso buscarlo siempre y en cada caso en que el alienista tenga que resolver el diagnóstico de la locura; más tambien es preciso tomar la palabra en el sentido ámplio y en la acepcion comprensiva en que la usó Esquirol, cuando dijo: «Un hombre está en delirio cuando sus ideas no están en relacion con sus sensaciones, cuando sus juicios y sus determinaciones no están en relacion con sus ideas; cuando sus ideas, sus juicios y sus determinaciones son independientes de su voluntad»; lo que, en otros términos, vale tanto como decir que hay un delirio de las sensaciones, un delirio del pensamiento y un delirio de los actos, aunque á menudo se extienda y generalice el desórden de una facultad á las otras, pudiendo ser primitiva otras veces esta generalizacion, dada la multiplicidad de las fibras conmisurantes que ligan entre sí y en todos sentidos á las células cerebrales. *(Dicc. Jaccoud t. XI).*

Tratemos ahora de aplicar los principios que dejamos sentados al caso sometido á nuestro exámen.

Para resolver la cuestion relativa á las diferencias fundamentales entre la pasion y la locura, pondremos á contribucion los trabajos de Georget, Falret, Griesinger, Casper, Legrand du Saulle, Despine y Mata, quien ha hecho de ellos un resúmen magistral y al que seguiremos sobre todo, estudiando con respecto al caso presente las bases de esa diferenciacion.

1ª *Falta de razon moral.*—En el estado de *pasion* hay siempre un por qué, un motivo, una causa del acto acriminado: en el estado de *locura* no existe esa causa ó motivo.—Cesáreo ha matado á Buenviaje, porque ésta le llenó de insultos.

2ª *Falta de historia.*—En el estado de *pasion* hay antecedentes, concomitantes y subsiguientes relacionados con el hecho penado por la ley: en el estado de *locura* no existe esa historia, no hay hechos que se relacionen con el acto delincuente.—En el caso á que nos referimos, hallamos un hecho anterior al asesinato, cual es el insulto, y otros que le precedieron, como las relaciones ilícitas con una mujer casada y la incomodidad de ésta por un cobro exagerado; hay hechos coetáneos, como la decision de matarla y la compra del arma homicida; y los hay tambien posteriores, v. g., la presentacion del procesado ante el Juez para que se castigue.

3ª *Aislamiento del hecho.*—En el estado de *pasion* el hecho delincuente no está aislado en la vida del sujeto, sino que hay otros de su índole y carácter: en el estado de *locura* hay por lo comun un aislamiento completo; el hecho está solo en la existencia del indivíduo, es un paso brusco de la conducta tal vez más pacífica y honrada al acto más turbulento y de mayor ferocidad.—El homicidio perpetrado por Cesáreo constituye un fenómeno exclusivo en su vida social, y si no hay ausencia de las escenas preparatorias y correlacionadas hasta formar un todo, se trata sin embargo de un hombre laborioso, de un vecino tranquilo y honrado, de conducta hasta entónces intachable.

4º *Falta de plan y complices.*—En el estado de *pasion* el hecho casi siempre se ejecuta con plan, con proyecto anterior, y por lo comun con cómplices: sólo en casos de pasion súbita podrá haber improvisacion, y en muchos podrá estar solo el sujeto en la ejecucion del crímen; los cómplices siempre indican criminalidad.—En el estado de *locura*, no hay por lo comun plan, ni proyecto anterior, si los hay suelen ser descabellados, y nunca hay cómplices: el loco está siempre solo en la ejecucion del acto, como por su debilidad de entendimiento no sea fácil instrumento de un malvado.—Cesáreo no tuvo ningun cómplice: es cierto que desde el momento del insulto se decidió á matar á Buenviaje y no abandonó su proyecto hasta verlo realizado; pero esta realizacion siguió de bastante cerca á la causa, cuando todavía se hallaba bajo el peso del agravio y bajo el impulso reaccionario que éste despertó.

5ª *Falta de relaciones entre el hecho y las condiciones orgánicas y sociales del autor.*—En el estado de *pasion* hay siempre relaciones íntimas ó bastante estrechas entre el hecho delincuente y las relaciones orgánicas del sujeto, tales como su sexo, su edad, su temperamento, su idiosincracia, sus facultades intelectuales y sus pasiones; haylas tambien en sus condiciones sociales, como pasion, familia, ejemplos que tenga á la vista, costumbres, oficio, género de vida, educacion é instruccion:—en el estado de *locura* no hay esa relacion; nada más frecuente que ver grandes contrastes en esos puntos de vista; podrá haber grandes condiciones orgánicas y sociales y el acto loco como causas predisponentes de la afeccion mental; pero no como causas de la moral del acto ó de su ejecucion.—Cesáreo es un hombre en la edad todavía de las pasiones, su temperamento es sanguíneo, robusta su constitucion, sus oficios zapatero y vendutero, su género de vida no es malo desde el momento que se le califica de honrado y pacífico vecino, pero lo es en cuanto á que lleva relaciones clandestinas con una mujer casada, de modo que su educacion é instruccion, de modo que sus costumbres en este respecto no se han inspirado en el buen ejemplo que más frecuencia ofrecen los indivíduos pertenecientes á las razas superiores, y no han llegado hasta el punto de crear para él la necesidad de formar una familia decente y de respetar la mujer ajena. Las circunstancias á que nos hemos referido están íntimamente conexionadas con el acto acriminado; y el mundo nos da un espectáculo diario de hechos parecidos.

6ª *Intencion absoluta y directa.*—En el estado de *pasion* el acto de pasion tiene una intencion relativa y refleja; se refiere á determinada persona ú objeto; el sentimiento ó instinto que impulsa al crímen no es el afectado primitivamente por el motivo ó razon moral que existe para perpetrarle; es siempre otro ú otros instintos y sentimientos que, lastimados ó heridos, hurgan al de la agresion. Cuando ofenden á alguno en su reputacion ó en su honra y comete un homicidio en la persona agresora, ése no mata por matar, no es el instinto de la agresion ó destruccion el que lo empuja, es el sentimiento de la estimacion de sí mismo el que le monta en cólera, y reflejándose sobre el instinto agresor, lo subleva para la ejecucion del homicidio: el acto es pues determinado, particular, relativo, y además reflejo ó indirecto. —En el estado de *locura*, el acto es de intencion absoluta y directa; el loco mata por matar, lo mismo á una persona que á otra, así sean los objetos más queridos de su alma; el instinto que le empuja es el de la destrucion, y el acto se comete á pesar de estar combatido á veces por los demás instintos y sentimientos.—En Cesáreo se ha referido á una sola persona; no la ha matado éste impulsado por el instinto de la destruccion, obrando directamente, sino excitado por el sentimiento de la propia honra; siendo por lo tanto determinado y particular, relativo y reflejo ó indirecto.

7ª *Discordancia entre las ideas y sentimientos del agresor y el acto que comete.*—El hombre que movido de una *pasion*, atenta contra las ideas de otro, no solo lo efectúa con la accion, sino con su pensamiento y con su voluntad, tanto más decidida, cuanto más intensa es la pasion que le domina: todo lo contrario sucede *en el loco* homicida; hay muy amenudo el mayor contraste entre la tendencia al asesinato y las ideas y voluntad del que siente esa tendencia, llegando hasta el punto de revelarse contra ella, inspirándole un horror tanto más terrible cuanto más débil se reconoce para dominarla y hacerse superior á ella.—Cesáreo atentó contra la vida de Buenviaje sin horrorizarse de sí mismo, sin abandonar un instante su primera decision y sin sentir por ello arrepentimiento alguno; pero tampoco trató de conciliar la satisfaccion de su venganza con su seguridad y con la impugnidad de su crímen, antes al contrario fué inmediatamente á ofrecerse como víctima expiatoria.

8ª *Modo de manifestarse el impulso, no relacionados con los hábitos.*—En estado de *pasion*, suele ser la agresion un efecto de hábitos contraidos, ya en la misma série de hechos, ya en dejarse dominar por los movimientos pasionales: en el estado de *locura*, el impulso aunque no sea súbito, jamás es el resultado de unos ú otros hábitos, siendo frecuente la perpetracion de un acto penado por la ley, despues de horas, dias y meses de lucha íntima y terrible entre las malas tendencias y los buenos sentimientos cohibitos del loco. En Cesáreo no puede atribuirse el acto criminal á los hábitos de uno y otro género, por que contestan negativamente toda su conducta anterior y la posterior al homicidio; pero en su declaracion hizo constar una idea fija, una intencion invariable que perturbaba y embargaba su cerebro, viniendo á verificarse el hecho despues de algunas horas de insomnio y cavilaciones.

9ª *Modo de conducirse el agresor despues del acto.*—En el estado de *pasion* hay gran variedad de casos, pues no siempre el verdadero criminal huye, no siempre trata de borrar las huellas de su falta, ni en todas las ocasiones se siente atacado de remordimientos: en el es-

tado de *locura* hay tambien gran variedad de casos, pues el enajenado tampoco se presenta siempre á la justicia por sí mismo, á veces
trata de burlar la accion de la ley, y no siempre permanece impávido
é indiferente delante de su víctima.—Esa comunidad de caractéres
dificulta el diagnóstico, que ha de basarse más bien en el conjunto de
los fundamentos expuestos que en algunos de éstos aisladamente: de
modo que Cesáreo, que parecería un loco por·el solo hecho de presentarse á la justicia, declarando su crímen y brindándose al castigo,
deja de serlo desde el momento en que dicho signo no tiene un valor
absoluto sino relativo, y en que los demas signos descubren su estado
de cordura.

10ª Lo mismo cumple decir de la *multiplicidad de las heridas*,
porque si su enormidad puede despertar la sospecha de locura, los
anales de los crímenes nos ofrecen ejemplos en que esa circunstancia
se ha encontrado, sin que sea dable atribuirla á un enajenado, pues
como dice Tardieu, el ejemplo solo de Troppman bastaría para ponernos en guardia contra ese indicio.

Infiérese del anterior estudio que Cesáreo, al cometer el acto que
se le acusa, no estaba loco:—porque tuvo un motivo muy suficiente
para hacerlo; porque ese acto formaba un todo con los que le precedieron, acompañaron y siguieron; porque obedeció á un propósito deliberado; porque está ligado con su edad, raza, temperamento, constitucion y adúlteras relaciones, aunque sin caractéres específicos;
porque se refirió á determinada persona; porque en aquel instante
hubo acuerdo entre sus sentimientos, sus ideas y la agresion; porque
se dió cuenta cabal de todo lo que hizo; y porque al presentarse conoció que merecía castigo.

Pero asímismo llaman la atencion:—el aislamiento del hecho en la
existencia de Cesáreo; la idea fija que se apoderó de él; su ensaña-
miento y obcecacion hasta el extremo de no advertir que había matado tambien á la hija de Buenviaje; el contraste del acto delincuente
con los hábitos tranquilos del hechor; la agitacion nerviosa y el insomnio desde el momento de la intencion hasta que ésta se convirtió en
una realidad; su presentacion inmediata al Juzgado, y la calma que
sobrevino en seguida:—síntomas que si no son bastantes para diag-

nosticar la locura, lo son sin duda para admitir el estado de pasion.

Y como es preciso reconocer que no es tanto en la naturaleza de la accion y en las circunstancias que la rodean, como en las disposiciones morales é intelectuales del indivíduo, donde debe el experto buscar los motivos de su juicio, tambien es necesario declarar que las disposiciones morales é intelectuales de Cesáreo son las que corresponden al hombre cuerdo, no las que distinguen al hombre loco.

En efecto: todos esos medios de diagnóstico, fundados en los caractéres de los actos de la pasion ó del error fisiológico opuestos á los de la locura considerada en general, son insuficientes para el médico. «Este necesita un terreno más sólido, ha dicho el eminente Falret, asociándose Tardieu del todo á sus palabras; y ese terreno no puede ser otro que el de la enfermedad, ó en otros términos, de la observacion clínica. El médico debe buscar su criterio para el diagnóstico de la locura en la patología y no en la psicología; criterio que revela precisamente en el hecho mismo de la de la enfermedad, que está caracterizada por un conjunto de síntomas físicos y morales y por un curso determinado, es decir, por una reunion de signos diagnósticos y no por uno solo; y en nuestra opinion, con ayuda de este criterio puede el médico especialista llegar á resolver prácticamente las cuestiones más delicadas del diagnóstico de la locura y de la medicina legal de los enajenados.»—Tan cierto es esto, que entre los arranques de la pasion llevaba á sus últimos excesos y los extravíos de un cerebro realmente enfermo la confusion no es posible sino para aquellos cuyo juicio superficial no se ha ejercitado en reconocer la locura por medio de sus caractéres especiales y genuinos: y ved aquí lo razon por qué la Academia no ha podido ni debido contentarse con los datos que arrojaba el proceso, sino que ha pedido la observacion del delincuente en un asilo apropiado, durante el tiempo que fuese necesario para llegar á un juicio exacto, y por médicos habituados á examinar y á tratar esa clase de enfermos; lo que sin duda provee de mayores garantías de acierto.

Si consultamos ahora (y es ocasion de hacerlo) las observaciones recogidas en la Casa General de Enajenados, desde el 13 de Junio del año próximo pasado, hasta el 26 de Diciembre, es decir, durante seis meses, encontramos en esa hoja clínica enviada á la Academia, los datos que extractamos.

«El moreno Cesáreo García Peña, es natural de Remedios, de 41 años de edad, soltero, de oficio zapatero, de regular estatura, constitución robusta y temperamento sanguíneo.—Su aspecto exterior ofrece: la mirada franca, actitudes fáciles y variadas, movimientos libres; cabeza levantada y en posicion natural, acusando en conjunto con sus palabras é ideas, la aparente integridad de su cerebro.—Si permanece encerrado en su cerda, no demuestra hallarse perturbadas sus facultades intelectuales; contesta á cuantas preguntas se le hacen, con verdadera expontaneidad y muy acorde; come y duerme perfectamente. —Ignora la causa de que lo hayan llevado allí, puesto que él no está loco, aunque se presume sea por muerte; y los empleados que le cuidan no le han notado nada de extraordinario.—Viste con decencia y compostura, conserva todos sus movimientos y actitudes, con natural y expresiva atencion.—Recuerda, deduce y compara; sabe el sitio en que se encuentra y qué clase de hospital es.—No sabe si ha cometido algun acto tal como el que se le acrimina; agrega que toda su vida anterior la ha pasado sin dar motivo para que se le reprenda; se ha dedicado á su oficio de zapatero, á estimar á su hijo y á la sociedad, como sus padres se lo enseñaron y como lo manda la religion; y que, por hoy, lo único que puede decir es que, si lo han llevado á aquel Asilo, es por echarle una muerte que el ignora sea el autor, y por juzgarlo loco, tal vez sin razon.—Sus funciones asimilatrices son buenas.—No demuestra hallarse bajo la influencia de ideas delirantes.—Sacado á pasear por el patio de la Seccion no hay nada que censurarle.—Es atento, comedido, servicial y respetuoso con cuantos tienen la ocasion de acercársele; es amante del prójimo; procura por medio de su comportamiento y acciones, granjearse el aprecio y simpatías de sus semejantes.—Aspira á su libertad, porque no ha cometido ningun crímen que le prive de ella y para dedicarse á su laborioso trabajo y al sustento de su familia.—Se porta como todo el que tiene conciencia de sus actos, buscando la compañía de los asilados que él cree están cuerdos, y deseando se le ocupe en alguna faena para distraerse de la situacion penosa en que se encuentra, siendo obediente y atento á cuanto se le ordena.—En una palabra, desde su ingreso hasta el dia en que se termina su historia clínica, *ha dado muestras de hallarse completamente cuerdo.*

En consonancia, pues, con los caractéres psicológicos, es decir, relativos á la índole del acto y á sus condiciones coetáneas, se hallan los caractéres clínicos que preceden, observados por médicos competentes: no hay antecedentes de una afeccion mental ni de otra alguna, ni siquiera de alcoholismo; ni los signos somáticos, ni los intelectuales, afectivos y morales han acusado la menor perturbacion mental; todas las funciones se desempeñan con regularidad; no se han reconocido ideas incoherentes de ningun género, ilusiones ni alucinaciones; no hay tampoco en él actos insólitos, ni han podido descubrirse los elementos del temperamente neuropático, que sirve de cimiento á la locura impulsiva; ni el trastorno emocional quedó persistente, ni mucho ménos se generalizó á las facultades intelectuales.

Pasemos ahora á examinar el asunto á la luz de la Antropología, cuyo auxilio nunca carecerá de importancia en la cuestion que nos ocupa.

En un país como el nuestro, ocupado por razas tan diferentes, y por las más atrasadas en una proporción bien notable, no puede prescindirse del punto de vista etnológico al resolver los problemas tan delicados de la criminalidad.—En esto han insistido sábiamente el Ministerio Fiscal y la Defensa del acusado; y la Comisión de Medicina Legal no puede tampo prescindir del concepto enunciado.—Pues bien; en esas razas inferiores á que que pertenece nuestro procesado, se echa de ver un rasgo fundamental que consiste en actuar segun el primer movimiento, la impulsividad; los menores incidentes los hacen entrar en furor, y á la manera de los niños que se irritan ó divierten con una bagatela, se incomodan con la piedra que les sirve de tropiezo y contra ella embisten seriamente, hay en cada sujeto una extraña mezcla de bien y de mal, presentándonos Burton el siguiente cuadro: «Tiene á la vez un buen carácter y un corazón duro; es batallador y circunspecto; bueno en un momento, cruel, sin piedad y violento en otro; sociable y sin afeccion; supersticioso y groseramente irreligioso; valiente y cobarde; servil y opresor; testarudo, y sin embargo voluble

y amante del cambio; atado al punto de honor, pero sin ningun vestigio de honradez en palabras ó en acciones; amigo de la vida, aunque
practicando el suicidio; avaro y económico, y sin embargo irreflexivo
é imprevisor»: todos los elementos anímicos yacen en plena confusion,
no han tenido aún tiempo para separarse y diversificarse convenientemente.

Y como ha dicho perfectamente Herbert Spencer, «el carácter cardinal de la impulsidad supone al paso súbito, casi reflejo, de una pasion única á la conducta que produce; implica, por la ausencia misma
de los sentimientos opuestos, que la conciencia se compone de representaciones númerosas y más simples; implica que el ajuste de las
acciones internas á las externas no toma en cuenta las consecuencias
lejanas y no se extiende tan léjos en el espacio y el tiempo.»

Pero esos rasgos del carácter emocional de las razas inferiores se
modifican, acallan y aún desaparecen lentamente en su contacto
con las superiores, en el seno de una sociedad más civilizada: la
impetuosidad genuina y la imprevision, que es su consecuencia, no se
debilitan á medida que la consolidacion de un estado social se efectúa;
y los sentimientos altruistas no se fortifican sino cuando intervienen
la cooperacion y el mútuo provecho. Y no se extrañe que, aún llegados á estos adelantos de la vida despierten ellos los más fieros conatos,
cuando esto mismo no dejamos de observarlo en nuestaas sociedades
civilizadas: «el blanco inculto, el niño, la mayor parte de las mujeres,
en resúmen todas las organizaciones que no ha modificado una larga
cultura intelectual y moral, tienen resortes cerebrales siempre prontos
á soltarse: el medio físico y social los perturba y trastorna incesantemente; su equilibrio mental está á la merced de los mil incidentes de
la vida, y casi nunca poseen el dominio de sí mismos.» (Lotourneau.)

Los sentimientos en favor del prójimo son, á no dudarlo, el resultado de una educacion avanzada: y aunque no falten por completo en
una situacion opuesta, son raros, fugitivos y excepcionales: el tránsito
de la conciencia brutal á la conciencia verdaderamente humana no se
verifica sino de un modo gradual y progresivo, expuesto con frecuencia á duras alternativas en que los sentimientos benévolos se acallan,
para levantar cabeza, con su faz siniestra y terrible, los instintos egois-

tas de la humanidad. La moralidad no se ha desarrollado sino poco á poco, y aún está muy distante de haber alcanzado su apogeo; pero la voluntad racional no es ya para la filosofía moderna lo que para la antigua metafísica,—(como dice Ribot en sus «Maladies de la Volonté,»)—una entidad que reina por derecho de nacimiento, aunque á veces desobedecida, sino «una resultante siempre instable, siempre pronta á descomponerse, y á decir verdad, un accidente feliz,»....«el coronamiento, el último término de una evolucion, el resultado de un gran número de tendencias disciplinadas conforme á un órden gerárquico, la especie más perfecta de ese género que se llama la actividad;» y así como hay casos en que siendo normal la adaptacion intelectual, es decir, la correspondencia entre el ser intelegente y el medio, es nula, muy débil ó por lo ménos insuficiente la impulsion, así tambien los hay contrarios, en que la adaptacion intelectual es muy débil ó por lo ménos muy instable, en que los motivos razonables carecen de fuerza para actuar ó impedir, ganando entónces los impulsos de órden inferior todo lo que pierden los de órden superior. (Ibidem)

Es justo además confesar que las personas más racionales sienten su cerebro recorrido y atravesado por extraviados impulsos; pero esos estados de conciencia, súbitos ó insólitos, permanecen sin efecto, no pasan al acto, por que los anonadan fuerzas contrarias, el hábito general del espíritu, pues entre ese estado y sus antagonismos es tan grande la desproporcion, que ni siquiera hay lugar para la lucha. «Y lo sorprendente es que la voluntad, esa actividad de órden complejo y superior, llegue á dominar: las causas que la elevan y la mantienen en ese rango son las mismas que en el hombre elevan y sostienen la inteligencia por encima de las sensaciones y de los instintos; y si consideramos la humanidad en globo, los hechos prueban que el dominio de la una es tan precario como el de la otra. El gran desarrollo de la masa cerebral en el hombre civilizado, la influencia de la educacion y de los hábitos que ella impone, explican cómo, á pesar de tantas probalidades contrarias, queda á menudo dueña de la escena la actividad racional.» (Ribot.)

En el estado normal hay verdadero *consensus*, todos los elementos concurren; los estados de conciencia, que comprenden sentimientos é

ideas con sus tendencias motrices, y los movimientos corespondientes
de los órganos: pero esto es el resultado de la educacion y de la experiencia, es un edificio que se ha ido construyendo lentamente y pieza
por pieza, porque nada complejo se forma de golpe; los materiales
primitivos son los únicos estables, y medida que la complejidad
aumenta decrece la estabilidad, porque los actos más simples son in-
génitos para el organismo y se repiten perfectamente en la vida del
indivíduo así como en la de la especie. (Ribot.).—Mas cuando se trata
de impulsos irresistibles con plena conciencia, obsérvase entónces que
esa subordinacion jerárquica de las tendencias, que es la voluntad, se
divide en dos fragmentos: «al consensus que solo la constituye se ha
sustituido una lucha entre dos grupos de tendencias contrarias y casi
iguales, de manera que puede decirse que está dislocada.»

«La observacion vulgar demuestra,—segun se expresa Maudsley (1),
uno de los más conpíscuos representantes de la Medicina Mental,—
que una emocion puede ser desviada de su expresion habitual, mani-
festándose de otra manera: un hombre insultado puede dar curso á su
cólera, ya ejecutando los movimientos propios para vengarse, ya con
lamentos y lágrimas inútiles, ya ingeniándose intelectualmente para
combinar proyectos de venganza futura, ya resignándose á pensamientos de clemencia cristiana, ya, en fin, sumiéndose en ideas de filosófica indiferencia.»

De esos dos grupos á que hemos ántes aludido,—el de los que,
apénas conscientes, acusan una ausencia más bien que una debilita-
cion de la voluntad, y el de los que con plena conciencia, pero despues de una lucha más ó ménos larga y penosa, sucumbe la voluntad
ó no se salva sino por un auxilio extraño,—nuestro procesado pertenece sin duda al último, así como á la tercera de las categorías enun-
ciadas por el alienista inglés y por nosotros recordadas hace un momento: el hecho criminal no fué en él un fenómeno reflejo inmediato,
sino durante algun tiempo aplazado mientras duró la lucha entre aquel
impulso y el sentido moral que al fin fué vencido, no tan sólo por la violencia de la pasion, sino que tambien por la insuficiencia de los elementos

_____

(1) Fisiología del Espíritu.—Maudsley

racionales por ella abrumados. Y el poeta latino lo ha dicho muy bien: *Ira furor brevis est*; la ira es una pequeña locura, por que en ella está el hombre subyugado por una pasion violenta que ahoga la conciencia moral y apaga la luz de la razon, y despues de un periódo más ó ménos corto reaparecen los buenos principios y con ellos el remordimiento y la vergüenza, miéntras que el destituido de tales elementos permanece convencido, despues de saciar su cólera, de que su arrebato ha sido legítimo y racional, se queda ciego con respecto á su pasion, y no se cree comprometido á prevenirla ni á reprimirla en su nueva aparicion. No hay, en verdad, analogía entre la razon y l a locura, estados psiquícos enteramente opuestos; pero sí existe entre el hombre sano ciego por la pasion y el estado psiquíco del apasionado enfermo: «hallándose caracterizado ese estado en ambos por la inconciencia moral en cuanto á las inspiraciones de su pasion, es decir, por la locura, es más análogo, idéntico en el fondo.» (Despine.)

En Cesáreo tenemos un hombre perteneciente á la raza africana, algo modificado su organismo por el cruzamiento y el medio en que ha nacido y se ha desarrollado: el contacto con ese medio social le ha comunicado cierta instruccion y cierta educacion moral y religiosa, estableciéndose su vida sobre la base de las buenas costumbres. Pero ha surgido para él un grave conflicto que las ha abismado, y la necesidad de resolverlo de un modo salvaje; y como esa solucion no ha sucedido inmediatamente á la impresion exterior, como no fué el resultado directo de la sensacion primitiva, sino de la sensacion subjetiva victoriosa, el hecho ha sido voluntario, porque ha habido conciencia.

Aunque no nos competa de lleno la siempre delicada de la responsabibilidad, nos parece oportuno dejar aquí consignado que la consideracion del estado mental del indivíduo arrastrado por la pasion tiene sus huellas en la Jurisprudencia Médica: así el Código penal prusiano asimila á la demencia las pasiones violentas y las vivas emociones, y exonera á los acusados, por no haber actuado con el libre uso de su razon; «las personas, dice, que ya por terror, ya por cólera, ya por el influjo de otra pasion violenta, son puestas en un estado en que ya no tienen el libre uso de su razon, serán consideradas como en estado de demencia»;—las leyes francesas, aún cuando no admitan esa semejanza, prestan séria atencion á los impulsos pasionales y los miran, si no como motivos de escusa y justificacion, á lo ménos como causas poderosas de atenuacion. En su artículo 64 *(Code pen.)* se declara que «no hay crímen ni delito cuando el acusado se hallaba en estado de demencia en el tiempo de la accion, ó que ha sido obligado á ella por una fuerza á la cual no ha podido resistir,» pues aún cuando la ley haya querido referirse á una fuerza de naturaleza física y que arrastre al indivíduo por la violencia y la intimidacion, no ha podido hacer abstraccion, como lo ha observado oportunamente Tardieu, de esa verdadera constriccion moral, de ese impulso morboso irresistible que, avasallando la voluntad, da la razon de muchos crímenes cometidos.—Calcado en el Código Napoleon é inspirado en los prismos principios el de la Península, declara en su art° 8°, libr. 1°, tít. 1°, capít. 11, que está exento de responsabilidad criminal «el que obra violentada por una fuerza irresistible,» sin que haya distinguido el legislador la especie de fuerzas y debiendo acaso entenderse, por esto mismo, no sólo las físicas, sino tambien las orgánicas y morales.—En el art. 9° del libro y título mencionados, cap. 11, se estima circunstancia atenuante «la de obrar por estímulos tan poderosos que naturalmente hayan producido arrebato y obsecacion»; pero todavía es más explícita la ley respecto al valor que debe concederse á la influencia moral en los actos humanos, cuando en la regla 11, art. 8°, lib. 1°, cap. 2° del Código penal vigente en esta Provincia, advierte que, «el que obra impulsado por miedo insuperable de un mal igual ó mayor, está exento de responsabilidad criminal,» si bien se refiera únicamente á una de las formas del ánimo apasionado. —No vacilamos en manifestar que la legislacion prusiana parece en este concepto, la más avanzada y completa, la más expresiva de la realidad, y la que, en una palabra, se basa en mayor número de fundamentos científicos.

Cesaréo ha tenido la conciencia personal más completa; sabe todo lo que ha hecho y conserva el recuerdo de todo; ningun detalle se le escapa; lo que ha faltado en aquellos momentos, lo que se ha mostrado deficiente es la conciencia moral: algunas personas, en efecto, á pesar de la fuerza y energía de sus sentimientos morales, son fácilmente cegadas por pasiones que tienen una gran influencia en su espíritu, y esto naturalmente; de donde resulta que á cada paso cometen las mismas faltas sin sentir su perversidad y sin desaprobarlas entónces: esta ceguedad es de corta duracion; los buenos sentimientos surgen pronto en su conciencia, y con la luz moral que allí vierten no tardan en acusar esos actos como inconvenientes ó inmorales; pero crando la pasion domina ya en esos casos, ya en cualquier otro en que el hombre sea moralmente racional, un sentimiento de fuerza extraordinaria abruma á los otros y oscurece á los que se encuentran á su lado, no solamente á los que son sus antagonistas, sino tambien á todos los demás; y ésta es una ley formulada por el sabio psicológico holandés Dr. Herzen y que ha merecido de Despine un pleno asentimiento.

«Hay ciertamente, dice Georget, una gran perturbacion en el espíritu cuando está agitado por la cólera, atormentado por un amor desgraciado, extraviado por los celos, abrumado por la desesperacion, anonadado por el terror, pervertido por el deseo imperioso de la venganza, y ciego por el fanatismo.» Pero en todos estos casos el hombre no pierde el conocimiento de las relaciones reales de las cosas, ni la percepcion del bien y del mal; ni la nocion moral de los actos á que se entrega; su juicio se halla momentáneamente oscurecido y su voluntad arrastrada á resoluciones extremas, pero su conciencia no es engañada ni por falsas percepciones, ni por quimeras, ni por ilusiones sensoriales, ni por una lesion de la facultad silogística. El hombre apasionado sufre á sabiendas el yugo de sus inclinaciones, cede concientemente al impulso de sus deseos, y presta dócil oido á la voz egoista de sus intereses; en una palabra actúa voluntariamente, y hállase el móvil de sus actos en las malas sugestiones, cuyo dominio ha aceptado con propósito deliberado. Otro carácter de las pasiones es estar subordinadas á la causa que las hace nacer, cesando con ella: «los celos desaparecen con el objeto que los provoca; la ira dura algunos instantes en ausencia de aquel que la ha despertado por una injuria grave; y el deseo de la venganza no subsiste sino en tanto que puede ser satisfecho.» (Georget).—Hecha la aplicacion de estos carácteres diferenciales, señalados por tan eminente alienista, y buscados en el caso de Cesáreo, no tardamos en observar: 1º que hubo en su

espíritu una gran perturbacion provocado por la cólera; 2º que no
perdió por eso la conciencia de las cosas; 3º que su juicio estuvo
transitoriamente oscurecido y su voluntad inmoralmente impulsada; y
4º que la pasion dominante duró más de algunos momentos en ausencia de la causa que la engendró, no cediendo sino al acto consumado.

No es Cesáreo un loco: toda su vida anterior al acto, toda su conducta posterior á éste, la hoja clínica que de él se ha llevado en la
Casa General de Enagenados, y en el acto mismo la convergencia de
los sentimientos, de las ideas y de las determinaciones, protestan contra la idea de la locura.

No puede decirse tampoco que Cesáreo sea un verdadero criminal:
toda su vida anterior al acto, toda su conducta posterior á éste, la
hoja clínica que de él se ha llevado en la Casa General de Enagenados,
y en el acto mismo un gran número de caractéres que hemos precisado
anteriormente, protestan tambien contra ese calificativo.

Cesáreo es un hombre que ha cometido un acto penado por las
leyes bajo el impulso de una pasion. Importa poco cual sea ésta, y
muy á menudo se asocian varias: él ha sido insultado por una mujer
con quien llevaba relaciones amorosas, lo ha sido en presencia de otras
personas, ha sufrido una reconvencion del marido de la víctima, y
una idea fija, dominante, se ha apoderado de su cerebro desde ese
momento, la de vengar su afrenta; «pensamiento duro y tiránico,»
segun la frase de Hood, que ha subyugado todas las demás y no le ha
abandonado un instante hasta haber saciado su sed. La base de la pasion
es el *deseo*, ha dicho Letourneau, y las características del deseo apasionado son la *violencia* y la *duracion*; base y características que no han
fallado en el caso de que se trata, de tremenda desviacion del *amor
propio* herido, de *ira* excitada por el agravio, de *ódio* contra el autor
de éste y de realizada *venganza*; pasiones repulsivas que, como instintos vehementes, desarreglados y depravados, se han despertados por
algunas horas en la conciencia de Cesáreo, impediendo el dominio
habitual de sus sentimientos generosos y simpáticos: perpetrado el
hecho, han vuelto éstos á florecer; y el mismo delincuente, libre ya
de su pasion, comprediós que merecía castigo y hasta fué en busca de
él, por que su conciencia moral le dijo entonces que no había obrado

racionalmente; y éste es sin disputa un punto de contacto entre el hombre apasionado y el hombre loco en cuanto á su modo de proceder en muchas ocasiones, despues de realizados sus impulsos, segun expusimos oportunamente.

La Comision de Medicina Legal no se ha referido especialmente á la pasion de los *celos* porque mientras para las otras existe la confesion misma del reo, en el testimonio remitido á la Academia no hay pruebas evidentes de ella, sospechándola únicamente el Ministerio Fiscal y la Defensa del acusado; porque las relaciones amorosas con una mujer casada y que vive con su marido, implican en la mayoría de los casos cierta tolerancia en los sentimientos que no se compadece con la existencia de dicha pasion; porque es raro que los individuos celosos (*zelómanos*) no impresionen desagradablemente, además de sus víctimas, á las otras personas que estén en contacto con ellas, molestándolas á cada paso con sospechas injustas, con extraviadas interpretaciones de los actos más sencillos, y con la displicencia de su carácter; y porque, en fin, la solucion del problema para nada se modificaría en presencia de esa otra desviacion del *amor propio* herido.

Y como que el Sr. Juez de Primera Instancia de Remedios, al formular su consulta, desea saber «si está ó estuvo momentáneamente perturbado en sus facultades mentales, en el acto de cometer el delito, el procesado Cesáreo García y Peña,» la Comision de Medicina Legal cree debe contestársele en los siguientes términos:

Que, por los datos reunidos y enviados á esta Real Academia, estuvo Cesáreo momentáneamente perturbado en sus facultades mentales, en el acto de cometer el delito, bajo el imperio de la pasion.

Antonio MESTRE.

Habana, Febrero 9 de 1884.

EL ESTOMAGO Y SUS SUFRIMIENTOS.

———

(*Finaliza.*)

LÍQUIDOS INTESTINALES.

Bilis, Jugos: pancreático y de las glándulas de Lieberkuhn.

Las propiedades y funciones de la bílis y del jugo pancreático han sido bien establecidas por Bidder y Schmidt con numerosos experimentos efectuados sobre algunos animales en el laboratorio fisiológico de Derpt, demostrando su reaccion alcalina, y que los alimentos grasos pasan por la boca, esófago y estómago sin digerirse, hasta que, en contacto con el jugo pancreático, que es vertido sobre ellos en el duodeno por el páncreas, son convertidos prontamente, gracias á su presencia, en una fina emulsion, que es absorbida con rapidez por los vasos lácticos, para ser conducida al conducto torácico. La accion de la bílis no ha sido tan claramente señalada, á pesar de haberse observado que la nutricion se efectúa imperfectamente, cuando el conducto por donde este líquido corre era ligado para impedir el aflujo del mismo al duodeno, resultando en consecuencia que los alimentos nitrogenados entraban en putrefaccion en los intestinos. Así quedó demostrada una fruicion antiséptica de la bílis. El acúmulo de gases en los intestinos fué otro rasgo característico de su ausencia. La accion de los jugos intestinales principalmente agregados por los folículos de Lieberkuhn, que se hallan diseminados en la membrana mucosa de los intestinos, no había sido determinada satisfactoriamente hasta el notable caso de fístula intestinal sometido á la observacion de Bush, y referido en los Archivos de Virchoir, Berlin, 1858. Tratábase de una mujer en buena salud, de treinta y un años de edad, que en el sexto mes de su cuarto embarazo fué herida en el abdómen por un toro furioso cuya asta penetró en dicha cavidad, interesando el tercio superior del intestino delgado. En la época en que se hallaba bajo la observacion de Bush, sufrió, sin éxito, una operacion quirúrgica practicada con objeto de cerrar la herida. Todos los alimentos recibidos en el estómago eran evacuados por la fístula, demacrándose considerablemente la enferma, no obstante su voraz apetito. Fué este un caso de nutricion deficiente, á pesar de que el alimento atravesaba con regularidad el estómago, y de que éste desempeñaba sus funciones de un modo perfecto.

Los alimentos cocidos, tanto los nitrogenados como los que no lo son, es decir, las carnes y las sustancias farináceas, eran rápidamente digeridas con incremento apreciable de la nutricion cuando eran inyectados en los intestinos por la fístula, despues de haber sido triturados mecánicamente, y tratados por la saliva y jugo gástrico artificiales, préviamente acidulado este último con los ácidos láctico ó clorhídico.

Llegó á ser entónces aquella señora objeto de una larga é interesante série de observaciones relativas á la digestion intestinal, que, en lo esencial, confirmaron las de Bidder y Schmidt, hechas en animales inferiores, resultando así más completas y satisfactorias. En esta ocasion, como en los estudios hechos por Beaumont sobre la digestion estomacal al través de la fístula gástrica de Alexis San Martin, la naturaleza fué sorprendida en la tarea de realizar sus silenciosos procesos, revelando así sus secretos á la escudriñadora mirada de la ciencia, en beneficio de la humanidad. Este caso demostró con más claridad el hecho de que el estómago, áun cuando esté ayudado por los órganos masticatorios y salivares, es incapaz por sí solo de proporcionar al

cuerpo una nutricion suficiente sin el auxilio de la digestion intestinal. En otros términos, todo el conducto alimenticio, desde su entrada hasta su salida del cuerpo, está empeñado activamente en el proceso
de la digestion, tomando cada órgano indispensable parte para completar la nutricion. Los intestinos se encontraban en condiciones de
salud y suministraban jugos perfectamente normales al análisis.

Ofrecian un líquido incoloro ó ligeramente rosado, viscoso y fuertemente alcalino en su reaccion.

Cuando eran inyectadas en la fístula el azúcar de caña, la albúmina y las grasas, se presentaban sin alteracion en las heces; pero cuando
las grasas eran mezcladas con el jugo pancreático, y entónces inyectadas por la fístula, se transformaban inmediatamente en una emulsion,
siendo absorbida con rapidez por los quilíferos.

El azúcar de caña exijía la accion simultánea de los jugos salivar
y gástrico sobre ella, y por lo que toca á la albúmina, era este último
indispensable, como ya se ha explicado, para su digestion.

Sería altamente interesante para muchos lectores inteligentes examinar detalladamente todas las observaciones instructivas de aquellos dos
casos notables de fístulas gástrica é intestinal y de los procesos digestivos
que facilitaron; pero no es posible conseguir tal cosa en las cortas páginas
de un tratado popular como el présente. Exponemos aquí esos casos con
objeto de dar á conocer á los inteligentes profanos los métodos empleados para establecer las propiedades y funciones de las secreciones fisiológicas en los procesos naturales de la digestion de los alimentos, redu-
ciéndolos á tal estado de disolucion, que puedan los absorbentes separar de ellos sus principios nutritivos, á fin de que sean elaborados
en la sangre normal, para la propagacion de la vida y de la salud, y
desechando todas las otras partes destinadas á ser expulsadas como
excreciones. Pasemos ahora á ocuparnos de las causas que perturban
ó detienen estas secreciones, ó cambian sus condiciones normales, produciendo así desórdenes funcionales que, de no ser corregidos, se hacen
crónicos y causan, tarde ó temprano, lesiones orgánicas que constituyen
enfermedades incurables. Nuestro objeto no se extiende al estudio
de éstas, ni de su tratamiento, sino únicamente al modo de evi-
tarlas.

Causas que alteran las cantidades y cualidades químicas de las diferentes secreciones, produciendo así:

INDIGESTIONES.

Hemos visto que el estado normal de la saliva es alcalina. Unicamente en este estado normal puede desempeñar su funcion en la digestion: la de transformar el almidon en glucosa. Tambien sabemos que la reaccion característica del jugo gástrico es ácida, y que sólo bajo tal condicion puede llenar su objeto en la digestion estomacal.

Igualmente sabemos que el estado normal de los jugos intestinales es fuerte é indispensablemente alcalino.

Estas secreciones son producidas por sus glándulas en pequeñas cantidades, excepto en presencia de alimentos apropiados, en cuyo caso su aflujo es abundante. Las observaciones en San Martin demostraron que si se introducen en el estómago inmediatamente ántes de comer, bebidas ácidas, el jugo gástrico es mucho ménos abundante. Cuando no son tomadas las mismas en el momento indicado, y el alimento ha sido bien masticado y mezclado con la saliva alcalina, y entónces deglutido, el jugo gástrico ácido fluye con mucha abundancia y la digestion adelanta vigorosamente.

Del mismo modo las observaciones, en el caso de fístula intestinal, ámpliamente confirmadas por experimentos posteriores sobre animales, prueban que, cuando los alimentos, bien influenciados por el jugo gástrico ácido, pasaban á los intestinos, el líquido alcalino de estos órganos era agregado en mayor abundancia que en otras condiciones.

Todas estas secreciones se producen á expensas de la sangre, y una vez desempeñadas sus funciones son reabsorbidas en la sangre.

Para que ese humor permanezca puro, es necesario que los *excreta* sean expulsados del cuerpo con intervalos regulares, convenientes; de otro modo, la fermentacion en él engendra productos tóxicos que pasan á la sangre con la reabsorcion de las secreciones, corrompiendo así este líquido, perturbando los centros nerviosos y cambiando las cualidades químicas de las secreciones fisiológicas.

Así las personas de ménos de sesenta años cuidarán de mantener su vientre corriente todos los dias, y las que pasan de aquella edad, cada dos dias, por lo ménos, y no mejor todos los dias.

Los intestinos y la vejiga, como receptáculo de las más nocivas excreciones de nuestro cuerpo, deben ser desocupados, no sólo cuando lo exijen aquellos, sino aún en ausencia del estímulo fisiológico; no debe hombre prudente esperar este aviso; y por mi parte rogaría á las personas de uno y otro sexo, que recuerden durante toda su vida que deben anticiparse, cada vez que les sea posible, al llamamiento de la naturaleza, evacuando el conducto intestinal, y especialmente el contenido tóxico de la vejiga. (1) Muchos sufren habitualmente este género de intoxicacion de la sangre, sin que sospechen siquiera tal orígen de su pérdida de apetito, de su debilidad ó fatiga, de su dolor de cabeza, de su depresion general de espíritu, etc.

Esta depresion, largo tiempo continuada, así como las emociones violentas ó intensas, y los sufrimientos mentales, paralizan más ó ménos las secreciones, demostrando la íntima conexion del sistema nervioso con tales funciones. Las de los vasos absorbentes y otros órganos son tambien afectadas por estas causas, tanto, que es un hecho familiar á los médicos que los medicamentos, en tales circunstancias, son insuficientes, á ménos que no se administren en altas dósis. Los medios empleados para distraer la atencion de las causas de la pena, son remedios mucho más efectivos en estas condiciones. Durante la fiebre se observó en San Martin que la secrecion del jugo gástrico se suprimía casi por completo, lo que tambien resultaba despues de ejercicios musculares prolongados y fatigosos, haciéndose anormales sus propiedades químicas en tales circunstancias, durante las cuales, por consiguiente, debe ser proscrita toda alimentacion sólida.

Las glándulas salivares están aún más expuestas á las perturbaciones por causas exteriores á las mismas. Sus secreciones llegan á suprimirse tambien por las emociones transitorias, y las que son contínuas tienen un efecto crónico muy marcado sobre ellas. Las malas noticias influyen, produciendo sequedad en la boca, extinguen el apetito y dificultan la digestion. Apénas hay una condicion morbosa del

(1) Sir James Eyre.—«El estómago y sus dificultades»—Lóndres. 1869.

cuerpo que no produzca sus efectos sobre todas las secreciones: la lengua se seca, se cubre de saburras, y la observacion que de este estado hace el médico, le enseña las condiciones en que se encuentra el estómago.

Las irritaciones locales ó las inflamaciones en la boca, tales como las causadas por raices de dientes ya sin vida, por depósitos de tártaro, por abcesos alveolares, etc., modifican las cualidades químicas de la saliva, impidiendo sus funciones.

Las observaciones practicadas en San Martin demuestran, como ya se ha visto, la manera segun la cual esta perturbacion se refleja sobre las otras secreciones de los órganos digestivos, particularmente sobre la del estómago.

La aplicacion práctica de estos hechos se refiere á que deben ser evitados en esas condiciones anormales de los jugos digestivos, todos los alimentos sólidos, ó tomados al ménos parcialmente y rara vez, en relacion con el estado actual de aquellas, previniendo así la inevitable indigestion que sería el resultado del olvido de este precepto. Tambien los alimentos almidonosos, tanto en disolucion como en engrudo, son muy indigestos en tales circunstancias, y no deben ser tomados, excepto cuando sean usados como lubrificadores de las membranas mucosas irritadas, en las que, por otra parte, es ese uso de discutible utilidad.

Como alimentos líquidos apropiados á aquellas condiciones, presento aquí una lista, segun el órden de su fácil digestibilidad, y tal como la publicó el Dr. Chambers, Médico del Príncipe de Gales. (1)

Dieta para los Valetudinarios.

Suero.	Caldo escocés.
Leche y'agua de cal.	Sopa de tortuga.
Leche y agua.	Mollejuela de ternera.
Leche.	Pescado cocido.
Leche y sagú.	Pollo cocido.

---

(1) Thomas King Chambers.—«Las Indigestiones.»—Ed. Am. Filadelfia. 1870.

Puding de arroz con leche.   Costilla de carnero.

Beef tea (jugo de carne.)   Patas asadas.

Caldo de carnero ó pollo.

Cuando se está en plena salud y se mastican bien los alimentos en cantidades normales, las diferentes sustancias alimenticias son fácil y regularmente digeridas, pasando del estómago en los intervalos que ofrece la siguiente

Tabla de la digestibilidad comparativa de diferentes clases de alimentos en el estómago de Alexis San Martin, segun las observaciones del Dr. Beaumont.

	Horas y minutos.			Horas y minutos.
Leche cocida	2,00.	Leche de crema al horno	.	2,45.
Leche cruda	2,15.	Pescado de agua dulce, salado, cocido		2,00.
Huevos frescos	2,00.	Trucha fresca cocida		1,30.
Huevos estrellados	1,30.	Trucha fresca frita		7,30.
Huevos asados	2,75.	Lobina asada en parrilla		3,00.
Huevos cocidos, blando	3,00.	Acedia frita		3,30.
Huevos cocidos, duros	3,30.	Salmon salado y cocido		4,00.
Huevos fritos	3,30.	Ostras frescas, crudas		2,55.
Ostras frescas, asadas	3,15.	Puerco salado, crudo		3,00.
Ostras frescas, estofadas	3,30.	Puerco estofado		3,00.
Venado asado	1,35.	Pollo fricassé		2,45.
Lechon tostado	2,30.	Pollo cocido		4,00.
Cordero fresco, asado	2,30.	Pollo asado		4,00.
Boast-Beef poco cocido	3,00.	Pato doméstico, asado		4,00.
Beef-Steak	3,00.	Pato salvaje, asado		4,30.
Beef-Steak sin sal	3,36.	Sopa de cebada hervida		1,30.
Carnero fresco, asado	3,00.	Sopa de frijoles hervida		3,00.
Idem " cocido	3,00.	Sopa de pollo cocido		3,00.

	Horas y minutos.		Horas y minutos.
Carnero fresco, tostado....	3,15.	Sopa de carnero cocido...	3,30.
Ternera " asada.....	4,00.	Sopa de ostras cocida.....	3,00.
Idem " frita......	3,30.	Sopa de vaca y vegetales..	4,00.
Puerco asado......	3,75.	Tripas en adobo, cocidas..	1,00.
Puerco fresco, tostado.....	5,75.	Patas de puerco adobadas.	1,00.
Sesos cocidos...........	1,45.	Papas cocidas...........	3,30.
Hígado de buey, asado....	2,00.	Col cruda....	2,30.
Corazon de vaca frito.....	4,00.	Col cocida	4,00.
Picadillo de carne y vegeta-			
les................. .	2,30.	Nabos cocidos.....	3,75.
Chorizos asados	3,20.	Acelgas cocidas	3,45.
Queso viejo......... ,...	3,30.	Pan y trigo al horno.....	3,15.
Maiz y judías......	3,45.	Pan de trigo...........	3,30.
Habichuelas cocidas......	5,30.	Manzanas maduras, dulces,	
		crudas.............	7,30.
Papas asadas......	2,30.	Papas al horno......	2,30.
Manzanas ágrias........	2,00.	Manzanas duras..........	2,50.

Cuando el alimento era ingerido sin ser masticado ó insalivado, sus principios farináceos atravesaban, el estómago, sin digerirse, pasando, por consiguiente, inalterados á los intestinos, donde eran parcialmente digeridos, pero despues de haber entrado en fermentacion en estos órganos una parte considerable de aquellos, originando gases que producian flatulencia, eran expulsados del cuerpo con las heces. Deglutidas las carnes sin masticacion, eran parcialmente digeridas en el estómago en aquellas porciones exteriores de la masa, encontrándose otras tambien sin digerir en las excreciones, y estos experimentos engendraban invariablemente irritaciones en los órganos digestivos, con desórdenes en las condiciones normales de las diferentes secreciones.

Estas observaciones y experimentos demuestran cuán indispensable para la nutricion es el uso cuidadoso de los órganos masticatorios, no sólo para la trituracion perfecta de los alimentos, sino tambien para la completa incorporacion de la saliva á las sustancias alimenticias vegetales ó amiláceas (farináceas.) Por esta razon, nunca el trabajo culinario para reducir estos alimentos á la consistencia de pulpa, puede reemplazar á aquellos importantes órganos, cuyas funciones son, no solamente dividir, sino tambien insalivar completamente las sustancias alimenticias; y para que esta operacion resulte efectiva, tambien se hace necesario que la saliva esté al mismo tiempo en su condicion alcalina normal; de lo contrario, no ejercerá su accion digestiva sobre aquellas sustancias que permanecen sin alteracion hasta que alcancen los fluidos intestinales, tambien alcalinos, que sustituyen en cierto grado las funciones de aquella, aunque no tan eficazmente, porque no han sido incorporados en los alimentos mediante la masticacion.

Además, estos alimentos vegetales sin salivacion no llegan á los intestinos en su condicion normal. Durante su permanencia en el estómago el calor y humedad de este órgano les hace sufrir fermentacion acética, produciendo gases y acidez de estómago y haciendo que sus condiciones sean aún más anormales por exceso de ácidos.—Ni aún la leche es digerida en el estómago cuando contiene excesiva acidez, puesto que su caseina se coagula por el exceso de ácido, y el jugo gástrico anormal no puede disolverla, resultando en consecuencia una dolorosa indigestion.

Esta es la razon por la cual el suero,—leche privada de caseina,— se coloca á la cabeza de la lista de la comparativa digestibilidad, de los alimentos. Por esta razon tambien se agrega una sexta ó una cuarta parte de agua de cal en la dieta para los valetudinarios; el agua de cal, alcalina, neutraliza el exceso ácido de los líquidos del estómago con el objeto de que no coagule la caseina de la leche.—La leche cocida y tambien la cruda siguen en la lista de alimentos indicada para los valetudinarios.—Contiene todos los elementos de la sangre, necesarios para una perfecta alimentacion, como debe inferirse a priori recordando que es el único alimento suministrado por la naturaleza para nuestra nutricion antes del desarrollo de los órganos masticatorios. Cuando la leche ú otra dieta líquida es necesaria, deberá ser tomada con más frecuencia, pero á intervalos regulares que nunca serán de más de cuatro horas excepto durante las del sueño.—Los huevos crudos con los constituyentes minerales de la yema tomados totalmente con la albúmina, siguen en la lista de la digestibilidad, y los huevos cocidos blandos preceden á los duros, &.

Recomiendo esta lista al atento estudio de los valetudinarios, y á las personas que, gozando de salud, quieran evitar el enfermarse. Ofrece, si es cuidadosamente analizada una verdadera mina de riquezas más precisas que el oro.

No olviden los valetudinarios que la alimentacion es para ellos mucho más importante aún, que para los que se hallan en plena salud. De ningun modo deben abstenerse de los alimentos, pues esto produciría aún más inervaciones, elemento el más peligroso de la enfermedad; pero deben elejir con estricta conformidad á las condiciones de sus órganos digestivos, y procurar remediar pasados errores con la dieta y con hábitos que muy amenudo se verá que son la causa inicial de su mala salud, cualquiera que sean sus tendencias constitucionales ó las formas que sus desarreglo hayan revestido.

Hay condiciones tifoideas en las que no solamente se suprimen las secreciones sino que el exceso de mucosidades paraliza la digestion y la absorcion hasta el punto de que aún los alimentos líquidos son rechazados. En estos casos el médico está ya hecho, ó se hará cargo de aquellas, y por la tanto no tengo que ocuparme aquí en tal sentido de las mismas.

No olviden tampoco todas las personas, valetudinarias ó nó, que la ira, los pesares, la fatiga mental ó física, la ansiedad, la prolongada exposicion á un calor elevado ó al frio, los excesos de comida, de fumar, ó de bebidas alcohólicas y todas las influencias semejantes, ejercen un efecto acentuado sobre las secreciones fisiológicas, introduciendo perturbaciones en todos los órganos alimenticios y sus procesos, y produciendo una defectuosa nutricion, punto vulnerable de la mayor parte de los sufrimientos del cuerpo.

Recuerden igualmente que un espíritu tranquilo y la eleccion inteligente de la alimentacion son los primeros y mejores remedios para todos sus males, y nadie mejor puede ayudarlos en esta eleccion que

un médico naturalmente inteligente y convenientemente educado.—
Cualquiera que sea la naturaleza de los desarreglos físicos, preciso es
huir de los consejos formulados por personas extrañas á la profesion
en materia tan importante como la salud. Aunque no exijan remune-
racion por esos consejos generalmente acaban por ser caros en sus resultados.

Sobre todo aire y (1) agua puros, artículos alimenticios, sanos, perfecta regularidad en las horas de comer y dormir y ejercicios de espíritu
y cuerpo en cantidad y calidad adaptados á las condiciones de cada
persona, son indispensables para la eficacia largo tiempo continuada
del sistema alimenticio, en la seguridad de que pocas personas here-
dan tan robusta constitucion, que más tarde ó más temprano no deba
sucumbir al alejamiento de las leyes fisiológicas.

El ejercicio á caballo ó en carruaje constituye una distraccion saludable para el espíritu, pero no lo es físicamente en el sentido en que
los recomiendo especialmente para los dispéticos.

Los paseos y el baile son ejercicios corporales mucho más beneficiosos porque proporcionan mayor ejercicio muscular y circulacion de
la sangre, aumentan la metamórfosis de los tejidos, y por consiguiente
acrecentan el apetito y la nutricion.

Los paseos por la mañana y por la tarde son muy aperitivos, y los
mejores remedios naturales para los estómagos fatigados.

Deben tomarse, finalmente, todas las precauciones convenientes para conservar en un estado perfecto todos los órganos de la masticacion,
y emplearlos concienzudamente en la trituracion é insalivacion de
los alimentos ántes de dejarles pasar al estómago, recordando que
que si por un lado debe ser completa la digestion de los alimentos para que los vasos absorbentes puedan apropiarse todos los elementos
nutritivos, por otro deben ser igualmente observados los órganos ex-

---

(1) Las fiebres intermitentes son ocasionadas por un aire impuro intoxicado con
las sustancias vegetales en descomposicion y la disentería como la fiebre tifoidea, por
agua ya directamente bebida, ya empleada en los usos culinarios, impura á su vez,
intoxicada por sustancias animales que se han mezclado en ella, amenudo por filtra-
cion al través del terreno.—La mala ó imperfecta disposicion ó colocacion de los es-
cusados son las fuentes comunes de estos males.

cretorios para saber si eliminan convenientemente del cuerpo todos los residuos inútiles ó perjudiciales.

Desde la cuna hasta el sepulcro están ó deben estar, los intestinos riñones, hígado, pulmones y piel ocupados en sus funciones de purificadores de la sangre. El ejercicio conveniente, el aire y el agua puros, y los alimentos sanos generalmente, bastarán para conservar á todos esos órganos en condiciones de actividad y de salud, y de no ser así, búsquese la causa de sus desarreglos en algun error dietético.

Úsense en la comida cantidades razonables de frutas maduras de la estacion, pero evítense las verdes, y las que están pasadas, pues podrian provocar desarreglos en los órganos digestivos.

Cuando los intestinos se hallen perezosos no debe acudirse frecuentemente, por indicacion propia, al uso de purgantes salinos ó de otra clase. Si la presencia de un estreñimiento tenaz los exigiese, deben preferirse los de aloes y de ruibarbo, siempre por prescripcion facultativa; pero para obtener una evacuacion diaria basta, por lo comun, el uso de una simple lavativa de diez ó doce onzas de agua, cuidando de retenerla por quince minutos ántes de arrojarla.

Manténgase la piel limpia por medio de baños tibios, no calientes, ya de esponja ó de otro modo, tomados á intérvalos convenientes, é indáguese del facultativo la eleccion de alguna agua mineral, natural, Vichy ú otra, para emplearla como bebida, siempre que la orina sea escasa y muy colorada.

Si se fuese demasiado condescendiente con los niños consintiéndoles el uso de frutas candizadas ó confites, y de dulces en general, hágase esto muy rara vez pues el azúcar de caña no es fácil ni prontamente digerida, y los excesos continuados en este sentido, aunque agradables al paladar, al fin provocan indisposiciones del estómago y de los intestinos.

ERASTOS WILSON.

LA CUNA EN LA DEFORMACION CRANEAL (1).

Sólo me propongo, señores, en esta nota, daros cuenta de un nuevo trabajo de antropología publicado en Rusia por el Dr. Pokrowsky, y que, en parte, constituye otro documento más en favor de la deformacion artificial del cráneo. Todos sabemos por los datos que positivamente se consignan en los textos, la manera diversa como realizaban aquella práctica: malaxando la cabeza del niño con las manos ó atándolo á una tabla ó á su cuna; tambien, entre otros medios, le aplicaban dos tablillas apretadas, una sobre la frente y otra sobre el occipucio. Y esas mismas obras refieren la historia de dichas deformaciones: esa ciencia narra, dice el distinguido Topinard, «como Hipócrates y Herodoto, casi en la misma época, hablaron de que modo los macrocéfalos del oriente de la laguna Meotis se deformaban la cabeza durante la infancia. Aristóteles, Estrabon y Plinio, tambien hicieron mencion de ello. Ahora bien, en estos últimos años se han descubierto en el Cáucaso, Crimea, Hungría, Silesia, Suiza, Bélgica y en varias partes de la Francia (Sena-inferior, París, Deux-Sévres, Alto Gerona) cráneos deformados referentes al tipo que indicaban». «Reuniendo estos datos con los

---

(1) Nota leida en la sesion celebrada por la Sociedad Antropológica el dia 29 de Enero próximo pasado.

históricos, se deduce que, bajo los nombres de cimerianos, de valscos tecto-sabios, algunos pueblos arianos, que tenían esta costumbre, se extendieron desde el Cáucaso por toda la Europa hasta el quinto siglo ántes de nuestra era, llegando hasta Francia donde se modificarian los procedimientos». Para dicho profesor «el país clásico de estas deformidades es la América. Desde ántes de la era cristiana vése á un pueblo, los *nahuas*, segun Brasseur de Bourburgs y Gosse, salir de la Florida, desembarcar en Méjico, dispersarse en el año de 174, parte hácia el Sur, atravesando el Istmo de Panamá, parte hácia el Norte, á lo largo del Missisipí y propagar el hábito de comprimirse la cabeza de delante á atrás».

Pero, voy á prescindir de todos los detalles que encierra el estudio interesante de las deformaciones artificiales del cráneo en general, para concretarme únicamente á mi propósito. Dedicado el profesor Pokrowsky constantemente á conocer é investigar las múltiples cuestiones que encierra el problema de la educacion física de los niños, tiene ya adquirido renombre por sus labores en la Exposicion Antropológica de Moscow en 1879. Ahora bien, sucede que esta influencia mecánica de la cuna sobre el aplastamiento del occipucio en la plagiocefalia no es por cierto un hecho observado por primera vez, porque ya Gueniot y Broca lo señalaron desde hace algunos años; bueno será, en tal concepto, que ántes de referirme á los recientes estudios de Pokrowsky sobre el particular mencionado, recuerde los de Gueniot y Broca; de este modo, ligando los datos anteriores con los actuales nos formaremos mejor idea de su historia, viendo así lo que hasta ahora se pueden llamar sus dos fases principales, las dos únicas que parece presentar en la ciencia aquella deformacion del cráneo en los niños.

«Un dia que nuestro director—cuenta Topinard, aludiendo á Broca, en uno de sus *Extraits et analyses* de la *Revue d'Anthropolgie* (1),—venía de registrar la caverna del Hombre-muerto en la Lozére, con el Dr. Pruniers de Marvejols, entró en la cabaña de un campesino. En

---

(1) Deformation oblique ovalaire des crânes produite par le decubitus dorsal chez le nouveau-né.—*Revue d' Anthropologie*, de M. Paul Broca, 1875.

una especie de cuna se encontraba atado un recien nacido, cuya cabeza estaba deprimida en uno de los lados de la nuca por su propio peso. Era la deformacion oblícuo-ovalar sorprendida *(en flagrant delit)* en su desarrollo». Para Topinard el extracto, que transcribo á continuacion, tomado de la *Revue clinique* de *l' Union Médicale* del 29 de Diciembre de 1874, confirma aquella apreciacion. Dice así:

«Mr. Gueniot ha observado y descrito, hace próximamente cinco años, en algunos niños de la primera edad, un tipo particular y uniforme de deformacion bastante frecuente que afecta, en la gran mayoría de los casos, el lado derecho del cráneo y que es debida simplemente, segun él, á una causa mecánica, es decir á una *presion demasiado prolongada*, consecuencia del decúbito, sobre la region occípito-parietal derecha.

»Recientemente hemos tenido ocasion de estudiar en el Hospital *des Enfants Assistés*, de *visu*, en el cuerpo vivo y en el cadáver, esa curiosa disposicion que aquel cirujano considera como esencialmente adquirida, que se observa con mucha ménos frecuencia en los niños de familias acomodadas, y que, hasta cierto punto, puede prevenirse y corregirse con medidas higiénicas.

»Veamos en qué consiste esa deformacion que muchas necropsias parecen poner hoy fuera de duda, y que puede comprobarse en el sujeto vivo colocándose detrás del niño, en direccion perpendicular; examinándole la cabeza que debe estar muy derecha, se observa: 1º una depresion de la region occipito-parietal derecha, y por el contrario, una elevacion exagerada de la misma region del lado izquierdo; 2º una exageracion (elevacion) del frontal derecho que coincide con una disminucion en el izquierdo, ó á lo ménos con una curvatura normal de éste; 3º una ligera convexidad de la region fronto-parietal derecha y un débil ángulo entrante, ó bien una depresion más ó ménos pronunciada de la misma region del lado derecho. De esta descripcion resulta que la caja craneal no tiene ya una forma regularmente simétrica, sino que presenta un *óvalo oblícuo con relacion á la cara;* en efecto, su parte posterior no mira directamente hácia atrás, como sucede en estado normal, sino hácia atrás y á la derecha; en fin, la region antero-lateral ó fronto-parietal, ofrece una ligera convexidad del lado derecho; en tanto que está aplastada, y áun presenta muy á menudo un ángulo algo entrante á la izquierda.

»He podido examinar tres cráneos, dice Broca, que Mr. Gueniot se ha servido prestarme y en los cuales esa oblicuidad por *propulsion* unilateral derecha me ha parecido evidente; uno habia sido de un niño de 46 dias, y los otros de sujetos de 10 y de 18 meses, en los cuales se notaban ya muchas soldaduras completas. Tambien he observado, continúa Broca, á otro á quien acababa de hacérsele la autopsia en el hospital, y en el cual esa *propulsion* existia no sólo en el casquete *(calotte)* sino en la base del cráneo; el peñasco derecho habia pasado á un plano más anterior (de dónde la asimetría de las orejas, estando la derecha más adelante), y su diámetro longitudinal habia disminuido, ganando el hueso en espesor; en una palabra, la oblicuidad era tan pronunciada en la cara interna y en el nivel de la base, como en la superficie exterior de los huesos del cráneo. A veces, aunque con mucha ménos frecuencia, la oblicuidad tiene su centro á la derecha; viene á ser lo mismo, pero, como se comprenderá, en sentido inverso.

»El mecanismo de esta conformacion se concibe así. Lo mismo que una esfera compuesta de piezas distintas y, por consiguiente, movibles, puede deformarse si se le deja permanecer largo tiempo de un mismo lado sobre un plano resistente, lo mismo el cráneo de los niños recien nacidos, reposando constantemente sobre un solo decúbito, llegará á presentarse en aquél, el punto de partida de una oblicuidad unilateral. Esta deformacion, segun Mr. Gueniot, existe casi siempre á la derecha; él, en efecto, ha sido sorprendido, ingresando en la hermosa sala que sirve de cuna *(creche)* al hospital *des Enfants-Assistés*, al ver todos estos pobres niños colocados, unos al lado de los otros, delante de la estufa y reposando invariablemente sobre el lado derecho del cráneo.»

Ocupémonos ahora del nuevo trabajo del profesor ruso, transcribiendo tambien, para ser más exacto, la descripcion sintética que el Dr. Ikoff ha publicado en la *Revue d' Anthropologie* (1).

---

(1) Dr. Pokrowsky.—Influence du berceau sur la déformation artificielle du crâne. Mem. Soc. des Amis des Sc. nat. *Revue d' Antkropologie*, de Topinard, 1887.

«El autor, dice Ikoff, empieza por describir la cuna de los habitantes de la Georgia (cáucaso), donde colocan al niño de espaldas y lo atan á la cuna, de manera que sólo puede mantenerse acostado en esa posicion, comprimiéndose el occipucio. De igual modo —segun el Dr. Pokrowsky, que ha coleccionado acerca de este punto materiales bastante ricos,—se hacen las cunas en muchos pueblos del cáucaso, así como entre los nayaises, sartas, habitantes del Turkestan, lulíes (Asia Central) y persas. Entre los kirghises, kalmukos, yakutos, buriatos, ostiakos, samoyedes y otros pueblos de la Siberia, hay cunas parecidas á las de los georgianos. El Dr. Pokrowsky ha obtenido de los profesores del cáucaso informes sobre esta costumbre, allí muy exparcidas; á fuerza de tener al niño en la cuna hasta la edad de año y medio, y aún de dos años, el occipucio se le achata y el cráneo se hace á menudo plagiocéfalo.

»Para decidir si no deja vestigios en la edad madura tal achatamiento y plagiocefalia, procedentes de que el niño no queda acostado de espaldas en una posicion completamente recta, sino algo lateral,— el autor ha aprovechado la coleccion de 2,000 cráneos pertenecientes á la Sociedad de Amigos de la Ciencias Naturales; estudiada á peticion de aquél por el Dr. Ikoff.—Mr. Pokrowsky indica los resultados de esa exploracion; hé aquí algunos de sus cuadros:

PROPORCION POR CIENTO.

	I.	II.	III.	IV.	V.	VI.
Asimetría pura	10%	13%	17%	9.4%	9.6%	12.3%
Achatamiento	10	6.7	5.5	1.8	5.5	4.3
Reunion de los dos	41.5	16.5	23	6.8	8.7	14.9
Todas las deformaciones del occipucio	61.5	36.5	45.7	18	18	31.6

»Los grupos 1, 2 y 3 son los de los cráneos del Turkestan (200), de la Siberia (260) y del Cáucaso (164), donde emplean cunas con ligaduras y tienen al niño acostado de espaldas año y medio y hasta dos años.

»Los grupos 4, 5 y 6 son los de los cráneos de los Kurganes (tumuli), el Norte de Rusia (485), la Pequeña Rusia (234) y un cementerio de Moscow (275), donde esas cunas son completamente desconocidas.

»De estos números y cuadros, expone Mr. Ikoff, puede deducirse lo siguiente: la influencia de la cuna, despues de permanecer el niño acostado de espaldas por largo tiempo, persiste hasta la edad madura y mucho más en los braquicéfalos que en los dolicocéfalos. Además suele suceder que la asimetría del occipucio y del cráneo persista toda la vida.

»El Dr. Pokrowsky trata en seguida de los casos de plagio cefalia del cráneo y achatamiento del occipucio producidos por las sinostosis de las suturas y otros fenómenos patológicos.» A causa de las bandas que se aplican en la cabeza de los recien nacidos, en el Asia, y á causa tambien de sus cunas, puede asegurarse que, en esa region de la tierra, es un hecho plenamente demostrado la influencia mecánica de aquellos factores en el achatamiento del occipucio y en la plagiocefalia, pues, de sobra sus costumbres favorecen esas deformaciones.

Para mejor precisar los vocablos el Dr. Ikoff llama «asimetría general á la de todo el occipucio, y asimetría parcial á la de la escama del occipital encima de la protuberancia iniaca. Además, asimetría derecha es cuando el occipucio se prolonga hácia atrás del lado derecho, y asimetría izquierda si es del otro lado. Luego hago una distincion—añade Ikoff—entre el achatamiento muy pronunciado, el moderado y el parcial de un solo lado, lo que sucede comunmente en la asimetría.»

Y pasando del punto de vista estático al dinámico, preguntémonos, ¿esas presiones influyen en las facultades intelectuales del niño? De un lado, Sres., preséntasenos la higiene de la forma y del otro la higiene de la funcion, de tanto interés para el médico. «Por lo comun, dice á esto Topinard, debia morir el niño; otras veces vivia, aunque con una disminucion marcada de las facultades intelectuales. Sin embargo—agrega el mismo profesor—de un modo general, la inteligencia, no parece hallarse tan afectada como á primera vista pudiera creerse, y disminuye poco la capacidad craneal. El cerebro no se acomoda á una compresion rápida, pero resiste admirablemente á una compresion progresiva y parcial». Concretándonos á la deformacion de Gueniot y Prokowky, tenemos que Broca ha visto en muchos de estos casos una disminucion de 2 á 5 gramos en el hemisferio correspondiente. Mr. Gueniot ha encontrado una sola vez esta deformacion en un idiota y tres en atacados de hidrocefalia; indudablemente que, estos hechos, aunque no conduzcan á una conclusion general, deben tenerse en cuenta.

Por lo demás, sólo he querido presentar, en síntesis, á esta Sociedad, el último estudio, de que tengo noticias, sobre la influencia de las cunas en las deformaciones del cráneo, aunque no necesitábamos este nuevo dato para convencernos de un hecho plenamente comprobado; en efecto, á nuestro juicio, y refiriéndonos á las artificiales, despues de la animada discusion que en el seno de esta Corporacion tuvo lugar, quédaron impugnadas, de una vez para siempre, las opiniones contrarias. La sinceridad del convencimiento no puede hermanarse con semejante negativa. «Si el incontestable testimonio de la Ciencia Antropológica—como ha escrito nuestro ilustrado compañero el Dr. Borrero—prueba de un modo suficiente, como *hecho* la existencia de las deformaciones artificiales del cráneo, la filosofía de la moral humana lo confirma en *principio*.»

ARÍSTIDES MESTRE.

Enero 28 de 1888.

LITERATURA ALEMANA. (1)

ADALBERTO DE CHAMISSO Y SU POEMA "SALAS Y GOMEZ."

Adalberto de Chamisso, uno de los poetas más originales de la Alemania moderna, pertenece á Francia por su nacimiento, por su familia, y, sobre todo, por las cualidades dominantes de su génio.

Nació en 1781 en el castillo de Goncourt, en Champagne; apénas tenía ocho años cuando la emigracion de la nobleza francesa le condujo á Alemania. La reina de Prusia le colocó entre sus pajes, y á los diez y ocho años era ya oficial de infantería en Berlin.

Hasta entonces los estudios de Chamisso habían sido casi nulos. Su instruccion, hasta cierto modo, se había limitado á olvidar lo poco que había aprendido de francés para aprender bastante mal el aleman. Desde esa época, de guarnicion en Berlin, trató de componer versos en las dos lenguas, esmaltando de galicismos sus poesías alemanas, y de germanismos sus esbozos franceses. Al fusionarse estos dos elementos de inspiracion diversa debían ser más tarde, tanto por el fondo como por la forma, obra de un escritor de una originalidad real. Chamisso, que se decidió bien pronto á escribir en aleman, introdujo en este idioma adoptivo la limpieza y decision del espíritu francés. El prosi-

---

(1) De N. Martin, en su hermoso trabajo *Les Poétes Contemporaines d'Allemagne.*

guió del mismo modo; pero modificándolo esencialmente en cuanto al arreglo gramatical y al talento lógico de la frase, lo que Goëthe había comenzado desde largo tiempo, con tanta oportunidad como génio, contribuyendo á hacer caer en descrédito los largos períodos, y cuya solemne rigidez tanto agradaba al formalismo erguido de Alemania. Goëthe, preconizando y practicando la frase corta, quedaba fiel al viejo génio germánico, á la inversion del agrupamiento poético y pintoresco de las palabras. Chamisso infundió en él el carácter de nuestra prosa de cristal, tal como Malberbe y Voltaire lo han hecho, pronto, claro, pero seguramente demasiado seco y demasiado desnudo como instrumento poético. Recordemos de paso que, más recientemente, Henri Heine, en su prosa como en sus *lieder*, de tan admirable condensacion, ha sabido poner de acuerdo las dos tendencias, ha guardado del libre desarrollo germánico, todo lo que se presta á las vagas perspectivas del ensueño; ha tomado al giro directo y preciso de la tradicion francesa, esa flecha alada y penetrante de la razon, el sarcasmo y de la alegría. Pero volvamos á Chamisso.

Aunque siempre francés en el fondo de su corazon, se unió por motivos de reconocimiento á Alemania, como á una segunda pátria. Su naturaleza amante y amable lo unió á ella, ante todo, por gloriosas y duraderas amistades. Irresistiblemente atraido por la contemplacion de las maravillas de la naturaleza, no tardó en entregarse, con un ardor y un entusiasmo de poeta, al estudio de las ciencias, sobre todo el de la botánica. Su pasion por ella le hizo tomar parte en 1815, como naturalista y como sábio, en la expedicion de descubrimientos que el conde Romanzoff, canciller del emperador Alejandro, enviaba á sus expensas á los mares del Sud, y alrededor del mundo.

Se embarcaron en el *Rurik;* el viaje duró tres años, y Chamisso, que los aprovechó para enriquecer la *Flora universal*, escribió y publicó á su vuelta la relacion igualmente interesante, bajo el doble punto de vista de la poesía y de la ciencia. Su viaje le inspiró la idea de ese poema extraño, pero tan profundamente humano, *Salas y Gomez*, cuya aparicion intrigó al más alto punto las imaginaciones alemanas; que fué casi traducida á todas las lenguas, excepto á la nuestra, pero al cual eminentes críticos franceses, M. J. J. Ampere, entre otros, han acabado por hacerle plena justicia. Fuéle dado á Chamisso el mérito de deslumbrar la imaginacion germánica, á él, el dulce burlon francés, por composiciones fantásticas que Hoffmann hubiera tenido á bien de firmar; porque precedentemente ya, en 1813, se hizo al punto popular poniendo su nombre á esa monografía bizarra: *Historia maravillosa de Pierre Schlemihle, el hombre que ha vendido su sombra*. Se trata de un pobre diablo, que, obligado por la necesidad, y no teniendo nada con que traficar, no tiene dificultad alguna en vender á un desconocido su *sombra*, admirándose solamente de encontrar á un nécio que pague en plata contante una cosa tan vana como la sombra. •

¿Pero quién no conoce hoy esa ingeniosa historia, que hubiese bastado, por sí sola, para resucitar la raza de los comentadores, si la preciosa simiente pudiese jamás perecer?

Es tiempo ya de terminar esta noticia, que debía limitarse á indicar el orígen del poema que traducimos hoy dia. Para completar con algunos rasgos esta fisonomía, apénas dibujada al paso, de un poeta que reivindica la Francia, digamos, sin embargo, que los infortunios de Prusia en la campaña de 1806 afectaron profundamente á Chamisso, por el reconocimiento que lo unia á la dinastía prusiana, y que le fué necesario todo su patriotismo francés para consolarse.

Por esa época, el emperador Napoleon, cuya gloria admiraba, sin dejarse deslumbrar por ella, le nombró director en el *Liceo* de Napoleonville. Partió al momento para Francia, bajo pretexto de ir á tomar posesion de su silla; pero fué directamente á Coppet, atraido por el mágico imán de Mme. Stael. Allí permaneció hasta el momento en que el ilustre autor de *Corina* debía huir para Inglaterra. Por su parte, Chamisso volvió á Berlin, en medio de la fermentacion causada por los grandes acontecimientos políticos que se preparaban (1812.)

Pido permiso para terminar por estas cortas líneas extractadas del primer volúmen que he publicado antiguamente sobre *Les Poëtes Contèmporaines de l' Allemagne*: «Director de los Herbarios reales de Berlin, gloriosamente conocido como sábio y como poeta, feliz en el hogar de su familia, arrullado por las locas gracias de siete hijos, rico por su modesto temperamento, pocos hombres podrían llamarse tan felices por su suerte como el ilustre poeta Chamisso, cuando rindió su espíritu á la muerte el 21 de Agosto de 1838. Desde 1832 dirigía con Gustavo Schwab, el *Almanaque aleman de las Musas*, y traducía con F. de Gaudy las canciones de nuestro Beránger.

Publicamos á continuacion el magnífico poema de Chamisso:

SALAS Y GOMEZ.

I.

Salas y Gomez se levanta en el seno de las ondas del tranquilo Océano; roca solitaria y desnuda, calcinada·por los rayos verticales del sol; pedestal de piedra, desprovisto de yerba y musgo, donde van desalentadas por bandadas las aves que se fatigan de cruzar esas llanuras constantemente móviles. Así apareció ante nuestros ojos *Salas y Gomez*, cuando en la gavia del *Rurick* resonó de repente en nuestros oidos este grito: «Tierra al Oeste! tierra!» Llegados al alcance de la vista, distinguimos las bandas de aves marinas, así como las blancas parvas de polluelos que bordaban la ribera. Privados hacía mucho tiempo de alimentos frescos, resolvimos dirigirnos á aquel punto en dos embarcaciones. Llegamos á un lugar protegido contra el viento por las rocas; nuestra tropa entonces se dividió en dos partes; una siguió la ribera á la derecha, la otra á la izquierda, en tanto que yo me puse á trepar la roca. Apénas si las aves oían mis pisadas; no parecían abrigar ningun temor. y lo único que hacían era levantar la cabeza con aire sobresaltado.

Cuando llegué á la cumbre de la roca, sentí que mis piés ardían sobre la tierra que hollaban, y sumergí mis miradas á lo léjos, hácia el horizonte circular. Cuando hubieron medido de este modo la inmensidad desierta, mis ojos se fijaron en torno mio, y lo que entonces apercibieron les hizo olvidar el resto.

En esta misma piedra donde mi pié resonaba, la mano de un mortal ha impreso el sello de su pensamiento, caractéres escritos: letras. Cinco líneas de igual tamaño, y comprendiendo cada una diez cruces, dejan adivinar bien á las claras, que esa inscripcion se remontaba á lo léjos; pero hé aquí la huella aún visible de pasos sobre la roca, y creo distinguir un sendero que conduce hácia la pendiente. Sí, allí, sobre la vertiente, hay un lugar de reposo; numerosas escamas de huevos prueban que en ese punto se ha comido amenudo. ¿Quién podría ser el huésped de ese horrible desierto? Y lleno de ansiedad me dirijo, expiando en todos sentidos, hácia el borde expuesto al Oriente. En el momento en que creía hallarme enteramente sólo, y perdiendo de vista los árboles que me habian ocultado hasta entonces la vertiente, apercibí de súbito, tendido ante mí, un anciano que parecía tener más de cien años, y cuyas facciones presentaban la solemne imágen de la muerte. El cuerpo descarnado del anciano estaba envuelto en sus bucles argentados de su barba, que caían hasta las rodillas.

Y mientras que con un estupor piadoso contemplaba fijamente esa gran figura, sentí de repente que las lágrimas cubrían mis mejillas. En fin, dueño de mí mismo, llamé con fuertes voces á mis compañeros, que no tardaron en llegar. Allí estaban todos en círculo, inmóviles de asombro y de respeto, y de repente este cuerpo inanimado recobra el movimiento; ese pecho mudo respira ligeramente, y el misterioso anciano entreabre sus ojos fatigados y levanta la cabeza. Nos mira con un aire de duda y de sorpresa, y se esfuerza en murmurar algunas palabras; pero es en vano, vuelve á caer, ha vivido. El médico trató vanamente de reanimarlo. Es un cadáver ante el cual nos prosternamos.

En ese lugar se levantaban tres paredes de pizarra cubiertas de inscripciones trazadas con la mano. Yo fuí el heredero de este legado del habitante del desierto. Me hallaba ocupado en leer esas inscripciones escritas en el más puro idioma castellano, cuando de repente un cañonazo nos llamó para el barco; un segundo y un tercero nos obligaron á abandonar aquel lugar, y el anciano se quedó en la posicion en que lo habíamos encontrado.—Adios! reposa en paz, hijo del dolor! rinde á los elementos tu cubierta mortal. Cada noche, desde lo alto del firmamento, las estrellas brillantes alumbrarán encima de tí sus cruces de rayos, y lo que has sufrido, tu canto va á decirlo á los hombres.

II.

Mi corazon se llenaba de orgullo y de gozo: veía ya en espíritu amontonarse ante mí los tesoros del mundo entero. Perlas y piedras preciosas, sedas magníficas de la India, todas esas riquezas incompables, las depuse ante sus plantas, que sólo á ella podia yo ofrecerlas.

El oro, ese Mammon, ese poder terrestre; el oro, ese otro sol de la vejez, todo eso lo arrojé á los ojos atónitos de su padre, en otro tiempo inflexible.

En cuanto á mí, había conseguido el reposo y calmado en mi pecho la sed ardiente de la accion, sorprendido y paciente. Ella no tenía ya motivos para blasfemar de mi fuego indomable, y reanimando mi vida á los latidos de su corazon, hallé en adelante el cielo en sus ojos, y mi corazon ya no sabía qué deseos formar. Así es que locamente mis pensamientos se lanzaban al porvenir, mientras que mi pobre cuerpo yacía una noche, sobre el puente del bajel, y que mis ojos contemplaban las estrellas vacilando al través de las jarcias. Un viento fresco azotaba mis cabellos y tendía las velas de manera que nos hacía hilar más nudos que nunca. De repente salí de mi sueño por un choque tan fuerte, que extremeció con estrépito la masa violenta, y el bajel se extremeció horriblemente.

Un segundo choque siguió al primero; luego el tercero: de repente la concha entera se entreabrió con estrépito y las olas espumantes mugían lamentosamente, y á esos clamores horribles, sucedió el silencio de la desesperacion. Violentamente lanzado hasta el fondo del abismo, hice un esfuerzo desesperado para luchar á nado contra las olas, y pude aún ver la dulce luz de las estrellas; pero una nueva loma furioso me lanzó á las sombrías profundidades, de donde el instinto de la vida y el prodigioso vigor de la juventud me hicieron ver de nuevo la claridad del cielo. Entónces me pareció que dormía un sueño profundo, y que no podía despertar, aunque una voz interior me gritaba sin cesar. Llegué al fin á dormir este terrible sueño; fijé la vista en torno mio, y acabé por reconocer que el mar me había lanzado sobre rocas desiertas. Reuniendo mi valor y mis fuerzas, me puse á trepar aquellas áridas alturas con el fin de reconocer los lugares que me habían recogido. Cuando llegué á la cumbre, mis ojos no apercibieron rodeando por todas partes, esa roca solitaria y desnuda, de quien yo sería la roca solitaria y desnuda como él. Más léjos, contra las vivas salidas de otro arrecife donde las olas blancas de espuma á estrellarse estrepitosamente, se movían los restos flotantes de nuestro bajel, arrastrados por la corriente; pero ¡ay! fuera de mi alcance.

Y me puse á pensar: en semejante lugar no tendrás mucho tiempo que envidiar la suerte de tus compañeros que han hallado allí su triste fin.—Pero no!, esa muerte que tanto anhelo no quiere aún venir! Los huevos numerosos de esas aves de los mares, me ofrecen un alimento suficiente para prolongar mi vida y mis dolores. Así es, que continúo existiendo, sin otra compañía que mi miseria; y en mi profundo aislamiento trazo con un marisco, sobre una piedra más paciente que yo, estas palabras que resumen en lo adelante mi destino: Ni aún me queda la esperanza de morir.

III.

Me hallaba sentado, antes de salir la aurora, sobre la costa que domina las olas. La estrella mensajera anunciaba el dia, que comenzaba á brillar por el horizonte, y aunque fuera aún cubierto de sombríos velos, las olas se desarrollaban más luminosas sobre mis piés. Me parecía que la noche no quería terminar; mi mirada sombría permanecía sobre la cresta de las ondas, donde debía pronto mostrarse el sol. Desde el fondo de sus nidos, y como en un sueño, las aves elevaban sus voces; la espuma, hasta entonces brillante de los escollos, palidecía á medida que la brisa se exhalaba de las aguas, al mismo tiempo que el coro de las estrellas desaparecía en el profundo azul. Me arrodillé piadosamente, y mis ojos se velaron de lágrimas. Pronto el sol se mostró en toda su pompa, vertiendo de nuevo el goce en un corazon herido, y volví al momento hácia él con áridas miradas. Un bajel! un bajel! Se dirige á nosotros hendiendo las olas con rápido vuelo.... Hay un Dios que compadece mi miseria! Oh Dios de bondad! Si, tú castigas dulcemente; apénas te he confesado mi falta y

expresado mi arrepentimiento, que ya te apresuras á tener piedad de
tu hijo! Despues de haber abierto la tumba ante mí, me vuelves á la
region de mis semejantes, para que pueda estrecharlos contra mi corazon, y gustar de ese goce, inefable voluptuosidad de amar y de vivir!
Y lanzándome á las más altas cimas de las rocas, para seguir mejor los
movimientos del buque, palidece de repente, al pensar, ante todo que
se me apercibiese! Ay! y para atraer la atencion no podía alumbrar un
fuego sobre la cumbre de la montaña, ni agitar un tejido en el aire;
y mis brazos sólo podían abrazar el vacío! Dios misericordioso! tú com-
padeces mi triste suerte! porque el buque se desliza ahora con todas las
velas desplegadas de este lado, y veo que se aminora el espacio que nos
separa. Y oigo,—mi oido no me ha engañado,—oigo el silbido del capitan que el viento me trae y que aspiro con toda mi alma: ¡Con qué
indecible melodía vienes de repente á resonar en este viejo corazon,
sombrío y sordo desde hace tanto tiempo; acento querido y sagrado
de la voz humana! Ellos me han visto al fin; han contemplado la roca.
Ellos estrechan las velas, sin duda para moderar su marcha. Dios! á
quién me he fiado? Van hácia el Sud? Es que quieren dejar ese banco
peligroso, á fin de ponerse al abrigo de los escollos? Sigue seguramente sobre las olas, bajel lleno de esperanza! Ha llegado el instante! oh
mi presentimiento! Mirad de este lado! Al pairo! al pairo, capitan!
Lanzad un bote al agua! Allí, bajo el viento, allí podreis abordar!
Pero el buque continúa su curso más adelante, sin ocuparse de un
desgraciado.'.... y ninguna embarcacion se mandó á mi auxilio....
-Y ví que el buque se deslizaba ligeramente sobre las olas, llevado léjos de mí por sus alas que redondeaba el viento;—luego el espacio nos
separó á entrámbos. Y cuando hubo desaparecido á mis ojos que le
buscaban en vano en las profundidades azules del vacío, cuando com-
prendí que había sido engañado cruelmente, abjuré de Dios y contra
mí mismo, é hiriendo mi frente contra la insensible roca, me abando-
né á todos los furores de una desesperacion impía é insensata. Despues
de tres dias y tres noches de una desolacion semejante á la locura, y
en la que mi corazon furioso se desgarraba el seno, pude al fin encontrar el solaz en las lágrimas, y mirar mi posicion con más sangre fría,
Rendido al sentimiento de mí mismo, y vencido por el hambre, me

arrastró hácia la playa, donde para continuar sufriendo, mi cuerpo debía hallar su miserable alimento.

IV.

Paciencia! el Sol se eleva en Oriente; desciende al Poniente hácia la línea horizontal de los mares; ha terminado su curso de un dia. Paciencia! Al Sud es donde ahora comienza su marcha brillante, y pronto irá de nuevo á proyectarse perpendicularmente. Un año ha terminado. Paciencia! Los años pasan sin cansarse; pero tu mano, que ha marcado cincuenta por otras tantas cruces, se halla en lo adelante demasiado cansada para marcar las siguientes. Paciencia! tú yaces inmóvil y mudo al borde del Occéano, y contemplas con mirada fija la extension del desierto, y escuchas sordamente el rugido de las olas contra los escollos. Paciencia! deja girar en su círculo al sol, luna, estrellas; deja que suceda sobre tu frente el frio terrible de las lluvias, la punta inflamada de los rayos. Ten paciencia! Es soportar la rabia de los elementos y la claridad viva y móvil del dia, con el vigor del espíritu despierto. Pero los sueños que nos atormentan, pero sobre todo las noches, las largas noches sin sueños, llenas de angustias y de terror, durante las cuales se lanzan terribles de nuestras frentes turbadas!

Entónces es cuando se levantan siniestras á nuestro lado, y murmuran palabras que dan vértigos! Atrás! atrás! de quién teneis ese indomable poder? Para qué sacudir así tus cabellos al aire? Te reconocía niño feroz, te reconocía: á tu vista, mi pulso cesa de repente de latir; tú eres yo mismo, el que era cuando yo me consumía en esfuerzos estériles en la locura de la esperanza, ántes que la nieve de los años hubiese blanqueado mi frente: yo soy tú mismo; yo soy la fría estátua de la tumba! Qué hablas aún de belleza, de bondad, de verdad, de amor y de odio, de sed de accion?—Insensato! Mírame! Yo soy lo que fueron tus sueños. ¿Y quisiera aún hacerlo brillar ante mis ojos?

Dejame ¡oh mujer! Desde hace tiempo el deseo ha muerto en mí, tú ya no alumbrarás en la ceniza sino una vana llama! No vuelvas hácia mí tu dulce mirada! La luz de los ojos, el sonido de la voz, desde hace mucho tiempo, ya la muerte lo ha anonadado todo; desde hace mucho tiempo el mundo en que yo puse mi fé se ha desmoronado. Imágenes engañadoras de la vida, qué podeis sobre el que pertenece ya á la muerte? Desvaneceos y entrad en la nada: hé aquí el dia de brillante esplendor!

Levántate, Sol, cuyos rayos disipan esos fantasmas sombríos de la noche; levántate y haz cesar la lucha que me desgarra el corazon.—Surge en fin! Y de repente las evocaciones fúnebres se han desvanecido. —Héme sólo aún! y yo puedo de nuevo encerrar en el fondo de mi, esos crueles hijos de mi imaginacion. Ah! llevadme una vez más, miembros marchitos por los años; llevadme á esas orillas donde las aves tienen sus nidos, pronto podeis extenderme para el eterno reposo. Si me rehusais vuestra ayuda, lo que no ha podido hacer la desesperacion, el hambre, el horrible hambre lo llevará á cabo.

La tempestad de mi corazon se ha calmado al fin; y sobre esta misma piedra, testigo de mis largos dolores y de mi lenta agonía sobre esta misma piedra, me será más dulce hoy dia morir.

Señor, por quien he llegado á vencerme ¡oh Dios mio! permite que ningun buque, que ningun mortal llegue á esta roca, en tanto que yo haya exhalado mi último suspiro. Déjame extinguir apaciblemente y sin ruido. ¿De qué me servirá, además, en esas horas tardias, caminar aún, como un cadáver que huella piés de cadáveres? Ellos dormitan en las entrañas de la tierra, los que saludaron con una sonrisa, mi entrada en el mundo; y desde largo tiempo todo recuerdo de mí se ha borrado para siempre. Señor! mucho he sufrido y mucho lo he expiado;—pero cómo vagar cual si fuera extranjero, en medio de mi patria, nó, jamás! sería verter el acibar en la amargura para endulzarla. No! dejadme morir sólo y abandonado del mundo entero, pero confiando en tu misericordia. Desde las alturas de tu cielo, las simbólicas luces de tu cruz descenderán en rayos estrellados sobre mis huesos.»

———

Tal es ese poema, en el que la resignacion se eleva á lo sublime. y donde el filósofo cristiano modera, de una manera tan conmovedora, la fogosa inspiracion del poeta. Chamisso simbolizaba todo lo que to-

caba: ¿á cuántas situaciones no podrían aplicarse las grandes imágenes de su *Salas y Gomez?* ¿De cuántas otras: *La sombra de Pierre
Schlémilh* no era ya el espejo de esas imágenes.

No sé si me engaño; pero me parece ver, en esas ingeniosas alego-
rías, como un lejano recuerdo de la madre patria, de donde el poeta había sido arrancado tan jóven,—como un pesar velado, que sangra
eternamente, del desterrado, de repente lanzado sobre ese cielo siempre rudo del extranjero, y que sin embargo al fin, á fuerza de haber
sufrido en él, prefiere aún morir en él á volver á la tierra natal, «como
un cadáver que sólo huella piés de cadáveres.»

Antonio SELLEN.

(1888)

HISTORIA DE LA ESCLAVITUD

de la raza africana en el Nuevo Mundo y en especial en los paises [Hispano-Americanos.

APÉNDICE-DOCUMENTOS.

Actas de las sesiones de la Real Sociedad Económica de Amigos del Pais de la Habana, referentes á la expulsion de Mr. David Turnbull de dicha Corporacion.—Protesta de D. José de la Luz y Caballero, leida en la sesion del 22 de Junio de 1842, que declaró insubsistente el acuerdo de 28 de Mayo.

Junta ordinaria de 28 de Mayo de 1842, presidida por el Sr. Censor D. Manuel Martinez Serrano, por delegacion del Excmo. Sr. Presidente Gobernador y Capitan General (1).

Señores concurrentes.—D. Antonio Bachiller, Secretario.—Don Manuel G. Lavin.—Joaquin José García.—Estéban Navea.—Antonio Cournand.—Ramon de Armas.—Manuel de Armas.—Francisco Cha-

(1) Este acuerdo se suprimió al publicarse el acta correspondiente Véase el tomo XIV de las Memorias, año 1842. Débense las cópias de estas actas al Sr. D. Manuel Villanova.

con.—J. Patricio Sirgado.—Manuel Valdés Miranda.—Manuel Hernandez Monterey.—Francisco de P. Serrano.—Miguel de Porto.—Eduardo Bulté.—José María Cardeña.—Miguel Rodriguez.—Cárlos Galainena.—Rafael Cotilla.—Gabriel Fojá.—Francisco Larrera de Morell.—Felipe Poey.

El Sr. D. Ramon de Armas pidió en seguidas á la Junta se recogiese el título de sócio corresponsal que concedió esta Sociedad á Mr. David Turnbull, por haberse hecho indigno de pertenecer á esta Corporacion por las perversas doctrinas que defiende en una obra, en que dijo se apoyaba algunas veces en las doctrinas de la Real Sociedad.

El Sr. D. Francisco Chacon apoyó con un detenido discurso la mocion, fundándose, segun dijo, en razones políticas, y que S. S. estimaba de conveniencia pública: siguiéndole en el uso de la palabra los señores D. Joaquin José García, D. Patricio Sirgado, D. Laureano Miranda y Ldo. D. Manuel Hernandez Monterey.

Se opusieron á ella, el Sr. Censor Presidente y los amigos Cardeña, Dr. Miranda, Poey y Secretario. Díjose por el Sr. Poey que para la separacion de un sócio debia proponerse por la Preparatoria, á que agregaron el Sr. Censor y Secretario que debian ser citados los señores que admitieron á Mr. Turnbull para que constase en las actas el motivo de la variacion. El Sr. D. Francisco de Paula Serrano dijo que consideraba urgente y extraordinario el caso y que no debia aplazarse, sino en el acto procederse á la separacion; expresó se declarase así y se puso á votacion la siguiente proposicion formulada por el señor Lavin:

«Si la Sociedad puede retirar el título de sócio á cualquiera de los indivíduos que lo tuviesen sin necesidad de observar los trámites que previene el Reglamento para derogar ó alterar los acuerdos de las juntas ordinarias.» Oido lo cual se ausentaron de la Junta los señores Fojá (D. Gabriel), Bulté, Rodriguez (D. Miguel) y Cotilla (D. Rafael). El Secretario protestó contra el hecho de ponerse á votacion la propuesta y llevándose á efecto por escrutinio secreto en que tambien quisieron constase su oposicion los señores Cardeña, Poey y Valdés Miranda, fué aprobado por trece bolas blancas contra cinco negras.

En tal estado, pidió el Sr. Armas (D. Ramon) se votase la siguiente proposicion: «Si se separa al Sr. Turnbull de la Sociedad y se le recoge el título de corresponsal», y vuelto á protestar por los amigos Censor, Poey, Cardeña, Valdés Miranda y Bachiller, se verificó, no obstante, resultando viciado el escrutinio por un voto más del número de los asistentes; y aunque era insignificante la minoría á favor del señor Turnbull, se procedió á nuevo escrutinio, resultando separado dicho Sr. por los mismos trece votos contra cinco que le fueron favorables, en cuyo estado pidió el Sr. Armas se publicase el acuerdo por los periódicos, de cuya mocion se separó por habérsele recordado que las actas se publicaban todas cuando no lo impedia la censura del Gobierno, con lo que terminó el acto.

Nota.—Leida el acta anterior en Junta de 22 de Junio, el señor Armas pidió que agregase á las razones que dió para la expulsion de Mr. Turnbull: «y que era un contrasentido que se contase en el número de amigos del país uno que era su enemigo». En seguida, la Junta declaró nulo el acuerdo relativo á dicha separacion en los términos que constan del acta, por 27 votos contra 12.—*Manuel Martinez Serrano.—Antonio Bachiller.*

———

Junta ordinaria de 22 de Junio de 1842, presidida por el Sr. Teniente de Gobernador 2° D. Pedro María Fernandez Villaverde, por delegacion del Excmo. Sr. Presidente Gobernador y Capitan General (1).

Señores concurrentes—D. Manuel Martinez Serrano, Censor.—Don José Antonio Valdés, Tesorero.—D. Antonio Bachiller, Secretario.—D. Estéban Moris.—José Patricio Sirgado.—Matías Maestri.—Joaquin José García.—Francisco Chacon y Calvo.—Ramon de Armas.—Rafael Matamoros.—Manuel Hernandez Monterey.—Domingo Rosainz.—

———

(1) Estos acuerdos tomados en la sesion citada no están contenidos en el acta que se publicó en el tomo XIV de las «Memorias de la Sociedad Patriótica». Año 1842

Manuel G. Lavin.—José Ramirez.—Angel Marrero.—Pedro José Mo-
rillas.—Jose María Cardeña.—Estéban Navea.—Pedro N. Sanchez.—
Gabriel Fojá.—Pablo J. Dominguez.—Manuel Rodriguez Mena.—
José Rufino Izquierdo.—Manuel Valdés Miranda.—Ildefonso Vivan-
co.—José de Jesus Ruz.—Rafael de Castro.—Felipe Poey.—Pablo
Humanes.—Manuel G. del Valle.—Francisco de P. Erice.—Manuel
Costales.—Ramon Francisco Chaple.—Domingo Delmonte.—José
Luis Alfonso.—Nicolás Lopez de la Torre.—Vicente Antonio de Cas-
tro.—Antonio Puente y Franco.—Domingo André.—Agustin Her-
nandez.—Laureano José Miranda.—Manuel Blasco.—José Montoro.
—Ramon Francisco Valdés.

Leida y aprobada el acta de la Junta anterior en su totalidad,
indicó el Sr. Armas que en el acuerdo referente á la separacion de
Mr. Turnbull queria se agregasen las siguientes palabras que usó en
apoyo de su mocion: «que era enemigo del país siendo un contrasentido el que una Sociedad de Amigos del País contase en su seno á
quien no lo era». Accedió la Junta á que se pusiesen dichas palabras.

Vióse un oficio de 5 de Junio corriente, del Excmo. Sr. Gobernador
Político y Militar, en que dice S. E. que habiendo llegado á comprender que por falta de fondos no se habia planteado el Museo, habia
dispuesto que se le facilitasen mil pesos por el Excmo. Sr. D. Joaquin
Gomez, depositario de fondos del Gobierno. La Sociedad acordó que
una Comision compuesta del Sr. Censor y Tesorero diese las gracias
á S. E. y que los mismos señores, unidos al Director del Museo, acor-
dasen lo conveniente al logro de la apertura y acerca del local, segun
propuso el mismo Sr. Poey, aunque sin designacion de personas.

Leyóse tambien el presupuesto hecho por el mismo señor para el
empleo y distribucion de los mil pesos donados y fué aprobado auto-
rizándosele para que lo lleve á cabo.

En seguida el Secretario leyó, por acuerdo de la Preparatoria
el siguiente escrito del amigo Director D. José de la Luz: «Alejado
de la ciudad en fuerza de de mis males, ha venido á sorprenderme en

mi retiro la noticia de un hecho que ha sacudido mi espíritu en términos de hacerme quebrantar el propósito que habia formado de ais-
larme completamente de todo bullicio, y esquivar toda emocion, porque
sólo así conservo alguna esperanza de fortificar los restos de mi quebrantada salud. He sabido que en la última sesion del Cuerpo Económico, uno de sus indivíduos propuso recoger el título de Sócio
corresponsal al Sr. Turnbull, á la sazon Cónsul saliente de S. M. B.
en esa ciudad, y que así quedó acordado, contra la oposicion de algunos otros señores concurrentes que consignaron expresamente en el acta
su negativa. No sé cuál haya sido mayor, si la sorpresa ó la pena que
me ha causado semejante suceso; y áun cuando tuviese que agotar la
poca fortaleza que me queda, creeria yo faltar á un deber sagrado, si
no procurase atajar el mal, dirigiéndome á la Sociedad con un sentimiento que puedo llamar paternal, pues sola esa palabra explica el cariño que toda mi vida he manifestado á esa Corporacion, porque he
visto siempre identificado con su esplendor, el esplendor y la prosperidad de mi patria. No se piense que voy á hablar en pró ni en contra
de las opiniones del Sr. Turnbull: no quiero tampoco ocuparme de su
persona, ni recordar su calidad de extranjero, que en un pueblo ilustrado debiera darle derecho á más generosa cortesanía: yo sólo veo
un hombre á quien acaba de hacérsele una injusticia, y á quien defen-
deria áun cuando fuese mi mayor enemigo; para lo cual me basta
considerar el hecho con relacion al Reglamento que tan á la mano
debiera haberse tenido. Conforme al artículo 72 del que nos rige,
únicamente la Junta Preparatoria tiene la facultad de próponer la
exclusion del sócio que por sus malas costumbres deshonre el Cuerpo:
no ha sucedido así en el caso presente; cuyos promovedores pueden
aspirar á la triste distincion de ser los primeros, á lo ménos, que yo
sepa, que hayan propuesto el bochorno de uno de sus compañeros, á
quien ellos propios habian llamado á su seno, hollando para conseguirlo el Estatuto de la misma Corporacion que pretenden conservar in-
maculada. Y no parece sino que alguna funesta prevencion los ofuscaba,
pues no contentos con arrogarse las prerrogativas de la Junta Preparatoria, se decidió el lanzamiento que se proponia, á pesar de la di-
sension de varios sócios, siendo así que para poder acordarla era indis-

pensable lo dispuesto en el artículo 68. Yo no creo que haya quien sostenga ese acuerdo, diciendo que ántes de celebrarlo se anuló el artículo que lo impedia, porque ¿quién se atreverá á pretender que en una Junta ordinaria, compuesta de un corto número de indivíduos, reside la facultad de invalidar el Reglamento discutido por toda la Corporacion, y sancionado por el Gobierno Supremo? La pretension sería demasiado peregrina, y así es que ni siquiera he querido llamar la atencion hácia la ilegalidad cometida, para que tampoco pueda ninguno imaginarse que me valgo de otras armas que las del convencimiento y la justicia. Lo dicho bastaria para decidir que ha sido de ningun valor el acuerdo de la Junta anterior, áun cuando para colmo de su nulidad no hubiese otras razones de tal peso que sobran ellas solas para avergonzarnos, si por desgracia se llevase á cabo lo que se ha intentado. En primer lugar ¿cuál sería el fruto de esa medida? Mengua para la Sociedad que ha esperado á tomarla á que el indivíduo en quien recae dejase de ocupar un destino influyente, lo que arguye cobardía indisculpable; porque siendo la Sociedad Económica la Corporacion que ménos hostil debiera mostrarse, como su mision es puramente pacífica, será sin embargo la única de las nuestras que arroja una piedra al que ha considerado enemigo caido y eso no toda la Sociedad sino una mezquina fraccion de sus indivíduos, aunque el deshonor refluirá sobre todos. Además ¿se ha creido por ventura que su exclusion hará alguna mella en el ánimo de Mr. Turnbull? Se persuadirá él de que ese acuerdo es la expresion de la voluntad de todo el Cuerpo Patriótico, cuando sepa el escaso número de los que lo han excluido, y recuerde la opinion que no hace mucho emitió el mismo Cuerpo en el informe que dió al Gobierno acerca de los convenios celebrados con Inglaterra? ¿Se avergonzará acaso de haber recibido ese desaire por abrigar ideas que su nacion sostiene á la faz del mundo entero? No, por cierto; y áun concediendo al Sr. Turnbull más hidalguía que la que con él se ha tenido, de forma que no se convierta en verdadero enemigo del país, el resultado será el descrédito de la Sociedad Económica que á su pesar escuchará el himno de befa que sin remedio entonarán los periódicos europeos. Otra consideracion quizás más poderosa que todas, debiera haber arredrado á los promotores de tan aciaga ocurrencia. Desde que se fundó la Real Sociedad Económica hasta el dia, han sido varias las oscilaciones políticas en que necesariamente han tomado parte algunos de sus miembros. Por todas ellas hemos pasado, sin embargo, incólumes, sin que ni una sola voz se haya alzado contra nadie, porque allí no hemos ido á formar banderías, sino una hermandad, sin otro objeto que la prosperidad del país. Y ¿seremos nosotros los que empecemos la obra de proscripcion? ¿Se dará principio en nuestros dias á convertir el tranquilo recinto de la Sociedad de *amigos*, en convencion inquisitorial, donde ninguno esté seguro de no padecer semejantes vejaciones, precursoras tal vez de otras más funestas? ¿Cómo, si es amigo de su país no le tembló el corazon, ni se le heló la palabra en los lábios al que eso propuso, al ver en profecía el acompañamiento de males futuros, que sobre el baldon de ahora habia de traernos su malhadado pensamiento? La inquietud que me causa el imaginar que pudiera caer sobre la Sociedad tan feo borron, me hace lamentar doblemente mis males, que no me permiten asistir en persona á disputar con razones palmo á palmo el terreno á los que sostengan la medida propuesta; aunque me consuela la idea de que pocos habian de ser mis contrarios, porque no puedo persuadirme á que sea crecido el número de los que desean el deshonor de la Sociedad. Confío, por lo ménos, en que mis razones serán bastantes para hacer ver á los que no hayan meditado con la debida detencion, que lo que se ha pretendido es injusto, ilegal y atentatorio á la dignidad del Cuerpo Patriótico, que se apresurará sin duda á remediar el daño; pero, si contra mis esperanzas, se llevase á cabo, sírvase V. S. hacer constar á la Corporacion que protesto solemnemente contra tamaña injusticia, pues áun cuando todos, sin excepcion quisiesen mancharse con ella, y para salvarme yo sólo fuera menester extrañarme de su seno, lo haría sin titubear, aunque mucho padeciese mi corazon por no contribuir, ni en lo más remoto, á lo que tanto reprueba mi conciencia».

Leido lo cual, dijo el Secretario que la Junta Preparatoria proponia en consecuencia que se destruyese el anterior acuerdo por las razones expuestas.

El Sr. Armas dijo: que si la Junta aprobaba la totalidad del pro-

yecto: el Secretario contestó que la Junta estimaba como reglamentaria la cuestion y no descenderia á otro terreno, por más esfuerzos que
se hiciesen en desviarla de su propósito.

Pidióse la lectura del acta de la Preparatoria, por el mismo señor
Armas, y fué instruido de que no se extendian, pues sólo preparaba y
proponia á la ordinaria; pero que se extenderia en el acto el acuerdo,
en cuyas circunstancias se escribió esta proposicion: «La Junta Preparatoria propone la nulidad del acuerdo contra el Sr. Turnbull por no
haberse cumplido los artículos 68 y 72 del Estatuto.» Declarada suficientemente discutida la proposicion, protestó el Sr. Lavin contra la
votacion y el Sr. Armas dijo que «votaba que no debia votar»; no
obstante se tomó en consideracion la proposicion de la Preparatoria.
Entónces se instó por los señores Armas, Lavin, Chacon, Maestri y
Puente y Franco, siendo de advertir que cuando preguntó el Sr. Presidente si se tomaba en consideracion lo que proponia la Junta Preparatoria, se opuso el Sr. Lavin, manifestando que la Sociedad no
tenía facultades para declarar nulo ninguno de sus actos: que el
acuerdo de la anterior Junta se hallaba sancionado en el órden que
previenen los Estatutos; y que si algun indivíduo se considerase agraviado ó con derecho á reclamar, deberia ocurrir á la autoridad superior del Excmo. Sr. Presidente, en quien únicamente residian aquellas
facultades; que si se diera el pésimo ejemplo de que un Cuerpo Económico cual es la Sociedad de Amigos del País, anulase sus mismos
actos, nada de cuanto se hiciera tendría subsistencia, porque un partido invalidaria hoy, bajo de cualquier pretexto, lo que otro hubiera
acordado ayer, cuya alternativa, si en efecto se dejara á merced de los
partidos, destruiria sus respectivos acuerdos mútuamente, sería monstruosa y origen de graves males. Que por eso se oponia á toda discusion sobre la materia, y exigia que el Sr. Presidente prohibiera se le
diese entrada, haciendo así uso de una de sus principales atribuciones.
Y por último que, si á pesar de tan poderosas razones, se sometiese el
punto á votacion, protestaba la nulidad de cuanto se hiciera con propósito firme de ocurrir á la autoridad competente en busca de la en-
mienda.» Los señores Chacon, Maestri, Puente y Franco, Miranda y
Navea se adhirieron á la protesta del Sr. Lavin. Hablaron en pró de

la propuesta de la Preparatoria, los señores Valdés Miranda, Castro (D. Vicente), Castro (D. Rafael), Poey, Martinez Serrano y Bachiller. Manifestó el Secretario que la Preparatoria no pedia la nulidad como podia hacerlo en un asunto contencioso; que se usaba de la palabra. nulidad en su acepcion gramatical, y que era indudable que el acuerdo anterior era nulo como atentatorio al Reglamento; que la Sociedad podia destruirlo, pues estaba en el uso de sus facultades no sólo alterar éstos con los requisitos del artículo 68 que se habian guardado, sino que aún podia alterar su ley orgánica reformando y corrigiendo los artículos del Estatuto que es una ley sancionada por el Soberano; que para obviar esta reclamacion se habian citado con expresion particular á los señores que concurrieron al anterior acuerdo, siendo de extrañar que tan celosos se mostrarsen de fórmulas aquellos mismos que habian pisoteado la ley vigente, segun se demostraba por el señor Luz; que las reflexiones que se hacían sobre la instabilidad de los acuerdos no perjudicaban al acuerdo que hoy se celebrase, y si eran de mucha fuerza respecto de la intentada separacion como que demostraban los inconvenientes de olvidar la ley. Diéronse otras muchas razones bajo diversos aspectos, principalmente por los señores Martinez Serrano, Castro y Poey, habiendo el último amigo insistido en que se declarase que la proposicion se votase tal como se habia escrito y demostrando que cuantas razones se aducian por los contrarios se reducian á sostener un hecho nada más que porque habia existido y que no podian negar que infringieron el Estatuto, que esto era para él disculparse con una culpable accion siempre fea y más en indivíduos tan respetables como eran hombres que desempeñaban cargos públicos y debian dar el ejemplo de su respeto á las leyes. El Secretario agregó que él como sócio proponia que se destruyese el acuerdo anterior, usándose de la frase que estimasen más conveniente los que se oponian al uso de la palabra *nulidad;* pues, que habiendo asistido como Secretario á la Preparatoria sabia que ésta sólo queria que se cumpliera el Reglamento y que se respetasen sus atribuciones de que fué despojada porque sólo á ella compete la proposicion de que se recojan los títulos por causas expresas y determinadas: los señores Martinez Serrano y Valdés Miranda lo confirmaron como indivíduos de la Preparatoria. En seguida ántes de ponerse á votacion el punto de nulidad del acuerdo de la Junta anterior, manifestó el Sr. Armas que la declaratoria de nulidad no podia hacerse por la Junta sino en todo caso por el Excmo. Sr. Presidente Gobernador y Capitan General á quien deberia ocurrir el que se creyese agraviado con aquel acuerdo. Pidió, por consiguiente, que el Sr. Presidente declarase no haber lugar á votacion en el particular, protestando de lo contrario hacer reclamaciones dónde y cómo creyese oportuno, para que, so pretexto de declarar una nulidad que no existia no se incidiese en otra que sería en todo sentido vergonzosa. Añadió que la separacion de Mr. Turnbull era un hecho consumado; que la llamada nulidad sería nuevamente una admision como sócio: admision que no podia hacerse ahora, porque los Estatutos señalan la época y medios de nombrar los sócios; y que áun cuando se creyese violado el artículo 72 con la separacion indicada, mayor violacion se haria con la nulidad que se intenta al artículo 68, que exige la concurrencia de todos los que asistieron al acuerdo que se quiera alterar; y que por último, sería tan escandaloso como indebido que al que ha predicado una especie de cruzada contra esta Isla y ha dado pasos que indican desconfianza y enemistad, se le inscribiese en la lista de amigos del país. Contestóse por los mismos señores que apoyaron la mocion del señor Luz, que el artículo 68 no exigia la presencia de todos los que asistieron á un acuerdo para que éste se alterase: el Sr. Martinez Serrano se esforzó en probar que bastaba la citacion, puesto que se entendia que renunciaban su voto los no asistentes y que por esta razon se citaron á los señores concurrentes segun lo habia dicho el Sr. Armas se habia hecho con él. Díjose que no era nueva admision la del señor Turnbull sino la declaratoria de no ser legal el anterior acuerdo hecho contra ley y costumbre: que era muy extraño el razonamiento del señor Armas cuando sus argumentos que esforzó el señor Maestri, eran una espada de dos filos, pues cuando su señoría hizo la mocion no se atemperó á disposiciones que hoy reclama. Puesta á votacion la propuesta de la Preparatoria y llamándose nominalmente á cada uno de los señores concurrentes, fueron respondiendo sí ó nó: se convino, indicando lo primero que se estaba de acuerdo con lo que se proponia por el Sr. Luz y la Preparatoria y con lo segundo su opósicion. Dijeron que *sí* Martinez Serrano, Bachiller, Valdés Miranda, Montoro, Cardeña, Marrero, Rodriguez Mena, Morillas (D. Pedro José), André, Castro (D. Rafael), Humanes, Dominguez, Castro (don Vicente A.), Alfonso, Izquierdo, Poey, Delmonte, Fernandez, Gonzalez del Valle, Sanchez (D. Pedro Nolasco), Ruz, Costales, Vivanco, Valdés, Moris y Valdés Machuca: que *nó*, Rosainz, García, Hernandez Monterey, Armas, Maestri, Chacon, Lavin, Navea, Puente y Franco, Dr. Valdés (D. Ramon) y Miranda (D. Laureano). Entónces proclamó el Secretario el resultado de la votacion, diciendo quedaba aprobada la propuesta de la Preparatoria por 26 votos contra 12 é insubsistente el anterior acuerdo.

El Sr. Armas reiteró su protesta, pidiendo constancia del acta y copia de la exposicion del Sr. Luz, para los efectos que pudieran convenirle, y así se acordó.—*Manuel Martinez Serrano.—Antonio Bachiller.*

Junta ordinaria de 12 de Noviembre de 1842.

Leyóse un oficio del Excmo. Sr. Gobernador Político, su fecha 2 de Setiembre, en el cual previene S. E. al Secretario que le remita copia certificada de los acuerdos referentes á Mr. Turnbull: la Junta fué instruida de que estaba ya cumplido lo dispuesto por S. E. (1).

(Continuará.)

---

(1) Acuerdo suprimido en el acta publicada en el tomo XV de las Memorias, p 161-165. correspondiente al año 1842.

DOCUMENTOS HISTORICOS.

(Continúa.)

DE FULGENCIO ARIAS Á FÉLIX FIGUEREDO.

El Helechal, Marzo 18 de 1876.

Coronel Dr. Félix Figueredo.

Distinguido amigo y señor:

Recibí su última sin fecha, y en contestacion le digo que sentí mucho lo que tardó en llegar á sus manos la en que yo le citaba para la «Sabana», pero no habiendo llegado usted, nombré de defensor al capitan José Lacret, el que lo hizo muy bien y salí como debia, esto es, como hombre á quien se acusa por capricho. Nada se ha hecho con los calumniadores debiendo haber sido castigados.

Adolfo el zapatero se halla en la escolta del general José Antonio Maceo, por eso no me he atrevido á embullarlo.

Hace cerca de 40 dias que ordenó el general Maceo al teniente José de la Cruz que viniese á esta Prefectura á hacerse cargo de la guerrilla, y aún no lo ha hecho, lo que prueba que el teniente Suarez debe dar buen resultado y que José de la Cruz ya empieza á flaquear.

Nuestros compañeros los cambuteros hace tres dias que están peleando con una gruesa columna española que anda por «Brazo Escondido», el «Ranchito» y otras zonas, y segun parece su idea es des_ truir la zona de cultivo. Por ahora sólo tenemos que lamentar la muerte del valiente capitan Tachel.

Su affmo. amigo y servidor.

FULGENCIO ARIAS.

DE JOAQUIN ACOSTA Á FÉLIX FIGUEREDO.

Los Pitos, Setiembre 28 de 1876.

Dr. Félix Figueredo.

Apreciable amigo: acabo de recibir la tuya fecha de ayer, que paso á contestar con el mayor gusto.

Contrayéndome al punto principal de tu carta, te diré que en 1ª y 2ª instancia, el sargento Pedro Diaz, juzgado junto con otros, como desertores de las Villas, fué degradado; y ya que le iba á dar lectura al acta de la última, tuvimos el disgusto de saber que se habia fugado, aprovechándose de la inexperiencia del centinela. No dejó esto de alarmar el campamento, pero no es el hecho de tanta magnitud que origine nuevo procedimiento.

No es de poca importancia lo que circula por el mundo de la mambisería. Es nada ménos que la nueva de la toma de las Tunas, por el general García, donde, segun comunicacion del mismo, tenía á las 3 de la madrugada, tomado ya el polvorin, el cuartel principal y varias trincheras. Habia ocupado mucho parque y armas, al punto de haber pedido refuerzo para su aprovechamiento y custodia. Creo que el golpe es contundente y que abre ancho campo para el progreso de la revolucion. Un hurrah al general García y los que, de acuerdo con él, le franquearon la entrada, por lo que pudo aquél entrar con los suyos, llegar al cuartel principal, y pasar al machete á los que lo custodiaban. Me despido como siempre tu queredor amigo que te aprecia,

JOAQUIN ACOSTA.

DE JUAN MIGUEL FERRER Á FÉLIX FIGUEREDO

San José de Guaicanamar, Octubre 4 de 1875.

Dr. Félix Figueredo.

Mi querido Dr. Félix:

Despues de vagar hasta muy cerca de las Tuñas, por motivos muy poderosos, hemos vuelto á este delicioso campamento, que tantos recuerdos tiene para todos los que en él nos hallábamos en Junio próximo pasado. Afortunadamente, la tempestad se ha disipado y creo no se volverá á turbar la paz.

Al fin, despues de mucho discutir y hablar, aceptaron aquí al general García, que el Gobierno consideró necesario nombrar jefe del Camagüey, para que quedaran unidas las Tunas. Pero, al ir á realizar la medida, se encontró con Oriente, que necesitaba una buena cabeza que lo dirigiera y sobre todo, que era preciso sacar el contingente. Todo se arregló, quedando Vicente hecho cargo de los dos departamentos. Al llegar aquí el general, han surgido algunas dificultades, el brigadier Reeve ha insistido en sn pase para las Villas y el Gobierno se lo concede, encargando de la Division á Benitez, que acaba de ser ascendido á brigadier. Aquí, como usted sabe, hay su núcleo de intransigentes, pero creo que no habrá novedad, porque el tiempo que hay que esperar es corto, pronto vendrán los nuevos diputados. En el Camayüey han obtenido mayoría Antonio Aguilar, el Marqués, Miguel Betancourt y Francisco Sanchez. Supongo que ya habrán tenido lugar las de allá. Veremos los candidatos.

El enemigo, aunque ha hecho muchas incursiones, está quieto por ahora; noticias del pueblo nos hacen saber que hay muy poca tropa, pues toda la han sacado para las Villas, donde la *caringa* se sigue bailando en grande. Estará usted contentísimo por lo de Guantánamo y Baracoa; nosotros tambien lo estamos y nos congratulamos por ello.

Tengo que comunicarle que Mr. Fish, nuestro encarnizado enemigo, ha salido ya del Gabinete de Grant. Quién lo ha sustituido no lo sabemos aún; pero motivos hay para creer que la cuestion de Cuba ha sido la principal causa, por eso nos auguramos un pronto cambio. Además, el *Octavia*, que cambió de nombre y de bandera—*Uruguay* —salió descaradamente á mediados de Agosto de New York, rumbo á Montevideo y un puerto, llevaba á su bordo á Pio Rosado, Lorenzo Castillo, un hijo del Marqués (Gasparito) y otros expedicionarios. ¿Qué le habrá sucedido?

El general García sale mañana de aquí con direccion á Oriente á verificar una importante operacion. Como he sido tan desgraciado en mis diligencias para conseguir una hamaca, voy á acudir á usted para que me saque del apuro. Para cuando se verifique esa operacion he de tener dinero, así espero que usted haga todos los esfuerzos posibles por conseguírmela, que yo le abonaré lo que cueste. Estoy desesperado de verme destinado á dormir en una cama de cujes.

No le mando ningun *Boletin* porque se tardaron tanto, que tuvieron que tirar seis números juntos, y el papel anda escaso. Le envío, sin embargo, algunos números á Chastrapa. Le incluyo la última *Estrella*

En una *Independencia* que hemos recibido se lée la noticia de la muerte del padre de los Bentancourt, figúrese como estará el pobre Luis Victoriano.

Consérvese bueno y crea en el sincero afecto de su verdadero amigo

JUAN MIGUEL FERRER.

Las Guásimas, Junio 30 de 1876.

Dr. Félix Figueredo.

Mi querido D. Félix: ¿qué delito he cometido que ni siquiera se digna contestar mis cartas? Apesar de esto yo le escribo.

Seguro estoy que ya sabe usted la marcha del contingente. Güinia de Miranda, una columna derrotada, los ingenios destruidos y un tren de ferrocarril tomado, efectuado por el regimiento Dominguez. Hemos perdido á Justo Jardin y al comandante Cebreco. La isla de Turiguanó, Mayajigua, puerto de Moron, convoy en Sancti Spíritus y Ciego de Avila, regimiento Borrero. Saquito recibió un machetazo en Mayajigua, pero ya está bueno.

El prieto Gomez, que ha salido hoy de aquí ha venido muy contento del estado de las Villas y tiene muchas esperanzas en el contingente. ¡Qué retrato tan magnífico tiene de Calixto! Si lo viera tan buen mozo! Este amigo nuestro, segun me dice Aldama en una carta que tengo á la vista, pudo haberse escapado por 3,000 pesos, pero no lograron reunirle el dinero en París.

La emigracion es la que da horror. Luna se ha desatado en *La Independencia* contra Aldama. Ya tienen el descaro de decir que la proclama del Presidente ha sido inspirada por Aldama. El Gobierno se propone ser enérgico y dar su apoyo al agente. Por lo pronto ya tienen el decreto sobre los jefes y oficiales que están en el extranjero, sobre los autonomistas. Se dice que Aguilera se ha entregado en brazos de Quesada y que éste le ha prometido desembarcarlo en Cuba. Hace dias que ha desaparecido, pero creo que al saber el nuevo nombramiento y el decreto declarando que ha dejado de ser Vice Presidente, no vendrá.

Pronto nos veremos. Vamos hácia allá. Guárdeme algo bueno.

Crea usted lo quiere mucho su affmo. amigo, que tendrá el gusto de abrazarle pronto

JUAN MIGUEL FERRER.

DE RAMON PEREZ TRUJILLO Á FÉLIX FIFUEREDÓ.

San José de Guaicanamar, Octubre 4 de 1875.

Querido amigo Félix:

Mucho tiempo hace que te marchaste y aún no he recibido carta tuya, apesar de las promesas que me hiciste la víspera de tu partida: esta conducta merecia el silencio de mi parte, pero como tengo en cuenta que tus dolencias y prematura vejez te impiden á menudo tomar la pluma, espero que, en primera oportunidad, me digas á qué debo atribuir tu falta para condenarte ó absolverte.

Ahora voy á contarte, siquiera sea ligeramente, lo que se sabe por acá. El general Gomez se encuenta en las Villas occidentales con el grueso de las fuerzas invasoras y esperamos de un momento á otro la noticia de alguna accion ó ataque importante.

Los españoles guardan un estudiado silencio acerca de nuestras operaciones militares, y ese silencio, como tú sabes, es un síntoma favorable á nuestra causa. Balmaseda está en la Habana, y el periódico cubano *La Independencia* asegura que ha ido á esa ciudad á aguardar su relevo, lo cual no es muy difícil, si se tiene en cuenta lo poco que ha hecho, y lo mucho que esperaban de él los voluntarios.

Esto significa que con Balmaseda se amenguarán mucho las necias esperanzas de pacificacion que alimentaban los bodegueros, y que no está lejano el dia de la despedida eterna. Algo nos queda, sin embargo, que hacer, y ese algo es preciso que lo hagamos en este invierno, con la cooperacion de las fuerzas de Oriente, no sea que la causa de D. Cárlos se hunda y D. Alfonso pueda disponer de un ejército y mayores recursos.

Te recomiendo, pues, que hagas propaganda en el sentido de la invasion, para que las órdenes que el Gobierno ha expedido por conducto del general García no encuentren obstáculos, y nuestros hermanos de las Villas puedan contar para la campaña de invierno con la valiosa cooperacion de la infantería oriental que de seguro dará en aquel territorio nuevos dias de gloria á la pátria.

Aquí se le han hecho algunos fuegos al enemigo que dias atrás hizo algunas operaciones por las ranchería cometiendo, como de costumbre, violaciones, asesinatos y robos, pero ya ha calmado bastante, á consecuencia sin duda de la brillante excursion que ha hecho el brigadier Maceo, en Guantánamo. Este jefe está demostrando despues de su marcha de Camagüey, que al valor y actividad reune otras condiciones favorables, y está llamado, en mi concepto, dentro de un corto plazo, al ascenso de Mayor General, si se esfuerza por reprimir su carácter que le granjea muchos enemigos.

La nueva diputacion del Camagüey ha sido aceptada por la Cámara de R. R., y se esperan las listas electorales de los demás estados. Dime cuáles serán los de Oriente. Camagüey y Oriente forman hoy una sola circunscripcion militar, á consecuencia de los sucesos ocurridos en este último Estado, y otras muchas causas que ni tiempo tengo para narrarlas, ni prudente fuera hacerlo en esta carta.

De los Estados Unidos se anuncia una nueva expedicion salida del puerto de New York á ciencia y paciencia del gobierno americano y apesar de las protestas del cónsul español.

La narracion del incidente á que dió lugar este suceso, es graciosísima contada por *El Cronista*, y pone de relieve la impotencia de España y la intencion del gobierno americano, el que, despues de hacerse á la mar el buque mandó perseguirlo en las costas de los Estados Unidos. Mr. Fish, ese *yankee* egoista y estúpido, ha salido del Gabinete con una silba del *Herald* y parece que no ha influido poco en su caida la cuestion de Cuba.

De la lectura de la prensa, la americana y la española, se deduce que ha entrado la cuestion de Cuba en una nueva faz, más halagüeña para nosotros y ya, sin pecar de ilusos, podemos traslucir el dia de la victoria.

Doy fin. Memorias á Calvar y cuenta siempre con tu verdadero amigo.

R. P. TRUJILLO.

Querido Félix:

Te incluyo una carta para mi madre, que tendrás la bondad de incluir en una tuya cuando escribas á Micaela.

Operaciones *non habet* desde «Las Guásimas», pero se dice hay reconcentrados doce mil hombres para volver á las andadas.

El Congreso americano ya sabrás lo que ha hecho, pero desconoces lo que hará, con lo cual estamos los dos iguales.

Los españoles han publicado en la *Marina* un artículo de fondo analizando la rebelion y sacan á relucir á todo bicho viviente, despues de lo cual te escojen entre todos y le dan mil vueltas al mefistofélico párrafo de tu carta á Gomez; ten cuidado que si te atrapan, tendremos pira y otras bagatelas de la Inquisicion.

Deseo verte cuanto ántes, y miéntras esto sucede, guarda el pellejo y dispon de tu amigo

RAMON P. TRUJILLO.

Santa Ana de Guaicanamar, 10 de Marzo de 1875.

Mi querido y simpático amigo Félix: te engañas si crees que no me puede interesar lo que me dices, pues sabes que te profeso amistad sincera, y que si no la sintiera sería incapaz de decírtelo, porque entre mis defectos figura la franqueza en la expresion de mis sentimientos, hasta el punto que muchos la juzgan inconveniente y perjudicial á mis intereses. Así que atribuyo la frase al estado de salud en que te escontrabas cuando me escribiste.

Y apropósito de tu enfermedad, te aconsejo que pidas tu traslacion á este departamento, donde la facilidad en la alimentacion, las comodidades de la vida y la residencia del Gobierno, te harian más soportables las penalidades y disgustos inherentes á nuestra actual situacion;

además estarias más cercano al campo donde hemos planteado la solucion del problema en que está envuelto nuestro porvenir, sin perder por eso la facilidad de comunicarte con tu familia; resuelve, pues, y aprovecha la vuelta de Calvar sin entrar en más consideraciones.

No te doy cuenta de los últimos triunfos que hemos obtenido en las Villas, porque te informarás de ellos por el *Boletin de la Guerra:* son espléndidos y precursores de la victoria final. Concha se ha marchado, Balmaseda se dice que ha venido con unos cuantos quintos que apénas alcanzan para pagar el tributo anual al vómito, y Grant anuncia un mensaje especial sobre Cuba al Congreso americano.

Pero no es eso todo; los que escapen del vómito, caerán bajo el filo del machete y si Grant dice poco ó no dice nada, con los que están en las Villas, los patriotas que salen y los veteranos más que les mandemos, libertarémos á Cuba ántes que Cárlos VII se convenza que no tiene derecho, ó Alfonso XII renuncie al que crée tener por no habérselas con nuestros parientes de la *célebre Península.*

Te recomiendo que influyas cuanto puedas en el ánimo de esos veteranos, á fin de que no encuentre obstáculos la mision que lleva el general Calvar. No necesito recomendarte su importancia porque tú la comprenderás en cuanto la conozcas; estoy seguro de ello porque fué en un tiempo asunto diario de nuestras conversaciones.

Se ván y no puedo continuar. Adios, Félix, te quiere siempre tu verdadero amigo

RAMON P. TRUJILLO.

ADOLFO VARONA.

Cumplíanse precisamente dos lustros de haberse convenido en el Zanjon poner término á una lucha prolongada, en que los soldados de la Independencia de Cuba parecian haber agotado, con estóica fortaleza, todo el caudal de las energías humanas, el dia en que falleció, á los cuarenta y nueve años de su edad, en el apacible pueblo de Lakewood, del estado de New Jersey, el Dr. Adolfo Varona, que, en los comienzos de la guerra, puso su persona y su talento al servicio de su Patria. Ocupó, desde luego, el puesto á que le llamaban los antecedentes de su vida y su cultura científica y literaria.

Nació en Puerto Príncipe, en Enero de 1839: á permanecer en la ciudad natal, probable es que su extraordinario talento y su singular ingenio se hubiesen atrofiado, sin alcanzar jamás vigoroso y brillante desenvolvimiento; porque, si bien Cuba, por el tráfico de esclavos y por circunstancias externas, habíase transformado en pocos años, en opulenta colonia, los *sobrantes* de sus rentas invertíanse en socorrer la penuria del Tesoro de la Metrópoli, miéntras que las mezquinas proporciones con que se dispensaba la instruccion pública, limitaban al cortísimo radio de la Habana, casi aislada del resto de la Isla, por la falta de fáciles vías de comunicacion rápida, los beneficios de la enseñanza á un reducido número de profesiones. Varona, como la

Avellaneda, como Bernal, tuvo que salir de su país en busca de un campo en que sus naturales dotes no permaneciesen latentes é inactivas. Tenía sólo siete años, cuando su padre lo llevó á Francia, donde se educó é hizo todos sus estudios generales; era adolescente cuando pasó á Filadelfia á cursar la Medicina, y, más tarde, estudió las asignaturas que le faltaban para incorporarse y revalidar su título en la Universidad de la Habana. Logrado este propósito, hizo un viaje científico por Inglaterra y Alemania, obteniendo título de la Universidad de Edinburgo.

Regresó al Camagüey y ocupóse en el ejercicio de su profesion. En el breve período que duró la agitacion reformista, permitida por Serrano y Dulce, Varona fué fundador y redactor de *El Occidente*. Por entónces dió á luz algunos trabajos exclusivamente literarios, entre los que sobresalen sus *Proverbios de Salon* que fueron representados y recibidos con aplauso. Los más celebrados de éstos fueron *Diana al tambor mayor* y *Los tres piés del gato.*

Cuando parecia llegado el momento de que los políticos españoles comenzaron la obra de justa reparacion, vino el amargo desengaño de la Junta de Informacion á colmar la medida á los sufrimientos de treinta años. Agotada la paciencia, los cubanos se lanzaron á una lucha sin igual en los fastos revolucionarios de América.

Poco tiempo medió entre la burla del Ministro Castro y la arenga de Céspedes en Demajagua. El Camagüey se aprestaba á la contienda y Varona fué Secretario de la Junta Revolucionaria. No pudo, como sus compañeros de conspiracion, lanzar el grito de insurreccion el 4 de Noviembre de 1868; porque, al salir de la ciudad, fué cogido. Un consejo de guerra le condenó á muerte; pero salvóse por la amnistía del General Dulce.

No bien se unió á las fuerzas de la Revolucion, el General Quesada le nombró Ayudante suyo; posteriormente fué Jefe Superior de Sanidad. En Enero de 1870 salió de la Isla acompañando á Quesada que acababa de ser depuesto del mando.

Más tarde, separóse de Quesada y se estableció en Brooklyn, y en esa ciudad, como en Nueva York, alcanzó fama de excelente cirujano, y se distinguió como conferencista en materias científicas.

No se dejó seducir por el *olvido de lo pasado* solemnemente prometido en el Zanjon: prefirió permanecer ausente de su país; porque
acaso, pensó que el espíritu de transaccion no habia de animar
sinceramente á los vencedores; y que, en los Estados Unidos, sus talentos y sus aptitudes serían apreciados sin que su condicion de cubano fuese motivo para herirle en su dignidad ni en su decoro. Si así
opinó, estuvo en lo cierto; porque llegó á ser Profesor de Histología
en el Hospital Homeopático de Nueva York, Profesor de Anatomía
Patológica en el Colegio Médico y Hospital de Mujeres de Nueva
York, Cirujano Inspector del Hospital de Caridad de la isla de Ward,
Cirujano del Hospital Homeopático de Brooklyn y Cirujano Consultor
de la Casa de Maternidad de Brooklyn.

De su actividad científica dá testimonio además la obra que publicó en inglés sobre los gases de las cloacas *(Sewer Gases)*, la cual
alcanzó en poco tiempo dos ediciones. La prensa americana le dispen-
só la más favorable acogida. La *National Quarterly Review* dijo que
este libro «es más interesante que un poema de Tennyson ó una historia de amor de Mrs. Burnett ó Charles Read». El *Popular Science
Monthly* aseguraba: «que todos los habitantes de pueblos y ciudades
debian familiarizarse con sus doctrinas». Y el *New York Times* que
«sería difícil encerrar mayor número de hechos sobre una materia más
importante en una forma de mayor atractivo é interés».

Ponia término á una obra más vasta sobre el tratamiento de las
heridas *(Treatment of Wounds)*, cuando en la plenitud de su vigor
mental lo sorprendió la muerte.

M. V.

Emaux et Camées, par THÉOPHILE GAUTIER.—Edition Conquet.—
París. 1888.—*Histoire des œuvres de Théophile Gautier, par le*
VICOMTE DE S. DE LOVENJOUL.—2 vol.—Charpentier. 1887.

En ninguna época han estado tan en boga los estudios bibliográficos como en nuestros dias. No se verá forzada la posteridad á hacer
pesquisas minuciosas sobre la vida y las obras de los grandes escritores del siglo XIX, del mismo modo que este siglo las ha hecho respecto
de todos los autores de tiempos pasados. Las trasmitiremos completas
y detalladísimas á nuestros descendientes, junto con los escritos de
nuestros prosistas y poetas, y nada les quedará que cosechar en ese
campo de la erudicion bibliográfica.

M. Charles de Lovenjoul, que publicó, hace unos diez años, una
extensa *Historia de las obras de H. de Balzac,* ha publicado ahora,
en dos gruesos volúmenes en octavo, la *Historia de las obras de Th.
Gautier,* y anuncia que está coordinando la *Historia de las obras de
George Sand.* El trabajo que ahora aparece del distinguido bibliógrafo, merece grandes elogios; es una maravilla de paciencia y de constancia. Si era difícil fijar, al través de las infinitas reformas y refundi-
ciones y cambios de títulos, el orígen y peregrinaciones de cada una

de las partes que componen la *Comedia Humana* de Balzac, la tarea se erizaba de mayores dificultades al aplicarse á Gautier, porque este curioso é interesante artista escribió mucho, durante cerca de cincuenta años, desparramando en multitud de publicaciones periódicas poesías sueltas, folletines, noticias artísticas, fragmentos de todo género, viviendo siempre de los productos de su trabajo literario, y por consiguiente atado sin cesar al yugo. De manera que el historiador de sus obras ha tenido que ir registrando colecciones inmensas de diarios y de revistas más ó ménos olvidadas, para llegar á enumerar año por año, como lo ha hecho, todo lo que salió de tan fecunda pluma. La empresa ha exigido muchos años de fatiga, pues M. Lovenjoul la comenzó en vida del mismo Gautier, quien murió en 1872, como es sabido, y cuyas indicaciones personales pudieron felizmente servirle de hilo conductor en el inextricable laberinto, de donde sale ahora victorioso al cabo de larguísimo viaje de exploracion.

Tan en boga como los estudios bibliográficos se hallan hoy las ediciones ilustradas, impresas con mucho lujo de papel y de tipos, y constando de un número reducido de ejemplares, numerados uno por uno, con la firma del editor, en garantía de la justificacion de la corta tirada. Así acaba la librería Conquet de dar á luz, en un tomito del más exquisito gusto tipográfico, la mejor coleccion de versos de Gautier, *Emaux et Camées: Esmaltes y Camafeos*, diremos, traduciendo literalmente.

Más de quince años hace ya que murió Gautier, á edad no muy avanzada, pues había nacido en 1811; murió pobre, triste, amargamente quejoso de la suerte que le había tocado, muy poco satisfecho de la cantidad de aplausos ó de gloria, y áun de bienestar, que sus escritos le habían proporcionado durante la vida. Los dos sitios de Paris del año 1871, y sobre todo el incendio de los monumentos á la caida de la Comuna, acabaron de ennegrecer las sombras que envolvían su espíritu fatigado, y precipitaron el fin de su existencia. Los funerales fueron poco concurridos; el suceso pasó casi inadvertido. Pero hoy su memoria ha comenzado á engrandecer, su nombre vuelve con el prestigio de la distancia á imponerse á la atencion del público, y parece que realmente ha sonado la hora de la reparacion; es decir, la hora de pesar imparcialmente los quilates de su mérito, y fijar bien las cualidades que hubo en él dignas del aprecio de la posteridad.

No pretendemos hacerlo ahora, ni son estas notas, rápidamente zurcidas, el lugar más oportuno. Queremos sólo señalar en estas nuevas ediciones, y en estos detenidos catálogos póstumos de sus libros, la opinion que se levanta en su favor, y deducir la seguridad de su inmortalidad.

M. Lovenjoul lo declara el primer *estilista* de la literatura francesa, no solamente del siglo actual, sino de todos los pasados, lo cual no es poco decir. Quizás sea demasiado, y los autores de bibliografías se asemejan á los biógrafos en exagerar la importancia del individuo de que se ocupan. O por lo ménos, quizás sea necesario reducir tanto el significado de la voz estilo, que el elogio venga á convertirse en casi nada, en muy poca cosa; y entonces habrá que ir más allá que M. Lovenjoul, porque Gautier, por su prosa, lo mismo que por sus versos, merece un buen puesto en la segunda fila de los escritores franceses del siglo xix.

Cuenta M. du Camp, en sus *Souvenirs Littéraires*, que Gautier le decía una vez, ya en los últimos meses de su existencia, que de toda su vida pasada sólo conservaba dos recuerdos verdaderamente gratos, recuerdos de libertad, de expansion, de independencia. Uno de ellos era su viaje á España en 1840. Yo comprendo muy bien la preferencia de Gautier por ese episodio, pues le inspiró dos de sus obras más notables; y para los españoles debe él ser, por ese mismo motivo, una de las más interesantes figuras de la literatura francesa contemporánea. Los dos volúmenes en que se ocupó de España, y de cosas españolas exclusivamente, se destacan, llenos de brillantez y de frescura todavía, entre los treinta ó cuarenta que componen sus obras completas.

Bajo el título de *Tras los Montes* describió todo el país, desde los Pirineos hasta el Mediterráneo, y nadie ha visto ni reproducido con tanta verdad y fuerza el carácter del suelo español, la belleza de sus monumentos y la originalidad de algunas de sus costumbres. Tenía ojos de pintor, la pintura había sido su primitiva vocacion; sabía ver, cosa que es muy rara, y sabía además expresar con la pluma los colores, las sombras, los perfiles con exactitud maravillosa, sin confundir nunca los planos, sin contentarse con simples bosquejos, y sin que le faltasen jamás palabras y frases apropiadas para traducir todos los matices y todos los aspectos, aún los más sutiles y delicados. Penetró tambien, más íntimamente que nadie, hasta la esencia, hasta el fondo del arte español, de la pintura sobre todo, y sus páginas que tratan de los cuadros y dibujos de artistas españoles, de Murillo y de Goya principalmente, son admirables y de permanente valor.

Al mismo tiempo que escribía en prosa la relacion detallada de su viaje, compuso en verso, y publicó bajo el título de *España*, sus impresiones poéticas, como reservando para esa forma más bella y más precisa, aquello para que era insuficiente la trama sólida y más espesa de la prosa; y aquí, sin miedo, provocó la lucha de la pluma con el pincel. En unos magníficos tercetos á Zurbarán, en otros á Ribera, el llamado por los italianos *Españoleto*, así como en una composicion sobre «dos cuadros de Valdés Leal,» compitió victoriosamente con los artistas cuyas obras reproducía y renovaba en sus descripcciones.

Sucede con esos dos libros de Théophile Gautier lo que con muy pocas relaciones de viaje: leerlos casi equivale á hacer con él idéntica excursion, y queda la misma impresion que si se hubiesen visto realmente los paisajes ó visitado los monumentos. De mí sé decir que cuando fuí al Escorial por primera vez, nada me sorprendió como novedad; todo lo admiraba, con la calma de quien lo había visto antes, porque había leido á Gautier, y mientras recorría los patios y los cláustros, repetían involuntariamente mis lábios versos suyos que conservaba en la memoria, recitando en voz baja aquella estrofa que concluye :

Débauche de granit du Tibère espagnol.

———

THE ENCYCLOPÆDIA BRITANNICA.—9th. edition.—Vol. XXII.—1887.

Esta gran empresa científica y literaria, una de las más grandes é importantes entre las muchas que en nuestros dias se llevan á cabo en diversos paises, marcha con seguro y medido paso á su terminacion. Hace justos trece años que acometieron los editores de tan vasta enciclopedia la tarea de esta *novena* edicion, que es, en realidad, una total refundicion de la obra, y ya hoy se ve que constará de 25 volúmenes, y estará en uno ó dos años más completamente concluida. Al mismo tiempo que la edicion original se ha publicado *pari passu* una reimpresion americana, en Filadelfia, con adiciones de mucho interés en todos aquellos artículos que, tratando de cosas de América, parecian requerirlo.

El tomo xxii, publicado últimamente, comprende la segunda mitad de la letra S, y en él, por tanto, ha tocado entrar á España, *Spain* en inglés. Fiel al plan, que constituye la especialidad de la Enciclopedia Británica, de agregar el mayor número de noticias bajo un solo título, de presentar estudios completos en vez de subdividir y desmenuzar las materias, como es costumbre en todo diccionario, se ha reunido en ese artículo cuanto se refiere á la geografía, á la historia, á·la lengua y á la literatura de la península española,—sin el Portugal por de contado. Cuatro escritores diferentes se encargaron de tratar cada uno de esos capítulos; la parte referente á la lengua y á la historia literaria fué confiada á Mr. A. Morel-Fatio, y de ella diremos brevemente algunas palabras.

Nadie conoce hoy en Francia mejor que Mr. Alfredo Morel-Fatio la literatura española, y en España misma no son muchos los que pueden aventajarle en ese estudio; sus trabajos sobre el *Mágico Prodigioso*, sobre el *libro de Alexandre*, sobre el *Lazarillo de Tormes* y sobre otros asuntos, han puesto muy alto su nombre de sábio. En estos momentos desempeña interinamente la cátedra de literaturas meridionales del Colegio de Francia, habiendo escogido por tema de sus explicaciones «la sociedad española en los siglos xvi y xvii.» El curso comenzó en Diciembre último, y ocupó todo el mes, exponiendo en una erudita introduccion la historia del gusto español en Francia durante toda su literatura, señalando época por época los autores que han ido á buscar á España motivos de inspiracion, y deteniéndose en aquellos que personifican en cada siglo esa tendencia, como Branôtme en el siglo xvi, Corneille en el xvii, Lesage en el xviii, Prosper Merimée en el xix. Despues ha abordado ya el terreno en que se colocará durante todo el curso, analizando por medio de los monumentos literarios y los testimonios más auténticos, las diversas clases de la sociedad española, y estudiando en especial esa curiosa categoría de los hidalgos, esa clase numerosa, colocada entre la primera nobleza y la multitud ó el pueblo, cuyo espíritu fanático y aventurero al principio, cuya indolencia despues, y cuyas vanas pretensiones en todo tiempo, son uno de los factores esenciales en la decadencia del país al finalizar el siglo diez y siete.

Ya en el sóbrio y exactísimo resúmen publicado en la «Enciclopedia Británica» habia M. Morel-Fatio indicado ese punto de vista al hablar del *Don Quijote*, cuyo propósito principal, como empezamos ahora á distinguirlo (dice) no fué ridiculizar los libros de caballería, que estaban ya entónces fuera de moda, sino demostrar por medio de un ejemplo llevado hasta el absurdo, los peligros del *hidalguismo*, de todas esas deplorables preocupaciones de sangre limpia y noble prosapia de que estaban imbuidos los tres cuartos de la nacion, y que debian producir la ruina de España, por el desprecio de todo trabajo útil que traían forzosamente consigo. Esta observacion nos parece muy sagaz y de las más trascendentales consecuencias para el estudio del libro de Cervantes y de la sociedad de su época.

Es cosa bastante difícil condensar en pocas páginas toda una literatura, y sólo puede lograrse conociéndola muy minuciosamente, hasta en sus más recónditos detalles, de modo de establecer bien la diferencia entre lo accesorio y lo esencial, entre lo que es lícito suprimir y lo que se debe decir. Mr. Morel-Fatio ha vencido ambas dificultades, y escrito un excelente trabajo enciclopédico, que comienza con los primeros ensayos informes del siglo doce, con el fragmento «semi-litúrgico» de los *Reyes Magos*, y termina mencionando un autor vivo y jóven todavía, el Sr. Menendez y Pelayo, y una obra aún hoy no acabada de publicar, la «Historia de las ideas estéticas en España.» De esta obra hace grandes elogios, muy merecidos, aunque tal vez sea excesivo encomiarla por la *pureza de su estilo;* está, sin duda, bien escrita, con amenidad y soltura, pero tiene demasiado el acento de una improvisacion, con las repeticiones, las confusiones y los defectos de simetría de lo que se produce á gran prisa, *calamo currente*. El Sr. Menendez ha dicho en alguna parte que M. Morel-Fatio no es indulgente ni con sus amigos. Cualquiera pensaría ahora que al exagerar ligeramente el mérito de la obra citada, ha querido M. Morel-Fatio desmentir esa afirmacion.

La novela, segun M. Morel-Fatio, es el triunfo de la literatura española contemporánea, la única especie de composicion que vive actualmente con vida propia y manifiesta constantes progresos. En cámbio, cree que la poesía lírica, débilmente representada por Núñez de Arce, Campoamor y algunos otros, se caracteriza en todos por una inspiracion deficiente, estilo difuso y falta de precision en el lenguaje. Es desgraciadamente muy fácil (agrega) hacer versos medianos en español, y son muchos los que se dedican á esa tarea.

Juzga muy bien, generalmente hablando, los poetas y prosistas de la primera mitad del presente siglo, Larra y Espronceda en especial, á quienes consagra pocas palabras, pero de grande encomio y muy al caso. Es demasiado honor, por otra parte, citar el *Don Juan Tenorio* de Zorrilla en resúmen tan corto, donde no debe haber espacio sino para obras ó autores notables. Parece en ello haber oido los ecos de la popularidad, más bien que la voz de su propio juicio. Ese drama en dos partes de Zorrilla, se representa, es verdad, una ó dos veces todos los años, en el mes de Noviembre, en muchos teatros de España y de América; pero la moda no puede persistir indefinidamente, y es además costumbre tan poco literaria, como la de figurar «Nacimientos» en las iglesias durante las fiestas de Navidad. Su versificacion es de una facilidad perversa, y en cuanto al fondo, debe probablemente más al *Don Juan de Marana* de Dumas, que al *Burlador de Sevilla* de Tirso, ó á la comedia de Moliére.

En todo cuanto se refiere á los períodos anteriores, principalmente á los siglos XVI y XVII, edad de oro de la literatura castellana, está Morel-Fatio como en su casa, dueño completamente de su asunto, y es una fortuna que confiaran los editores de la Enciclopedia la redaccion de estos artículos á tan experto erudito.

E. P.

París, Enero 20 de 1888.

LA BIOGRAFIA DEL SEÑOR JORRIN. (1)

Hay un signo cierto para apreciar el grado de la evolucion á que ha llegado un cuerpo social. Cooperan las diversas unidades al fin comun de un modo armónico, dentro de su esfera de accion propia y libre; se trata de un organismo superior, es una sociedad adelantada. Están meramente subordinadas unas á otras, sin otras relaciones que las de sumision ó exclusion; se trata entónces de un organismo inferior, es una sociedad atrasada. En las primeras la diversidad de ocupaciones, de principios, de creencias, de orígen, léjos de ser óbice al desarrollo y progreso de cada individuo ó de cada grupo, se considera acertadamente condicion beneficiosa para la variedad de actos de que se compone la vida colectiva, elemento de la sana actividad que impide el estancamiento de las fuerzas sociales. En las segundas se mira con recelo todo lo que disuena ó disiente, hoy aptitudes sospechosas, aficiones vitandas, creencias estigmatizadas, la clase y el orígen ponen una especie de sello indeleble.

No es necesario decir á qué grupo corresponde nuestro país. Por

---

(1) *Apuntes para una biografía del Señor Don José Silverio Jorrin*, por el Doctor Don Vidal Morales y Morales.—Habana, 1887,

poco que se conozca su historia, se descubre fácilmente este fenómeno constante desde hace muchas décadas, y para nosotros doloroso: Los cubanos más capaces han vivido condenados á la esterilidad, como factores sociales, ó al extrañamiento. Desde luego hablamos aquí de la vida normal ó aparentemente normal de nuestra sociedad, no de los períodos de convulsiones políticas. Por mucho que hayan cultivado sus aptitudes, refinado sus gustos y probado su carácter, aunque hayan poseido ciencia y elocuencia, aunque hayan sido modelos de entereza y probidad, aunque se hayan sentido activos y deseosos de la accion, en beneficio de sus conciudadanos, un muro invisible, pero infranqueable, les ha cerrado siempre el paso. La inmensa labor de Saco para anticipar sábiamente la reforma social, eje de todo progreso posible para Cuba, fué inútil. Hasta que el arrojo heróico de unos cuantos cubanos no rompió violentamente las cadenas del negro, la emancipacion no se impuso á las conciencias; y cuando la Metrópoli se vió obligada á sancionarla, ni pidió el consejo, ni oyó la voz de ningun hijo de Cuba. ¿Qué nos queda de la obra grande y noble de ese hombre ejemplar que se llamó José de la Luz? Léjos de conservar la enseñanza pública el nivel que alcanzó en sus dias, léjos de esparcirse sus métodos y de fructificar su doctrina, la instruccion popular ha caído inerte en el marasmo de la rutina; y ya en Cuba no se cree necesario preparar siquiera maestros para las escuelas. Pozos Dulces y Jorrin consagraron buena parte de su actividad y de su rica inteligencia á explicar y propagar la reforma agrícola; y tan lastimoso es hoy como ántes el estado de nuestra agricultura; y hay comarcas rurales en nuestra Isla que duermen encenegadas poco ménos que en la barbarie. ¡Cuántas plumas expertas han demostrado lo anómalo de nuestra vida económica, lo absurdo de encerrar una colonia de productos especiales en las apretadas redes de un arancel forjado para el monopolio y la exclusion! La dura ley de la necesidad ha sido la que al cabo ha roto las más endebles de sus mallas, en provecho de algun emporio mercantil.

Por eso no hay para nosotros lectura más melancólica que la vida de los hombres superiores que ha producido Cuba. A medida que vemos más de cerca las fuerzas acumuladas, que pedían sólo ser bien

NOTAS EDITORIALES

LA BIOGRAFÍA DEL SEÑOR JORRIN [1]

Bien sabido es... para apreciar el grado de la evolución á que... Cooperan las diversas unidades al fin... el armónico... de su esfera de acción propia y... de un organismo superior es una sociedad adelantada. Es... á... otras, sin otras relaciones que las de... se trata entonces de un organismo inferior, una sociedad atrasada. En las primeras la diversidad de ocupaciones... de creencias, de origen, lejos de ser óbice al desarrollo y progreso de cada individuo ó de cada grupo, se considera... beneficiosa para la variedad de actos de que se compone la vida colectiva, elemento de la sana actividad que impide el estancamiento de las fuerzas sociales. En las segundas se mira con recelo todo lo que disuena ó disiente, hay aptitudes sospechosas, aficiones vitandas, creencias estigmatizadas, la clase y el origen ponen una especie de sello indeleble.

No es necesario decir á qué grupo corresponde nuestro país. Por

---

1. *Apuntes para la biografía del Señor Don José* Silverio Jorrín, por el Dr. Don Vidal Morales y Morales.—Habana, 1891.

poco que se conozca su historia, se descubre fácilmente esta fuerza
constante desde hace muchas décadas, y para nosotros dolores:
cubanos más capaces han vivido condenados á la esterilidad de
factores sociales, ó al extrañamiento. Desde luego hablamos así
la vida normal ó aparentemente normal de nuestra sociedad en
los períodos de convulsiones políticas. Por mucho que hayan en
do sus aptitudes, refinado sus gustos y probado su carácter, aun
hayan poseído ciencia y elocuencia, aunque hayan sido modelos de
entereza y probidad, aunque se hayan sentido atraídos y llamados á
la accion, en beneficio de sus conciudadanos, una muralla casi
infranqueable, les ha cerrado siempre el paso. La lucha que hizo
Saco para anticipar sábiamente la reforma social que hacía ya
posible para Cuba, fué inútil. Hasta que el instante mismo en
cuantos cubanos no rompió violentamente las coberturas del antiguo
emancipacion no se impuso á las creencias y hábitos. La metro-
se vió obligada á sancionarla, no pidió el concurso de esa obra de
ningun hijo de Cuba. ¿Qué nos queda de la vida grande y útil de
ese hombre ejemplar que se consagró desde la Luz Caballero á ele-
var la enseñanza pública al nivel que alcanza en su época á des-
parcirse sus métodos y de transformar el fondo mismo del curriculum po-
lar ha caído inerte en el mismo sitio de la vida y ya nadie
cree necesario preparar siquiera nuestra juventud para mañana. Dul-
Dulces y Jorrin consagraron buena parte de su inteligencia y labor
inteligencia á explicar y propagar la reforma agrícola y tan ató
so es hoy como ántes el estado de nuestra agricultura; y hay co-
cas rurales en nuestra Isla que duermen estancadas por muchos
en la barbarie. ¡Cuántas plumas expertas han demostrado lo absu
de nuestra vida económica, lo absurdo de encerrar una colonia
productos especiales en las apretadas redes de un arancel forjado pa
el monopolio y la exclusion! La dura ley de la necesidad ha sido
que al cabo ha roto las más endebles de sus mallas, en provecho de
algun emporio mercantil.

dirigidas, tanta inteligencia dispuesta á alumbrar, tanto generoso ardor necesitado de comunicarse, se nos presenta con mayor tenacidad,
para amargar y torcer nuestra admiracion, la imágen del coloso de la
leyenda, capaz de ahogar un leon entre los forzudos brazos, y condenado á dar vueltas al manubrio de un molinillo.

A la vista tenemos la biografía del señor Jorrin, que ha escrito
copiosamente, con celo y tino cariñosos, el Doctor Morales. Toda una
vida de esmerada preparacion, de labor perseverante, de nobles aspiraciones, la vida de un ciudadano y de un político aunada sin violencia á la de un hombre de mundo, de un literato y artista, ha discurri-
do ante nosotros, para avivar nuestro amor por la pátria, capaz de
producir en circunstancias tan adversas hijos tan insignes, y aumentar nuestra tristeza y desesperacion.

Si atendemos sólo al desarrollo individual, es difícil encontrar vida
mejor encaminada, ni que mejor haya madurado. De inteligencia
precoz y vivaz, el señor Jorrin la fecundó con las más diversas disciplinas, y estudió con igual provecho las ciencias exactas y la literatura; naturalmente afable y cortesano, los viajes y el trato con hombres
de perfecta cultura le dieron cabal posesion de ese hechizo irresistible
que se llama don de gentes; su carrera y la gestion de sus negocios lo
familiarizaron á tiempo con la vida real en lo que tiene de más áspero
y difícil, y aprendió la práctica del mundo. Humanista docto, escritor
pulcro y elegante, orador diserto, jurisperito inteligente, ciudadano
generoso, hombre probo, todo esto ha podido serlo, lo es, para honra
de su nombre y satisfaccion de sus compatriotas, el señor Jorrin.

¿Qué ha sido? ¿qué es en la esfera colectiva? Hubo un tiempo en que
un gobernádor de Cuba impetró de la *piedad* de la reina de España que
elevase al señor Jorrin al senado de la Metrópoli, para que la colonia
tuviese allí *una lumbrera.* Muchos años despues el voto de sus conciudadanos lo llevó á ese puesto distinguido. Se pueden tener opiniones distintas á la suya, creer en la eficacia de otros procedimientos,
pero no cabe, sin injusticia, tildar su conducta. Moderado y sagaz,
siguió la línea de accion que le trazaban todos sus antecedentes. Fué
un censor severo, con ardor á veces, nunca con saña; fué un conseje-
ro ilustrado; abrió camino á soluciones prácticas; se mostró siempre

digno y transigente. Censuras; soluciones y consejos fueron inútiles. La voz de este hombre respetable se ha perdido en el vacío. En la balanza de los destinos de su pátria, la opinion de este patricio, lleno de saber y experiencia, no pesa más que el grano de arena que arrojó el viento al pasar.

No pretendemos acibarar en su retiro la ancianidad de este cubano modesto y meritísimo. Léjos de eso, nuestro respeto á su valer nos inspira estas amargas consideraciones. Porque no hay tacha personal en ser inutilizado, quebrantado, por la pesadumbre de todo un régimen social. Y hay grande y verdadero mérito en haber tratado, con perseverancia no abatida, de modificarlo y mejorarlo. Lo que queremos es presentar un ejemplo vivo, poner la demostracion en un hecho visible, para que nadie pueda cerrar los ojos.

En el órden de cosas existente en Cuba, lo que en otras partes se considera lo mejor y más fructuoso de las fuerzas sociales, sus hijos más notables, los mejor preparados para obrar y dirigir, quedan ociosos, cuando no son excluidos como elementos perturbadores. Y sin invocar ninguna consideracion moral, sin apelar á la dignidad colectiva, desde el punto exclusivo del interés social, es natural que formulemos esta pregunta: ¿qué puede resultar de esta eliminacion ciega y torpe de los elementos más sanos, de esta seleccion á la inversa, que condena á la atrofia los órganos más útiles? La respuesta se presenta por sí misma. El cuadro que tenemos á la vista. La poblacion estacionaria, la inmigracion anulada, la agricultura rudimentaria, la industria paralizada, el crédito destruido, la ignorancia dominando sin contraste, y la miseria, como sancion suprema, envolviendo en igual castigo á indolentes y laboriosos, á indiferentes y previsores, á víctimas y tiranos.

MISCELANEA.

GRACIAS.

El Director de la REVISTA CUBANA queda profundamente agradecido á los diversos periódicos de esta ciudad y del resto de la Isla, que le han significado su duelo con motivo de la nueva desgracia que ha herido su familia.

HALLAZGO ANTROPOLOGICO.

Los señores Fraipont y Lohest han encontrado en una capa musteriana de la gruta *Beche aux roches*, situada en el valle de Spy (Bélgica) dos esqueletos humanos que han de adquirir gran celebridad en los fastos antropológicos, puesto que ofrecen, del modo más evidente, el conocido y discutido tipo de Neanderthal, y que aunque algo incompletos, se hallan bastante bien conservados para que fuera posible reconstruir el troglodita que habitaba aquel lugar durante la primera parte de la época paleolítica. A más de dos cabezas, cuyas caras faltan casi en su totalidad, se han recogido la mayor parte de los huesos largos.

Basta conocer los fotograbados de aquellas para convencerse de la identidad que guardan con el célebre casquete de Neanderthal, hasta el punto de reproducir una las curvas antero-posteriores y horizontales de éste, mientras que en la otra se advierten las mismas proeminencias supra-orbitarias, la placticefalia y el aspecto de la parte posterior de los parietales, que distinguen al fragmento de cráneo mencionado. Es indudable que ambas piezas constituyen dos muestras preciosísimas del tipo prehistórico que Quatrefages y Hamy han designado con el nombre de raza de Canstadt, que vienen á desvirtuar la opinion de los que, siguiendo á Virchow, consideraban el casquete ántes nombrado como un caso patológico, pues las cabezas de Spy nada revelan que pudiera atribuirse á ninguna enfermedad.

Los caractéres principales de dichos cráneos son la dolicocefalia, 70.0 y 74.8 la placticefalia, la frente fugitiva y baja, limitada hácia delante por enormes proeminencias superciliares y la forma aplanada de arriba abajo y delante atrás de los parietales y el occipital.

El pésimo estado de la mayor parte de las caras no ha permitido descubrir gran cosa, pero la buena conservacion de los maxilares inferiores nos revelan, en cambio, un hueso fuerte, elevado, recurrente y desprovisto de menton, como el célebre maxilar de la Naulette, que tanto se acerca, por esa circunstancia, al tipo símico.

Tocante á los huesos de los miembros inferiores, diremos que, segun Mr. Fraipont, la pronunciada curva hácia delante del cuerpo del femur, y el enorme desarrollo de las superficies articulares de los coudilos inferiores en relacion con una tibia corta, nos autorizan á suponer que el aspecto que tendrían tales hombres cuando permanecían de pié se había de semejar mucho á los primatos que presentan idénticas condiciones osteológicas, es decir, á los antropoides. Así el troglodita belga, en la estacion vertical debía tener el muslo (femur) reposando oblicuamente de atrás adelante y de abajo arriba sobre la pierna (tibia), que estaría entonces algo inclinada de delante atrás y de arriba abajo.

LA CIENCIA Y LA RELIGION.

Entre los objetos de arte regalados al Papa con motivo de su jubileo, se nota un grupo de bronce, ofrenda del Colegio de la Propaganda. Consiste en una hidra de siete cabezas, que simboliza la ciencia humana, vencida por la iglesia de occidente, representada por un leon. Con una de sus garras la fiera triunfante tiene abatido el mónstruo, y con la otra protege las encíclicas de Leon XIII. En segundo término aparecen Santo Tomás de Aquino, señalando con un dedo el combate, y San Francisco de Asis, orando de hinojos.

Digamos, con permiso de Horacio:

Sculptoribus atque poetis
Quidlibet andendi seraper fuit æqua potestas.

HENRY GEORGE Y EL CARDENAL GIBBONS.

El corresponsal en Paris del *Chronicle*, dice que el cardenal Gibbons ha escrito otra carta al Vaticano, pidiendo que no se condenen los escritos de Henry George, fundándose en que sus teorías son meros desenvolvimientos de las doctrinas de Spencer y Mill, y es preferible dejar que las teorías falsas mueran de muerte natural, ántes que darles importancia artificial persiguiéndolas.

Nos parece muy discreto el consejo, pero su fundamento escapa á nuestra comprension. La lógica cardenalicia sabrá cómo un socialista sale por evolucion del filósofo más individualista de nuestros tiempos. La lógica corriente no llega á tanto.

NECROLOGIA.

Las letras hispano-americanas han sufrido una pérdida considerable. Miguel Luis Amunátegui, uno de los literatos chilenos de más nombradía, falleció el 27 de Enero. Los frutos de su vida laboriósa, divida entre el ejercicio de la enseñanza y las tareas políticas, son considerables. Podemos señalar los siguientes: *Memoria sobre la conquista española* (1850); *La dictadura de O'Higgins* (1853); *Títulos de la República de Chile á la soberanía y dominio de la extremidad austral del continente americano* (1835); *Biografía de americanos* (1855); *De la instruccion primaria de Chile* (1855); *Compendio de la historia política y eclesiástica en Chile* (1856); *Juicio crítico de las obras de algunos de los principales poetas hispano-americanos* (1860); *Descubrimiento y conquista de Chile* (1862); *La cuestion de límites entre Chile y Bolivia* (1863); *Biografía de Mercedes Marin* (1867); *Los Precursores de la independencia de Chile* (3 vols. 1872-1873); y las biografías de Ignacio Doneyko, Salvador Sanfuentes y Jaquin Vallejos. Coloborador en muchos de estos trabajos ha sido su hermano Gregorio Víctor. La última obra del Sr. Amunátegui es de sumo interés para los que hablan el castellano, se titula *Acentuaciones viciosas,* y la publicó á fines del año pasado en Santiago. El Sr. Amunátegui contaba sesenta y un años.

—En Diciembre ha fallecido en Colombia, todavía muy jóven, el poeta Leonidas Florez, algunas de cuyas poesías comenzaban á adquirir popularidad en la América latina. En *La Lira Nueva* de J. Rivas Groot se encuentran *Defensa de la poesía, Infinito* y *Sideral.* En el *Parnaso Colombiano* de Julio Añez esta última y *Regalos de bodas.*

Había nacido el 3 de Mayo de 1859, y fué notable su carrera política, pues antes de los veinte años había sido Secretario de la Cámara de Representantes, y poco despues Secretario del Senado, y en 1884 Senador.

—El gran botanista norte americano, el amigo de Darwin, Asa Gray, ha fallecido en Cambridge, Mass el 30 de Enero, á los setenta y ocho años de su edad. Había nacido en París (Condado de Oneida en New-York) en 1810. Aunque estudió medicina, no la practicó. Muy jóven llegó á estar al frente del Liceo de Historia Natural; y desde la publicacion de sus *Elementos de Botánica* en 1826, su fama se fué extendiendo hasta colocarlo entre las eminencias científicas de nuestra época.

—El profesor Bonamy Price, que se contaba entre las autoridades de la ciencia económica, murió en Londres el 8 de Enero. Había nacido en Guernsey en 1803, y era catedrático de economía política en la Universidad de Oxford. Sus obras más notables son: *The Principles of Currency* (1869; *Chapters on Political Economy* (1878); *On Currency and Banking* (1876).

NOTICIAS LITERARIAS.

El 29 de Enero se celebró en Atenas el centenario del nacimiento de Byron. El club Byron y los estudiantes de la Universidad formaron el núcleo de una gran procesion, que se dirigió al Acrópolis, donde se pronunciaron discursos entusiastas y se coronó de flores un retrato del poeta. Por la noche se iluminó el Acrópolis.

—La reunion anual de la Sociedad Americana para el estudio de las lenguas modernas, tuvo lugar en la Universidad de Pensylvania (Philadelphia), los dias 28, 29 y 30 del pasado Diciembre. Entre los asuntos que ocuparon su atencion se cuentan: «La cara en las metáforas y proverbios españolas;» «Provincialismos de Charleston;» «Algunas muestras del dialecto francés del Canadá, hablado en Maine;» «Folk-Lore en Luisiana,» etc.

—En los primeros dias del mes pasado, se vendió en el Hotel Druot, la famosa coleccion del Marqués de Saint-Maur-Montausier. Un manuscrito en pergamino, hecho por Jairy para Mlle. de Rambouillet en 1641, titulado *Guirlande de Julie*, se vendió en 15,900 francos. Un psalterio latino, que contiene la primera impresión del credo de San Atanasio, en perfecto estado de conservacion, fué comprado en 129,000 francos. Hace treinta años que fué vendido en el mismo hotel solo por 2,500.

—Mr. Swinburne ha escrito una sátira contra Mr. Gladstone, con el título de *Citoyen Tartuffe*.

NOTICIAS ARTISTICAS.

M. Sedelmeyer, de París, que tiene el privilegio de publicar las obras de Munkaczy, acaba de dar á luz un grabado del *Cristo de la Cruz*, obra en que ha invertido cuatro años el grabador Köpping, y que, segun los inteligentes, es una maravilla en su género.

—M. Castagnary, director de Bellas Artes, ha dispuesto una de las salas del Louvre para galería de retratos de artistas; y ha colocado en ella retratos de artistas pintados por ellos mismos ó por otros, tomados del Lexemburgo, Versalles, la Escuela de Bellas Artes y las ótras salas del Louvre. Se ha nombrado una comision que invitará á todor los artistas eminentes coetáneos para que envien sus retratos ó bustos.

—Se anuncia un nuevo cuadro del pintor francés Jean Paul Laurin, para el Salon de este año, que será uno de sus principales ornamentos; el asunto es la *Ofelia* de Shakspeare.

No hay punto más interesante en la historia política de Inglaterra que la lenta transformacion del Consejo Privado del rey *(Privy Concil)* en el actual gabinete con sus evoluciones sucesivas.

El profesor Dicey, uno de los grandes publicistas ingleses coetáneos, acaba de reimprimir un ensayo sobre esta importante materia, digno de toda la atencion de los que se dedican á estos estudios.

—Acaba de publicarse un nuevo libro de Mr. Froude, el autor de *Oceana: The English in the West Indies.*

—Las *Revistas* norte-americanas van realizando el propósito de competir con las mejores europeas, en cuanto al valor literario de sus artículos, y de superarlas en lo ínfimo del costo. El *Scribner's Magazine* que es un periódico mensual admirablemente ilustrado y muy bien escrito, ha llegado al fin de su primer año, mejorando de dia en dia, y cuesta sólo $3. La *New Princeton Review*, que no desmerece de ninguna de su clase, ha fijado el mismo precio de suscricion.

—D. Rodolfo Vergara Antunez ha publicado en Santiago de Chile unos *Elementos de arte métrica castellana.*

—Acaba de ver la luz en un volúmen de cerca de 500 páginas la segunda série de las *Conferencias filosóficas* del Director de esta Revista. Esta série compone un tratado completo de *Psicología*, que el autor estudia por el doble método introspectivo y objetivo.

—El 25 de noviembre ha comenzado á publicar en Londres Mr. Elliot Stak un nuevo periódico ilustrado, para los bibliófilos, con el gracioso título de *La Polilla (The Book-Worm.)*

—Mr. Kitton de Londres, prepara una coleccion de de retratos de Dickens; y con este motivo publicará tambien un drama burlesco, es-

crito por el gran novelista tres ó cuatro años antes de los *Pickwick
Papers*, y todavía inédito.

—Se anuncia la próxima aparicion de la segunda edicion del *Di-
zionario biográfico degli scrittori contemporanei* del profesor Angelo
De Gubernatis, cuya primera edicion salió á luz en Florencia en 1879.
Es muy superior á todos los conocidos hasta el dia, particularmente
en lo que respecta á los escritores de la Europa meridional y oriental.

—Mr. Grant Allen, uno de los más eminentes discípulos de Spencer, que se encuentra invernando en Argelia, ha comenzado una série
de artículos en el *Pall Mall Gazette* sobre «El Evangelio segun Darwin.» El primero está dedicado á indicar la extension y naturaleza de
la revolucion intelectual llevada á cabo por el gran naturalista inglés,
y su actitud personal en la viva y larga contienda que provocaron
sus doctrinas.

MEDICINA DE LOS SIBONEYES (1.)

Cuba estuvo poblada en los tiempos prehistóricos, en un período en que probablemente formaba parte del Continente Americano, segun atestiguan ámbas aserciones los huesos humanos fósiles encontrados en ella así como restos de mamíferos ya extinguidos.

Pero los pobladores de Cuba de que tiene noticia la historia vinieron en una época no remota, aunque no se ha podido fijar la fecha de su establecimiento. Al descubrir la América, vieron los europeos ocupada la Isla por una raza salvaje de buenas formas físicas, de mediana estatura, tez cobriza y cráneos comprimidos de delante atrás, que andaban desnudos; y cuyos hombres, indolentes y de costumbres pacíficas, se dedicaban principalmente á la pesca, mientras que las mujeres cultivaban algunos vegetales comestibles.—Su número se hizo ascender á 600.000 en el momento de la conquista, por algunos escritores; cifra que me parece exagerada. Los españoles los designaron, segun Bachiller, con el nombre de *tainos*, voz que con frecuencia usaban estos indios para indicarles que eran pacíficos ó nobles; pero ha pre-

---

[1] Discurso de recepcion en la Sociedad Antropológica, leido en la sesion del dia 4 de Marzo de 1888.

valecido el nombre de *siboneyes* con que tambien se les designó (1).

Se créc que procedian los siboneyes de los Araguas, pueblo que habitaba la region del Continente que es hoy Colombia, el cual se extendió por las llanuras del Orinoco y las Antillas menores hasta llegar á establecerse en las cuatro principales y en las Lucayas. Eran sencillos é ignorantes; se pintaban la piel con dibujos variados; los señores principales usaban plumas en la cabeza, y algunos llevaban túnicas cortas de algodon; tambien gustaban adornarse con collares de semillas ó piedras de colores. Sus artes eran rudimentarios. No conocian la escritura ni han dejado señales suficientes para indicarnos su verdadero estado de civilizacion; pero, por las descripciones de los conquistadores sabemos que su gobierno era patriarcal: cada *cacique* regía un pequeño pueblo; éstos eran independientes unos de otros; y cada pueblo se componía de una agrupacion de bohíos al rededor de una plaza destinada á celebrar sus fiestas y ejercicios corporales.

No se conoce bien la religion que tuvieron los siboneyes. Se ha dicho que tenian idea de un Ser Supremo, y que adoraban al Sol; pero lo que se sabe de positivo es que tenian muchos dioses, á los que llamaban *semíes*, que en cada casa tenían un *semí* protector, además de los *semíes* que guardaban en una casa ó templo; que éstos ídolos eran de piedra, ó barro, ó madera, representando unas veces animales, y otras sin formas determinadas. Creían que los *semíes* hablaban, que estaban obligados á alimentarlos, y que todos los males que les sobrevenian reconocian por causa la cólera de aquellos. Creian además, como pueblo ignorante, en fantasmas ó muertos aparecidos, y en otras muchas supersticiones.

Sus sacerdotes, que se llamaban *behiques*, y tambien *boitios*, ejercian gran influencia sobre el pueblo y practicaban la medicina.

Respecto á la historia que conocian de su pueblo, refiere Rafinesque la siguiente tradicion de los indios de Cuba y Haití. En la época

---

(1) Se atribuye al P. Las Casas haber dado este nombre á nuestros indios, pero en la edicion de su obra que he consultado ni una sola vez he visto escrito la palabra *Siboney*.

lejana en que sus moradores vagaban aún sumidos en la ignorancia, aparecieron tres bienhechores, que llamaron *bohitos*, voz que significa anciano, los cuales organizaron al pueblo.

Bohito I estableció el culto, y dividió al pueblo en tres castas: *tainos* ó nobles; *bohitos* ó sacerdotes; y *anaborias* ó trabajadores; y les enseñó además el cultivo de los campos.

Bohito II ó Buchu-itihu (anciano eminente) enseñó el uso del algodon, é introdujo la medicina, y la yerba sagrada *gueyo*.

Bohito III enseñó la música.

Este pueblo, sencillo é ignorante, debía necesariamente hallarse muy atrasado en conocimientos científicos, incluso los de órden médico; aunque allí, como donde quiera que existan hombres, por salvajes que sean, habia una medicina, porque los males son inherentes á la naturaleza orgánica, así como el instinto de conservacion es la fuente de la terapéutica.

He creido conveniente trazar un cuadro general de la civilizacion y religion de los siboneyes para que se comprenda mejor el estado real de sus conocimientos médicos, porque en ellos la prácticas de la medicina se hallaban tan íntimamente relacionadas á sus creencias religiosas, que no se podria describir aquellas sin dár á la vez una idea de la religion que profesaban; así, sabemos que hasta sus mismos cantos religiosos ó guerreros versaban á veces tambien sobre asuntos de medicina.

Como Haití fué el principal asiento de los españoles en América al principio de la conquista, fueron mejor estudiadas las costumbres y conocimientos de sus indios; y como fué la misma la raza de aquella isla y Cuba, segun ya he dicho y se deduce del aserto de los historiadores y de la semejanza de idiomas y hábitos, hago valer para nuestros siboneyes, á falta de otros detalles, la narracion del hermano Roman Pane de la órden religiosa de San Gerónimo, narracion hecha en la Española al principio de la conquista y de la que tomaré los fragmentos que se refieren á la medicina de los pobladores de Haití. Esta narracion será nuestro mejor guía, tanto por haber sido escrita en una época en que los indios conservaban todavía la pureza de su civilizacion propia, como por la sinceridad del narrador.

«Hay ciertas personas, dice, que practican la medicina, que hacen muchas supercherías, y las llaman *Bohuti*, que suponen con sus artificios que saben los más hondos secretos y hablan con los *semíes*, y cuando enferman les quitan y extraen el mal. He visto por mis propios ojos parte de esas cosas y añado lo que he oido de los vecinos principales, que creen en estas fábulas más profundamente.

«Las prácticas de los *bohiques* en la medicina y enseñanza de las gentes son propias; pero no siempre sanan á los enfermos. Todos, especialmente en la Española, tienen muchos *semíes* de diferentes formas: uno consiste en un hueso de sus padres ó parientes, ó uno de piedra ó madera; de estos y aquellos hay muchos. Unos hablan, otros hacen aparecer las cosas que se comen, muchos dan orígen á las lluvias, otros á los vientos. Todo esto lo creen estas pobres gentes que se provéen de dioses, mejor dicho de diablos, careciendo de nuestra Religion.»

Gómara agrega por su parte que los boitios no curaban más que á la gente principal y señores, y refiere además que muchas viejas eran médicas y echaban las medicinas en la boca por unos canutos.

Estas prácticas supersticiosas, y otras que se relatan más adelante, no son patrimonio de los indios antillanos, sino hijas de la ignorancia y de la credulidad en todos los pueblos y en todos los tiempos, pues aún hoy dia entre las naciones más civilizadas abundan en las clases inferiores del pueblo, curanderos que explotan la buena fé innata en los hombres para curar enfermedades con una mezcla de remedios empíricos, y de fórmulas religiosas ó místicas que constituyen una verdadera medicina de imaginacion; como son ejemplos el tratamiento de la erisipela rezando oraciones y haciendo cruces sobre la parte enferma, las variadas curaciones de Lourdes, pregonadas en todos los tonos, y, entre nosotros, no ha mucho, los supuestos prodigios del famoso chino Chambombian, y más recientemente la *vieja de Jiquiabo*, campesina ignorante, que con ciertos misterios y compresitas sacadas de *camisa de hombre* y aplicadas sobre la parte enferma, llegó á adquirir gran celebridad en Cárdenas en 1883; y en fin tantos otros curanderos y adivinos que aparecen y desaparecen como el flujo del mar, que viven de los desauciados, que, aunque no sean ignorantes, en la deses-

peracion de su grave enfermedad y en la crédula sencillez de su cerebro, buscan en lo incierto lo que la ciencia positiva se declara impotente á curar. Justo es confesar que en ciertas enfermedades esa
medicina supersticiosa ha obtenido sorprendentes curaciones al benéfico y poderoso influjo de imaginaciones exaltadas por la fé en la curacion; especialmente cuando esta medicina no científica reviste la
forma religiosa suele dar buenos resultados, porque es más eficaz la fé
religiosa; y yo en muchos casos la considero benéfica por cuanto puede proporcionar alivio y consuelo á los que sufren de afecciones crónicas é incurables hoy por hoy, y por eso esta terapéutica se perpetúa,
y creo que existirá necesariamente en parte mientras la medicina no haya alcanzado su perfeccion. Ya los modernos estudios de sugestion han
revelado el secreto de esas curaciones misteriosas, y revestidos aquellos
de carácter científico disminuirán si no hará desaparecer totalmente el
charlatanismo, gracias tambien al concurso de la gradual ilustracion
de las masas.

Yo estoy además persuadido de que tanto aquellos sacerdotes de
los pueblos primitivos, como nuestros actuales curanderos, obraban generalmente de buena fé, y por lo tanto, á mi juicio la palabra *super-
chería* está mal empleada. Ellos estaban poseidos de la bondad de los
medios que conocian y explotaban, del mismo modo que los sabios
antiguos creyeron y afirmaron que la tierra era plana, y tantos otros
errores que el tiempo se ha encargado de destruir. Pero esto esta medicina supersticiosa á que me refiero tiene un fondo de verdad que le
dá vida y la ha hecho ton antigua como la raza humana; pero somos
impotentes á destruir el falso ropaje que la reviste, por que en nuestra medicina hay todavía muchos puntos oscuros, que hacen á veces
inciertos sus resultados, y que facilitan ese aparato misterioso que es
del resorte de los charlatanes hábiles.

Por consiguiente, lejos de ver un tono depresivo en las palabras
del hermano Roman, las considero como puramente descriptivas, que
en términos parecidos pudieran aplicarse á los antiguos babilonios, á
los egipcios, ó á los griegos.

«Cuando alguno enferma se le lleva al Buchu-itihu, que es el susodicho médico. Se preparan con ayuno, pues deben él y el enfermo

estar ayunos al principiar la ceremonia: el médico que asiste al enfermo se purga simultáneamente con el paciente: aspiran el polvo de *cojoba* (1) por la nariz hasta embriagarse que no pueden darse de sí
cuenta; pronuncian palabras extrañas dirigidas á los *semíes*, que les
contestan sobre las causas de la enfermedad, y siempre atribuyen éstas á aquellos.

»*De lo que hacen los Buchu-itihu.*—Cuando van á visitar á un enfermo, antes de salir de sus casas sacan del fondo de sus cazuelas el
tizne ó el polvo de carbon vegetal y se cubren de negro el rostro, y
así dan la consulta: en seguida toman unos huesecillos ó carne, lo envuelven en algo, y se lo ponen en la boca. Ya purgado el enfermo entra en la casa otra vez el médico, y se sienta delante de él, solo: ántes
salen de la casa los niños para que no interrumpan, y quedan una ó
dos personas principales. Cuando está solo toma algunas hojas de la
yerba de la gioia, (2) la hoja grande por lo común; agregan otra de
una cebolla de medio cuartillo de largo, la mojan hasta formar una
pasta y la ponen por la noche en la boca, lo que les sirve de vomitivo
arrojando lo que han comido. Cantan entonces y beben del jugo susodicho encendiendo una antorcha.

»Descansando algunos instantes el médico se levanta y dirige hácia
el enfermo que está sentado solo en medio de la habitacion, y lo rodea
ó gira á su alrededor dos veces, segun quiere; y le coje las piernas
palpándole de la cintura á los piés; y lo estira con fuerza como si quisiera arrancarlo de su lugar: esto terminado sale de la habitacion y
cierra tras sí la puerta. Le habla desde afuera así; *Véte para la montaña ó al mar, donde quisieres;* se vuelve al lado inverso poniéndose
las manos juntas; sopla como por una cervatana, y colócase ámbas
manos sobre la boca que cierra; sus manos tiemblan enseguida como
si tuviera gran frio; sopla sobre sus manos y recoje el aliento como si
sorbiera la médula de un hueso. Luego aspira al enfermo en el cuello,
ó en el estómago, en las espaldas, mejillas, el seno, en el vientre y
partes en general del cuerpo. Concluido lo cual, se saca de la boca lo

(1) Crée Bachiller que esta palabra sea errata de *cojoba* escrita á la italiana *cojioba*.
(2) La planta tabaco, *Nicotiana tabacum*.

que dijimos al principio que se metió en ella; si es comestible le dice: *Ya ves lo que te habia hecho daño en tu cuerpo de donde te lo he sacado; advierte que ha salido de donde tu semí lo habia colocado, porque no le rezabas ú orabas, ni puesto ni hecho altar, ni sacrificado nada.*

»Si es una piedra, le dice: *Consérvala muy cuidadosamente*. Suponen que esas piedras son muy útiles en los partos de sus mujeres; las guardan como cosa preciosa envueltas en algodones, y les ofrecen manjares de lo que comen como á sus mismos semíes domésticos. Los grandes dias festivos son los señalados para ofrecerles mucha comida, como pescado, carne, pan y otras cosas. Lo colocan todo en la casa del semí y recojen al dia siguiente lo que no ha comido; siendo así, Dios nos ayude, que el semí es cosa inerte, como hecho de piedra y madera.»

Aquellos sacerdotes empleaban en sus prácticas médicas ese aparato para impresionar la imaginacion de sus enfermos; y aunque esta ceremonia aparece maliciosa, yo creo que los pacientes ni sus médicos verian en ella más que el único medio de calmar la irritacion de los dioses airados contra la maldad de los hombres. En los primeros tiempos de nuestra raza se hacían prácticas idénticas, y aun hoy existe en el vulgo la creencia de que muchas enfermedades son castigos del cielo.

Las enfermedades á que se alude en estos párrafos, debian probablemente ser ligeras, puesto que se dice que el enfermo se sentaba en medio de la habitacion, y que el médico le ordenaba ir á la montaña ó al mar. Y en cuanto á obsequiar con alimentos delicados á los semíes, recuerdo que algunos historiadores refieren que una costumbre igual existía entre los antiguos griegos en la época en que sus sacerdotes eran los que ejercian la medicina.

Y en fin, respecto al valor que daban á esas piedras en los partos, es una creencia semejante á la que entre nosotros concede el vulgo á la intervencion de San Ramon Nonato con el mismo objeto, de Santa Lucía en las enfermedades de los ojos, y tantos otros especialistas de órden divino que llenan el cuadro de la patología mística.

Al establecer estas comparaciones es mi intencion poner de relieve que en sus orígenes la medicina ha sido idéntica en todos los pueblos, y que, aun en aquellos que alcanzan mayor grado de civilizacion, se incrustan en la ignorancia de las clases inferiores mil supersticiones y creencias erróneas que solo difícilmente combaten los séres privilegiados de la ciencia. En la medicina es más reñida la lucha entre el saber y la ignorancia.

«*Cómo los dichos médicos suelen equivocarse.*—Cuando han terminado todas sus prácticas los médicos, y el enfermo se muere, si tiene muchos parientes, ó el difunto es señor de pueblos y poderosos, se investiga la conducta del Boitío; porque los que quieren perseguirles y hacerles mal lo verifican así. Para saber si el enfermo ha muerto por culpa del médico por falta de dieta como le previno, toman una yerba llamada *gueyo* que tiene las hojas gruesas y largas, que tambien llaman *sacon*. Toman el jugo de las hojas, cortan al muerto las uñas y cabellos de la frente; lo reducen á polvo entre dos piedras y lo mezclan con el jugo de la yerba para que lo beba el muerto; se le echa por la boca ó la nariz. Entonces se le pregunta al muerto si observó el precepto de la dieta. Esta pregunta la repiten muchas veces, hasta que contesta claramente como si estuviera vivo; y viene á satisfacer las preguntas diciendo que el boitío no cumplió con su dieta y fué causa de su muerte por la inobservancia; y luego mandan que pregunte al médico, pues tan claro lo culpa el muerto. En seguida entierran de nuevo al difunto.

«Usan otro medio de investigacion á veces, que es haciendo un gran fuego como para formar carbon, y cuando la madera está en brasas, ponen al difunto sobre el brasero y lo cubren con tierra, como para hacer el carbon, y allí lo dejan por un término voluntario. Hacen las mismas preguntas y responde: *que nada vale;* se repite hasta diez veces despues de que habló, *si está muerto?* pero no responde á esas diez interpelaciones.

«*De cómo se vengan los parientes cuando el muerto responde despues de tomar el brebaje.*—Los parientes se reunen en espera del boitío, al que dan una paliza que le quiebra las piernas, los brazos y rompen la cabeza: queda al parecer molido, en la persuasion de haberlo matado. Creen que por la noche vienen culebras de todas clases, blancas, negras, verdes y de otros muchos colores, que lamen las contusiones y fracturas al médico. Dura esto dos ó tres dias, al cabo de los cuales el médico se levanta, y marcha alegremente para su casa. Los que lo encuentran le preguntan: *¿no habías muerto?* Y él contesta: *los semíes en forma de culebra me han socorrido.* Los parientes del difunto montan en cólera, pues ló creyeron muerto; se desesperan y procuran por hacerlo morir, y si pueden atraparlo le sacan los ojos y lo castran, porque créen que es preciso esto último para hacer morir á un médico.

«*Lo que hacen para saber lo que quieren de los que queman y cómo se vengan entónces.*—Cuando descubren el fuego, si el humo se eleva hasta el cielo, perdiéndose de vista, y desciende y entra en la casa del médico; éste, si no observó la dieta, cae enfermo á su vez, se cubre de úlceras, y pierde la piel á pedazos: es la señal de que no se abstuvo y la razon de que muriera el enfermo.»

De esta descripcion se desprende que era bien triste la condicion de los médicos siboneyes. En caso de muerte, los parientes del difunto tenían derecho á juzgar la conducta del boitío, para averiguar la culpabilidad que tuviese en el desenlace fatal; y por la naturaleza de la ceremonia acostumbrada, quedaba el médico á mereced de las arbitrarias decisiones de sus jueces, que, por ser partes interesadas, les infligirian ordinariamente las penas más severas; ó en razon directa del aprecio en que tuvieron al difunto; así es que refiere el hermano Roman que llegaban al extremo de sacarles los ojos y de castrarlos, para que murieran de esta operacion que el pueblo creia necesaria para matar á un médico. Dice en que en otras ocasiones les rompian los huesos á palos, pero yo no comprendo qué clase de fracturas serian esas que curaban radicalmente al tercer dia, ó si eran simplemente contusiones exageradas por el narrador. En fin, creian los siboneyes que en caso de culpabilidad sufría el médico un castigo sobrenatural que cubría su cuerpo de úlceras graves.

En diversos pueblos bárbaros existió tambien la costumbre de castigar á los médicos cuando moría el enfermo. Malte-Brun, en su Geografía Universal, refiere que los médicos de una tríbu de la América del Sur tan luego como declaraban muerto al paciente, tenian que huir acosados por las pedradas que le lanzaban los parientes y amigos del finado.

En el curso de esta historia se dice que la medicina de los siboneyes era de carácter religioso, y que la ejercian los behiques y boitíos.
Los historiadores de Indias convienen en que los *behiques ó bohiques*
eran los sacerdotes, y los *boitíos*, que eran los médicos, tambien se hallaban revestidos de la autoridad sacerdotal, aunque debía ser en ellos
secundaria y casi de invocacion para obtener las curaciones. Solo así,
es decir, juzgándolos mas bien como profanos, se comprende que el
pueblo se atreviese á castigarlos, pues no es razonable suponer que en
esas sociedades de organizacion teórica, los sacerdotes pudieran ser
juzgados por el pueblo que era esclavo de sus voluntades, mientras
que sí pudieran serlo otros médicos de categoría inferior, que tal vez
estarían en más íntimo contacto con el enfermo, sobre los cuales se
concibe que recayera toda la cólera de los familiares, pero nunca sobre
sus sacerdotes, los behiques, ó médicos superiores ó consultores.

«*De qué modo hacen y conservan los semíes de piedra ó de madera*.
—Los que se forman de madera se hacen así: cuando un caminante
nota removidas las raices de un árbol, se detiene aterrorizado y pregunta lo que es. El árbol responde: *me llamo Boitío y eso dice quién
soy*. Entónces el hombre busca un boitío, le dice lo que ha pasado, y
el brujo ó adivino corre al árbol que ha hablado, se sienta debajo de
él y hace *cojoba*. Hecha la cojoba se pone de pié dándole los títulos
de un gran señor, y le interroga de esta manera: *¿Dime quién tú eres?
¿y para qué me has hecho llamar? ¿Dime si te corto y deseas venir
conmigo? Si vienes conmigo ¿cómo quieres que te lleve? Te haré casa
con sus pertenencias*. El árbol convertido en semí ó diablo le contesta
del modo que se le antoja: lo corta ó se observan sus mandatos. Le
construye una casa y sus pertenencias, y le hace la cojoba durante el
año: la cojoba es el sacrificio ó culto para rogarle ó adorarle y compla-
cerle, para preguntarle y saber del semí lo que le conviene así como
para pedirle que lo enriquezca.

«Los semíes de piedra son de diferentes formaciones. Dicen unos
que se hacen de los huesos ó cuerpos disecados de los muertos por los
médicos, y los enfermos guardan los mejores para hacer partear á las
mujeres.

«Había un semí llamado *Baidrama*. Cuando alguno enfermaba lla-

maba al boitío y le preguntaba de lo que provenía la enfermedad; y les
decían que Baidrama lo enviaba á requerirle porque no había mandado
de comer á los que cuidaban su casa, y así les trasmitía el boitío lo que
Baidrama les había dicho.»

En esta parte que es una mezcla de medicina y religion, habla el
hermano Roman del descubrimiento de un semí y de la ceremonia que
debía practicar el boitío que aquí aparece como sacerdote guardian de
los semíes, para trasladarlo á su casa ó templo. Se refiere luego en particular á un semí llamado *Baidrama* y tambien *Buja* y *Aiba*, que debía ser probablemente el dios de la salud, del que eran intérpretes los
boitíos, y al que todo el pueblo estaba obligado á ofrecerle alimento,
sopena de perder su gracia y enfermarse el que no lo hacía.

Por toda esta larga relacion se vé cuán atrasados estaban en conocimientos médicos nuestros siboneyes. Sobre *anatomía* no se hace más
alusion que á las regiones superficiales de las partes del cuerpo, sin
entrar en detalles de ninguna especie, ni nombrar ningun órgano mas
profundo que la piel, á no ser el testículo, único á que se alude, el
cual bien puede considerarse como externo, y de cuya organizacion
debian tener idea por cuanto acostumbraban á practicar la castracion.
Sabían que el cuerpo estaba sostenido por el esqueleto óseo, limitándose á saber que existian los huesos, sin que se nos haya trasmitido
una relacion completa de sus conocimientos osteológicos. Conocian la
carne en masa, pero ignoraban ó por lo ménos nada se dice que conocieran los músculos. Un silencio completo reina respecto á los aparatos
digestivo, circularorio, respiratorio, y sistema nervioso, y en fin á todas las partes profundamentes situadas. Su anatomía se reducía por
consiguiente al conocimiento de las partes que son visibles y tangibles,
y aún éstos eran conocimientos de disposicion pero no de estructura.

Su *fisiología* era tan rudimentaria como su anatomía. Se limita-
ba su saber en dicha ciencia al grosero del funcionamiento de los
ojos, por cuanto empleaban como castigo su destruccion, y se trasluce que tambien debian conocer las funciones del testículo, porque
se valian igualmente de la castracion como castigo, pero con la creencia errónea de que este órgano era esencial para la vida de ciertas
personas, segun se ha dicho en un párrafo de la relacion que hemos

transcrito. Es probable que supieran que la integridad de los huesos de los miembros era necesaria para ejecutar los movimientos de loco- mocion, por que se dice que rompían en ciertos casos los huesos de las piernas y de los brazos á los médicos, que quedaban así postrados sin ♦poder moverse durante tres dias, sin embargo de que ya más arriba hemos expuesto nuestras dudas sobre este particular; así es que de esa misma aseveracion se desprende cuan imperfectos eran los cono- cimientos de los indios sobre la regeneracion del hueso.

No dudo que tambien conocieran las funciones del oido, olfato, gus- to y tacto, porque estos son conocimientos generales á todos los hom- bres y de constante aplicacion al mundo exterior en todas las circuns- tancias de la vida.

Los siboneyes poseian algunos mayores, aunque imperfectos, co- nocimientos de *patología*. La voz *axe*, segun Bachiller, significaba algunas veces enfermedad, aunque su acepcion general era del tubérculo comestible llamado ñame.

Conocian las contusiones, heridas y úlceras, y de estas últimas, unas de forma grave, que cubrian todo el cuerpo y hacian caer la piel, aunque en este punto debe haber exageracion, máxime cuando á esta enfermedad se atribuía un orígen divino.

La embriaguez por el tabaco no solo era frecuente sino que abusa- ban de ella, pues era una práctica corriente en el médico y su enfermo al principio de la curacion.

Nuestros indios designaron con el nombre de *caracol* á una enfer- medad que, segun se refiere, era semejante á la sarna y que ponía las manos ásperas. En una fábula de su mitología se alude á la necesidad que tuvieron los primeros moradores de valerse de estos hombres de manos ásperas, para retener á los séres fantásticos de los que luego sa- lieron las mujeres, los cuales se deslizaban de entre las manos de los otros hombres no enfermos que querian aprisionarlos. No sabemos á cual enfermedad de las nuestras correspondería ó se aproximaría esta que nos ocupa, por ser imcompletos los caractéres que se les asignan.

No debemos pasar en silencio la *sífilis*, cuyo orígen tantas veces se ha atribuido al pueblo americano. Sin embargo, las vivas discusio- nes sostenidas sobre este particular han juzgado la cuestion favorable-

mente para el Nuevo Mundo. Por lo tanto, evitaremos la enojosa repeticion de este punto histórico, y no combatiremos con muchos argumentos la opinion del orígen americano de la sífilis, basada en la
coincidencia de la propagacion epidémica de esta enfermedad en Europa con el descubrimiento de la América. Basta recordar que desde el
siglo xiii se escribió sobre ella en Italia, y que desde mediados del siglo xv ya era allí conocido el *mal francés* y la virtud que tenía el
mercurio para curarlo. Pero hay además un hecho que es decisivo: en
Marzo de 1493, pocos dias despues del regreso de Colon en su primer
viaje de las Indias recien descubiertas, al puerto de Palos, se ordenó
en Paris, mediante pregon, que *todos los enfermos de sífilis salieran
in continenti de la ciudad.* Esta medida revela que la enfermedad había
tomado grandes proporciones en aquella capital, y es claro que para
llegar á ese extremo debía existir desde mucho tiempo antes en Francia, puesto que esta afeccion es más lenta en su desarrollo y propagacion que la mayor parte de las epidemias conocidas. Así es, que de todos modos sería imposible creer que en pocos dias, con las malas co-
municaciones de aquella época, hubiese salvado la distancia de Palos
á Paris para mostrarse epidémicamente en esta última ciudad.—Muchas otras pruebas pudieran alegarse sobre el orígen europeo, y tal
vez asiático y antiquísimo de la sífilis, pero las ya expuestas son suficientes para convencernos de que dicha enfermedad no es procedente
de la América.

Ninguna mencion hacen los historiadores del conocimiento que
tuvieran los siboneyes de las fiebres y otras afecciones comunes, que
existían en esta region, y que desde el principio castigaron á los conquistadores españoles; pero atribuyo la deficiencia de datos sobre estos particulares á que ninguno de los narradores de la conquista se
ocupó de medicina más que incidentalmente, y cuando lo hacian fué
siempre de un modo imperfecto.

Oviedo refiere que abundaban tanto las *niguas (pulex penetrans)*
en los primeros tiempos de la llegada de los españoles, que, en los
hombres que no se cuidaban de ellas, se propagaban con tal abundancia que los atacados se quedaban tullidos y mancos para siempre.

Las Casas dice de igual modo que los indios sufrian de la enfermedad parasitaria debida al *piojo (pediculus capitis)* pero sin señalar si fué ó no introducido por los conquistadores, lo que era fácil, pues sabemos que desde antiguo existía en Europa.

La *terapéutica* de los siboneyes se reducía al conocimiento de las propiedades narcóticas del tabaco, que usaban frecuentemente para embriagar á los enfermos.

Pero la medicacion que casi exclusivamente usaban era la antiflogística: sangrías y evacuantes. Cuando se solicitaban los servicios de un médico, empezaba éste por administrar un purgante á su enfermo, y despues el vomitivo usual, y en fin, una série de manipulaciones que tambien figuraban como medios terapéuticos destinados á influir sobre la imaginacion de los enfermos.

No sabemos que sustancia usaban como purgante, pues no tenemos en este concepto al tabaco como indica algun escritor. Para vomitivo empleaban una mezcla de tabaco y una especie de cebolla machacados, y añade el hermano Roman que con el mismo fin usaron una yerba sagrada que llamaban *gueyo.* Tal vez esta planta no sería otra que el tabaco, que es vomitivo y no purgante como ha dicho el Sr. Bachiller.

La planta sagrada cuyo uso enseñó Bohito II, se nombraba *gueyo;* ahora bien, como sabemos que de todos los vegetales que conocían los indios al descubrirse la América era el tabaco, el más importante por sus diversas propiedades, y como se dice además que se empleaba en las prácticas religiosas, bien pudiera ser que *gueyo* fuera el nombre sagrado de la planta, ó la planta viva, miéntras que por *tabaco* designasen las hojas secas de esta yerba destinadas á quemarse, así como el instrumento con que aspiraban su humo, y por último, *cojoba* era la bebida hecha con zumo de las hojas verdes de tabaco, que ofrecian á los semíes para tenerlos propicios, y que con tanta frecuencia figuraba en sus prácticas religiosas y médicas. Debian tambien usar el tabaco como sudorífico, puesto que goza de esta propiedad casi á la misma dósis en que es vomitivo. Usaban además como medicamento la *jagua (genipa americana. L.)* pero sin indicar su accion sobre el organismo. Actualmente se le conceden propiedades resolutivas: muy útil, segun Pichardo, contra las heridas, lobanillos, y otras afecciones.

Pero el principal medio terapéutico de que disponían era el empleo del agua fria, hasta tal punto que el P. Las Casas dice que «en enfermando la persona, mujer ó hombre, si estaba muy mala, la sacaban de la casa los parientes y deudos, y la ponían cerca de allí en el monte; allí le ponían algunos jarros de agua, y otras cosas de comer, sin que con ella estuviese persona alguna. Creo que la requerian de cuando en cuando y la lavaban, por que por principal medicina usaban lavar los enfermos, aunque quisiesen espirar, con agua fria, lo cual, ó hacian la contínua costumbre que tenían cada hora, estando sanos, por limpieza lavarse, ó por superstición, creyendo que el agua tenía virtud de limpiar los pecados y dar sanidad corporal.» En fin, la cirujía era practicada por los siboneyes en ciertos casos. Carecían de instrumentos especiales para hacer las operaciones; así para practicar la que entre ellos era más común, la sangría, se valían de las púas del maguey. No se indica en que parte del cuerpo hacian la sangría, pero si se afirma que era de un uso frecuente.

Ningun detalle nos ha llegado tampoco sobre el modo que tenían de sacar los ojos, y de hacer la castracion; pero suponemos que la primera de estas operaciones sería un vaciamiento de algun modo grosero, y la segunda se haría por corte y magullamiento con un cuchillo de piedra más ó ménos afilado. Como estas dos operaciones se realizaban en el concepto de penas, probablemente ningun tratamiento postoperatorio se aplicaría á los pacientes. Y, para terminar con lo que se refiere á la cirujía, recordaré que en la mitología de·Haití se dice que la mujer *Tauhuana* murió de un parto, y que le abrieron el vientre y le extrajeron cuatro gemelos. Esta fábula nos induce á creer que alguna vez se practicaría allí la operacion cesárea.

Pero generalmente las mujeres indias parían con tan sorprendente facilidad que el P. Las Casas afirmaba que «era cosa maravillosa con cuan poca dificultad y dolor parian, cuasi no hacian sentimiento alguno más de torcer un poco el rostro, y luego. que estuviesen trabajando y ocupadas en cualquiera oficio, lanzaban el hijo ó hija y luego lo tomaban y se iban y lavaban á la criatura, y á sí mismas, en el rio; despues de lavadas daban leche á la criatura, y se tornaban al oficio y obra que hacian.»

Mayores noticias nos han trasmitido los historiados sobre la *higiene* de los indios. Nos dicen que los siboneyes eran sanguíneos, alegres y amorosos, benévolos, dulces y benignos; y añade el P. Las Casas, que de buena memoria y rica fantasía, cualidades que atribuye á la influencia de un clima siempre templado, y á las costumbres morigeradas de aquel pueblo primitivo. Así no es extraño que alcanzaran una edad avanzada, habiendo él visto muchos ancianos de más de ochenta años.

Nos aseguran que se recortaban el pelo, que se bañaban con frecuencia, y que se pintaban en la piel flores, las mujeres, y dibujos variados los hombres, de color rojo con las semillas de *bija (Bixa orellana, L.)*, de negro con la *jagua*, y así con otras sustancias cororantes. Algunos autores suponen que no se pintaban por vana ostentacion, sino para preservar su piel de las picadas de los mosquitos y otros insectos chupadores.

Las mujeres se casaban muy jóvenes; eran de costumbres moderadas en sus relaciones con el hombre, pero muy fecundas. Las Casas afirma que era general que tuviesen muchos hijos, solo llevándose ellos un año de diferencia, que vió amenudo partos gemelos, y refiere el caso de una mujer que tuvo cinco hijos de un solo parto. Apenas parian, lavaban á las criaturas *con agua fría para que no se les endureciese el cuero*, costumbre que es de una rigurosa buena higiene, así como las mujeren recien paridas se bañan tambien *en agua fria sin que les hiciese ningun daño*. Tambien se dice que durante la lactancia las mujeres no tenian contacto carnal, pero no es fácil creer que así fuese, tanto por el instinto que lo ordena como por la abundancia de hijos que tenian.

Su alimentacion era principalmente vegetal, de los que utilizaban el maiz, la yuca de que hacian casabe, que aún en nuestros dias se consume en el campo, y, en fin, diversas frutas. Entre las carnes consumian la de algunos reptiles, como la *iguana (cyclura carinata*, Harlan), y de algunas culebras y tortugas; y entre los mamíferos las de las *jutias (capromys)*; pero de todas las comidas animales prefieren los pescados, consistiendo la principal ocupacion de los hombres en procurarse esta clase de alimentos. Respecto á bebidas no conocian otra más que el agua.

Entre los ejercicios higiénicos á que se dedicaban, conservadores de la robustez del cuerpo, recordaré la caza y la pesca, así como la natacion, en cuyo arte eran muy diestros; los *areitos*, que eran sus bailes, á cuyo ejercicio fueron en extremo aficionados, teniendo por él tal pasion que amenudo pasaban muchas horas seguidas bailando hasta quedar extenuados de fatiga; y en fin el juego de la pelota al que se entregaban cuando se reunian en la plaza pública.

Variados detalles nos han dejado los escritores de aquella época sobre el destino que daban los siboneyes á sus cadáveres. Ordinariamente los enterraban de un modo análogo al que usan los pueblos europeos. Cuenta Las Casas que los enterraban en los montes, y Gómara añade que los sentaban en la sepultura, y les ponian al rededor pan, agua, sal, frutas y armas. Practicaban la incineracion de cadáver de algun personaje cuando querian averiguar la culpabilidad que en su muerte suponian al boitío, del modo que se indica en los párrafos copiados de la relacion del hermano Roman Pane. Por su parte, dice Charlevoix, que los indios disecaban hasta dejar como mómias los cadáveres de las personas principales, y que solían conservar los huesos; pero no describe el modo que tenian de momificarlos.

Por esta descripcion quedamos persuadidos del gran respeto que tenian por sus muertos. Enterraban á las gentes del pueblo, pero á los cadáveres de sus casiques lesreservaban mejor destino: los disecaban y conservaban momificados, como objeto de veneracion y para recuerdo de sus hazañas. Nada he leido, sin embargo, de haberse descubierto ó conservado hasta el presente alguna de esas mómias, y es sensible que de ellas no se hubiese hecho una detallada relacion y comparacion con las de Egipto. Por eso me limito á reproducir la expresion de Charlevoix sin concederle gran valor, puesto que no hay datos suficientes para asegurar que los siboneyes conocieran las prácticas del embalsamamiento.

Aquí terminamos el estudio histórico de la medicina de los primeros pobladores de esta Isla (1).

---

(1) Se han consultado principalmente, para la redaccion de este trabajo, las publicaciones siguientes:

Fray Bartolomé de Las Casas.—«Historia de las Indias» edicion publicada en

La raza siboney disminuyó rápidamente desde el principio de la conquista angustiada por los trabajos penosos á que la sujetaban los españoles. Ya hoy puede decirse que ha desaparecido al ménos con su carácter de originalidad, no quedando más que algunos restos de aquella raza en el departamento oriental; y con ella ha desaparecido el escaso grado de civilizacion que alcanzaron, absorbida por otra muy superior que trajeron los europeos.

ENRIQUE LOPEZ

Madrid en 1876, por el marqués de la Fuensanta del Valle y Ď. José Sancho Rayo

Coleccion Rivadeneyra.—«Historiadores de Indias.»

Pichardo.—«Diccionario de voces cubanas.»

Bachiller y Morales.—«Cuba primitiva.»

Jullien.—«Enfermedades venéreas.»

MARLOWE.

Why this is hell, nor am I out of it!

Es error creer que el teatro inglés cuenta con un solo nombre ilustre y digno de respeto; porque ya en 1586, cuando Guillermo Shakespeare entró en Lóndres por vez primera, poseía Inglaterra una literatura dramática original y notable, que en pocos años se había desarrollado de modo asombroso. Más aún. Todos los caractéres generales que distinguen las obras del *bardo de Avón*—la fantasía exaltada y sangrienta que se manifiesta en las últimas escenas de *Hamlet;* el fatalismo sombrío que preside á la triste muerte de *Romeo y Julieta;* el desbordamiento feroz de las pasiones humanas que reina en *Macbeth,* en *Otelo,* en *Ricardo III;*—toda la mezcla, en resúmen, de violencia y desenfreno, que tanto repugnaba á los pudibundos clásicos de Luis XIV, constituia tambien los rasgos distintivos del teatro inglés predecesor y contemporáneo de Shakespeare.

Nacido en el siglo XVI, una de las épocas de más desórden moral que registra la historia; producto de un pueblo cuyos anales hasta entónces, y despues de entónces, parecen escritos con sangre, teatro semejante, hubo, por fuerza, de ser así. Muerte, desolacion, crímenes, infamias en alto grado; tales eran los únicos resortes que podian conmover en la escena al público de Lóndres, acostumbrado á que sus reyes cayeran bajo el puñal ó el veneno y á que sus ídolos de la víspera perecieran al otro dia en el cadalso.

Si la literatura no es más que una representacion del estado social, con mayores motivos dentro de ella ha de serlo el teatro, género literario que mejor revela los gustos y el carácter de cualquier pueblo. En los dramas de Lope y Calderon—cuyo fondo sublime se halla envuelto frecuentemente en la forma más culterana y oscura que imaginarse puede—no ha de buscarse la sinceridad de la frase ni la limpieza de la idea, porque el teatro español no podía siempre expresar lo que eran incapaces de poseer los súbditos de la hipócrita y corrompida Corte de los Austrias; en las tragedias de Racine y de Voltaire no se encontrará tampoco, ni la fé, ni el sentimiento religioso que no alimentaban los franceses escépticos y burlones, herederos del sarcasmo de Rabelais y de la ironía punzante de Brantôme, sino el ropaje falso del arte rebuscado que tiende á matar la expontaneidad del génio y á secar el entusiasmo, inútiles en un senado bizantino de retóricos. De la misma manera Shakespeare eco de su nacion y de su época, no hizo más que recojer las notas que habian halagado y halagaban los oidos del pueblo inglés y reproducirlas agigantadas y sonoras con el poder de su talento aumentativo (1).

Desde sus primeros pasos ya revela el arte dramático en Inglaterra que se iba preparando el advenimiento del autor de *Macbeth*. La for-

_____

(1) Mr. Alfred Morel Fatio en un, por otros conceptos, muy notable discurso sobre *La Comedia Española* (Paris, 1885) sostuvo que Shakespeare se encontraba sólo entre los dramaturgos ingleses y á su alrededor el vacío. Consigné la frase el mismo año en un artículo de la REVISTA CUBANA, que motivó otro de su eminente Director publicado en el número inmediato del importante periódico. Tambien en mi ensayo *Los contemporáneos de Shakespeare*, que vió la luz en las páginas de la propia REVISTA, hube de rebatir la injusta asercion de Morel-Fatio.

—Noticias sobre algunos escritores dramáticos ingleses de aquella época se encuentran en el folleto de CÁRLOS LAMB *Specimens of English Dramatic Poets who lived about the time of Shakespeare*, reproducidos siempre con los *Essays of Elia* del celebrado humorista y crítico. V. tambien: COLLIER. *History of Dramatic Poetry to the time of Shakespeare*, fuente de informacion erudita superior á Reid, Langbaine y Hawkins. MEZIÈRES. *Les Contemporains de Shakespeare*. TAINE: *Histoire de la litterature anglaise*, t. II.

ma clásica usada por Sackville en 1562 al escribir la primera obra dramática considerable del teatro británico, despues de la más débil de Lord Burckhurt en 1561 (porque las de Udal y Still en el reinado de Enrique VIII y comienzos del de Isabel, respectivamente, tienen sólo el mérito de la antigüedad) la forma clásica, fué pronto desterrada. De poco valieron las acres censuras de Sir Philip Sidney, al querer revivir las tres unidades aristotélicas y el pretendido purismo del drama griego, clamando al propio tiempo contra la ausencia absoluta de reglas en las obras teatrales. Sus protestas se perdieron en la indiferencia general, y como iban revestidas de un lenguaje pretencioso y altisonante no fueron comprendidas por el pueblo, que siguió protegiendo con su dinero y sus aplausos la naciente literatura, y no se ocupó en cambio de las obras de Sir Philip quien, Jorge de Montemayor británico, pretendió desarrollar el gusto por las melosas novelas pastoriles, inspirándose para su *Arcadia* en la falsa musa de Bembo y de Sanazzaro (1).

Mientras tanto el teatro libre, rico, juntando al favor popular el oficial que le brindaba la Reina, seguía su carrera triunfante desplegando, con la fuerza de la juventud, todas sus condiciones de fresca imaginacion y potencia creadora. Whetstone, Peele, Greene, entre los mejores; Lodge, Lilly, Nash y Hughes, entre los medianos; Marlowe, sobre todos ellos, iban, sin duda, preparando al público especial que los aplaudía, para recibir las obras inmortales del gran Guillermo. Llegó éste, y hubo de superarlos á todos, aún plagiándolos muchas veces con inaudito descaro, é imponiendo el sello definitivo á su escuela dramática, que siguió despues de él, hasta morir con Shirley, su último desdichado representante. Shakespeare es un génio único en la huma-

---

(1) Los ataques de Sidney al teatro se hallan principalmente en su *Defense of Poesy*, impresa en Londres, 1595. Allí decía: «Our tragedies and comedies, not without cause, are cried against, observing rules neither of honest civility nor skilful poetry.» En su manía por el género pastoril, llegó en el propio libro á condenar la metrificacion como elemento indispensable de la Poesia, sosteniendo así el pensamiento que quiso Fenelon llevar tambien á la práctica en su inmortal *Telémaco* Sidney decía: «It is not rhyming and versing that maketh poesy: one may be a poet without versing and a versifier without poetry.»

nidad, y nada tiene de extraño, por consiguiente, que oscureciera á sus contemporáneos. No pertenece á una nacion, sino á la gloria de los hombres, y «no fué de una época, sino de todos los tiempos»

...... *was not of an age, but for all time,*

como Cervántes y Victor Hugo. Sus obras, que constituyen el Nuevo Evangelio de que habla Holmes, han traspasado los límites estrechos de su idioma, y los personajes creados por su fantasía recorren el mundo, como Don Quijote, seguidos de la admiracion y del aplauso.

Antes que él, sin embargo, pero muy poco ántes, entre la turba de los dramaturgos que el sol shakespeariano desvaneció de un golpe,— hubo un hombre que manifestó fuerzas para igualarlo, y que lo hubiera igualado, tal vez, con el tiempo. Era tambien un génio, sin duda, el ser extraordinario que se llamó Cristóbal Marlowe. No pudo alcanzar el éxito obsoluto porque lamuerte lo detuvo en su camino; pepero sus obras, indican la altura notable á que hubiera llegado con mayores años en el ejercicio de la escena. Malogrado y todo, alcanzó una talla que se acerca á la de Shakespeare y se hombrea con la de Goethe.

La vida de Marlowe fué la misma de sus compañeros los escritores de teatro ingleses que habitaban en Lóndres durante aquel tiempo. Si por los procedimientos y el carácter de su dramaturgia se parecen tanto, la misma semejanza existe entre ellos como hombres. La biografía de uno, casi es la biografía de todos. Los hechos podrán variar; las víctimas de sus engaños ser distintas; diferentes las mujeres seducidas, los hombres atropellados, las sentencias infamatorias sufridas, el número de borracheras alcanzádo; pero en el fondo son la misma cosa. Corrompidos, caballeros de industria, histriones, algunos de ellos por la educacion que recibieron en sus propios hogares, otros por natural perversion de carácter que los indujo al abandono de una familia acomodada y virtuosa, todos estaban llenos de aborrecibles defectos.

Taine los pinta admirablemente en las páginas brillantes de su *His-*

toria de la Literatura Inglesa. Asombra que aquellos hombres pudieran haber sido los fundadores de un teatro. Y, sin embargo, Greene, el más repugnante y vicioso, tal vez, poseía notable talento y una aparente *bonhomie* encantadora, en medio de los arranques salvajes del estilo general de sus contemporáneos. Marston, libertino, desenfrenado y burlon, recuerda á Swift en algunos rasgos salientes. Rowley, Middleton, Ford, Massinger, Beaumont y Fletcher, Chapman, el «raro Ben Jonson», particularmente, con niveles desiguales alcanzan un puesto en la historia de la literatura inglesa. Pero ¡qué vida la suya! Habitando por fuerza en los últimos y más bajos barrios de Lóndres, tenian que codearse con la gente áspera y grosera del populacho y vivir defendiéndose con el puño ó el estoque de las imposiciones de la violencia tan frecuentes en el vulgo. Así escribian, en las tabernas, entre los gritos de la crápula y el tumulto de las riñas, satirizándose unos á otros, tan pronto amigos de corazon, como enemigos encarnizados. Así morian, tambien, á mano airada, en prision, de tristeza, casi todos en la mayor miseria.

Marlowe fué más que todos desordenado y violento. Protejido por Sir Robert Manhood pudo hacer estudios en Canterbury y en Cambridge, alcanzando los grados de Bachiller y Maestro en Artes, no obstante la pobreza de su padre que era zapatero. Logró instruccion superior á la comun de la época, como lo demuestran sus traducciones. originales del griego del *Robo de Helena*, de Coluthus, del *Hero y Leandro* de Musco, y las latinas de algunas *Elegias* de Ovidio y el primer libro de *La Farsalia*. ¡Pero cuán diferente su existencia de la que parecen revelar estos trabajos académicos! Espíritu desarreglado, desbordado, vehemente y audaz, pero grandioso y sombrío, con el verdadero «furor poético»; pagano en sentido artístico, y revolucionario contra las costumbres y doctrinas establecidas, así lo pinta Taine en las páginas que ya he citado. Ateo escandaloso y vocinglero, proclamaba sus creencias en contra de Dios, y del Cristo, y de la religion entera, haciendose notable por la propaganda tenaz de estas ideas. Actor, como Shakespeare, tuvo que retirarse pronto de las tablas por inútil, á consecuencia de haberse partido una pierna en un garito. Procesado despues por sus desvergüenzas y herejías estuvo amenazado de sufrir condena terrible; pero él propio se libertó al fin de ella, porque cortejando á cierta fregona en una taberna, entabló riña con el criado, que era su rival, y queriendo apuñalearlo éste más hábil ó más fuerte, dobló á la inversa la mano que empuñaba el arma y el propio Marlowe se hirió en un ojo atravesándose el cerebro. Treinta años tendría entonces escritor tan extraordinario, cuya muerte fué indigna al igual de su vida. Entre los que lo conocieron, el recuerdo del hombre superó el del poeta. Ni una lápida colocaron sobre su tumba en el cementerio de Deptford, que recordara á la posteridad sus obras, sino simplemente este letrero, memoria elocuente de la tremenda escena final de su existencia:

Cristóbal Marlowe, muerto por Francisco Archer el 16 de Junio de 1593 (1).

Las obras de Marlowe habian de ser forzosamente un eco de su vida. Imposible es que las pasiones lleguen á imperar con tanta fuerza sobre un indivíduo sin que todo cuanto haga se resienta de la influencia dominadora de las mismas. Marlowe escritor es Marlowe hombre. Cuanto gustaba al público inglés de su época, en argumentos sombríos y preñados de sangre, se encuentra en sus dramas; pero en tan alto grado de terror que ninguna de las obras de sus contemporáneos se le puede comparar. Apénas, con efecto, se concibe que nadie pudiera haber escrito el drama que tituló *El Infierno del Vicio* (cuadro repugnante, digno del nombre que lleva) ni el de *La Matanza de París*, trazada tres años despues de la Saint-Barthelemy, acontecimiento que hirió vivamente la imaginacion exaltada de aquel Rotrou bárbaro, segun le llama uno de sus críticos, cuya inteligencia delirante y destornillada dejaba notar los relámpagos del génio. Horrores sin

---

(1) La mayoría de los datos que se conservan sobre Marlowe y sus compañeros —además de las alusiones mútuas que se hicieron en sus obras—existe en el diario del contemporáneo Henslowe, empresario que fué de teatros. Ha sido explotado este diario por cuantos han escrito despues de la materia.

término (como los del terrible acontecimiento histórico que el drama refiere) componen el único tejido de la accion sin argumento de *La Matanza de París*. Casi lo mismo son las otras obras suyas en su mayor número, no obstante superar por otros conceptos á las dos tragedias mencionadas. ¿Pueden presentarse, en larga série hechos más recargadamente sombríos que los que constituyen *Tamburlaine the Great*, drama de Marlowe, celebrado por Collier como el mejor de los de aquel aunque, en honor de la verdad, no sea el primero? (1). La historia del pastor escita, que llegó por su heroicidad á ser el espanto de los reyes, atados á su carro triunfante, revela, sin embargo, génio creador y recuerda, en la energía de sus versos inflados y bombásticos—cantando triunfos y proezas inverosímiles—la inocente, aunque mucho más poética y sencilla virilidad con que relataban en España los antiguos romanceros las fabulosas proezas del Cid Campeador. Hay más falsedad en la creencia, y peor gusto en Marlowe, pero la nota enérgica es la misma y en el fondo se asemejan aunque difieran en el estilo. ¡Qué distintos tipos, sin embargo, el Cid y el héroe del dramaturgo inglés! La nota dulce del amor—que con el nombre de Jimena penetra en el alma del héroe legendario de la reconquista española—no encuentra cabida en el corazon ébrio de Tamburlaine, especie de tigre sediento de sangre y despojos humanos, como sólo un

---

(1) Algunos eruditos equivocados, han querido negar á Marlowe la paternidad de esta obra. Malone—aquel sábio que tantas ignorancias dijo de Shakeaspeare—se la ha atribuido á Nash, pequeño al lado de Marlowe, aunque trabajó con él en cierta mediocre tragedia sobre Dido de Cartago. Documentos de la época confirman que la obra fué de Marlowe.

Tambien se le ha querido negar la gloria de haber sido con *Tamburlaine* el introductor del verso libre en el teatro inglés, lo que es indiscutible que hizo, exceptuando un ensayo anterior, sin éxito, de Whestone. El propio Nash lo censura por ello en unas líneas de su Prólogo al *Menaphon*, de Greene, impreso en 1587.

Pero se ha llegado á más por los sostenedores de la infundada teoría de que las obras de Shakespeare fueron escritas por Bacon. Un norte americano, Mr. Ignatius Donnelly, ha pretendido que hasta las obras de Marlowe fueron tambien escritas por Bacon, pretension tan ridícula como destituida de fundamento, y apoyada en las siguientes supuestas palabras del Canciller y filósofo inglés: «ántes que Shakespeare, Marlowe fué mi máscara.»

inglés del siglo XVI—y más si este inglés se llamaba Marlowe—hubiera sido capaz de describirlo. ¿Quién no reiría hoy ante la recitacion de aquellos versos tan ridiculamente rimbombantes? Sin embargo, tienen valor inapreciable para el crítico como documento de los primeros pasos de la escena que habian de ocupar muy poco tiempo despues *Mocbeth*, *Hamlet* y el *Rey Lear* (1).

Lo que sí llama la atencion, es que *Tamburlaine the Great*, haya podido verse colocado sobre *The Rich Jew of Malta*, obra en que Marlowe no pintó, por cierto, ménos crímenes y horrores, pero en que trazó la silueta gigante de un gran carácter en Barrabás, su infame protagonista, y carácter tan grande, que hoy no cesamos de admirarlo y estudiarlo llenos de asombro, porque Shakeaspeare comprendió de una mirada su importancia y lo ha hecho inmortal en el Shylock eterno, encarnacion de la raza sin patria de Israel. Pocas obras producen tanto efecto de terror como esa tragedia de Marlowe, cuya última escena,—en que el protagonista muere quemado vivo en una caldera de líquido hirviente, renegando de sus jueces y de él mismo, que considera no haber hecho todavia bastante mal sobre la tierra—es inolvidable por sus rasgos de inspiracion calenturienta y sin freno, como todos los grandes rasgos de Marlowe, que con ferocidad de verdugo contra las más gratas ilusiones del alma, las ahogaba entre sus versos de ateo y sus bufonadas de borracho encenagado en los suburbios de Lóndres...., ¿Pero no tuvo aquel hombre instantes felices en que una musa apacible y buena ·guiara su pluma? Si no los hubiera tenido, apénas mereceria ser recordado hoy por la historia, hoy que los gustos han cambiado y el público refinado del siglo XIX no es aquel basto público que se aglomeraba en los corrales que hacian entónces de

---

(1) Como muestra, recuérdese aquella imprecacion del protagonista á los referidos reyes uncidos como caballos: *mimados matalones del Asia que sólo pueden tirar por el espacio de veinte millas al dia.* Ante estas líneas Cárlos Lamb dice· «Till I saw this passage with my own eyes, I never believed that it was anything more than a pleasant burlesque of mine ancient's. But I can assure my readers that it is soberly set down in a play which their ancestors took to be serious». *Speciment of Dramatic Poets*, etc.

teatros. Hay momentos en que leyendo á Marlowe la vista se detiene
asombrada ante un pensamiento profundo, una idea altamente poética,
ó un conjunto admirable de frases que por la concepcion parecen de
Shakespeare y por la hechura de Corneille. Unase á esto, el escepticismo constante—que cuando no se manifiesta en forma brutal y feroz
—late bajo las palabras con elegancia volteriana. Pocas veces se vé
tal irónico escepticismo, prenda del siglo XVIII, es cierto, pero alguna
se encuentra en las obras de Marlowe, así como más amenudo bellezas
de primer órden, paisajes amenísimos en el conjunto de una perspectiva de negras é inmensas montañas sin término.

Notable es la tierna y delicada inspiracion de un trozo de su drama titulado *Lust's Dominion or the Lascivious Queen*, obra por otra
parte llena tambien de horripilantes escenas. Es una balada el pasaje
referido que simula un diálogo entre dos amantes—uno de ellos la
Reina Lasciva del drama—que se brindan mútuamente riquezas,
placeres y afeccion interminables como en el dulce canto *Come live
with me and be my love* (Ven á vivir conmigo y á ser mi amor) popularísimo en lengua inglesa y obra de Marlowe, segun asegura Izaak
Walton. Los versos rebosan dulzura y sentimiento, pero desgraciadamente algunas de sus estrofas encierran exceso de fantasía digno de
la época. Palacios, delicias, lechos de rosas, bucles de oro, manjares
de dioses servidos en fuentes de plata, y preparados para ámbos cada
dia sobre mesas de marfil, brinda el uno al otro amante; y con no ménos amor es respondido, en versos más delicados todavía (1).

Pero muy superiores muestras de su talento poético dió en

---

(1) La gazmoñería inglesa se revela en el pudibundo cuidado con que Cárlos Lamb,
logra entresacar una sola cuarteta de esta poesía de Marlowe para citarla.

> Thy silver dishes for thy meat,
> *As precious as the Gods do eat,*
> Shall on an ivory table be
> Prepared each day for thee and me.

Realmente lo demás de la poesía, no merece acres censuras, apesar de que la estrofa, segun Lamb, es «the most temperate which I could pick out of this Play.»

otras ocasiones, y así hemos de verlo en la tragedia del *Doctor Fausto*, la más artística y notable de sus creaciones. Si ella no existiera el drama mejor de Marlowe sería, sin duda, *Eduardo II*, primer esfuerzo serio para introducir la historia en el teatro hecho en Inglaterra ántes de Shakespeare. La misma musa desvastadora de la vida que reina en *The Jew of Malta* preside tambien aquí, pero en toda la obra se nota una insólita grandeza de concepcion, una magestad, un desgarrador conocimiento del corazon humano en el secreto poderío de sus más ocultas ambiciones, que recuerdan pasajes de Ricardo III, y áun evocan la memoria de la Corte fementida del *Rey Lear*. De *Eduardo II*, se cita siempre, lo mismo por ingleses que por extranjeros, la última escena, la de la muerte del protagonista, que basta por sí sola para hacer comprender al lector que se encuentra enfrente de un génio dramático de primer órden. No puedo oponerme al deseo de reproducirla.

EL CASTILLO DE BERKLEY.—EL REY SÓLO CON LIGHTBORN.

Eduardo.	¿Quién está ahí? ¿Qué luz es esa? ¿A qué vienes tú?
Lightborn.	A consolaros y traeros felices nuevas.
Eduardo.	El pobre Eduardo encuentra poco consuelo en tus ojos, infame, y sabe que vienes solamente para matarlo.
Lightborn.	¡Para mataros, mi bondadoso señor!.... Muy léjos de mí la idea de haceros ningun daño. La Reina me ha enviado para averiguar cómo os tratan aquí, porque ella se afecta con vuestros sufrimientos. Y en realidad ¡qué ojos pueden dejar de verter lágrimas, viendo á un Rey en tan deplorable estado!
Eduardo.	¿Lloras? Escúchame un instante y tu corazon, aunque sea tallado en piedra como los de Gurney y Matrevis, se derretirá ántes de que haya concluido mi relato. Esta prision en la cual me tienen es una sentina á donde afluyen todas las inmundicias del castillo ...
Lightborn.	¡Miserables!....
Eduardo.	Y aquí entre el fango y la podredumbre me han tenido estos diez dias, y temerosos de que me duerma, redoblan tambores continuamente. Sólo me dan pan y agua ¡á mí que soy el Rey! Por la falta de sueño y alimento mi espíritu se halla turbado, mi cuerpo debilitado y apénas si me doy cuenta de que existe mi cuerpo. ¡Oh! ¿Por qué mi sangre no puede salir gota á gota de cada una

de mis venas, como esta agua que cae de mis manchadas vestiduras? ¿Por qué no puede mi voz llegar hasta la Reina Isabel, y recordarle que yo era otro, cuando justaba por ella en Francia y de un bote sacaba de la silla al Duque de Clermont?

Lightborn. Oh! ¡No habléis más, mi señor! Eso parte el alma escucharlo! Acostaos sobre el lecho y reposad un momento.

Eduardo. Tus miradas no pueden indicar sino la muerte. Veo mi fin trágico escrito sobre tu frente. Espera siquiera un poco; reten un instante tu mano sanguinaria, y déjame ver el golpe, ántes de que llegue, para que en el momento mismo de perder la vida, mi alma pueda hallarse ocupada en Dios con mayor firmeza.

Lightborn. ¿Pero qué se propone Vuestra Alteza desconfiando de mí de ese modo?

Eduardo. ¿Pero qué te propones tú, disimulando así conmigo?

Lightborn. Estas manos no han sido manchadas jamás de sangre inocente; ellas no se mancharán hoy con la de un Rey!

Eduardo. Perdóname por haber tenido ese pensamiento. Me ha quedado un diamante: tómalo. Perdóname, sí, ese pensamiento. Temo todavía, y no sé cuál es la causa, pero cada una de mis coyunturas tiembla miéntras te doy este presente. Oh! Si ocultas el asesinato en tu corazon pueda ese diamante cambiar tu designio y salvar mi alma! Sabe que soy un Rey. ¡Oh! A este nombre siento un infierno de torturas! ¿Dónde está mi corona?.... ¡Perdida!.... ¡Perdida! Y yo, yo vivo todavía....

Lightborn. Estais espiado, mi señor. Acostaos y reposad.

Eduardo. Pero el dolor me tiene despierto. Debería dormir porque en estos diez dias mis párpados no se han cerrado. Si embargo, se me caen de cansancio miéntras hablo, y el temor me los hace abrir. Oh! ¿Por qué estoy sentado aquí?

Lightborn. Si desconfiais de mí, me iré, señor.

Eduardo. ¡Nó! ¡Nó! Porque volverás si tienes la intencion de matarme. Así, pues, quédate....

Lightborn. ¡Se ha dormido!....

Eduardo. ¡Ah!.... ¡No me dés la muerte! Quédate, sin embargo, quédate algun tiempo....

Lightborn. ¿Cómo, mi señor?

Eduardo. Siento algo que murmura en mis oidos y me dice que si me duermo no me volveré á despertar. Hé aquí la idea que me hace temblar así; pero dime, ¿por qué, para qué has venido?

Lightborn. ¡Acabemos de una vez! ¡Para arrancarte la vida! Aquí, Matrevis, aquí!

Eduardo.   Estoy demasiado enfermo y débil para oponer resistencia. Ampárame, Dios mio, y recibe mi alma!.... (1).

Semejante trozo basta para juzgar de cómo sabia Marlowe hacer
uso de los resortes dramáticos é impresionar á su auditorio. En la rica
coleccion de dramas modernos cuyo desenlace se verifica por la muerte del protagonista, no recuerdo ninguna escena final tan tristemente
emocionadora (2). Más trágicas, más inspiradas situaciones puede
haberlas quizás, pero nó donde con mayor talento se pinte una agonía
desesperante, en un sér debilitado y enfermizo como el Rey Eduardo,
que lucha en momentos solemnes con la duda terrible de su muerte,
enfrente de un asesino hipócrita y cobarde, que desea adormecerlo
con placer de tigre, y al cabo, desesperado porque no puede vencer
la voz instintiva de la Naturaleza que anuncia á la víctima su próximo fin, lo desengaña de un golpe llamando al feroz ejecutor del infame crímen. «Un hombre que podia escribir y sentir así la tragedia—
exclama el ilustre Villemain—existia ya cuando Shakeaspeare vino á

---

(1) Compárese esta escena con la de la muerte de Clarence en *Ricardo III* donde
desplegó Shaskespeare la fuerza de su génio. La escena referida es demasiado larga
para citada aquí, pero prueba junto á la de *Eduardo II*, que acaba de leerse, que la
misma musa inspiraba á todos los autores ingleses de aquella época. Las situaciones
de *Clarence* y *Eduard* son parecidas, aunque su desarrollo difiera. En Shakeaspeare
es uno de los trozos más desgarradores desde que principia con estas palabras:

      Clar.   Where art thon keeper? give me a cup of wine.
Second Murder.   You shall have wine enough, my lord, anon.
      Clar.   In God's name, what art thou?
  Sec. Murd.   A man, as you are.
      Clar.   But not as, I am, royal
  Sec. Murd.   Nor you, as we are, loyal.

                      [Act I. Scene IV.]

(2) Cárlos Lamb asegura más: «the death-scene of Marlowe's king moves pity and
terror beyond any scene ancient or modern with which I am acquainted.» *Speciments
of Dramatic Poets.* etc.

Lóndres.» Un hombre, hay que añadir con Tomás Campbel, que sin su temprana muerte hubiera sido digno rival del propio Shakeaspeare.

———

Fácilmente se concibe, conociendo el carácter y estilo de Marlowe, que la leyenda de *Fausto*—que comenzó en su época á popularizarse eh Inglaterra—habia de influir no poco sobre su imaginacion. Su ardor desenfrenado por salir de los límites de las facultades humanas, sus apetitos sensuales, su ambicion inmensa, sus caprichos de histérico, el desequilibrio, en fin, entre sus deseos y su insuficiencia, los encontró dibujados en el protagonista de aquella leyenda, carácter lleno de sus propios sentimientos. El *Fausto* de la leyenda alemana del siglo XVI, fué efectivamente una especie de Marlowe con ribetes de taumaturgo y sin el valor personal y el talento del compatriota y contemporáneo de Shakeaspeare. Marlowe podria asegurarse que hubiera firmado tambien, sin vacilar, el pacto diabólico que dió á Fausto el goce de tanto poder y tan variados placeres sobre la tierra, á cambio de una condenacion del alma, pacto cuyo recuerdo infundia terror en las sencillas gentes del pueblo de la Edad Media y de los tumultuosos años del siglo XVI, fértiles en superticiones y fanatismos religiosos.

Tener inspiracion de poeta, sentir bajo la frente latir el génio junto á su inseparable compañera, la creencia, fundada ó ridícula, de una superioridad sobre los demás hombres; sentir, la sangre de la juventud que bulle en las venas clamando á gritos sus derechos; contemplar la opulencia, el lujo, la vanidad, las locas alegrías de la vida, prodigando sus goces á otros más felices, pero ménos dignos de serlo; escuchar el ruido de las orgías de los grandes señores, el choque de sus copas de oro, adivinar el beso de sus queridas, la humilde mansedumbre de sus criados, y no poderlos seguir sino de léjos, oculto en la sombra de la calle y amenazándolos con el puño, lívido de envidia el semblante; y volver á la taberna, entre la canàlla soez ó el compañero pobre y en vez de las damas perfumadas del salon aristocrático, elegantes, seductoras, inteligentes, encontrar la súcia mujer del pueblo, ó el amor borrascoso cuanto grosero de la prostituta; y ahogar la vanidad traidora que

lucha por cubrirse de vestidos de seda con adornos de pedrería para
conformarse con míseros andrajos; y tener la conciencia del propio
mérito, la dignidad del talento, su legítimo orgullo, y verse despreciado
por la turba salvaje que aplaude las producciones del mismo á quien
llama poeta despreciativamente; sentir todo este conjunto de aspiraciones sin realidad posible, de pasiones sin desahogo, de privaciones sin
recompensa, cuando en el fondo del alma se cree injusto semejante
destino, debe ser, sin duda, la más horrible y desesperadora de las
torturas morales. Sufríala Marlowe, espíritu cultivado, en medio de
sus extrañas violencias, hombre que de fijo se creía más digno y tal
vez lo fuera, que los cortesanos de su tiempo. Y lógicamente debia
invadirlo el pesimismo revolucionario que se manifiesta en sus obras,
el escepticismo cruel de sus horas de ateo, cuando renegaba enfurecido
de todas las creencias humanas. Así eran tambien sus otros compañeros, los que con él fundaban la escena inglesa, como él pobres, como
él revolucionarios, como él ambiciosos. ¿Hay algo de extraño en que
séres de tal naturaleza acogieran con júbilo la leyenda de Fausto?
¿Puede nadie dudar que Marlowe encontrara en este libro un eco de
sus propios pensamientos? Fausto del mismo modo fué un descontento
de su suerte, un ambicioso para quien el saber era poco, poca la gloria,
insoportable la debilidad del hombre. Queria riquezas, placeres, la
realizacion de todos sus sueños de extraviado. Los confines de la tierra parecian estrechos á su fantasía, y se vendió á Satanás para el
cumplimiento de sus ilusiones. ¿Y á cambio de qué? A cambio del
alma, es decir, de una quimera. El diablo podia conocer el alma; pero
Fausto ¿qué sabia de eso? Los negocios de la tierra eran los únicos
que le importaban; ser un Rey,—más poderoso que todos los Reyes
conocidos; subyugar á sus órdenes, no ya los hombres, sino la Naturaleza entera. Amar, desaforadamente, y ser correspondido de igual
manera, y despues, cuando viniese la muerte importuna, aprovechar
hasta el último instante de la vida con la copa del placer entre los
lábios. Marlowe, hubiera hecho lo mismo. Hubiera deseado tambien,
aplastar á sus rivales y enemigos; dominar á la humanidad con una
fuerza más poderosa que la de las débiles y frágiles leyes acatadas por
las naciones, y satisfacer hasta el último de sus caprichos de beodo.

Su escepticismo no era el tranquilo de un pesimista moderno; porque la vida no hubiera sido tan mala para Marlowe, entre la disipacion y las riquezas. El habria rivalizado con *Tamburlaine* en la grandeza del valor, con *Barabás* en el odio, con *Fausto* en la ambicion sin tregua. No fué al cabo más que un hombre de existencia corrompida, y un escritor notable; pero leyendo el mejor de sus dramas, aquel que tituló *La Trágica Historia del Doctor Fausto*, se comprende su carácter, y porque esta obra sigue más de cerca la leyenda alemana del siglo XVI, y tiene un fondo más real y humano que el poema de Goethe.

Kahlert ha dicho: «cada hombre lleva en sí mismo un Fausto y un Don Juan». Marlowe—que en realidad tenía más instintos de Leporello que del gallardo burlador pintado por Tirso de Molina—era un Fausto en toda la plenitud de sus pasiones. Pero no un Fausto metafísico y á la moderna: sino el tipo verdadero del descontento de la vida y sediento de goces superiores á los que estaban á su alcance, como lo fué el raro y misterioso personaje de la popular leyenda. Un hombre, en fin, si es cierta la frase de Kahlert, pero un hombre más franco, más atrevido, ménos ocultador de sus debilidades que los otros y en quien la inspiracion del poeta no apagó los exaltados apetitos de la naturaleza; y para quien los valladares de la sociedad eran débiles obstáculos. No tuvo Mefistófeles, ni firmó pactos, ni realizó ambiciones. · Murió cubierto de vergüenza y sufriendo los tormentos de toda su vida: celos, rabia, orgullo, porque estimándose digno del amor de una princesa, se veia olvidado por un galopin en los favores fáciles de una criada. Combatiendo en contra de su destino pereció en la lucha asquerosa. Con el mismo valor hubiera perecido en los campos de batalla combatiendo por la gloria ó recostado en su silla de Ministro atendiendo á los negocios del Estado, ya que el temple de su alma era finísimo y podia servir para ambas situaciones; pero murió tan indignamente porque nació *bohemio* del siglo XVI y nó heredero de títulos y tesoros. ¡Quien sabe si así no estaba mejor dispuesto! Sin duda que más vale haber sido un Marlowe amante de una fregona, pero precursor y rival de Shakespeare, que un Conde de Esex, favorito turbulento y desgraciado de la Reina de Inglaterra!

Antes de entrar en el exámen de *La Trágica historia del Doctor Fausto*, preciso será decir algo, siquiera de pasada y á la ligera, sobre el extraño personaje de la leyenda y sus diversas transformaciones hasta el siglo XVI. Asunto ha sido muy tratado ya; pero que se presta, no obstante, á nuevas consideraciones (1).

En honor de la verdad no encuentro relacion entre *El Milagro de Teófilo*—conseja religiosa en que se dice hubo de inspirarse Calderon para escribir *El Mágico Prodigioso*—y la leyenda de *Fausto;* así como tampoco hallo relacion ninguna entre este drama y el *célebre* poema de Goëthe, digan cuanto quieran Rosenkranz y sus demás continuadores, ni creo que Calderon se pueda comparar aquí con Goëthe sin cometer una profanacion artística, como asienta el sábio Menendez y Pelayo (2).

El protagonista del *Milagro de Teófilo* es un *vice-dominus* destituido de la Iglesia de Adana en la Traquea, que para recobrar su puesto pacta con el Diablo entregarle el alma, pacto del que se arrepiente más tarde y de cuyo cumplimiento lo salva la Vírgen por intervencion extraordinaria. Un discípulo del mismo Teófilo, Eustiquiano, fué el primero que escribió la aventura allá por el año 538 de Cristo. Tradujo su trabajo del griego al latin Pablo, diácono de Nápoles, y la historia siguió despues corriendo por libros devotos como el de las Vidas de Santos recogidas por el incansable hagiólogo Simon el Metafrasto. En el siglo X la famosa Roswita, monja que en la soledad de su monasterio de Sajonia conservó la tradicion del drama antiguo, compuso un poema latino á la memoria de Teófilo, que se imprimió en la edicion de obras de la autora hecha en Nuremberg el año 1707. Posteriormente á Roswita siguió explotándose la leyenda,

---

(1) Sin mencionar otros trabajos que se refieren á Fausto, recuerdo haber leido hace tiempo en la *Revue des Deux Mondes* un artículo sobre la leyenda suscrito por Arvède Barine, si no me engaña la memoria.

(2) En realidad Calderon se inspiró en la leyenda de San Cipriano, de donde sacó tambien Milman su *Mártir de Antioquía*. El Sr. Sanchez Moguel, en un estudio comparativo del *Fausto* de Goëthe y *El Magico*, probó la escasa relacion que existe entre ambas obras.

ya en los versos de Marbode, Obispo de Rennes en el siglo XI; ya en las rimas francesas del XIII de Gautier de Coinsi; ya recitada en las iglesias y adoptada por varios escritores, como Vicente de Beauvois, hasta que al cabo fué acogida en el teatro y puesta en escena por Rutebeuf, uno de los grandes troveras del último siglo mencionado. Esa historia, pues, tan popular en la Edad Media que fué citada por San Bernardo, San Buenaventura y Alberto el Grande, y que en España formó uno de los *Miraclos de la Virgen* rimados por Berceo y una de las *Cántigas* del sábio Don Alfonso, pasó al arte dramático que se encargó de divulgarla más todavía. La escultura y la pintura tambien la aceptaron y las catedrales de la Edad Media, *Nuestra Señora de París* entre ellas, la contienen en relieves ó la conservan en los colores originales de sus vidrios (1). Pero ¿qué tiene en realidad el *Milagro de Teófilo* de comun con la leyenda de Fausto? Solamente la idea del pacto diabólico, que fué por otra parte muy popular en la Edad Media, cuándo se imaginaba á la Virgen y juntó á ella toda la Corte Celestial, como una especie de legion santa dedicada á la reconquista de almas seducidas por el demonio. La misma diferencia existe

---

(1) La leyenda de Teófilo ha sido impresa y analizada varias veces en sus diferentes versiones. La relacion de Eustiquiano se conserva manuscrita en la Biblioteca Nacional de París; pero la resumieron Lambeck y tambien Fabricius en la *Bibliotheca Græca*, de inapreciable valor para estos estudios. El título de la edicion de Roswita, donde se halla su poema sobre Teófilo, es el siguiente. *Opera Hrosvite illustris virginis et monialis Germane gente saxonica orte nuper a Conrado Celte inventa......* Nuremberg 1707 Infólio (V. MONMERQUÉ Y MICHEL. *Theatre Français au Moyen age, París, Didot, MDCCCXLII*). De Roswita véase tambien la xraduccion de su teatro al francés por M. Magnin, con una sábia noticia sobre la autora. Así mismo VILLEMAIN, *Literatura en la Edad Media;* PIRKENHAMMER, *Vida de Roswita;* SAINT MARC GIRARDIN. *Estudios Literarios* y PHILARÉTE CHASLES. que aprovechó los anteriores en sus deleitosos *Estudios sobre los primeros tiempos del cristianismo y sobre la Edad Media.* Volviendo á Teófilo, Dominique Maillet, ha hecho el análisis del cuento de Gautier de Coinsi en su razonado catálogo de la Biblioteca Pública de Rennes [1837] y M. Jubinal ha publicado íntegro el referido cuento en 1842, junto al *Milagro de Teófilo* por Rutebeuf. La obra del último ha sido tambien analizada por *Le Grand d' Aussy: Fabliaux ou Contes du XIIe et del XIIIe siecles,* París 1779. La mejor edicion es la de Monmerqué y Michel, *op. cit.*

entre la propia conseja y *El Mágico Prodigioso*, porque cuesta mucho trabajo, en verdad, reconocer á Teófilo en la encarnadura de Cipriano, el protagonista de Calderon, especie de caballero español del siglo XVII, como todos los héroes del admirable dramaturgo; y más aún, ver el diablo horrible y repugnante de los antiguos misterios en el diablillo al uso de las comedias españolas, que se ostenta en *El Mágico*, pendenciero, hablador, sofista, ántes con aires de graduado por Salamanca que de agente del Infierno.

Ni en la forma, ni aún en la esencia se parece la leyenda de Teófilo á la de Fausto, toda vez que carece la primera de la belleza filosófica, de la profundidad extraordinaria que encierra el cuento aleman del siglo XVI aprovechado por Marlowe y Goethe. Teófilo es sencillamente un sacerdote descontento de las órdenes superiores de su Obispo, un revolucionario contra las leyes canónicas, en suma, pero no la figura simbólica del sábio á quien la ciencia no ha podido brindar ni el goce del saber ni la juventud perdida, y que se entrega á Satanás buscando el amor y los placeres. Lances dramáticos, intencion crítica, se encuentran ya en la leyenda de Fausto. El mismo Goëtho apénas hubo de añadirle nada fuera del episodio de Margarita. Todo lo demás lo amplió únicamente, porque cuantos trozos notables se recuerdan en su obra, desde las escenas de Auerbach en el primer *Fausto* hasta la aparicion de Helena en el segundo, estaban hechos. Goëthe, que no fué sino un génio constructor con los materiales que encontraba en los libros y en la vida, fabricó así su composicion más notable, á retazos, y añadiéndole ideas misteriosas de un pretendido y peculiar sistema de filosofía.

No están de acuerdo en lo general los cruditos sobre quién fué, si existió realmente, la persona de Fausto y hasta alguno—equivocado como pasa de sabido—lo ha supuesto el Juan Fausto, compañero de Gutenberg en los primeros trabajos de la imprenta. Pero se crec que fué un traumagurgo que andaba, como relatan las páginas de su leyenda, acompañado de un tal Wagner, criado suyo y como él entregado á la mágia, hasta que al fin imaginó el pueblo que ya en cumplimiento de un pacto, ya por castigo de sus herejías, Lucifer dió buena cuenta de su alma despues de haberlo asesinado.

Eran aquellos años de los siglos xv y xvi fértiles en historias semejantes, por ser grande el desconcierto de los espíritus cuando la su-
persticion se arraigaba con fuerza indomable en el pueblo, y el escepticismo por una parte, el anhelo de investigacion por otro, y las
primeras palpitaciones de la Reforma, sembraban el desórden intelectual y moral, junto á la falta absoluta de sólidos y verdaderos principios. La mágia era estudiada como ciencia. Nombres ilustres registra
la historia entregados entónces á ella. Paracelso—el célebre Paracelso
que en busca de lo sobrenatural encontró, Colon del espíritu humano,
la ciencia verdadera—pertenece al siglo xv. Cornelio Agrippa—sábio
que pasó como Fausto, por nigromántico en la creencia de las gentes;
—Van Helmont, y otros muchos que se encontrarán en los anales de
aquel tiempo, prueban á cuanto llegó entónces la influencia de la
mágia, alimentada por la escasez de rudimentos científicos. El siglo xvi
fué modelo en este sentido. La Iglesia, descargó en él, como en los
anteriores, su furia ortodoxa sobre los pretendidos hechiceros y brujas,
sancionando de tal modo, al darles crédito, las suposiciones de la existencia de un mundo sobrenatural. Fausto no es, por consecuencia,
sino uno de tantos tipos agigantados por la tradicion en tiempos de
exaltadas imaginaciones. Hoy, para algunos, fué otro Agrippa, otro
sábio calumniado de pacto diabólico y hasta se supone que estudió en
Salamanca, segun atestiguan documentos más ó ménos verídicos (1).
Pero lo que en realidad parece más averiguado es que el tal Fausto

---

(1) «La Química se cultivó por los árabes; y por los españoles en tiempo de los
Reyes Católicos. Nadie ignora que los alemanes hoy dia son excelentes químicos:
¿y qué me diria Mr. Otto si yo le dixera que los españoles fuimos sus maestros en el
mismo tiempo que dice que éramos poco ménos que bárbaros? Sírvase leer la Historia
literaria de Brandemburgo, escrita por Mohsen, y verá que entre los que vinieron á
estudiarla en España, nombra al Doctor Fausto, que estudió en Salamanca.» *Investigaciones historicas sobre los principales descubrimientos de los españoles en el Mar Ocea-
no en el siglo XV y principios del XVI. En respuesta á la memoria de Mr. Otto sobre
el verdadero descubridor de América por D. Christobal* CLADERA, *etc. Madrid
MXDCCXCIV. ps.*166 *y* 167. Como andan tan confusas las noticias del Fausto máji-
co con las del Fausto impresor, tal vez sea al último á quien Cladera se refiere.

fué un tunante con mezcla de bobo que explotaba la credulidad del vulgo en Alemania.

Bajo este aspecto lo vemos en la más antigua mencion que de él se hace, la del abate Tritemio quien afirma haberlo conocido el mes de Mayo de 1506 en Gelnhausen, usando el nombre de *Magister Georgius Sabellicus* en cierta tarjeta donde se daba, además, por mago y quiromántico, añadiéndose el apelativo de *Faustus junior*, lo que dá márgen á presumir la existencia de otro anterior del cual no se tienen noticias. Tritemio asegura tambien, que Fausto alardeaba de memoria tan prodigiosa, que si todos los ejemplares de Platon y Aristóteles se quemaran, él se comprometia á escribir otros exactamente iguales. En 1513, Conrado Mudt, amigo de Melancthon, habla tambien de un loco, ó explotador del vulgo, con iguales pretensiones de mago y por añadidura, de *semi-dios*. Se llamaba éste *Georgius Faustus Hemitheus* y se añadia *de Heidelberg*. Probablemente era el mismo de Tritemio. Despues, hasta 1525 no volvemos á encontrar trazas de Fausto. En este año aparece escrita en una vieja crónica de Leipzig la conseja del Doctor Fausto que salió de la bodega de Auerbach por los aires cabalgando en un tonel y brindando vino á los alegres estudiantes. El hecho fué conservado en dos pinturas que habia sobre las paredes de la misma bodega, una de cuyas pinturas se dice que hirió la imaginacion de Goëthe, y claramente se notan las huellas de semejante episodio de la leyenda, en el conocido pasaje del poema que pinta las fechorías de Mefistófeles en el propio punto de Auerbach. En 1562 apareció un volúmen, escrito por Juan Manlio, relatando conversaciones del ya citado célebre amigo de Lutero, Melacthon, y cuenta que el último decia haber conocido un hombre llamado *Faustus* en los alrededores de la pequeña ciudad de Knütlingen, pueblo fronterizo de Wurtemberg.

Cuando estudiaba Fausto en Krakow, añade Melacthon, aprendió la mágia, que era de uso activo allí, donde se daban lecciones públicas sobre el arte. Despues de esto vagamundeó por otros lugares hablando de las cosas secretas de su ciencia. Queriendo llamar la atencion en Venecia aseguró que podria volar. El Diablo lo elevó entónces á una altura, pero de allí lo dejó caer y estuvo á punto de morir á consecuencias del batacazo. No hace muchos años que este Juan Fausto entró á reposar en su último dia, turbado grandemente, en una posada de Wurtemberg. El posadero le preguntó, por qué estaba tan descontento y triste, cuando siempre habia sido de un carácter bravo y más de una vez estuvo próximo á la muerte por sus enredos de amoríos. Fausto respondió únicamente al posadero: «no os asusteis esta noche.» A media noche, con efecto, la casa fué sacudida con gran violencia. Como Fausto no saliera á la mañana siguiente, el posadero, así que fueron las nueve, entró en el cuarto de su huésped y se lo encontró tendido al lado de la cama con la cabeza retorcida. De este modo lo mató el diablo, quien lo acompañaba siempre por todas partes en la forma de un perro (1).

Fausto siguió de tal manera haciéndose un personaje popularísimo en Alemania. Los detalles de su historia iban agrandándose cada dia más y más, hasta que llegaron á tomar carácter político y religioso, sirviendo lo mismo para atacar la escuela teológica de Wurtemberg, que como arma de la Reforma en contra del Papado. En los alrededores la última ciudad mencionada, fué donde se decia que concluyó las bases de su pacto con Satanás. Despues, se le pintó enamorado de la griega Helena, y burlándose del Papa y sus Cardenales y ejecutando prodigios de mágia en la propia Corte del Emperador. Por último, habiendo pasado por algunas alternativas de infructuoso arrepentimiento, se le pintó moribundo y descendiendo eternamente á los infiernos. En 1563, el libro aquel valiente y generoso de Wier, combatiendo—apesar de los inmensos errores que admitia, debidos á su época—por la disminucion de las persecuciones contra las hechiceras, hablaba de Fausto contando nuevas anécdotas de su existencia. Y en 1585 se publicó otro libro aleman—inspirado en el mismo espíritu que el de Wier—donde su autor Agustin L. Lercheimer, relataba tambien otros sucesos de la vida de Fausto. Pronto la poesía popular

---

(1) Nótese que tambien se atribuyó á Cornelio Agrippa el que siempre le acompañara el demonio en figura de perro. Garinet relata que el célebre filósofo en su lecho de muerte fué atacado por el mismo perro que lo acompañaba, y que despues de arrancárselo del cuello, á duras penas, exclamó que habia sido la causa de su perdicion. Cit. por Lecky: *History of the rise and influence of the spirit of Rationalism in Europe* Ed, New York, 1886, p. 109. n.

se posesionó de la extraña historia. Baladas y romances varios sc escribieron sobre el asunto, y como el público las aceptaba con regocijo, el teatro explotó con éxito la inverosímil leyenda.

El drama de títeres que alcanzó popularidad inmensa es uno de los curiosos monumentos que nos ha legado aquella época. Este drama, no tan sólo hubo tambien de llamar la atencion de Goethe, sino que inspiró á Lessing la idea de llevar al teatro moderno la leyenda, idea que por desgracia no pudo realizar el dramaturgo insigne. Permítaseme citar una escena del referido drama de títeres, la última, porque hemos de ver más adelante el talento maestro con que Marlowe desenlazó de un modo parecido su obra notable. Aunque no resiste la comparacion con la escena del poeta inglés, ni aún siquiera con el trozo dejado por Lessing, revela en su autor una pluma experta en el manejo de los efectos escénicos.

FAUSTO, SOLO.

Una voz en las alturas.—Prepara te ad mortem.
Fausto.—¿El hombre no debe estar siempre dispuesto para la hora de la muerte? Soy víctima, quizás, de una ilusion. Las tinieblas de mi conciencia me ciegan. Hace ya mucho tiempo que sufro este martirio.... *(Dan las diez y Fausto cuenta los golpes)* Diez. Ha pasado una hora más; una hora más de tormentos y, sin embargo, ha pasado muy de prisa!....
La voz de las alturas.—Fauste, Fauste, accusatus es!
Fausto.—¡Maldicion!.... ¡Ya no hay duda! Nó, no era una ilusion. ¿Qué hacer? ¿A dónde huir?

Quid sum miser tunc dicturus?
Quem patronum rogaturus?

¿Si yo rezara? Probemos. *(Se arrodilla ante una imágen de la Virgen)* ¡Maldicion! Su fisonomía se transforma en la de Helena! El deseo no realizado envenena los más piadosos sentimientos. Esta es tu última estratagema ¡oh Satanás! No me has permitido apurar los placeres terrestres, temiendo que mi alma hastiada se volviera en busca de los goces divinos! ¿No habrá ya perdon?
*La voz de las alturas.—*Has renegado de Dios: estás eternamente perdido.... *(Fausto cae desmayado. Al poco tiempo entra Mefistófeles).*
Fausto.—La última ancla se ha roto. Ya no tengo camino. Voy á comparecer ante el Juez.... ¿Pero estaré ya condenado sin remedio?

¿No podré abrigar esperanzas de absolucion? *(Dan las once.)* Las once, he contado bien.

La voz de las alturas.—Fauste, Fauste, judicatus es!

Fausto.—¡Ay!.... Mi destino es el Infierno! Una hora más y la sentencia tremenda habrá comenzado á cumplirse. Pero ¿acaso lo que yo siento en este instante no es mil veces más terrible que todos los tormentos del Infierno? Quiero libertarme de la duda. ¡Escucha Mefistófeles!

Mefistófeles.—¿Qué deseas?

Fausto.—Dime la verdad: todavía tienes que obedecerme.

Mefistófeles.—¿Qué quieres saber?

Fausto.—Sufro horriblemente. ¿Puedo sufrir más en el Infierno?

Mefistófeles.—Ya lo sabrás muy pronto. Pero puesto que me lo preguntas, óyeme. Los sufrimientos de los condenados son tales, que las infelices almas subirian al cielo en la escala que se podria hacer con sus lágrimas, si conservaran alguna esperanza.

(Fausto se cubre los ojos con las manos).

FAUSTO SOLO.—ENSEGUIDA LOS DIABLOS.

Fausto.—¡Estoy juzgado! ¡Juzgado! ¡Es decir, condenado! ¿Pero cuál será la pena? ¿Si no fuera más que el Purgatorio, Dios mio? Esperanza terrible, pero al fin una esperanza.... *(Dan las doce).*

La voz de las alturas.—Fauste, Fauste, in æternum damnatus es!

Fausto.—¡Me siento aniquilado! Aniquilado! ¡Ojalá pudiera serlo!

(Cae. Los diablos se lo llevan entre una lluvia de fuego) (1).

En el anterior trozo se reflejan, como en clarísimo espejo, las creencias en lo sobrenatural de aquellos siglos XV y XVI, tan fecundos para el estudio de la historia del espíritu humano. Fausto es, además, de un personaje popular de dicha época—y digno de observacion ya por este concepto sólo—la encarnacion de los sentimientos que agitaban entónces á los hombres de Europa. Su fé ciega en la mágia, armado de cuyo poder se revolucionaba en contra de las leyes de la Naturaleza; su ambicion desmedida de deleites y tesoros, sus mismas vacilaciones, arrepintiéndose á cada paso y volviendo de nuevo á incurrir en la falta, porque Satán «no le dejaba apurar completamente los placeres terrenales, para que su alma hastiada no se volviera en

---

(1) *V. Le docteur Jean Faust, piéce de marionnetes en quatre actes, restitué par K. Simrock; Francfort-sur-le-Mein,* 1846, *citado por* A. BOSERT: *Cours de littérature allemande fait a la Sorbone-Goethe et Schiller.* París, 1873, p. 385.

busca de los goces divinos»; todos los rasgos, en fin, que constituyen
su carácter, eran los rasgos del carácter general de su época. Cierto
es que el hombre, en sustancia, tiene hoy los mismos sentimientos;
que el deseo de poder y sabiduría, la ambicion, las imposiciones de lo
que llaman los teólogos la carne, son siempre las mismas; pero entónces se manifestaban con más simplicidad que ahora, porque fué una
época aquella en que los principios que constituyen la gloria del mundo moderno bullían revueltos y embrionarios, luchando por romper
las trabas que impedían su desenvolvimiento, y, sucedió como en todos los períodos de transicion, que las pasiones humanas se manifestaron con fuerza inusitada, parecidas á los sedimentos del agua que
revueltos suben á la superficie. No hay época, por ejemplo, de mayores desórdenes morales, que la del crecimiento y triunfo del cristianismo, cuando los restos de la religion pagana iban fundiéndose en
los moldes de la nueva doctrina. De igual manera, en los siglos xv y
xvi, el desnivel intelectual y moral era inmenso, y nada de extraño
tiene que todos los hombres fueran Faustos, y Fausto, por lo tanto,
un producto de su tiempo.

En el otoño de 1587, apareció en la famosa féria de Franckfort,
un libro titulado la *Historia del Doctor Fausto*, que alcanzó boga extraordinaria. El único ejemplar conocido hoy, se encuentra en la
Biblioteca Imperial de Viena; pero entónces circuló con profusion
notable. El ignorado autor de esta obra, parece haber sido un ministro de la Iglesia Reformada, que se propuso hacer propaganda religiosa en contra de la mágia, atacando al propio tiempo al Papa con
alusiones contínuas; pero la gloria mayor á que puede aspirar hoy, es
la de haber dado nacimiento al Fausto de Marlowe. Dicho libro se
tradujo enseguida al inglés, y su protagonista se hizo popular tambien
en la Gran Bretaña, circulando muy pronto una balada sobre la *Vida
y Muerte del Doctor Fausto, el gran mágico*, con la aprobacion de
John Aylmer, Obispo de Lóndres (1).

---

(1) Hé aquí el título de la traduccion inglesa del libro de Franckfort: *The History of the Damnable Life and Deserved Death of Dr. John Faustus.   Newly printec
and in convenient places impertinent matter amended, according to the true copy print-*

La semilla estaba echada. Al poco tiempo, el Fausto de Marlowe, impregnado de los tintes majestuosos y sombríos que resaltan en las otras obras del mismo poeta—aunque aquí estuvieran dispuestos con mayor gusto y más arte,—ocupaba la escena, emocionando al público de Lóndres.

——

El drama de Marlowe es una de aquellas obras que hay que leer para comprenderlas, y de las cuales no se puede juzgar de oidas y por un descarnado resúmen. ¡Lástima grande que nadie todavía lo haya impreso en lengua castellana! (1).

Abrese la obra,—despues de un coro escrito al estilo de algunos de Shakespeare—presentándonos á Fausto en su estudio, como lo pintó la leyenda—desesperado de no encontrar en la ciencia la satisfaccion de sus ambiciones. Al fin decide entregarse á la mágia, que le brinda mayores atractivos y el poder extraordinario que desea; y haciendo llamar por su criado Wagner á sus dos caros amigos Valdés y Cornelio, famosos por sus conocimientos en las ciencias

———

ed at *Franckfort, and translated into English by P. R. Gent.*—4°, sin fecha ni lugar de impresion.

La relacion más conocida hoy de la leyenda de Fausto, es la suscrita por Widmann, impresa por primera vez en Hamburgo, 1593. Palma Cayet la tradujo al francés, divulgándola por toda Europa. *Histoire prodigieuse du docteur Faustus, le magicien, ou l'on voit comment il se donna au diable, comment il entreprit un grand nombre de choses prodigieus, jusqu'a ce qu'il recut sa recompense; extraite en grande partie de ses prapres manuscrits, et publiée pour l'effroi des impies et l'avertissement des fidèles. Paris,* 1603. He leido hace tiempo una traduccion espaiola moderna de la de Palma Cayet. Creo que no tenía nombre de traductor, ni fecha, ni lugar de impresion; pero lo que sí recuerdo positivamente, es que me pareció muy desculdada.

(1) Francisco Víctor Hugo tradujo al francés notablemente *La trágica historia del Dr. Fausto,* y precediéndola de un prólogo lleno de entusiasmo. En español nos conformaremos con la fáoil y buena traduccion en verso del Fausto de Goëthe, por D. Teodoro Llorente, ya que no tenemos la del de Marlowe, mientras no cumpla su promesa el celebrado poeta D. José Alcalá Galiano de publicarlo en lengua castellana, como ha efectuado con varios poemas de Byron, promesa que me ha retraido del propósito de hacer yo esa traduccion.

ocultas, les pide que le enseñen las palabras necesarias para evocar un espíritu infernal. No bien las aprende, las pronuncia; aparece atraido por la fuerza del conjuro, Mefistófeles y, por último, se establecen entre los dos las bases del pacto, redactado por Satanás mismo, en que Mefistófeles,—adquirida la vénia de su señor el Rey de los Infiernos,—se compromete á satisfacer todos los caprichos de Fausto, durante veinte y tres años, á cambio de su alma. Fausto no es más que un estudiante de la Universidad de Wurtemberg, con la cabeza llena de locas ambiciones. Acepta sin vacilar, y una vez firmado el documento con su sangre, comienzan los incidentes de su nueva vida (1).

Pero pronto se apodera de él la tristeza, y vacila y se arrepiente. Mefistófeles pretende disuadirlo de sus ideas, y aparecen un ángel bueno y un ángel malo, que, cada uno en consonancia con su carácter, desea tambien convencer á Fausto. La curiosidad constante de Fausto, se manifiesta en las palabras que dirige entónces á Mefistófeles. Decidido á no arrepentirse, y deseoso de saber lo que la ciencia humana no puede enseñarle, pretende que el maligno espíritu le conteste sobre la vida, y le explique lo que son los mundos y el secreto de sus formaciones. Al llegar aquí, el diablo tiembla. Se vé en el caso de explicar la creacion segun la Biblia, y de nombrar al Creador. Fausto lo adivina. Vacila de nuevo; quiere arrepentirse otra vez, y el propio Lucifer, acompañado de Belzebú, viene entónces á quitarle del pensamiento su nuevo vestigio de ideas religiosas. Los siete pecados capitales pasan enseguida por delante de Fausto, que los examina uno á uno. Lucifer, despues de esta revista, lo convence de que en el Infierno se conocen todos los deleites (2).

Cambia la escena, y otro coro anuncia que Fausto, deseando averiguar los secretos del firmamento, ha subido á los cielos en un carro tirado por dragones—y que ántes de entregarse por completo á la Cosmografía, baja por Roma, á fin de conocer al Papa en su Córte y tomar parte en el festin de San Pedro—«que hoy se solemniza gran-

---

(1) Act. I, Scenes, I, II. III.—Act. II, Scene I.

(2) Act. II, Scene, II.

dementc»—*that to this day is highly solemniz'd.* Llegan efectivamente los dos héroes del drama, y despues de haber contado Fausto
sus viajes por varios puntos, desde Paris hasta Venecia, Pádua y
Roma, Mefistófeles le anuncia que ha tomado de antemano hospedaje
para ámbos en el Palacio mismo de Su Santidad. Conocida Roma,
Fausto, obedeciendo siempre á su ardiente y movible curiosidad,
quiere partir, pero Mefistófeles lo disuade, y se quedan para divertirse
un poco con el Papa y su Córte. Canta un soneto Mefistófeles, y aparecen el Papa, el Cardenal de Lorena y un gran acompañamiento de
frailes dispuestos á gozar de opíparo banquete. Fausto y su compañero se meten entre ellos, invisibles, y comienzan á sembrar el desórden, llevándose los platos que sirve el Papa al Cardenal, de manjares
regalados por el Obispo de Milan y el Cardenal de Florencia, y be-
biéndose el vino con que pretenden brindar. «Alguna ánima últimamente sacada del Purgatorio, dice el de Lorena al Papa, será la causante de estos desórdenes, porque venga á implorar el perdon de Su
Santidad.»—«Puede que así sea, contesta el Papa. Frailes, preparad
un responso para aplacar la fúria de esa alma.... » (1). El Papa se
persigna tres veces, y Fausto le dice que no emplee más semejante
trampa (2). Por último, le da una palmada en un oido, y todos salen
corriendo, dejando á Fausto y Mefistófeles muy divertidos del suceso.
Pero al poco tiempo aparecen los frailes cantando el responso. Mefistófeles y Fausto, les pegan, los envuelven en fuego, y se van, deján-
dolos en confusion extraordinaria.

El coro anuncia al comienzo del acto IV, que Fausto, despues de
haber visto con placer cosas extraordinarias, y varias Córtes de Reyes,
detuvo sus peregrinaciones y volvió á su casa, donde fué bondadosa-

---

(1) *C. of Lor.* My lord it may be some ghost, newly crept out of Purgatory, come
to beg a pardon of your Holiness.
Pope. It may be so. Friars, prepare a dirge to lay the fury of this ghost.
(Act. III, Scene I.)
(2)   What, are you crossing of yourself?
        Well, use that trick no more, I would advise you.

mente recibido de sus amigos, y dió tan altas pruebas de sabiduría, que los ecos de su fama llenaron la Europa entera, y el propio emperador Cárlos V lo llamó á su lado, festejándolo entre los caballeros de la nobleza. «Lo que allí hizo—en prueba de su arte—exclama el coro —no lo diré: vuestros ojos lo verán representado.»

What there he did in trial of his art,
I leave untold; your eyes shall see't perform'd.

Fausto, con efecto, favorito del Emperador, que lo admira y agasaja, ejecuta en la Córte verdaderos prodigios. A su mandato, dado por complacer á Cárlos, Alejandro el Grande y su querida, aparecen traidos del Infierno por Mefistófeles. A un caballero que manifiesta dudas del prodigio, hace que le nazcan cuernos, y por súplica del propio Emperador se los quita más tarde (1). De la misma manera complace á los Duques de Vanholt con los encantos de su mágia, satisfaciendo los caprichos de la Duquesa, que deseaba comer un plato de uvas en el mes de Enero (2).

Por último, preséntase Wagner (el criado de Fausto) y dice que su dueño y maestro parece que abriga temores de morir muy pronto, porque le ha entregado todos sus bienes. Fausto, sin embargo, se distrae en un banquete, conversando sobre ciencias y letras con sus compañeros de la Universidad de Wurtemberg. Los estudiantes convienen en que «Helena de Grecia fué la más hermosa mujer que ha vivido», y suplican á Fausto que la haga aparecer ante sus ojos. «Caballeros, contesta el aludido con énfasis de prestidigitador, porque conozco lo sincero de vuestra amistad, y es costumbre en Fausto no negarse á las justas peticiones de quienes bien lo quieren, vereis á esa sin par señora de Grecia, no con ménos majestad y pompa que cuando el Señor Paris atravesó con ella los mares y llevó la desolacion á la

---

(1) Act. IV, Scene III.
(2) Act. IV, Scene V.

rica Dardania» (1). Con efecto, acompañada de música, cruza Helena
el escenario entre la admiracion de todos, y el mismo Fausto, á su
vista, se enamora de ella. Llega un anciano, personaje simbólico en
que tal vez quiso representar Marlowe al Señor mismo, y echa en cara
á Fausto su existencia, recordándole su próximo fin, é incitándolo al
arrepentimiento. Sus palabras hacen efecto. Fausto quiere arrepentirse; pero Mefistófeles le recuerda el contrato que ha firmado. Fausto
le suplica que interceda con Satanás para conseguir su rescate; pero
se convence de que es inútil, y se conforma con el amor de Helena
para apagar en su hermosura el fuego de los remordimientos que le
abrazan el alma. Así sucede, entre las maldiciones del anciano; y un
coro de diablos ocupa la escena despues de la salida del protagonista.
(2) Entra de nuevo Fausto, rodeado de los estudiantes, con quienes
se lamenta de las angustias que le produce su fin próximo. Ellos le
dicen que ruegue á Dios, que vuelva al cielo la vista; pero él sabe
que ya es imposible (3). Los estudiantes se van, para rezar por Fausto, y principia la escena final del drama, citada siempre—como la
muerte de *Eduardo II*—entre las pruebas principales del génio de
Marlowe. Los gritos desesperados de Fausto, pidiendo á las movibles
esferas del cielo que cesen de marcar el tiempo, y no hagan llegar
nunca las doce de la noche, momento fatal en que se cumple el plazo
de su vida, y conformándose despues con que la hora que falta se
convierta en un año, en un mes, siquiera en una semana, en un dia,

----

(1)   Gentlemen,
        For that I know your friendship is unfeign'd,
        And Faustus's custom is not to deny
        The just request of those that wish him well,
        You shall behold that peerless dame of Greece,
        No otherways for pomp and majesty
        Than when Sir Paris cross'd the seas with her,
        And brought the spoils to rich Dardania.
                                        (Act. V, Scene I.)
(2)   Act. V, Scene II.
(3)   Act. V, Scene III.

por último, habrán de impresionar en todas épocas, por la inspiracion sombría con que están escritos (1).

Sin embargo, sigue en la mayor desesperacion; el tiempo pasa, y Fausto será condenado. «Yo subiría hasta mi Dios; ¿pero quién me lo impide, lanzándome al abismo? Mirad, mirad cómo la sangre de Cristo fluye en el firmamento! Una gota sola salvará mi alma: media gota, Cristo mio» (2).

Así continúa, en todo este magnífico trozo de poesía, implorando hasta á las estrellas, para que lo acojan en su seno, y envidiando á las bestias, cuya alma cree que, despues de la muerte, se disuelve en los elementos, y maldiciendo la doctrina de Pitágoras, por no ser verdadera. Merecía la pena estudiar la lengua inglesa (si Shakespeare y Byron no hubieran escrito en ella) únicamente por leer el admirable final del *Fausto* de Marlowe. ¡Qué conmovedor rasgo—y qué superior á todas las palabras que anteriormente se han leido del antiguo drama de títeres—cuando, despues de haber dado el reloj las once y media, suenan las doce de la noche al fin!—«¡Oh! ¡suena! ¡suena!—grita Fausto escuchándolo.—¡Ahora, cuerpo, vé al aire, ó Lucifer te lanzará pronto al Infierno! ¡Alma mia, conviértete en gotas pequeñas de agua, y cae en el Océano, para que no te encuentren nunca!» (3).

Pero vanos son su martirio y sus quejas. Los diablos entran

---

(1)   Stand still; you ever-moving spheres of heaven,
        That time may cease, and midnight never come,
        Fair Nature's eye, rise, rise again, and make
        Perpetual day; or let this hour be but
        A year, a month, a week, a natural day,
        That Faustus may repent and save his soul!

(2)   The stars move still, time runs, the clock will strike
        The devil will come, and Faustus must be damn'd. ￫
        O, I'll leap up to my God!—Who pulls me down?
        See, see, where Christ's blood streams in the firmament'
        One drop would save my soul, half a drop: ah my Christ!

(3)   O, it strikes, it strikes! Now, body, turn to air,
        Or Lucifer will bear thee quick to hell!
        O, soul, be chang'd into little water-drops
        And fall into the ocean, ne'er be found!

para llevárselo, y Fausto dice por último: «¡Dios mio! ¡Dios mio! ¡No
»me contemples con tanta fiereza! ¡Víboras y serpientes, dejadme
»respirar un instante! ¡Horrible infierno, no te abras! ¡No vengas,
»Lucifer! ¡Yo quemaré mis libros!.... ¡Ah, Mefistófeles!» (1).

Los diablos se llevan á Fausto, y cierra el drama el coro con unos
versos, los últimos de los cuales recomiendan la caida de Fausto
como un ejemplo á los prudentes, para que todos se cuiden «de no
practicar más de lo que permite el poder celeste.»

To practise more than heavenly power permits (2).

JUSTO DE LARA.

(Continuará).

---

(1)   My God, my God, look not so fierce on me!
         Adders and serpents, let me breathe a while!
         Ugly hell, gape not! come not, Lucifer!
         I'll burn my books!—Ah, Mephistophilis!

(2)   He suprimido en el anterior resúmen algunas escenas burlescas en que aparecen dos tipos llamados Robin y Ralph, que con un libro de Fausto conjuran á Mefistófeles, que los persigue y hace arrepentir del conjuro. Tampoco menciono las
escenas en que aparece Wagner, porque no se relacionan con el argumento principal, y han sido puestas sólo para quitar á los espectadores la impresion triste que
la historia de Fausto produciría, sin esos incidentes agenos á la misma. Como mérito, semejantes escenas no tienen ninguno.

HISTORIA DE LA ESCLAVITUD

de la raza africana en el Nuevo Mundo y en especial en los paises
Hispano-Americanos.

---

*Importante exposicion de los hacendados de Matanzas al Gobernador
Capitan General, pidiendo la supresion de la trata* (1).

ExCMO. SEÑOR:

Los que suscriben, comerciantes, propietarios y hacendados del
distrito comprendido en la jurisdiccion militar de Matanzas, vienen
hoy impelidos de un deber sagrado, á llamar la atencion de V. E. hácia el objeto de mayor importancia para el país que S. M. la Reina
N. S. (Q. D. G.) se ha servido encomendar á su solícito cuidado.—Tal
es, Excmo. Sr., la introduccion de negros africanos. El uso que ince-

---

(1) Entre los papeles que desde la Habana remitió en 1844 el cónsul Británico
al conde de Aberdeen, fueron la copia y la traduccion de un memorial escrito por
D. Francisco Lamadriz firmado por 93 hacendados y propietarios de Matanzas, y
hecho pedazos por el Brigadier García Oña, en 1843 por que los 93 le pedían al General O'Donnell *que dictase providencias conducentes al exterminio del tráfico ilegal:* y
estos documentos los presentó Lord Aberdeen al Parlamento con otros análogos que

santemente se ha efectuado de ese ominoso contrabando, á despecho de la humanidad, de la justicia, de los más solemnes tratados de nuestra nacion, y de distintas reales órdenes de nuestros benéficos monarcas, ha acumulado sobre el territorio de esta isla una poblacion de color, cuya ascendencia llega en el dia, segun los datos estadísticos oficiales, á la excesiva totalidad de 660.000, de la que 498.000 son esclavos.—Incapaz la poblacion blanca de haber seguido una marcha en igual grado progresiva, porque tan encontrados elementos era imposible que pudieran conciliarse, como lo tiene demostrado la experiencia, ¿cuál otro pudiera ser el resultado de aquel desórden sino el estado de conflicto en que hoy nos vemos? Sí, Excmo. Sr., porque es fuerza decírselo á V. E., la isla de Cuba se halla en una posicion la más falsa y más precaria. No demanda mucha penetracion el conocer á dónde pueden llegar las consecuencias de la preponderancia de esa poblacion de color entre esclavos y libertos. Ojalá no presentara Haití tan cerca un ejemplo que horroriza, pero que no debe desatenderle nunca, para no llegar á ser la segunda edicion de semejante obra.—La raza esclava, Excmo. Sr., tiene ya una tendencia marcada á sublevarse, destellos de ella son los movimientos parciales ocurridos en este solo año en Bemba, y últimamente en el ingenio «Triunvirato» de esta jurisdiccion; y al paternal gobierno de V. E. toca oir el clamor general contra un contrabando que de continuar comprometerá más de dia en dia la existencia política de esta Antilla benemérita, engrosando el número y fortificando el poder de aquella raza.—El triunfo de la vecina Haití, la emancipacion de Jamaica y los emisarios que enviados, no solo de esas islas, sino además por personas y sociedades cuya existencia no ignora nuestro sábio gobierno, pululan en el suelo de Cuba, apesar de la asídua vigilancia y esquisito celo de nuestras autoridades, son otras

concurrían á probar lo que dejamos asentado. Por cierto que algunos de los firmantes del memorial de Lamadriz [D. Pedro Guiteras y D. Benigno Gener] expiaron su desacato en los calabozos del Morro de la Habana.—Inglaterra y Cuba—Artículo inserto en el número 6 de *La América* de Nueva York, el 15 de Julio de 1871—y reproducido en la carta de D. Cárlos del Castillo al Director de *La Independencia* de Nueva York, con motivo de su artículo «La Tea y siempre la Tea».—Lóndres—1875.

taptas causas que reunidas dan pábulo contínuo á aquella tendencia peligrosa. Otra nueva dan de emisario más terrible todavía, como que hará parte de las mismas dotaciones de las fincas, será la que vendrá á nuestro seno en las futuras importaciones de africanos.

Una mision de ingleses viaja por aquel continente salvaje, llevando á su cabeza á uno de los más acérrimos abolicionistas, y el fruto de sus esfuerzos es indudable que pretenderán alcanzarlo aquí por medio de los que hayan aleccionado allá. Y esta y no otra es, Excmo. Sr., la causa de haberse encontrado en las últimas expediciones gran número de negros familiarizados con la lengua de la poderosa Albion.—Tiempo es ya, Excmo. Sr., que desaparezca de entre nosotros ese contrabando, escarnio de nuestra civilizacion, horrenda sima donde se sepultan todas nuestras esperanzas de seguridad y bienestar futuro, hidra que espanta á los capitalistas que vinieran á establecerse en nuestro suelo, y arroja de él con sus fortunas á los que aquí las han adquirido para colocarlas donde gozarlas puedan sin sustos ni zozobras. A V. E. está reservada, Excmo. Sr., tan alta gloria. V. E. cimentará sólidamente la dicha y tranquilidad de Cuba y V. E. asegurará para siempre á la corona de Castilla su más preciosa joya persiguiendo con teson el tráfico clandestino de negros africanos hasta conseguir su exterminio total y verdadero.—Pero al mismo tiempo los campos de la isla y principalmente los del territorio jurisdiccional de Matanzas, ocupado por mucho más de 60.000 esclavos, reclaman de la paternal solicitud de V. E. una medida de amparo y seguridad: una medida que no solo sirva de antemural donde se estrellen las intentonas de aquellos, sino que les presente á todas horas á la vista la más prolija vigilancia para quitarles la ocasion de acometerlas; porque efectuando un alzamiento el mal es cierto y seguro, Excmo. Sr. En el exterminio de los delincuentes va el exterminio de una parte harto constituyente de nuestras propiedades. Sofocados fueron en su cuna los movimientos de Bemba y el Triunvirato; sin embargo, la muerte de 300 negros ha menguado en gran manera la fortuna de beneméritos propietarios, y, lo que es más, las inocentes víctimas inmoladas por la barbarie de aquellos desesperados salvajes, claman desde la tumba porque se impida la repeticion de escenas tan horrorosas y sangrientas. Empero, Excelentísimo Sr., ninguna medida será completamente eficaz mientras continúe por medio del contrabando robusteciéndose y recibiendo nuevos estímulos y alicientes la raza esclavizada. Dado caso que el total de la que hoy existe no sea bastante á triunfar en una lucha siempre aciaga y fatal para nosotros ¿quién se sentirá capaz de fijar el número que pueda serlo, máxime cuando es de hecho imposible atender simultáneamente al aumento de la poblacion blanca?—Los exponentes, al dirigirse á un jefe celoso é ilustrado, han creido de su deber hablar el franco lenguaje de la verdad en la manifestacion de los hechos y razones: muchas, es cierto, han pasado por alto, porque son demasiadas las que apoyan una cuestion en que se versan‑nada ménos que los intereses materiales y las vidas de los fieles vasallos de S. M. confiados á su inmediata proteccion; pero están seguros de que todas se presentarán claras en la mente ilustrada de V. E.—Hubieran considerado tambien económicamente la materia, si resuelta ya bajo este aspecto de un modo favorable no se presentara como principalisima, como muy superior á todas sin disputa, la de la existencia política del país. Por tanto.—A V. E. suplican respetuosamente, que acogiendo con agrado lo expuesto en esta representacion, como el clamor sentido y justo de la poblacion cubana, se sirva, en armonía y exacta observancia de las superiores disposiciones vigentes sobre la materia, dictar cuantas medidas juzgue en su alta discrecion oportunas al fin de exterminar el tráfico clandestino de negros africanos, proveyendo al mismo tiempo á la seguridad de los desemparados campos de la isla. Matanzas, 29 de Noviembre de 1843.—Excmo. Sr.—Francisco de la O García.—Juan Bautista Coffigny.—Domingo de Aldama.—José M. de Lasa.—José Gener.—Agustin de Ibarra.—Manuel del Portillo.—José Francisco de Lamadriz.—Pedro J. Guiteras.—Juan Cruz.—Benigno Gener.— José Mª Mora.— Guillermo L. Jenkis.—Anastasio Hernandez.—G. Kobbe.—Vidal Junco.—Gonzalo Morejon.—Mariano del Portillo.—Isidoro Hernandez.—Juan de Acosta.—Cándido Francisco Ruiz—Justo de Lamar.—José V. Betancourt.—Bernabé del Portillo.—Juan J. Naranjo.—Félix de Acosta.—Esteban Junco.—Victor P. de la Reguera.— Joaquin Costa.—Salomé Hernandez.—C. D. Balfour.—Santiago C. Burnham.—José Padrines.—Francisco Rodriguez.—Ignacio Martinez.—

José L. Alfonso.—José M* Galvez.—José Felipe Serpa.—José María Casal—Antonio M. Ventosinos.—Joaquin Marill.—Puig, Casas y C*— Calixto Sorondo.—Plácido Canton.—Bernardino Miranda.—Manuel de Jáuregui.—Ramon Guiteras.—Ramon Brafau.—Ramon de Jimeno.—Francisco Aballí.—Ramon Delmonte.—Ramon de Llanos.—Benet, Urbach y C*—Antonio de Armas.—Ramon M* Estevez.—Pascual Buigas.—Vicente de Junco.—Pedro Oliva.—R. U. Sanchez.—Por imposibilad de mi Sr. padre D. Francisco Hernandez y Benitez y por mí, Pedro Hernandez Morejon.—Tio y Maicas.—Andres Calves.—José Torells.—Antonio Gibett.—Miguel Cuní.—Ignacio Camacho y Salas.—José de la Fuente.—Juan Cuní.—Day y Schewyer.—Francisco Ramos.— Antonio M* Martinez.—Florencio Navia.—José Llorens.—José Pons. —José Cuní.—Pedro de Lamar.—Juan P. Bayley.—Manuel de J. Andux.—Pio A. Dubroig.—Antonio Blanchet.—Mas, García y C*—José M. Prim.—José Dehogues.—Fernando Deville.—Juan Tramujas.— Abrisqueta y Bordenave.—José A. Zacaña.—Olmo hermano.—Francisco Vidal.—Buigas y hermano.—Antonio Pers.—G. F. de Aguiar. —Pablo Oliva.—Total de firmas 93. (Son 94, pues Pedro Hernandez Morejon firmó por 2.)

Informe sobre la promulgacion de una Ley Penal contra los traficantes de esclavos africanos (1).

GOBIERNO SUPERIOR CIVIL DE LA ISLA DE CUBA.

El Excmo. Sr. Secretario de Estado y del Despacho, en Real órden de 2 del mes de Junio último, dijo á mis antecesores lo siguiente: «Excmo. Sr.—En el artículo 2º del tratado concluido en 28 de

---

(1) El Gobierno Superior pidió informe sobre este importante asunto á las autoridades superiores, á las principales corporaciones, y á algunos indivíduos particulares, entre los cuales se contaba mi padre político D. Domingo de Aldama, á cuyo nombre redacté el presente.

Junio de 1835, entre S. M. C. y S. M. B. para la abolicion del tráfico de esclavos, se estipuló que dos meses despues del cange de las ratifica_ ciones, se promulgaría en todos los dominios españoles, una ley penal que impusiera un castigo severo á todos los súbditos de S. M. C. que bajo cualquier pretexto tomasen parte, sea la que fuera, en el referido tráfico. Circunstancias que no son del caso recordar, han impedido al Gobierno de S. M. C. llevar á cabo esta medida, á pesar de haber recla- mado su cumplimiento al Gobierno de S. M. B. en distintas ocasiones, y últimamente en nota dirigida por su Ministro en esta Córte, con fecha del 21 de marzo próximo pasado. Enterado de ella S. A. el Regente del Reino, y deseando conciliar el cumplimiento de los com-. promisos contraidos, con las precauciones que requiere la prosperidad de nuestras provincias de Ultramar, tuvo á bien nombrar una comi- sion para que manifestase con urgencia su opinion sobre el negocio indicado. Como el tratado de 1835 es una emanacion del convenio de 1817, y ambas estipulaciones tienen por objeto exclusivo abolir el trá_ fico de esclavos, cuyos brazos contribuyen eficaz y poderosamente á sostener la agricultura, la riqueza y la prosperidad de esa isla; ha re- suelto S. A., de acuerdo con el dictámen de la referida comision, que imforme V. E. sobre los puntos siguientes:

«1º Supuesta la obligacion contraida por el tratado de 28 de Junio de 1835, de promulgar la ley penal que solicita el Gobierno de S. M. B., como medio para abolir el tráfico de negros, se servirá V. E. ma- nifestar las bases de esta ley, combinada con los grandes intereses de la isla, que pueden afectarse y resentirse con el sistema penal que se adopte.

«2º—Informará V. E. igualmente sobre la conveniencia de los tribunales ordinarios ó especiales que puedan aplicar las penas, sin perder de vista los grandes intereses de la Isla.

«3º—Sobre las responsabilidad y pena de los cruceros aprehensores y jueces que perjudiquen arbitrariamente á nuestro comercio mercan-

Bien se echa de ver en el tenor de toda la comunicacion del Gobierno Supremo lo que deseaba que se le contestase, y tengo entendido que éste y otro más, fueron los únicos informes dados en sentido contrario.—*José Luis Alfonso.*

te, que por sospechas infundadas, ó intereses privados, dañen ó perjudiquen á nuestro legítimo comercio.—Como el interés de la Gran
Bretaña es opuesto en sus pretensiones á los intereses de nuestra isla,
procederá V. E. con mucho pulso y detencion en esta materia grave,
con el fin de formar el expediente que arroje el cúmulo de luces que
ilustren la cuestion, para evitar los errores en que pudiera incurrir
por falta de ilustracion en materia de tanta trascendencia. El expediente que se ha formado, carece en la actualidad de los datos necesarios para formular el proyecto de ley, y es necesario que informe
V. E., formando préviamente una junta de propietarios ilustrados y
naturales de esa isla, ó peninsulares de larga residencia en ella, para
que unidos á otras autoridades ó corporaciones que tambien deben
informar, evacue V. E. el informe indicado, al que deberá acompañar
los que dieren los propietarios, autoridades, corporaciones y demás
personas aptas que crea V. E. conveniente consultar. Los informes
indicados se darán por sujetos instruidos de esos intereses ultramari-
nos, tanto en comercio, navegacion y agricultura, como en la situacion
moral y política de la isla, cuyos intereses conviene mucho respetar,
para no arriesgar su tranquilidad y conservacion.—De órden de S. A.
lo digo á V. E. para los objetos correspondientes.»

Cuya real resolucion comunico á V. con objeto de que, enterado
de su contenido, y en cumplimiento de lo prevenido por el Gobierno
en este importante y trascendental asunto, en que se versan intereses
vitales para la conservacion y fomento del país, se sirva V. manifes-
tarme detalladamente cuanto se le ofrezca y parezca, á fin de que, con
la reunion de estos datos, que dirigiré á S. M., recaiga la resolucion
más conveniente á los intereses y prosperidad de esta isla.

Dios guarde á V. muchos años.—Habana á 9 de Enero de 1844.

(firmado) *O' Donnell.*

A D. Domingo de Aldama.

INFORME.—*Excmo. Sr. Gobernador Político y Capitan General de la isla de Cuba.*

EXCMO. SR. :

A consecuencia del oficio que se sirvió V. E. dirigirme con fecha 9 de Enero próximo pasado, pidiéndome informe sobre la conviencia de promulgar una ley penal para llevar á cabo la supresion del tráfico de esclavos africanos, tengo el honor de manifestarle con toda sinceridad mis opiniones respecto á este asunto importantísimo, agradeciendo á V. E. la confianza con que me honra.

Dedicado hace veinte y ocho años á la agricultura, y habiendo logrado formar tres ingenios de grande produccion, no solo tengo alguna experiencia en estas materias, sino grandes intereses, de cuya conservacion depende mi bienestar y el porvenir de mi familia. Por estos mismos motivos, y por haber estudiado cuidadosamente la cuestion de la trata africana de muchos años atrás, estoy en la actualidad íntimamente convencido de que es en extremo perjudicial á los intereses generales de esta isla; y que por tanto, debería promulgarse la ley penal á que se refiere el oficio de V. E. áun cuando no mediase la obligacion contraida por el Gobierno de S. M. con el de S. M. B.

Hubo una época, es verdad, en que era comun opinion que el aumento de brazos africanos contribuia muy directamente al aumento de la riqueza de esta isla. El que suscribe participó tambien de esta opinion, fundada en teorías económicas y de fácil demostracion; pues es claro que mientras más brazos hubiese, más baratos habían de ser estos, y por consiguiente ménos costosa la produccion; resultando de aquí, que el hacendado podía vender sus frutos á menor precio, y aún así con grande utilidad. Tal era la opinion general en 1817, y algunos años despues: quizás entonces muy exacta. El fomento que desde esa época ha tenido el país, prueba que no había llegado tal vez el momento de poner fin á la introduccion de africanos, y que los primeros tratados se anticiparon á las exigencias de las circunstancias. Bueno es advertir que hablo mirando la cuestion bajo el aspecto mercantil y económico, y haciendo abstraccion de toda idea filosófica, que no es la de mi objeto.

Siguiendo el órden regular de los sucesos, había de llegar un dia en que ya no fuera tan conveniente el aumento de brazos; y estamos si no me equivoco, en esta preciosa época.

Que no son necesarias nuevas importaciones de esclavos, se deduce del bajo precio á que se venden éstos, así como de la baratura relativa de los jornales, y de las pocas fincas nuevas que se fomentan, para las cuales bastan y aún sobran los brazos de las que se demuelen. Tampoco es probable que, en algun tiempo por lo ménos, se sienta la falta de brazos para la agricultura del país; porque las graves contribuciones que pesan particularmente sobre el hacendado, juntamente con la depreciacion de sus frutos, no le permiten reunir sobrantes con que acometer nuevas empresas agrícolas como solía: pero aún dado el caso de que mejore la condicion económica de aquél, mientras no encuentre completa seguridad para sus capitales en esta isla, los mandará más bien al extranjero, con mengua de la riqueza nacional. Por eso me atrevo á calificar no solo de innecesaria, sino de altamente perjudicial á nuestros intereses agrícolas y comerciales, cualquiera importacion de africanos que se haga bajo las presentes circunstancias.

Nadie dudará, por cierto, que esta inseguridad y contínua zozobra en que nos hallamos, proviene principalmente de ese tráfico clandestino y de sus consecuencias más inmediatas.

En el Limonar y en Trinidad acaecieron las primeras sublevaciones importantes de los esclavos: incendiaron éstos algunas hermosas fincas de aquellos distritos, y cometieron horribles asesinatos. En Bemba estalló hace un año otra erupcion espantosa de ese volcan no apagado, y todavía no está seca la sangre derramada en la Sabanilla del Encomendador. En la sublevacion de este último distrito hay que notar, no ya un acto de insubordinacion sin consecuencia, sino una sedicion premeditada y general, que da lugar á las más tristes reflecciones.

A ningun hacendado observador puede ocultársele que ya se ha relajado mucho la buena disciplina de los esclavos; que hay en éstos decidida tendencia á la insubordinacion; y que los administradores, mayorales y demás hombres blancos, han perdido en gran parte el saluble prestigio con que antes los contenían y gobernaban.

De este estado de cosas y de tan recientes sucesos, proviene la emigracion que han hecho á los pueblos y ciudades muchas familias que habitaban los campos, aumentando así el peligro en ellos.—El valor de las propiedades territoriales ha sufrido por las propias razones considerable disminucion, lo mismo que el de los esclavos; pudiéndose asegurar que no se encuentra un comprador para ninguna finca, y sí muchos que quieran vender las que poseen, para alejar sus capitales de nuestro suelo. Estos son los primeros síntomas de un mal grave que atacará al cuerpo social y aún podrá destruirlo; pero que puede todavía evitarse con algunas medidas previsoras y acertadas, adaptables á nuestras circunstancias, y que los hacendados y vecinos siempre han esperado y aguardan de la sabiduría del Gobierno.

No se lisonjea el que suscribe de acertar con todas las causas, más ó ménos próximas, que hayan influido en el estado actual de nuestros asuntos rurales, que no debe equivocarse con el que existía cinco años ántes; pero indicará los motivos que, en su opinion, han contribuido é las presentes circunstancias. El primero de ellos es el excesivo aumento de esclavos africanos, que ya no guarda proporcion con el número de blancos, especialmente en ciertos distritos, aún tomando en cuenta la gran ventaja que dá á éstos su civilizacion. Se agrega á esta causa el grandísimo número de emancipados que en estos últimos años se han introducido; y más todavía: que á muchos de estos emancipados, despues de haber estado algun tiempo de hecho en servidumbre, se les ha dado carta de emancipacion y el goce de la libertad.—Muy léjos está el que informa de censurar esta medida, conforme con la justicia, la humanidad, y con la buena fé que ha caracterizado siempre al nombre español; pero una medida buena en sí, puede producir malos resultados.—Los esclavos han visto salir de las fincas á otros que consideraban esclavos; han visto que se les ha puesto en el goce de su libertad; y muy repetidos estos hechos, han llegado á comprender el motivo á pesar de su natural rudeza, y á experimentar deseos de libertad, que ántes eran ménos vivos.

Y si semejantes hechos no fueran bastantes á darles á conocer que había un poder superior al de los amos, y más favorables que éstos á su libertad; las investigaciones judiciales practicadas para descubrir los emancipados indebidamente ocultados, detenidos, ó reducidos á esclavitud por la sórdida codicia de algunos propietarios; las preguntas é indagaciones que al intento se hacían á los mismos esclavos; eran otras tantas advertencias con las cuales se les sugerían ideas que, en su rusticidad, comprendían á su manera, aumentando y desfigurando su verdadero sentido.

Ni debe disimularse el que por algunos años se ha hecho el contrabando de esclavos, y que, en la introduccion clandestina de estos, era imposible que el Gobierno hiciese cumplir las medidas que se usaban cuando la trata era pública, legal y permitida.—Los esclavos de las fincas rurales han visto por muchos años que llegaban los cargamentos á escondidas, y se repartían de la misma manera, siendo muchas veces perseguidos; por lo cual han llegado á comprender que no es lícita ni permitida esta introduccion, y de aquí deducen su derecho á la libertad.

Tambien es posible, y hay algunos datos para creer el hecho de que en los cargamentos de negros bozales han venido algunos esclavos más instruidos de lo que era necesario, que hablaban el inglés, y que probablemente tenían ideas que han podido sugerir á los otros, contribuyendo todo esto al mal estado moral que se nota en la esclavitud.

Las observaciones que llevo expuestas, me persuaden lo que había dicho al principio, á saber: que ya hemos llegado á un punto en que nuestra agricultura no exige el aumento de esclavos, y en que sería peligroso, muy peligroso, permitir ó tolerar su introduccion.—En la actualidad están desmontados, en su mayor parte, aquellos inmensos bosques que cubrían nuestra isla; el arado ha reemplazado el hacha, y economizándose el trabajo del hombre, se necesitan ménos brazos de los que ántes se requerían para el mismo cultivo.—Se han inventado tambien mejoras en los utensilios de la agricultura, se han introducido máquinas desconocidas ántes, ha habido ahorro de trabajo en las casas de calderas, y el progreso constante de las ciencias y las artes, proporciona cada dia nuevos medios y procedimientos con que se disminuye el trabajo manual.

Por otra parte, habiendo bajado tan extraordinariamente el precio de los frutos, sin que haya por desgracia probabilidad de que vuelva á subir, se ha paralizado la industria agrícola por ésta y otras causas ya anunciadas. Y si á esta se agrega que la misma baja de precios hace que se demuelan muchos ingenios viejos, y que se destruyan ó abandonen muchos cafetales (cuyas dotaciones de esclavos son bajo todo concepto preferibles á los recien llegados de Africa) no podemos admitir la posibilidad de que lleguen á faltar los brazos necesarios.

Las vicisitudes mercantiles y la incontestable excelencia de nuestro tabaco, hacen que se prefiera en el dia su cultivo al de la caña y al del café; y ese cultivo, que se ejerce en pequeño, es muy á propósito para labradores pobres, y por consiguiente no exige brazos esclavos. Además de esto, los hacendados observadores y que conocen sus verdaderos intereses, comprenden la necesidad de introducir en sus fincas trabajadores libres ó colonos blancos, para atender á su propia seguridad; y estos cultivadores, que forzosamente han de aumentarse, contribuirán tambien á hacer innecesarias las nuevas importaciones de africanos.

Todos estos pensamientos me conducen á manifestar á V. E. que estoy plenamente convencido de que ya no hemos menester de más esclavos africanos, y de que los que hoy poseemos, tratados con el cuidado que nos manda la humanidad, bastan á llenar nuestras necesidades agrícolas, pues los que nazcan reemplazarán con ventaja á los que mueran.

Sería yo un ingrato si desconociera la paternal solicitud del Gobierno Supremo y la prediccion con que mira á estos habitantes, cuando quiso conocer á fondo nuestras circunstancias, ántes de adoptar una medida decisiva en asunto de tamaña trascendencia; pero estas circunstancias, las de 1844, bien distintas, repito, de las del año 1835, léjos de oponerse al cumplimiento del tratado, exigirían, como ya lo he dicho, de la prevision del Gobierno Supremo, una medida enérgica que llenase los fines del referido tratado, áun cuando en él no estuviese estipulada. Así lo dicta la prudencia, y así lo manda la primera de todas las leyes naturales, que tienen por objeto la propia conservacion.

Creo, pues, que al intento debe reiterarse la prohibicion de introducir esclavos, de cualquiera parte que sean, é imponerse penas á los

que los introduzcan; bien que declarando ante todas cosas, que esas
penas nunca tendrán efecto retroactivo, no pudiendo aplicarse á sucesos anteriores á su promulgacion. Convendría tambien declarar, á mi
modo de ver, que por ningun motivo se permitieran investigaciones
judiciales sobre la propiedad ó procedencia de los esclavos que existen
hoy en la isla de Cuba. Una declaracion de este género quitaría á los
propietarios toda clase de zozobra sobre este particular.

En cuanto al tamaño y proporcion de las penas (que deberán
hacerse efectivas si se han de precaver los delitos, y que habrán de
alcanzar á todos los que tomen parte en el dicho tráfico, cualesquiera
que ellos sean, segun la letra del referido tratado,) paréceme que serían suficientes las siguientes:—Seis años de presidio á los capitanes
de buques á quienes se probase que se habían destinado á la conduc-
cion de esclavos á la isla de Cuba, de cualquiera parte del mundo.—
Dos años de presidio ó de prision á los segundos capitanes y pilotos
de dichas embarcaciones, á quienes se probase el mismo delito; y en
cuanto á los contramaestres y demás indivíduos de las tripulaciones,
hay buenos motivos para que no se les impongan penas muy severas;
y por tanto opino que solo se les recargue un año de servicio en los
bajeles de S. M., sirviéndoles á ellos de saludable correccion, al mismo
tiempo que sería provechosa á la Real Marina.

Los armadores de la expedicion deberían de tener pena, y no pequeña, como principales autores del delito: dos años de prision y la
confiscacion del buque con todas sus pertenencias, sería la pena que
en mi comcepto merecerían, siempre que no probasen que ignoraban
el objeto á que debía destinarse el buque.—Consiguiente fuera tambien
que todos los que suplieran dineros para carenar ó reparar las naves,
completar sus facturas, suplirlas de vituallas ó pagar las tripulaciones,
sabiendo el objeto á que se destinaban, perdieran sus acreencias, y
que los que asegurasen el barco ó la expedición, con conocimiento del
tráfico que hacía, pagasen una multa igual á la mitad del valor del
seguro, al mismo tiempo que se declarase la nulidad de dichos seguros.

Todavía me parece que más eficaz que todo esto sería que se im-
pusiese la pena de pagar doscientos pesos de multa, ó la de sufrir en

su defecto dos meses de prisión, por cada esclavo, además de la pérdida de éste, á los que se probase que hubiesen comprado ó tuviesen esclavos introducidos en la isla con posterioridad á la publicacion de la Ley Penal.

Con todas estas multas convendría formar un fondo que se conservara en la Tesorería Real, en arca separada, y se invirtiera exclusivamente en transportar á las costas de Africa, ó al punto que señalara el Gobierno, fuera de la isla, todos los negros que se introduzcan en lo sucesivo: dicho transporte debería verificarse por órden de la Comandancia General de Marina, la que adoptaría las precauciones convenientes para que fuese efectivo, y no hubiera en esto ningun fraude ni disimulo. En el caso de que no bastasen los fondos para costear el transporte, debería llenarse el déficit con los municipales ú otros que destinase el Gobierno al efecto; pues en ningun caso debería permitirse, ni bajo pretexto alguno, que quedase en el país uno de esos esclavos, cuya permanencia en nuestro suelo puede producir tan malos resultados.

Siendo así mismo conveniente determinar el tribunal que habría de aplicar estas penas, y evitar que se hicieran ilusorias, por encuentros de jurisdiccion ó cualesquiera otros motivos, paréceme que sería oportuno declarar que de todos estos delitos conociera el juez ordinario más antiguo del pueblo, en cuyo distrito se hubiera introducido el cargamento, ó donde fuese conducido el buque apresado, con apelacion á la Audiencia del distrito en el órden regular, y arreglándose el procedimiento á las formas que establecen las leyes comunes. Con respecto á la Habana, sería útil designar al Teniente Gobernador más antiguo para que conociera en calidad de juez.

Tales son, Excmo. Sr., las medidas que, segun mi corto entender, demandan imperiosamente nuestras presentes difíciles circunstancias, para cortar de raiz el mal crónico que poco á poco ha invadido nuestro cuerpo social, hasta el punto de amenazarle con una segura si no pronta destruccion. Empero, me asiste y me consuela la esperanza de que la sabiduría del Supremo Gobierno de S. M. no tardará en proporcionarnos el remedio más eficaz, que ponga fin á tan violenta situación, asegurando para siempre la posesion de esta Antilla y la felicidad de sus moradores. Estos son los más ardientes votos del que suscribe, que al extender el presente informe con toda la ingenuidad y franqueza de su carácter, cree haber cumplido un deber de su conciencia, á la par que ha satisfecho los deseos de su corazon: y si logra llenar de algun modo el objeto que V. E. se ha propuesto, será completa su satisfaccion.

Dios guarde á V. E. muchos años.—Habana, á 2 de Marzo de 1844.

Exmo. Sr.

(firmado)—*Domingo de Aldama.*

DOCUMENTOS HISTORICOS.

Cartas de la correspondencia del Doctor Félix Figueredo.

(Continúa.)

De Pacheco á Félix Figueredo.

Piloto, Noviembre 28 de 1876.

Dr. Félix Figueredo.

Mi estimado amigo:

Como sé que á usted le agradan las buenas noticias, voy á darle algunas que son positivas, pues las he recibido de los corresponsales y las publican los españoles en *La Bandera*.

El dia 7 del corriente salió de Puerto Plata, á las 2 de la tarde, el vapor *Moctezuma*, habiendo embarcado allí doce cubanos emigrados. Como á las 6 del mismo, estando comiendo, se presentaron los cubanos expresados en la puerta de la cámara intimando la rendicion á los que en ella estaban. A esta intimacion, parece que algunos trataron de defenderse, recibiendo el capitan del vapor, Cacho, dos tiros de revólver en las sienes, muriendo intantáneamente, lo mismo que los camareros José Castro y Marcelino José Mendez, y pasajero Francisco

33

Leguero, y heridos el mayordomo, un fogonero y un pasajero; el resto de pasajeros y la tripulacion se rindió.

Al llegar frente á un punto de Haití, desembarcaron á los rendidos, dejando abordo á los maquinistas, fogoneros, un piloto y varios tripulantes á fin de que los condujesen al puerto que ellos le indicasen.

Los salvados llegaron á Port-au-Prince en un vaporcito que en Punta Paz les facilitó el Gobernador, para dirigirse á Cabo Haitiano, adonde llegaron y tomaron el francés que los condujo á Santiago de Cuba.

Este hecho, amigo mio, es heróico, 12 cubanos contra 50 españoles, que de capitan abajo formaban la tripulacion. Aún no se sabe el destino del *Moctezuma*. El cargamento vale más de 300,000 pesos, con unos 15,000 pesos qué traia en dinero.

El general Arsenio Martinez Campos se ha hecho ya cargo de la Capitanía General de la Habana. A Holguin va destinado Sabás Marin. Segun *La Bandera*, se ha llevado á efecto en Madrid el empréstito para la isla de Cuba. En una reunion de 250 diputados, el señor Cánovas del Castillo declaró que era determinacion del Gobierno conservar á Cuba á cualquier costo.

Del ingenio Santa Cruz (Navarrete) ha salido al campo gran número de esclavos: ignoro cuántos serán, pues parece que todavía no han podido unírsenos. Voy á mandar gente en su busca.

El general salió de los Lazos el 22.

Me alegraria desechara usted la idea de que mi enfermedad es jarana, y tratara de aliviar á uno de sus buenos amigos.

Suyo,
Pacheco.

De Félix Figueredo á «El Periquero».

El Mijial (Cuba Libre) y Diciembre 18 de 1875.

Sr. Director de *El Periquero*, de Holguin.

Muy Sr. mio y de toda mi consideracion: Como San Isidoro continúa haciendo milagros, mal que les pese á los señores brigadier Esponda y Juez de primera instancia, hizo que llegara á nuestras manos el periódico del 16 del corriente mes para no faltar al convenio que hemos celebrado. Esto le probará á usted que nosotros tenemos con los santos alguna influencia, y en verdad tiene que ser así porque somos demasiado fieles en nuestros votos, y porque pagamos con puntualidad nuestras ofrendas, recibiendo en pago los soplos del Espíritu Santo.

Hablando del periodiquin y las noticias que propaga, puedo asegurarle que las conozco todas y que lo he leido todo, deduciendo de su lectura insípida que ustedes, como buenos íntegros, se mantienen firmes en callar lo que todo el mundo está cansado de saber, y en decir lo que nadie quiere creer; y como esto necesita demostracion, dígnese dejar por un momento sus múltiples atenciones y parar oidos en lo que voy á apuntar para que haga el uso que le parezca más conveniente, aunque de antemano sepamos cuál será.

Dice su periódico, entre otras cosas, «que andaban los insurrectos merodeando por la sabana y al ver desarmado á D. Pedro Meseguer y Ascencio, se lanzaron tras él como lobos hambrientos, y al alcanzarlo en la corrida le asestaron tan *terrible machetazo* (ojo mucho ojo) que le produjo la ... desnudez y alguna otra cosilla; y despues, por el aviso de un muchacho, fué recogido por los guerrilleros y llevado al hospital de la ciudad, donde le hizo la cura de primera intencion el cirujano Corrales, y más tarde le fué amputado un brazo por el doctor Soloegui.»

Cierto, muy cierto es que el voluntario, cabo de artillería, D. Pedro Meseguer y Ascencio, recibió tan terrible machetazo, y Dios le conserve la vida por muchos años, ya que se salvó de la tremenda, para que cuente *á los no escarmentados* cómo se reciben esos milagros y para que pueda engullirse los cien pesos, producto de la suscricion en su favor, sintiendo nosotros.... un extraordinario placer con haber visto entre los suscritores los nombres del *patriota* Gerardo Perez Puellez, de Aurelio Maza, que en 1868 tiraba cartas á los de la Periquera, de Manuel Betancourt, de Miguel Figueras y otros beneméritos más, como Julian Gorgas, que mejor le estaria acordarse de lo que los españoles hicieron á su honrado padre,....

Pero lo que no es digerible, fumable ni creible, es lo de que los insurrectos anduviesen entretenidos *en merodear por la sabana,* y puesto que ni usted, ni el autor del remitido, ni los bravos de Holguin, quisieron salir de la ciudad el dia dos del corriente mes, cuando los insurrectos salieron de los Pedernales (q. e. p. d.), para mirar por sus ojos lo que pasaba á ménos de un kilómetro de la poblacion, nos tomaremos la pena de contárselo, para que le dé publicidad, á fin de que su periódico en lo sucesivo conquiste fama de verídico.

Es el caso que, anunciada con anticipacion una visita de inspeccion al Departamento de Oriente por el Gobierno de nuestra República democrática, se concibió el proyecto de prepararle una fiesta nacional, de las que nosotros acostumbramos llamar de bala, tizon y machete. Llegado que hubo al territorio de Holguin, se le dió conocimiento del proyecto, que no tuvo inconveniente en aceptar, poniendo por condicion, para que la fiesta fuese más ruidosa, que se llevase una charanga para pasear una hermosa bandera cubana, que acaba de traer de Nueva York y regalar al Presidente, el expedicionario comandante Barnet. Aceptada y aplaudida la condicion, se organizó en Tacajó, bajo las órdenes del general José Antonio Maceo, una columna como de 200 ginetes, con las brigadas de Holguin y Cuba á cargo de los coroneles Arcadio Leyte Vidal y Emilio Noguera; faltando solamente trasladarnos á Alcalá para incorporar las guerrillas de San Fernando y de Melones, mandadas respectivamente por el comandante A. Molina y capitan Mastrapa, lo que se llevó á efecto el 29 de Noviembre. Arreglado todo en el órden expresado, salimos el 1º de Diciembre como á las 10 de la mañana, de Alcalá, con direccion á Jesús María, haciendo el primer alto de una hora en la sabana de las Viajacas, y el segundo á una legua de la carretera de Gibara, donde dispuso el general Maceo dividir en dos la columna, para atacar simultáneamente los fuertes de Jesus María y del Guayabal, tan próximos á la ciudad de Holguin, que veíamos las luces del alumbrado público desde el punto donde hicimos la parada.

Dió el mando de la fuerza que habia de atacar el Guayabal al coronel A. Leyte Vidal, secundado por el coronel Cronvet, para cuyo efecto partieron enseguida, acompañados de los prácticos necesarios y la mitad de la fuerza, como á las once de la noche. El general Maceo se hizo cargo de tomar á Jesus María, de manera que permanecimos en el sitio del alto, el tiempo preciso para dar lugar á que los otros llegasen al Guayabal. Cuando el reloj marcó la hora convenida, mandó el general poner en movimiento el resto de la columna, entrando á pocos momentos en la carretera de Gibara y avanzando siempre sobre el campamento de Jesus María á paso ligero, llevando en la vanguardias las dos guerrillas, que iban apoyadas por el coronel Nogueras, á las que seguian el Cuartel general y Gobierno, y detrás la caballería, con encargo de cubrir la retaguardia y caminos inmediatos. Tan pronto circuló el aviso de hallarse próximo el fuerte, se lanzaron las guerrillas al asalto; haciéndolo con tal denuedo y empuje que á los pocos instantes habian obligado á los guardias civiles que defendian las trincheras á buscar su salvacion en la fuga, no obstante constar su número de cien hombres y de estar prevenidos, como lo comprobaban las tres centinelas que tenían y el haber intentado con sus repetidos disparos de fusilería detener á los primeros asaltantes, pero ¿cómo detener á los primeros que entraron á la trinchera, si lo hicieron machete en mano para dar muerte á todo el que hiciera resistencia? ¿Ni cómo impedirlo, cuando á los cinco minutos de fuego nos hallábamos revueltos dentro del caserío y la trinchera, y la vanguardia, centro é impedimenta en busca de enemigos á quienes dar machete? Aquello era para visto y no para contado, ¡cuadro imponente, iluminado por el incendio de la trinchera! Lo que más llamaba la atencion fué la prontitud con que nuestros guerrilleros se convirtieron en guardias civiles, por haberse puesto los sombreros, uniformes, capas y correaje que allí tomaron en buena lid. Luego que se incendió todo, pues á todo se le dió tizon, tocaron los clarines llamada y formacion, lo que obligó á cada cual á ocupar el lugar que le correspondia. Allí se repartió el parque y demás elementos de guerra ocupados á los guardias, tan malos defensores de la trinchera, y seguidamente el general Maceo mandó tocar marcha, guiando los prácticos, para el Guayabal, donde más ó ménos pasaban las mismas escenas. A nuestro paso por las fincas inmediatas al camino, acudian á ellas nuestros rancheros y asistentes, y despues de limpiarlas les aplicaban el tizon, iluminándonos el camino el resplandor de las hogueras. Divertidos estarian los habitantes de Holguin y campamentos cercanos, al ver tantos incendios sin poder salir á extinguirlos sus bomberos. Veian rapar las barbas al vecindario y se decian ¡Nones! No haya miedo, á cada quisque le llega su San Martin. ¡Adelante! y al Guayabal, donde nos aguardan ¡vencedores! nuestros hermanos. Y érase que se era el amanecer del 2 de Diciembre cuando allí llegamos, hallando un verdadero pueblo cubano de niños, hombres, ancianos y mujeres, que se saludaban y abrazaban, gritando: «¡Viva Cuba Libre!» Y nuestros soldados que decian: «¡Qué salgan! ¡A que no vienen! ¡Veremos al gavilan (Maceo) arrojarse sobre ellos y darles machete como en la Demajagua! Puff! Ya se aproximan!....» Pero ¿qué es aquello? El sol que asoma por Oriente y en la tierra una estrella «¡Viva Cuba Libre!!!» gritaron todos locos de entusiasmo. En aquel momento nuestra charanga tocaba el himno villareño, al desplegarse, gallarda y soberbia, la bandera de la patria.

Tres horas permanecimos en las ruinas de lo que fué campamento del Guayabal, miéntras se organizó de nuevo la columna, colocando en el centro la numerosa impedimenta aumentada con tantas familias y tanto ganado, que se dió á la custodia de los ex-voluntarios que, ya cubanos, se nos incorporaron bien armados de fusiles y machetes. Salimos con rumbo á los Pedernales, acercándonos cada vez más á las fortificaciones contiguas á Holguin, y en espera de que el enemigo saliera á interrumpir nuestra marcha, ansioso de quitarnos la presa que le habíamos arrancado, y á.... dispersarnos, como acostumbran decir en sus revistas quincenales. Por más que lo deseamos, para ver á nuestros ginetes maniobrar en un terreno tan á propósito para la caballería, no lo conseguíamos. Y, por Dios, que el general Maceo estaba contrariado porque no salian, pues era su afan confirmar la bandera «con un repiqueteo de machete»: así lo decia á cada paso y aún tenía esperanza de conseguirlo al pasar por algunas de las vías que existen entre Holguin, Mata-Toro, San Andrés y el Yareyal, y tan empeñado estaba en ello, y lo creia tan seguro, que se adelantó, colocándose en la vanguardia de la columna con los ginetes exploradores y 150 más, ordenando al resto de la caballería cubriese la extrema retaguardia; pero, despues de atravesar los caminos mencionados, el deseado enemigo no aparecia. Continuamos adelante, girando sobre Holguin y los Pedernales, siempre con la bandera desplegada y colocado el que la llevaba entre el Cuartel general y el Gobierno. De pronto se oyeron tiros por vanguardia y la columna en masa repitió ¡el enemigo! ¿Qué sucedia? ¿Qué significaban aquellos disparos? Que el destacamento defensor de la trinchera de Pedernales al descubrir nuestro pabellon tricolor, quisieron saludarlo con algunos disparos: los nuestros lo tomaron á ofensa y á escape tomaron la direccion de la trinchera. Era de ver cómo se lanzaron unos á tiros y otros blandiendo sus machetes, gritándoles: ¡ahora lo veremos! ¡cojerles la retirada! ¡ya huyen! ¡que se escapan! ¡tírales, tírales! ¡cobardes! Y efectivamente, se les veia correr como perros jíbaros, salvando matorrales, cercas y demás obstáculos, para poder ganar un monte que estaba próximo, y se marcharon ¡cobardes! sin intentar defender la trinchera, dejándola abandonada, lo mismo que á las familias y todo el caserío que inmediatamente fué inundado por nuestros soldados, asistentes y rancheros, para utilizar todo lo que allí encontraron y que tan *sabrosamente* habian ganado. Digo esto porque no tuvimos allí baja alguna, no obstante ser tomada la trinchera á pecho descubierto, y á pesar de su buena construccion y situacion para la defensa.

Como á las 10 de la mañana quedó terminada la operacion del campamento Pedernales, con la quema de todos sus establecimientos y la ocupacion de todo lo útil, principalmente el armamento y algunos miles de cartuchos, y concluida que fué, avanzó nuestra caballería con su descubierta desplegada, acercándose más á la poblacion de Holguin por la entrada que llaman de Cuba á Bayamo, donde acababa de ver algunos hombres que tomaron por exploradores enemigos, miéntras el resto de la columna seguia las huellas de la caballería para apoyarla en caso necesario, es decir, en caso de que los de Holguin aceptasen el combate á campo abierto, que de hecho se les proponia no sólo con la presencia de toda la columna *en la sabana*, sino con la persecucion de los que entraban y salian de la poblacion, y aquí fué cuando *el cabo de artillería D. Pedro Meseguer y Asencio*, por su mala estrella, tuvo la desgracia de que lo alcanzaran en su precipitada fuga y le asestaran *tan terrible machetazo*. Más infortunados fueron otros que intentaron tambien correr y alcanzados que fueron, se les dió machete tan de veras, que con seguridad hicieron inútiles los conocimientos científicos de los doctores Corrales y Soloegui.

Por distintas veces se desplegó nuestra caballería como á mil metros, á vista de la poblacion, pero aquellas evoluciones no eran interpretadas ni siquiera comprendidas por los señores defensores de la integridad del territorio. Se contentaron con dispararnos dos cañonazos con bala rasa que tomamos por el primer aviso, y en espera de lo demás, nos cansamos de esperar hasta que comprendimos que los disparos de cañon eran señal de respetuoso saludo á nuestro pabellon nacional y al Presidente de la República, y como prueba de agradecimiento les damos las más expresivas gracias.

En la misma sabana, en un paso del arroyo Miradero, en el camino de Mayabe y siempre á vista de las torres de la ciudad, hicimos otra parada en espera del enemigo, hasta que convencido el general Maceo *que no queria pelear*, juzgó oportuno no esperar más y marchar para el Mijial para dar descanso á la columna, que llevaba 28 horas consecutivas de andar y de fatigas en los tres campamentos de Jesus María, Guayabal y los Pedernales, asaltados, tomados y quemados. Esto último, con el simple objeto de purificar nuestra atmósfera, tan insalubre desde la conquista.

Si fuésemos, Sr. Director, á analizar esta brillante operacion y á deducir sus consecuencias, alcanzaríamos, tal vez, que nos aplicaran algunos artículos y sueltos, con epítetos escogidos, los padres de *El Periquero* que, entendemos, deben serlo el *Diario de la Marina y La Voz de Cuba* y nuestra antigua conocida, *La Bandera Española;* pero no lo haremos porque nos falta tiempo, y sólo queremos manifestar al *Periquero* que «donde las dan las toman», y que si los íntegros de Holguin tuvieron á bien lucirse con recepciones, banquetes y serenatas por la llegada de S. E. el Sr. Brigadier Esponda, nosotros, que no somos ménos, estimamos oportuno recibir al Gobierno de nuestra República democrática, proporcionándoles horas agradables con una fiesta nacional de las que llamaremos de Bala, Tizon y Machete, y despues retirarnos á disfrutar el producto de una suscricion forzosa, que dió por resultado: 60 bueyes, 100 cerdos, más de 1,000 aves domésticas, amen de otras frioleras de alguna importancia, como han sido el ingreso de 40 voluntarios armados de rifles y algunos miles de cartuchos metálicos, que devolvemos uno á uno, junto con los que vinieron con la bandera que trajo de New York el comandante Barnet.

Como en los fuegos no artificiales siempre se saca lasca, tenemos á bien no ocultar que en toda la fiesta tuvimos 4 bajas: una definitiva, que fué el sargento Odalio Batista, al asaltar, el primero, la trinchera de Jesus María, y tres heridos, que fueron: el sub-teniente Benito Gonzalez, el sargento José O'Brien, tambien en Jesus María, y el cabo Federico Peña en la entrada de Cuba, los cuales heridos siguen bien y ya casi curados, gracias á los cuidados que les han prodigado los doctores Collado, Brioso y Blanca Rosa.

Ya vé usted, Sr. Director, cómo tambien tenemos doctores y damos fiestas al Gobierno, al que obsequiamos con banquetes, serenatas y teatros donde se representan tragedias y dramas escogidos del moderno repertorio. Aseguramos á usted que aquí va estampada la verdad de todo lo acontecido en los dias 1 y 2 del corriente mes de Diciembre de 1875, verdad que si usted la examina hallará tan desnuda como el cabo de artillería D. Pedro Meseguer y Ascencio. Le encarecemos dé publicidad á ésta, siempre que lo tenga á bien S. E. el Brigadier Esponda, para que los lectores de su insulso periódico se convenzan que hubo de todo, ménos aquello de que «los insurrectos anduviesen merodeando por la sabana.»

Y ántes de concluir participo á usted que nuestro Gobierno, al despedirse para Camagüey, por estar más cerca del teatro de las Villas, nos prometió que la descripcion de esta operacion, con tan feliz éxito llevada á cabo por el general Maceo, se publicaria con preferencia á otras en nuestro *Boletin de la Guerra y Estrella Solitaria,* y que una copia iria á manos del Sr. Bellido de Luna, Director de *La Independencia,* en New York, para buscarle quisquillas al finchado Sr. Ferrer de Couto. Se le saluda fraternalmente, Sr. Director de *El Periquero,* deseando que nunca se vea perseguido por alguno de los que alcanzaron al cabo Meseguer y Ascencio, pues pudiera acontecer.... vamos.... mejor es no decirlo, no sea que le acometan pesadillas.

De usted seguro servidor,

F. F.

Nota.—Remitido al periódico *El Periquero* de Holguin, por conducto de Avilés. Fué una cópia para el Presidente de la República. Otra para el Mayor Iñiguez.

El Autor.

GIBARA Y SU JURISDICCION.

(CONTINUACION).

Examinando varios expedientes antiguos de realengos denunciados en el departamento Oriental, he podido apreciar que durante algunos años despues todavía no figuraba Gibara como entidad útil á la república, y tanto es así, que en 1767 no pasaba de ser un embarcadero, muy poco frecuentado por cierto, del corral de Arroyo Blanco, al tenor de lo que informan las páginas de un pleito iniciado en 1808, á propósito de la propiedad disputada á D. Manuel Pupo y Leon del expresado Corral, sin que por ser su embarcadero, como he dicho antes, pertenecieran los terrenos limítrofes de la bahía al repetido Corral, circunstancia que se puso en claro al rectificar los agrimensores la superficie correspondiente al Arroyo Blanco.

Eran realengos por entonces los terrenos de la Punta de Yarey (Gibara) y en ese concepto los denunció el regidor del Ayuntamiento de Holguin D. Francisco Dominguez, á quien se le cedieron á censo en Julio de 1756 como hemos visto ya al principio del presente capítulo.

Es más, ni como puerto de mar figura Gibara en los mapas primitivos de la isla de Cuba.

En efecto: en el manuscrito de Juan de la Costa, piloto que acompañó á Colon en su segundo viaje al Nuevo Mundo, y que delineó la
parte de América que aquél habia descubierto hasta entónces—mapa
que fué presentado en Segovia á la reina Isabel—sólo aparecen representadas en él las palabras siguientes: *P. del Príncipe.*—C. Serafin.
—C. Maguey.—Bien baja.—Abangelifta y nada más, (año de 1500).

En la porcion de una de las cartas del mapa manuscrito tambien
de Guilleaume de Testu, en que aparece la isla de Cuba muy defor-
memente representada por cierto, sólo figuran Baracoa y Puerto del
Padre en la costa donde se halla la bahía de Gibara (1555).

En el plano de la isla de Cuba de Paolo Forlano, no aparece ni
Puerto Príncipe, ni Baracoa, ni mucho ménos Gibara (1564).

En otro del mismo autor, titulado *La descriptione de il Perú,* en
cuya carta figura la isla de Cuba, muy mal dibujada por cierto, y tanto, que si se conoce que es ella, es por el nombre allí estampado, sólo
aparece P. Príncipe.—C. Calinas y C. Maicí (1564 y 1565).

Me estoy refiriendo en todos estos mapas, á la parte de la costa
en que radica la bahía de Gibara.

En la carta de Teodoro Bry, y dispénseme el lector esta indigesta
nomenclatura, figuran Puerto Padre y Baracoa solamente (1594).

En la gran caita manuscrita y pintada, de Matheum Nevenium
Pecciolem, sólo aparece Puerto del Manatícay.—Puerto del Padre.—
Bocas de Bamy y Zaraboa (1604).

En la isla de Cuba del atlas de Hondius, figura ya nuestro país de
una manera bastante parecida en su contorno al que realmente tiene,
y aparecen en dicho mapa, Puerto Príncipe.—Monxpi.—Isabella.—
P. Ricco y Baracoa, pero no Gibara: sin embargo, ya en esta carta
se determinan seis entradas en la costa Norte desde Baracoa á P.
Ricco, entre las cuales una tiene necesariamente que indicar la bahía
de Gibara, pero todas ellas carecen de nombre propio (1607).

Por último en una carta portuguesa, pintada sobre pergamino que
se halla en la biblioteca real de París, bastante bien contorneada la
isla de Cuba, para aquellos tiempos, figuran solamente en la costa

Norte los nombres siguientes: B. del Pr. Cepe y P. del Padre, pero ni Cuba, ni Baracoa, ni ningun otro puerto con su nombre respectivo (1618).

En el bien detallado mapa de La Torre, nuestro compatriota, dibujado con arreglo á los antecedentes que se tienen de los viajes de Colon, cuyos derroteros se marcan en él por medios de puntos, aparece una entrada en la costa que por su configuracion y por su proximidad á Puerto Padre, se deduce que es el puerto de Gibara, pero tampoco tiene allí nombre propio que lo determine, y eso que fué impreso en 1841.

Sólo viene á encontrarse la palabra buscada entre los mapas antiguos de Cuba, en el dibujado en París el año de 1827, y el cual se halla unido al *Ensayo Político sobre la isla de Cuba* del Baron de Humboldt.

La carta llamada de Vives, es posterior á esa fecha y en ella aparece tambien el puerto de Gibara con su nombre propio.

No creo, sin embargo, que sea el de Humboldt el primer mapa en que figure el puerto de Gibara con su nombre que lo determine, pero si así fuere no he tenido la suerte de dar con él.

Por manera que hay que convenir, á falta de otros antecedentes, en que los primeros destellos de la existencia del puerto de Gibara datan del año de 1755, segun manifesté anteriormente.

Bien es verdad que la de Holguin tampoco se conoció hasta 1698 con la significacion de *hato* y para esto le aventajó Managuaco en órden de antigüedad.

Perdida, pues, la existencia de mi pueblo en la oscuridad del pasado, por lo ménos en lo que se refiere á documentos escritos, hay forzosamente que relacionar su orígen con la época en que D. Francisco Dominguez denunció sus terrenos al Ayuntamiento de Holguin en calidad de realengos, año de 1756, si bien como poblacion sólo viene á figurar en los comienzos del presente siglo, como se ha visto ya.

ETIMOLOGÍA DE LA PALABRA GIBARA.

Jibá—Jibara, son voces indígenas, propias de un arbusto silvestre que abunda en las orillas de los rios, lagunas y tierras anegadas (1) y en los terrenos pedregosos y rocas marítimas, segun la clase del arbusto dentro de la misma familia.

En el departamento Oriental se conoce con el nombre de *Jibá:* en Villaclara con el de Jibara, segun el mismo Pichardo.

En cuanto al cambio de la J. por la G. con que generalmente se escribe hoy el nombre propio de la villa de Gibara, no encuentro ninguna razon gramatical que la justifique: en ese concepto estimo que se ha hecho mal en quitarle la pureza etimológica que tenía la palabra, la cual ha perdido, sin duda alguna, con la sustitucion de la G, porque á mayor abundamiento esa letra no se conocia en el vocabulario indígena.

Sin embargo el uso ha sancionado el cambio, y no seré yo por cierto quien tire de mi tizona para desfacer el entuerto cometido contra el idioma de Hatuey, por más que lo desapruebe.

Describiendo Pichardo el arbusto de donde procede, á mi juicio, el nombre de mi pueblo, dice, que el que se cria en los terrenos pantanosos florece en la primavera, y el fruto á manera de *mango*, lo comen las jicoteas.

Otro *Jibá*, añade, se encuentra en los bosque y tierras feraces que florece de Febrero á Marzo y la semilla por Abril ó Mayo, la comen el *sinsonte*, el *cao*, la *cotorra*, la *torcaz*, el *zorzal real* y las aves domésticas; dice, refiriéndose á informes del cura de Guamutas, que el cocimiento de la raiz se emplea empíricamente en los golpes de caidas y crée que destruye las apostemas: el fruto de tinte rojo.

El Sr. Lasagra habla de varias especies de *Jibá* (continúa Pichardo) entre ellas el *Erithroxylum breviper,* de hojas pequeñas, ovaladas, espatuladas muy obtusas, etc., etc.; flores solitarias de muy corto pe-

(1) Pichardo, *Diccionario de voces cubanas.* Pág. 149.

dúnculo que lucen en Octubre; fruto unilocular, *crece en las rocas marítimas.*

El Dr. Gundlach dice que la primera definicion pertenece al *Bagá,* salvo el nombre científico *Erithroxylum:* que la fruta del *Jibá* es chica, colorada y la mata de *terrenos pedregosos.*

De aquí y de otros antecedentes, deduce Pichardo, que este *Jibá* es el que en Villaclara y otros lugares de Vuelta arriba llaman *Jibara.* El que vió él en Junio, dice que es un arbusto de hojas alternas, ovales, borde liso, pálidas por debajo: las frutas rojas, redondas, del tamaño del *Ají guaguao,* que salen pegadas de las ramas, estrelladas con un pedúnculo de media pulgada, que lo come el sinsonte.

Ahora bien, es de suponerse que nuestros abuelos, aquellos que florecieron á mediados del siglo pasado, cuando pisaron por primera vez el territorio gibareño, encontrando mucho *Jibá* á orillas del rio Gibara que desemboca en la bahía, le bautizaran con el nombre de Jibara que despues se le dió á la Punta de Yarey.

Tambien puede suceder que tomara mi pueblo directamente su nombre del *Jibá* que, segun Lasagra, crece en *las rocas marítimas,* puesto que Gibara se encuentra rodeado por la parte del Norte de dichas rocas, en las cuales se criaban esos arbustos. O bien, y esto es lo más racional, que tomara el referido nombre del *Jibara* de Pichardo, siendo así que, segun recuerdo, abundaba mucho ese arbusto en mi tiempo, allá por las faldas de la loma de la Vigía, cuando todo aquello estaba cubierto de maniguas y monte bajo.

Pero sea de ello lo que fuere, y en la imposibilidad de dar con la verdad histórica, precisa é irrecusable de la cosa, hay que concurrir en que el nombre que lleva hoy la villa de Gibara, procede del arbusto ya repetido tantas veces, *Jibá ó Jibara,* y no de la palabra *Jíbaro* como se crée vulgarmente en mi pueblo: voz indígena tambien esta última que significa *montaraz, rústico, indomable,* aplicada generalmente á los animales que tienen esas cualidades, sobre todo, al *perro jíbaro* que se cria indómito en los montes de Cuba y con cuyo mote de *jíbaros* se tilda á los gibareños, allá en Oriente, cuando el vulgo ignorante procura denigrarlos.

Tambien nos llaman *cangrejeros* como á los cardenenses y con igual intento, á causa de que en ambas localidades se crian en abundancia dichos crustáceos.

Hay, sin embargo, una diferencia notable entre Cárdenas y Gibara respecto de este particular, que deseo aclarar, ya que la ocasion se me presenta propicia.

En Cárdenas segun tengo entendido no se cria más que el cangrejo blanco ó azul; propio ó natural de los terrenos pantanosos, á tiempo que en Gibara se cria aquella especie en las humedades de la playa (1) y en las mágenes de los rios Gibara y Cacuyugüin; y se cria además el colorado en las alturas rocayosas de *Los colgadizos* (2).

El primero vive y procrea en terrenos húmedos como he dicho ya: el segundo vive en las pequeñas cuevas que tienen las piedras cavernosas, y sólo salen en bandadas cuando las tronadas sacuden sus hogares, ó cuando les llega la época del desove, y se trasladan entónces á las playas del mar, en busca de una fuerza mecánica que ayude á las hembras á descargar sus huevecillos que, en cantidad prodigiosa, guarda la cangreja en la parte anterior de su vientre. Sucede entónces una cosa muy curiosa: colócase el crustáceo á todo lo largo de las últimas líneas que forman las olas al morir sobre la arena, y allí, esperando el frote que produce semejante rozamiento al ir y venir de las aguas agitadas, permanecen batallando con el mar hasta que libres ya de la carga, retornan al hogar comun.

Por lo ménos, si el traslado ya referido de esos animales á la playa del mar, no es cosa comun en otras partes, lo que es en Gibara se ha repetido varias veces: apelo al testimonio de mis paisanos.

Por mi parte voy á referir lo que presencié una ocasion, á propósito de ese asunto, y lo hago con tanto más gusto y motivo, cuanto que segun entiendo, el cangrejo colorado de la especie á que me refiero, no es conocido de todos nuestros naturalistas.

Era un dia del mes de Mayo ó Junio: paseábame por los alrededo-

(1) Ciénaga salitrosa, de cuyo lugar me ocuparé á su debido tiempo.
(2) En el capítulo 4? se hace una explicacion detallada de lo que se conoce en Gi-con ese nombre, peña digna de estudio, porque determina con toda fijeza elcrecimiento lateral de la Isla por aquella parte.

res de Los Colgadizos, cuando observé que, procedente de ellos, por la direccion que llevaban, se dirigia á la playa próxima, un ejército considerable de cangrejos colorados en estado de extrema preñez; llegaron hasta la línea donde las olas muertas lamen la arena, y despues de algun *batallar con el Océano*, soltaron sus huevos todos. Al oscurecer de la tarde no sólo estaba inundada toda la playa, que no es pequeña, por los nuevos séres vivientes, sino que tambien se extendian por todo el ramblazo próximo á la misma, llegando á las primeras casas del poblado. El aspecto que presentaba toda la superficie cubierta por millares de millares de cangrejos de tamaño de una mosca próximamente era sorprendente, más que por su extension, por el efecto que producia hormigueando aquella inmensa alfombra color de escarlata. Vino la noche y con ella desaparecieron los recien nacidos cangrejos, sin que yo pueda asegurar á dónde fueron á parar.

FECHA DE LA FUNDACION DE LAS PRINCIPALES POBLACIONES DE LA ISLA DE CUBA.

N.° de órden.	Nombre del pueblo.		Año de la fundacion.
1	Baracoa		1512
2	Bayamo	Guaisabana	1511
		Donde se halla hoy	1512
3	Puerto Príncipe (1)		1514
4	Trinidad	En Pueblo Viejo	1511
		Donde se halla hoy	1515
5	Santiago de Cuba		1515
6	Habana	En Carenas	1515
		Donde se halla hoy	1519
7	Guanabacoa		1555
8	Remedios		1545 / 1618
9	Santa Clara		1689
10	Regla		1689
11	Consolacion del Sur		1690
12	Matánzas		1693
13	Jiguaní		1701

(1) Estuvo primero en la boca del Puerto de Nuevitas.

Nº de órden.	Nombre del pueblo.	Año de la fundacion.
14	Bejucal........	1714
15	Holguin........ { En Managuaco..........	1698
	{ Donde se halla hoy.	1720
16	Mayarí.................................	1757
17	Jaruco.................................	1770
18	Santa María del Rosario...,..............	1773
19	Pinar del Rio.......	1774
20	Santiago de las Vegas....................	1791
21	Sagua de Tánamo..	1794
22	San Antonio de los Baños.................	1794
23	Güines	1813
24	Sagua la Grande...............	1816
25	Gibara.................................	1817
26	Nuevitas................................ {	1775
		1819
27	Cienfuegos.............	1819
28	Manzanillo..........................	1823
29	Colon.....	1824
30	Las Tunas (Erigido en Parroquia)..........	1842
31	Cárdenas	1843
32	Guantnáamo...............	1843

HERMINIO C. LEYVA.

NOTAS CRITICAS.

———

Emile Faguet. — *Etudes littéraires sur le XIX*^e *siècle.* — 1 vol. — Paris. — 1887.

Diez estudios comprende este volúmen; los tres primeros, sobre Chateaubriand, Lamartine y Victor Hugo, ocupan más de la mitad de la obra; los otros tratan de Musset, de Vigny y de Gautier, entre los poetas; de un historiador, Michelet, y de tres novelistas, Merimée, George Sand y Balzac. En conjunto, puede decirse que es lo mejor en su clase publicado de algun tiempo á esta parte, y su autor se revela como uno de los críticos más distinguidos de la presente generacion.

El estudio sobre Víctor Hugo está muy bien y detenidamente hecho; contiene, sobre todo, unas veinte páginas, intituladas «el ritmo en Hugo», que deben leerse, para comprender exactamente en qué consiste la superioridad de sus versos, comparados con los de todos los demás poetas de Francia. El análisis de esa faz importantísima de las poesías de Victor Hugo, es, en especial, de la mayor utilidad para los extranjeros, á quienes puede fácilmente escapársenos gran parte de lo que constituye el valor esencial de obras de ese género. Por cumplidamente que se conozca un idioma extraño, hay siempre en la

música de la versificacion combinaciones de sonidos, matices en el
acento de las vocales, pausas forzosas en el choque de ciertas sílabas,
armonías fugitivas, que sólo los naturales del país logran percibir inmediatamente, y que á menudo necesitamos que nos señalen, para
darnos cuenta exacta de la impresion recibida. En ese terreno ha
obtenido Hugo efectos maravillosos, guiado por su instinto del ritmo,
que fué en él, segun la expresion de M. Faguet, casi absolutamente
infalible. Poseyó á la perfeccion, desde el principio de su carrera, ese
talento envidiable; es decir, el arte de expresarse por medio de frases
musicales, de asociar íntimamente el sonido á la idea, haciéndose
comprender por el oido tanto como por la inteligencia, y áun primero
que la inteligencia misma llegue á darse cuenta de lo que escucha.
Así es que, segun M. Faguet, para estudiar la rítmica francesa, se
pueden echar á un lado todos los poetas, y reservarse únicamente
dos, La Fontaine y Víctor Hugo, en los cuales se aunan la perfeccion
del estilo y la riqueza del ritmo, para producir los más variados é ini-
mitables efectos.

Tambien analiza, con gran penetracion, el talento de Alfredo de
Musset, á quien llama el Heine francés, y por quien es sabido que
Heine mismo mostró cierto cariño, hasta el punto de preferirlo á
todos los otros poetas contemporáneos de Francia. Musset, dotado
por la naturaleza de la más exquisita sensibilidad, flaqueó como artista, por falta de imaginacion creadora. Con un talento de escritor muy
notable, en prosa y en verso; con el más comunicativo y vibrante
acento de pasion profunda y sincera, no llegó, sin embargo, á la altura de Víctor Hugo, ni de Lamartine, á causa de esa desproporcion
entre su sensibilidad y su imaginacion, entre su gracia natural y el
vigor, puramente artificial, de su pensamiento. Esto lo estudia, con
suma sagacidad, M. Faguet, en todo lo que compuso Musset, y al señalar la nota fundamental de su génio, la pasion, explica perfectamente por qué fué tan breve el período verdaderamente fecundo y
notable de la vida poética de Musset.

La pasion, dice M. Faguet, es una de las grandes fuentes del arte;
pero fuente que muy pronto se agota, y que, por otra parte, requiere,
para llegar á la expresion artística, coincidir con ciertas facultades,

ciertos recursos, cierto talento, que ordinariamente no se hallan en una misma época de la vida. Por esa razon hay tantas poesías amatorias escritas por jóvenes, que son ridículas, y tantas otras escritas á los cuarenta años, que son muy frías, aunque agradables. Las primeras pecan por la forma, por la ejecucion; las segundas por el fondo, por el sentimiento. Alfredo de Musset fué una excepcion de esta regla, porque todo en él concurrió á un mismo tiempo, en una misma fecha. Supo hacer versos buenos desde muy temprano, y experimentó todo el ardor de la pasion cuando poseía plenamente el talento de pintarla. Toda su vida moral parece como dirigida hácia la crísis que representan sus cuatro *Noches*, y que se cierra en el *Souvenir*; todo parecía disponerse y conducirlo hácia ese término.

Fuera de esos arranques de pasion violenta y sublime, ofrece Musset encanto incomparable en otros pasajes de gracia dulce y ligera, de esquisita delicadeza, que brotan á veces llenos de frescura, aún en sus poemas ménos inspirados, como el final admirable de *Lucia*, el cual, dice M. Faguet, en su movimiento alado produce la impresion de la fuga de un ave deslizándose por el aire.

Ese final delicioso es uno de los trozos que quedaron mejor en la traduccion que hizo Juan Clemente Zenea de toda la composicion:

¡Oh dulce hogar que hospeda á la inocencia!
¡Cantos, sueños de paz, glorias doradas!....
¡Y tú tambien, pasion conmovedora
Que en el umbral de Margarita hacías
Temblar á Fausto!.... ¿adónde estais ahora,
Dulce candor de los primeros dias?

Duerme por fin en paz! Duerme, ángel mio!
Paz profunda á tu alma! Adios! Tu mano
Ya no más en las noches del estío
Podrá vagar sobre el marfil del piano!....

La traduccion es excelente. Quizás pudiera tacharse el verbo *temblar*, que no corresponde al sentimiento que envuelve la alusion al héroe del poema aleman. Fausto no tiembla al poner el pié por vez primera en el aposento de Margarita, sino que vacila, *titubea*, como dijo Musset; porque entró allí agitado por deseo sensual, y lo detiene una impresion de pureza y castidad, lo embriagan efluvios de amor divino que le hacen sentir «el corazon pesado» y le fuerzan á humillar su orgullo.

Musset era el poeta favorito de Juan Clemente Zenea. Así como puede llamarse al autor de *Lucia* un Heine francés, á pesar de la gran diferencia de valor que entre ambos hay, puede decirse que Zenea es el Musset cubano. Lo traduce, como en el presente caso; lo imita, como en varias otras ocasiones, y á menudo con mucho tino y felicidad. El Sr. Rafael M. Merchan ha señalado todos esos puntos de contacto entre los dos poetas, en un artículo muy notable, publicado en Bogotá y coleccionado en sus *Estudios Críticos*.

Casi siempre las imitaciones de Zenea son más bien reminiscencias. La principal de todas, que es el pedazo del romance *Fidelia* que empieza:

> Tomamos ay! por testigos
> De esta entrevista suprema....

es una aplicacion oportunísima de una idea, que no es la misma, que sólo es parecida, y que se encuentra en el *Souvenir*. Zenea la hizo legítimamente suya, dándole un giro diverso, mientras que en Musset no es original, ni en la esencia ni en la aplicacion, sino copiada, casi literalmente copiada, de un hermoso pasaje de Diderot; pasaje que, á pesar de estar en prosa, he considerado, desde el primer dia que lo leí, como superior bajo todos conceptos, á las cuatro estrofas del *Souvenir*, que son, sin embargo, muy buenas.

Zenea, con mucho tacto, adaptó la idea al cuadro reducido y modesto de su romance, guardando sólo con cuidado el acento melancólico, mientras que Musset, al transcribirla y rimarla, amenguó la fuerza, la claridad enérgica, feroz, que distingue el pasaje de Diderot. Este, para marcar la amarga ironía de su pensamiento, lo pone en boca de un salvaje de la Oceanía, que es quien encuentra contrario á las leyes de la naturaleza que dos séres humanos, «*dos séres de car-*

ne», juren amarse perpétua, inmutablemente, «á la faz de un cielo que no es el mismo durante un solo instante, bajo antros que amenazan derrumbarse, al pié de una roca que se convierte en polvo, á la sombra de un árbol que se seca, sobre una piedra que bambolea.»

Apesar de la innegable identidad de algunas frases de las estrofas de Musset y otras del pasaje citado, no es probable que sean imitacion directa; es decir, que Musset las insertase deliberadamente, sabiendo que eran de Diderot. Lo verosímil es que tambien sean no más que una reminiscencia; Musset había leido pocos años ántes el *Suplemento al viage de Bougainville* y conservaría en la memoria vagamente el recuerdo de esas palabras. M. H. Taine señaló la curiosa coincidencia en el primer volúmen de sus *Orígenes de la Francia contemporánea*, y despues, más detalladamente, Caro en sus estudios sobre «El fin del siglo XVIII.»

Bougainville fué el primer navegante francés que dió la vuelta al mundo, y en 1771 publicó con gran éxito la relacion de su viaje, con cuyo motivo al año siguiente escribió Diderot ese diálogo que llamó *Suplemento al Viaje de Bougainville*, añadiéndole, como entonces se estilaba, un segundo título explicativo en que menciona «los inconvenientes de deducir ideas morales de hechos materiales que no las justifican.» Pero el diálogo no se imprimió sino mucho más tarde, años despues de la muerte de Diderot. Se encuentra en el segundo de la edicion en 20 volúmenes publicada en París de 1875 á 1877, y es una de las más notables entre las obras cortas de Diderot, una de aquellas que dan mejor idea de su brillante talento de escritor.

Esto para completar la indicacion bibliográfica; por lo demás, Musset ciertamente no pretendía seguir las huellas de Diderot en el terreno filosófico. Ni de Diderot ni de ningun otro; en ese campo se aventuró muy poco, puede decirse, no obstante los apóstrofes de *Rolla* y no obstante el *Espoir en Dieu*, que á pesar de que ha sido celebrada por algunos, vale muchísimo ménos que las *Noches*.

El único poeta francés del siglo, que desplegó en sus versos dotes respetables de pensador, de filósofo, acaso fué Alfredo de Vigny, especialmente en sus últimas composiciones, la coleccion póstuma que lleva el título de *Les Destinées*, en las cuales, inspirado por un pesi-

mismo profundo, tan sincero como el de Leopardi, predicó poética,
mente la doctrina del sufrimiento silencioso, de la abnegacion estoica-
como único medio de soportar los males incurables de la vida. Fué
poeta pensador en toda la fuerza del término; es decir, tuvo ideas
filosóficas propias, originales, y trató en sus versos de presentarlas
transformadas en ideas poéticas, vistiéndolas de ámplio y hermoso ropaje, sobria y austeramente envueltas en sus pliegues, como escul-
turas.

En el libro de M. Faguet está Alfredo de Vigny insuficientemente
estudiado, en pocas páginas, que más bien que un análisis completo
parecen apuntes para un juicio. Sin embargo, contiene apreciaciones
exactas y de gran valor. Observa con mucha razon que sus primeras
poesías, escritas al mismo tiempo que se publicaban las *Meditaciones*,
no se parecen en nada á Lamartine, ni debian nada tampoco á los maestros de Lamartine, esto es, á Rousseau, á Benardino de Saint-Pierre ó
á Chateaubriand; mientras que las últimas, compuestas en su vejez,
alejan toda sospecha de que en él influyesen las obras de Hugo, de
Musset ó de Gautier. Lo cual equivale á demostrar que fué un artista
original y esencialmente *subjetivo*, como dicen los alemanes.

He aquí uno ó dos párrafos del estudio de M. Faguet, que pueden
dar idea de su manera de juzgar:

«El Conde de Vigny había nacido triste, desencantado antes de haber
probado la ilusion, cansado de vivir antes de haber vivido. Es el más
sincero, el más profundamente herido y el ménos inconsecuente de la
familia de los Werther, de los Lara y los René. La desolacion de Chateaubriand es nada comparada con la suya. Nadie ha sentido tan plena
ni tan constanmente el tormento verdadero del melancólico, adorar el
ideal no y creer en él. No podía dejar de amar la gloria, el amor, la felicidad, la religión, y le era igualmente imposible creer en la gloria,
en el amor, en la felicidad ó en Dios. La blasfemia era natural en él y
le era muy dolorosa. La juzga homicida y la siente en las fuentes
mismas de su ser, la lleva consigo como una enfermedad del corazon.
Las últimas líneas del poema *El monte de los Olivos* tienen un acento
profundamente desgarrador. El *Diario* de su vida está lleno de los
alaridos de un sufrimiento absoluto....

«Idealista sin creencias, pensador sin fe (profunda por lo ménos) en la dignidad y utilidad del pensamiento, despreciador de la accion, perezoso por sistema y hastiado por temperamente, misántropo que extiende su misantropía hasta la naturaleza entera y hasta á su autor; perpétuo desencantado cuyo único placer fué quebrar en él todo los resortes de la vida: de ahí se explica el reducido número, la brevedad, el aliento corto de sus obras y el gesto de fatiga que parecen conservar.»

Hay un poco de monotonía en todo el libro, el autor á menudo escribe como piensa, sin detenerse á redondear sus frases ni á variar sus períodos. Esto, sin embargo, no aminora su mérito principal, la franqueza con que habla. No repite en forma diferente lo que otros han dicho, sino que expresa lealmente sus opiniones, despues de leer cuidadosamente por sí mismo los autores y las obras de que se ocupa.

E. P.

MISCELANEA.

JOSÉ QUINTIN SUZARTE.

Dolorosamente nos sorprendió en los primeros dias de este mes el fallecimiento del respetable José Quintin Suzarte. Tan retirado vivía, despues del rudo golpe que sufrió con la muerte de su hijo, el malogrado Florencio, que pocos tuvieron noticias de su enfermedad. El duelo ha sido unánime, pues la noticia de su pérdida ha avivado la memoria de sus merecimientos; su laboriosidad durante una larga vida, no exenta de vicisitudes; su ilustracion en muy diversas materias, y empleada siempre en provecho de sus conciudadanos; su probidad, que lo hizo bien quisto hasta de sus adversarios, y que realzó dignamente su vida ejemplar.

Desde muy jóven dedicó su pluma á las tareas periodísticas; que no abandonó sino hasta hace muy poco. Dieziocho años tenía cuando fundó *La Siempreviva*, y anciano ya terminaba su carrera con *El Amigo del País*. En ese largo intervalo, su nombre va unido al de los periódicos más importantes de Cuba, ya de índole literaria, ya de carácter político. El famoso *Faro Industrial* lo tuvo entre sus directores; fué fundador de *El Correo de la Tarde* y despues de *El Siglo*, factores tan importantes del movimiento reformista, que siguió á la última tentativa anexionista y precedió á la guerra de independencia.

Hombre de ideas templadas, pero sinceramente liberales, abogó

temprano por reformas políticas, que pusieran á su pátria al nivel de
los otros pueblos de su misma cultura; y cuidadoso de su porvenir,
estudió con ahinco sus problemas económicos, y propagó sin tregua
las soluciones que creyó más adecuadas y convenientes. No se le
puede negar, sin injusticia, perspicacia y saber; de la pureza de sus intenciones nadie dudó nunca. En cuanto al fruto que recogió de tan
continuada y tan noble labor, es inútil indagarlo. Hubo de retirarse
de la arena desengañado, no fatigado; pensando quizás, con amargura,
que en suelo extraño fué su voz más oida, sus talentos más apreciados, su actividad mejor recompensada. Entre nosotros, de sus servicios
á la pátria que fueron muchos y valiosos, nada recogió sino la íntima
satisfacción de haberlos prestado.

EL DOCTOR VARONA.

De un extenso artículo necrológico dedicado al Dr. Adolfo Varona, que publica el *Medical Times* de Nueva York en su número de
Marzo, traducimos los siguientes párrafos, que contienen el juicio de
un perito sobre sus merecimientos profesionales.

«Poseía el Dr. Varona muy diversos talentos. Era artista por naturaleza: dibujaba bien y manejaba el pincel con habilidad (1). Escribió varias piezas en español, algunas de las cuales son todavía populares en Cuba. Su obra *Sewer Gases* es bien conocido. Deja sin
concluir un manuscrito importante sobre el tratamiento de las heridas.
Como inventor, el Dr. Varona había adquirido nota, pues era inventor de varios ingeniosos instrumentos de cirujía. Sus conocimientos
literarios eran superiores á los de la generalidad de los médicos. Hablaba correctamente el francés, el español, el italiano y el inglés, y
tenía diversos diplomas y títulos de universidades literarias. Aunque
el castellano era su lengua nativa, hablaba el inglés con la misma
perfeccion. Escribía bien, y hablaba aún mejor, pues poseía el raro
don de *pensar de pié*. Generalmente dictaba sus escritos.

«Al mismo tiempo que hombre de tantas capacidades artísticas y de extensa cultura literaria, de excelente juicio y exquisito tac-

---

[1] En su primera juventud fué un ejecutante notable en el piano, y llegó á escribir la música de una de sus zarzuelas.—Nota de la REVISTA.

to, era cirujano por naturaleza. Debemos decir que sobresalió como cirujano; y como tal debemos principalmente lamentarlo. Estaba lleno .de recursos en una emergencia. Su mano era tan firme en la mesa operatoria, como su cabeza ligera. No hemos visto jamás otro operador que usase con mayor limpieza la cuchilla; tanto era el cuidado que ponía en no desperdiciar la sangre y en evitar hasta la apariencia de un descuido.

«Con la muerte del Dr. Varona, la cirujía ha perdido una lumbrera, y la escuela de medicina, con que estaba identificado, ha sufrido una pérdida que le será difícil reparar. Abierto y liberal en sus opiniones profesionales, estaba exento del vicio del fanatismo, y no lo embarazaba el espíritu de secta, ni de especialidad. Considerados su . experiencia y sus talentos, el Dr. Varona era excesivamente modesto y nada presuntuoso. En el gabinete de consulta era la cortesía personificada; evitó siempre cuanto hay de áspero é inhumano en la profesion médica; fué para el pobre, para el infortunado, amable y caritativo; con todos correcto y caballeroso.»

AUGUSTO NICOLAS.

El 18 de Febrero ha muerto en Francia M. Augusto Nicolás, famoso en el mundo católico entre los más ardientes apologistas modernos. Nacido en Burdeos en 1807, se dedicó al foro; pero el campo de su actividad fué desde temprano la polémica religiosa. Heredero del espíritu de controversia de Chateaubriand, sin sus talentos literarios, y de la fe y ardor de Lamennais, sin su inspiracion ni su genio, se lanzó á la quimérica empresa de conciliar los dogmas del cristianismo con las verdades de la ciencia, y produjo numerosas obras, que el espíritu de secta ha esparcido por los paises católicos.

En sus célebres *Etudes philosophiques sur le Christianisme* (1842 1845, 4 vol.), pasmaría su desconocimiento de los verdaderos resultados de la exégesis moderna, si no se recordara la máxima que lo guía en todas sus pesquisas: *Pour bien croire, il faut tout croire.* ¿Qué se le puede reprochar al que todo lo crée? Por eso sin duda la Iglesia lo consideró en ocasiones como hijo mimado, y no se escandalizó, ni cuando comparaba la autenticidad de los Evangelios con la de las *Me-*

morias de la marquesa de Crequi (Etudes, t. IV, p. 127), ni cuando parangonaba la Vírgen María con la ninfa Io. Era cristiano, pero sobre todo era sectario, con tan sincero fanatismo, que ponía las enseñanzas de su iglesia por encima de los mismos dogmas de su religion. Llegó á estampar que «sin la autoridad de la Iglesia, la fe en Jesucristo se convierte en mera preocupacion *(ne devient qu'un préjugé. Etudes*, t. III, p. 212).» Y en uno de los frecuentes raptos de su entusiasmo casi patológico, exclamaba: «¡La intolerancia es la ley de las leyes (t. III, p. 286)!»

Bastan estas muestras de su espíritu, para comprender su popularidad en los dias en que floreció el ultramontanismo. Despues había caido en relativa oscuridad, y sus obras, poco á poco olvidadas, han quedado para ornamento en las bibliotecas de los seminarios.

Entre las pocas de éstas, que no son exclusivamente de carácter apologético, pueden citarse su *Etude sur Maine de Biran* (1858), que es un comentario católico del diario íntimo del célebre psicólogo, y su *Etude sur Eugénie de Guérin* (1863), hermana del malogrado Mauricio, y su igual en talento y espíritu, segun ha dicho Sainte-Beuve.

SONDEOS EN EL MAR.

Varios datos interesantes, relativos á la profundidad de la parte occidental del mar de las Antillas, han sido obtenidos recientemente con ocasion del crucero, en aquellos parajes, del vapor norteamericano *Blake*, enviado por el Gobierno de Washington en mision hidrográfica.

Entre otras investigaciones se ha establecido una línea de sondeos desde Santiago de Cuba hasta la punta oriental de Jamaica, y se ha encontrado una profundidad de 3.000 brazas á 25 millas al Sur de Cuba.

Los sondeos sucesivos han demostrado que dicho punto, tan profundo por sí, es la extremidad oriental de un valle de inmensa profundidad, que se extiende desde Cuba y Jamaica, al Oeste, hasta la bahía de Honduras y las islas del Caiman al Sur. Las islas del Caiman y el Banco Misterioso no son sino las cimas de montañas pertenecientes á una vasta extension submarina, extremamente abrupta hácia su vertiente meridional, de la cadena que corre á lo largo de la parte Sud-Este de Cuba.

ACADEMIA FRANCESA.

El siguiente recuento del personal de la Academia de Francia corresponde á una fecha poco anterior á la muerte de M. Caro:

«Los inmortales estaban completos cuando les hice mis visitas.
Uno de ellos, M. Greard, no ha hecho aún su recepcion solemne.
Treinta y seis nacieron en Francia (de los cuales veinte son parisien-
ses), dos son criollos, uno genovés y el cuarenta de Lóndres.

« Veinte viven al otro lado del rio y son, por antigüedad: MM.
Nisard, el decano de la Academia de Broglie, Camille Doucet, Marmier,
Rousset, de Viel-Castel, el decano por su edad, Mezieres, Caro, Bois-
sier, Renan, Taine, Pasteur, Pailleron, de Mazade, Coppée, el Benjamin de la compañía, Duruy, Bertrand, Leconte de Lisle y Greard.

Diez y siete habitan la ribera derecha: MM. Legeune, Emile
Augier, Cuvillier-Fleury, Emile Oruvier, Alexandre Dumas, John
Lemoinne, Jules Simon, Sardou, de Audiffret-Pasquier, Labiche, Ma-
xime Ducamp, Rousse, Sully-Prudhomme, de Lesseps, Halevy, Leon
Say y Herré.

«Dos están fuera de París: M. Octave Feuillet en Versalles y Mgr.
Perraud en su obispado de Autun.

«Uno está desterrado: Mgr. Henri D'Orleans, Duque de Aumale.

«Uno está incapacitado M. de Viel-Castel; M. Cuvillier-Fleury
está ciego.

«Cuatro son vecinos de la calle de .Tournon: MM. Rousset, Bertrand, Nisard y Cherbuliez; estos dos últimos viven en la misma casa.

«Otros dos viven frente á frente en la calle de Fresnel: MM.
d'Audiffret-Pasquier y Leon Say. Ambos antiguos presidentes del
Senado.

«Seis se alojan en edificios públicos: MM. Camille Doucet, en el
palacio Mazarino; Renan en el Colegio de Francia; Perraud, en el
Palacio Arzobispal; Leconte de Lisle, en el Senado, de que es sub-bi-
bliotecario, y Pasteur, que acaba de suceder al célebre Vulpian como
Secretario perpétuo de la Academia de Ciencias.

«Agregaremos aún que los cuarenta suman más de dos mil seiscientos años de edad, que da un término medio de sesenta y cinco

años. Entre el mayor de todos, el Baron de Viel-Castel, nacido en el otro siglo,—1800—y el *natuminimus* Francois Coppée, hay una diferencia de más de cuarenta años.»

NECROLOGIA.

El 26 de Febrero falleció en Hampstead Mr. James Cotter Morison, uno de los más brillantes literatos ingleses coetáneos, á los cincuenta y siete años de su edad. Despues de excelentes estudios y de una larga residencia en Francia, se dedicó exclusivamente á las letras, siendo asíduo colaborador de las revistas y periódicos literarios de Inglaterra. Fué miembro de la *Positivist Society* y gran propagador de la doctrina positivista.

Publicó en 1863 la que se ha considerado siempre como su principal obra *Life and Times of St. Bernard.* Contribuyó con dos volúmenes á la celebrada coleccion de *Hombres de letras ingleses* de Mr. John Morley, uno sobre Gibbon y otro sobre Macauley. En 1885 dió á luz un folleto de exquisito gusto, *Madame de Maintenon;* y al siguiente año un libro de polémica contra el cristianismo, intitulado *Service of Man.* Se proponía escribir una gran obra sobre la historia francesa, para la que estaba admirablemente preparado, pero el mal estado de su salud le impidió llevarla á cabo. Se le reputaba como uno de los hombre de más amena conversacion en el Reino Unido.

—El 30 de Noviembre del año anterior murió el profesor T. S. Humpidge, químico muy distinguido, á pesar de su juventud. De mero dependiente de un mercader de trigos se elevó por su propio esfuerzo á una cátedra en uno de los principales institutos de Inglaterra, el University College del pais de Gales, y se distinguió por investigaciones personales, que dejarán su nombre en la historia de la química. Se le deben la determinacion del peso atómico del beryllium, y minuciosas pesquisas sobre el calor específico de varios metales. Tradujo al inglés la *Química inorgánica* de Kobbe, y es autor de un estudio: *The Coal-Gas of the Metropolis.* Ha muerto de treinta y cuatro años.

—De la misma edad ha muerto hace poco en Honolulu el viajero Carl Passavant, que se habia dedicado á las exploraciones en Africa.

—El físico francés M. F. J. Raynad, director de la Escuela Superior de Telegrafía, y muy perito en todo lo concerniente á la electricidad, ha muerto en Enero á manos de un asesino. Tradujo al francés el *Tratado de Física* de Gordon.

—Uno de los grandes geólogos americanos, el Dr. Ferdinand Vandeveer Hayden, murió en Filadelfia el 22 de Diciembre. Por más de veinte años estuvo empleado en exploraciones por los territorios occidentales de la Union. Además de sus informes oficiales deja dos obras importantes: *The Great West; its Attractions and Resources* (1880); y *North América* (1883).

—Ha muerto recientemente el profesor Arthur Christiani, del Instituto Fisiológico de Berlin, considerado como gran autoridad en la accion fisiológica de la electricidad, en la fisiología del sistema nervioso, y sobre todo del sentido del oido.

—La universidad de Viena ha sufrido la pérdida (en Noviembre) del Dr. Max Schuster, petrologista eminente.

—Un sabio á quien debe Nueva Zelandia importantes trabajos, Sir Julius von Haast, ha fallecido en los últimos meses del año anterior. Habia nacido en Bonn (Alemania), pero dedicó buena parte de su vida al estudio de esa colonia inglesa. Distinguido como geógrafo y geólogo, se debe á su pluma, á más de otros trabajos dedicados á las sociedades científicas de Inglaterra, una obra intitulada *Geology of the Provinces of Canterbury and Westland*. Fué fundador del Museo de Canterbury, el primero de su clase en el hemisferio sur, y del Instituto Filosófico de Canterbury.

—En Stuttgart ha ocurrido el fallecimiento de Herr August Kappler, conocido por sus trabajos sobre la Guayana Holandesa.

NOTICIAS CIENTIFICAS.

La Academia de Ciencias Morales y Políticas de Francia ha elegido á M. Charles Waddington, profesor de filosofía en la Sorbona, en reemplazo de M. Caro. El candidato vencido fué M. de Pressensé.

—Recientes excavaciones practicadas en Saida (Siria) han dado por resultado el hallazgo del sarcófago que contiene, segun se dice, el cuerpo de Alejandro Magno.

—Las famosas instituciones londonenses King's y University College han solicitado unirse para formar una universidad normal: *Teaching University for London.*

MARLOWE.

(CONCLUSION).

Los críticos andan en bastante desacuerdo respecto á *La trágica historia del Doctor Fausto.* Miéntras Cárlos Lamb considera que á su lado el poema de Goethe es un vulgar melodrama, Lewes—uno de los fieles del Júpiter de Weimar—combate la obra de Marlowe fuertemente. Segun Lewes los pasajes magníficos que hay que reconocerle no pueden salvar el conjunto pesado, vulgar y mal concebido. La más baja bufonería destituida de gracejo, llena gran parte del libro, en opinion del crítico inglés y sus trozos serios piden mayor desarrollo. No tiene, en resúmen, ningun carácter bien descrito, continúa Lewes, y el lector que abra el *Doctor Fausto* bajo la impresion de que ha de ver un asunto filosófico, desenvuelto filosóficamente, se equivoca dos veces, sobre el carácter del genio de Marlowe y el de la época de éste. *Fausto,* sigue el escritor citado, no tiene más intencion filosófica que el *Judío de Malta* ó *Tamhurlan el Grande.* «Es simplemente el desenvolvimiento dramático de una leyenda popular....» Para Hallam, tambien, el Fausto de Marlowe no tiene nada parecido en color dramático á la primera parte del *Judío de Malta.* «Está lleno de bellezas poéticas, dice Hallam, pero con una mezcla de bufonería que debilita el efecto y lo hace en conjunto un mero bosquejo, si bien escrito por un genio, no un trabajo concluido.» ¡Cuán otro, en cambio, el juicio de Taine! El ilustre francés considera el *Doctor Fausto* la mejor obra de su autor, y asienta, despues de examinarla, que Marlowe es á Shakespeare, lo que el Perugino á Rafael (1).

Notable, con efecto, es el Fausto de Marlowe, ya se le considere con relacion á su época, ya aisladamente como la concepcion de un poeta inspirado. Si queremos buscar en él filosofía, la encontraremos seguramente, pero no la filosofía escrita de propósito, con ánimo de hacer propaganda de un sistema ó de crearlo, porque tal tendencia no es propia de las obras meramente literarias, sino la filosofía que consiste en el resultado de las observaciones sobre el carácter de los personajes, y en general del corazon humano. Tampoco hemos de pretender que en sólo un drama de cien páginas escasas, se expresen tantas ideas profundas como en todas las obras de Shakespeare juntas ó en el inmortal *Quijote*. Lo más que puede pedirse á un dramaturgo es que pinte á sus personajes tal como si los estuviéramos viendo, y que sostenga el interés de la accion hasta la última escena. Y ¿qué mejor descritos personajes que Fausto y Mefistófeles, en el drama de Marlowe, y que escenas de más interés que las pintadas en el mismo?

La obra, si se le mira en conjunto y sólo por algunos de sus rasgos, tiene el sello de los antiguos *Misterios*, con algo de los *Autos Sacramentales*, que Calderon elevó en España á tan notable altura. Su desenlace moral, la fé que respira, digna del siglo XVI, en la condenacion de las almas, y en la realidad de la mágia, hacen dudar de que Marlowe, el ateo, el descreido, el cínico, pudiera haberla escrito. ¿Cómo, efectivamente, un hombre de sentimientos tan poco edificantes en materias religiosas y morales, pudo trazar la última escena de tal drama, que no hubiera concebido con más fervor cualquiera de los católicos dramaturgos españoles de su misma época? Mejor dicho, ninguno de ellos la hubiera pensado así, y ejemplo palpable nos dió Tirso de Molina, sacerdote y fanático como sus contemporáneos, pintándonos á

---

(1) *The Life of Goethe by George Henry Lewes-Leipzig*, 1864, vol. II, pág. 232. *Introduction to the literature of Europe, etc., by Henry Hallam*, vol II, p. 365. *Histoire de la litterature anglaise par H. Taine*, t. II, p. 48.

Don Juan Tenorio lidiando en los momentos de morir con la estátua del Comendador, y sin rendirse á las iras del Infierno, cuadro que produce en el ánimo mayor admiracion por el espíritu altivo de Don Juan, tan distinto de Fausto en este concepto, que temor y enseñanza de los castigos del cielo. Pero el hecho de Marlowe se explica fácilmente, si se tiene en cuenta que estaba acusado de herejía y aún procesado por ella, y necesitaba al tocar tan espinoso asunto como el de la leyenda de Fausto, no incurrir ni aún en la menor sospecha de poco cristiano, lo que le hubiera acarreado gravísimas consecuencias; porque en Inglaterra, como en España, iban los hombres á la hoguera inmolados por el más sangriento fanatismo. El drama de Marlowe no podia contener en apariencia nada que molestara los oidos de los protestantes convencidos, espectadores de sus representaciones, sino ántes al contrario, rasgos como los de la escena del Papa, que halagaban sus sentimientos anti-católicos y trozos altamente religiosos. Además, áun cuando el justo temor á las persecuciones oficiales no arredrara á Marlowe, su propia condicion de inglés lo obligaba á tratar el asunto del mismo modo comedido y prudente con que en apariencia lo hizo.

En el fondo del inglés más descreido suele abrigarse un gazmoño, aunque el inglés se llame Marlowe y en sus horas de rabia blasfeme é induzca á otros á la blasfemia. Un público de ingleses, no admite, ni hoy ni nunca, en el teatro la más ligera alusion poco edificante, si bien allá en privado—en el trato particular de unos con otros—sean los ingleses la gente que más gracia demuestre en ciertas irreverencias. Pero ejemplos como el de Shelley—aún en este mismo siglo XIX, alardeando públicamente de ateo—no son frecuentes en Inglaterra, y si suceden producen general escándalo—testigo lo acontecido á Byron que ni en sueños llegaba á Shelley en lo de maldecir contra Dios y la religion; miéntras que en otros paises, hasta la misma España, con ser hoy el último baluarte oficial del catolicismo,—semejantes manifestaciones no llaman la atencion sino del clero y demás interesados en la conservacion de la fé, importándoles nada, ó casi nada, á los otros del público que constituyen la mayoría. Inglaterra es el país donde más expurgos se hacen en los libros, donde más cuidado se tiene con las lecturas, donde más se tachan y destrozan las obras de los autores clásicos. Es la tierra de esa *lady* especial, pudibunda y refistolera, que no lee los versos de *Don Juan*; pero se enamora hasta la locura de los hombres como Byron. La tierra del *cant* (palabra con que ellos mismos reasumen su hipocresía); el país, en suma, en que Marlowe, sin creer ni en Dios ni en el Diablo, pudo escribir la última escena de *La trágica historia del Doctor Fausto*, tan aparentemente devota.

Sin embargo, juzgando dentro del criterio de una moral religiosa, es muy superior la idea que tienen los ingleses del Dios terrible y sin compasion de *Fausto*, que la acomodaticia teoría de los dramas de Iglesia españoles, que pintan un Dios capaz de ablandarse ante el *punto de contricion* del peor bandido que imaginarse pueda; ó que, por haber éste nacido bajo el amparo de cualquier signo religioso, como el Eusebio de *La Devocion de la Cruz*, le permite cometer crímenes inauditos, sin peligro alguno de su alma. Sin duda que mayor cariño inspira el bondadoso *Señor* de Calderon—tan fácil para perdonar—que el terrible *Lord* de Marlowe, tan duro é inflexible; pero la moral no queda muy bien parada en los actos del primero, porque viene á convertirse en la moral más elástica y ancha de mangas que nadie es capaz de imaginarse. Las cosas que hace el Fausto de Marlowe, no son, despues de todo, tan horribles. Renegar de su fé es lo más grave, que en cuanto á lo restante, el darse muy buena vida, y evocar la sombra de Alejandro Magno, y hacer brotar uvas en Invierno, y besar á Helena, no tiene comparacion con lo de matar ancianos, robar en despoblado, asaltar conventos y burlar doncellas, con otras cosas semejantes que ejecuta el Don Juan Tenorio de Zorrilla sin que ningun rayo le caiga, ni intervenga ningun sér extraordinario para impedirlo, sino que, muy léjos de eso, al final, Dios lo perdona como al Fausto de Goethe y se vá al Purgatorio en espera de las delicias del cielo; miéntras que sus víctimas—el pobre Comendador inclusive—se quedan sin gozar más delicias que las no muy apetecibles del Infierno.

Yo no sé si en el fondo de todo ello lo que venga á resultar es que los españoles son más gazmoños que los ingleses—una gazmoñería picaresca de cura descreido—y bastante lo dán que pensar las manifestaciones privadas de la vida de Lope y otros inquisidores de su tiempo;—pero al cabo la hipocresía religiosa española, áun bajo el manto horrible de un Torquemada, reviste colores más simpáticos, si es posible que la hipocresía los tenga nunca; porque todo en España, desde las luchas de la Religion que terminaban en los *autos de fé*, hasta las actuales escaramuzas retóricas del Parlamento que suelen concluir en alguna asonada militar, reviste un carácter de convencionalismo del cual están muy léjos los graves miembros de la Cámara de los Lores y la Cámara de los Comunes, que lanzan de su seno al que sospechan que no cree en Dios, y ellos se gozan cometiendo crímenes repugnantes contra las costumbres y la naturaleza, hasta que algun periódico de su misma nacion tiene que echárselos en cara. En el fondo la fé no existe ni en los ingleses ni en los españoles, hecha excepcion, por supuesto, de los que se entregan en cuerpo y alma á la religion honradamente y que existen en todas partes del mundo. Los ingleses producen un Marlowe y los españoles un Tirso de Molina. El uno, ateo, escribe un drama religioso en la forma. El otro, sacerdote, escribe comedias indecentísimas. Váyase el uno por el otro, y recojan el dato los aficionados á comparaciones y estudios sociológicos.

———

Apesar de todo, el *Fausto* de Marlowe, como no podia ménos de suceder, se resiente de las particulares opiniones del autor; y bien claro se manifiesta en el empeño que muestran los críticos ingleses de defenderlo, suponiendo que las palabras que el protagonista pronuncia han sido puestas de intento para que resalte más la tendencia moral de la obra, como sucede en Milton, con su personificacion del Angel Malo, y en Richardson con su Lovelace. Pero se hace inútil tal empeño, sin duda alguna, porque el Fausto de Marlowe no puede negarse que es un carácter en el cual personificó el poeta los sentimientos más fervientes de su alma; mejor dicho, una descripcion maestra del hombre; pero del hombre primitivo y verdadero—como dice Taine—inflamado por sus pasiones de momento é impulsado por ambicion desmedida; y no el símbolo filosófico (metafísico hubiera sido mejor) que pintó Goethe en el célebre personaje de su poema.

Si proceder tenebrosamente; no sentir como los otros; tener ocupado el cerebro en vaguedades contínuas, y por medio de símbolos
de pretensas ideas abstractas representar concepciones cuya averiguacion cuesta mucho trabajo á los lectores, quienes con la ayuda de
repetidos comentarios no llegan en últimas al esclarecimiento del enig-
ma, constituyen las condiciones indispensables para que un héroe de
cualquier obra poética, se considere filosófico, convengo en que el
Fausto de Goethe, y su pariente el *Manfredo* de Byron, son los dos
personajes más filosóficos que darse pueden. Y no coloco á su lado á
Hamlet, porque es para mí la pintura más exacta y maravillosa de un
hombre de la realidad, sometido á influencias extrañas que acentúan
su carácter hipocondriaco, y áun cuando haya dado lugar al trabajo
de innúmeros comentaristas, tambien lo dió el *Quijote*, sin que por tal
motivo vayamos á suponer que el Hidalgo de la Mancha no sea el
retrato verdadero de otro hombre de carne y hueso como los demás
que vemos todos los dias. Si Goethe y Byron hicieron principalmente
tarea de filósofos tiene, pues, razon Lewes, cuando dice que Marlowe
carece de filosofía, porque en realidad su Fausto no se parece en nada
al del primero, ni tiene de comun ni un solo rasgo con *Manfredo*,
digan cuanto quieran los enemigos de Byron (1).

Pero por fortuna creo que Lewes anda muy equivocado, y con él
todos los que se entretienen buscando en la poesía lo que debieran
buscar en los libros de filosofía. No por metafísicos ni simbolistas admira hoy la humanidad á Goethe y á Byron; no por encontrar siste-

(1) The *Edinburgh Magazine*, acusó á Byron en su tiempo, de haber plagiado en
Manfredo el Fausto de Marlowe- Jeffrey lo defendió y el poeta hubo de agradecerle
la defensa, confesando al propio tiempo que el Prometeo de Esquilo lo habia influen-
ciado más que ninguna obra. «The Prometheus, if not exactly in my plan, has always
been so much in my head, that I can easily conceive its influence over all or any
thing that I have written; but I deny Marlow and his pronegy, and beg that you
will do the same». *Byron Letters*, 1817. En realidad el *Fausto* de Goethe, fué el ins-
pirador de *Manfredo*, áun cuando Byron tambien lo negara, alegando su ignorancia
de la lengua alemana, y que sólo conocia algunos trozos del poema por las lecturas
de Lewis, si bien confiesa, igualmente, que en la primera escena ambas obras son
similares. «His Faust I never read, for I don't know German; but Mathew Monk

mas, ni ideas sobre el mundo, y el destino del hombre, y los sentimientos de la humanidad enfrente del soñado y nunca realizado ideal,
lee nadie hoy el *Fausto* de Goethe, ni el *Manfredo*, sino para hallar
poesía, en la esencia y en la forma, poesía verdadera de inspiracion y
espontaneidad, como la habian de producir aquellos dos grandes poetas—y nó filósofos—cuya gigante figura se destacará siempre en el
cuadro del siglo xix.

En el xvi—como un sér en quien la poesía alentó con fuerza, pero
cuyo destino fué no realizar las esperanzas que brindaba la realidad
de su génio—Marlowe tiene tambien su puesto. Pintó un hombre «el
hombre primitivo y verdadero» ¿y á qué mayor gloria puede aspirar
un dramaturgo y qué más puede esperarse en el mundo de un poeta?
Shakeaspeare sólo nos ha legado, es cierto, una galería completa de
séres humanos; pero ¡cuán admirable y grande Shakeaspeare! El arte
de crear caractéres, es, sin duda, el más elevado y notable que darse
puede. Caractéres, es decir, engendrar hombres inmortales, como no
lo son los que nacen de mujer. Hamlet, Ricardo III, Macbeth,
Lear... ¿quién no se los representa aún sin haberlos visto nunca en la
escena, ni reproducidos en el lienzo? Y Don Quijote, el inmortal Don
Quijote, el pregonero sublime del génio de Cervantes, todos sabémos
como es, y lo señalamos con el dedo por las calles en la figura de tantos que se le parecen, cual él enjutos y secos y avellanados, pero no
cual él nobles, porque otra alma semejante á la suya no ha vuelto á
existir nunca. El arte creó á esos hombres sublimes; el arte fecunda-
dor como la Naturaleza, y como ella eterno. Si Marlowe, por lo tanto,

---

Lewis, in 1816, at Coligny, translated most of it to me *viva voce*, and I was naturally
much struck with it. but it was the Steinbach and the Iungfrau, and something else,
much more than Faustus, that made me write Manfred. The first scene, however,
and that of Faustus, are very similar.» *June* 1820 Goethe, creyó que Byron se habia
apropiado su obra; pero lo celebró mucho por ello, y áun escribió un artículo ponién-
dolo por las nubes. Sin embargo, le inventó la calumnia de unos amores con cierta
dama de Florencia, que murió apuñaleada por su marido, y atribuyó á Byron tambien la muerte del último, sucedida la misma noche en que aconteció el primer hecho.
Goethe gustaba mucho de Manfredo y de Byron, á quien se cree que pintó en el Euforion de la *Segunda parte del Fausto.*

consiguió siquiera hacer el bosquejo exacto de un hombre, merece en realidad que se le recuerde. Y sí lo consiguió el pobre Marlowe—el libertino turbulento de las tabernas de Lóndres;—y tanto lo consiguió, que aún despues de haber puesto la mano Goethe sobre Fausto, su drama se admira y se menciona.

———

En detalle, analíticamente, es imposible establecer un paralelo entre el drama de Marlowe y el poema de Goethe, primeramente, por ser obras de género tan distinto, y despues por haber sido tratadas de tan diferente manera. Pero como ámbos autores se inspiraron en la leyenda, pueden irse notando los rasgos en que convinieron y aquellos en que se separaron del argumento que les sirvió de base.

Los dos comienzan por una *Introduccion*, que en Marlowe es el coro obligado que reaparece al principio de cada acto, y en Goethe son los *Prólogos* en el Teatro y en el *Cielo* de los cuales se ha hecho lenguas la crítica. El coro de Marlowe apénas si merece mencion alguna, porque es una introduccion vulgar, diciendo que no vá á tratarse despues ningun asunto de amor; que Fausto nació en Rodas, de padres pobres (así lo dijo tambien la leyenda impresa en Francfort) y que en aquel instante estaba sentado en su estudio, revolviendo libros de ciencia. Más notables, por haber sido trabajos largos de meditacion, resultan los dos *Prólogos* de Goethe; y el paralelo con Marlowe se hace ocioso aquí por consiguiente. Pero los referidos *Prólogos*, aunque obras innegables de buena poesía, no parecen, dicho sea de paso, creaciones tan maravillosas que pasmen de admiracion, á las edades como han pretendido los adoradores de su autor. La profundidad extraordinaria como crítica del *Prólogo en el Teatro* que Lewes encuentra, no es tanta, porque todas sus ideas sobre el público, los autores y las necesidades del Empresario (que en halago del primero y provecho de su bolsillo perjudica al segundo) fueron escritas hacía ya mucho tiempo, y sabidas de todo el mundo, y no hemos por ellas de dar á Goethe un puesto que no le corresponde de crítico dramático eminente, más en una nacion donde vivió Lessing y escribió su *Dramaturgia de Hamburgo.*

Goethe y Marlowe hacen aparecer á Fausto meditando en su gabinete de estudio; pero ya desde aquí se nota la diversidad de sus respectivos personajes. El hecho de entregarse los dos Faustos á Satanás por aburrimiento de la vida es idéntico, pero los móviles distintos; porque el Fausto de Goethe, sabio y escéptico al propio tiempo que no cree en la ciencia y desconfía de todo en la vida al ver acercarse el final de la suya, con intenciones él mismo de acelerar su fin, aparece un verdadero seducido por Satanás, miéntras que el Fausto de Marlowe es un descontento que se empeña en darse al diablo, aunque Mefistófeles, de la manera más original del mundo pretenda, disuadirlo.

¡Cuán filósofo, abstracto, pensador en un mundo elevadísimo á que lo llevan sus estudios, de órden distinto al de las amarguras diarias que se tienen en el trato de las bajezas mundanales, se manifiesta el Fausto de Goethe! El de Marlowe tiene sólo el carácter de un ambicioso para saciar cuyas aspiraciones, la ciencia y los recursos habituales de la sociedad no bastaron. Las meditaciones del héroe de Goethe, su diálogo misterioso con el espíritu de la Tierra, su conversacion con Wagner, cuando éste con sus vanidades y su ciencia escolar y sin sustancia viene á interrumpirlo (diálogo notable que representa como dice Henry Blaze, la eterna lucha entre el espíritu y la letra, entre el crítico y el erudito, entre el pensador y el que se doblega ante las líneas escritas en párrafos y páginas), esas meditaciones no se encontrarán ciertamente en el héroe del drama inglés. Aquellas palabras á Wagner contemplando el pueblo aglomerado á las puertas de la ciudad; aquella lucha entre sus dos naturalezas, cuando los sentimientos de la juventud, dormidos en él por los años y los trabajos del cerebro despiertan; no se hallan tampoco en el Fausto de Marlowe. «Tú no me conoces sino bajo un aspecto. ¡Quiera Dios que no conozcas nunca el otro! ¡Desdichado! Dos almas habitan en mí, y la una tiende incesantemente á separarse de la otra: la una, viva y apasionada, pertenece á este mundo y se agarra por los miembros del cuerpo; la otra, sacudiendo con fuerza la noche que la rodea, se abre un camino á la estancia de

los cielos. ¡Ah! ¡Si hay espíritus que flotan soberanos entre la tierra
y el cielo, que desciendan de sus nubes de oro y me guíen hácia una
vida nueva y luminosa! Si yo poseyese un manto mágico que me llevase hácia esos países lejanos, no lo cambiaria por las más preciosas
vestiduras, no lo daria por un manto de Rey!» La última frase (resúmen de todo un carácter) el Fausto del bardo inglés no puede pro-
nunciarla. Y nótese que quien tal dice, es el que nos enseña Goethe
como un omnipotente, el que con su mágia poderosa puede hacer temblar hasta al espíritu de la Tierra! Satán mismo se vé aprisionado por
él (recuerden los que hayan leido á *Fausto* la escena del triángulo)
y, sin embargo, ¡qué pequeño aparece más tarde al lado del propio
Mefistófeles, ignorando lo que éste sabe, encontrándose, él, mago que
somete y acobarda las más poderosas fuerzas, débil y asustadizo ante
la miserable bruja que le compone el brebaje de la vida! Así hemos
de verlo siempre, metafísico, soñador, inverosímil, igual en la taberna
de Auerbach que en los brazos de Helena en la segunda parte del
poema; y una sola vez humano, la vez en que se hizo inmortal, cuando el amor de Margarita embargó sus sentidos.

El Fausto de Marlowe no deja de ser un hombre jamás. Sabe lo
que los hombres saben, filosofía, medicina, teología, leyes, etc. Vive
y muere sobre las obras de Aristóteles, y se pregunta, sin embargo,
si el arte de disputar bien es el principal fin de la lógica y si no realiza superior milagro (1). Igual efecto le produce la medicina. «Con
ella, seguiré siendo Fausto y solo un hombre. Pudiera conseguir que los mortales vivieran eternamente, ó que fallecidos volviesen
á la vida, y entónces la profesion de médico sería estimada» (2).
El derecho, representado por Justiniano, le produce mayor repugnancia. Por último, se acoge á la Religion, á la Biblia; pero ménos

(1)   Is, to dispute well, logic's chiefest end?
       Affords this art no greater miracle?
(2)   Yet art thou still but Faustus, an a man.
       Couldst thou make men to live eternally,
       Or being dead, raise them to life again,
       Then this profession were to be esteem'd.

puede satisfacer su anhelo. «La recompensa del pecado es la muerte,
terrible cosa! Si decimos que no tenemos pecado, nos engañamos y
mentimos. ¡Ay! Entónces, puesto que debemos pecar y morir, por
consecuencia debemos morir una perturbable muerte! ¿Cómo llamais
esta doctrina, *lo que será, será?* ¡Religion, adios!» (1).

Si alguna vez Fausto pudiera haber existido, si un hombre desengañado de la ciencia y lleno de ambicion hubiera podido tener vida
real firmando con el diablo un pacto en busca de saber más poderoso
que el humano, seguramente que ese hombre se hubiera expresado
así, como en las líneas que acaban de copiarse, y nó de la manera que
el Fausto de Goethe en sus diálogos y monólogos que preceden á la
aparicion de Mefistófeles.

La naturaleza en toda su fuerza, las pasiones rudas, desbordadas,
son las que hablan siempre en el Fausto de Marlowe: «Estas metafísicas, dice, de la mágia y de los libros nigrománticos, son más celes-
tiales. Líneas, círculos, escenas, cartas y caractéres ¡ay! eso es lo que
Fausto más desea. ¡Qué mundo de provecho y deleite, de poder, de
honor, de omnipotencia, promete al artesano estudioso! Todas las
cosas que se mueven entre los quietos polos estarán bajo mis órdenes:
los emperadores y reyes no son sino obedecidos en sus múltiples provincias, pero no pueden empujar los vientos ó separar las nubes» (2)..
«Un profundo mágico es un poderoso Dios. Trabaja y fatiga tu cerebro,

---

(1) The reward of sin is death; that's hard.
     If we say that we have no sin, we deceive ourselves, and
                                   there is no truth in us.
     Why, then, belike we must sin, and so consequently die:
     Ay, we must die an everlasting death.
     What doctrine call you this, *Che sera, sera,*
     What will be, shall be? ¡Divinity, adieu!

(2)   These metaphysics of magicians,
          And necromantic books are heavenly;
          Lines, circles, scenes, letters, and characters;
          Ay, these are those that Faustus most desires.
          O' what a world of profit and delight,
          Of power, of honour, of omnipotence,

Fausto, para que llegues á ser una divinidad» (1). Y más adelante:
«¡Cómo me embriaga esta idea! ¿Podré yo hacer que los espíritus
ejecuten cuanto me plazca; me resuelvan toda clase de dudas, realicen
cualquier empresa que yo desee, por loca que parezca? Los haré volar
á la India por oro, atravesar el Océano en busca de la perla de Oriente
y revolver todos los rincones del nuevo mundo descubierto para traer-
me agradables frutos y régiamente delicados; los haré que me lean
ignorada filosofía, y que me digan secretos de los Reyes extranjeros.
Los haré amurallar con laton la Alemania entera y que el dulce Rhin
circunde al bello Wurtemberg; y que llenen de seda las escuelas públicas y se muestren gallardamente cubiertos con ella los estudiantes.
Levantaré soldados con el dinero que los espíritus me traigan, y arro-
jaré de nuestra tierra al Príncipe de Parma y reinaré único monarca
de todas las provincias. Y haré, tambien, que mis serviles espíritus
inventen extraños recursos para la lucha de la guerra, como lo fué la
fiera quilla en el puente de Amberes» (2).

Is promis'd to the studious artizan!
All things that move between the quiet poles
Shall be at my command: emperors and kings
Are but obeyed in their several provinces,
Nor can they raise the wind or rend the clouds.
[Act. I, Scene I.]

(1)   A sound magician is a mighty god:
Here, Faustus, tire the brains to gain a deity.
[Ibid.]

(2)   How am I glutted with conceit of this!
Shall I make spirits fetch me what 1 please,
Resolve me of all ambiguities,
Perform what desperate enterprise I will?
I'll have them fly to India for gold,
Ransack the ocean for orient pearl,
And search all corners of the new-found world
For pleasant fruits and princely delicates;
I'll have them read me strange philosophy,
And tell the secrets of all foreign kings;
I'll have them wall all Germany with brass,
And make swift Rhine circle fair Wertenberg;

Má.. tarde, cuando el arrepentimiento lo invade, y la súbita aparicion de Helena viene á turbar sus sentidos, el mismo hombre sigue
hablando inspirado por el sensualismo.

Curiosa es la idea de los amores de Fausto con Helena, que Marlowe, lo mismo que despues Goethe, tomaron de la leyenda alemana,
y que la propia leyenda no hizo sino recoger de otras anteriores. Simon el Mago, en siglo I, llevaba con él, segun se cuenta, una mujer
llamada Helena, á quien aclamaba encarnacion del pensamiento divino, y que probablemente sería un símbolo popular del paganismo unido á la figura de Simon. Justino Martir, Tertuliano, Irineo, Epifanio
y varios otros Padres de la Iglesia, nos hablan de la Religion de la
misma Helena, mujer bellísima que Simon el Mago pretendía haber
sido arrebatada á los cielos, donde los ángeles lucharon unos contra
otros por su hermosura, hasta que el Angel Malo la logró hacer pri-
sionera y encerrarla en los Infiernos (1). Probablemente la Helena
de Simon el Mago sería una concepcion cristiana de la Helena griega, pero aún cuando nó así, semejante personaje fué popular en toda
la Edad Media y revistió las formas más diversas. Una de ellas, la de
la leyenda de Fausto, personifica á la mujer de Menelao bajo la apariencia más odiosa, perdiendo el alma del protagonista. Marlowe no
desperdició la ocasion, y ciertamente la aprovechó de modo tan brillante, que los cortos versos puestos en boca de Fausto, dirigidos á

I'll have them fill the public schools with silk,
Wherewith the students shall be bravely clad;
I'll levy soldiers with the coin they bring,
And chase the Prince of Parme from our land,
And reign sole king of all the provinces;
Yea, stranger engines for the brunt of war,
Than was the fiery keel at Antwerp's bridge,
I'll make my servile spirit to invent.»

[Act. I, Scene I.]

(1) MAURY: *Croyances et Legendes de l'Antiquité.*—Paris, 1883, p. 338.
BEAUSOBRE: *Histoire du Manichéisme.*—Paris, 1734, t. I, págs. 35-37.
LECKY: (*op. cit.*) dedica una nota á la Religion de Helena (t. I, p. 220) tomándo-
la de los dos mencionados autores y del excelente libro de FRANK: *La Kabbale, ou
la philosophie réligieuse des Hebreux.*

Helena, se muestran hoy como un trozo de poesía admirable por la pasion y el fuego que encierran, dignos en todos conceptos de la vena del autor y de los lábios fervientes del personaje que pintó tan de mano maestra.

«¿Fué éste el rostro por el cual se armaron mil buques y ardieron las caídas torres de Ilion? ¡Dulce Helena!.... ¡Hazme inmortal con un beso! Sus lábios se apoderan y extraen mi alma: ¡miradla como se me escapa! Ven, Helena, ven, y devuélveme mi alma! Aquí viviré yo eternamente, porque el cielo está en esos lábios, y todo lo que no sea Helena es vil escoria. Yo seré Páris, y por tu amor, en vez de Troya, Wurtemberg será saqueada. Combatiré con el débil Menelao, y ostentaré tus colores en mi cimera emplumada; sí, heriré tambien al mismo Aquiles en sus vulnerables talones, y entónces volveré á los brazos de mi Helena, por un beso! ¡Oh! Tú eres más hermosa que el espacio de la noche, vestido con la belleza de millares de estrellas; más brillante eres tú que el flamígero Júpiter cuando apareció á la infortunada Semela; más digna de ser amada que el monarca de los cielos en los azules y enamorados brazos de Aretusa; y nadie más que tú, Helena, será mi amante!» (1).

Bien distante anda, por cierto, la Helena de Marlowe—que, muda en los brazos de Fausto, desaparece con él del escenario—de la extraña creacion de Goethe, que ocupa gran número de páginas de la se-

---

[1]   Was this the face that launch'd a thousand ships,
           And burnt the topless towers of Illium?
           Sweet Helen, make me immortal with a kiss!
           Her lips suck forth my soul, see, where it flies!
           Come, Helen, come, give me my soul again.
           Here will I dwell, for heaven is in these lips,
           And all is dross that is not Helena.
           I will be Paris, and for love of thee,
           Instead of Troy, shall Wertemberg be sacked;
           And I will combat with weak Menelaus,
           And wear thy colours on my plumed crest;
           Yea, I will wound Achilles in the heel,
           And then return to Helen for a kiss.
           O, thou art fairer than the evening air
           Clad in the beauty of a thousand stars;
           Brighter art thou than flaming Jupiter
           When he appeared to hapless Semele;

gunda parte de su poema, en el trozo quizás más impregnado de misterio y simbolismo que se ha escrito nunca. Léjos, muy léjos tambien, se encuentra el Fausto de Goethe, de amar con ese fuego natural y expontáneo de los sentidos con que ama la rica y ardiente naturaleza pintada por Marlowe. No pretenderé ahora, ni es lugar apropósito para ello, negar todo el mérito que la crítica ha reconocido en la creacion de Helena por Goethe—en sus amores semi-divinos con Fausto, que dieron por resultado, segun los comentadores del poeta aleman, al nacimiento de la poesía moderna, representada por Euforion, el cual, á su vez, es una representacion de Lord Byron;—pero bueno será hacer constar que si Marlowe trató el punto con ménos filosofía, y hasta con menos poesía, si se quiere,—su Fausto siguió siendo aquí más humano que el de Goethe, y amó á Helena con el amor que otro hombre cualquiera hubiera sentido por la belleza griega, en su forma sensual, impura y palpitante, y nó con el amor cerebral y falso experimentado por el Fausto de Goethe. Goethe ha podido inmortalizar á Margarita; pero, dicho sea sin mengua suya, á la régia esposa de Menelao no ha añadido un solo diamante de la espléndida corona que rodea sus sienes, engarzada de los versos de Homero.

Pero, ¿cuál será la causa de que el drama de Marlowe sea tan real, de que su Fausto aparezca tan humano cuando lo ponemos al lado del Fausto de Goethe? Yo creo que no sólo consiste en la diferencia de las épocas y de la inspiracion y sistema de ambos poetas, sino en que Marlowe estaba más cerca que Goethe de las realidades de la vida.

La vida, para el Fausto de la leyenda, se convierte en un peso insoportable. Su mísera existencia era la de un estudiante, alejado de

---

More lovely than the monarch of the sky
In wanton Arethusa's azur'd arms;
And none but thou shalt be my paramour!

[Act. V, Scene I.]

los altos placeres del mundo, y aguijoneado el pecho al propio tiempo por los deseos y las ambiciones. Marlowe, ya lo hemos visto, fué más todavía un abandonado de la suerte, en quien el génio tambien fué estéril para evitar el infortunio. ¿Quién mejor que Marlowe, podía pintar á Fausto? La miseria, unida á la ambicion, hace desgraciados á los hombres; y para describir esa desgracia es necesario haberla sentido. Goethe no fué un ambicioso, ni mucho ménos tuvo nunca una existencia dura. Abrigaba la firme persuasion de que era un génio, y creía que el génio es la suprema felicidad para los mortales. Todo lo demás que en materia de afecciones se conoce en el mundo, lo sacrificó por eso al célebre egoismo de la conservacion y desarrollo del génio que sabía poseer en grado tan alto. Amarguras, verdaderos dolores, jamás los experimentó, porque, ni halló nunca la necesidad de luchar por la vida,—esa lucha social que consiste en buscar el pan que no se tiene, y en hacerse conocer y estimar de un público adverso, y en sufrir los desprecios del fuerte y las sátiras amargas de la crítica— todo, en resúmen, lo que constituye la prueba mejor del talento de los hombres que han logrado subirse sobre los otros rompiendo semejantes obstáculos. Goethe fué un sér feliz, en toda la extension de la palabra, diga el mismo cuanto quiera; porque haberse visto agasajado en Weimar hasta su muerte como una especie de semi-dios,—y haber salido de dicho punto solamente para viajar de recreo y estudio por Italia;—y ser amado de las mujeres, hasta el extremo de permitirse el lujo de irlas abandonando sucesivamente; y morir rodeado de la veneracion general y acariciado por la gloria, no los supongo hechos que pueda nadie reputar como desgracias. Verdad que hace sonreir lo que han dado en llamar algunos torturas del alma de Goethe y sus terribles sufrimientos, llegando al ridículo extremo de suponer que el Júpiter de Weimar se martirizaba horriblemente pintando los reveses de sus amores en páginas como las de *Werther* y el episodio de Margarita en *Fausto*. En realidad, lo único que yo he visto siempre en Goethe, es un hombre dotado del dón de la poesía, viviendo en un medio favorable donde podía desarrollar su génio. Pero un desgraciado, nunca, por lo que de su biografía se sabe. La vida de Cervantes (para no volver sobre la de Marlowe) soldado, esclavo, cubierto de miseria, olvidado de sus compatriotas, y escribiendo, sin embargo, libros inmortales, hubieran tenido Goethe y Lord Byron, y aún el mismo Víctor Hugo—quien dejó al morir una fortuna—y seguramente que por lo ménos el *Fausto*, poema escrito con la mayor tranquilidad y publicado á retazos en un espacio de muchos años, no se hubiera nunca concluido, ni empezado tal vez. Hoy, lo mismo que en la época de Goethe, males inmensos, terribles, aflijen á los hombres agrupados en sociedad. El hambre, la miseria, la injusticia, hacen víctimas. La juventud sigue abrigando en su seno suicidas; pero nó como Werther, histéricos, sino desheredados de la fortuna que caen vencidos en la terrible lucha. Faustos—sigue habiendo muchos;—pero no metafísicos ni inverosímiles, sino positivos como el de Marlowe. Para describir el disgusto por la vida, es preciso saber lo que es la vida misma en su aspecto más sombrío. Los felices y los egoistas,—como Goethe—no podrán pintarla nunca.

Marlowe, en cambio, supo lo que era el sufrimiento, allá bajo su cielo nebuloso de Lóndres. Como hombre, fué un miserable, porque no podía ser otra cosa, encenegado en los garitos y en las tabernas. Como poeta, pudo interpretar las pasiones humanas, porque las vió al desnudo, y las llagas del alma y la conciencia, porque las contempló de cerca. Para un hombre de su vida, Fausto era personaje digno de ocupar su pluma. No así para Goethe, que sólo podía pintar los sufrimientos y afectaciones de un metafísico; para Goethe, que jamás sintió otra cosa sino el amor de su propia persona, y que lo mismo se dejaba poner sobre el pecho la cruz de la Legion de Honor, por el tirano que arrasaba la Alemania con las balas de sus cañones, que recibía la credencial de Ministro de Estado de la propia víctima de Napoleon, el Príncipe de Weimar. Yo no diré que tambien Goethe fuera un miserable; pero sí que, como hombre, no es de las figuras más interesantes de la historia, y que su vida tuvo tanto de vulgar como su talento de extraordinario.

El Mefistófeles de Marlowe es una creacion originalísima que difiere por completo del de Goethe, y tiene á ratos el carácter sombrío del Satán de Byron, con el que justamente se le ha comparado varias veces. No es Lucifer en persona, sino un agente del Angel malo, humilde á sus mandatos, y sufriendo bajo el peso de la maldicion divina y eterna. Cuando aparece en el primer acto ante Fausto, y éste, obedeciendo á sus infantiles caprichos, lo manda reaparecer en traje de fraile franciscano—sátira con que Marlowe atacó, como en las escenas del Papa, al sacerdocio católico—Mefistófeles nos hace conocer, desde luego, su carácter. «Ahora, Fausto, ¿qué deseas que yo haga?»—dice. —«Que me sirvas mientras yo viva, que ejecutes cuanto Fausto te mande, áun cuando fuera sacar la luna de su centro, ó que el Occeano inunde el mundo.»—«Soy un criado del gran Lucifer, y no puedo servirte sin su permiso. Nada más que sus mandatos podemos cumplir.» (1) Este Mefistófeles que Marlowe pinta, esclavo sumiso de Satanás, es el de la leyenda de Fausto, y el de la tradicion cristiana, el segundo de los arcángeles rebeldes caídos al Infierno. Y Hallan tiene razon cuando dice que posee un sello de melancolía que impresiona más que el maligno carácter del de Goethe. El primer diálogo entre Fausto y Mefistófeles en la obra de Marlowe, es notabilísimo, en tal concepto.

«¿Quién es Lucifer?» pregunta Fausto.—El archi-regente y monarca de los espíritus.—¿No fué Lucifer ángel una vez?—Sí, Fausto, y muy amado de Dios.—¿Cómo entonces es el Príncipe de los Diablos?—Por insolente y orgulloso. Por eso Dios lo arrojó de la faz de los cielos.—¿Y qué son ustedes los que viven con Lucifer?— Espíritus infortunados que con Lucifer caímos; que con Lucifer conspiramos en contra de Nuestro Dios, y con Lucifer hemos sido condenados para siempre.—¿Y dónde sufren ustedes su condena?—En

---

[1]   *Meph.*   Now, Faustus, what wouldst thou have me do?
      Faust.   I charge thee wait upon me whilst I live,
              To do whatever Faustus shall command,
              Be it to make the moon drop from her sphere,
              Or the ocean to overwhelm the world.
    Meph.   I am a servant to great Lucifer,
              And may not follow thee without his leave:
              No more than he commands must we perform.
                                        [Act. I, Scene III.)

el Infierno.—¿Cómo entónces tú estás ahora fuera del Infierno?—
Porque esto es el Infierno; yo no estoy fuera de él».... (1)

Lucifer habla de parecida manera á *Cain* en el sombrío y grandioso poema de Byron, ¡pero cuán diferentes rasgos á los del Mefistófeles de Marlowe! Lucifer es un revolucionario—ménos terrible, verdad, que el Satán de Milton; pero sin la tristeza y mansedumbre de
Mefistófeles. Lucifer seduce á Caín, Mefistófeles tiembla ante el destino que el propio Fausto quiere imponerse.—«¿No piensas tú, le dice,
que yo he visto el rostro de Dios y gustado de los goces eternos del
cielo, y mi tormento es mayor que el de mil infiernos juntos al verme
privado ahora de aquellas delicias? ¡Ah, Fausto, abandona esas preguntas frívolas que conmueven de terror mi alma fatigada! (2) No se
expresa así, por cierto, el Mefistófeles de Goethe, el de la burlesca
serenata á Margarita, la repugnante noche de Walpurgis y las jugue-
tonas maldades de la taberna de Auerbach, especie de diablillo simpático, personaje interesante por su ligereza y donaire, que nunca
consigue hacerse temible y que no evoca la idea de un Dios poderoso

[1]   Tell me what is that Lucifer, thy Lord?
    Meph.   Arch-regent and commander of all spirits.
    Faust.   Was not that Lucifer an angel once?
    Meph.   Yes, Faustus, and most dearly lov'd of God.
    Faust.   Howe comes it, then, that he is prince of devils?
    Meph.   O, by aspiring pride and insolence;
              For which God trew him from the face of heaven.
    Faust.   And what are you that live with Lucifer?
    Meph.   Unhappy spirits that fell with Lucifer,
              Conspir'd against our God with Lucifer,
              And are for ever damn'd with Lucifer.
    Faust.   Where are you damn'd?
    Meph.   In hell.
    Faust.   How comes it, then, that thou art out of hell?
    Meph.   Why this is hell, nor am I out of it.
                                        [Act. I, Scene III.]

[2]   Think'st thou that I, who saw the face of God,
        And tasted the eternal joys of heaven,
        Am not tormented with ten thousand hells,
        I being depriv'd of everlasting bliss?
        O Faustus, leave these frivolous demands,
        Wnich strike a terror to my fainting soul!
                                        [*Ibid.*]

y fuerte, fulminándolo de los ámbitos del cielo. Y es que aquí tambien la personalidad de Goethe influye de poderosa manera, porque no podía concebir un diablo como el de Marlowe, poeta para quien la vida sonreía tan alegremente, y se hallaba en realidad, muy léjos de ser un infierno. Casi pudiera decirse que un compañero como el Mefistófeles de Goethe, se hace apetecible en el mundo, por su imaginacion siempre dispuesta al regocijo, por su picante gracejo y su malignidad cómica. El de Marlowe, en cambio, sombrío, triste, como el esclavo sin esperanzas de redencion, abate el ánimo en vez de alegrarlo, é infunde terror ántes que contento.

Wagner es el único tipo importante risueño que hay en el Fausto de Marlowe. Dedicado tambien, como el protagonista, á la mágia, comete hechos ridículos y provocantes á risa. Figura de farsa,—poco ménos que un Clarin ó un Polilla de las antiguas comedias españolas —es muy inferior al personaje de Goethe, tan bien descrito, tan gráfico, en una palabra. Nunca se podrá olvidar la figura del último encorvado sobre sus aparatos, fabricando sudoroso á *Homúnculos*, y ambicioso siempre de saber y gloria, aunque sin poder levantar el espíritu un poco más que las letras de sus viejos apergaminados libros. Wagner es un carácter construido notablemente y nó por lo que tiene de simbólico, como quieren los enamorados de la filosofía de Goethe, sino por lo que tiene de humano y verdadero. Marlowe no se cuidó de este personaje, sino para distraer la imaginacion de los espectadores con pinceladas cómicas en medio del trágico cuadro que presentaba ante su vista recurso habitual entre los dramaturgos de su tiempo. *Fausto* fué la única obra—como observa Henry Morley—en que Marlowe faltó á su propósito de no pintar escenas de *clowns* y otras parecidas, al igual de sus compañeros.

> From jigging veins of rhyming mother wit's
> And such conceits as clownage keeps in pay,
> Ill lead you...... (1)

---

[1] *Marlowe's Faustus.—Goethe's Faust from the German, by John Anster, L. L. D., with an introduction, by Henry Morley.*—London, 1886. p. 7.

Con efecto, el *Judío de Malta*, *El Imperio del Vicio*, *Tamburlan el Grande*, y sus otras obras están destituidas de semejantes escenas. Pero *La Trágica historia del Doctor Fausto* no podía estarlo, porque áun cuando en sus páginas no haya sangrientas luchas y espantosos crímenes, son en conjunto más tremendas y oprimen más el alma.

Pensamientos desgarradores resultan de la lectura de este drama, pintura horrible de la vida bajo la apariencia religiosa de un *Misterio* sagrado. Sufrir, ambicionar, revolverse contra el destino—y preten-der elevarse, en alas de la fantasía, á donde no pueden llegar los hom-bres, para encontrar al fin el fracaso, el arrepentimiento y el castigo; ó conformarse cobardemente con la impotencia de los recursos huma-nos, y ser lo mismo que los otros, un Príncipe, si se nació Príncipe, un pobre y mísero estudiante, si ésta fué la suerte que nos cupo; ser, en una palabra, Fausto, para caer rendido ó impotente en el mismo Infierno de la vida, ó un triste condenado, que sufre como Mefistófe-les la maldicion que lo cubre, sin pretender buscar en el horizonte ni un átomo de esperanza, hé ahí los dos caminos que al hombre quedan segun el profundo pensamiento de Marlowe. (1) Al cerrar este dra-ma, preñado de todos los defectos infantiles del siglo xvi, y de todas las bellezas de la imaginacion volcánica de un gran poeta, escrito sin pretensiones filosóficas, sin divagaciones metafísicas, sin alardes de desprecio por la vida, la sombra de Marlowe se levanta imponente y magestuosa, y se medita tanto ó más acaso sobre la existencia, que cuando acaba de leerse el poema de Goethe con todas sus nebulosida-des y sus rasgos de esplendente poesía. Marlowe fué un pesimista, algo mayor tal vez que Schopenhauer, pero lo fué con justa causa, por-que sufrió en la pobreza y en la ignominia, entre el desprecio de los

---

[1]   Se encuentra tambien esta idea en el popular monólogo de *Hamlet*, lo cual es una nueva prueba de la gran semejanza de pensamientos entre Shakespeare y los dramaturgos ingleses de su época.

> Whether 'tis nobler in the mind to suffer
> The slings and arrows of outrageous fortune,
> Or to take arms against a sea of troubles,
> And by opposing end them?
>
> [*Hamlet*, Act. III, Scene I.]

hombres y el furor de las pasiones, ambicionando poder, riquezas superiores á las comunes, poder y riquezas para gobernar como Fausto, si se le antojara de «gran Emperador del mundo, y cruzar los aires sobre un inmenso puente movedizo.» (1) Un hombre así era propio, como ninguno, lo repito, para escribir la história de Fausto; porque tenía el alma de éste, y comprendía que el Infierno no es la temida mansion de fuego de Satanás, sino que el Infierno es la vida, cuando la desgracia le muestra á uno su rostro repugnante y horrible, y la sonriente felicidad le vuelve las espaldas. La última escena de la *Trágica historia del Doctor Fausto*, que llenaría de espanto y uncion religiosa á los espectadores de su tiempo, más terrible aún aparece si se la considera bajo este aspecto. Los diablos, los tormentos, que al dar la última campanada de las doce, iba á sufrir el protagonista, no eran el fuego que quema las carnes, ni la condenacion eterna, sino los desengaños de la existencia. Marlowe tambien tiene su filosofía, ménos pretensiosa y aparente, pero más enérgica. A esa hora, la ilusion se iba, y la realidad quedaba; la realidad, es decir, la vida, la vida,—que como la sufrió Marlowe, es el Infierno. Mefistófeles lo había dicho en el acto primero: *el Infierno está aquí; yo no he salido de él!*

Why this is hell, nor am I out of it!

Hoy, sin embargo, el Fausto de Marlowe lo estudian pocos, y si álguien pretendiera llevarlo á las tablas, fracasaría de seguro. El poema de Goethe, cada dia admirado, popular, aplaudido con entusiasmo más delirante, ocupa los escenarios, y ya puesto en música sublime, ya representado por actores de primer órden, ha hecho olvidar los otros esfuerzos anteriores y posteriores á él, para dar forma poética á la leyenda, incluso el Fausto de Lenau. ¿Será una de las equivocaciones que suelen cometer el gusto y la crítica? Nó. La única parte

---

(1) By him I'll be great emperor of the world,
And make a bridge through the moving air......
[Act. I, Scene III.]

del Fausto de Goethe, que vive de ese modo popular y produce tanto
entusiasmo, es la Primera, y aún así, descarnando todo aquello en que
no aparece el rasgo de mayor inspiracion que tuvo Goethe en toda la
obra: los amores de Fausto y Margarita. El pincel de Ary Sheffer y
la inspiracion musical de Gounod han recogido, para inmortalizarlos,
esos amores, que todos conocen; lo único que habrá de quedar para
siempre del poema, cuando se vayan borrando las otras creaciones
ménos poderosas de Goethe. Margarita ha dado al Fausto doble mérito del que tiene. Esa extraña é interesante mujer, á cuyo alrededor
se efectúan escenas inolvidables, y se destaca una figura que Goethe
parece haber sacado de las entrañas de la dramaturgia española, Valentin, el noble soldado, el valiente vengador de su honra, que muere
por ella como los hermanos de las comedias castellanas; esa Margarita, con su rubia cabellera, su casi infantil coquetería, su caída y su
muerte, ha hecho más por Goethe de lo que él mismo quizás pensaba.
Goethe quiso inmortalizar á Federica Brion, una de sus amantes, pin-
tándola en Margarita. Pero Federica ha inmortalizado á Goethe, porque en poesía suele suceder como en pintura, que el modelo se olvida
ante la admiracion por la obra y el artista.

Hace poco tiempo, ante un público que hablaba lengua inglesa,
y no recordaba á Marlowe, ví representar la primera parte del
Fausto de Goethe, con todas las supresiones y arreglos que necesita en el teatro. Un actor notable, Mr. Henry Irving, hacía
el papel de Mefistófeles, pero un Mefistófeles sombrío y terrible, parecido al de la ópera y no al del poema. Una bella ac-
triz de talento hacía el papel de Margarita; y á pesar de que
en su gracia candorosa, sus movimientos estudiados y artísticos y su
dulce decir, pretendía representar la Margarita que el mundo celebra,
seducida y víctima, se descubría á pesar suyo el verdadero carácter
que Ellen Terry representaba inconscientemente. Coqueta y ambicio-
sa por instinto, supersticiosa por ignorancia, pecadora por temperamento, criminal por locura, Margarita, gracias á tales condiciones, es
la gran obra de Goethe. Cuando se la estudia con frio exámen
cuando se observa que medita sobre su pobreza con amargura, que
cede á las joyas por cálculo, resiste ménos tiempo que otra á la atrac-

cion del hombre y cae en su poder sin reparar más que en su gusto (hasta dando para realizarlo un tósigo mortal á su buena madre), ella, la burlada ó inocente Margarita, quiere uno preguntarse si no es Fausto en realidad el engañado, y si el corazon de la mujer no está lleno de sombras y maldades. Pero no que tambien se contempla á su lado al hombre en la plenitud de sus bajas pasiones; á ese mismo Fausto, tan lleno de vanidades y egoismo, tan inmundo con las propias mujeres, sacrificadas al poder de sus atractivos—y se nota que en el fondo de lo que se llama amor, palpita al desnudo el salvaje instinto de la bestia, y que los Faustos y Margaritas del mundo tienen poco que echarse en cara. Entónces se comprende la exactitud de Shopenhauer al decir que las acciones humanas no provienen de la voluntad, sino de la naturaleza, y se dá razon á Hamlet cuando exclamaba:

Man delights not me, no nor woman neither!

Marlowe, de ninguna manera supo pintar en sus obras el amor, dándole la importancia que tiene. En su Fausto, la aparicion de Helena es rápida, casi no deja huellas. Por eso ha sido olvidado; porque la poesía dramática no puede existir sin el amor y las mujeres.

JUSTO DE LARA.

MANUEL DE VARGAS MACHUCA.

APUNTES PARA SU BIOGRAFIA (1).

> El hombre debe trabajar siempre
> por la ciencia; en cuanto á la recom-
> pensa, de cualquier modo que sea,
> siempre tiene lugar cuando ménos se
> piensa.
>
> SCARPA.

Nadie responderá mejor al pensamiento de Scarpa que el cubano ilustre cuyo nombre encabeza estas líneas, pues ha trabajado constantemente por la ciencia, objeto de sus desvelos. Su en extremo laboriosa vida encierra principalmente dos condiciones elevadas, unidas ámbas como la premisa á su consecuencia: un saber profundo y una

---

(1) De nuevo publico este artículo, si bien algo modificado y con más datos, en la REVISTA CUBANA, donde deben constar, aunque sean de un modo sintético, las vidas de los cubanos distinguidos. Vió la luz primeramente, á los pocos dias de muerto el Dr. V. Machuca, en la *Revista Enciclopédica* (Julio y Agosto de 1886), dirigida por mi apreciabilísimo maestro y buen amigo el Dr. Cárlos de la Torre, Profesor de Anatomía Comparada en nuestra Universidad. A pesar de todos los deseos no pudo sostenerse tan simpática publicacion, redactada bajo el feliz consorcio del maestro y del

modestia sin límites; porque todas sus otras dotes se desprendían expontáneamente de aquel doble carácter, que tanto atraía á los que tuvieron la dicha de tratarle, y de ilustrarse familiarmente con sus sencillas al par que sabias conversaciones. La Química fué siempre su estudio favorito, y al conocimiento de ella dedicó todos sus trabajos y todas sus empresas. Recreábanle sus modernas adquisiciones, las seguía con verdadero entusiasmo, y por eso cautivaba la atencion de sus discípulos con el interés que despiertan en un espíritu jóven las últimas conquistas de la ciencia. El biógrafo de Vargas Machuca—para decirlo de una vez—tendrá materiales en abundancia para su obra; los «apuntes» que hoy publico en la Revista Cubana podrán serle úti-les: tal es el propósito que me guía en estas páginas.

Dejando á un lado los primeros pasos de su carrera,—porque en mi sentir suelen ser comunes ó análogos á los de otros,—diré que, despues de haber obtenido con brillante calificacion el grado de Licenciado en la Facultad de Farmacia, deseó extender sus conocimientos y, ávido de saber, embarcóse el año de 1857 para París, en donde estuvo hasta el de 1864. Durante esos años de contínuo trabajo en el laboratorio de aquella Escuela de Medicina, bajo la paternal direccion de Cárlos Adol-fo Wurtz, eminente químico de quien era predilecto alumno, no fueron por cierto estériles esa constancia y esa aplicacion de su clara inteli-gencia, sino que produjeron un resultado digno de todo encomio y de todo orgullo para su país natal.

Un grupo de cubanos, que asiduamente ampliaban sus estudios en la capital de Francia, fundaron—como expresion de recuerdo y de amor á su pátria—un periódico que se llamó *El Eco de París* (1),

_____

discípulo, de la poderosa expansion de la jóven inteligencia y la crítica severa de la razon formada. Cada periódico científico entre nosotros—segun una feliz imágen— viene á ser, con raras excepciones, como el espectro que se levanta sobre la tumba de un antepasado, para enmudecer y sepultarse prontamente; mas, esto no quita que esos silenciosos cadáveres tengan su historia, donde consten sus esfuerzos en pró del pro-greso intelectual de nuestra sociedad.

(1) *El Eco de París*, redactado entre otros por los Sres. Luis M. Cowley, Ga-briel M. García, Ramon L. Miranda, Pedro de Hevia, José Beato, Juan Bautista Landeta y Antonio Mestre.—París, 1859.

donde se publicaban en lengua castellana los escritos más importantes
que á la Medicina, á la Cirujía y á sus ciencias auxiliares compitiesen.
En aquella entusiasta colaboracion ocupaba un lugar muy distinguido
Manuel de Vargas Machuca, y desde Mayo de 1858 á Febrero de 1859,
entre otros particulares fueron objeto de su pluma la «Recoleccion del
opio en Oriente»; sus experimentos referentes á un trabajo del señor
Ronssin y á las investigaciones de éste «Sobre los nitrosúlfuros dobles
de hierro»; la exposicion y consideraciones respecto á la «Formacion
artificial de la glicerina» establecida por el profesor Wurtz; una revista conteniendo la «extraccion de la xantoxilina», la «decoloracion de
los aceites fijos», etc., etc. Reproducía y modificaba en el laboratorio
parisiense, experimentos que de química se realizaban en Inglaterra
y Alemania.

Pálidos serán los medios de que pudiera valerme para demostrar los
progresos del jóven alumno y su habilidad consumada en materia de
análisis, ante un rico tesoro que poseo debido á una feliz casualidad.

La mejor prueba que puede darse de los elevados móviles que impulsaron, á aquellos cubanos en Paris, á publicar *El Eco*, se lee en el artículo dirigido «al público.»
He aquí sus dos primeros párrafos.

«Las circunstancias, que tan á menudo deciden de los actos humanos, hicieron nacer en nosotros un proyecto de propaganda científica. Hallándonos en un pais donde
los adelantos de la ciencia se suceden sin descanso, hasta el punto de ser corto el tiempo para consignarlos todos en nuestra memoria; rodeados por otra parte de compatriotas que se esfuerzan en dejar bien parados sus nombres, volvimos los ojos á la
pátria y nos preguntamos si en tal situacion no podríamos rendirle algun servicio, y
si de tan abundante cosecha no nos sería dado recoger alguna miés para trasplantar-
la al terreno nativo.—Más de una vez nos hicimos esta pregunta, y más de una vez
nos asaltó el mismo pensamiento; pero sea que entonces nuestra decision no hubiese
echado raices bastantes profundas, ó lo que es más probable, que siendo otros los
tiempos fueran tambien ménos propicios á la realizacion del proyecto, lo cierto es que,
en alas de la esperanza, hemos visto con ansiedad acercarse el momento de dar á la
luz pública este periódico, y con él la prueba más palmaria de nuestro buen deseo.

«Y la verdad que, á suponérsenos equipados con todo lo indispensable para proceder á la obra, en vano se trataría de buscar disculpa á la renuncia y al olvido.
La Francia se nos brindaba con sus cátedras y sus profesores, con sus bibliotecas y
sus academias, con sus libros y sus periódicos: los materiales yacian amontonados á

Adolfo Wurtz, admirado de ese adelanto, le dirigió en 1859 al padre
de su discípulo la carta que transcribo directamente.

París, 9 Nov. 1859.

MR. MIGUEL V. MACHUCA.

Monsieur: Quoique je n'aie pas l'honneur de vous connaître person-
nellement, je prend néamoins la liberté de vous ecrive pour vous donner
des nouvelle de Monsieur votre fils. Je puis vous les donner excellentes.

Voilá deux ans que Mr. Machuca travaille dans mon laboratoire
avec une zèle et une application au dessus de tout éloge. A son entrée il
possédait à peine les premiers elements; aujourd' hui c' est un jeune
chimiste très exercé, très rompu aux procédés les plus dèlicats d' analyse.

Permettez moi, Monsieur, de vous féliciter d' avoir un tel fils, qui
vous fera autant d' honneur par son caractère aimable, que par son
instruction et sa bon conduiste.

Veuillez, Monsieur, agréer l' hommage de ma parfaite consideration.

AD. WURTZ.

---

nuestra presencia; y el trabajo que pusimos en ordenarlos para nuestro provecho,
permanecía inútil en tanto que era mudo y egoista. Cuba además esperaba que
compartiésemos con ella el pan de la ciencia, alimento tan propio para hacer sus dias
más fuertes y duraderos, en la acepcion de las Escrituras, puesto que *el espíritu vivi-*
fica;—y los que en Cuba se dedican al estudio de las ciencias médicas tenían derecho
á reclamar de nosotros, de nosotros que en buena situacion nos encontramos para responder á su llamamiento, algun óbolo recojido en la urna copiosa que á nuestro alcance está, alguna nocion tomada de la boca de los grandes maestros, alguna experiencia contemplada en el laboratorio de la sabiduría. Y mientras ellos esperaban que
nuestros oidos no hubiesen escuchado en vano lecciones tan abundantes de doctrina,
que nuestros ojos no se hubiesen cerrado para no ver la luz de la verdad, y que nuestros corazones alentasen siempre el propósito de trasmitirles alguna parte de nuestra
cosecha, nosotros lo hemos deseado tambien vivamente y estamos pronto á realizar
ese deseo.» [A. M.]

....,..... ....

....,.... ....

¿Por qué nuestros distinguidos compatriotas, los que hoy siguen los cursos de la
Escuela de París, no se animan á redactar otra publicacion análoga en carácter á la
del año 59? ¿Por qué ellos, inteligentes y laborantes, que cuentan con todos los elementos, no imitan aquel ejemplo?......

En la misma carta, el preparador de la Facultad agrega esto:

Je vous demande la permision, Monsieur, de m' associer de tout cœur á la lettre de Mr. le professeur Wurtz.

A. Rígout,

Préparateur de Chimie de le Faculté.

Pero no solo *El Eco de París* guarda las publicaciones del querido maestro á que me refiero: en los *Comptes Rendus* de la Academia de Ciencias de aquella incomparable ciudad, se encuentran tambien los fecundos productos de su labor. Entre otros, una «Note sur la transformation de l' acìde propiónique en acìde lactique», en !a cual, refiriéndose á otra anterior «sur l' acíde oxybutyrique» *(Comptes rendus,* t. LII, p. 1027, Mai. 1861), crée sea un verdadero homólogo del ácido láctico obtenido por fermentacion. «Sur l' acíde bromobutyrique et sur un nouvel acíde qui en derive» constituye otra comunicacion que, en colaboracion con Mr. Fríedel se ha publicado en aquellas memorias; de una série de experiencias y de variadas reacciones concluyen: «Así, en lugar de llegar al ácido butiláctico, ó acetónico, hemos encontrado un nuevo ácido para el que proponemos el nombre de *ácido oxibutírico,* por que es un derivado del ácido butírico por oxidacion, como el ácido oxibenzóico lo es del ácido benzóico....» Habiendo Mr. Phipson puesto en duda la existencia del ácido permangánico y la fórmula del permanganato de potasa dada por Mr. Mitscherlich, creyó útil Vargas Machuca analizar esta última sal en el laboratorio de Mr. Wurtz, comprobando á su modo de ver, que los asertos de Phipson descansan en errores de análisis. Este incidente fué el orígen de otra nota (1) interesante.

En la sesion celebrada por la Sociedad Química de París (2) el 19 de Diciembre de 1861, Mrs. Friedel y Vargas Machuca, anunciaron la produccion de un cuerpo azoado, homólogo del glucocol y de la analina, originado por la accion del amoniaco sobre el ácido monobromobutírico; así como la de los ácidos dibromobutírico y dibromopropió-

---

(1) *Note sur la composition du permanganate de potasse,* par Manuel de Vargas Machuca.

(2) *Bulletin de la Societé Chimique de París,* 1861, n? 6.

nico. Poco tiempo despues expusieron á la Academia de Ciencias, en un trabajo no del todo concluido, varios hechos que van completando el estudio de esos diversos compuestos; previniendo particularmente que han de transformar los ácidos bibromados en ácido dioxibutírico y glicérico, ó en un isómero de éste (1).

Los trabajos publicados en los *Comptes Rendus* de la Academia francesa se recomiendan altamente por este solo hecho. En otra carta Mr. Wurtz así lo expresa:

París le 7 Août 1860.

Mr. Miguel V. Machuca,

Monsieur: Je saidir avec empressement une nouvelle occation qui m' est offert pour vous entre-tenir des progrès de votre fils. Mr. Machuca vient de publier dans le Comptes Rendus de l' Academie des Sciences un travail original fort bien fait et qui une preuve manifeste de l' habilité consommée qu' il a acquise en matière d' analyse. C' est un honneur pour un jeun chimiste que de voir imprimé dans le Compte Rendu un travail de cette nature, et je ne puis que vous feliciter, Monsieur, du succes que votre fils vient d' obtenir . . . . . .

Veuillez agréer, Monsieur, l' expression de mes sentiments les plus distingués.

AD. WURTZ.

Mr. Rigout se asocia á estas frases, añadiendo:

J' ai rarement vu un jeune homme aussi attaché a son travail et aussi pénétré du désir des s' instruire.

Era un gusto y una verdadera satisfaccion la que experimentaba el profesor Wurtz al ver que su enseñanza era fructífera y que su alumno lo honraba bajo todos conceptos. Veía en no lejano porvenir el dilatado horizonte que á Vargas Machuca le anunciaban su talento,

---

(1) *Note relative á l' action de l' ammoniaque sur l' acide monobromobutyrique et aux acides dibromobutyrique et dibromopropionique;* par M. M. Friedel et V. Machuca.

su saber y su constancia. El que más tarde fué Decano de la Facultad
de Medicina de París, quería que Cuba estuviese constantemente en-
terada de los méritos de su hijo y de todos sus adelantos; y en otra
nueva carta, escrita más de un año despues de la anterior, están defi-
nidas de un modo claro y terminante, las aptitudes de su queridísimo
discípulo. Dice así:

Paris 9 Noviembre 1861.

MR. MIGUEL V. MACHUCA.

*Monsieur: J' epouvre un grand plaisir et une véritable satisfaction
à vous, rendre compte des progrès que votre fils a accomplis pendant
l' année scolaire qui vient de se terminer. Il a réussi à publier deux
memoires importants qui ont paru dans les Comptes-Rendus de l' Aca-
démie des Sciences et qu' il à redigés en commum avec un de ses amis
distiqués, Mr. Ch. Friedel. Je ne doute pas que votre fils ne continue à
poursuivre la voie qu' il à si heureusment inaugurée et a vous faire
honneur a l' avenir, comme dans le present, non seulement par son talent, mais encore par son charmant caractére.*

*Veuillez recevoir, Monsieur, avec mes félicitations, l' expression de
mes sentiments les plus distingués.*

AD. WURTZ.

Professeur a la Faculté de Med. de Paris.

De estos severos conceptos surgen corrientes simpáticas, silencio-
sas en parte por el dolor que produce su ausencia reciente, peor que
van acompañadas de una especie de alegría muy grande, que significa
el orgullo sentido y las halagadoras ideas que se agitan en el espíritu
en medio del disgusto originado por tan inmensa pérdida.

No fué Manuel de Vargas Machuca á Francia en busca de títulos
con que engalanar su nombre, porque sus aspiraciones no eran triviales ni constituían una mera obstentacion; amaba la ciencia tal cual
ella es, modesta y desprovistas de todas esas formas—representantes
de atrasada edad—que afortunadamente la influencia poderosa de los
tiempos, la nueva adaptacion, destruirán el valor infundado que mu-

chos les conceden. No eran tampoco para él los múltiples colores estampados en el birrete de doctor, la realizacion de sus ideales, ni la adquisicion de sus más caras esperanzas; bastóle como fórmula escolar el título que llevaba de la Universidad donde había comenzado sus estudios; pero trajo en cambio un tesoro bellísimo de profundos conocimientos teóricos y prácticos en la ciencia de los Lavoisier y los Priestley.

Sus antecedentes le preparaban un brillante porvenir en Francia, y el maestro admirable que tanto lo quiso, frecuentemente lo halagaba para que allí se quedase; mas deseoso de servir á su pátria, y de comunicarle las adquisiciones que había hecho, y arrastrado por ese sagrado deber que no todos cumplen, determinó irse á Madrid en 1864 á pasar el Doctorado en Farmacia, con el fin de alcanzar un puesto en el profesorado de esta Universidad, pues dicho grado es condicion indispensable para ello.

Y el 7 de Enero de 1865, leyó ante el Claustro ilustre de la Central una Memoria sobre «Alcoholes» que llamó la atencion de los que presenciaron el acto. «Dichosos si nuestros afanes—decía entónces el nuevo Doctor—corresponden á la importancia é interés de las cuestiones que han ocupado á tantos sábios; nuestra voluntad ha sino grande y la más halagüeña recompensa que podremos recoger, será ver aprobadas nuestras vigilias por el ilustre Claustro á quien tenemos el honor de ofrecerlas»; terminando, con la modestia que empieza su notable trabajo, al creer que se ha ocupado de la «historia suscinta de esos diversos alcoholes y de las cuestiones teóricas relativas á su constitucion.» Algunas de sus apreciaciones no se aceptaron, porque las doctrinas modernas de la química no se habían aún generalizado; pero, como discípulo dignísimo de Wurtz, llevó á su tésis doctoral la fiel expresion de los progresos á que contribuyeron su sábio maestro y las inteligencias de Gerhart, Kekulé, Odling, Hofmann, Wiliamson y otros, como escribe Grimaux (1), que han modificado y transformado las fórmulas típicas en fórmulas de constitucion deducidas de los valores atómicos.

---

(1) *Introduction á l' etude de la chimie.—Théories et notations chimiques,* par Edouard Grimaux. París, 1883.

Un distinguido profesor de la Facultad de Farmacia de la Universidad Central, fué elegido por Vargas Machuca para que lo presentase al Claustro. Hé aquí el discurso del Dr. D. Ramon Torres Muñoz de Luna, en el acto de la investidura.

«Excmo. é Ilustrísimo Sr.—En cualquiera otra ocasion ordinaria, daria por terminado mi honroso cometido haciendo una ligera reseña de los méritos y circunstancias de mi ahijado, como de ordinario sucede en este sitio, á fin de cumplir con una fórmula reglamentaria. Pero, hoy no puede tener lugar semejante práctica, hoy es imposible pensar siquiera en ella, aunque yo desearia hacerlo en obsequio de la brevedad, pues demasiado sé las muchas y perentorias ocupaciones de V. E.; pero hay que tener muy presente, Excmo. Sr., que hoy no asiste este ilustre claustro á la presentacion de un jóven más ó ménos aplicado que termina su carrera literaria y que atendidos sus antecedentes ofrezca en su dia ser un timbre de gloria para su pátria; no, Excmo. Sr., hoy asistimos aquí todos para celebrar un acontecimiento científico, para premiar méritos presentes, para vanagloriarnos, en fin, con una reputacion actual. Y yo que soy el primero en reconocer y admirar el amor y benevolencia con que os dignais recompensar los afanes y desvelos de la juventud, yo que he visto en frecuentes ocasiones que no hay tiempo bastante para V. E. cuando se trata de coronar con las nobles insignias del Doctorado los merecimientos que la juventud distinguida y modesta venera en este augusto recinto, confío en que hoy considerareis como dignamente empleado el tiempo que transcurrimos en esta imponente y tierna ceremonia.

»Sí, Excmo. Sr., porque mi jóven y modesto ahijado ha conseguido ya llamar la atencion de los sábios de Europa, por sus brillantes descubrimientos en el fecundo campo de la química orgánica—dignaos prestarme vuestra atencion por breves momentos y os persuadireis que aún me he quedado corto en los merecidos á que me refiero.

»Excmo. Sr., el Ldo. D. Manuel Vargas Machuca descendiente de aquel ilustre campeon cuyo nombre inmortal y portentosa enseñanza nos ha trasmitido la historia, nació en la perla de nuestras Antillas, en la rica ciudad de la Habana; hijo de aquel hermoso mundo—escondido entre los pliegues de la Atlántica, hasta que

alzando el Hacedor su denso velo, le muestra al grande Almirante genovés, como premio de su acendrada fé; en esa rica capital
de las colonias, que lleva nuestra sangre, que practica nuestra religion, que heredó y conserva incólume la hidalguía y generosidad de
nuestra raza, de esa patria que si algun defecto tiene es la riqueza
de su suelo que atrae bajo la figura de cuervos hambrientos del oro,
á gentes inmorales de todas categorías en la sociedad ó á traficantes
inmundos del hombre y de la honra; en esa patria, en fin, que tanto
han ilustrado poetas como Heredia, Plácido, Milanés y la Avellaneda,
filósofos como Caballero, el Padre Varela, Gonzalez del Valle, abogados como Escovedo, Bermudez y Cintra, químicos como Casaseca y
militares como Arango. En ese noble y bello país recibió mi querido
ahijado no sólo la luz de su existencia, si que tambien toda su educacion
primaria bajo la direccion de sus honrados padres, á cuyo lado obtuvo
tambien los grados académicos correspondientes á los estudios de
Filosofía y luego de Farmacia, cuya carrera concluyó en 1857.

»Terminados los estudios que le habilitaban para ejercer dicha facultad, se trasladó á París donde se dedicó al estudio teórico y práctico de la química, ejecutando por espacio de siete años y con notable
éxito las preparaciones químicas bajo la entendida direccion de nuestro maestro, el distinguido químico Wurtz, quien al terminar su enseñanza ha expedido á mi querido ahijado una honrosísima certificacion
que debe llenar de júbilo y satisfaccion lo mismo á él que á sus dignísimos padres.

»El Licenciado Vargas Machuca ha publicado siete trabajos originales correspondientes á la química orgánica. Es miembro de la Sociedad química de París y en el año del doctorado que ha cursado en
nuestra Universidad ha sabido captarse el aprecio de sus maestros y
la consideracion de sus condiscípulos; respecto de sus notas de exámen todas han sido de sobresalientes, y en fin el discurso (1) que vais
á oir es, Excmo. Sr., el primero en su género que se ha leido en este
sitio; si con semejantes títulos juzgais que haya exagerado al anunciar
que en mi querido ahijado veía una inteligencia de primer órden, para

_____

(1) Se refiere á la Memoria sobre *Alcoholes*.

la ciencia patria, perdonádmelo en gracia del entusiasmo que por ella siente mi corazon, y del singular aprecio que profeso al Licenciado Vargas Machuca desde que tuve el gusto de conocerle en París presentado de una manera honrosa, por nuestro comun profesor Wurtz, y dignaos premiar hoy con las nobles insignias del elevado rango de Doctor en Farmacia al sábio y modesto jóven que tengo el orgullo de presentaros.—HE DICHO.»

Ya con el grado de Doctor en Farmacia, vuelve á su patria que ansiosa lo esperaba, porque tenía la firme conviccion de que Manuel de Vargas Machuca no era un nuevo caso de la parábola del hijo pródigo, sino que en su prolongada ausencia conquistó laureles y ciencia, laureles y ciencia que pronto tuvo la oportunidad de utilizar favorablemente. A los pocos meses de estar en esta ciudad, en 24 de Mayo de 1865, fué nombrado catedrático auxiliar para el desempeño de la asignatura de Farmacia químico-orgánica, que durante algun tiempo sirvió generosamente. En Octubre del mismo año ingresó en la Academia de Ciencias, sirviéndole como Memoria de entrada la de Doctor ya referida. Entre los trabajos que ya sólo, ya unido á otros, ha presentado en esa sábia Corporacion, se pueden mencionar: el «Análisis químico y comparativo de las aguas del Almendares, tomadas en distintos lugares»; los «Adelantos recientes relativos al análisis y propiedades de la sangre»; sus estudios en la Seccion de Farmacia relativos al «Petitorio», en cumplimiento del artículo 26 del Reglamento de la mencionada Academia; sus investigaciones acerca de las «Aguas minero-medicinales de Santa María del Rosario comparadas con las de San Diego», en 1879; el «exámen de una muestra de maiz para los aforos»; su informe sobre el «Pionoscopio», pequeño aparato para reconocer lo leche, así como las «consultas referentes á unos análisis de manchas de sangre.» Las múltiples discusiones en que tomó parte comprobaron sus aptitudes para el debate científico, debate siempre tranquilo y nunca personal.

En 1º de Marzo de 1866 y en 11 del mismo mes en 1867, suplió á los Doctores Lastres y Aenlle en sus respectivas cátedras; en 14 de Agosto del 67 se encargó de la clase de Análisis químico por ausencia del Dr. Aguirre que la desempeñaba, haciéndose cargo tambien de los análisis químico-legales que á dicho profesor correspondian; y con fecha 19 de Febrero del mismo año explicó, por órden del Sr. Decano, la asignatura de Química inorgánica. El 25 de Junio de 1869 fué Vice-Secretario de la Facultad respectiva, ocupándose de la Secretaría desde el 29 de Noviembre al 10 de Octubre de 1871. Por Real órden del 7 de Diciembre de 1880, obtuvo el nombramiento de Catedrático de entrada, numerario y en propiedad de la asignatura de Farmacia Químico-orgánica, de la que, en 1884, fué considerado como profesor con categoría de ascenso.

Hasta poco tiempo ántes de su muerte estuvo dirijiendo, en union del Dr. Rovira, profesor tambien de esta Universidad, el *Repertorio de Farmacia*, revista mensual de Farmacia, Medicina y sus oiencias auxiliares, que vió por primera vez la luz pública en Enero de 1880. «La necesidad del estudio práctico de la química», las «Especialidades terapéuticas», «los reconocimientos químico-legales á propósito de los alcaloides cadavéricos y productos fosforados descubiertos por el profesor Selmi,» etc., etc., forman parte de lo publicado por el Dr. Vargas Machuca en ese periódico.

En la época, que bien pudiera llamar de activa creacion de sociedades científicas y literarias, los que se dedicaban á la profesion de farmacia quisieron contribuir tambien con su entusiasmo en esas reformas; pero el Colegio de Farmacéuticos de la Habana, en cuya fundacion intervino decididamente con su valioso óbolo el Dr. Machuca, murió en su infancia, destruido en sus primeros dias por luchas intestinas y rivalidades mezquinas que se despertaron en su seno. Separóse de este Cuerpo cuando se iniciaron tan desagradables incidentes.

Segun consta en su expediente universitario, poseía el título de sócio corresponsal del Colegio de Farmacéuticos de Madrid; el de Licenciado en Filosofía, Seccion de Ciencias; era miembro de la Real Sociedad Económica de Amigos del País, Sócio de Mérito del Círculo de Hacendados de esta Isla; Vocal de la Junta Superior de Sanidad en la que redactó importantes informes, asumiendo la actitud digna que corresponde al hombre de ciencia ante los conflictos que allí surpen á cada paso entre los intereses del comercio y las reclamaciones de la pública salubridad; y miembro de la Sociedad Química de París.

Su nombre figura al lado del de otros químicos distinguidos en las obras clásicas, como el Diccionario de Wurtz (1) y el Tratado de Química Orgánica del Dr. La Puerta.

La toma de posesion de una Cátedra exige la lectura de un discurso de recepcion ante el Claustro Universitario; pero el estado de salud del Dr. Vargas Machuca hizo que otro profesor de la misma Facultad leyera su hermosa Memoria sobre la «Influencia del análisis y de la sínte..is en el progreso de la química» (2), en el Aula Magna, el 9 de Julio de 1881. Presenció el acto y el Dr. Rovira fué el encargado de contestar á su discurso.

Los trabajos que llevan ese carácter sintético, cuando son como el del maestro aludido, significan la posesion de la ciencia y encierran condensados un rico caudal de positiva erudicion unida al buen criterio que se hace indispensable en el desarrollo de ese género de proposiciones. Transcribiré sus últimas frases, donde se refljan el modo de pensar y hasta la manera de sentir de su autor: «Dia tras dia, expone el ilustrado profesor, se descubren y preparan nuevos productos, entre las cuales se ven representadas todas las funciones químicas; la ciencia se enriquece constantemente, y los últimos descubrimientos, ó ya sir-

---

(1) En comprobacion de ello transcribo lo siguiente: El *Dictionaire de Chimie pure et appliquée* de Mr. Wurtz, dice: «Le brome agit sur l' acide butyrique et se sustitue á l' hydrogéne. MM. C. Friedel et V. Machuca ont décrit l' acide monobromobutyrique, $C^4 H^4 Cl^4 O^2$ cristallisé, fusible vers 140°......» (*Butyrique (acide)*. t. 1º, 1ª parte. p. 681).

Y en el t. 2º, 1ª parte, p. 706, expone: «Le deuxiéme acide oxybutyrique est celui qu' ont obtenir MM Friedel et Machuca (*Comp. rend.* t. LIV, p. 220) et Naumann (*Ann. der Chem. u. Pharm.* t. CXIX, p. 115) en faisant réagir l' oxyde d' argent humide sur l' acide bromobutyrique......» (*Oxybutyriques (acides*).

Como cuestion de prioridad, debo consignar el haber oido decir que una obra de Química publicada en la Península dá como suyas explicaciones del Dr. V. Machuca; aclaracion que éste ha expresado en clase y de la que sus alumnos están enterados. Más adelante me ocuparé de averiguar la verdad de esto.

Además de los trabajos regalados por Wurtz y Friedel, he visto en su biblioteca, que poseía tambien recuerdos afectuosos de Valeriene Sawisch, Bauer, Naquet y otros, con sus respectivas dedicatorias.

(2) Esta Memoria se publicó por primera vez en la *Revista Enciclopédica* [1886-87].

ven para comprobar nuestras doctrinas, ó ya vienen á rectificar juicios erróneos que reinaron como verdades; que, condicion de nuestra naturaleza es luchar continuamente en busca de la verdad»…. »Negar el progreso de la química es tan imposible como desconocer la influencia que en ella han ejercido el análisis y la síntesis. Las ingeniosas doctrinas de la química moderna, ensanchando sin descanso el campo de las investigaciones sintéticas nos revelan el secreto de la estructura de cuerpos cuyas funciones permanecieron largo. tiempo sin poderse establecer; y no muy lejano vemos el dia en que, venciendo los obstáculos, consiga la realizacion de sus más caras aspiraciones.»

Hacía como veinte años que había abandonado el suelo de París, pero el grato recuerdo que dejó á su despedida no estaba aún destruido; conservaba las relaciones amistosas con su querido maestro y su compañero de estudio Mr. Friedel, que ocupa hoy un puesto respetable entre los profesores de aquella Escuela. Wurtz fué nombrado Senador en 1881 y por este suceso sus numerosos discípulos, franceses y extranjeros se reunieron para ofrecerle un recuerdo en homenaje de reconocimiento y de afecto: sobre el pedestal de una estátua de bronce grabaron con la dedicatoria sus nombres. Escogieron para eso el Bernardo Palissy de Barrias,— uno de los fundadores del método experimental en la química técnica y agrícola, que estuvo complicado en las guerras civiles y religiosas en tiempo de la Reforma, viviendo despues de puesto cierta ocasion en libertad en las Tullerías, donde se le conoció por Bernardo de las Tullerías. Pero, «la distancia, agrega con esto motivo Mr. Friedel, (1) impidió que avisaran á tiempo á Emmonds, Foster, Vargas Machuca, Maxwell, Simpson etc.»

El elogio del cubano ilustre se desprende de esta reducida enumeracion de hechos que representan un trabajo constante y prolongado, seguido de brillantes consecuencias; y el respeto que le demostraban sus comprofesores es la mejor garantía de su saber: era el consultor de todos sus amigos en cuestiones que al estudio difícil de la química se refiriesen. Su opinion se imponía, no por la fuerza de su carácter,

---

(1) Notice sur la vie et les travaux de Ch. Ad. Wurtz. Bulletin de la Société Chimique, Mai 1885.

que era amable siempre, sino por la poderosa fuerza de la inteligencia,
del criterio y de la sólida instruccion. Dispuesto constantemente á satisfacer la curiosidad de los demás respecto á su ciencia, á nadie negaba el valioso apoyo de su erudicion. ¡Cuántas veces me ha evitado
hojear muchos libros y perder un tiempo necesario en las preparaciones escolares! Recuerdo su dificultosa conversacion, dos dias ántes de
morir, sobre sus estudios siempre amados, cuando á través de las
quizás últimas palabras que pronunciara en nombre de aquella ciencia,
emitía su parecer sobre los trabajos de Armand Gautier con respecto
á las *leucomaínas*, á los alcaloides derivados de la destruccion bactéri-
ca ó fisiológica de los tejidos animales, objeto de las discusiones más
interesantes que en la Academia de Medicina de París han tenido lugar últimamente.

Pero consignemos otra cualidad del modesto profesor. Así como
en el desenvolvimiento orgánico la diferenciacion funcional trac como
consecuencia obligada un progreso en la escala de las organizaciones,
así tambien en las actividades sociales la ley de division del trabajo
tiende al perfeccionamiento de los pueblos y de las naciones, de la
humanidad en conjunto; y por eso no es posible dedicarse al mismo
tiempo á múltiples tareas, sin perjuicio de esas variadas ocupaciones.
Una vida entera consagrada á la ciencia de las combinaciones atómi-
cas escusa, segun la consideracion expuesta ha poco, el tomar parte activa en la política; sin embargo, el Dr. Vargas Machuca simpatizaba
con las tendencias modernas, y anualmente complía con la causa liberal, como buen ciudadano. En el ejercicio de su profesion fué honrado
y escrupuloso á toda prueba; los inmunerables y concienzudos informes químico-legales, acompañados de sus análisis respectivos, en que
tomó parte, respondiendo á las consultas hechas en diversos juzgados,
hablan en ese sentido.

Una afeccion crónica renal venía desde hace algun tiempo destru-
yendo su organismo, hasta que su estado general fué incompatible con
la vida; expirando á los cincuenta y dos años de edad en la mañana
del dos de Agosto de 1886. A los catorce meses de muerto el maestro
de toda su ciencia, el padre de su saber, Mr. Wurtz, bajó al sepulcro
el hombre modelo sentido por todos los que le conocieron. Su pátria

y la ciencia han sufrido una gran pérdida y la Real Academia y la Universidad lloran su muerte, porque en su cátedra de química orgánica llegó á ser irremplazable.

¿Y como no se ha de sentir su ausencia eterna? *Non seulement par son talent, mais encore par son charmant caractère*, decía Mr. Wurtz en una de sus cartas. ¡Qué carácter tan encantador! ¡Qué conciencia más tranquila! Dígalo si nó el sacerdote, que por instancias familiares y en contra de sus creencias trató de registrar su espíritu. Sólo pudo recoger unas dulcísimas palabras, que son el eco de aquellas que pronunció hace años otro cubano ilustre en las postrimeras horas de su vida intachable y que todavía palpitan en nuestros corazones. «No le he hecho mal á nadie, porque he tratado de cumplir con mi deber; suplico que cuiden á mi hija».—¡Qué tristes momentos aquellos en que desapareció para siempre! Desprendióse entonces el dolor como expresion delicadísima, llevada al máximum de la sensibilidad física y moral; dolor, que en noches sublimes de sufrimiento suele con frecuencia tener por único compañero á un astro que nunca pierde su serenidad, porque todas las tormentas que agiten nuestro espíritu suavemente chocan y se deslizan sobre su disco!

ARÍSTIDES MESTRE.

(1886-88).

PRESCRIPCION DE LAS ACCIONES CIVILES.

Exposicion razonada y crítica de la doctrina legal vigente (1).

PRIMERA PARTE.

INTRODUCCION.

Todo trabajo necesita una introduccion, porque el autor de él tiene que decir, al autor del tema, cómo lo ha comprendido. Es una compenetracion entre uno y otro, y á veces, una riña, porque, ó el primero no expresa el pensamiento que en su mente concibió, ó el segundo no descubre el pensamiento expresado. No siempre los defectos son del que desarrolla la proposicion impuesta ¡cuantas veces los determina, los hace necesarios, como consecuencia irrefragable, lo imperfecto de la tésis! Las obras mejores, y sin duda las más agradables, son aquellas en que el autor del tema es el mismo que lo desenvuelve, porque es cosa terrible para el escritor desenvolver un problema cual-

---

(1) Obra presentada al Círculo de Abogados de la Habana, con el lema *Il y a une mort juridique: c' est la prescription,* en el certámen de 1887 á 1888, y que obtuvo, en él, medalla de plata.

quiera, cuando ese problema ha sido enunciado con una redaccion agena.

Tales defectos no los tiene la proposicion que nos ocupa. Si alguna vez ha estado acertada la docta Corporacion autora, es en el caso presente. En dos partes debe descomponerse el tema, no para desarrollarlo, sino para alcanzar y exponer su contenido, que es el objeto de esta introduccion. *Exposicion razonada y crítica de la doctrina legal vigente, ¿sobre qué? sobre la prescripcion de las acciones civiles.*

Dos conceptos bien caracterizados. El primero es el concepto general, el deseo del autor, la solicitud de la exposicion razonada y crítica de una doctrina legal vigente. El segundo es concreto, determina sobre que debe ó ha de recaer ese deseo, esa solicitud del autor: sobre la prescripcion de las acciones civiles. El primero es *lo que se pide*, el segundo *sobre qné se pide.*

II

¿Qué se pide? La exposicion razonada y crítica de una doctrina legal vigente. Consecuencia de esto es que no se solicitan precedentes históricos. Primero: porque no dice «exposicion histórica», sino *razonada y crítica.* Segundo: porque se exige de una doctrina legal *vigente*, esto es, del presente momento histórico.

¿Será esto un defecto que tendrá que suplir el autor de esta Memoria ó acaso una cualidad? Más que una cualidad, un triunfo del autor del tema. Apenas si se encuentra, entre nosotros, un folleto, una disertacion, una memoria cualquiera, que no arranque desde los primeros tiempos del Derecho Romano, bien porque la tésis sobre que versen exija un juicio histórico, como lo exije casi siempre, bien por que, áun cuando así no sea, los autores del trabajo lo ofrecen voluntariamente en holocausto, sin duda, al Derecho Romano.

¡Inmortal derecho del pueblo rey, vive eternamente en la civilizacion de todos los pueblos, y en la conciencia del derecho universal; pero no sirvas de obligada coletilla—que es á veces tabla de salvacion—en todos nuestros trabajos científicos!

La Corporacion autora de la tésis triunfa, pues, no exigiendo un juicio histórico, que viene exigido, por un defecto de nosotros, en casi todos los temas habidos y por haber. ¡No será el autor de este trabajo el que lo ofrezca en holocausto de nada!

Consecuencia de *lo que se pide* es, tambien, que no tengamos necesidad de hacer un juicio comparativo. ¿Determinará esto una imperfeccion del tema, que habremos de subsanar? Nos parece que nó. Cierto que los estudios comparativos traen gran suma de conocimientos que contribuyen al progreso científico, ideal, sin duda, del Círculo de Abogados de la Habana; pero por lo mismo, requieren un trabajo especial, y por que, además, es muy vasta y complicada su materia.

El mérito, pues, del tema enunciado es su concretísmo; el Círculo ha querido ser especialmente concreto. No dejaremos de imitar este ejemplo, con tanto mayor gusto, cuanto que es sobradamente raro en nuestra raza, más dada á trabajos largos y difusos, que á obras concisas y conceptuosas. El valor de las obras científicas no se mide ni se pesa. Cortos seremos.

III

¿Sobre qué se pide? Sobre la prescripcion de las acciones civiles· Y como que esto no es *lo que se pide*, sino el objeto sobre el cual recae la peticion anteriormentente explicada, resulta que son términos supuestos la prescripcion y las acciones civiles; esto es, que no es necesario decir lo que es la prescripcion, y lo que son las acciones civiles.

Empero, sería caer en lado opuesto, pecar de concisos, no decir algunas palabras sobre estas dos instituciones jurídicas: de aquí que sigan á esta «introduccion» dos capítulos, para tratar sucesivamente la «prescripcion» y las «acciones civiles», y entrar despues, en capítulos consecutivos, á ocuparnos de la «prescripcion de las acciones civiles». Habiendo prescripcion ordinaria y extraordinaria, estos capítulos habrán de ser dos, á fin de que no se nos censure por falta de claridad en el método. Habrá probablemente alguno que otro capítulo intermedio y final para mayor claridad de las ideas.

PRESCRIPCION.

I.

Todo prescribe en la vida. La vida misma es una eterna prescripcion. Y «le droit c' est la vie» (1).

Dejemos á los autores, y aún á las leyes, definiendo la prescripcion y buscando sus fundamentos. ¿No incumbe á nuestro propósito, ni cabe, dentro de la esfera concreta de la tésis, hacer una exposicion de esta institucion, sino de su doctrina legal vigente. Corresponde, pues, tratarla á grandes y levantados rasgos. Ora sea una excepcion, ó una accion: ora un reconocimiento del derecho de propiedad, ó un atentado contra el mismo: ora sea engendradora de un interés público, ó lesionadora del orden jurídico: ora por último, determine el abandono la pérdida de un derecho, ó pugne esto con el principio de que los derechos no se pierden por la falta de ejercicio; la prescripcion, buena ó mala, con fundamento ó sin él, tiene que existir por una ley del mundo, determinada por un elemento que entra en su creacion y en su organizacion, esto es, por un elemento que entra, como factor importante, en la obra de Dios y en la obra de los hombres: el tiempo. El tiempo: ese gran arquitecto y ese gran destructor.

En efecto: no hay poder creador y acabador, como el poder creador y acabador del tiempo. El hombre: la obra más grande de la creacion, adquiriendo conocimientos hoy y mañana, por el transcurso lento pero sucesivo del tiempo, llega casi á pisar el dintel de la perfeccion, y ese propio trascurso del tiempo lo destruye. El tiempo lo forma, y el mismo tiempo lo mata.

Mas ¿á qué demostrar su facultad de construir? Donde quiera que dirijamos la mirada, allí la encontramos. Todo, absolutamente todo cuanto vemos y nos rodea, desde el tierno arbolillo que lo mueve suave y ligera brisa; pero que ha de convertirse en corpulenta y frondosa ceiba, capaz de resistir al enfurecido ataque de los vientos, hasta

(1) Lerminier.

la tosca y endurecida roca, pero que ha de ser ablandada dia y dia por el constante batallar del mar; todo, repito, es la obra lenta y sucesiva del tiempo.

¿Habremos de demostrar su poder acabador? «El pacto de Cárlos «Magno, sobre que estuvo levantada Europa más de diez siglos,—dice «D. Emilio Castelar (1)—se ha roto; el inmenso imperio bizantino, «fundado en competencia con el imperio romano, se ha caido, desapa-«reciendo hasta sus ruinas; ya nada queda de aquel sacro régimen «germánico, cuya férrea corona llevó por tanto tiempo la poderosa casa «Austriaca; del dominio inmenso allegado por Cárlos v y Felipe ii en «las cuatro partes del planeta, solo se ven aquí ó allá restos del nau-«fragio; la monarquía de los Papas se ha hundido, á pesar de su carác-«ter sagrado, de su importancia religiosa, de su ancianidad venerable; «el poema escrito por aquel génio en delirio que se llamaba Napoleon «el Grande se ha disipado como el humo de sus cañones; los poderes «más fuertes, más queridos de la fortuna, más respetables para la his-«toria, rodaron al abismo; las dinastías más antiguas, como los Es-«tuardos de Inglaterra, corrieron del trono al destierro......» ¿No ha sido todo esto la obra del tiempo?

El tiempo, pues, en sus dos fases, como gran constructor, y como gran destructor; he aquí las dos prescripciones: la prescripcion de dominio y la prescripcion de accion.

De la primera podemos decir que es la creacion de un derecho por el transcurso del tiempo. De la segunda: la destruccion de un derecho por el propio transcurso del tiempo. (2)

II

La *patrona generis humani*, que dirían los antiguos, encuentra tambien fundamentos racionales en la propia naturaleza humana. El

---

(1) Recuerdos de Italia.

(2) No las damos con pretensiones de definicion; pero preferimos hacerlo en esta forma, á convertirnos en meros copiadores de las definiciones *conocidas* de los autores.

hombre no es en vano diligente ó abandonado, acucioso ó perezozo. Como ser eminentemente responsable no se mueve al acaso, sino que cada uno de sus actos en la aplicacion de sus cualidades ó facultades le proporciona bien ó mal, segun hayan sido éstas, bien ó mal aplicadas. ¿Habrá esta regla de contar como excepcion el derecho de propiedad y la facultad de demandar?

El poseedor de un fundo por el tiempo determinado, y con los requisitos y condiciones con que la Ley regula esta institucion jurídica, es más acreedor al respeto y al reconocimiento de la sociedad, tiene *más derecho* á ese fundo, que el propio dueño de él, que recibe en esto un castigo á su desidia, como aquel recibe un premio á su laboriosidad.

El tenedor de una accion que deja transcurrir el tiempo, que en su lugar verémos, sin ejercitarla, ha sido abandonado y perezoso, ha empleado mal, á sabiendas, cualidades ó condiciones de su naturaleza, porque todo hombre puede ser acucioso y diligente. Tiene que recibir un castigo, ó la naturaleza humana no entra para nada en la formacion del Derecho. Castigo que es tanto más provechoso, cuanto que redunda en beneficio del obligado, esto es, por regla general, del desgraciado.

La Sociedad, pues, el Estado que es su representante, el poder público, quien quiera que sea, tiene no solo que evitar que se discuta el orígen de la propiedad al través de cierto número de años, porque toda propiedad resultaría bastarda, y produciría esto grave confusion y desorden social, así como evitar tambien, que se establezcan reclamaciones de los tiempos de Adan, sobre las cuales estaría el Juez obligado á fallar, y serían inverosímiles, ridículas ó absurdas las constancias probatorias; sino que tiene así mismo que resolver el conflicto que dejamos planteado en los párrafos precedentes, entre dos personas, de las cuales una podrá presentar títulos materiales; pero se ha hecho responsable por no haber obrado como era árbitra de obrar, dada su naturaleza, y lo otra carece de títulos; pero carece tambien de responsabilidades, y en algunos casos, como en la prescripcion de dominio, ha realizado actos que la hacen acreedora á la estimacion y agradecimiento de la sociedad, porque ha hecho entrar en el comercio de los hombres, propiedades que, si abandonadas ceden en perjuicio comun, circuladas redundan en beneficio colectivo.

Este conflicto es el que resuelve la prescripcion. Por eso la llama·ban con sobrada justicia *finis sollicitudinum.*

ACCIÓN.

I.

Todo derecho, como toda facultad, reside, antes que en el Estado, en el indivíduo, ó en otros términos, el Estado los ejerce, porque los tiene el ciudadano. No es una dispensacion del poder á los ciudadanos, es una dejacion que hace éste de aquél en algunos de sus derechos y facultades. Si el Estado, pues, administra la justicia es porque cada uno de sus miembros tiene derecho á administrarse esa misma justicia. No es un dislate jurídico decir que el hombre tiene la facultad de hacerse justicia, solo que de esta facultad, por razones de interés público, de bien colectivo, de órden social, de temor de que se entronizara la fuerza hasta un punto que fuera funesto para los asociados, etc., etc., ha hecho dejacion el ciudadano, poniéndola en manos de la sociedad.

Y esto es tan así que, en circunstancias críticas, en momentos his·tóricos solemnes, los ciudadanos, el pueblo, releva, en uso de su dere·cho, al Estado de esa como de otras facultades, y las ejerce por sí aunque tumultuosamente por la misma importancia y urgencia de los acontecimientos. Naciones hay tambien, como en la Gran República Americana, en la que el pueblo dispensa por momentos al Estado de la administracion de justicia, y la ejerce por sí mismo en la llamada ley de Lynch.

Pero en situaciones normales el Estado, como genuino represetan·te de la Sociedad, administra la justicia, constituyendo por lo regular, para ello, un poder independiente que se denomina poder judicial. En España no está este poder todo lo separado que debiera estar de otros poderes del Estado. Desde el punto y hora, y esto sería lo de ménos, en que la justicia se administra en nombre del Rey en quien radica el poder ejecutivo, y desde el punto y hora, esto es lo grave, en que los funcionarios del órden judicial son nombrados al capricho por el propio poder ejecutivo, la administracion de justicia es hechura de ese poder ejecutivo y está con él estrechamente relacionada, acaso ligeramente confundida. Si los funcionarios del órden judicial fueran elegidos directamente por los ciudadanos, ó escalaran, al ménos, sus puestos por oposicion, lo que impediría al Gobierno la designacion á su arbitrio de los que hubieran de desempeñarlos, se obtendría una separacion cierta y positiva de estos dos poderes.

Si el hombre no hubiera hecho dejacion de su facultad de administrarse justicia, el acto de administrársela sería un acto de voluntad. La voluntad, hé aquí el medio que tendría para hacerse justicia. Pero como el hombre se ha desprendido de esta facultad, necesita un medio que, empleado ante los funcionarios de ese órden judicial que constituye un poder del Estado, le produzca el mismo efecto que su voluntad en el caso hipotético de no existir Tribunales. Y que necesita esto es indudable, porque de nada le valdrían los derechos que la ley le hubiera reconocido y las reglas y organizacion dadas á ese órden judicial, si no tuviera un medio de traer esos derechos á esta organizacion, y, haciéndolos pasar por esas reglas, obtener su organizacion práctica, efectiva. Ese medio es la accion que, en atencion á lo expuesto, viene á ser la voluntad judicial del hombre, ó sea su voluntad desenvolviéndose ante los Tribunales. (1) En el primer caso, esto es, no existiendo Jueces ni Tribunales, es la voluntad del hombre buscando á su arbitrio la justicia: en el segundo, es esa misma voluntad y con igual objeto; pero sujeta á reglas y sometida á los Tribunales. Tenemos, pues, razon al decir que la *accion* es la *voluntad*.

Consecuencia de lo dicho es que el estudio de las acciones no corresponda, propiamente, ni al derecho civil ó comun, ni al derecho procesal, esto es, ni al derecho sustantivo, ni al adjetivo, segun la inexacta clasificacion de Benthan. No al primero, porque este estudia los derechos en sí, no al segundo, por que este establece las reglas á que el Juez y los litigantes tienen que someterse en la reclamacion ó recono-

---

(1) No definimos; pero ni copiamos tampoco.

cimiento de sus derechos; y la accion como dejamos visto, es justamente el medio de traer esos derechos ante el Juez y hacerlos pasar por esas reglas. De manera que las acciones vienen á constituir un término intermedio entre el derecho sustantivo y el adjetivo y bien pueden estudiarse en ambos, aunque los tratadistas acostumbran no estudiarlas en ninguno: los de derecho civil, por que corresponde su estudio al derecho de procedimientos, los de éste, porque compete á aquél.

Y esta es una cuestion importante y de íntima relacion con la tésis, porque allí donde corresponda tratar las acciones, allí corresponde tratar la prescripcion de las mismas.

En nuestro sentir, áun cuando pueden constituir, segun dejamos dicho, un término intermedio, de caer á uno de los lados—y que caer tienen—caen en el derecho procesal.

En efecto: los caractéres esenciales de la accion son eminentemente de procedimientos. Prescindiendo ahora de los señalados por los autores, á saber, primero: que exista un derecho; segundo: que ese derecho sea lesionado; porque estos son más bien los motivos ó razones de su nacimiento que sus requisitos ó condiciones, señalaremos los que real y positivamente la caracterizan.

Primero: que se entable ante los Tribunales.

Segundo: que se deduzca por el demandante, y por el demandado en el solo caso de la reconvencion, en que por lo mismo se convierte en actor.

Tercero: que se establezca en el escrito ó libelo de la demanda.

Cuarto: que obligue al Juez á fallar condenando, absolviendo, ó daclarando sobre la peticion que contenga.

Todos estos requisitos, condiciones, caractéres ó como quiera llamárseles, son genuinamente de procedimientos, porque se refieren ó al Juez, ó á los litigantes, ó á las demandas, ó á las sentencias. Ahora bien: si los caractéres ó requisitos de una institucion se estudian en el derecho procesal ¿dónde debe estudiarse esa misma institucion? O en otros términos ¿cómo vá á saberse lo que es una accion, si se ignora lo que es un Tribunal, un litigante, una demanda, un Juez, un fallo, etc., etc?

A más de estas razones que traen el estudio de las acciones al derecho procesal, hay otras, por decirlo así, negativas, esto es, que rechazan, ó lanzan ese estudio fuera del derecho civil. En efecto: en este se estudian los derechos, los principios inanimados, las reglas absolutas, los preceptos inamovibles, en suma, este derecho representa la quietud, la inaccion; y la accion significa el movimiento, la actividad, la voluntad, el derecho no desenvolviéndose en principios absolutos, sino en su aplicacion relativa á cada hombre. Las palabras *derecho y accion*, léjos de tener la sinonimia que algunos encuentran en ellas, son, á nuestro modo de entender las cosas, más que distintas, contrapuestas: la una significa la quietud, la otra el movimiento: la una la inaccion, la otra la accion: la una el derecho absoluto, la otra su aplicacion relativa. De manera que la accion no cabe dentro de los moldes del derecho civil ó comun, rompe, violenta su naturaleza. No hay para nosotros tales acciones de derecho civil, ó derechos sancionadores, como los llama Blondeau: hay tan solo acciones de procedimiento. No se crea, empero, que negamos toda clase de relacion entre el derecho y la accion, así como existe tambien entre esta y el libelo ó demanda. Decimos con Parladorio: *ex causa sen contractu nascitur obligatiu: ex obligatione oritur actio: ex actione exurgit intentio: ex intentione confiscitur libellus.*

Las acciones, pues, deben estudiarse en el derecho de procedimientos, y como la prescripcion de ellas es una parte de su estudio, es claro que la prescripcion de las acciones cae igualmente en el órden procesal. Y cómo el procedimiento se estudia en la Ley de Enjuiciamiento Civil, es igualmente claro que allí deben tener su puesto las acciones y su prescripcion.

Se nos dirá ¿cómo van á confundirse con las reglas mecánicas de los juicios, con los preceptos adjetivos, estos conceptos, hasta cierto punto teóricos? Si este es el argumento en contra—y este tan solo existe—para nosotros es verdaderamente baladí. En primer lugar no hay tal derecho sustantivo ni adjetivo: las instituciones deben separarse y unirse por su naturaleza, y ya hemos visto que la naturaleza de la accion encaja en el derecho procesal y riñe con el civil ó comun ¿Qué importa que sean conceptos teóricos, principios sustantivos? ¿Es acaso indispensable que la Ley de Enjuiciamiento Civil sea un conjunto de reglas prácticas puramente mecánicas? ¿Quién ha podido asegurar tal cosa? Alguien. ¿Quién lo ha podido justificar? Nadie. Y sepan los que de tal manera piensan, que ahí en nuestra Ley de Enjuiciamiento Civil, tal como viene redactándose desde 1855, existen, segun observa Mr. Boncenne, preceptos sustantivos.

La cuestion es de formas, ó, como dejamos dicho, baladí: agrúpense en un Código filosófico y práctico todas las instituciones, disposiciones, etc., que comprenda esa parte del derecho que tiene por objeto hacer práctica y efectiva la justicia, y se habrá atendido al fondo, y no á distinciones puramente formulistas.

No trataba la Ley de Enjuiciamiento Civil de 1855 la acumulacion de acciones, por entender, segun los tratadistas, que competía al derecho civil. En la seccion primera del Título cuarto, Libro primero, la estatuye y regula la Ley de Enjuiciamiento Civil de 1886. Dia vendrá en el que, no obstante las protestas que contra esta opinion se levanten, aparecerá en el Código de procedimientos la exposicion de las acciones, y la doctrina legal sobre la prescripcion de las mismas.

Intertanto, quede aquí sentado, como primer crítica que hacemos de la doctrina legal vigente sobre la prescripcion de las acciones civiles, que no está regulada ésta doctrina en donde debiera estarlo: en la Ley de Enjuiciamiento Civil.

II.

Otra materia íntimamente enlazada con la tésis es la division de las acciones, porque éstas se dividen segun sus clases y segun sus clases prescriben. De todo se hacen clasificaciones, sin duda para estudiarlo mejor; pero de nada se ha abusado, en este punto, como de las acciones. Clasificaciones sin cuento, divisiones y subdivisiones hasta lo infinito. Trataremos de enumerarlas todas, mas sólo analizaremos las que tengan inmediata relacion con las teorías de la prescripcion que luego hemos de estudiar.

La tésis, al decir *acciones civiles*, alude desde luego á una clasificacion. En efecto: hay acciones civiles y criminales, siendo tan

evidente la distinta naturaleza de unas y otras, que no hemos de detenernos en ello. Hay tambien acciones públicas y privadas, *judicium publicum, judicium privatum;* mas esta division, como observa La Serna, no necesita ser tomada en consideracion, «porque el ser popu-
»lar una accion, nada cambia de su naturaleza, sino que sólo ensancha
»el círculo de los que pueden entablarla.» Hay acciones solidarias y no solidarias, ó mancomunadas, y esto tampoco constituye una division, porque no cambia en nada la naturaleza de las mismas, sino que se refieren á la distinta situacion de los acreedores en nuestro derecho, segun sean solidarias ó mancomunadas las obligaciones. Hay, por último, acciones ordinarias y ejecutivas, y esto, que tampoco constituye una division, porque no varía en esencia la naturaleza de la accion, sino que indica la clase de juicio en que se deduce, es de tenerse muy en cuenta para la teoría de la prescripcion, que encuentra fundamento en esta clasificacion.

Todas estas divisiones, á excepcion de la primera, carecen, como dejo dicho, de razon de ser. Existe otra clasificacion más racional y más acertada de las acciones. Esta es la que las divide en reales, personales y mixtas. Si por la accion, en suma, lo que venimos á reclamar es el derecho, es lógico que la naturaleza de éste determine la naturaleza de aquella. Hay derechos reales y personales, luego debe haber acciones reales y personales. A veces pueden estar reunidos los derechos reales y personales; de aquí que haya acciones que se llaman mixtas de reales y personales.

Esta clasificacion, desde luego, no es legal. No lo es la de los derechos en reales y personales; no puede serlo tampoco la de las acciones en reales, personales y mixtas. Pertenecen á los autores. Nacieron para Ortólan, estas denominaciones bárbaras, *jus in rem* y *jus ad rem* en la edad media: «la primera, dice, se manifiesta en el Braquí-
»logo, ó Sumario del Derecho de Justiniano, compuesto en Lombar-
»día en el siglo xii, y ambas se encuentran opuestas una á otra, en las
»constituciones pontificias, de donde, sin duda, pasaron á la jurispru-
»dencia civil.» De todas maneras han ganado ya carta de naturaleza.

La clasificacion tampoco es racional; al menos, en cuanto á las acciones, que es á lo que nos compete referirnos. En efecto: no puede haber acciones reales ni mixtas, porque, segun hemos visto antes de ahora, las acciones se tienen que deducir en las demandas, y éstas tienen que entablarse contra personas determinadas. No puede demandarse á una cosa, porque ésta no puede comparecer en juicio, ni defenderse. Precisa demandar siempre á una persona, bien sea por sus obligaciones propias, bien sea por las que tenga en relacion con alguna cosa. En este sentido, toda accion es personal, porque toda accion indica una relacion jurídica de persona á persona. El derecho podrá ser referente á las personas, ó á las cosas; pero la accion, cualquiera que sea su fin, tiene por objeto traer al juicio una persona para litigar con ella. Se concibe un hombre en el aislamiento con cierta relacion con sus cosas; pero no se concibe el hombre en el aislamiento ejercitando una accion, porque el derecho puede suponer una persona y una cosa, mas la accion presupone siempre dos personas, al menos: una que tiene el derecho, y la ejercita: otra que lesiona el derecho, y contra quien se ejercita.

De manera que no hay, en el órden de la inteligencia, sino acciones personales; pero en la esfera práctica se ha dado en llamarlas reales, personales y mixtas, por la clase de derechos á que se refieren; y como quiera que esta clasificacion es la que sirve de base en nuestras leyes, aún en las que todavía son derecho constituyente, á la doctrina de prescripcion, forzoso nos es aceptarla. Y una vez aceptada, exponer, aunque con suma brevedad, las subdivisiones múltiples que admite en su seno esta division.

III.

Accion real es aquella por la que se pide un derecho *in rem*. Esta nos parece la mejor definicion. Sobre todo, tiene un mérito para nosotros: ser propia. ¿Cuántas acciones reales habrá en consecuencia? Tantas como derechos *in rem*.

Debiera ser cosa fácil, por ende, enumerar las acciones reales; pero es el caso que no es empresa fácil enumerar los derechos *in rem*. Heinecio considera difícil enumerarlos. A nosotros no nos incumbe entrar en estas investigaciones. Y á la vez nos compete fijar las acciones reales.

Hay un derecho real por excelencia: el dominio. Aquello que llamó la ley romana *Plenam in rem potestatem.* Hay, en consecuencia, una accion real por excelencia: la accion reivindicatoria, que nace del dominio. Esta accion debiera tener por único fin la restitucion de la cosa; pero, por razones de distinta índole, se hace extensiva á otras reclamaciones: se pide la cosa, y con ella los perjuicios que el demandado ha ocasionado reteniéndola indebidamente. Existe en el segundo extremo una relacion de persona á persona, una obligacion personal. La accion reivindicatoria reviste, pues, en este caso, esto es, cuando se pide la cosa y los perjuicios, la forma mixta. Es, sin embargo, real. Esta accion reivindicatoria es una, por más que algunos la dividan en reivindicatoria, enfiteuticaria, y de superficie, segun la utilice el dueño del dominio absoluto, el del directo, ó el del útil. Los romanos sólo la dividían en dos: la directa, nacida del dominio absoluto; la útil, del dominio semi-pleno.

Hay otro *jus in rem*: la posesion. Heinecio no la comprendió en este grupo. Hoy está fuera de duda que es un derecho real. ¿Habrá, por ventura, una relacion más marcada entre el hombre y las cosas, que la posesion? Despues del dominio pleno, claro es que nó, porque la posesion es la tenencia de las cosas por el hombre, el hecho material por el cual están los objetos adheridos, por decirlo así, al ser. Son por consiguiente, acciones reales la publiciana y la rescisoria.

Entre dos poseedores, uno puede tener un título más robusto que el otro, y por cualquier evento, éste tener la cosa en su poder. Si no se diera accion alguna á aquél, el derecho más débil vencería al derecho más fuerte. Esto está en contra de los principios, y de aquí la accion publiciana.

Puede igualmente suceder que un poseedor haya prescrito ya la cosa; pero á consecuencia de la ausencia por razon de servicio público, estudios, etc., del dueño de ella. Si á éste no se diera una accion contra aquél, resultaría que los que son actos meritorios, y por ende, de agradecimiento para la Sociedad, se convertirían, y esa Sociedad lo sancionaba, en perjuicio del que los realizaba. De aquí la necesidad de una ficcion, en virtud de la que no ha prescrito el que realmente había ganado por prescripcion el dominio. Esta es la accion rescisoria, llamada por algunos rescisoria de dominio, para distinguirla de la rescisoria por lesion. Los romanos la llamaban publiciana rescisoria, porque ámbas se debían al pretor Publicio. Es una especie de restitucion *in integrum*, cuyo carácter es muy de tenerse en cuenta para los efectos de la prescripcion.

Pero estas acciones, la una como la otra, se dan al que tenía, ora la posesion, ora el dominio, mas se puede tambien adquirir ó tener derecho á la posesion, sin haberla tenido ántes. Esto pasa en el interdicto «para adquirir la posesion» que estatuye y regula la Seccion I, tít. xx del Libro 1º de la Ley de Enjuiciamiento Civil vigente. Este derecho de adquirir la posesion produce, como todos, una accion que es real, y pudiera denominarse *accion para adquirir la posesion*.

El dominio no es indivisible; antes por el contrario, es sumamente divisible. Así es que el dominio tiene sus desmembraciones, que deben seguir su naturaleza como partes de él. La divisibilidad del dominio tiene su fundamento en que puede ser pleno y ménos pleno. Por consiguiente, todo lo que quite esa plenitud, todo lo que coarte ese dominio absoluto, sea desmembracion, ó derecho limitativo de dominio, tiene el carácter de real, porque el dominio es, segun tenemos dicho, el *jus in rem* por excelencia. Los censos, el derecho de superficie, las servidumbres, la prenda, la hipoteca, y por último, hasta los arrendamientos que se inscriben en el Registro de la Propiedad, conforme á la Ley Hipotecaria, son derechos reales, que producen, salvo excepciones, acciones igualmente reales, porque las acciones, segun dejamos indicado, se determinan por la naturaleza del derecho.

En los censos que en su clasificacion trimembre producen acciones reales—mixta el consignativo para algunos—como derechos limitativos del dominio, y que no nos incumbe analizar aisladamente, el enfitéutico, así como el derecho de superficie, que son más que limitaciones, desmembraciones del dominio, producen la accion reivindicatoria que hemos visto llamada accion enfiteuticaria y de superficie, que diríamos superficiaria.

En las servidumbres, que son un derecho tan real, que la Ley 1ª, tít. xxxI, Parte 3ª, llama *derecho e uso que ome ha en los edificios*, etc., entre las que comprendemos las llamadas personales, porque para nuestro objeto son iguales, dado que todas indican un derecho en la cosa, se producen las acciones, reales desde luego, confesoria y negatoria. La primera es *la que nos compete para vindicar una servidumbre real ó personal;* y la segunda *la que compete al dueño de la cosa, que pretende que su contrario no tiene establecida en la heredad una servidumbre real ó personal.* (1) En opinion de algunos autores, puede ejercitarse en las servidumbres la accion real publiciana antes explicada. Nosotros cumplimos con indicar esto, así como en comprender lisa y llanamente á las servidumbres personales en las reales, sin que nos sea dable entrar en demostraciones ó investigaciones que no cuadran dentro de la redaccion de la tésis que desenvolvemos.

La hipoteca produce accion real cuando se dirige contra terceros poseedores, bien sea porque esa persona que llamamos tercer poseedor haya adquirido la cosa dada en garantía, bien porque constituyera la hipoteca y persona distinta contrajera la obligacion personal principal; pero cuando se dirije contra la propia persona que contrajo la obligacion personal, no es real la accion, sino mixta, como en su lugar veremos.

La prenda es tambien, como hemos dicho, derecho real, pero no produce accion real, sino personal, cual es la pignoraticia. La razon de esto es que, siendo el peño, segun la Ley 1ª, tít. 13, Partida 5ª, *aquella cosa que un ome empeña á otro apoderándole de ella,* las obligaciones que ocasiona, aún cuando afecten á la cosa, son puramente personales entre estas dos personas. Tambien produce este *jus in rem* dos acciones reales: la una la reivindicatoria: la otra la cuasiserviana. La primera, como es sabido, compete al dueño, á más de la pignoraticia directa, para, satisfecha la obligacion principal, obtener la cosa de manos del ex-acreedor ó de cualquiera otra persona. Y la segunda compete al acreedor, durante la obligacion, para recuperar la prenda que, por cualquier evento, esté en manos de persona distinta á él.

Derecho real es tambien, decíamos, el arrendamiento inscribible ó inscrito en el Registro, y en realidad lo es, porque sigue la cosa cual-

_____
(1) La Serna y Montalvan.

quiera que sea el poseedor de ella, ó en otros términos, porque afecta la cosa con entera independencia del dueño. No es esta la naturaleza de los arrendamientos, los que no han sido nunca obligatoriamente respetados por el nuevo dueño. Sin embargo, por la ley 19, tít. 8, Partida 5ª, se ponen dos limitaciones á este principio. Primero: cuando hubiera convenio expreso sobre el particular. Segundo: cuando el arrendamiento fuera por toda la vida del arrendatario; constituyendo este segundo caso, segun la opinion de los Sres. Galindo y Escosura, un verdadero derecho real. Ahora bien: todo derecho real, decíamos, produce una accion real, salvo excepciones, y una de éstas es, á más de la prenda, el derecho real por arrendamiento que al presente examinamos. En efecto: hay indudablemente, segun queda demostrado, un derecho real; pero como la naturaleza del contrato no cambia por el hecho de la inscripcion, las acciones que produce continúan siendo personales, por más que cada dueño de la cosa venga colocándose en lugar del anterior.

Otro *jus in rem* es, á nuestro sentir, el retracto. Es indudablemente un derecho que determinadas personas tienen en una cosa, y que lo ejercitan con entera independencia de la persona contra quien lo deducen. ¿Cabe, pues, dudar de que es real?

En consecuencia, la accion que produce cae en la clasificacion de reales, y debemos comprenderla en este lugar.

Hasta aquí los derechos *in rem*, y por ende, las acciones reales, si no se hubiera dado á aquellas una acepcion más lata. El derecho hereditario se denomina tambien en los reales. No es una desmembracion del dominio, ni un derecho limitativo de él, y no es, por consiguiente, propiamente un derecho en la cosa; pero es la continuacion del dominio y de la posesion, y, en este sentido, afecta la naturaleza misma de ellos. No produce, empero, accion real, sino mixta, por lo mismo que hay en él algo de personal, por más que está muy léjos de revestir este derecho los caractéres de la obligacion personal. Al tratar las acciones mixtas hablarémos de las que produce.

Por más extension aún del concepto de los derechos reales, se ha dado tambien en comprender entre ellos ciertos derechos que, sin tener relacion alguna con las cosas, revisten un carácter absoluto. De aquí la division de algunos en derechos «absolutos y relativos», en vez de «reales y personales.» Estos derechos absolutos á que nos referimos son los de familia. Las acciones que de ellos emanan, ó sean las llamadas *prejudiciales*, y tambien *perjudiciales*, son por consecuencia reales.

¿Son las que hemos enumerado, todas las acciones reales? En manera alguna. Donde exista un derecho que deba perseguirse en la cosa, sin preguntar el nombre de quien la tiene, «que tanto vale la frase sin consideracion á la persona», segun la frase del Sr. Gutierrez, allí hay un derecho real, y por consiguiente una accion de igual naturaleza.

DR. RICARDO DOLZ Y ARANGO.

(Continuará.)

DOCUMENTOS HISTORICOS.

Cartas de la correspondencia del **Doctor Félix** [Figueredo.

De F. F. á la Sra. M. de C.

Cauto, Octubre de 1874.

Mi querida M.: Voy á escribirte mucho y ni sé por dónde empezar; tantas son las materias de que tengo que ocuparme. Me concretaré primero á lo que me dices en tus dos últimas cartas y despues seguiré escribiendo cual lo permita mi razon.

Te quejas de que ya mis cartas no te llegan y apuntas los meses que has dejado de recibirlas y luego das á entender como que la actual Administracion debe de tener la culpa.

Es una equivocacion tuya, debida tal vez á la perversidad de los que están ahora al frente de esa Agencia el achacar al actual Gobierno la causa del mal de que no se reciba la correspondencia nuestra con la regularidad que ántes, cuando saben muy bien que es debido á que cuando cogieron todos los papeles junto con el cadáver del Presidente Cárlos Manuel, el enemigo al examinarlos descubrió que estaban anotados los nombres propios de los Agentes en las poblaciones, con excepcion del que se firma «Leonidas Raquin», y la imprudencia de tener escrito lo que no se debia, hizo que los unos fueran presos, los otros perseguidos y que alguno, como «Davis», escribiera seguidamente para renunciar el cargo que desempeñaba y de todo esto el trastorno de que te quejas.

A no ser que, si los demás la reciben, haya por allí quien tenga interés en interceptar mi correspondencia y desde luego debo suponer que si alguno lo hace será para perjudicarme, hiriéndome cobardemente; ó quién sabe si será para poder alcanzar glorias pecuniarias con el Cónsul español por tan *patriótico servicio*. Y esto lo digo por que no recuerdo haber perdido la costumbre de escribirte. Luego y más adelante tambien me dices, que por allí hay una algarabía tan grande, entre esos sesudos políticos, que concluirán por no entenderse.

Que los unos dicen que Máximo Gomez concluyó con el Gobierno del Marqués de Santa Lucía.

Que otros pugnan porque acepten las últimas proposiciones de los españoles.

Y de que yo entregué á mi patria cuando estuve desempeñando el cargo de Secretario de la Guerra...

Ahora bien: si las tales bolas no fueran tan estupendas, quién sabe si pudiera suceder que sus inventores me precisáran á pedirles que publicasen las pruebas. Pero, ¿para qué el molestarles, si en ningun caso pudieran presentarlas? ¿Ni cómo podría ser posible el proceder á la venta ó entrega de lo que los mismos no consiguieron enagenar?

Pretenden algunos que cargue yo con pecados nunca cometidos, lo mismo que con los agenos; y es lo más curioso que vengan ahora á figurar los cómplices de los que dieron las mejores pruebas de un verdadero *patriotismo*, conferenciando en el cafetal *Los Laureles* con el coronel español D. Máximo Navidad, para quedar con él obligados á lo que pude estorbarles que no cumplieran, y los cuales, por ser del mismo modo de pensar, han llegado despues á formar causa comun con los que tambien las dieron cuando se colaron en Bayamo en 1869, para conferenciar con el General Conde de Valmaseda; y de allí salir ilusionados á proponernos el que dejáramos «nuestras escopeticas», para que fuésemos sumisos y desarmados á recoger el perdon, resultando que, como no lo lograron, los tales servicios siempre les fueron pagados por el nobilísimo Conde con unos salvo conductos que les pudiesen servir para que fuesen protegidos en su viaje al extranjero; y sin contar que esos documentos habían de venir á caer en poder de Máximo Gomez cuando operaba por la jurisdiccion de Jiguaní, de cuyas resultas hubo presos y amnistiados, en lugar de haber habido presos fusilados, por el hecho de que quisieron hacer traicion á nuestra naciente República.

. . . .

Aunque las anteriores consideraciones debían de detenerme, me es preciso, sin embargo, decir algo más.

En la época en que estuve desempeñando el cargo de Secretario de la Guerra, que nunca pretendí, ni ménos quería admitir, hasta que Calixto García se empeñó sériamente, para marcharse confiado á emprender operaciones que ya tenía proyectadas, recuerdo que el Gobierno hiciera lo siguiente: lo primero, regularizar el ejército; lo segundo, publicar una Ley de Organizacion militar, que, buena ó defectuosa, era indispensable para llenar ese vacío: Servir á muchos, pero sin menoscabar el prestigio de nuestras leyes, etc. Y por separado le tocó al Gobierno de que yo formaba parte, recoger su parte de gloria en las memorables acciones de los «Melones», en la que el enemigo, si bien tuvo la suerte de verse auxiliado al emprender su retirada, ésta la hizo en escalones, para no sufrir una completa derrota; la de «Naranjo», donde le sucedió otro tanto á dos mil españoles, que fueron perseguidos en su retirada hasta «Moja-Casabe»; y la de las «Guásimas», donde fueron encerrados en un círculo de fuego los tres mil españoles que mandaba el General Armiñan, y que no hubieran conseguido salir, á pesar de su artillería, si no hubiesen acudido dos mil españoles más, que llegaron al quinto dia de la pelea, para salvar á los que quedaban de los primeros. Y por último, la coleta del paso de la Trocha, con la invasion del territorio de las Villas, que si ántes se hubiera podido efectuar, tal como estaba convenido entre el Gobierno con el General Máximo Gomez, es casi seguro que á estas horas estaría la guerra en las mismas puertas de la Habana.

De manera que, por lo visto, no se explica que pudiera entretenerse en andar en malos tratos el que, por su carácter, separado de su limpia hoja de servicios, estaba presenciando lo que se cuestionaba en los «Melones», «Naranjo» y en «Las Guásimas», ni ménos se concibe que lo hubiera hecho ántes, cuando está justificado que hasta sus ratos de descanso más bien los ocupaba en servir á la Revolucion, haciendo de cronista y dirigiendo cartas á su amigo el General Máximo Gomez, como lo comprueba una, que por arte del demonio de la guerra, llegó á ser del dominio público, despues que la publicaron, aunque no completa, *La Voz de Cuba*, *La Bandera Española* y otros periódicos, por haber sido presa del enemigo, junto con la otra correspondencia del Gobierno, al quedar prisioneros en las cercanías de Guáimaro los de la Comision portadora, debido á que el coronel Pancho Varona se separára de las instrucciones que se le dieran en la Secretaría de la Guerra al tiempo do entregarle esa correspondencia para que la llevara bajo su responsabilidad hasta el Camagüey. Y que como no hay mal que por bien no resulte, cuando la suerte favorece, la cogida de esa correspondencia fué causa de que el General Máximo Gomez obtuviera el triunfo más grande que registran los anales de esta guerra, con la victoria de «Palo Seco», donde el comandante español Martitégui, que tenía en sus bolsillos parte de esa misma correspondencia, al salir en libertad del campo de batalla, junto con los demás prisioneros, que tambien fueron perdonados, pudieron ver con sus ojos hasta el número de 507 cadáveres de los que horas ántes habían formado parte de la destruida fuerza, incluso su jefe, el teniente coronel Sr. Bilches.

He tenido la paciencia de entrar en estas explicaciones, no porque tenga que dar cuenta á nadie, sino porque considero de mi obligacion que con el tiempo sepan mis hijos á qué atenerse, y puedan, sin que se les salten los colores á la cara, presentar las pruebas de mi honrada conducta para con mi país, al que me consagré con perjuicio de ellos, de mis bienes, pero bien adquiridos; de mi carrera; en una palabra, de mi propia existencia. Desde el 12 de Octubre de 1868 hasta esto otro de 1874, en que escribo, no recuerdo haber tenido otras ocupaciones ni más empeños que el de servir á la Revolucion, como yo entiendo y he enseñado que se la debe de servir, para que pueda dar por resultado la emancipacion de la esclavitud junto con las demás libertades; ni he querido, ni puedo tener más tratos con los enemigos, que el de cobrarles, de cualquier modo que se pueda, la muerte de mis tres hermanos Angel, Nando y Emiliano, fusilados por el Conde; y la de nuestra hija Alayita, muerta en una prision antes de que cumpliera dos años de edad, de resultas de los trabajos sufridos en las prisiones y del hambre con que se criara en la Somanta.

Por consiguiente, fuera mejor que esos bravos que vagan por la emigracion, mal entretenidos en calumniarnos y en otras cosas peores, despues que huyeron de las balas y de los boniatos, volvieran, para enseñarnos á ser patriotas, ó, por lo ménos, á reemplazar á los que sólo saben sacrificarse para que tengan pátria libre.

Hablemos ahora de Calixto García Iñiguez; de las causas, con detalles, de su reciente cuanto sensible desgracia; y si quedare papel, ya que en nuestras fábricas sólo conseguimos las hojas de los «cupeyes», entónces hablaremos de nuestra situacion, y tal vez de otros particulares. Empecemos con algunas consideraciones respecto del infortunado amigo.

Mucho se moteja, me dices, que Calixto, en las grandes situaciones, oyera mis advertencias; y como llega la ocasion, por mi cuenta agrego: que muchos de los que le adulaban, al volverles las espaldas le rompieron el espinazo, diciendo que casi siempre obraba por mis consejos, con lo cual, despues de no hacerle ningun favor, querían por carambola que yo resultára participante y responsable de los hechos. Y ahora sabremos el crédito que se les puede dar á tales conversaciones.

Despues del ataque á la plaza de Holguin y de sus últimas glorias alcanzadas en las acciones que se sucedieron á la concentracion de Curaito, en la Vihuela y el Zarzal, y consecutivamente en Santa María, donde dejó copada la columna al mando del valiente teniente coronel Gomez Dieguez, tuvimos que andar separados, primero por causa de las fiebres intermitentes, que me repitieron con las lluvias de la copiosa primera, y despues porque, áun cuando nos reunimos en el Vijagual, volvimos á separarnos, en razon de que yo había dejado de ser el Jefe de Sanidad Militar de Oriente, para pasar á hacerme cargo

de la Secretaría de la Guerra, con el carácter de Subsecretario, hasta
que le hice entrega al Mayor General Vicente García, allá en el Camagüey, hallándonos en «La Matilde de Simoni», despues de lo sucedido en «Naranjo» y en «Las Guásimas.»

Por las mismas razones, en Agosto último vino Calixto á buscar-
me, encontrándome en «San Agustin del Cauto», para proponerme
que le acompañase al territorio de la jurisdiccion de Bayamo, donde
le obligaba la circunstancia de ir á poner coto á las desavenencias que
tenían lugar entre el Jefe de aquella Division, General José Mª Barreto, con el de la Brigada, que causaban mucho mal en aquellas
fuerzas.

En un principio me negué á lo de acompañarle en todo el viaje, y
únicamente le prometí que le seguiría hasta las aguas del rio Contramaestre, en lo que quedó conforme; y en ese concepto, salimos para
«Dos Rios», donde de momento quedó establecido el Cuartel General; recibiendo, al segundo dia de estar en él, al comandante Juan E.
Ramirez, que llegaba en comision del General Barreto á entregar interesantes pliegos. Uno de los mismos contenía las proposiciones de
los españoles, proponiéndonos la paz; proposiciones que, bien estudiadas, daban lugar á reflexionar, pero sériamente.

Si mal no recuerdo, porque no tuve tiempo de tomar cópia, eran
las siguientes:—Primera. Abolicion de la esclavitud en la República
de Cuba.—Segunda. Reconocimiento de grados para los de nuestro
Ejército.—Tercera. República Federal unida á España; pero si allá se
daba ésta la monarquía, proclamar en Cuba la Independencia.—Cuarta. Devolucion de los bienes confiscados.—Y quinta. Dar España
una nacion en garantía, y otra los cubanos.

Leido el oficio de remision de Barreto, las proposiciones y algunas cartas, entre las que entraba á figurar una de un tal Sr. Aznar,
comandante de Ejército y Fiscal en la causa que se formára contra el
agente Varona, preso en el Castillo de Gerona, de Manzanillo, segun
lo explicaba la carta; Calixto me dijo que le era imposible el marchar
para Bayamo sin que dejara de acompañarle; y yo, que entendí que
el conjunto era delicado, desde luego accedí, sin más condicion que
la de hacer el viaje por entre Santa Rita y el Cautillo, Charco Redon-

do, cercanías de Guiza, y luego por el Corojo, para bordear las Sierras y no tener encuentros con el enemigo. Pero el comandante J. Ramirez contrarió mi proposicion, expresando que era mejor hacerlo por la costa del Cauto, para luego dejarlo, pasar por la sabana de Punta Gorda, el Humilladero, La Veguita, y despues de pasar el camino de Manzanillo, ir hasta las alturas del Yarayabo, donde esperaba Barreto. No me bastaron reflexiones para disuadir á Calixto de que no aceptase este itinerario, porque, al fin, Ramirez acababa de hacer el viaje por esa ruta, y argüía que el camino estaba inmejorable. Pedí á Calixto que ántes de emprender nuestra marcha debía consignar por escrito que nunca había tenido motivo para escribir al Varona que usaba el pseudónimo de «Marqueta», para que así quedase desvirtuada la carta del mismo, bastante comprometedora, que ya dije venía junto con los pliegos de los españoles, y la que aparecía haberse escrito en el Castillo de Gerona, donde se hallaba preso el firmante, por causa de los apuntes del Presidente C. Manuel, ocupados por el enemigo. Calixto me contestó que sí lo haría; pero que lo aplazaba para cuando llegásemos al cuartel del General Barreto. A lo que sí accedió, y de momento, fué á que marchase en comision el coronel Ismael Céspedes, Jefe de E. M., con los pliegos para el Gobierno, donde se incluía el original de las proposiciones de los españoles, para que allá, éste y la Cámara pudieran acordar lo que creyesen conveniente.

Salimos de Dos Rios el 28 de Agosto, con unos 60 infantes y 16 ginetes, mal montados; y el primer tropiezo lo tuvimos al repasar el rio Cauto por el llamado «Paso del Oro», donde, á poco más, se nos quedan el buen amigo y compañero Juan Miguel Ferrer, el capitan ayudante Estéban García, y el soldado Estéban el Cayero, que, como no sabían nadar, fueron arrebatados por la fuerza de la corriente, y hubimos de emplear grandes esfuerzos, logrando sacarlos casi ahogados.

Por fin logramos ganar la opuesta orilla despues de mil trabajos, y luego de caminar por la jurisdiccion de Bayamo, ya que pasamos la extensa sabana de Punta Gorda, hicimos parada en el camino real de la Isla, miéntras los de la fuerza derribaban los postes del telégrafo que pone en comunicacion á Cauto del Embarcadero con la ciudad de Bayamo, y además, se quemaban unos parapetos construidos exprofeso por los españoles para guarecerse y proteger el paso de sus convoyes.

Más adelante, un fuerte aguacero nos hizo acampar antes de llegar al Blanquizal, para pasar la noche, y á la mañana siguiente seguimos en busca de los Jagüeyes, con todo el camino lleno de agua, los arroyos crecidos, y despues de muchos trabajos llegamos al susodicho punto, donde tenía un reten de una veintena de hombres enfermos y heridos, el coronel Emilio Noguera, que no vimos porque se hallaba ausente: allí encontramos con una pierna rota al capitan Cárlos Gabino, hecho cargo del campamento, y éste nos dió informes del disgusto general que tenían los de la fuerza, por la conducta ó abandono del Jefe de la Division y del de la Brigada, que, á lo que se decía, no querían descender de las lomas al llano, pasando el tiempo por los puntos nombrados Rancho Claro y El Macho, sin operar contra el enemigo.

Venciendo mayores dificultades, dejamos al amanecer los Jagüeyes, para cruzar el camino de Bayamo á Manzanillo por el intermedio de los campamentos de Bueycito y el de la Veguita: al verificarlo, tomando las precauciones del caso, por si se tropezaba con alguna fuerza española ó con la confronta; la vanguardia nuestra descubrió que estaban apostados del otro lado del camino, bajo las órdenes de un teniente de apellido Meriño, unos 15 veteranos insurrectos que acechaban el paso de un pequeño convoy; y al llegar al punto que éstos ocupaban, Calixto García, seguramente distraido, dió la órden al comandante Jesus Rabí para que hiciese derribar los postes del telégrafo del camino, y cortar los alambres. Yo, que me había detenido con la retaguardia en el paso del rio de Buey, para que mi caballo bebiese á su antojo, y se le limpiaran las crines de la cola, que las llevaba llenas de lodo, cuando llegué al camino y noté que se destruía la línea, á pesar de los del acecho del paso del convoy, no pude ménos que hacer conocer que había sido un error, puesto que en vez de reforzar con gente nuestra al teniente Meriño, más bien iba á servir la otra operacion para dejar advertido al enemigo de nuestra presencia

en aquellos lugares; y á la par, la otra consideracion, de que nos hubiera debido resultar de mayor provecho la quita del convoy para ali-
mentarnos, que no la de dejar destruida la línea telegráfica en el corto
espacio de un kilómetro.

Los del teniente Meriño, luego que, con disgusto, vieron la operacion concluida, comprendieron la inutilidad de su permanencia en
aquel sitio; y al continuar nosotros nuestro camino, tambien se marcharon ellos. ¡Maldita disposicion, orígen de tantas desventuras!

Llegada la puesta del sol, nos quedamos junto al Hicotea, para
poder pasar la noche, despues que dejamos en el espacio de camino
andado las huellas de nuestro paso, bien marcado por la tumba del
telégrafo y por efecto de las lluvias.

Al siguiente dia, muy de mañana, seguimos en marcha, hasta que
paramos en La Cidra, detenidos por una negra tempestad que, para
descargar, dejó desprender un rayo que cayó cerca de nosotros, des-
trozando una palmera, lo que me hizo presentir alguna desgracia, y
cuya observacion no me explico por qué se la hice á Calixto desde mi
hamaca. Al otro llegó Mármol, el Jefe de la Brigada, que luego de
haber pasado un par de horas con nosotros, nos indujo á que marchá-
semos camino de Yarayabo, facilitando á Calixto, antes de separarse,
al teniente Guerra, como práctico de todo aquel terreno, y con el que
seguimos hasta que nos hizo detener en un sitio de malísimo aspecto,
llamado San Antonio, junto á las orillas del rio Baja. Este punto era
una estancia vieja, llena de manigua, en el centro de un montecillo,
rodeado por sus afueras de grandes sabanas, y distante del pueblo de
Yara sobre 3 leguas. Desde que reconocimos el terreno, el descontento se hizo general, y nuestros asistentes se daban á los diablos,
porque no hallaban espacios sin fango para levantar nuestros pabellones.

Hice presente á Calixto los peligros é inconvenientes si nos que-
dábamos en un sitio tan cenagoso, donde no había medios ni de
encender hogueras; pero hube de resignarme, para dar el buen ejemplo; y con mis asistentes puse manos á construir un techo, colocán-
dole pencas de yarey, que lo teníamos en abundancia, para poder
dormir á cubierto de los aguaceros.

Por la mañana del dia siguiente me llamó Calixto, haciéndome ir á su pabellon, para preguntarme con buen humor si me encontraba bien; por lo que hube de repetirle mi protesta del dia anterior; y aún e dije que estaba con deseos de marcharme de aquel pesado sitio, con sólo mis asistentes, en busca de otro de mejores condiciones.

El me contestó:—«Comprendo toda la verdad de tus razonamientos; pero ya la gente ha salido para el Zarzal á buscar boniatos, y te prometo que cuando regresen nos marcharemos para Yarayabo.

En la misma mañana llegó un oficial de la fuerza del batallon de Oriente con la correspondencia del Extranjero, que luego de repartida nos entretuvimos en leer, y cuando acabamos de comentar las diversas noticias que nos daban, emprendió Calixto conmigo la broma de que, si algun dia tenía la mala suerte de caer prisionero, iba á empeñarse con los españoles para que me dejasen ir á hacerle compañía, pues de antemano calculaba las reflexiones que le haría camino del patíbulo.

Entónces le pregunté delante de sus ayudantes y de Juan M. Ferrer, que si llegado ese triste lance se dejaría cojer vivo, para luego tener que dar ese triste espectáculo.—Nó, me contestó seguidamente; porque de los seis tiros que tiene mi revólver, cinco serán para el enemigo, y el sexto para quitarme la vida.

Malas bromas, y en ayunas, le dije, hemos elegido para pasar el rato; y ya que agotaste el tema con esa especie de oracion fúnebre, déjame ir á ver si encuentro con el asistente alguna cosa con que desayunarme, para vivir preparado; porque la verdad es que en este San Antonio del Baja, todo me huele á mortaja.»

Salí de aquel pabellon, y al sentarme en mi hamaca para almorzar, llegó el comandante José Ignacio Quesada, al que invité para que compartiéramos lo poco que tenía en el calderito. Aceptó con franqueza de compañero, y hablamos sobre su hermano Manuel, cuya presencia en Kingston acabábamos de conocer en la correspondencia de Jamaica; y como continuamos comentando las noticias, le tocó el turno á la del cambio verificado en Zambrana, pues éste le había escrito á Calixto desde Paris, diciéndole con respecto al General Manuel de Quesada, «que no le conocía bien; pero que, despues de haberlo tratado con intimidad, había llegado al conocimiento de que era el único capaz de salvar á Cuba,» olvidando, agregó José Ignacio, el hermano, todo lo que hizo y dijo como Diputado allá en la Cámara, cuando lo depusieron del cargo de General en Jefe. Así son ciertos hombres! Y cerró la conversacion.

Se marchó de mi lado J. Ignacio, y, pasados algunos minutos, los repetidos fuegos en nuestra avanzada, puesta en el rastro que dejamos al entrar en el Baja, nos advirtieron que teníamos al enemigo en nuestro seguimiento.

En el tiempo más preciso dejé arreglado mi caballo, haciendo que el asistente Timoteo lo hiciese con la mula; y ya de un todo listo, me dirigí, con el caballo de la brida, al pabellon de Calixto, al mismo tiempo que llegaba el sargento Villareal, encargado de la guardia que había hecho fuego, para dar el parte de que el enemigo que se había presentado era numeroso, y que despues de los primeros tiros con su descubierta, aquél había hecho alto; observando, dijo Villareal, que el Jefe, desde el caballo que montaba, hacía señales en direccion de su izquierda y derecha, como si fuesen éstas para ordenar el ataque.

Entónces Calixto mandó á algunos números, de los pocos de su escolta, á que se incorporasen á los que tenía el comandante Jesus Rabí, y á éste que saliese á recibir al enemigo en el terreno que mediaba enlre los ranchos del campamento y la avanzada ó guardia del rastro por donde esperaba que le entrase. Dió despues la órden á su Ayudante, el capitan Agustin Camejo, para que retirara del campamento, por la parte opuesta, llevándose la impedimenta; y dirigiéndose á mí, me encargó que le sacase la poca gente de caballería, para que esperase el resultado en la sabana inmediata.

Calixto, le dije, advierte que si ese enemigo es numeroso, y nos entra á un mismo tiempo por el centro y los flancos, y se propone envolvernos, no hay medios de contenerlo, pero ni posible defensa, porque no tenemos en el campamento ni siquiera media docena de hombres para cubrir los flancos; y creo sería lo mejor que me siguieras á la sabana, áun suponiendo mayores peligros, con tal de verte salir de este encharcado maniguazo. «Sí, es muy cierto, me contestó; pero no pienso pelear. Sólo espero que Rabí le sostenga un poco el fuego para retirarnos.» «Si así me lo prometes, marcharé con tu caballería; pero me iría más tranquilo si desde ahora mismo me siguieras.» En aquel momento le presentaba su asistente Pancho las botas, que él rechazó, diciéndole: No me las pongo; guárdalas, y véte tras la caballería.

Allí le dejé en su pabellon, rodeado de los Ayudantes José Ignacio Quesada, Joaquin Castellanos, José Souvanel, y Estéban García; del capitan Planas, y á su lado el teniente Guerra, que le servía de práctico, y detrás de éste los asistentes Guadalupe y Candelario.

Pasó como una media hora, sin que se rompiese el fuego por ninguna de las partes; y como se oyera que hablaban por la izquierda del pabellon, dicen que Calixto exclamó: «Gracias á Dios que por ahí llegan los vianderos.» Y luego preguntó al práctico Guerra. ¿Podrá venir por ese lado el enemigo? Este no lo sacó de dudas; pero al ir á colocar por aquel lado un número en observacion, casi fueron sorprendidos. Hay que tener presente que el campamento estaba lleno de matas de malvas peludas, y tan altas, que cubrían un hombre perfectamente. El práctico, al ver que eran los enemigos, dicen disparó su Remington y salió huyendo, dejando abandonado el cuartel general. Este inmediatamente se encontró que iba á ser envuelto, y comprendiendo su mala situacion, intentó retirarse. El fuego del flanco que por allí reventara cayó sobre tan pequeño grupo. Ya Planas andaba herido por ambas piernas, auxiliado por el capitan Estéban Gacía. Ya el jóven teniente Castellanos, cumpliendo como bueno, se batía hasta caer muerto, y Calixto junto con Quesada, Candelario y Guadalupe, emprendieron la retirada por el rumbo de mi pabellon, que lo tenía al Sur. Pero el campamento, por este lado, no tenía ningun sendero; antes al contrario, presentaba estorbos de árboles tronchados de antiguo, y tan embejucados y espinosos, que hacían imposible la retirada. Calixto quiso en aquel trance salvarse con los que le seguían; así fué que, dejándose correr por una veredita que los asistentes habían hecho para sacar las maderas de los ranchos, trastornado, volvió de nuevo hácia el campamento, pero descubierto por los del flanco, que, atraido, dejó escapar á los demás, parece que logró cojerlo, lo mismo que al comandante Ignacio Quesada. Para esto hubo de haber algunos tiros; de manera que el comandante Rabí, al oir el fuego en el campamento, quiso volver en auxilio del cuartel general; pero, en los mismos momentos, se le presentó por su frente todo el resto del enemigo, y entónces tuvo que batirse hasta consumir los últimos cartuchos, no quedándole otro camino que el de hacerse á un lado y dejar que los que le batían fuesen á reunirse con los del flanco, despues que limpiaron todo el campamento, quedándose con las personas del Mayor General Calixto García Iñiguez, Jefe del Cuerpo de Ejército de Oriente, y de su Ayudante el comandante José Ignacio de Quesada.

Cuando esto pasaba llovía á torrentes, sucediéndose sin interrupcion los relámpagos, los truenos y rayos.

Yo me encontraba en uno de los extremos ó bordes de la sabana de Orozco, rumbo al O. del campamento, favoreciendo los mal montados ginetes que mandaba el comandante Ferrer, español de naturaleza; y entre nosotros la poca impedimenta, sufriendo al descubierto el interminable aguacero que nos caía, despues de haber pasado la sabana con el fango y la mala yerba cortadera al pecho de los caballos.

En aquella desesperada situacion, y ya de tarde, nos llegó un aviso del comandante Rabí para que volviésemos al campamento, lo que pusimos en práctica, y con el camino tan malo, que para caminar una legua tardamos el doble de tiempo. El regreso lo verificamos por todo el limpio de la sabana, y quedamos sorprendidos al ver que el rastro del enemigo iba en nuestra direccion, pero que luego se dirigía para la de la sabana de Yara. El rastro estaba bien marcado en tres hileras, y calculamos que aquella fuerza, toda de infantería, podría constar de 400 á 600 hombres.

Cuando llegamos al campamento, ya cerrada la noche, fuimos informados del desgraciado suceso, y en la imposibilidad de ponerle remedio, resolvimos quedarnos hasta el dia siguiente, para proceder á nuevos reconocimientos, porque aún se dudaba de la triste realidad, en razon de que no había persona que diese pruebas evidentes del hecho.

Llegó el nuevo dia, y sólo se notaba la falta del General Calixto García y del comandante Quesada, pues el otro, que lo era el teniente Joaquin Castellanos, de 21 años á lo sumo, apareció muerto, con un balazo, un machetazo y contusiones de culatazos. Despues de dar al cadáver honrosa sepultura y de nuevas pesquisas por las sabanas y montes vecinos al Baja, resolvimos esperar á reunirnos con los vianderos, para dejar aquella zona, convencidos de que el mal no tenía cura, puesto que á Calixto y á Quesada se los tenían que haber llevado presos. Y era evidente que así debía de haber sucedido, porque, de haberlos dejado muertos, se hubieran tenido que hallar los cadáveres, como se encontró el del benemérito jóven teniente Joaquin Castellanos y Leon.

Como dice el adagio que el mal nunca llega solo, no pudimos reunirnos á los de la fuerza que habían ido al Zarzal hasta el dia 6. Lo primero, porque mientras se ocupaban en la rebusca y la saca de boniatos en los sembrados de aquellas estancias, fueron acometidos por los de la contraguerrilla de Jibacoa, en su mayor parte criollos movilizados, la que nos mató un asistente é hirió á otro en el acto de la sorpresa, y la que, sin embargo, se desbandó cuando le rompieron el fuego el capitan Blanco, ó Bellito, y el teniente Santiago Dellundé, con algunos de la fuerza protectora de los vianderos; y tambien porque luego de estar cargados, al regresar para el cuartel general, quedaron detenidos del otro lado del rio Baja, á causa de los grandes aguaceros caídos en las horas anteriores, lo que les obligó á pasar la noche del otro lado, hasta que al dia siguiente les dió paso.

Al *soberano* práctico teniente Guerra, no lo volvimos á ver desde que salió huyendo, dejando abandonado el cuartel general, en medio de aquel laberinto tan espeso de mala manigua. Y fué tanto más criminal en su conducta, cuanto que, despues averiguamos que el San Antonio del Baja era muy frecuentado del enemigo; con la adicion de que en uno de los dias anteriores se había pasado al enemigo un españolizado que estuvo poco tiempo en nuestras filas, y que vivió en el San Antonio con su familia antes de volver á presentarse á los españoles. De manera que, si el teniente Guerra hubiera advertido todo lo que sabía, y además hubiera cumplido con el deber inherente á los que tienen ese encargo, no se hubiera colocado allí el campamento, ni tampoco se hubiera separado del General García Iñiguez; y, en último caso, llegado el crudo trance, lo hubiera sacado junto con los Ayudantes por donde él encontró el camino de su salvacion.

Cuando el enemigo avanzó sobre el campamento, creo que no teníamos veinte hombres disponibles para la defensa, por la razon de que los que no estaban en el Zarzal cargándose de boniatos para racionarnos, andaban por la montaña cazando jutías y descubriendo colmenas para quitarles la miel. Y luego los pocos ginetes con los caballos sin aliento de tanto mal pasar en los caminos con las lluvias, y que no era prudente dejar encerradas las caballerías en aquel endemoniado manigüero, para utilizar á los ginetes como infantes.

Consumado el hecho, yo no quise permanecer más tiempo en aquellos lugares, y de consuno con el comandante Rabí salimos costeando las Sierras, para volvernos á la jurisdiccion de Cuba.

Yo sabía que el General Barreto, el Dr. B. . y otros más, estaban por Yarayabo, como á 3 leguas del lugar de la desgracia; pero no era posible que pudiera ver á los dos primeros para no leer en ellos la satisfaccion estúpida del final del General García Iñiguez, al que, desde los acontecimientos del Vijagual, acusaban de haber sido la causa de la pérdida de sus carteras como Secretarios del anterior Gobierno.

Ya Calixto García, en medio de tanto batallar, ha desaparecido del teatro de la guerra. ¿Qué le habrá sucedido despues? No me atrevo, no quiero decirlo, ni puedo expresar el sentimiento de tanta desventura!

¿Por qué el infortunado amigo y buen compañero no quiso oirme, cuando tanto me esforzaba para disuadirle de que no aventurásemos el viaje por el llano del territorio de Bayamo, tan cruzado de caminos frecuentados del enemigo, y de telégrafos, donde, por lo visto, se propuso marcar las huellas de su futura ruina?

¿Por qué, despues de mi fatal augurio, cuando sentimos el estampido del rayo que cayera en la Cidra, no me oyó en el San Antonio del Baja, donde tanto le rogué para que me siguiera hasta la sabana, donde era más posible la defensa?

¿Cómo fué que el Mayor García Iñiguez no pudo tener presente la enseñanza de la terrible y humeante desgracia del Mayor Ignacio Agramonte, que le hubo de suceder por haberse separado de la fuerza, para quedarse casi solo en la hora del mayor peligro?

. . . .

Y el comandante Ramirez, ¿qué podrá decirnos ahora, despues de tanto aseverar en Dos Rios, que hallaríamos el camino inmejorable? ¿Dónde fué que se separó de nosotros, que no lo tengo bien presente?

Cuando registro en mi memoria todos los acontecimientos que precedieron y fueron enlazando el cuadro final, y me detengo en el del Cauto, allá en el Paso del Oro, hasta llego á figurarme que el torbellino de la corriente del rio apagaba la vocería de nuestra gente para decir á Calixto: «¡Detente! Mira que la rápida creciente de mis aguas en este dia tan sereno, es para que no pases á contrariar la voluntad del Cielo! ¡Mira que si te empeñas en seguir por este camino, entónces no te respondo de que allá, á lo léjos, en tu última jornada, puedas encontrar la peor de todas, que ha de ser, ¡óyelo bien! la de la muerte!

«¡Pues que al fin pasaste, que se cumpla tu fatal destino!»

ADICION.—Aunque me queda por hacer la relacion de la nueva y difícil situacion, tan cargada de nubarrones, por la brusca falta del Jefe militar de este Cuerpo de Ejército de Oriente, tengo que suspender aquí, pues el Prefecto me dice que espera de un momento á otro á la Comision que viene á recoger la correspondencia para llevarla á su destino.—Adios.—A mis hijos, todo mi corazon, y besos; y con un abrazo se despide tu F. F.»

A ÚLTIMA HORA.

En uno de los periódicos de los que ha traido la Comision, acabo de leer el parte oficial que juega con la cojida de Calixto. ¡Cómo desfiguran los hechos!

Dicen en el parte que contaron 36 muertos en el campo de la accion, y que se llevaron 4 prisioneros. Si han considerado que el jóven teniente Joaquin Castellanos y Leon, por su valor valía por 35 hombres, entonces tienen razon. Y si cuentan como dobles al General García Iñiguez y al comandante J. Ignacio Quesada, tambien la tienen. Ya contestaremos, para que el mundo sepa la verdad.

NOTAS CRITICAS.

PIERRE MARTYR D' ANGHERA, *sa vie et ses œuvres.*—Par J. H. Mariéjol. Paris (Hachette) 1887.

M. Mariéjol, catedrático de una universidad de provincia, debía venir á tomar en París el grado de Doctor en letras, y descaba escoger como fondo de su tésis alguna materia que no hubiera sido muy manoseada antes, que fuese susceptible de despertar interés, y aún de producir cierta impresion de novedad. Uno, de los mismos profesores que habían de ser sus examinadores, le sugirió la idea de escribir la biografía de Pedro Mártir de Anglería, y de esa manera ha compuesto un corto volúmen, cuya lectura es en extremo amena é instructiva.

El personaje es muy interesante, y abundan los datos para componer la historia de su vida, pues su correspondencia, impresa por primera vez pocos años despues de su muerte, bajo el título de *Opus epistolarum,* comprende nada menos que ochocientas diez y seis cartas escritas en el espacio de treinta y siete años, de 1488 á 1525.

«Un literato italiano en la corte de España» pone Mariéjol por primer título de su tésis. En efecto, Pedro d' Anghéra, milanés residente en Roma donde fué discípulo del gran Pomponio Leto, tenía treinnta años de edad cuando el conde de Tendilla, embajador de los Reyes Católicos, deseoso de llevar á España un representante del Re-

nacimiento que ayudase á propagar allí los grandes adelantos que en
ciencias y letras se habian realizado por los sábios italianos, le propuso el viaje y fué aceptada inmediatamente la oferta. A España fué en
1487, y de España no salió más (salvo una excursion diplomática al
Egipto) hasta su muerte, ocurrida en 1526 á los setenta años aproxi-
madamente, porque no se sabe con fijeza el año de su nacimiento.

Apenas llegado á España concurrió en el séquito de la reina Isabel
á varios episodios de la campaña contra Granada, y allí permaneció
hasta ser testigo de la dramática escena de la rendicion de Zagal, y
penetrar con los Reyes Catolicos en el palacio de los reyes moros, en
la Alhambra cuya magnificencia arranca grito de admiracion extraordinaria á ese italiano que había vivido muchos años en Roma:—«¡Qué
palacio, Dioses inmortales! no hay ningun otro que se le parezca sobre
toda la superficie de la tierra!» Ahí concibió una admiracion todavía mayor por los dos monarcas españoles, á cuyo servicio se consagraba, especialmente por la reina Isabel, de la cual debía recibir muestras repetidas
de favor, y de la cual debía hablar más tarde en los términos más entusiastas, como por ejemplo en la carta número 279 del Epistolario,
citada por Prescott, y tambien por Modesto Lafuente. La carta es del
26 de Noviembre de 1504, dia mismo del fallecimiento de Isabel la
Católica. «El mundo ha perdido su ornamento más precioso; era el
«espejo de todas las virtudes, el amparo de los inocentes, y el freno de
«los malvados. No sé que haya habido heroina en el mundo, ni en los
«antiguos ni en los modernos tiempos, que merezca ponerse en cotejo
«con esta incomparable mujer!»

Pedro Martir abrazó en España la carrera eclesiástica, fué nombrado capellan de la Reina, se puso al frente de una especie de academia
ambulante de enseñanza de los nobles españoles, que mudaba de lugar
siguiendo á la corte de Valladolid á Zaragoza, á Barcelona y á otras
capitales, y recibió el título oficial de «maestro de los caballeros de mi
corte en las artes liberales» con treinta mil maravedises de sueldo.
«Amamanté en mis pechos, dice en una de sus epístolas, á casi todos los
principales de Castilla.» La expresion latina que él emplea es mucho
más atrevida: *suxerunt mea litteraria ubera.* Con los que menciona
en sus cartas puede formarse una larga lista de personajes á quienes

educó, desde un Duque de Braganza hasta un Duque de Villa-Hermosa primo del rey, incluyendo varios Mendozas y Girones y Fajardos, los primeros nombres del país, en aquellos dias en que la aristocracia era un poder, no solo en el nombre sino en la realidad.

Hallóse, pues, Pedro Martir de Anglería, en medio de la corte y gozando del favor de los soberanos, en la más ventajosa posicion para conocer y juzgar los acaecimientos políticos, que no podían ser de escasa importancia dados el país y la fecha, cuando acababan los Reyes Católicos de constituir y robustecer en esa extremidad occidental de la Europa una monarquía militar que había de ejercer influencia preponderante en el mundo durante más de cien años, una hegemonía indisputable, como la que ejerce en nuestros dias el imperio aleman, fundado por el rey Guillermo que acaba de fenecer. Gustábale mucho escribir cartas, tenia numerosos corresponsales en toda Europa, en Italia principalmente, que recibían con avidez sus noticias; y de ahí el gran número de sus epístolas. Muchas de las cosas que relataba como testigo presencial en su correspondencia, sobre todo despues de la muerte de Isabel, despertaban por sí mismas el más vivo y trágico interés: las borrascosas desavenencias entre Fernando el Católico y su yerno el archiduque Felipe; en seguida la muerte prematura, inesperada de éste; la locura de Doña Juana; el viaje fantástico del cadáver de Felipe el Hermoso al través de la mitad de España, desde Miraflores hasta Granada, con la esposa demente constantemente al lado del carro fúnebre y acampando á veces por las noches en lugares solitarios á la luz incierta de las antorchas sacudidas por el viento. Despues la regencia famosa del inflexible cardenal Cisneros; los desmanes y la irrefrenable codicia de los flamencos que entraron con el jóven rey Cárlos en España; y por último (sin contar mil otros sucesos anteriores y posteriores) la guerra de las Comunidades de Castilla, durante la cual residió Pedro Martir en Valladolid, en el centro mismo de la rebelion, tratando de mediar entre los insurrectos y el Gobierno. Ese italiano del Renacimiento se asimiló los sentimientos de su nueva patria, y junto con muchos de los más sinceros y mejores españoles del siglo xvi, nutrió vigorosa antipatía contra los extranjeros del norte que habían venido á la sombra del nuevo rey á explotar á España. Surgen á menudo en sus cartas claros indicios de buena voluntad en favor del movimiento municipal que marcadamente en contra de la aristocracia se dibujó en la insurreccion de las Comunidades de Castilla. Así no le inspiró ninguna palabra de triunfo la derrota infausta de Villalar, á pesar de que, por haber tratado muy cerca á los jefes del levantamiento, nunca llegó á esperar el éxito con la menor confianza. D. Pedro Giron le pareció un ambicioso vulgar que sólo aspiraba á ser duque de Medina-Sidonia—lo cual es verdad;— Juan de Padilla un regidor envanecido que se cree «magno pretor» de un magno ejército, rodeado de tribunos y centuriones,—lo cual es sobradamente injusto.—De Dª María Pacheco dice, usando una de esas expresiones grotescamente originales que abundan en sus cartas, que era el marido de su marido, *maritum mariti*.

El testimonio de Pedro Martir, por consiguiente, tal como se encuentra consignado en el *Opus epistolarum* es de bastante valor para la historia. Verdad es que varios escritores, el insigne Ranke primero, luego el sesudo historiador inglés Hallam y otros, lo acusan de graves descuidos, numerosos errores de fecha y aún palpables imposturas; pero Prescott, que lo estudió detenidamente para sus obras sobre los Reyes Católicos y sobre la conquista de Méjico, lo defiende de esos cargos, y sostiene en general su veracidad.

Ello no tiene suma importancia; acerca de los sucesos de la historia de la Península, de que se ocupa Pedro Martir, hay otros informes igualmente contemporáneos, y es fácil depurarlos y someterlos á contraprueba. Pero para nosotros el gran valor de sus escritos reside en lo que tocan á la historia de América; entre americanistas el nombre del autor de las Décadas sobre el Nuevo Mundo, *De Orbe Novo y De Rebus Oceanicis*, es de un interés excepcional. y constantemente se citan, se estudian y se estudiarán esos trabajos, así como aquellas de sus epístolas (unas treinta) que se refieren á cosas americanas.

Lástima es que tan pocas de esas cartas (relativamente á su número total pues no llegan á un cuatro por ciento) se refieran á los diversos episodios del descubrimiento de las Américas. En esa época no había periódicos para propagar rápidamente las noticias interesantes, y nadie pudo mejor desempeñar ese servicio que Pedro Martir coh sus numerosos corresponsales, que eran por lo general personajes eminentes, á contar desde el Soberano Pontífice, rodeados de amigos ó servidores que recibían ó trasmitían á otros las curiosas noticias contenidas en sus epístolas. En Barcelona se hallaba él cuando corría Colon hácia la capital del principado á presentarse ante los Reyes Católicos y darles cuenta verbal de los resultados maravillosos de su primer viaje. Relata Pedro Martir ese memorable suceso en una carta fechada en esa qiudad, el dia de «los idus de Mayo» y dirigida á José Borromeo; y en varias otras de ese mismo año de 1493 comunica á diversas personas detalles interesantísimos recogidos probablemente de los labios del mismo Colon. De activo *reporter* califica con mucha verdad á Pedro Martir, por sus informes comunicados á tantos indivíduos Mr. J. Winsor en su «Historia Narrativa y Crítica de América,» que está actualmente publicándose en Boston. Tambien M. Mariéjol lo llama el *gacetero* del Descubrimiento.

Ambos calificativos, sin embargo, deben aplicársele como expresion de elogio, sin sombra alguna de menosprecio, porque además de las cartas hay que agradecerle las *Décadas*, coleccion de fragmentos compuestos á medida de la marcha de los descubrimientos y agrupados de diez en diez, trabajo que comenzó casi inmediatamente despues de la primera vuelta del Almirante y continuó hasta el año de la muerte del narrador, es decir, hasta 1536. Todos esos trozos circularon sueltos en forma manuscrita, pasando de mano, buscados y leidos con devorante interés. El célebre papa Leon X recibía directamente algunos de los fragmentos, y con muy natural orgullo consigna Pedro Martir en una de sus epístolas que ha sabido que Su Santidad, rodeado de la mayor parte de los cardenales, despues de comer, ha leido en alta voz, sin cuidado de fatigarse demasiado, toda la relacion que le había enviado sobre la excursion á través del istmo y la primera aparicion del océano Pacífico. Así, dice sin grande desproporcion M. Mariéjol, si un italiano sondeó las profundidades del mar de Occidente, otro italiano fué el heraldo de esas prodigiosas hazañas.

Ocupó Pedro Martir en los últimos años de su existencia la posicion más ventajosa para obtener, antes y mejor que nadie, todas las noticias sobre el nuevo mundo. El Emperador Cárlos lo hizo entrar en el

Consejo Real, lo nombró despues miembro y Secretario del de Indias, y entre otras dignidades eclesiásticas que obtuvo, figura la de abad de Jamaica con rango de obispo. De ahí la excelencia de sus informes y el valor permanente de sus Décadas, que serán siempre una de las fuentes de la historia primitiva de América.

Escribió únicamente en latin, un latin bárbaro á veces, pues necesitó á menudo crear términos nuevos para las cosas nuevas que tenía que decir. Aunque no carecía de prendas notables de escritor y tenía grande instruccion, su latinidad no llega ni con mucho á la correccion y naturalidad de otros escritores del siglo XVI, como Luis Virvs por ejemplo, ni muchísimo ménos al lenguaje ciceroniano de sus célebres compatriotas, Bembo ó Paulo Manucio. M. Mariéjol cita varios pasajes y los traduce además con fidelidad y con gracia.

Las Décadas no son relaciones descarnadas, ni áridas compilaciones de los documentos oficiales. M. Mariéjol las llama «el manual del descubrimiento y la conquista», capaz de agradar á todos porque tiene pinturas amables al mismo tiempo que graves disquisiciones. Pedro Martir es hombre de estado al par que hombre de letras, y honra á la elevacion natural de sus sentimientos así como á su perspicacia, que desde esa época, mucho antes que el Padre Las Casas, desaprobase el horrible sistema de colonizacion iniciado por los conquistadores. Basta para dar aquí una muestra de ello copiar las siguientes palabras curiosas y terriblemente sugestivas, con que reanuda una parte de su trabajo interrumpido: «Desde la fecha en que dejé mis Décadas (dice) nada se ha hecho más que dar y recibir la muerte, matar y ser matados», *trucidare ac trucidari.*

El notable y útil trabajo de M. Mariéjol es sólo deficiente en la parte bibliográfica, faz de su materia que de propósito no considera, y que valía, sin embargo, la pena de ser tratada, porque es curiosa y son rarísimos los ejemplares de las primeras ediciones. La primera década se imprimió, al principio sin anuencia del autor, el año de 1511 en Sevilla. Las tres primeras reunidas, en Alcalá, en 1516. La cuarta apareció subrepticiamente en Basilea en 1521, y aunque muchos bibliógrafos han dicho que fué sólo un extracto ó compendio del original, es una copia fiel, y la primera impresion, por tanto, de esa cuarta década; así se consigna en el último catálogo de Quaritch (Enero, 1888). Las ocho aparecieron juntas por vez primera, cuatro años despues de la muerte de Anglería, 1530, tambien en Alcalá de Henares, ó *Complutum*. Un inglés, Ricardo Edem, tradujo las tres primeras en 1553, y en 1612 otro inglés, Miguel Locke, las cinco restantes. No sé que haya ninguna otra traduccion á lengua moderna. Mr. J. Winsor dice, citando una obra impresa en Madrid en 1629, que un descendiente del autor, llamado Juan Pablo Martyr y Rizo, tenía concluida en manuscrito una traduccion al castellano. Seguramente se habrá perdido.

No era más probable que se hiciesen traducciones completas del *Opus Epistolarum*. Pero las cartas geográficas «relativas á los descubrimientos marítimos» han sido vertidas, no hace mucho, al francés por MM. Gaffarel y Louvot, Paris, 1885.

E. P.

REVISTA DE LIBROS.

UN RATO EN COMPAÑIA DEL SEÑOR MITJANS (1).

Hay espíritus tan pocos hechos al bullicio y á la luz profusa, tan enemigos de la contradiccion ruidosa de la plaza pública, tan habituados al retiro modesto, á la apreciacion personal de los hechos, al juicio reposado que surge tras largas meditaciones, que llegan á mirar como enojosa la compañía de muchos, como indiscreta la curiosidad del mayor número, y llegan á sospechar de parcial la opinion que se forma al vaiven de las contradicciones.

Cuando son hombres de letras aman el gabinete y el salon donde se reune el pequeño grupo de íntimos, y desconfían del periódico, que tiene la amplitud y la publicidad del escenario. En la obra que estudian se interesan por ella misma en primer término, y casi en único término. Sólo de un modo secundario se interesan por el autor. Les preocupa la forma, aquilatan el estilo, notan el género, distinguen la especie; y sobre todo ello forman ó tienen sus teorías. En el libro ven la obra literaria; y en la obra las reglas. Son metódicos, minuciosos y sinceros. Pero cuando han terminado su trabajo de clasificacion,

_____

(1) *Estudios Literarios, coleccion de Memorias* por AURELIO MITJANS. Habana 1887.

se sienten satisfechos. Cierran el libro ó dejan la pluma. No tienen por qué ir más léjos. Y si álguien les surgiere que aún queda algo por hacer se sorprenden de buena fe.

—Esta es una novela de intriga. La exposicion es clara y está hábilmente presentada. El héroe es interesante, su carácter está bien estudiado y sostenido. El nudo suspende sin agitar demasiado. Las peripecias quizás distraen un poco al lector, pero el desenlace llega con naturalidad y á tiempo, y es además suficientemente imprevisto. El estilo muy adecuado al género, y el lenguaje bastante puro. Es una obra buena, y puede catalogarse con el número n entre las de su clase.

—¿Y el autor?

—Ah! el autor.... pertenece á la escuela romántica; algo templada, si bien se mira; ya un poco léjos de *Bug Jargal* y de *Monte Cristo*, no precisamente en el camino de los *Misterios de París*, mas desde luego dentro del romanticismo.

—Pero ¿podríamos saber por qué sigue esa direccion y como la sigue, qué disposicion nativa ó qué circunstancias de educacion, de influencia, lo han llevado por ella? ¿no habría forma de conocer ese espíritu que ha producido esta obra, para aquilatar mejor el esfuerzo y el resultado? ¿no convendría estudiar su medio social, para apreciar el grado de originalidad ó receptividad del autor, y llegar al fin al verdadero juicio crítico de este fenómeno tan interesante: la produccion de una obra de arte?

—Todo eso me parece inútil, y si he de decir todo lo que pienso, indiscreto. La biografía de un autor son sus obras. Esto es lo que da al público y lo que el público tiene derecho de saber.

Así piensa, con perfecta conviccion, el autor de los interesantes estudios que tenemos á la vista. Y sin embargo, pocos perderian tanto como él mismo con la aplicacion rigurosa de su teoría. Conviene al critico saber, si ha de apreciar en su valor el meritorio esfuerzo realizado en este libro, quién es el jóven modesto, inteligente, laborioso y veraz que lo ha escrito, y cómo lo ha producido, en medio de las más graves preocupaciones, hurtando al reposo, á las cortas tregnas que le deja su salud precaria, las horas para el estudio, la meditacion y el trabajo. Entónces comprenderá mejor la mezcla de timidez y seguridad, que á primera vista sorprende en muchos de sus juicios; el prurito de ser exacto cuando examina obras que tiene á la vista; la confianza con que sigue opiniones ajenas, cuando trabaja sobre documentos de segunda mano, y el apego rígido á teorías completamente hechas. Y entónces se explicará por qué es ésta una obra cuyo valor moral resulta muy superior á su valor literario, con no ser éste pequeño.

El señor Mitjans es muy jóven y ama apasionadamente las letras, pero no es literato de profesion, es abogado. Además, sus dolencias pertinaces, é importantes cuidados á que no puede sustraerse, le roban no poca parte de su tiempo. De aquí que su horizonte literario carezca todavía de la amplitud que algunos de sus trabajos requieren. La crítica exige mucho más que el conocimiento de las reglas y de las teorías en boga. El manejo directo y la apreciacion personal de las obras culminantes en cada literatura y en cada período son requisito indispensable. De otra suerte se condena el crítico, ó el que hace profesion de tal, á repetir lo que ya está dicho y quizás bien dicho; á lo cual de seguro no ha de querer limitarse el señor Mitjans, que tiene alientos para mucho más.

Basta leer su estudio sobre la *Literatura Contemporánea*, para tocar los inconvenientes de juzgar lo que no se conoce de un modo inmediato. Hay en el trabajo muchas reflexiones atinadas, y el espíritu que por lo general lo inspira es excelente, el espíritu generoso y expansivo de la juventud bien hallada con la época que le ha tocado en lote. Pero adolece todo él de singular vaguedad. Lo que se dice se justifica siempre con lo que otros han dicho, jamás con las obras de los autores. Este procedimiento de crítica *mediata* no puede dar resultado; porque en realidad no es crítica. Por lo demás, bien comprendemos que el tema tiene no pequeña parte de culpa. Estudiar los caractéres dominantes de la literatura coetánea, nada ménos que durante medio siglo, exige años de preparacion y no hacer otra cosa. Colocados en medio del vertiginoso movimiento de nuestros dias, en que no sólo se produce más y más presto que en ninguna otra época, sino que son muchos más los pueblos que concurren con sus obras, su carácter y sus gustos á dar tono y color á la literatura corriente, nos falta la primera condicion para juzgar con acierto, no podemos escoger el lu-

gar adecuado para dominar el conjunto, no hay perspectiva. Así en
el cuadro que se desarrolla ante nosotros se atropellan los personajes,
se amontonan las obras, y estamos muy expuestos á poner lo pequeño
al lado de lo grande y á revolver lo mediocre, lo bueno y lo excelente.
Tenemos, pues, un asunto demasiado vasto, casi ilimitado, y condiciones personales que embarazarian grandemente á un maestro, mucho
más á quien ensaya sus primeras armas.

¿Qué hace hoy la crítica con respecto á los modernos? Rectifica y
vuelve á rectificar. El hecho es muy significativo. ¿No eran hábiles
los críticos de hace veinticinco años? ¿no eran doctos? Hábiles, doctos
y penetrantes como pocos. Sin embargo ¿qué resta de sus juicios sobre
Cousin ó Lamennais, sobre Lamartine ó Musset? Bien poco; á no ser
que se estimen las páginas de esos propios críticos como obras literarias,
y como testimonio del modo de pensar de su generacion. Y todo ¿por
qué? Porque eran coetáneos. Y si es tan difícil juzgar con tino un
contemporáneo y sus obras ¿qué será todo un período? En materia de
crítica es donde cesa de ser una paradoja la teoría de Hartsen de que
el verdadero artista trabaja para la posteridad.

Ai posteri

L' ardua sentenza.

No pocos juicios, á nuestro parecer inexactos, del señor Mitjans
se explican igualmente por la falta de madurez y de observacion, que
no está en su mano evitar. Su severidad con el género bufo, justifica-
da cuando se refiere á lo que se ha llamado así en Cuba, pero excesiva y fuera de lugar en el campo entero del arte, resulta desde luego
de sus doctrinas estéticas demasiado estrictas. Poner la belleza como
fin del arte, es poner fuera del arte lo más de cuanto ha producido la
inspiracion artística. El hombre necesita expresar sus emociones por
medio de signos que conmuevan á los demás y los eleven á su mismo
tono afectivo, los hagan partícipes de su emocion actual. Este es el
orígen de todas las artes, cuyo fin, por tanto, es interesar, conmover,
emocionar. Y como los afectos humanos son muchos, muchos son los
objetos del arte. La malignidad reclama para sí un dominio no ménos

extenso que la benevolencia. Lo grotesco parte el sol con lo bello.
Los clowns de Shakespeare valen artísticamente tanto como sus héroes.
Los entremeses de Cervantes van muy cerca de *El Quijote*. Benaven-
te puede dar la mano á Tirso de Molina. Moliére escribe farsas y sigue
siendo Moliére. Y en nuestros días las bufonadas de Labiche superan
infinitamente, como obra de arte, al sentimentalismo postizo de los
personajes completamente falsos de Echegaray, por ejemplo. La misantropía de Swift ha dotado á la literatura de obras tan grandes y
admirables, como la serenidad filosófica de Goethe ó el entusiasmo hu-
manitario de Víctor Hugo.

Nuestro jóven crítico, en su culto exclusivo del arte literario, llega
á desdeñar una de las producciones superiores del arte moderno, la
ópera, y supone que en ella el autor del libreto queda forzosamente
sacrificado al autor de la partitura. ¿No serán los autores de libretos
mediocres? Porque me parece que *Rigoletto* no ha hecho olvidar á
Le Roi s' amuse. Y todavía libretos hay, verdaderos libretos, que nos
quedan, cuando ya su música se ha evaporado. En la métrica italiana
jamás morirá el *Orfeo* de Policiano, y nadie se acuerda de la partitura
que lo acompañaba. ¿Qué diría el señor Mitjans si recordara que las
tragedias griegas son ni más ni ménos que libretos? Y apénas si por
casualidad se ha salvado el nombre de alguno que otro autor de su
música (1). No sería difícil disentir de otras opiniones, igualmente
severas y no mejor fundadas. Pero éstas van sólo como ejemplo.

En cambio, si nos fijamos de preferencia en la manera de comprender la vida social de nuestros tiempos, de apreciar sus tendencias y do
realzar sus aspiraciones, si atendemos al espíritu y carácter del autor,
tal como se revela en su libro, á su generoso ardor por el estudio y á
su entusiasmo por el progreso, á la firmeza con que discute los cargos
de los adoradores del pasado y el ímpetu reposado con que los combate y rechaza, no tendremos ocasion sino para tributarle aplausos.

No es un soñador, ni un visionario; pero ve con claridad y sabe

---

(1) Hay un pasaje de Luciano, muy curioso, y que no he visto nunca citado, en
que se recuerda el nombre del autor de la música del *Ayax furioso* de Sófocles. Lla-
mábase Timoteo. Véase en el párrafo I del opúsculo *Harmónide*.

mostrar que en la esfera intelectual y en la de las costumbres, todo bien medido y pesado, los hombres de nuestra época no tenemos por qué confesarnos inferiores á los de las pasadas, y áun—si no fuera tan fácil achacarlo á presuncion—que en más de un punto los mejoramos.

Hoy que al parecer triunfan los decadentes, no está demás oir estas conclusiones, cuando el que las sustenta sabe sacarlas y afianzar-las, como sabe hacerlo el señor Mitjans.

TUS MANOS.

Perdóname si las canto,
No sientas celos por ellas;
¡Alma mia, son tan bellas,
Y las quiero tanto, tanto!

Cuando yo te conocí,
Antes que mirar tus ojos,
Antes que tus lábios rojos,
Tus manos, tus manos ví.

¡Tan breves!.... Las modeló,
Amor, con ámbar y miel,
Y el fuego de su clavel
Flora, para ungirlas, dió.

Y, al contemplar que perdía
Con su belleza la calma,
Absorto me repetía:
«¿Tambien ellas tienen alma?»

¡Alma! Pigmaleon las vea,
E implorará de tu mano
Aquel fuego soberano,
Que faltó á su Galatea.

—

Viéralas él, y querría
Robármelas, para sí;
Díme, ¿qué fuera de mí
Sin tus manos, vida mia?

—

Ellas, con grata presion,
Su amor, blandas, me insinuaron,
Ellas, tímidas, temblaron
Con mi primera emocion.

—

Si las tomo por sorpresa,
Se turban, ruborizadas,
Y están, á veces, heladas
Cuando mi labio las besa;

—

Cuando, en ardiente efusion,
En las mias las estrecho,
O las pongo sobre el pecho
Donde late el corazon.

—

Ya se aduermen en mi palma,
Que á ambas juntas da cabida,
O despiertan, y encendida
Me comunican su alma.

—

Como las teclas de un clave
Las pulso; y en cada nota
Que bajo mis dedos brota
Devuelve Amor eco suave.

—

Y, si nuestra paz se altera
Por mi ardor, ó por mi arrojo,
Sabe amenazar su enojo
Con gracia tan hechicera;

—

Que, por ver su movimiento,
De tanto hechizo colmado,
Mil veces las he enojado,
Feliz en su descontento.

—

Escala por do subí
A tus lábios, ellas son
Cómplices de mi pasion;
¿Cómo no quererlas?.... ¡Dí!

—

Sin ellas tal vez sufriera
Tu desden, tu ódio tal vez,
Déjame que sin doblez
Mucho más que á tí las quiera.

—

Además, dos ellas son,
Y me quieren por igual,
Tú eres una, y paga mal
Sólo un alma mi pasion.

—

Si obtuvieron las primicias
De mi amor, si me aman más,
Mi bien, ¿les perdonarás
Que te roben mis caricias?....

—

Perdóname si las canto,
No sientas celos por ellas;
Alma mia, ¡son tan bellas
Y las quiero tanto, tanto!....

ESTÉBAN BORRERO ECHEVERRIA.

Habana.

MISCELANEA.

FERNANDO ARIZTI.

En la mañana del lunes 23 del corriente falleció en su morada del Tulipan el señor don Fernando Arizti, uno de nuestros artistas notables y uno de los más cumplidos caballeros de nuestra sociedad. Aunque ya distantes los años en que el señor Arizti obtenia en los salones habaneros los triunfos cuyo eco ha llegado hasta nosotros, su mérito extraordinario como pianista era reconocido por todos, y se le ponia con justicia entre los primeros de nuestros músicos de nota. Pero no fué sólo el señor Arizti un exquisito artista; su cultura, su discrecion, su trato amenísimo y su caballerosidad le granjeaban el cariño y el respeto de cuantos lo conocian; sus virtudes domésticas daban mayor realce y coronaban tan singulares dotes. Su vida fué tan pura como elevado era su talento; vivió para el bien y lo practicó espontánea sencillamente; por eso en torno suyo no resonaban sino elogios y bendiciones.

La REVISTA CUBANA no participa sólo del duelo de su amantísima familia; lo considera como propio.

EL TEJADO DE VIDRIO.

La muerte de Mr. Mathew Arnold nos recuerda un incidente curioso de su viaje á los Estados Unidos. En una conferencia dada en Nueva York, que se titula *Numbers*, hay una larga y elocuente tirada contra el imperio de la lubricidad en Francia, la diosa á que rinde homenaje, segun Mr. Arnold, el pueblo francés, con tanto fervor como en un tiempo á Diana la ciudad de los efesios, célebre precisamente por ese culto.

Sus vecinos de ultra Mancha no recibieron muy gustosos el cumplimiento. Pero poco pasó, cuando se descubrieron los ruidosos *escán-*

dalos de Lóndres, y entónces llegó su turno á los adoradores de Asel-
geia—que este fué el poético nombre que dió á la diosa, Mr. Arnold—
de cobrar al conferencista inglés capital é intereses.

EL MOVIMIENTO CIENTIFICO EN RUSIA.

Es creencia casi general que la Rusia es un país atrasado, lentísi-
mo en sus movimientos progresistas; destinado á vegetar en las puertas de la Europa, á la que puede amenazar con su barbarie, así como
puede por medio de la misma hacerse asimilable á los pueblos asiáticos, á los que la relativa civilizacion rusa no repugnaria, por cuanto
su nivel es muy poco superior al de ellos.

Hay gravísimo error en estas apreciaciones. No es la Rusia de hoy
la Rusia de algunas centenas de años atrás. Cada dia confirma la observacion que espíritus despreocupados hicieron de que el ruso tiene
un sorprendente poder asimilativo, y un espíritu flexib'e á todas las
iniciativas que se refieran tanto al progreso material, como al progreso
intelectual.

Comprueban estas opiniones los adelantos que en todo órden ha
realizado la Rusia en estos últimos tiempos, siguiendo paso á paso, y
algunas veces adelantándose, los progresos que ha hecho la Europa
central.

La actividad científica en todos los ramos del saber humano, no
se ha detenido un solo instante en Rusia, ni tampoco ha encontrado
trabas en la censura civil ó religiosa. Ha habido completa libertad en
las investigaciones científicas.

Así, por ejemplo, en el dominio de las aplicaciones de la electricidad, la Rusia ha abierto la vía de las invenciones y los descubrimientos. La idea de hacer servir el fluido eléctrico á la telegrafía remonta
á un centenar de años. Desde 1787, un físico francés, Lhomond, imaginó un aparato fundado sobre esta idea, y los experimentos de los
sistemas más ingeniosos se multiplicaron rápidamente. En 1832 el
baron Schelling de Cronstadt, uno de los compañeros de infancia de
Alejandro I, hizo los primeros ensayos de un aparato algo más práctico. El czar, en la visita que hizo al inventor, redactó de su propia
mano el primer despacho. Estoy encantado, decia él, de haber visitado á M. Schelling».

El 19 de Mayo de 1837, Nicolás encargaba al baron Schelling de
la colocacion de un cable telegráfico entre San Petersburgo y Cronstadt. Se pretende que este invento, explicado por Schelling en sus
conferencias en Alemania, fué comunicado por Cook á Wheastsone,
á quien se le debe la creacion en Inglaterra de la telegrafía eléctrica.
Dos años despues de la muerte de Schelling, en 1839, el célebre aca-
démico Jacobi ligaba el palacio de Invierno al estado mayor por un
hilo eléctrico, y desde 1843 San Petersburgo estaba en comunicacion
con Tsarkoeburgo y Peterhof. Jacobi es el inventor incontestado de
la galvanoplastia.

En cuanto á la iluminacion eléctrica, los rusos reivindican la prioridad. La primera lámpara eléctrica es debida á Ladyguine; la de

Edisson es una modificacion de aquella. La célebre bugía de Jabloch-kof, ántes que cualquier otro aparato hizo pasar la luz eléctrica del laboratorio á la calle. En seguida vienen los trabajos de Boulyguine, Repief, Alexief, Gravier, Kousch, Dobrokhotime, Maskof, Tickhomi-rof, Latchinof, Tehekolef, etc.

El general Petrouschewky ha descubierto un indicador que sirve para establecer la distancia entre un fuerte y un enemigo en marcha, descubrimiento que tiene mucha importancia en el arte militar. En el naval se cita un aparato de M. Davidof para el tiro automático sobre los buques de guerra. En la industria manufacturera habria que seña-lar otras muchas aplicaciones de la electricidad. La electroterapia cuenta entre sus creadores al Dr. Ragosine.

Los trabajos de los físicos rusos han contribuido, pues, en una extensa medida al desarrollo de una de las especialidades científicas más interesantes de nuestra época.

La misma actividad reina en las ciencias naturales. La obra de botánica más importante que haya aparecido en Europa en estos últi-mos años, es la de M. Fammtsine sobre la fisiología de las plantas. Dos naturalistas eminentes, Metchmkof y Zemkowsky, han publicado notabilísimos trabajos de zoología. Una gran monografía de los insec-tos nocivos por Coopen, y la zoología medical por Bogdanoff, atesti-guan los progresos constantes de la ciencia zoológica. Solamente en el año 1886 han aparecido, entre otras obras importantes, una mono-grafía de M. Menstier sobre el darwinismo en la biología, un tratado general de zoología, del mismo autor, una monografia detallada sobre la respiracion de las plantas, un trabajo capital de M. Maiwsky sobre la morfología. Tcherky acaba de dar á luz una interesante descripcion geológica del lago Baskal y Pavlof un vasto trabajo sobre la formacion jurásica de la Rusia.

En medicina abundan las nuevas investigaciones, pues es una de las ciencias á la que los rusos se entregan con más éxito. Hace veinte años sólo se conocia en el extranjero un número muy limitado de es-pecialistas rusos, entre ellos el célebre Pirogof, pero aislados, no for-mando ninguna escuela bien caracterizada. Desde la entrada del doc-tor Botkine en la academia de medicina y cirujía de San Petersburgo, las publicaciones y los trabajos de los sábios rusos se inspiran todos en la misma tendencia experimental. Entre las últimas obras notables se cita el libro del Dr. Erismane sobre las cuestiones sanitarias y los diferentes trabajos de los Dres. Besser y Eichwald sobre enfermedades internas, del Dr. Rauchfuss sobre las enfermedades de los niños, del Dr. Reyer sobre la cirujía, del conde Magavoli sobre las enfermedades de los ojos, los estudios sobre higiene de Galomine y Lesshatf, un tratado sobre las bacterias de Schoulgume, los sobre hipnotismo de Tarkhamof, y los sobre los efectos anormales de la vida cerebral por Manasseine.

En el dominio de la física, la química y la astronomía, el año ha sido rico en obras de interés general: ha aparecido la Anatomía des-criptiva, el Curso de magnetismo y electricidad, el Manual de física, el de química inorgánica, y sobre todo, los célebres Principios funda-

mentales de la química, del finado Boutlerof, el sábio cuya pérdida
tanto se lamenta. Boumakowsky, Tschebyche, el general de Ingenie-
ros, Trolof, son sábios matemáticos que brillan en todas partes en
primera fila.

La geografía tambien está bien representada, en este mismo año,
por numerosos trabajos de geodesia y cartografía. El gran diccionario
de P. Semenof está ya terminado. Además hay otros muchos estudios
de sábios y exploradores rusos, referentes á la Mongolia, el Tibet,
Nueva Zembla, el Afghanistan, la Siberia, el Himalaya.

En la antropología y en la etnografía, han avanzado mucho La
arqueología es cultivada con ardor y ha hecho sérios progresos. Entre
otros descubrimientos importantes de estos últimos años, M. Konda-
kof ha hecho en Kertch, en Ienkalé, en Anapa, hallazgos que arrojan
una viva luz sobre la historia de los Scythas y de las colonias griegas
la Rusia meridional. M. Nefedol en Vetlouga y M. Matakof en Drous,
Kemki, han hallado vestigios de la edad de piedra. Existen además
los estudios sobre el arte en el Asia Central; la numismática rusa de
la época anterior á Pedro I. En la filología se notan los académicos
Bouslaief y Grate, Brandt, Koeppen, Einge; en economía política
Bezebrazof, Antonowich, Ladyjousky; en finanzas Lebedef, Ussaief;
Soudeskine.

Larga sería la lista de otras notabilidades del saber. En resúmen,
en Rusia no es descuidada ninguna rama de los conocimientos humanos, y tanto el movimiento literario como el movimiento científico
tiene en su activo obras de alto valor, atestiguado por las traducciones
que se han hecho de ellas en Francia y Alemania.

(*La Tribuna Nacional*, de Buenos Aires).

NECROLOGIA.

Ha fallecido recientemente en Paris M. Henri Blaze de Bury, literato muy distinguido, y uno de los más inteligentes y hábiles tra-
ductores de Goethe. Se le debe la traduccion completa del *Fausto*, y
un interesante *Essai sur Goethe et le second Faust*, que la precede en
la edicion Charpentier. Tambien ha traducido un volúmen de poesías
líricas del gran poeta, con una excelente introduccion. Desde 1836
colaboraba en la *Revue des Deux Mondes*, de cuyo director, el célebre
M. Buloz, fué cuñado. Entre sus trabajos para esta revista, colleccio-
nados más tarde, citaremos *Les Maitresses de Goethe*, *Meyerbeer et
son temps*, *La Légende de Versailles*, *Les salons de Vienne et de Berlin*, *Les Femmes et la société du temps d'Auguste*, etc. Había nacido
en Avignon en 1813. Su padre, M. Castil Blaze, fué tambien literato.

—El 25 de Marzo falleció en su *villa* de San Remo el famoso humanista y crítico M. Desiré Nisard, decano de la Academia francesa.
Comenzó su carrera literaria á la edad de veinte años, como periodista, entrando en la redaccion del *Journal des Débats*, de donde pasó
más tarde al *National*, de Armand Carrel. Pronto se dió á conocer
como crítico, y se manifestó adversario decidido del romanticismo en
su importante libro *Les Poèts latins de la Decadence*, célebre, sobre

todo, por el paralelo entre Lucano y Víctor Hugo. M. Guizot lo nombró catedrático *(maître de conférences)* de literatura francesa en la Escuela Normal, anteponiéndolo á Sainte-Beuve. Reemplazó á Burnouf en la cátedra de elocuencia latina del Colegio de Francia, por designacion de M. Villemain, á quien había de suceder más adelante en la de elocuencia francesa. A fines de 1857 fué nombrado director de la Escuela Normal Superior.

Entre sus numerosas obras citaremos su *Précis de l'histoire de la littérature française*, compuesto en 1841, y refundido y ampliado, sobre todo en lo tocante al siglo actual, en 1877. Puede considerarse como un resúmen de su obra mucho más extensa: *Histoire de la littérature française*. Escribió tambien *Etudes sur la Renaissance; Mélanges d'histoire et de littérature; Portraits et études d'histoire littéraire; Les quatre grands historiens romains*, etc. De sus artículos existen varias colecciones; y dirigió, además, la famosa coleccion de autores latinos, con el texto y traduccion francesa, que lleva su nombre.

Había nacido el 20 de Marzo de 1806 en Chatillon-sur-Seine (Costa de oro.)

—El 16 del actual ocurrió en Liverpool la muerte súbita de Mr. Mathew Arnold, uno de los poetas y literatos ingleses de más fama fuera de su país. Era hijo del célebre doctor Arnold, que ha dejado tan buena memoria de sí en la historia de la enseñanza; se distinguió primero como poeta brillante, discípulo de Shelley. En 1847 publicó un poema filosófico *Empedocles en el Etna*, y en 1853 otro volúmen de poesías *Poems*. Más adelante dió á luz sus leyendas poéticas *Sohrab y Rustun*, y *Tristram é Iseult*. Como conferencista ha disfrutado de gran nombre. No hace muchos años que visitó los Estados Unidos, donde se le oyó con gran aplauso. Era colaborador habitual de la importante revista inglesa *Macmillan's Magazine*. El número de este mes de *The Nineteenth Century*, comienza con un notable estudio suyo sobre la *Civilizacion en los Estados Unidos*. Precisamente en él había escrito esta frase, que su muerte, muy pocos dias posterior, hace notable: «Noventa y nueve años es una edad muy avanzada; es probable que yo no llegue á ella, ni áun me aproxime.» Ha muerto de sesenta y seis.

—El 4 de Febrero murió en Paris M. Emil Rousseau, químico muy distinguido, á los setenta y cuatro años de edad. Despues de haber trabajado en los laboratorios de Orfila y Dumas, estableció una fábrica de productos químicos, en que han tomado parte Sainte-Clairè Deville y Debray. Fué el primero que aplicó la pirita á la fabricacion del ácido sulfúrico, introdujo una nueva preparacion del carbon de leña, y es el autor del procedimiento que lleva su nombre en la industria sacarina.

—El 5 de Febrero falleció en Filadelfia Mr. George W. Tryon, conchologista eminente. Era conservador de las colecciones de la Academia de Ciencias Naturales de esa ciudad, las más ricas que existen, puesto que superan á las del Museo británico; y poseía, por su parte, la coleccion más numerosa del mundo. Ha dejado sin concluir

un *Manual of Conchology, Structural and Systematic*, que llega al
volúmen catorce. Es autor, además, de una obra sobre la conchología
marítima de los Estados Unidos orientales, y de un manual de conchología reciente y fósil. Fué fundador y editor del *American Journal of Conchology.*

—El doctor Joseph B. Holder, director del *Museo Americano de
Historia Natural*, falleció en Nueva York el 28 de Febrero. Es autor
de numerosos artículos y de libros científicos.

—El 19 de Enero dejó de existir Anton de Bary, eminente botá-
nico de la Universidad de Estrasburgo. Sus investigaciones sobre las
criptógamas, son famosas. Desde 1867 era director del *Botanische
Zeitung*, y es autor de numerosos tratados.

—Se anuncia como acaecida recientemente la muerte del Rev.
Charles William King, decano de los miembros del Trinity College
(Cambridge). Ha sido uno de los anticuarios más eruditos de Inglaterra, donde su coleccion de piedras preciosas pasaba por una de las
más notables. En 1860 publicó una obra titulada: *Antique Gems;
their Origin, Uses and Value.* En 1864 *The Gnostic and their Re-
mains.* En 1866 *Handbook of Engraved Gems.* En 1872 su libro más
notable: *Antique Gems and Rings.* Tambien se le deben *The Natural
History of Precious Stones and Metals*, y *The Natural History of
Gems.* Es muy estimada su edicion de Horacio, con notas descriptivas, é ilustrada segun las piedras grabadas que se conservan de los
antiguos.

—El 30 de Marzo falleció, á la edad de ochenta y dos años, Mr.
Augustus Mongredien, uno de los más hábiles y perseverantes aboga-
dos del libre-cambio en Inglaterra. Sus obras son muy numerosas.
Citaremos *Free Trade and English Commerce, Pleas for Protection
Examined, History of the Freetrade Movement in England, Wealth
Creation, Trade Depression, Recent and Present, The Western Far-
mer of America, Frank Allerton: an Autobiography.*

—El 9 del mismo mes falleció el Dr. Robert Gordon Latham, et-
nologista y lingüista inglés de mucha reputacion. Entre sus obras, las
más conocidas son: *The Ethnology of Europe* (1852) y *The English
Language.* Se le debe una edicion completamente nueva del Diccionario de Johnson, que terminó en 1870, en cuatro grandes volúmenes. Tambien deja una traduccion del *Frithiof Saga*, de Tegner,
obra de su juventud. Había nacido en 1812.

—Ha muerto hace muy poco en Bruselas M. Philippe Bourson,
director del *Moniteur belge*, y decano de los periodistas de Bélgica.
Había nacido en Francia, y contaba ochenta y siete años de edad.

—En los Estados Unidos ha ocurrido la muerte del venerable
Bronson Alcott, uno de los más eminentes del grupo de filósofos que
redactó el célebre periódico *Dial*, y que llegó á constituir una verdadera secta filosófica, el *trascendentalismo.*

LUACES Y HEREDIA.

(APUNTES.)

Otro escritor de más exagerada modestia, pero que al cabo habia de eclipsar á sus contemporáneos, escondía por entónces el sagrado fuego de su inspiracion en el secreto hogar, al revés de los impacientes jóvenes que desde los quince años llevaban á los periódicos las primicias de un ingenio no madurado todavía. Era Joaquin Lorenzo Luáces. Habia nacido en 1826. Dedicó su juventud á conocer y amar á Grecia, la Grecia antigua sobre todo, patria del arte y de la inteligencia. Quizás cuando en sueños creía recostarse al pié del Partenon ó en las playas tranquilas del mar de Jonia, la musa antigua le sonreía, apoyaba la mano en su frente pensadora y le arrancaba dulce y amorosamente el secreto de sus exaltaciones de poeta. Sin embargo, Luáces permanecia mudo para el público, sin ambicion y sin audacia, desconocido de cuantos no eran sus íntimos amigos. Uno le arrebata en 1849 *La hija del artesano* y la da á luz. Pero pasan años y el gran poeta persiste en su silencio. Al fin los ruegos le deciden, el aplauso le estimula, sus versos empiezan á engalanar las columnas de *La*

Prensa y *La Piragua* (que dirige con Fornáris), y desde 1856 es ya obrero infatigable y vigoroso en nuestro movimiento literario.

En 1857 forma un tomo de poesías que pide un puesto de honor en las bibliotecas cubanas y anuncia al mundo que el ilustre sucesor de Heredia ha conquistado su inmortal corona, ha recogido la valiente lira que vibró ante el Niágara y reforzado sus cuerdas para cantar con más vigor aún. El mundo se obstina todavía en no escucharle; aún Plácido y Mendive hacen más ruido con sus nombres en España y América; el bibliógrafo chileno José Domingo Cortés le olvida al publicar en París su *América Poética* en 1875; el Lista, el Bello que al pronunciar el nombre de Joaquin Lorenzo Luáces fuerce al orbe á acatarlo, no ha nacido todavía, ó espera, sin duda, ocasion más propicia para hacerse oir. Pero no desesperemos. Luáces sube despacio, cargado de buenas obras, aunque sin ser anunciado por la ola de la popularidad, y llegará al primer puesto que le corresponde entre los líricos que hasta hoy ha producido Cuba.

Por su fondo es un poeta que siente y piensa de una manera no vulgar, demostrándolo en su acertada eleccion de asuntos. Por su forma es un versificador brillante que pule y se esmera como pocos. En la restauracion del buen gusto literario tras de la corrupcion que reinó despues de 1840 entre nosotros, representó un importante papel, tanto más difícil cuanto que su género favorito era la poesía de alto vuelo. Porque es más fácil siendo poeta tierno y dulce como Mendive, ó filosófico y sereno como Ramon Zambrana, huir de la pompa hueca, de los epítetos impropios, de la frase alambicada y oscura, de la verbosidad sin sustancia, de las imágenes extravagantes y de relumbron; pero conservar la elevacion, el entusiasmo y el arrebato lírico de Orgaz, la imaginacion fogosa y la ardiente fantasía de Briñas y no extraviarse como ellos; subir á las alturas de la oda pindárica, producir los vibrantes acentos del canto de guerra y acertar con la idea sensata, con el pensamiento justo, con la expresion correcta, sin desatar el torrente de la palabrería sonora y sin sentido, estaba reservado al ingenio poderoso y á la prudencia exquisita de Joaquin Lorenzo Luáces.

Comparado con Heredia, dentro de los límites del género lírico, si resulta inferior por algunas cualidades, en otras le lleva la ventaja.

La espontaneidad de Heredia deslumbra. Asombra la precocidad de aquel niño, poeta á los diez años, á los diez y seis competidor de sus más inspirados compatriotas. Su fantasía viva y poderosa que se anticipa á la edad de la reflexion y del estudio, es una preciosa cualidad que no le abandona en ninguna de sus obras, y que le permite realizar grandes bellezas en medio del torbellino de su vida.

Pero si la espontaneidad es una cualidad preciosa del poeta, la confianza en ella suele perjudicar al fondo de la obra. Luáces, ménos alabado por espontáneo, debe serlo más por el resultado que la reflexion le da en la eleccion de asuntos y en la disposicion de las partes. Si la fantasía vivaz de Heredia le permite asegurar el éxito de una produccion con algunas imágenes brillantes aplicada á una emocion intensa y verdadera, el estudio que dedica Luáces á la idea poética que en un momento de inspiracion le favorece, le proporciona el modo de desenvolverla ámpliamente, de enriquecerla con su caudal de recursos, de pulirla esmeradamente con su cincel privilegiado.

Nos atreveríamos á decir que en Luáces hay más inventiva. Quizá parezca dura la asercion recordando que el magistrado mejicano se quejaba amargamente de no haber podido componer sus versos sino en un estado de agitacion constante. Con todo, no es dudoso, por lo ménos, que Luáces ha evidenciado mejor la suya, produciendo mayor número de composiciones notables que dejan impresion duradera en la memoria del lector.

En el culto de la forma, indisputablemente, el poeta habanero es más escrupuloso, severo y afortunado que el que descansa en Toluca. En las silvas no recurre tanto al verso libre, tan propicio á la espontaneidad de Heredia y al vuelo fácil de su inquieta fantasía. Cuando se propone ser sobrio y justo, aventaja tambien al cantor del Niágara: lo prueban sus cincelados sonetos, y *La oracion de Matatías*, y *La Vida*, y algunos otros trabajos breves y acabados. Su diccion es más variada y rica, fuente fecunda de frases bellísimas que se graban para siempre en el oido: cuando se esfuerza para hacer con ella una miniatura prodigiosa, resulta de una plasticidad admirable, como *La salida del cafetal,* que no tiene par en ningun soneto del bardo desterrado.

Ciertamente sería injusto negar la supremacía de Heredia en algunas especies del género lírico. Sus raptos de entusiasmo en los instantes en que contempla la naturaleza, principalmente los que le hacen escribir la oda. *Al salto del Niágara* y la meditacion *En el Teocali de Cholula,* no encuentran rivales en poesías análogas del laureado habanero. Se distingue en ellas Heredia como poeta subjetivo, hallando la fuente principal de su inspiracion en las impresiones que su alma recibe ante la catarata, la montaña, el llano, la tempestad, la noche, el mar, el sol, más que en los detalles sensibles de estas cosas. No así Luáces, que en *La Naturaleza* y *La Luz* las mejores de sus composiciones que por su asunto pueden ser cotejadas con las antedichas de Heredia, atiende más á describir los objetos y fenómenos externos, y áun prescinde de la observacion directa y personal para utilizar los tesoros de su erudicion desde su tranquilo gabinete. En *La Luz* invoca la historia de la creacion del mundo y el auxilio de la física. Respecto de la otra, sin arrepentirnos de calificarla como hermoso ejemplo de su estro y pompa, debemos confesar que tiene algo de inventario de los reinos animal, vegetal y mineral.

Tambien en las poesías amatorias el hijo de Santiago de Cuba conserva la ventaja. Siempre más subjetivo que el otro, lo vence, como es natural, cuando se trata de los sentimientos más íntimos y de las pasiones más individuales. Mas entiéndase que la ventaja que por esto se le otorga no es tan importante como la señalada en el párrafo anterior.

Veamos el anverso. Busquemos al poeta no en las soledades, donde se entrega á sus contemplaciones vagas ó á sus dudas y esperanzas de amador rendido, sino en el seno de la sociedad, interesándose por sus ideales, por sus luchas, por sus alegrías y dolores. Entónces veremos ir delante á Luáces, valiente y justiciero, condenando crímenes, pregonando victorias y excitando á combatir por la libertad y el progreso. Hoy recuerda la grandeza antigua de Aténas y su decadencia posterior. Mañana se regocija viéndola renacer en el siglo xix como el fénix. Un dia es la corrupcion de Babilonia la que le indigna y exalta. Otro dia es el atentado de un Tarquino en Roma, que pone el puñal en manos del primer Bruto. Más tarde es el asesinato infame del patriota Lincoln. Ora canta un triunfo de la ciencia ó del trabajo humano; ora el de las armas que combaten por la razon y el derecho. Ya deplora la muerte de un varon esclarecido; ya el desastroso término de la lid en que se empeña un pueblo encadenado.

En la coleccion de Heredia figuran igualmente poesías políticas, acreedoras á sincera estimacion. Sin embargo, no son sus obras maestras. Temas fecundos eran el triunfo de Bolívar y la muerte de Riego, y quedarian eternizados en lengua española si hubiese encontrado para ellos la elocuente expresion que halló para sus emociones ante la catarata y la pirámide. No resultó así, por desgracia, y tanto las composiciones inspiradas por dichos caudillos como todas las dedicadas á celebrar ó excitar el heroismo de los oprimidos en Europa y América, quedaron relegadas á segundo término en el aprecio general por la deficiencia de la ejecucion. Por el contrario las de Luáces; áun habiendo tenido que sustraerse á la censura refugiándose en la historia, buscando el dolor de Polonia y de Grecia ó el heroismo de los Macabeos y de los helvéticos para tocar cuerdas simpáticas á un pueblo como ellos aherrojado, dejó entre las poesías políticas algunas de las más brillantes y elogiadas de sus producciones.

Si estas apreciaciones de las obras de los dos poetas que venimos comparando son exactas, ¿no será justo declarar que las de Luáces le conquistan el primer lugar entre los líricos cubanos? Si durante su vida hubo miedo de decirlo, porque la aureola del difunto, su significacion histórica, el recuerdo de su destierro y su temprana muerte agigantaban la figura del cantor del Niágara, y á nuestro corazon cubano parecia profanacion repugnante colocar más alto á otro poeta, debemos ya, muertos los dos, proclamar francamente la superioridad de su émulo. Pretender todavía que un par de odas excelentes de Heredia oscurezcan las obras de otro ingenio esclarecido, con cuyas piezas líricas selectas se forma un pequeño volúmen primoroso, es conceder al prestigio de la prioridad una fuerza decisiva y valor insuperable.

Pasando á otros géneros poéticos, huelga la demostracion de la superioridad de Luáces. Aunque sus esfuerzos en el género dramático sean con razon muy discutidos, no cabe dudar que en las traducciones y arreglos de su antecesor no hay nada comparable á los méritos medianos de *Aristodemo* y *El mendigo rojo*. El poema *Cuba*, del panegirista del trabajo, tampoco encuentra nada que le haga leve sombra entre los laureles del inolvidable hijo adoptivo de Méjico, la tierra feliz que comparte con nosotros la gloria de haberlo poseido.

AURELIO MITJANS.

PRESCRIPCION DE LAS ACCIONES CIVILES.

Exposicion razonada y crítica de la doctrina legal vigente.

(CONTINUACION.)

IV.

Antes de ahora hemos dicho que toda accion es personal; pero en el sentido de la clasificacion que tratamos, accion personal es aquella por la que se pide un derecho *ad rem*. Enumerar los derechos *in rem* y, por ende, las acciones reales, decíamos con Heinecio que era cosa difícil; enumerar los derechos *ad rem* y, por ende, las acciones personales, es cosa más que difícil, imposible. En efecto: todo contrato, y los contratos son innumerables por más que generalmente se exponen como si no hubiera más que los conocidos; toda relacion entre los hombres, y hasta todo acto, á veces por insignificante que parezca, no se pierde en el vacío; sino que realizada en una comunidad social, viene á surtir efectos en los intereses ó en la persona de algun miembro de esa comunidad. Tal es la sociabilidad del hombre, tal es la solidaridad, digámoslo así, de la sociedad humana. Y como cada miembro directa ó indirectamente perjudicado por actos de otro tiene una acción, segun hemos visto, para que se le administre justicia, esto es. se haga desaparecer la lesion de un derecho y se restablezca el órden jurídico que debe reinar en la socieda l, resulta que las acciones personales que nacen de los contratos, cuasi-contratos, delitos, cuasi-delitos, en una palabra, de casi todos los actos realizados por el hombre en la sociedad, son tantas y tan varias que no es posible referirlas.

Y eso que existen todavía actos que, causando graves perjuicios en los intereses de un coasociado, no producen una accion civil, otros que, infiriendo lesion profunda á su honor, no caen dentro de los preceptos del Código Penal y carecen en consecuencia de accion criminal. ¡Cuántas veces una traicion infame hace más daño á nuestros intereses, que cualquier atentado que se hiciera á nuestros derechos domínicos! ¡Cuántas veces cobarde deslealtad, infiere una lesion más grave que la lesion física causada por el asesino vulgar! En estos casos no queda más remedio que lo que hemos visto constituye el fundamento de toda accion: el derecho del hombre á administrarse justicia y la voluntad de hacerlo; cayendo muchas veces el que de esta manera ejercita facultades que en esencia tiene, bajo la cuchilla injusta de la ley. Es peligroso, pues, el ejercicio de estas acciones; pero tienen una cualidad: son imprescriptibles.

De lo dicho se desprende que no podemos seguir paso á paso todas las acciones personales, porque son infinitas las obligaciones de que emanan. Tampoco nos detendremos siquiera á explicar las acciones, ora directas, ora contrarias, que nacen de los contratos generalmente conocidos, porque esto nos sacaria de la tésis, llevándonos á escribir un tratado de obligaciones, y haciéndonos olvidar que nuestro propósito es, cual debe ser, fijar el concepto de las acciones personales. Basta, pues, decir, que de todos esos contratos, que no constituyan un *jus in rem* de los anteriormente explicados, se producen acciones personales. Hay, empero, algunas acciones personales que por tener alguna especialidad en su relacion con la doctrina de prescripcion, ó por llevar un nombre característico, nos obligan á exponerlas separadamente. De más está decir que no enumeraremos tampoco las acciones criminales, por referirse la tésis exclusivamente á las civiles.

Acciones redhibitorias y estimatorias. Estas dos acciones nacen del contrato de compraventa. La primera *es la que compete al comprador á quien no se manifestó el vicio oculto que tenía la cosa vendida, y á sus herederos, contra el vendedor y los suyos que á sabiendas lo ocultaron, para que admitan la cosa vendida con los frutos y accesiones, devolviéndoles el precio recibido é indemnizando al comprador de los perjuicios ocasionados.* La quanti minoris *es la que compete al comprador engañado y á sus herederos contra el vendedor y los suyos, para que éste le restituya la parte de precio que valía ménos la cosa vendida con un vicio oculto, que por dolo ó ignorancia no nanifestó el vendedor* (1). Aquella es una especie de restitucion *in integrum,* ésta una restitucion *in partibus.*

Accion rescisoria por lesion. Esta accion nace de todo contrato oneroso y está estatuida por la Ley 56, tít. 5ª, Partida 5ª y Leyes 2 y 3, tít. 1º, libro 10 de la Nov. Recop. La definiremos con La Serna y Montalvan, á quienes seguimos en estas definiciones cuando no las damos propias, diciendo que *es la que compete al comprador ó al vendedor que han sido perjudicados en más de la mitad del justo precio, y á sus herederos contra el otro contrayente y los suyos, ó bien para la restitucion del contrato, ó bien para la indemnizacion del perjudicado, devolviendo la parte del precio en que ha habido el exceso, al comprador ó el complemento del precio justo al vendedor.* Conviene tener presente tambien que esta accion tiene el carácter de una restitucion *in integrum.*

Accion de eviccion ó saneamiento. Esta accion, que no es exclusiva de los contratos, sino general á todos los actos jurídicos en virtud de los que una persona recibe una cosa y es molestada despues en la posesion pacífica de la misma, se llama generalmente de la manera trascrita y aún por algunos simplemente accion de eviccion. Para nosotros, empero, no hay tal accion de eviccion, sino únicamente accion de saneamiento. La eviccion es el hecho realizado, el acto, del *vencimiento* del tercero que ha venido á turbar la posesion, de cuyo hecho, ó de cuyo acto nace el derecho al saneamiento que produce como todo

_____

(1) La Serna y Montalvan.

derecho una accion que, por no constituir *jus in rem*, es personal.
Desde luego que para que este derecho nazca y se produzca esta accion es indispensable que el anterior dueño de la cosa sea citado para
el juicio de eviccion en el tiempo, forma y condiciones que establecen
las leyes 32 y 33, tít. 5º, Part. 5ª, que no nos corresponde examinar
en este trabajo. Queremos tan sólo, porque nos importa sobre manera,
dejar sentado que, ni la citacion de eviccion como requisito, ó condicion, ni la eviccion como hecho ó acto realizado, son acciones, y que
no siendo acciones no pueden prescribir. Es tanto el carácter de im-
prescriptibilidad de esta facultad de citar de eviccion, á nuestra manera de ver las cosas, que ni aún habiéndose ganado el dominio por
prescripcion ha prescrito esa facultad de citar, toda vez que, prescindiendo de los casos en que por culpa del demandado pierde el derecho
al saneamiento, este derecho se pierde cuando el demandado pudo
alegar la excepcion de prescripcion *é non la puso* segun dice la Ley 36
del tit. y Part. citados, de manera que si la puso pudo citar, á pesar
de esa prescripcion, y conservar derecho al saneamiento. Así es que
por las razones indicadas no nos detendremos al tratar la prescripcion,
en examinar cuando comienza, ó no, á prescribir la accion de eviccion,
sobre cuyo punto suscítanse, y se han llevado á la Corporacion que
abre este certámen, ámplias discusiones, porque para nosotros, segun
dejamos dicho, no es accion, ni puede prescribir. Nos fijaremos, por
consiguiente, únicamente en la accion de saneamiento, que podemos
definir diciendo que *es la que compete al que ha obtenido una cosa por
causa onerosa, una vez realizada la eviccion, para pedir indemnizacion
á aquel de quien la obtuvo,* pues de esta manera redactada la definicion nos satisface más que la de los señores La Serna y Montalvan.

Accion de restitucion in integrum. Antes de ahora hemos hablado
de restituciones, algunas reales, como la rescisoria de dominio, otras
personales como la redhibitoria y la rescisoria por lesion, aquí corresponde hablar de la llamada específicamente restitucion *in integrum*,
no cuyo nombre, sino cuyo carácter excepcional, en su relacion con
la prescripcion, nos obliga tambien, cual las anteriores y subsiguientes,
á tratarla separadamente. Por ahora, pues, nos concretamos á definirla diciendo que *es la que compete para obtener la reposicion de un*

negocio válido segun el rigor del derecho, en el cual hemos sufrido lesion, al estado que tenía ántes de habérsenos perjudicado (1), toda vez que, como hemos manifestado, la tésis dá por supuesto el conoci-miento de las acciones, debiendo circunscribirnos, por ende, á dar una idea ligera de las que luego habremos de tratar.

Acciones posesorias. Algunos autores comprenden en este grupo las acciones que, segun el decir de ellos, emanan de los interdictos de adquirir, retener y recobrar la posesion; y á continuacion hablan de las que nacen de los interdictos de obra nueva y de obra vieja. Para nosotros no todos los interdictos producen accion. Esto parecerá acaso raro; pero si fuera á llamarse accion todo lo que encierra la facultad de pedir ó solicitar alguna cosa de los Tribunales, habria acciones de acumulacion, de recusacion, accion para pedir reposicion, para ape-lar, etc. Y es muy conveniente fijar si son ó nó acciones, porque así sabemos si tenemos que ocuparnos ó nó de su prescripcion.

Del interdicto de adquirir hemos hablado ántes de ahora, y á ello nos remitimos.

El interdicto de recobrar no produce real y positivamente accion, es un remedio supremo, desde el momento en que se dá, no ya al que tiene la posesion, sino la mera tenencia de la cosa (2), seguramente por motivos de órden social, por razones de interés público, pues de otra manera, el aprovechamiento de las cosas por la fuerza se entro-nizaria en la sociedad. El remedio, pues, es instantáneo, de momento, á raiz del daño causado por el arrebato de la cosa, aquí no hay, pues, doctrina de prescripcion. Desde el punto y hora en que se deja trans-currir el tiempo, en que la mera tenencia por ese transcurso se borra, y el interés social, por lo mismo desaparece, lo que queda es el derecho de posesion y su accion publiciana que es real y consta examinada.

En el interdicto de retener, que unido al anterior forma en la Ley de Enjuiciamiento Civil vigente un solo interdicto (3), se vé aún más claro que no produce accion. No hay en él una lesion determinada al

---

(1) La Serna y Montalvan.
(2) Artículo 1649 de la Ley de Enjuiciamiento Civil.
(3) 1649.

derecho de propiedad, cuya lesion es el fundamento, segun se ha visto, de toda accion: no es necesario que el que disfruta la posesion sea inquietado ó perturbado en ella: basta que tenga fundados motivos para creer que lo será (1), es decir que constituye una simple peticion que se hace al Juez, apoyada en una creencia fundada, para que ejerciendo, hasta cierto punto, deberes de policía, mantenga al solicitante en la posesion de que disfruta, velando á la vez porque el órden jurídico no se violente con actos de fuerza. Es un remedio aún más caracterizado que el anterior, que se solicita de los Tribunales con un carácter perentorio; pero no una accion con los requisitos que á éstas determinan, y por consiguiente no cabe comprender esas solicitudes en la doctrina de prescripcion de acciones. ¿Habrian de comprenderse por ventura en las acciones personales? A, que en esta fecha tiene un fundamento para creer que será turbado en su posesion ¿tendrá veinte años para establecer el interdicto de retener que nace de su fundamento? Si se sostuviera esta doctrina se llegaria á conclusiones imposibles: B en esta fecha realiza un conato para perturbar á A en su posesion, A no se preocupa en la actualidad; pero como tiene una accion personal, de aquí á veinte años solicita el interdicto de retener, fundado en este conato de B, quien lo ha dejado en posesion pacífica veinte años despues de realizado el conato.

Con mayor claridad si cabe se comprende que no pueden ocasionar acciones los interdictos de obra nueva y de obra ruinosa. Son remedios que la autoridad puede y debe tomar, en atencion al interés colectivo, ó al interés individual; pero no son lesiones al derecho de nadie. En realidad, estos interdictos, como el de retener, tienden á evitar que la lesion se cometa: son medios preventivos. Si la lesion llega á cometerse, entónces es cuando nace la accion, que en estos se resuelve, en indemnizacion de daños y perjuicios.

Por último, no se ejercitan en los interdictos acciones, porque éstas sólo pueden deducirse en el libelo de demanda, siendo éste uno de los caractéres de la accion que en otro lugar hemos señalado, y aquí en los interdictos no hay demanda en la verdadera significacion de la

---

(1) 1650, inciso 2º

palabra, que sólo se refiere á ese escrito fundamental del juicio que así se llama, áun cuando en una acepcion lata puede decirse, como la Ley de Enjuiciamiento Civil de 1855 en su artículo 1º *toda demanda debe interponerse ante Juez competente,* comprendiendo bajo la palabra *demanda,* cualesquiera reclamacion ó peticion que se hiciera ante los Tribunales. Siendo de advertir que, no obstante este requisito, la *accion para adquirir la posesion,* que es real segun hemos visto en el lugar correspondiente, se ejercita por medio del interdicto de adquirir.

Accion de in rem verso. Aceptamos la denominacion romana, para designar la accion que *se dá á aquel que contrajo con un hijo; ó dependiente no mercantil, contra el padre ó principal, en cuya utilidad vino á convertirse el contrato* (1). La consignamos aquí separadamente por ser conocida generalmente con el nombre característico trascrito, y porque está expresamente establecida en las Leyes 5, 6 y 7 tít. 1º, Part. 5ª

Accion de nulidad. Hemos hablado de las acciones rescisorias, pero esto no basta, porque son conceptos distintos, sin que tengamos necesidad de demostrarlo, rescision y nulidad. Hay cosas, pues, válidas en derecho, que despues pueden destruirse: hé aquí la rescision. Hay otras que no han podido ser válidas ni por un momento, las cuales por consiguiente no se destruyen, sino se declara, respecto de ellas, que no han existido nunca: hé aquí la nulidad. Para lo primero tenemos acciones, como la redhibitoria, las rescisorias por lesion y la de restitucion *in integrum* ántes examinadas. Para lo segundo necesitamos una accion al ménos, porque existiendo esa nulidad, hay el derecho de pedir su declaratoria, y por ende la accion que todo derecho determina; esta accion es la que llamamos *accion de nulidad* que, por no constituir *jus in rem,* la comprendemos en la rama de las personales.

Esta distincion entre actos ó cosas que valen y pueden rescindirse, y otros que no valen desde un principio, viene desde el tiempo de los

---

(1) La Serna y Montalvan.

romanos, y áun cuando, como observa el Sr. García Goyena, las Leyes 56, 57, 60 y siguientes del tít. 5º de la Part. 5ª confunden estos conceptos diciendo tan pronto *non vale como que deve ser desfecho,* es lo cierto que la doctrina, como fundada en una distincion filosófica, existe en nuestro derecho, en el que hay por consiguiente accion rescisoria y accion de nulidad, á diferencia de lo que acontece en Francia en que en el artículo 1,117 y otros de su Código Civil se habla de *une action en nullité, an en rescission,* tomándose por sinónimas estas palabras, y resultando en consecuencia una misma accion.

Hemos creido conveniente enumerar esta accion personal, áun cuando los autores la silencian, máxime cuando tendremos que hacer algunas consideraciones especiales sobre su prescripcion y creemos tambien poder definirla diciendo que *es la que compete á quien tiene interés en la no validez de un acto ó contrato para obtener su declaratoria de los Tribunales.*

Accion de responsabilidad civil. Tampoco refieren, por lo regular, los autores, esta accion—bajo el punto de vista que lo vamos á hacer —que existe indudablemente, y con circunstancias excepcionales, que la hacen acreedora á mencion especial, segun paso á demostrar, y se comprobará al tratar de su prescripcion. El artículo 16 del Código Penal vigente la estatuye al decir *el que es responsable criminalmente de un delito ó falta, lo es tambien civilmente.* No nos incumbe investigar si al delito, ó mejor dicho, si á la pena debe seguir la responsabilidad civil, nos es suficiente consignar que estamos, con Benthan, por la afirmativa. Igualmente no es de nuestra incumbencia analizar, una vez aceptada la responsabilidad civil por causa de delito, si debe estatuirse en el Código Penal y hacerse por ende efectiva en el procedimiento criminal, ó si como accion civil, aunque nacida de delito, debe ejercitarse por los interesados en el procedimiento civil, nos es suficiente á nuestro propósito, hacer constar que en el derecho penal vigente es una responsabilidad dentro del mismo procedimiento criminal, responsabilidad ámpliamente desenvuelta en el tít. 4º del libro 1º del Código,—que no debemos por cierto exponer en sus detalles, sino simplemente indicar—á semejanza de lo que acontece en el Brasil, Prusia y Suecia, y á diferencia de lo estatuido en Francia, Bélgica,

Austria, Italia y Portugal, en cuyos códigos se hacen salvedades sobre la responsabilidad civil, para que los interesados la ejerciten en el procedimiento correspondiente. Y para que no se diga que consignamos lo que como derecho constituido existe y las diferencias de este derecho con el de algunas naciones, sin emitir siquiera opinion sobre el particular, manifestaremos, ya que estudiamos esta especie de *patogenia* de la accion de responsabilidad civil, que estamos conformes, en este punto, con el parecer del Sr. Groizard, cuya doctrina en la materia podemos presentarla sintetizada en su siguiente afirmacion: «*ex oficio judicis* debe imponerse la responsabilidad criminal, *ex oficio judicis* ha de hacerse efectiva igualmente la civil.»

De lo dicho se infiere que si bien es verdad que existe el derecho á ser indemnizado y por ende la accion que ese derecho, como todos, determina, no lo es ménos que de la manera que está establecida tal responsabilidad en nuestro Código, no aparece bien caracterizada la accion que produce, dado que el Juez la otorga *ex oficio judicis*, esto es, sin el ejercicio de accion alguna por parte del interesado, y la accion ya sabemos que es el medio de ejercitar los derechos en los Tribunales, cuyo ejercicio debe ser por demanda y con los demás requisitos esenciales de las acciones que hemos señalado en el lugar oportuno, y sin los cuales no existen científicamente éstas.

Ahora bien: la responsabilidad civil si no produce, por regla general, en el procedimiento criminal, una accion con sus caractéres esenciales, pueden ocurrir hechos que hacen brotar de esa responsabilidad una accion civil perfectamente caracterizada, y por eso es que hemos querido hablar de la *accion de responsabilidad civil.* En efecto: la muerte del delincuente extingue siempre su responsabilidad penal: hechos como el del Papa Celestino III decapitando el cadáver de Tancredo, no tienen la consideracion de hechos histórico-jurídicos, porque casi no son hechos humanos, ni por reminiscencias de la Ley 20, tít. 14, Part. 7ª puede autorizarse hoy la continuacion de un procedimiento criminal muerto el procesado, sobre todo despues de la terminante disposicion del artículo 130 del Código Penal, en virtud de la que se extingue la responsabilidad penal y civil por la muerte del delincuente, salvo, respecto de la civil, ó sea de las penas pecunia-

rias, el caso de que haya ocurrido el fallecimiento despues de pronunciada sentencia condenatoria.

Y decimos que en virtud del artículo 130 del Código Penal se
extingue, por la muerte del procesado, no sólo la responsabilidad penal, sino á la par, la civil, en atencion á poderosísimas razones que
nos han hecho inclinar á esta opinion, no obstante sus impugnadores,
razones luminosamente sintetizadas por el Sr. Groizard, al comentar
el referido artículo en el párrafo siguiente: «Pero del delito no nace
»únicamente la responsabilidad penal, además de la obligacion de cum-
»plir la pena, surgen las de pagar los daños y perjuicios y los gastos ó
»costas del juicio. ¿Concluirán tambien estas responsabilidades al ex-
»tinguirse la pena á consecuencia de la muerte del reo? En este punto
»hay que distinguir si la sentencia firme condenatoria no ha recaido
»todavía ó si ya ha sido pronunciada. La inocencia se presume miéntras
»la sentencia condenatoria no se dicta. Si el acusado muere en este
»estado de investigacion judicial, la presuncion de su inocencia debe
»prevalecer con todas sus consecuencias, y por tanto la responsabilidad
»penal y la civil inherente al delito extinguirse. Por el contrario, si la
»muerte sobreviene despues de dictada sentencia firme y ser una ver-
»dad legal declarada la comision del delito y la participacion en él del
»reo, esa responsabilidad, en la parte civil, debe pesar sobre su fortuna
»y bienes, y debe en ellos hacerse efectiva. Lo mismo sucede respecto
»á las penas pecuniarias. Todo lo que no sea personal, no desaparece
»con la muerte. Las multas son exigibles despues del fallecimiento del
»sentenciado, cuando deja bienes contra los cuales se puede proceder.»

Nótese con cuánta habilidad silencia el eminente autor la restitucion, que es uno de los efectos de la responsabilidad civil. La razon
es evidente: la restitucion se obtiene por medio de una accion real—
reivindicatoria—que se ejercita con entera independencia de la persona y de los hechos por ésta realizados, ó lo que es lo mismo, que no
se roza, en el caso presente, en nada con el delito cometido. No sucede así con la reparacion de daños y perjuicios y gastos y costas del
juicio, los cuales encuentran fatalmente su razon de ser en los hechos
realizados para la comision del delito, y por consiguiente, muerto el
procesado, ya no es posible exigirlos de nadie, porque ya no es dable,

ni en la esfera penal ni en la civil, venir á justificar que el indivíduo ya difunto habia realizado actos punibles, y esta justificacion sería indispensable, dado que estas responsabilidades no son, como la restitucion, independientes del sujeto del delito, sino que, como dejamos dicho, encuentran fatalmente su razon de ser en los hechos realizados para la comision del acto criminoso. ¿No sería un atentado venir á justificar en la esfera civil que una persona habia matado á otra, con el fin de hacer partir de ese hecho comprobado una indemnizacion? ¿No estaria esto en contra del artículo 130 citado? Indudablemente que sí, porque siempre vendria á resultar que habia declarado á un muerto autor del delito de homicidio.

De manera que—prescindiendo de la restitucion y de su accion reivindicatoria que puede ejercitarse en el procedimiento civil muerto el procesado aún ántes de dictada sentencia condenatoria—sólo hay un caso en que continúa la responsabilidad civil, como cualquiera otra pena pecuniaria, no obstante el fallecimiento del delincuente, á saber: cuando este fallecimiento haya ocurrido despues de proferida sentencia condenatoria. Para este caso se ha escrito el artículo 123, cuyo primer párrafo dice: «La obligacion de restituir, reparar el daño é indemnizar los perjuicios, se trasmite á los herederos del responsable.»

En este caso, á saber: cuando se solicita la responsabilidad civil, no contra el delincuente en el procedimiento penal porque en él se otorga de oficio, sino contra los herederos en procedimiento civil porque ya no hay causa criminal, es cuando existe la verdadera accion de responsabilidad civil. En este caso «las obligaciones de que estamos »tratando,—responsabilidad civil—dice el autor ántes citado (1), «en»tran del todo en la condicion del derecho comun y pierden el carácter »especial que en cuanto á los delincuentes tenían como accesorias y »complemento de la responsabilidad criminal.» Producen, esto quiere decir, verdaderas acciones personales. Véase con cuánta razon, por tales especialidades, hemos creido prudente dedicar algunos párrafos para fijar el verdadero concepto de esta accion, que ya podemos definir diciendo que *es la que compete á los perjudicados por un delito ó*

---

(1) Groizard.

á sus herederos, para dirigirse contra los herederos del delincuente, á fin de que éstos le restituyan la cosa, le reparen el daño y le indemnizen los perjuicios, siempre y cuando el causante hubiere muerto despues de proferida sentencia condenatoria.

V.

Las acciones mixtas constituyen la tercera rama de la clasificacion usual que exponemos. En dos sentidos distintos puede tomarse la palabra *mixto.* El Diccionario de la Academia, dice: *Mixto es lo que está compuesto de varios simples.* Teniendo á la accion real y á la personal por *simples,* accion mixta será la compuesta de estos dos simples, ó sea aquella en que hay una accion real bien caracterizada, y otra personal igualmente caracterizada, formando el compuesto. Pero agrega el Diccionario, *'se aplica al animal procreado de dos especies,* y como quiera que el animal así procreado no tiene todos los caractéres del padre y todos los caractéres de la madre, es decir de los simples que entran en su composicion, sino algunos de uno y otro, formando un compuesto distinto á ellos, es claro que puede aplicarse la denominacion de mixtas á acciones que sin tener los caractéres específicos de las acciones reales, ni depender positivamente de un *jus in rem,* y sin afectar tampoco las condiciones características de las acciones personales, tengan de una y otra, de real y personal, formando un compuesto distinto á ellas, porque no reune todos los caractéres de una y otra.

En el primer concepto no hay en nuestro sentir otra accion mixta que la accion hipotecaria cuando se dirige, segun hemos dicho ántes, contra el mismo que se obligó y la constituyó. Y esto porque, áun cuando científicamente el contrato de hipoteca continúa siendo accesorio, es tanta la importancia que ha adquirido, que se sobrepone y dá nombre al contrato principal de préstamo que garantiza. De manera que científicamente las acciones que se deducen, en el caso que examinamos, son la personal de préstamo y la real de hipoteca, que por la importancia á que hemos aludido recibe el nombre de mixta hipotecaria, en cuya accion se vé, sin necesidad de demostracion, que entran los dos *simples*, la accion real y la personal en toda su exten-sion ó con todos sus caractéres.

En el segundo concepto son varias las acciones que pueden pre-sentarse, porque son varias las que en nuestro derecho siguen la cosa sin emanar de un *jus in re*, y que por lo mismo no revisten una natu-raleza exclusivamente personal. De las que en vez de decir—como en las hipotecarias—son reales y personales, y por ende mixtas, puede decirse, no son reales ni personales, y por ende mixtas.

Hecha ya mencion de la hipotecaria, hagámoslo de las mixtas, bajo este último concepto; pero no de todas, sino únicamente de aque-llas que merezcan especial determinacion, siguiendo el método que hemos observado al enumerar las personales.

Familiæ erciscundæ, camuni dividundo, y finium regundorum. La primera es *la que compete á cualquier heredero contra sus cohere-deros, para dividir la herencia comun, y para ciertas prestaciones personales.*

La segunda, es *la que compete á cualquier sócio contra sus consócios, para dividir la cosa comun, y para ciertas prestaciones personales.*

La tercera, conocida en el tecnicismo antiguo con la denominacion de apeo, y en el moderno con la de deslinde y amojonamiento es *la que mútuamente tienen los dueños de campos colindantes, para que se arreglen debidamente los límiles de cada uno* (1).

Como es sabido, estas acciones tienen de reales y de personales. De reales porque áun cuando no indican un *jus in rem*, se refieren á la division de una cosa comun y la adjudicacion que por ellas se hace, produce el derecho de propiedad. De personales porque áun cuando no son meramente personales, toda vez que no se refieren tan sólo á las prestaciones de esta clase, encuentran su razon de ser en relaciones de persona á persona, con motivo del condominio, co-sociedad ó con-fusion en que se encuentran sus derechos, relaciones que determinan un cuasi contrato.

Petitio hereditatis y querella de testamento inoficioso. La primera es *la que compete al heredero contra el que posee la herencia, para que*

---

(1) La Serna y Montalvan.

se le declare tal heredero y se le den las cosas hereditarias con todos sus incrementos, se le rindan cuentas y se le resarzan los daños ocasionados.

La segunda es *la que compete á los herederos forzosos que han sido desheredados, bien sin expresion de causas, bien con causa falsa, ó bien con otra no marcada en la Ley; á los que han sido preteridos, en el caso de que otra sea la persona instituida, y á los hermanos postergados á personas torpes, para que se rescinda el testamento en la parte que perjudica al derecho que les dá la ley* (1).

Estas acciones, sobre todo la primera, pueden caer bajo la denominacion de *mixtas* en el sentido ántes explicado, porque existe un derecho real que es la herencia, con cuyo carácter lo dejamos indicado en el lugar oportuno, y una verdadera accion personal que produce el cuasi contrato que nace de la administracion de bienes agenos; pero como la herencia, segun en el lugar indicado dijimos, no es un *jus in rem* en la verdadera significacion de la palabra, sino un derecho absoluto comprendido, por extension del principio, en la denominacion de reales, es por lo que hemos creido prudente colorcarlas en la rama de las mixtas bajo la acepcion más lata.

Cuando se solicita la declaratoria de herederos no se ejercita la accion de peticion de herencia, como hemos visto sostener, porque ésta compete al heredero y no á los aspirantes; ni es fácil que se ejercite en este caso accion alguna. Más de una vez lo hemos dicho: no todas las peticiones ante los Tribunales constituyen accion. Tampoco se ejercita la de inoficioso testamento cuando los herederos instituidos en parte de la legítima solicitan su complemento, sino que se deduce en este caso la accion llamada suplementaria, que es una *petitio hereditatis*.

Pauliania, ad exhibendum y noxal. La primera, que es conocida aún en nuestro derecho con el nombre trascrito tomado del pretor romano que la introdujo, es *la que compete á los acreedores para revocar las enagenaciones hechas en fraude suyo.*

La segunda, que no es propiamente accion, como en su lugar veremos, es *la que compete á todos los que tienen algun interés en la cosa contra cualquiera que la posea, para que la presente.*

---

(1) El autor ántes citado.

La tercera ó noxales, son *las que compelen al que ha sido perjudi-cado por un animal, contra el poseedor de éste, para que resarza el daño ocasionado ó pierda el animal á beneficio del perjudicado* (1) y existen en nuestro derecho por estar expresamente consignadas en la Ley 22, tít. 15, Part. 7ª

Como se vé estas acciones son personales y están muy léjos de presuponer derechos en la cosa, técnicamente hablando; pero como se dan contra el poseedor, no son puramente personales y de aquí que sean mixtas. No puede, pues, decirse de ellas, que nazcan de un *jus in rem;* pero sí que están *in rem scriptæ,* como decian los romanos.

VI.

Hemos terminado la exposicion de las acciones. Para algunos nos habremos extendido en ellas más de lo necesario, para otros habremos pecado quizás de deficientes. Nosotros creemos habernos colocado en un término medio. No era posible prescindir de fijar algunas acciones á las cuales tendremos que referirnos en la prescripcion: cosa impro-pia nos pareceria decir, tal accion prescribe en tal tiempo, y no haber dicho ántes, siquiera dos palabras, sobre esa accion; así es que nos he-mos limitado á enumerar aquellas que habremos de nombrar específi-camente en algun capítulo subsiguiente. Tampoco era posible ha-bernos detenido en una explicacion detallada de las citadas, porque no cabia esta explicacion bajo la esfera de la tésis; así es que hemos entrado en explicaciones de las que, por su oscuridad, ó por su impor-tancia, eran más acreedoras á ella, y respecto de las otras, nos hemos limitado á dar una idea ligera, casi exclusivamente con la definicion de los señores La Serna y Montalvan, con cuyas definiciónes no esta-ríamos, más de una vez, conformes, si fuéramos á escribir un trabajo sobre las acciones, y prueba de ello es que, aún dentro del presente, hemos tenido que definir en algunas ocasiones.

DR. RICARDO DOLZ Y ARANGO.

(Continuará.)

(Continuará.)

---

(1) Los autores citados.

DOCUMENTOS HISTORICOS.

DE MÁXIMO GOMEZ Á FÉLIX FIGUEREDO,

Altagracia, 21 de Abril de 1870,

C. Félix Figueredo.

Mi nunca olvidado compañero:

Cansado estoy de preguntar por tí, y aunque por vagas noticias he sabido todos tus trópicos y por los que ha pasado toda tu familia y todo me ha sido sensible.

Vuelvo por fin á Jiguaní, despues de haber trabajado seis meses en Holguin y cinco en las Tunas, adonde me llamó el Gobierno á una conferencia. De allí se vaciló si se me mandaria para las Villas, pues de allí me pedian; pero más luego se resolvió que pasara á Jiguaní á operar en combinacion con el general Diaz, que ya ha marchado con mil hombres sobre Bayamo, ha tomado el Horno y la Mula, y se encuentra sobre la poblacion. Yo estoy organizando mi gente que con tantas luchas y fatigas casi toda venía enferma, para entrar lo más pronto. Diez dias hace que he llegado á este lugar, y para no estar ocioso y proporcionarme recursos, he hecho varias excursiones sobre los campamentos enemigos de la Vuelta, la Verita, y la Caridad, y de cuatro encuentros que las dichas excursiones me han proporcionado, he tenido buenos resultados; en todos he derrotado el enemigo, y en el segundo, que fué en la legua del Sao, me dejaron 4 muertos y cuatro Remingtons de infantería de marina, cuya clase de armas aún no habíamos conocido: son de un magnífico sistema.

Ayer me vinieron á atacar y no sólo no pudieron entrar al campamento, sino que en su fuga nos dejaron muertos en el campo un comandante y un teniente, cuyos uniformes hemos recogido; al comandante lo ha muerto el teniente coronel José Vazquez casi á quema ropa, pues ellos avanzaban con rapidez y se nos venían encima; pero cuando cayó este jefe, retrocedieron y luego los perseguimos como una legua.

Ya se me han incorporado como 50 hombres de Baire Abajo, pues hace 4 dias que mandé á Calixto con 100, y todo aquello lo ha registrado y revuelto; hasta los que estaban de ronda se han venido. Con este sólo movimiento, el enemigo está recogiendo todos los hombres y se está atrincherando en Jiguaní. Los criollos parece que se ván desengañando y todos se les están escapando: hasta los Loras, segun me han dicho, ya están flaqueando.

Parece que la reaccion se vá operando casi por sí sola. Te ofrezco que pronto te he de ver fabricando una gran casa en Jiguaní, en el mismo solar en que quemaste la otra; pero eso sí, desde ahora te pido que dediques un cuarto para cuando se me antoje pasar por ese pueblo.

Ya me he ocupado un poco de la Revolucion y de mí, y bueno será que lo haga ahora de tí. ¿Qué haces tú? Nada. Sé todo lo que ha pasado, pero todo eso implica poco, yo siempre soy el mismo amigo para tí, aunque un poco mal criado, como luego me dices, y nunca seré inconsecuente con mis antiguos compañeros. Deseo y quiero que estés á mi lado, y esto ha de resultar una vez que consiga conquistar terreno donde tú puedas situarte para que puedas seguir prestando tus servicios á la causa. El primer pueblo que se ha de tomar y donde ha de venir á parar nuestro Gobierno es Jiguaní, y en él hemos de entrar juntos. Jiguaní fué el primero una vez y lo será otra.

En Las Tunas y el Camagüey opéra el enemigo lo mismo que por acá, pero hará tanto como por aquí, no hará más que dominar el terreno que ocupe. Valmaseda por no perder sus millones y sus mal entendidas glorias se irá y el Ejército tan demacrado como está, hasta se sublevará. Las revoluciones como la nuestra, las comparo con el jóven que hace ejercicios gimnásticos, que miéntras más lucha más se desarrollan sus fuerzas y más se robustece. Nosotros nunca nos aniquilamos, miéntras que ese viejo Gobierno si concluirá, y si se descuida, hasta en la misma España.

Adios, Félix, hasta pronto que nos veamos. Tu amigo,

MÁXIMO.

———

Najasa, 1º de Setiembre de 1873.

C. Jefe de Sanidad de Oriente, Félix Figueredo.

Estimado amigo: al dorso de una proclama de Quesada he leido algunas líneas para mí, y aunque esto ha sido poco cortés, como conozco tu corazon, no hago mérito de ello y te contesto con mejores formas. Ya sé algo de la expedicion del Centro, miéntras tanto, aguardaremos dos años para que nos llegue la de *retaguardia,* y entónces volveremos sobre este asunto.

Como sería muy largo si me pusiese á darte noticias detalladas del movimiento y los resultados con que quise inaugurar mi mando, te incluyo, en pliego aparte, un extracto del parte de operaciones. Como tú, atrevidamente, eres tan exigente con los generales, espero que conmigo serás indulgente, pues como hace poco que me hecho cargo de esto, tengo que ir haciéndome enterar de todo, conociendo mis subalternos y el terreno, conocimientos que, como comprenderás, son indispensables para nuestra clase de guerra. Aquí no se cuenta con una infantería igual, ni en número, tan aguerrida como la de Oriente, por eso es que gestiono con el Gobierno y con Calixto, para que se envíen aquí 300 hombres escogidos entre los diferentes cuerpos de los dos del Ejército de Oriente, que ninguna falta harán, y espero que trabajes para que así suceda. La caballería es un cuerpo inmejorable, pero nunca hará grandes cosas sin la infantería.

Los españoles andan asustados; han sido sorprendidos, pues no esperaban nuevo movimiento en estas comarcas, y debido sin duda á la carencia de fuerzas, se han visto forzados á ponerse á la defensiva. Les he maltratado su defendida zona de cultivo, y la escasez y la miseria van asediando la poblacion. Empieza la reaccion; con sólo este movimiento se han presentado 20 hombres útiles para las armas, y que sé yo cuántos de familia. Las confidencias se multiplican por todas partes, y finalmente el espíritu público muy levantado por todas partes. No hay política mejor que el tizon y el machete. Nuestras tropas provistas de todo, un sin fin de corotos. Sólo me falta la música, pero la cogeré.

Te incluyo dos ejemplares de mis proclamas, la última no he tenido tiempo de hacerla imprimir. No tengo música, pero tengo imprenta: la del Gobierno que estaba enterrrada.

Casi puedo asegurar que ya tengo correspondencia directa con el exterior, de lo que me he ocupado con preferencia, por estar aquí abandonado. Espero contestaciones, y en la otra que te escriba te diré lo cierto. Espero tener otro buen Davis.

Adios, escríbeme y háblame de Manana; sácame de una duda amarga. He leido en un *Fanal* la muerte de Calmel, de Rafael Fonseca y la captura de una mujer y una niña.

Un adios á los amigos y tú recibe el afecto de tu amigo,

MÁXIMO GOMEZ.

———

Carrasco, 15 de Diciembre de 1873.

C. F.. F..

Estimado amigo: he recibido tu apreciada del 1º del actual; me extraña no te refieras á ninguna mia, pues te he escrito varias.

Adjunto el *Boletin de la Guerra*. Por él te enterarás de otro golpe á los enemigos. ¡Machete con ellos!

No puedo entrar en pormenores, pues en este momento estoy ahogado de trabajo, y quiero esta misma noche despachar el correo.

Siento en el alma no contestar á tu solicitud de un modo satisfactorio, en lo de recursos para Jamáica. Tú sabes que nunca guardo nada, pues aunque los muchachos me regalaron algo, yo todo lo derrocho al momento.

Ya tenía noticias de la ocurrencia del *Virginius*, pero no con los pormenores que en la copia del corresponsal nos envías, pero todo eso es nada, y quién sabe los bienes que nos reportará ese mal, si como sabemos, Inglaterra y los Estados Unidos meten la mano en el negocio.

¡Como me alegra lo que me dices de organizar á Cambute! Acá todo lo esperamos de la *caña* del Marqués y la tuya.

No puedo ser más largo y abur, hasta otro dia, con mis recuerdos á los amigos, saluda al Secretario de la Guerra, su amigo,

MÁXIMO GOMEZ.

Belen, Diciembre 21 de 1873.

Ciudadano Félix Figueredo.

Estimado amigo: Al desaparecer la Comision, llegó el teniente coronel Romero y me entregó todo, además otras correspondencias atrasadas que recogió en el camino, entre las que venía otra tuya muy atrasada, del 16 de Noviembre, fechada en la Toronja.

Ya veo que sabes filosofar muy bien con los recuerdos de la Casa Blanca. ¡Cuántos recuerdos y cuánta historia encierro en esos bosques! Ahí he pasado buenos y malos ratos, ahí sufrí algunos dolores, y fué donde primero aprendí á ser algo fuerte, pero nunca, como tú dices, me aburrí, siempre he sido de los verdaderos creyentes y mi corazon, cual las rocas de Casa Blanca, jamás se sintió desfallecer.

Siento, como tú, la pérdida del buen Maceo, pues aunque á él le sucedió un dia como á San Pedro, cuando caminando sobre las aguas perdió la fe y se quiso ahogar (Arroyo Rosario) ya, más lleno de esperanzas y entusiasmo, hubiera podido ser útil á su patria.

Tú estás ahora en tu elemento, envuelto en papeles, que es lo que á tí te gusta, y por lo que te importe te haré una advertencia: Cuidadillo con aquello de los grados, pues una de las cosas que cesuraban á la pasada administracion, era los que espontáneamente dió, y ahora veo que lo han hecho con el Inglés, sin esperar á que yo diera los informes; aquí se ha notado eso y te puedo asegurar que al Inglés no le agradará: Cuando le vino el diploma de coronel, y esto lo propuso Agramonte á Cárlos Manuel, que no lo esperaba así, hizo que yo lo expresara al márgen del mismo diploma. Aquí ningun jefe ni oficial agradece que sin propuestas lo asciendan.

Segun me dice el general Vicente García, además del correo que cogieron de allá para acá, pueden tambien haber cogido uno que yo mandé á él con muchos pliegos para que los despachara, y con los cuales envié mi gran proclama. No lo dudo, pues la mandé á todos los amigos, y ninguno me dice nada de ella. Te la incluyo para que la veas. Cuando me escribas me dirás algo. El correo á que me refiero fué despachado en 25 de Octubre. Si los pliegos no se han perdido, debió recibirlos la pasada administracion.

Tengo que enmendar el parte de Palo Seco, pues por posteriores reconocimientos se han contado 505 muertos diseminados por los montes, y la gente de las Tunas ha recogido como 30 caballos, 20 armas, prendas y otros efectos. ¡Esta sí que fué gorda! Me gané á Calixto con la del Chato. Esta tarde se me han presentado tres de Guáimaro, y me dicen que á los tres dias del combate, llegaron 1,000 hombres, estuvieron tres dias emboscados en los alrededores del pueblo, y no se han atrevido á reconocer el lugar del combate; que allí sólo se presentaron los que despaché con Martitégui, y dos más despues, que la columna justa y cabal quedó en el campo, y que el pánico y la miseria es horrorosa.

Tambien recibo hoy noticias confidenciales, asegurando que las relaciones entre España y los Estados Unidos están llamadas á un

rompimiento; que el negocio es de una tirantez tal, que ó comprome!
te la paz entre las dos naciones, ó la dignidad de España queda ma-
parada.

Adios, no tengo tiempo para más, pues voy á escribir algo á don
Panchito (distingue mucho á este viejo que es muy buen amigo) y al
Marqués. Tuyo amigo,

MÁXIMO.

Departamento Central. Naranjo, 15 de Febrero de 1874.

C. Félix Figueredo.

Estimado amigo: no sé cómo empecé la contestacion á tu epístola
del 3 del actual, desde el Realengo, pues hoy y en este momento, estoy de muy mal humor, tengo toda la *Gomada* encima. ¡Dichosos
aquellos que se han educado en el amoroso regazo de una amada esposa y de unos hijos queridos! ¡Cuán diferente sienten, hablan y son!
¡Ay de aquellos que educados desde su niñez entre el fragor de las
armas y en trato con los hombres—los hombres-soldados—nunca han
disfrutado de la sonrisa de un hijo querido, ni han visto deslizarse una
lágrima de ternura por el rostro de una compañera idolatrada! Tal
vez hoy, hablando contigo, ponga mi espíritu en calma, mi cabeza en
juicio y mi corazon en amor, transformándome de este modo en un
hombre bien educado. Pero ¿á dónde voy á parar? No, no sigo, amigo
Félix, pues siento que mi espada desolada tiembla en el cinto, al ver
que pierdo el tiempo en divagaciones, más propias de un anacoreta ó
un *médico*, que de un militar.

Me siento mejor y te contesto.

Lamento hoy más la pérdida de la correspondencia, porque me
dices venían cartas de nuestras familias. No les perdono que correspondencia de esa clase la fiaran á cualquiera, estando tú en el foco
de los negocios y conociendo á tantos oficiales de Oriente, capaces de

ir hasta la Habana sin que nada les resulte. No se te ocurrió enviar una comision á mi cuartel. Descuido, la guardaré para cuando se me ofrezca, porque á mí que no me vengan con casualidades.

No haré lo que tú me dices, pues eso es muy gordo, amen de que á él (Báscones) se le puede ya cantar el *de profundis*. Ni siquiera lo oigo nombrar, y es muy posible que se vaya con la música á la Península.

No tengas cuidado, que no aflojaré, y si perdoné á los de la Sacra y Palo Seco, por no contrariar lo del decreto, fué porque aunque ya estaba derogado, y_0 no tenía conocimiento de ello. Pero ¡qué coincidencia! Martitégui quizás cogió la correspondencia que hubiera hecho caer su cabeza cuando más tarde cayó prisionero. A otra cosa.

¿Conque mi plática ha hecho el mismo efecto que á Napoleon lo del Papa Pio? Pues no lo creas, y te hablaré en serio. No creo que hables de buena fe al suponer que y_0 dije aquello porque me quitaran la iniciativa, pues ¿qué bienes me vienen con esa gracia? Ningunos: trabajos *pour moi* Sr. Secretario. Si lo dije fué para que no imitaran á la pasada administracion, y porque el ascenso del coronel Reeve no lo exigia una necesidad del servicio, y sin duda se podia esperar su hoja de servicios y demás informes y de ese modo le hubiera sido más grato al extranjero conquistar el grado de brigadier. Desengáñate, á ningun hombre delicado le gusta ascender de ese modo, despues que todo el mundo sabe lo que ha pasado en Cuba con los grados, y si lo dudas, escríbele al Inglés y verás lo que te dice. Y es muy natural que así sea. ¿Cómo no le ha de gustar que el que le vió batirse en el Atadero á la vanguardia de la columna volante; que el que le dirigió y vió avanzar sobre las fortificaciones enemigas de Santa Cruz, diga como él hizo todas esas cosas, para que entónces el Gobierno diga: «Por estos méritos, etc.» De otro modo no, pues ustedes desde allá no podian saber todo eso, y de aquí una de dos: necesidad del servicio, que siempre es desgradable para el ascendido, no la habia; Reeve tiene una pierna rota y no podia ascendérsele á brigadier para que entrara en campaña. Luego, debió ser por simpatías. Pues aquí está toda la pifia, y esto es lo expuesto y hasta lo temible, pues cuando entren los rencores es muy fácil que deponga lo que impuso el afecto.

Aguanta y no pujes. Y esta es la última vez que tratemos el asunto, pues no quiero que se manosée el nombre de un veterano distinguido.

Estoy muy de acuerdo contigo en la conducta que, segun dices, se ha trazado ahora ese Centro, de obrar por todo y por sobre todo bajo tres afirmaciones: conforme á las Leyes, á la Constitucion y el bien de Cuba. Sobre este último punto es que se requiere el gran cuidado, pues sobre los dos primeros, como nuestras leyes son tan pocas y tan cortas, difícil es infringirlas. Mucho, muchísimo cuidado se necesita, tanto que, mira, ni Dios me convence que lo del brigadier Gonzalez está ajustado á Leyes ni al bien de Cuba, y si no el tiempo lo dirá. Pregúntale á Gonzalito—él que aún duda en hacerse cargo del destino —si le conviene esto. ¿Y cuál es la causa? La de no consultar al jefe que conoce á sus subalternos y las necesidades del Cuerpo que manda, y luego vaya la responsabilidad sobre el pobre jefe, que se querrá que tome á la Habana; pero no es sólo la responsabilidad con el Gobierno, que á todo hombre que sabe lo que vale le importa un bledo y que sabe tambien que todos los Gobiernos son ingratos; la responsabilidad con el pueblo á que se sirve muy bien y siempre, la responsabilidad de un nombre y de una reputacion conquistada á costa de tantas fatigas y tantas amarguras.

Aguanta que allá vá más.

Lo del general Luis Figueredo.... ¿por qué con sin igual cinismo te atreves á inculparme la posicion en que lo colocó la pasada administracion? Hice lo que debí en su favor, para que el ciudadano, á quien tantas virtudes adornan, no se desprestigiase como militar. Prueba de ello es la exposicion que más tarde dirigió al cuerpo de oficiales de aquella division. No sé, pues, cómo el ciudadano diputado Márcos García reprueba la conducta de aquellos oficiales en este asunto, pues ellos, como tú mismo puedes ver, invocan los informes poco favorables que de Figueredo les ha dado la Diputacion de las Villas. Lo he leido en la exposicion.

Voy á concluir, pues ya estoy cansado. Vuelven para allá algudespachos sin firmar (Descuiditos). La proclama del Presidente no vino en la factura (idem). No firmas como ántes y no lo dices (idem). La correspondencia muy mal pegada (idem). La circular del 2 de

Enero derogando el indulto, tampoco viene en la factura (idem). Total: 5. Mucho de factura y al primer tapon ... zurrapa.

Lo del garrafon de pólvora lo arreglará el Gobierno. Para tí y tus inglesitos pondré á tu disposicion 10 años de paga devengados al concluir la parranda: 40,000 pesos. Yo, trasto viejo, la pasaré contándole historias á tus chiquillos.

Eres muy malo, has venido á sorprenderme con recuerdos que jamás se olvidan, con recuerdos de otros tiempos y otros lugares. ¡Piloto! ¡Mi pobre hijo! Inocente criatura, quedó enterrado en aquellas incultas montañas. No parece sino que vino á la tierra para irse y dejarme. Vino nada más que á hacerme más llevaderas las horas de amargura á que en aquellos dias me condenaba el destino.

Las cosas siguen bien por acá, por el parte oficial que irá muy pronto te impondrás de lo que he hecho.

Adios, con recuerdos á todos, soy siempre tu amigo,

MÁXIMO.

———

Naranjo, 24 de Enero de 1874.

. Félix Figueredo. Secretario de Guerra.

Estimado amigo: aunque el 16 despaché al capitan Pablo Nueva con cartas para tí y el Presidente, aprovecho hoy la ocasion del aspirante á coronel, Machado, que tengo que enviar á ese Gobierno para que él resuelva como mejor le parezca. Ningun informe favorable ni desfavorable puedo dar de dicho sujeto, pues no lo conozco, bien que, segun otros, parece que la mayor parte del tiempo lo ha pasado en los ranchos por enfermedad y otras causas.

Tengo á la vista un número de *La Voz de Cuba* muy gracioso, en el cual hay un artículo donde los españoles te hacen trizas, y copian —de seguro y por supuesto—lo que les conviene de la carta que me enviaste y que cogió Martitégui. La comentan, mezclando tu nombre, el mio y el de otros más. Siento que en esa carta te ocuparas tanto de Cárlos Manuel, es decir, de vituperar tanto su conducta como hombre político, pues lo creia innecesario, sabiendo como yo y todos, que estando designada por todos su deposicion, sacar á relucir ciertos hechos no nos hace mucho favor. Así pienso yo por el bien del país y por nuestro decoro, pues de lo contrario nos pareceríamos á los españoles, que teniendo ó nó razon hacen siempre como ahora con Castelar, que despues de caido lo insultan y desprecian. Bien sé que es esa la condicion humana, pero sé tambien que tienes muy buen juicio, y no dejarás de comprender que estas cosas no conducen á nada bueno. Bien sabes la actitud de los camagüeyanos con respecto á Céspedes, pues sin embargo, despues de su caida nadie se ha ocupado más de él sino para compadecerlo, porque no tuvo tino ni acierto en su gobierno. Con respecto á mí ¿cómo podré olvidar el 8 de Junio de 1872, en el Peladero? En aquel dia y en aquel lugar me infirió Céspedes una ofensa, y sin embargo, la recuerdo compadeciendo su situacion, que comparada con la á que él me condenó en aquella época, resulta muy más triste, pues yo tuve muchos soldados que me sintieron y algunos amigos que se dignaron pasar muchos años haciéndome compañía en mi triste rincon. Habla, pues, amigo, á esos patriotas para que nadie se ocupe de Céspedes, que lo embarquen si así conviene, y que nos deje acá tranquilos proseguir la guerra á los españoles.

Dentro de tres dias saldrá un correo y llevará los partes. Te has de reir con lo de Báscones y nuestra gente que mandé á operar por Santa Cruz; Báscones, con mil y pico de hombres, estaba á un cuarto de legua de nuestras fuerzas y no se atrevió á salirles al encuentro, se puso á la defensiva y preguntaba si yo iba mandando las fuerzas. ¿Qué te parece este pájaro? No pierdo las esperanzas de echarle el guante otra vez.

Adios. Memorias á los orientales. Tu amigo,

MÁXIMO.

HISTORIA DE LA ESCLAVITUD

de la raza africana en el Nuevo Mundo y en especial en los paises
Hispano-Americanos.

———

APÉNDICE-DOCUMENTOS.

Informe leido en la Junta por la Real Sociedad Patriótica en 26 de
Abril de 1844, redactado por D. Manuel Martínez Serrano,
Censor de la misma, y como uno de los indivíduos de la Comi-
sion nombrada para el objeto á que se refiere.

Excmo Sr. y Sres.:

El Gobierno Supremo de la Nacion, siempre solícito en contribuir
á cuanto sea capaz de fomentar la riqueza de esta Isla, y de remover
los obstáculos que puedan depauperarla, obstruir su engrandecimiento
y perturbar la tranquilidad de sus habitantes; ha tenido por conveniente no establecer la ley penal, que estipuló con el Gabinete británico,
para el castigo de los súbditos españoles que se ocupen en el tráfico de
esclavos, sin oir la opinion de las Autoridades, Corporaciones y
demás personas notables de esta Isla, acerca de los artículos insertos
en la Real órden que nuestro Excmo. Sr. Presidente ha comunicado á

esta Real Sociedad, por su oficio de nueve de Febrero último, con el objeto de que proceda á informarle del modo que la misma previene.

Para realizarlo á nombre del Cuerpo, nos ha elegido el Sr. Director por su comunicacion de veintiocho del propio mes en que transcribe la de S. E., y de cuyo exámen resulta que reclamado por el Gobierno inglés el cumplimiento del artículo 2º del convenio celebrado con el nuestro, en 28 de Junio de 1835, y en virtud del cual debe promulgarse una ley que castigue severamente, á los que bajo cualquier pretexto tomen parte, sea la que fuese, en el tráfico de esclavos; quiere el Gobierno Superior, en primer lugar, que se le presenten las bases que se estimen más á propósito para el establecimiento de dicha ley, como un medio adoptado para la extincion de ese comercio, y que sea combinable con los grandes intereses de la Isla, que puedan afectarse y resentirse del mismo sistema penal que se adopte; que, en segundo lugar, se le indique cuáles sean las autoridades, á quienes convenga cometer el conocimiento de esas causas, y la aplicacion de las penas, consultando siempre el interés del País; y por último, que el informe sea extensivo á la responsabilidad y penas de los cruceros y aprehensores, que sin fundadas sospechas, y sólo á estímulos de su privado interés perjudiquen, á nuestro legítimo comercio.

Cuando en el año de 1840, se establecieron pretensiones por el Gobierno de S. M. B., sobre la emancipacion de los esclavos introducidos en la Isla, con posterioridad al convenio celebrado sobre abolicion del tráfico, tambien se pidió informe á esta Corporacion, acerca de los distintos puntos á que se refería la nota del Ministro inglés; y por el que evacuó en 25 de Octubre de 1841, con aquella noble franqueza, y con aquel interés que le inspiraban el bien general de la Isla, y el decoro de la Nacion sspañola, de que es parte, combatió con energía aquellas solicitudes, como que tendían á la completa y momentánea ruina de nuestra riqueza; pero á la vez recomendó al Gobierno que la felicidad y prosperidad de esta tierra, no dependía de la introduccion de brazos africanos, como equivocadamente creían algunos; que por el contrario, el aumento de poblacion blanca, y el exacto cumplimiento de lo estipulado con el Gobierno inglés, sobre prohibir la introduccion de más esclavos, eran la tabla de nuestra futura salvacion, y el mejor recurso, para asegurar nuestra ventura, nuestra riqueza y nuestra tranquilidad.

Así opinó entónces el Cuerpo Patriótico, sin otros antecedentes que los mismos que se desprendían de la naturaleza del negocio; y si en aquella época aconsejaba la Sociedad que áun cuando la extincion de la trata cercenaba las producciones agrícolas, era preferible perder una parte de los intereses para conservar lo demás, hoy que procede con otros datos, y que con harto sentimiento, está viendo ruinas, víctimas y sangre; que la Isla está amenazada de una conflagracion general, y que de tamaños males, es en parte orígen, la continuacion de la trata, é introduccion clandestina de los esclavos, á pesar de la vigilancia y celo de las autoridades; no sólo debe la Sociedad ratificar aquella opinion que emitió, sino que puede asegurar, que de no impedirla y castigarla el Gobierno con mano fuerte, llegará dia en que la isla de Cuba, desaparezca para la Metrópoli, porque los blancos sucumbirán á la inmensa masa de los brazos africanos, y por que éstos se alzarán con ella, como ya lo han proyectado.

La Comision al expresarse del modo que acaba de hacerlo, deja consignado ya lo más esencial de su dictámen, que se reduce á que la ley penal estipulada, debe establecerse, promulgarse, y hacerse efectiva instantáneamente, como el medio más eficaz de que no continúe la introduccion clandestina de esclavos en la Isla; y sin embargo que algunos opinan que la agricultura no se resentirá de esta medida, porque el excesivo número de aquellos que se han introducido, y su consecuente reproduccion, son suficientes para que en muchos años, no carezca de brazos para el cultivo de nuestras haciendas; creemos que los que así calculan, se equivocan, porque nuestra poblacion es mezquina comparada con la cantidad de terrenos yermos que poseemos, que están pidiendo cultivo por su feracidad; y si los brazos africanos que hoy existen, están ocupados en el entretenimiento de sus respectivas fincas, mal puede dedicarse parte de ellos, á los nuevos establecimientos que se creen, y ni áun podemos fundar nuestras esperanzas, en la reproduccion de los actuales esclavos, porque indispensablemente, han de morir parte de ellos, y transcurrir muchos años, para que esa nueva generacion, se halle en aptitud de desempeñar las recias tareas de nuestros ingenios; y por consecuencia, ni la esclavitud actual es bastante para nuevas empresas, ni los hijos que procreen pueden cubrir la falta que ocasione la no introduccion.

Juzgamos, pues, y creemos que Sociedad, tambien estima, que lo más racional, es elegir, de dos males, el menor; y que entre perder la existencia ó los intereses, no puede vacilarse en sacrificar éstos, por conservar aquélla; y este es el caso en que se halla la isla de Cuba, y el que demanda que nuestro Gobierno, consultando su propio interés, y continuándole aquella proteccion á que se ha hecho tan acreedora por tantos títulos, preste benévola atencion á las insinuaciones del Cuerpo Patriótico, y se penetre de que si la continuacion del tráfico de esclavos, despues del convenio celebrado con la Inglaterra, no es el único orígen de los males que deploramos y de la ruina que nos amenaza, al menos, ha contribuido á ello en gran manera, y que el único recurso que nos queda, es llevar al cabo el aumento de poblacion blanca, de que se ocupa el Gobierno, para cuyo fin se estableció el impuesto sobre costas procesales, que debe hoy proporcionar un fondo de doscientos mil pesos; y supuesto tambien, que para ese objeto, no debe omitirse sacrificio de cualquiera especie.

El que haya leido los artículos del reglamento que corre anexo al tratado de 28 de Junio del 1835 de que ya se ha hecho mencion, el cual se formó para el buen trato de los negros emancipados; y el que tenga conocimiento de los pasos que á cada instante se practicaban sobre cualquier particular relativo á aquéllos; bien fuera por queja que los mismos establecieran contra los blancos encargados de doctrinarles, ó ya en averiguacion del fallecimiento verdadero ó figurado de algunos; convendrá en que desde la época en que desgraciadamente se conocieron en la Isla los emancipados, principió á corromperse la esclavitud, no sólo la de los campos, sino áun la doméstica; y es indudable que de ahí data la insubordinacion, y han sido repetidos los actos de ella, cometidos por los esclavos para con sus señores; ni era posible que sucediera de otra suerte, porque instruidos los que existían en esclavitud, de que los otros habían sido declarados libres, por habérseles introducido despues de la abolicion de la trata; se consideraban con

igual derecho á la emancipacion; y hé aquí el fundamento de los de-
sacatos, de las maquinaciones y de los alzamientos que reiteradamen-
te se han experimentado en las negradas, desde que se hizo el primer
reparto de emancipados.

Discordes estan algunos, sobre si será ó no ventajoso para la Isla,
la introduccion en ella de brazos blancos para los trabajos de nuestras
haciendas: unos creen que lo ardoroso del clima enerva á éstos, y los
hace incapaces de vencer las tareas campestres en competencia con
los negros, suponiendo que la naturaleza dió más vigor á estos últimos:
otros calculan que el estado de produccion mezquina de algunas de
nuestras fincas, y el abatido precio de los frutos, no permiten al hacendado pagar jornales, que precisamente han de ser crecidos, en proporcion á los costos que demanda el natural mantenimiento, y no falta
quien asegure, que áun cuando se trata de realizar el proyecto, no tendrá efecto, por que ninguno querrá correr los riesgos del vómito, sin
otro interés que lucrar un corto estipendio.

Es, á juicio de la Comision, hasta vergonzoso, ocuparse en impugnar
la primera especie, y basta para destruirla, el recordar que en España
y en otros muchos países del mundo, en donde no se han visto negros
se vencen trabajos áun mayores que los de esta Isla, sin que los des-
empeñen otros, que personas blancas; y áun en nuestros campesinos
tenemos ejemplos, pues los vemos con frecuencia aventajar á los de
color en fuerza, y principalmente en industria, como su diferente educacion los hace suceptibles de mejor raciocinio.

La objecion que se establece sobre los jornales parece la más fundada; pero tambien debe advertirse, que un plan bien organizado sobre el particular y el aumento de trabajadores, hará reducir aquéllos
á unos precios moderados; á lo que se agrega que los ahorros y eco-
nomías que resultan del servicio de personas blancas, el giro en que
se pongan los capitales estancados en la esclavitud, y que mengua con
la muerte de ellos; y el mayor producto que precisamente resultará,
porque es casi evidente que serán más ventajosas las tareas y mejor
desempeñadas, son causas suficientes para que nos prometamos el me-
jer éxito en el cambio, á lo que se agrega que una ganancia modera-
da que se adquiera y goce sin sobresaltos, es preferible á las más

exorbitantes, cuando éstas van acompañadas de la afliccion y de la intranquilidad.

Con respecto al último reparro, lo juzgamos muy débil, porque interesado el Gobierno en llevar á efecto la poblacion blanca sabrá su perspicacia tocar los resortes que estimulan al corazon humano para arrostrar las empresas más árduas, que es el interés, sin que por esto se crea, que la Comision considera, que para atraer trabajadores blancos, se necesitan otros estímulos, que la seguridad que tengan de que serán ocupados con preferencia á los de color, pues el mayor inconveniente que siempre hubo para que los blancos se dedicasen á las tareas de los negros, fué el no querer alternar con una clase que se ha juzgado como la más abyecta de la sociedad; de suerte, que si llegáramos felizmente á extinguir esa diferencia; la prosperidad de la Isla sería más cierta, porque cesarían los temores que nos intranquilizan.

Ya que hemos recomendado á la consideracion de este Ilustre Cuerpo lo que es suficiente á demostrar la conveniencia de que se establezca la ley penal, como medio de que cese el tráfico clandestino de esclavos, y su introduccion en la Isla; y supuesto que tambien ha recomendado la Comision la necesidad á que quedamos constituidos de introducir brazos blancos, para que nuestra riqueza se resienta ménos de aquella medida y nuestras fincas puedan sostenerse sin quebranto de sus trabajos; vamos á ocuparnos ahora en las bases de esa ley que debe promulgarse.

El título de penal que se le dá, arguye la perpetracion de un crímen, y la necesidad de su correccion; así como el haberse estipulado por el artículo 2º del convenio con la Inglaterra, que se establecería un castigo severo, supone que el hecho de la introduccion aislado, quedó donde entonces, calificado como delito grave; de suerte que si á esa falta se reunen otras circunstancias notables, es claro, que la responsabilidad será tambien de mayor tamaño, y más severidad ó duradera, habrá de emplearse para corregirla.

Dos cosas á juicio de la Comision deben no perderse de vista en este negocio: es la primera, la dignidad Soberana comprometida por virtud del convenio, y sobre cuya palabra y empeños, no cabe alteracion de ninguna especie, mientras no se practique de consuno por las mismas Altas Partes contratantes, porque así lo enseña el derecho, y lo demanda el bien público, pues caería en mengua la Suprema autoridad de la nacion, si equiparándose á los indivíduos particulares de ella, intentara retraerse de un solemne compromiso bajo cualquier pretexto que lo hiciera; y partiendo de estos principios, se sigue que el que se ocupa en el tráfico de esclavos, no sólo es criminal, porque quebranta el precepto Soberano que lo prohibe; sino que lo es aún más, porque dá ocasion á que el decoro de la misma Soberanía pueda ser ofendido por que se le atribuya mala fé en el cumplimiento de la Real palabra.

Es la segunda, el efectivo y notable perjuicio que ocasiona á la Isla el que introduce esclavos en ella, dando lugar á la destruccion de su riqueza, y contribuyendo por ese medio á que todos los blancos, seamos víctimas de la ferocidad y venganza de las clases de color. Estos males que anuciamos, no provienen de cálculos equivocados, ni de temores forjados por fantasías acaloradas, sino que son las consecuencias indispensables, de los antecedentes que nos ofrecen las deplorables circunstancias que actualmente nos rodean, y el conflicto en que se halla toda la poblacion blanca de la Isla.

Muy público es que la actividad y energía de nuestro Gobierno, con sus acertadas y oportunas medidas impidió que á fines del año pasado estallara la insurreccion inmediata por la gente de color para asesinar los blancos, y alzarse con la Isla: es muy público tambien que desde aquella época, trabaja incesantemente la Comision Militar para averiguar el estado de la rebelion, sus autores y cómplices; y con generalidad se sabe que sus ramificaciones se extienden á toda la Isla, en términos que se han practicado y diariamente se hacen aprehensiones, no sólo en la Vuelta de arriba, sino en esta capital y en los pueblos interiores; y por último, es tambien cierto que los presos como cabecillas son en crecido número, y que es de gran tamaño el que componen las dotaciones de fincas pronunciadas por la rebelion; de suerte, que estando tan difundida esa opinion no sólo en la esclavitud, sino tambien en los libertos, es de inferir que el celo del Gobierno y el oportuno castigo que se aplique á los delincuentes contenga el mal;

pero lo más probable es, que no se extinga, como que subsistan las causas que lo ocasionan.

En tal estado debe temerse con fundamento, que si á ese volcan le agregan materiales que le den más impulso, esto es, si al excesivo número de negros que hoy existen, se unen los que se introduzcan posteriormente, acaso consumarán sus criminales intentos, frustrados hoy porque esos esclavos á la vez que aumentan la fuerza material, emplean la seduccion, como que vienen instruidos y aleccionados segun se dice, y pueden estimarse como otros tantos emisarios; y no queda la menor duda de que todos los que tengan parte en esa introduccion cualquiera que ella sea, se constituyen criminales en el más alto grado, porque además de que infringen una disposicion Soberana como ántes se ha dicho, cooperan por un vil interés á la destruccion de nuestra riqueza, auxilian á los enemigos, y aumentan su fuerza para que nos asesinen, y logren con seguridad trastornar el Gobierno y alzarse con la tierra.

La Comision no ha podido prescindir de recomendar los daños que ocasionará la continuacion del tráfico, para que esta Corporacion se persuada de que al dictaminar sobre la ley penal que pueda establecerse, ha tenido muy presente, que la pena debe aplicarse al delito, habida consideracion al agravio y perjuicio que cause al bien público, porque á pesar de que siempre es un crímen, y es una infraccion de la ley atacar la persona ó intereses de un ciudadano, porque en este acto se falta á la sociedad; es aún mayor la delincuencia, cuando directamente se conspira á la destruccion de la misma sociedad; y como el hecho de introducir esclavos en la Isla y ocuparse en el tráfico quebrantando la prohibicion y el hacerlo despúes de la rebelion intentada, es proceder *contra el bien procomunal de la tierra*; debiendo reprimirse los delitos más peligrosos con las penas más graves, para impedir que el criminal agravie de nuevo á la sociedad, y que la fuerte impresion que produzca en los demás, los retraiga de delinquir por el mismo órden; opinamos que el capitan, piloto, contramaestre, cirujano, la tripulacion y cualquiera otro oficial de buque que se ocupe, en el tráfico de esclavos, ó que los introduzca en esta Isla, deben ser condenados á diez años de presidio en Africa con prohibicion perpétua de volver á ella; que esta misma pena se imponga á los empresarios, armadores, dueños del buque, accionistas, y á todos los que directa ó indirectamente ó bajo cualquier pretexto tomen parte, sea la que fuere, en el tráfico ó en la expedicion, y que todos los antedichos, sean además condenados de mancomun et in solidum á la pérdida del buque y de cuanto le sea anexo, al abono de las costas, daños y perjuicios que resulten, y que por su cuenta, á costa de los mismos, tambien de mancomun et in solidum, se reembarquen los negros introducidos en la Isla, y se les conduzca al punto de donde se extrajéron ú otro de la costa de Africa, cuyo reembarque y coduccion serán realizados por la intervencion del Jefe Superior de la Marina de este Apostadero, para evitar que de otro modo pudiera frustrarse el cumplimiento de esta medida; en el concepto de que bajo ningun pretexto sea el que fuere, se demore el reembarque de dichos negros, ni se permita la permanencia de ellos en la Isla por más tiempo que el muy urgente, bajo la vigilancia y directa responsabilidad de las autoridades locales; y que asimismo abonen por vía de multa, con la misma calidad de mancomun et in solidum, trescientos pesos fuertes por cada uno de los negros introducidos, cuya suma unida al producto del buque vendido en subasta pública con lo demás que en él se aprehenda y le sea anexo, entre en las Arcas Reales para sufragar los costos que ocasione el reembarque y demás dispuesto, en el caso de que los condenados carezcan de otros medios para ello.

Establecidas estas penas, debemos indicar el Tribunal, á quien se encomiende su aplicacion, y todo lo relativo á esta clase de delito; y á la verdad que nada dista tanto de la Comision, como es dar parte á los extranjeros, en los actos de administrar justicia, porque sobre repujar toda buena legislacion, que el súbdito de una nacion sea juzgado por el de otra; es vejaminoso á la Magistratura española que tantas pruebas de integridad y saber tiene dadas, excluirlas de esos actos propios de su Ministerio, cometiéndolos á extranjeros; y aún mucho más indecoroso asociarse á ellos para formar un Tribunal desconocido por nuevas leyes; así es que consideramos que el Juez ordinario más antiguo del lugar en donde se introduzcan los negros, ó el del puerto donde se aprehenda el buque, debe conocer de la causa, dándose pre-

ferencia al que sea letrado sobre el que no tenga esta investidura:
Que las apelaciones se oigan y decidan por la Real Audiencia del distrito: Que este delito se declarare de la clase de aquellos que producen accion popular, de modo que cualquiera pueda denunciarlo y acusarlo sin necesidad de fianza, aunque si estará sujeto á los efectos de la calumnia: Que no se le grave con costas ni irogaciones de ninguna especie, dispensándosele todas como si fuera insolvente, sin perjuicio de las condenaciones que haga el fallo: Que en el caso de no querer el denunciante continuar la acusacion, se elija un promotor fiscal que lo ejecute bajo las instrucciones de aquél; y que calificada la denuncia, se consigne al que la establezca, la quinta parte del producto de las multas, que por cada negro quedan establecidas; y por último, habiendo acreditado la experiencia, los ardides de que se valen los litigantes para prolongar los pleitos, de lo cual resultan graves inconvenientes, de que es el principal, que no se aplica la correccion, con la oportunidad necesaria á que sirva de ejemplo á otros; juzgamos indispensable que estos juicios se terminen dentro de un corto término que se designe con la calidad de improrrogable, bajo privacion de oficio que se imponga al Juez que procediese de otro modo, quien deberá restringir los que sean precisos para la sustanciacion y demás actos, en proporcion al en que deba fallarse, sin que sobre esto, se admita jamás, disculpa de ninguna especie.

Los abusos de que es succeptible el derecho de visitar los buques mercantes, que mútuamente se concedieron nuestro Gobierno y el británico, por los artículos 4º y siguientes del convenio ya citado de 1835, han llamado nuestra atencion, pues aunque en ellos se expresa que el registro sólo tenga lugar, cuando por motivos fundados, pueden ser sospechados los buques de que se ocupen en el tráfico de esclavos; vemos que á la sombra de conjeturas arbitrarias, se ejerce un acto, que sobre ser vejaminoso al capitan del buque en que se ejecuta, y á su bandera, es siempre perjudicial á los intereses del comercio; y aunque por ese artículo 4º de que va hecha mencion, se dictaron varias reglas á que debieran sujetarse los buques cruceros para la detencion y aprehension de los negreros; consideramos que por esas medidas adoptadas, no se salvan todos los inconvenientes que puedan resultar del abuso con que se proceda á la visita, puesto que sólo se establece una resposabilidad; cuando la aprehension y detencion resultan arbitrarias; y aún en este caso, incumbe á las Comisiones mixtas, esa declaratoria, creemos oportuno por lo tanto, para evitar esos abusos, que con el mero hecho de encontrarse arreglados los papeles y operaciones del buque registrado, se considera injusto y falto de mérito, el motivo que impulsó la sospecha, y con derecho á la reclamacion, no sólo de las indemnizaciones, que compensen aquel paso; sino tambien á la competente satisfaccion por el insulto hecho al pabellon; mas esto no debe someterse á la jurisdiccion de las Comisiones mixtas, sino que todo lo relativo á este particular, debe pertenecer al esclusivo conocimiento del Supremo Gobierno que directamente se entenderá con el Británico, caracterizándose el negociado, en la clase de *los de Estado*, atendiendo á que medía en el caso el interés de los súbditos españoles, y el decoro nacional.

La Comision ha procurado contraerse á los puntos que el Gobierno le marcó, y sólo le queda el disgusto, de que no haya acertado á ilustrarlos del modo conveniente, y que la misma buena intencion con que ha procedido, le haya hecho incurrir en la nota de difusa; mas su buena fé, su interés por el decoro nacional, por la conservacion de esta Isla y por el bienestar de sus habitantes, la harán acreedora á la indulgencia del Gobierno, á quien se dirija esta informe, si es que merece la aprobacion del Cuerpo, para que en el evento desgraciado de que no llene sus deseos tenga al ménos en consideracion que la opinion general está pronunciada contra la continuacion del tráfico, é introduccion de esclavos en la Isla, como perjudicial á su conservacion, á su progreso, y á la existencia del mismo Gobierno, y que la Real Sociedad Patriótica, á la vez que está en ese propio sentido, juzga que cualquier medida que se adopte para llevar al cabo el convenio, debe ir acompañada de la introduccion de brazos blancos para la agricultura, por que si con anticipacion no se suple la falta de aquéllos, la ruina será irremediable; á que se agrega, que nuestra conservacion exige que se aumente el número de blancos, porque siendo todos de una clase, preciso es que nos identifiquemos en tentimientos para que no perdiendo de vista el peligro que nos rodea, y partiendo del principio de que la union, es la que constituye la fuerza de los pueblos; procuremos sostenerla inalterable, y vivir fraternalmente para conservar á nuestra Madre Patria sin menoscabo de ninguna especie, en el legítimo goce de esta parte de la Monarquía, como buenos españoles, como un deber, y por gratitud á su predileccion, y al interés que siempre ha manifestado por nuestra felicidad y engrandecimiento; y de este modo, no sólo quedarán destruidas las maquinaciones de nuestros enemigos interiores y exteriores; sino que la isla de Cuba marchará tranquila á la prosperidad, bajo la proteccion del benéfico Gobierno que la rige, y que honra y distingue como la joya más rica de la corona de Castilla.

Habana y Abril 29 de 1844.—Narciso García Mora, Manuel Martínez Serrano, Joaquin Santos Suárez, Joaquin de Peñalver. (1)

---

(1) D. Manuel Martínez Serrano nació en la Habana el 22 de Febrero de 1793. Fueron sus padres D. Antonio Martínez Serrano y Dª Josefa María Vélez, naturales de esta ciudad.

Contrajo matrimonio con Dª Rosalía de Quintana y Caballero.

Como abogado, desempeñó siempre en esta ciudad su profesion, en la cual se distinguió; y fué Secretario de la Academia de Jurisprudencia.

Desempeñó varias ocasiones el cargo de Censor de la Sociedad Económica de Amigos del País, de cuya Corporacion fué primero socio de número, y más tarde de mérito.

Cuando se trató, á propuesta del amigo D. Ramon de Armas, de que se borrara de la lista de los socios corresponsales, á Mr. Turnbull, Cónsul inglés en esta ciudad, á quien se calificaba de abolicionista y protector de los negros esclavos, Martínez Serrano fué uno de los que se opusieron á la adopcion de esa medida inconveniente; y si más luego se resignó la Corporacion, y con ella su Censor el referido Martínez Serrano, á que tuviera lugar esa eliminacion, fué porque así lo exigió el Gobernador y Capitan General de la Isla, D. Leopoldo O'Donnell, que en plena junta manifestó haber visto con desagrado que al lado de su nombre, como socio de honor, figurase el del Cónsul inglés.

Más tarde, á consecuencia de las reclamaciones de Inglaterra, basadas en la escandalosa trata de esclavos que venía haciéndose y toleraban las autoridades de esta Isla, se hicieron más enérgicas y áun amenazadoras las exigencias del Gobierno inglés, y el de España se vió obligado á hacer algo, expidiendo la Real órden de 2 de Junio de 1843, por la cual se dispuso la promulgacion de una ley penal que impusiera un severo castigo á los traficantes de negros, oyéndose préviamente á las principales Corporaciones de la Isla.

La Sociedad Económica de Amigos del País, dirigida á la sazon por el Doctor D. Tomás Romay, era una de las corporaciones llamadas á informar, y al efecto nombró, para que evacuase el informe, una Comision de su seno, compuesta del Marqués de San Felipe, de D. Joaquin Santos Suárez, de D. Joaquin Peñalver, del Intendente honorario de Provincia, Sr. García Mora, y del Ldo. D. Manuel Martínez Serrano, que, como Censor del Cuerpo Económico, era preciso formase parte de esa Comision.

Martínez Serrano redactó el informe: en él consideró delito la infraccion de los tratados celebrados con Inglaterra, y delincuentes merecedores de pena, á los que hacían el comercio de negros y á los que lo permitian por un vil y mezquino interés.

La noche del 26 de Abril de 1841, en junta de la Sociedad Económica presidida por el Gobernador Superior Civil, Capitan General D. Leopoldo O'Donnell, leyó Martínez Serrano el informe: el General no trató de ocultar su hondo disgusto.

Poco despues, á los dos ó tres dias, en una de las causas formadas por la Comision Militar, con motivo de la conspiracion atribuida á la raza de color, se hacía declarar, bajo la presion impuesta por el tormento á que se sujetaba á esos desgraciados, á un negro cuyo nombre no se ha salvado del olvido, y se le obligaba á decir que en una casa de la villa de Guanabacoa, se reunían determinados individuos para conspirar, y entre ellos Martínez Serrano.

La consecuencia de esta declaracion fué que se decretara la prision de Martínez Serrano, que en esos momentos se hallaba en su finca con su familia; y esa prision la llevó á cabo el primero de Mayo de 1844, un Comisario de policía de la Habana llamado Regajo, acompañado de la ronda del partido.

Realizada la prision, se condujo al preso al castillo del Morro, colocándolo incomunicado, en unas cuadras altas de la fortaleza.

Esa incomunicacion duró mucho tiempo, y esto hace recordar que, pasado con exceso el término que legalmente debe durar la incomunicacion, la esposa de Martínez Serrano presentó al Brigadier Falgueras, Presidente de la Comision Militar, una instancia pidiendo la comunicacion, y que al ir, uno ó dos dias despues de presentada esa instancia, uno de los hijos del preso, á saber el resultado de tal instancia, le contestó el Sr. Falgueras: «Dígale usted á su señora madre que no puede accederse á su solicitud: que su esposo se lo ha buscado: que yo no se lo he buscado.»

En el Morro estuvo mucho tiempo Martínez Serrano, sufriendo privaciones y vejámenes, hasta el extremo de que un dia se le privó de sus libros, de los útiles destinados á su servicio, entre ellos hasta de la palangana y jarro para el agua, y de cubiertos, si bien es cierto que todo le fué devuelto á poco, excepto los cuchillos y tenedores de mesa, ya que no fuera por vejarlo, por temor, tal vez, á un suicidio. Por cierto que esta ocurrencia dió lugar á que uno de los dias en que los dos hijos varones de Martínez Serrano, acompañados del Ldo. D. Domingo de Acosta y Herrera, su pariente y fiel amigo de su padre, fueron á visitarlo al Castillo, en union del Fiscal de la causa, D. Pedro Salazar, que siempre los acompañaba, al preguntar al preso cómo estaba, le contestó éste haciendo alusion al secuestro de sus libros y útiles de servicio, asegurándole que, léjos de pensar en el suicidio, quería vivir para ajustar cuentas con sus enemigos; y, llamando á sus dos hijos á presencia de Salazar, les manifestó que si por casualidad aparecía muerto en el calabozo, no creyeran que se habia suicidado, sino que había sido víctima de mano extraña.

En ese castillo, donde permaneció Martínez Serrano muchos meses, sin que se le permitiera un criado que le sirviese, lo veían, cuando el Fiscal tenía á bien permitirlo, sus hijos varones, acompañados de algun pariente.

Despues de una de esas visitas al preso, al retirarse el Fiscal con los dos hijos de Martínez Serrano y el pariente que los acompañaba, les dijo Salazar bajando la esplanada del castillo y deteniéndose en ella, fija la vista en el lugar inmediato á la cárcel, donde se acostumbraba en esa época levantar el patíbulo: «de los que están »aquí,—se refería á la fortaleza,—pocos volverán á su casa; la mayor parte irá allí» y señalaba el lugar en que se ajusticiaba.

Martínez Serrano contrajo, durante su prision en el Morro, una enfermedad de estómago, y esto fué causa de que se le trasladara, en calidad de preso, al cuartel de Belen, donde estuvo ocupando, en los primeros meses, el cuarto de banderas, que es el que utiliza el oficial de guardia mientras hace ésta: luego le proporcionaron un pabellon alto, y allí estuvo hasta que, tomando incremento sus males, se le concedió la libertad bajo fianza, y regresó al seno de su familia; pero, en tan fatales condiciones, que al fin murió el diecinueve de Diciembre de 1846.

En la causa de conspiracion de los negros en que fué comprendido, como lo fué tambien el sabio educador D. José de la Luz y Caballero, Director de la Sociedad Económica de Amigos del País en la época en que Martínez Serrano era Censor de ese Cuerpo y evacuó el informe de que ya se ha hablado, fué absuelto de culpa y pena Martínez Serrano, con reserva de su derecho contra el Fiscal D. Pedro Salazar, que, comprometido en alguna de las causas en que interviniera hubo, segun parece, de intentar romperla, y sujeto á un procedimiento, de que conoció la misma Comision Militar, fué condenado á seis años de presidio en Sevilla, los cuales, segun se asegura, no cumplió, no obstante haber salido de esta Isla al intento y estado en Sevilla.

Martínez Serrano murió bajo disposicion testamentaria, otorgada en union de su esposa Dª Rosalía de Quintana y Caballero, en esta ciudad de la Habana, en once de Diciembre de 1846, ante el Escribano D. Pedro Vidal Rodríguez; y en ese testamento aparece la cláusula veintiuna, que bueno es copiar aquí, y dice

«Declaro, yo, Martínez Serrano, que á consecuencia de una atroz calumnia que se »me forjó, fuí encausado, y este procedimiento es, sin duda, el origen de mis dilatados »padecimientos, y de que mi familia pueda verse reducida á la orfandad; mas por la »sentencia que se pronunció, no sólo se me declaró libre de culpa y pena, y que no »me perjudicara dicho proprocedimiento, sino que á la vez se me reservó mi derecho »contra el Teniente D. Pedro Salazar, que fué el Juez Fiscal de la causa. Creo que me »competen las acciones civil y criminal, para que, por la primera, me indemnice Salazar »los gravísimos perjuicios que he experimentado y estoy sufriendo en mis intereses,

»y que por la segunda me corresponde el derecho de perseguirlo criminalmento, para »que reciba el digno castigo de su atrocidad; pero como el Redentor del género hu- »mano nos enseñó el camino de perdonar las injurias, no he querido hacer uso de la »accion criminal, y perdono á Salazar en esa parte, prohibiendo á mis albaceas y he- »rederos deduzcan dicha accion; mas, con respecto á la civil, es mi voluntad que »aquéllos, con vista de antecedentes, y consultando la opinion de hombres sensatos y »religiosos, establezcan la civil, en el modo y forma que tengan por conveniente y »corresponda.»

Los hijos de Martínez Serrano no han hecho uso de esa accion civil.

GIBARA Y SU JURISDICCION.

———

APUNTES HISTORICOS Y ESTADISTICOS.

CAPITULO II.

El Puerto.—La Aduana.—Comercio.—Navegacion—Faro de Lucrecia.—Administracion de Correos y Telégrafos.—La Vigía.

EL PUERTO.

Gracias á la buena disposicion de ánimo en que se encontraba Fernando VII, respecto de las cosas de esta Antilla, y á las vivas gestiones hechas en la Corte por el infatigable cubano Francisco de Arango y Parreño de feliz recordacion, secundadas aquí por el Intendente D. Alejandro Ramirez, abriéronse para Cuba, á principios del presente siglo, las puertas de una época que ha quedado marcada con letras de oro en la historia del país.

El aumento que habia tenido su poblacion en el período de 1792 á 1817 duplicado en más de la mitad; los trabajos de seguridad interior y defensa de las costas realizados por el General Cienfuegos; la Real Cédula abriendo las puertas de Cuba al comercio de todas las naciones, en cuyo hecho hay que reconocer honradamente la partici-

pacion que tuvieron los ingleses: el Real Decreto sobre terrenos realengos y baldíos: la Real Cédula promoviendo el fomento de la poblacion blanca; el Real Decreto de 23 de Julio de 1817, que dió al traste
con el estanco del tabaco y todas sus perniciosas consecuencias; el
entusiasmo despertado en todas las clases de nuestra sociedad en favor
de la fundacion de nuevas poblaciones, á cuya idea concurrió el Ayuntamiento de la Habana con noble empeño, así como tambien con fuerza poderosa el Real Consulado, y en fin, tantas otras concausas de
carácter político como concurrieron en aquella época memorable al
fomento y bienestar del país: todo esto, repito, hacía entrever la aurora de una nueva era de felicidad para Cuba, la cual si bien es cierto
que tuvo su mañana risueña, tambien lo es que concluyó al fin con
noche oscura y borrascosa, gracias á la política torpe iniciada en 1835
por el General D. Miguel Tacon y sustentada despues por algunos de
sus sucesores.

Sin embargo, propicia entónces la situacion al implantamiento de
toda reforma que tendiera á desarrollar aquel movimiento de inolvidable progreso, fácil le fué conseguir al Ayuntamiento de Holguin,
relativamente hablando, la habilitacion del puerto de Gibara, cuyo
expediente inició en 1813 al calor de las mercedes que habia prometido Fernando VII, en favor del pueblo holguinero; y más que todo,
á impulso de las necesidades que ya sentia nuestra jurisdiccion por
un puerto de mar habilitado, para poder llevar á los mercados extranjeros el sobrante de su produccion.

Existian por entónces aquellos Ayuntamientos constitucionales de
feliz recordacion, cuya gestion administrativa, ejercia influencia poderosa en la gobernacion del país, lo mismo aquí que en la Península.
Ante tan favorable situacion para el bienestar de la República, reúnese
el Ayuntamiento de Holguin en sesion ordinaria, el dia 18 de Octubre
de 1813, cúyo acuerdo voy á transcribir literalmente para que pase
íntegro á la posteridad en su carácter de documento histórico, perti-
nente á la habilitacion del puerto.

Dice así:

«En la ciudad de San Isidoro de Holguin, á diez y ocho de Octubre de mil ochocientos y trece años, para celebrar cavildo ordinario,

como lo es de uso y costumbre, se juntaron en la Casa Consistorial de Ayuntamiento los señores cavildo Justicia y Regimiento á saver. Presidente D. Ramon de Armiñan capitan de Granaderos de Infantería de Línea retirado agregado al estado mayor de la plaza de la Habana. Teniente Governador Militar Juez Político y Subdelegado de la Renta Nacional de Tabacos de ella y su jurisdiccion, D. Francisco de Zayas. Teniente Comandante Alcalde constitucional primeramente nombrado y como tal Subdelegado de Hacienda Pública, D. Juan Antonio de Ochoa; Regidor Honorario Alcalde constitucional de segunda nominacion, D. José Antonio de Fuentes, D. Cristoval de la Peña, D. Manuel de Avila, D. Agustin Rodriguez, D. Andrés Antonio Rodriguez, D. Cristoval José de la Cruz y D. Diego Manuel de Garayalde, Regidores constitucionales á tratar y conferenciar sobre el bien procumunal de esta ciudad á que asistió el Síndico Procurador General D. Juan Nepomuceno Cardet. En esta acta tomó la voz el señor Regidor D. Agustin Rodriguez, exponiendo: Que la situacion local de esta ciudad con respecto á la de la Provincia y demás convecinos de notoriedad la tienen en el estado más deplorable por lo que toca al comercio que es la base fundamental y en que estriba la felicidad de los pueblos. El sábio Congreso Nacional conciliando lo mismo, se revela en reparar estos perjuicios y desde su instalacion todo su zèlo se advierte que se deside por su fomento, siendo el último comprobante que puede dar de su beneficencia el soberano Decreto de ocho de Junio del corriente año que con el mayor regozijo se ha publicado en esta ciudad; pero al paso que se trata de ese beneficio y que toda la Provincia lo disfrutará seguramente sin embarazo se verá con dolor esta ciudad sucumbida en el mismo estado por falta de Puerto abilitado para las Colonias Extranjeras amigas de donde únicamente puede esperarse los utensilios y demás necesario para facilitar la industria y á la agricultuta y las salidas que éstos produzcan sin cuyo requisito todo es ocioso porque es indispensable que sin ese principio puedan dexar de dormitar estos puntos tan recomendados por la Soberanía pidiendo que se trate y acuerde lo conveniente á reparar este perjuicio quitando todo obstáculo ó traba que se presente, y se acordó: Que habiéndose en este mismo año elevado representacion de los señores Síndicos al intento que no ha tenido aún resolucion con testimonio de esta acta se forme expediente y pase á dichos Síndicos para que califiquen con justificacion bastante los ramos comerciales de la jurisdiccion y demás puntos convenientes y útiles al intento y lo presenten á este ilustre Cuerpo con la opinion y solicitud que corresponde á sus encargos. Con lo cual se concluyó este acuerdo que firmó el Sr. Presidente, etc., etc.»

Pasado el testimonio de referencia al expresado Síndico dispuso éste que se hiciera el informativo, necesario á justificar la riqueza de la jurisdiccion, tomando declaracion jurada á varios vecinos, á cuyo objeto señaló los particulares sobre los cuales debian informar aquellos.

Decia así el pliego de preguntas copiado literalmente.

«Primeramente, digan: si toda esta jurisdiccion desde la Bahía de Nipes hasta la de Manatíes, es abundante en los palos de tinte, especialmente de fustete, Brasil y Brasilete, de modo que este sólo renglon tan apreciable á las Naciones extranjeras es vastante á ofrecer un considerable comercio que prospere la felicidad de los havitantes de esta ciudad.» «Item. Digan tambien: Si la misma jurisdiccion tiene como inagotables en sus campos, y á la inmediacion de la costa los Palos de caova, Zedro, Guayacanes, Robles, Yaras y otra infinidad útiles de construccion.» «Item. Digan: Si las tierras de esta jurisdiccion por su fertilidad y demás circunstancias que ha acreditado la experiencia produce abundantes é incalculables cosechas de la oja del tabaco que se veneficia de excelente calidad; si los cafetales dan un resultado abundante de este grano y espesialísimo: Si el cacao en las haciendas donde se cultiva es particular: Si las cañas se dan con vicio por lo que los más cortos traspiches acopian anualmente porcion de Azúcares y Aguardientes que destilan de sus mieles: Si las cosechas de ajos y sebollas son demasiado pingües tanto que con ellas se proveen muchas y todas las Poblaciones convecinas dándose en algunos parajes tan hermoso este fruto que se equivocan sus sebollas con las del Reyno.»

«Item. Digan: Si en los mismos campos produce el Algodon y añil silvestre, con tanta abundancia que cultivado puede este sólo renglon sostener un ramo de comercio admirable.»

«Item: Si les consta que el terreno produce y se cosecha mucho arroz, Maís, frijoles y havas, de toda clase, yucas, de que se saca excelente almidon y despues se aprovecha su Arina para el casave, y otros reglones á que se aplica, Plátanos, calabazas, ñames, Buniatos y todas las demás viandas descuviertas que producen las otras poblaciones de la Isla: teniendo al frente las Islas de Bahama donde por la escasez de estos Artículos son muy apreciables y por lo mismo fáciles de salida con una monstruosa ganancia.»

Item: Si además de que las colmenas que se cultivan mansas dan vastante sera, hay en los campos infinidad de simarronas tanto que á los hombres les produce este sólo resultado una parte considerable de su subsistencia.»

«Item. Digan: Si en la jurisdiccion de esta ciudad hay muchas haciendas de Ganado Bacuno, Caballar y Cerdoso que se cria con ventajas, así en su aumento con el multiplico con proporcion á las otras poblaciones de la provincia.»

«Item: Si la costa con preferencia á todo otro punto de la Isla produce abundante peje de carey, cuya concha es tan apreciable y de mérito en toda Monarquía Española, como en las Naciones Extranjeras, haviendo abundancia del de escama, en término que los pescadores haviendo comercio, aplicados á este ejercicio pueden ganar su subsistencia.»

«Item. Digan: Si á pesar de las ventajas con que la Divina Providencia quiso prodigar á esta Jurisdiccion se haya en el más deplorable estado, porque ni los agricultores se les provee de los utensilios que necesitan para sus trabajos ni es posible, porque éstos han de traerse necesariamente del extranjero, y sin ellos es imposible operar, cuya traba no les permite disfrutar de las ventajas que le concedió la naturaleza, por lo que se reducen á sólo cosechar lo necesario al consumo aplicándose á aquellos renglones que les parece más útiles á las circunstancias.»

«Item: Si conocieren prudentemente que conviniéndole á esta ciudad un Puerto havilitado por el qual se extraygan sus frutos é introduscan los utencilios necesarios será esta Poblacion una de las más ricas y Abundante y por lo mismo útil al estado y á la Nacion en general.»

«Item. Digan: Si á la distancia de ocho leguas se haya la Bahía de Jivára capaz de fondearse en ella Bergatines muy adentro y en su Boca hasta fragatas de mayor porte por lo qual y ser la más inmediata á las costas se tiene por Puerto Real por su mayor comodidad.»

«Item. Digan: Si la expresada Bahía de Jivara tiene una boca estrecha que forman sus dos puntos la qual es apropósito para construir una Batería inexpugnable, porque la costa es toda de Mar Bavida en larga distancia y por lo mismo difícil de hacerse desembarco para ser acometida por tierra.»

«Item. Digan: Si de una fragata perdida (1) se aprovecharon quatro cañones perteneciente á la Nacion de los quales depositados en el Rio de Cacullugüin tomaron los corsarios franceses dos y que los otros dos aún existen, por lo que á poca diligencia y costa puede formarse la indicada Batería, la cual libertará de iguales insultos á la Nacion, y protegerá las embarcaciones que surgen en dicho puerto y que sus resultas se le entreguen para continuar en el lleno de sus funciones. Por tanto suplica, etc., etc.»

Informaron justificando todos estos hechos D. Luis Gonzalez de la Rivera, D. Bernardo José Reynaldos, D. Manuel Trinidad Ochoa, D. Luis Proenza, D. Juan N. Cardet y D. Ramon Armiñan.

El Factor D. José Antonio Ochoa, certificó, entre otras cosas, con presencia de los libros de las compras de tabaco «Que á pesar de las pocas fuerzas de los cultivadores de este ramo que rinden sus cosechas por ser apavente los terrenos para estas siembras; de manera que el año pasado de 1805 rindió la compra en esta Factoría hasta la cantidad de *sesenta y quatro mil ochocientos veinte y dos pesos tres reales.*»

Redondeado por fin el expediente en el Ayuntamiento de Holguin, se pasó á la Diputacion Provincial en 10 de Agosto de 1814. Esta lo elevó al Gobierno Supremo de la nacion, designando en Madrid al Diputado D. Pedro Alcántara Acosta para que agenciara allí su favorable despacho.

---

(1) Fué la «Presidenta» que procedente de Cádiz se perdió totalmente en Punta de Mulas, á fines del siglo pasado.

Por más que parezca extraño, al tenor de las ofertas hechas por el Soberano en favor de la República holguinera, nada resolvió el Gobierno Supremo hasta el 22 de Setiembre de 1817 que aparece un oficio dirigido al Capitan General de Cuba, suscrito por el Secretario del Consejo Supremo de Indias, que copiado á la letra, dice así:

«El Consejo ha visto este expediente con la debida atencion, y no obstante que juzga muy útil facilitar la pronta circulacion de las producciones del terreno de que se trata, bien fuere por mar ó bien por tierra, así para fomentar la agricultura y comercio como para aumentar los derechos del Rey; sin embargo, como para la habilitacion de puertos se necesitan tomar muchas medidas (que no están explanadas por el Ayuntamiento, ni el Diputado en su exposicion de los documentos que presentó para la seguridad del que pretende habilitar), ha acordado el Supremo Tribunal que V. E. oyendo por vía instructiva al Gobernador de Cuba y Ayuntamiento de Holguin, le informe por mi mano, sobre la utilidad ó inutilidad de dicho puerto, modo de fortificarle en su caso y medio con que puede contarse para ello, etc »

Pasado, pues, el expediente al Ayuntamiento de Holguin acordó éste que su Síndico Procurador General, promoviera lo necesario para emitir el informe pedido; á cuyo objeto ordenó dicho Procurador, que se certificaran en la forma debida los hechos siguientes:

Primero.—El texto del oficio del Capitan General aprobando la construccion de la Batería.

Segundo.—Otro de la misma autoridad dando las gracias á los holguineros, por los sacrificios que habían hecho en aras de dicha obra, y por la aprehencion que hicieron los mismos, de un buque pirata en aquellas costas.

Tercero.—Testimonio del nombramiento y gestion de Don Luis Proenza como colector y administrador de la obra de la Batería.

Cuarto.—Que el Ayudante de marina y matrículas certificara el estado de la referida Batería «y en cual de seguridad la concebía para la proteccion del comercio: y por último, que el Gobernador de Holguin, como *ingeniero voluntario* informará tambien del estado de dicha Batería.

Todos estos informes se evacuaron satisfactoriamente á justificar la necesidad de la habilitacion del puerto, resultando de ellos que: el número de ingenios y trapiches para fabricar azúcar era de 69 (1): que la cosecha de estos no podía consumirse en la ciudad, por lo que se veían en la precision de conducirla á Cuba y á Baracoa por tierra, únicos lugares donde tenían salida aquellos frutos. «distante Cuba 69 leguas y Baracoa 40 por malos caminos, cuyo costo no se necesita mucho talento para deducirse,» añadiendo el referido informe que «habilitado el puerto de Gibara como el más inmediato, teniendo éste canal de exportacion se incrementaria este ramo.»

(1) Es de advertirse, á mi modo de ver, que en aquella época, cualquiera persona medianamente acomodada montaba en su finca un aparato de madera, movido á brazo ó bien por fuerza animal, para moler caña, cuyo jugo, cocinado hasta en calderos comunes del mayor tamaño, convertian, no en azúcar, propiamente dicho, sino en el dulce llamado raspadura. A esos trenes se les daba el nombre de trapiches y de aqui el número de 69 ingenios y trapiches que aparecen en el informe.

CONDICIONES

PSICOLOGIGAS DEL CONOCIMIENTO EN HISTORIA.

Poco se han estudiado hasta ahora los procedimientos mediante
los cuales se adquiere el conocimiento en las ciencias históricas. Los
lógicos apenas han tocado el método de la historia (1). Los historiadores, hasta los que han observado un método, se han cuidado muy poco de exponer sus principios (2). Hay la costumbre de decir que la

---

(1) Hamilton se limita á algunos de los procedimientos de la crítica de las fuentes y de la hermenéutica. Stuart-Mill no estudia sino las condiciones necesarias para
constituir la ciencia social. Bain apenas tiene un capítulo sobre la crítica del testimonio.

(2) Baeckh (*Encyclopädie und Methodologie der philologischen Wissenschaften*
1877) estudia las reglas de la crítica y de la hermenéutica, pero desde el punto de
vista de la filología. El Padre de Smedt (*Principes de critique historique*, 1883), resumido por Tardif (*Notions élémentaires de critique historique*, 1883), no se ha atrevido
á componer un tratado metódico; su extremada modestia y quizás la reserva que le
imponía su carácter eclesiástico, parecen haberle impedido estudiar la cuestion del
método. No se puede sacar casi nada de los artículos teóricos del *Historische Zeitschrift* y del *Historisches Taschenbuch*. El *Historische Zeitschrift*, en 1885, todavía pu-
blicaba un artículo dedicado á discutir si la historia es un arte ó una ciencia. La introduccion de Riehl al *Taschenbuch* de 1880, es meramente un estudio sobre los
gustos del público aleman en materia de historia.

historia descansa en el testimonio, como si éste pudiera suministrar un conocimiento inmediato; no se ha buscado cómo el testimonio se reduce á uno de los procedimientos directos de conocimiento.

El objeto de este análisis es determinar las operaciones por medio de las cuales se forma el conocimiento historico, y las condiciones que éste debe llenar para producir la certeza legítima.

Como todo conocimiento sistemático, la historia se compone de dos elementos: hechos, es decir, proposiciones particulares que se determinan directamente, trabajando sobre la materia prima del conocimiento; y leyes, es decir, fórmulas generales que se obtienen agrupando en clases las proposiciones particulares. Comporta, pues, dos séries de operaciones: determinar cada uno de los hechos históricos, y determinar las fórmulas generales que reunen estos hechos. Como estas cuestiones no tienen ni el mismo objeto, ni los mismos procedimientos, es legítimo examinarlas por separado. Por mi parte reservo el estudio de los procedimientos de la construccion histórica, y me limito á examinar cómo se forma una proposicion histórica particular.

Este análisis debe investigar: 1º el carácter del conocimiento histórico; 2º, los materiales de este conocimiento; 3º, las operaciones necesarias para sacar de ellos una proposicion histórica; 4º, las condiciones necesarias para que una operacion conduzca á una proposicion cierta; 5º, los vícios de método que llevan á proposiciones falsas ó inciertas; 6º, los procedimientos de verificacion de la historia.

I.

CARÁCTER DEL CONOCIMIENTO HISTÓRICO.

Cualquier conocimiento empírico supone una relacion entre un hecho y el espíritu que lo percibe. Entre un hecho dado y un espíritu dado, la relacion puede ser de tres especies. O el hecho pasa actualmente delante del espectador, que puede observarlo directamente;— ó el hecho ha desaparecido dejando huellas que el observador puede observar directamente, para tratar de subir, mediante un razonamiento, al hecho que las ha producido;—ó el hecho ha desaparecido sin

dejar huella, y es para el observador como si no se hubiera producido
jamás. En el primer caso el conocimiento se ejerce sobre un hecho
actual, y se forma por la observacion directa, es experimental. En el
segundo se ejerce sobre un hecho que ha desaparecido, y se forma por
el razonamiento, partiendo de la observacion de las huellas, es histórico. En el tercero es nulo. Hay una inundacion; si el observador llega
mientras dura, observa directamente el caudal y la altura del rio; si
llega cuando ha terminado, observa las huellas dejadas por las aguas
en el suelo, ó los recuerdos dejados por la inundacion en los espíritus,
y se sirve de ellos para reconstituir lo que no ha visto; si llega cuando las huellas se han borrado y el recuerdo ha pasado, ignorará hasta
que ha habido una inundacion. Es una proposicion *histórica* la que
llega á ser conocida indirectamente, no por la observacion del hecho,
sino por un *razonamiento*, que parte de la observacion de las huellas
que ha dejado el hecho. El mismo hecho puede ser conocido á la vez
por vía experimental y por vía histórica. El carácter histórico depende, pues, no de la naturaleza del hecho conocido, sino del procedimiento por el cual se le conoce. Así es, que el conocimiento histórico
puede aplicarse á todas las especies de fenómenos. Una estrella que ha
desaparecido, una tempestad que ha pasado, una especie animal que
se ha extinguido no pueden ya ser conocidas sino por un procedimiento histórico. Toda ciencia experimental puede contener así una parte
de historia.

En toda ciencia en que los fenómenos pasados se presumen idénticos á los actuales, los sabios se limitan á examinar estos últimos, y
no se cuidan de recoger los rastros de los fenómenos antiguos exactamente semejantes. ¿A qué estudiar indirectamecte lo que pueden observar directamente? Hé aquí por qué los procedimientos de la investigacion histórica son inútiles en toda ciencia que busca solo las leyes
generales de los fenómenos sin tener en cuenta las condiciones de
tiempo y de lugar (mecánica física, química, biología, psicología general (1). Si se ha recurrido á ellos es como á un medio práctico de abre-
viar el trabajo, nunca para constituir la ciencia.

_____

(1) ¿Habrá necesidad de decir que escribir la historia de una ciencia no es tratar

El modo histórico de adquirir un conocimiento se hace necesario desde que se tiene interés en conocer los fenómenos que han desaparecido; y esto sucede por muchas razones. O hay necesidad de recojer el mayor número posible de fenómenos semejantes, y no se pueden reproducir á voluntad los fenómenos, (este es el caso de las ciencias de observacion pasiva: el observador, reducido á los materiales que le suministra la casualidad, tiene interés en no dejar perder ningun dato sobre una especie de fenómenos que no está en su poder renovar).— O se presume que los fenómenos que han desaparecido no eran idénticos á los que se observan actualmente, y se quiere comprobar en qué medida difieren (es el caso de las ciencias que estudian fenómenos sometidos á una ley de evolucion).—O se quiere tener cuenta de las circunstancias de tiempo y de lugar en que se producen los fenómenos, y se necesita recojer los fenómenos de todos los tiempo y de todos los lugares (es el caso de las ciencias descriptivas, geología, botánica, zoología, que trabajan por localizar los fenómenos en el tiempo ó en el espacio).—El astrónomo que se hace describir el paso de un bólido que no ha podido observar, el naturalista que estudia un fósil para reconstituir una especie extinguida, el botanista que reune diversas narraciones de exploradores, para determinar la extension de una flora, todos, por distintos motivos, proceden como historiadores.

Pero el uso ha restringido el sentido de la palabra historia. Jamás se califica de historia el conocimiento de los hechos físicos y biológicos, aunque se adquiera por vía histórica; la paleontología, aunque trabaja exclusivamente con un método histórico, no se clasifica entre las ciencias históricas. El nombre de historia se reserva para el estudio de los fenómenos humanos, psicológicos y sociales.

Aun reducida de este modo, la historia puede desempeñar otro papel que el de satisfacer la vanidad nobiliaria que despierta nuestro in-

esa ciencia por un procedimiento histórico? La historia de la química es el estudio de las ideas que han tenido los químicos de ántes; es una parte de la historia de las ideas. Tratar la química históricamente sería estudiar los fenómenos químicos en las descripciones hechas por observadores, como hace el alumno que estudia un manual de química.

terés por las aventuras de nuestros antepasados. Estudia fenómenos que pueden suministrar algunos materiales á la construccion de una ciencia más general; emplea un método que se aplica á una clase entera de ciencias.—Los fenómenos psicológicos del pasado no son idénticos á los del presente; muchos han desaparecido con las condiciones que los hicieron nacer, y, si no queda ningun lugar donde hayan persistido esas condiciones, son hechos desvanecidos para siempre. Una lengua que se ha cesado de hablar, una costumbre que ya no se observa, una creencia muerta, son hechos á que no puede llegar ya ninguna observacion directa. Son, sin embargo, hechos útiles de conocer, con el mismo título que una lengua, una costumbre, una creencia vivas, que se observan directamente. El estudio de los hechos desaparecidos agranda el campo de la experiencia psicológica; suministra elementos nuevos á la comparacion, de donde han de salir las leyes generales de la psicología. Este servicio debe asegurar á la historia un punto pequeño, pero legítimo, en el conjunto del saber humano.

El método histórico merece un puesto mucho más ámplio; porque es, en realidad, el único aplicable á todos los estudios descriptivos de fenomenos psíquicos y sociales (economía política, estadística, jurisprudencia, psicología descriptiva). Es verdad que todos descansan, en principio, en la observacion directa; y efectivamente el que estudia una de estas especies de fenómenos conoce algunos fenómenos de esta clase directamente, por haberlos observado por sí mismo. Un jurisconsulto ha asistido á algunos procesos, un economista ha presenciado algunos contratos, un estadista puede haber tomado parte en algunas operaciones de empadronamiento. Pero ¿quién querría encargarse de construir una ciencia con los hechos que ha observado personalmente? No solamente cada observacion exige demasiado tiempo, y el de cada hombre es demasiado corto para que la vida de un hombre baste para reunir los materiales de una ciencia; sino que los fenómenos psicológicos y sociales se prestan mal á la observacion directa. El observador no puede abarcar sino un hecho actual, y por lo comun un hecho psíquico no es actual sino durante un momento; un instante despues ya no es sino un hecho pasado.

Antes de que el observador haya tenido tiempo de fijarlo, ha desaparecido ya; no quedan sino sus huellas que estudiar, ya no puede ser conocido sino por vía histórica. Casi todos los hechos que se llaman *contemporáneos*, son hechos pasados para el que los estudia. El discurso pronunciado durante el dia en la cámara, no es por la tarde sino un hecho histórico de la misma naturaleza que las campañas de César; se le conoce no por la observacion directa como los hechos de experiencia, sino por un procedimiento histórico indirecto, como todos los hechos que han desaparecido. Casi todo lo que sabemos sobre los hombres y las sociedades se reduce así á un conocimiento histórico. El método histórico domina no solo las ciencias que se llaman históricas, y que tratan de fenómenos antiguos, sino todas las ciencias psicológicas y sociales, porque se ocupan en fenómenos pasajeros y complejos. Es necesario no solo para los historiadores de lo pasado, sino para todo el que estudia las sociedades humanas. La historia no tiene derecho sino á un pequeño lugar en el conjunto del conocimiento; pero la lógica de las ciencias debe conceder mucho lugar al estudio del método histórico, porque es el método de todo conocimiento *indirecto*.

I I.

MATERIALES DEL CONOCIMIENTO HISTÓRICO.

Un hecho pasado no puede ser conocido ya, sino por las huellas que ha dejado. A estas huellas es á lo que se llama *documentos*. No puede, pues, haber conocimiento histórico sino por medio de un documento; la tradicion, en que ciertos lógicos ven una fuente de conocimiento distinto, no es sino un documento oral.

Los documentos son los únicos materiales del conocimiento histórico; pero pueden tomar dos formas muy diferentes. Un hecho anterior puede haber dejado dos clases de huellas: huellas materiales, grabadas directamente en los objetos que su contacto ha modificado; y huellas psicológicas en el espíritu de los hombres que han recibido su impresion. El campamento de una banda deja en el suelo carbones apagados; en el espíritu del testigo que la ha visto acampar el recuerdo de su paso. Las huellas materiales se conocen directamente por la percepcion; las psicológicas indirectamente por el intermedio de una narracion oral ó escrita. El observador percibe los carbones directamente; y no conoce el recuerdo del testigo sino indirectamente, por un relato.

La diferencia es grande. La huella material es la marca inmediata del hecho que ha tenido por causa directa, se ha producido segun leyes físicas sencillas y bien conocidas; por consiguiente, suministra sobre ese hecho, si no el conocimiento directo que solo puede darnos la percepcion, al ménos, un conocimiento indirecto unido al directo por una ley fija. La huella psicológica, al contrario, no es sino una marca dejada sobre las palabras del narrador por su estado de espíritu, que á su vez lleva una marca del hecho exterior; de estas dos marcas, directa la una, trasmitida la otra, no alcanzamos sino la trasmitida, y sabemos que la trasmision se ha efectuado por un procedimiento psicológico difícil de determinar; una huella de este género no da sino un conocimiento indirecto de segundo grado, unido por una ley de trasmision oscura á un conocimiento indirecto de primer grado, que se une á su vez al hecho mediante la ley mal conocida de la percepcion. De la huella material se sube al hecho á través de una sola marca, cuya causa es bien conocida; á partir de la huella psicológica, es preciso atravesar dos marcas, ámbas psicológicas y difíciles de alcanzar. Por esto es que los carbones apagados prueban la existencia de un hogar con más seguridad que todas las narraciones.

Esta diferencia permite dividir los documentos en dos clases: 1º documentos *materiales*, que son producto de fenómenos materiales antiguos; 2º documentos *psicológicos* ó simbólicos, que son signos del estado psíquico de un autor. Los primeros enseñan directamente; los otros no informan sino acerca de un estado mental, es preciso tratarlos segun un procedimiento psicológico para sacar de ellos un conocimiento sobre un hecho exterior. En la primera clase se cuentan los restos dejados por los hombres (armas, vestidos, edificios); en la segunda los escritos y los documentos figurados (1).

---

(1) Un mismo objeto es un documento simbólico en tanto que se busca el sentido de los símbolos que contiene, un documento material en tanto que se considera el

Un documento material es un hecho semejante á los hechos de la mineralogía; una lámina de metal, un monton de piedras son objetos de la misma naturaleza que una muestra de mineral, pueden estudiarse mediante los mismos procedimientos. Un documento simbólico es un hecho sin analogía entre los hechos de experiencia, porque consiste, no en la materia accesible á la observacion (piedra ó papel), sino únicamente en el símbolo representado sobre esa materia. Ese símbolo contiene siempre una enseñanza, puesto que un símbolo es siempre el producto de una operacion del espíritu; pero no es una fuente de conocimiento real, sino en tanto que permite subir al hecho psíquico que lo ha producido. Tiene valor, no por sí mismo, sino por los informes que suministra sobre el estado mental de que es signo. No se pueden, pues, aplicar á un documento simbólico los mismos procedimientos que á los hechos de experiencia material.

Para determinar los procedimientos que convienen á este género de documentos, es preciso analizar la relacion entre un símbolo y el hecho de que es signo. No es una relacion inmediata, como entre un fenómeno material y sus efectos materiales. El hecho que ha ocasionado el documento no es su causa inmediata, no lo ha producido sino por una série de causas intermedias. Esta série es la que hay que reconstruir, para ver hasta qué punto el documento está enlazado al hecho y puede servir para conocerlo. Emprendo este análisis, partiendo del documento y subiendo la cadena de las operaciones necesarias para producirlo.

Todo documento simbólico se traduce por un fenómeno físico, toma la forma de rasgos grabados ó trazados. Un rasgo tiene por causa un acto humano, fisiológico en cuanto exige un movimiento, psíquico en cuanto supone la idea del signo. Este acto doble es el que crea la comunicacion entre el mundo exterior á que pertenece el documento, y el mundo interior á que pertenece el acto de inteligencia. La representacion interior que ha producido el acto del autor puede ser ó la representacion de una inmágen ó la representacion de un sonido; si la

objeto mismo. Un papel escrito es un documanto simbólico para el que descifra la escritura, material para el que investiga si el papel es de hilo ó de algodon.

representacion es una imágen visual, el documento será un símbolo figurado (cuadro ó bajo relieve); si la representacion es una idea abstracta, el símbolo corresponderá á ella mediante una imágen convencional, será un signo ideográfico (como las cifras árabes); si la representacion es un sonido articulado, el símbolo no será sino el signo de un signo, pues el signo representado por la letra no es más que el signo de una idea (se tendrá un signo fonético). Directamente ó por mediacion de las palabras, el documento tiene siempre por causa una idea del autor. Esta idea ha podido ser una concepcion sin ningun juicio; la concepcion es entónces la causa más alejada que puede alcanzar el análisis. Si la concepcion estaba acompañada de una creencia, el documento puede haber tenido por causa la creencia; la creencia misma puede haber tenido por causa una percepcion, y la percepcion puede haber tenido por causa un hecho exterior que ha impresionado el espíritu del autor. Asi el documento tiene *siempre* por causa un estado mental, y este estado *puede* haber tenido por causa un fenómeno exterior.

Ahora podemos representarnos cómo nace un documento simbólico. Un hombre concibe una idea, la transforma ya en un dibujo mental, ya en una série de palabras que transforma en una série de letras, y despues traza mediante una operacion física el dibujo ó las letras. Tal es el mecanismo comun en toda creacion de documento.

Pero el estado de espíritu que sirve de punto de partida puede ser producto de un número más ó ménos grande de operaciones; el conocimiento que se pueda sacar del documento diferirá segun el número de estas operaciones. He aquí la série de casos: 1º El acto generador del documento es una concepcion pura, el autor se limita á reproducir sus imágenes; tales son los dibujos y los poemas fantásticos, no manifiestan sino las concepciones del dibujante ó del poeta. 2º La concepcion va aconpañada de una creencia, el autor afirma la realidad de su concepcion, tales son las exposiciones de doctrinas religiosas, manifiestan las creencias del autor. 3º La creencia va acompañada de la conciencia, de un estado mental, el autor afirma un hecho psíquico que reconoce en sí mismo; tales son las relaciones de impresiones personales; manifiestan la conciencia que ha tenido el autor de sus estados mentales. 4º El acto de conciencia va acompañado de la nocion de que es producido por una causa venida del exterior, el autor afirma un hecho exterior; tales son las narraciones de testigos' oculares, manifiestan las percepciones del autor.

En todos estos casos, el documento es el resultado de una operacion del espíritu, concepcion, creencia, recuerdo, afirmacion. Son cuatro operaciones cada una más compleja que la otra, porque cada una implica todas las precedentes. En los tres primeros casos el documento no es producto sino del estado mental del autor, puede darnos luz acerca de ese estado, no nos enseña nada respecto al mundo exterior. En el último caso, cuando el autor ha tenido una percepcion, el documento entra en comunicacion con el mundo exterior, puesto que tiene por causa un fenómeno psíquico, producido á su vez por un hecho externo; puede, por tanto, suministrar alguna enseñanza sobre el mundo material en que se ha encontrado el autor. Pero esta enseñanza será *muy indirecta;* porque en el documento solamente la forma es accesible á la observacion. Aun sobre un hecho material pasado, el documento no suministra sino las impresiones de un autor á partir del hecho material, es decir puros fenómenos psicológicos.

Pongo un ejemplo muy sencillo. Me escribe un amigo: «Llueve». Su carta es un hecho material que me permite subir al hecho material de la lluvia, pero no es el producto, ni áun el signo de ese hecho. No es producto sino del movimiento de la mano de mi amigo; no es signo sino de la representacion que ha tenido de la lluvia. Esta representacion estaba probablemente acompañada de una creencia, producida probablemente por una percepcion; es probable que mi amigo habia mirado por la ventana y visto la lluvia. Pero se advierte cuantos intermedios separan la carta que he leido y la lluvia que ha visto mi amigo, y todos esos intermedios son actos del espíritu.

Los historiadores son propensos á tomar un documento por el producto inmediato del hecho que menciona y á tratarlo como un signo directo de ese hecho; es fácil de explicar la ilusion: se ve en el punto de arribada un documento material, se sabe que el punto de partida ha sido un hecho material, y los juntamos, olvidando los hechos psíquicos que los separan, hechos que no se ven, y que no acostumbramos toinar en cuenta. Un documento simbólico no es nunca producto sino de un hecho psíquico. Un hecho material puede ser el orígen de ese documento, pero nunca la causa; es, cuando más, la causa de un hecho psíquico que es la única causa directa. De modo que el hecho material referido en un documento no está nunca unido á éste por un lazo directo. Dos lazos diferentes juntan, uno el documento al pensamiento del autor, el otro el pensamiento del autor al hecho exterior. Cada uno de estos dos lazos tiene uno de sus extremos en el mundo exterior: de un lado el signo material contenido en el documento, y que manifiesta la impresion del autor, penetra en el mundo exterior presente; del otro lado el hecho material que en otro tiempo produjo la impresion del autor penetra en el mundo exterior pasado. Los otros dos extremos se hallan en el espíritu del autor: son el pensamiento, causa del documento, y la impresion, efecto del hecho material. Estos dos extremos pueden enlazarse uno á otro por la operacion que transforma una expresion sentida en un pensamiento expresado; los dos extremos opuestos se hallan entónces unidos, y hacen comunicar el mundo exterior presente, donde vive el historiador, con el mundo exterior pasado, donde ha vivido el autor. Así se puede subir del documento á la impresion del autor, y bajar de allí al hecho exterior pasado; pero este camino pasa forzosamente por el espíritu del autor.

Los materiales del conocimiento histórico son productos de operaciones psíquicas, el conocimiento histórico no puede formarse sino reconstituyendo estas operaciones, por medio de conocimientos psicológicos.

Seignobos.

(*Revue Philosophique.*)

(Continuará.)

AVENTURA DE LAS HORMIGAS.

> Relover les sociétés animales c'est
> relever du même coup la societé hu-
> maine qui les surpasse de si loin et
> les domine de si haut. Nous croyons
> servir plus efficacement la cause de la
> civilization en montrant que l'huma-
> nité est le dermier terme d'un pro-
> grés antérieur, et que son point de
> départ est un sommet, qu'en l'isolant
> dans le monde, et en la faisant regner
> sur une nature vide d'inteligence et
> de sentiment. *A. Espinas. Des sociétés*
> *animales.*
> Le nain, qui jugeait quelques fois
> un peu trop vite, decida d'abord qu'
> il n'y avait personne sur la terre. Sa
> premiere raison était qu'il n'y avait
> vu personne. Micromegas lui fit sentir
> que c'était raisonner assez mal......
> *Voltaire, Micromegas, Histoire Phi-*
> *losophique.*

I.

El 10 de Octubre de 18 ... celebraba la Sociedad Real de Myr-
mepolis sesion extraordinaria; todo anunciaba que aquel acto habia
de revestir solemnidad desusada; y el aire grave y reflexivo de
los indivíduos que se veian agrupados ya desde temprano en los pasi-
llos y galerías de la gran sala, claramente daba á entender que se hallaban todos poseidos de esa espectante y temerosa inquietud que se
apodera del espíritu en vísperas de la resolucion de cuestiones trascendentales,

En efecto, despues del descubrimiento del *macroscopio*, hecho, como se sabe, por una hormiga leonada, el 3 de Enero de aquel año, la Sociedad habia comisionado al mismo descubridor del instrumento para que hiciese, con su auxilio, en el macrocosmo todos aquellos estudios y observaciones que fueran del caso, y tras una dilatada ausencia, en que habia verificado las más curiósas y pacientes exploraciones en el mundo de lo infinitamente grande, venía el sabio explorador á dar ante la Sociedad cuenta de sus descubrimientos. Aquel dia y aquella sesion habian sido designados para ello, como pudo leerse desde una semana ántes en las circulares que repartió profusamente la Sociedad Real á todos sus miembros, y áun en las gacetillas de los periódicos de la localidad que habian husmeado por sus diligentes *reporters* el importante asunto de que habia de tratarse. Se ve, pues, que tenía causa muy fundada aquella agitacion; ociosa al parecer entre gente de suyo laboriosa; no aficionada á perder el tiempo. Bien es verdad que en los momentos que siguieron al insólito descubrimiento, se manifestaron, sin embozo, sarcásticas dudas, suscitáronse ágrias controversias entre los partidarios y detractores del instrumento en cuestion, y que, acorralados los últimos en los últimos atrincheramientos de la envidia, hubieron de contentarse al cabo con decir todo género de males del autor; bien es verdad que los más recalcitrantes notaron de diabólica la invencion y que alguno llegó á aventurar que con aquel instrumento se veía cuánto se quisiera como hubiera voluntad de verlo; y que, tanto daba asestar el tubo de las visiones, (así lo llamaban) á un objeto cualquiera, como cerrar los ojos ilusos, para ver y mirar todo linaje de quimeras.... Pero todo esto no fué parte bastante á que los indivíduos que formaban el núcleo de sábios *pur sang* de aquella corporacion abjurasen de su espíritu investigador y filosófico, y en medio del clamor contrario, general, se comisionó—ya queda dicho—al descubridor del macroscopio para que lo gastase si era necesario observando y observando aquella region de la Naturaleza hasta entónces para las hormigas desconocida.

Dicho se está que la Sociedad corrió con los gastos todos de la expedicion, á la cual se agregó á última hora un Secretario general, hijo del Presidente de la Sociedad, y dotado de un decoroso sueldo. Las investigaciones estaban hechas: júzguese de la ansiedad con que era esperado su conocimiento. Mas, á fuer de honrados historiadores de-demos decirlo, por mucho que estuviesen preparados los ánimos á oir la más estupenda y más maravillosa de todas las historias, ó el más absurdo de los cuentos, no podian sospechar ni á cien leguas los más meridionales, la naturaleza de los recientes descubrimientos, ni la trascendencia de las consideraciones á que estos descubrimientos ha-bian de llevarlos.

El macroscopio habia sido descubierto por una casualidad verda-deramente providencial: durante el acarreo de unas laminillas de talco, que las hormigas conducian á su cueva por una estrecha galería, ajustáronse y trabáronse en ella aquéllas de tal modo, en tan feliz ajuste, en tan feliz disposicion de concavidades y convexidades, á distancia tan conveniente, que formaban y eran, así dispuestas en aquel tubo, un instrumento óptico de singular virtud y poder: con él se ha-cía visible lo invisible, lo para ellas inmensamente grande: una máqui-na á la inversa del microscopio.... Cuál sea ese arreglo de lentes, es cosa que no ha trascendido hasta nosotros, ni querrán, seguramente, revelarnos los descubridores; ni hay para qué pretenderlo: patente tendrá el inventor, y registrado estará su instrumento en el *Patent Office* de su país: nosotros, y no es pequeño esfuerzo por parte de un historiador, nos contentamos con escribir la verdad. Averiguado está, sí, que se oyó desde fuera del hormiguero una gran voz que de dentro mandaba suspender los trabajos de acarreo; y fué que la hormiga que acarreaba la última laminilla habia visto de repente, mirando por ella, todo un mundo de objetos extraños, hasta entónces invisible á los ojos fórmicos.... El descubrimiento estaba hecho, no ménos realmente por ser casual; como se descubrió que las patas de ranas ensartadas en una varilla de metal sufrian en ciertos momentos convulsiones; como acaba de descubrir ahora un químico famoso el más dulce de todos los dulces sólo por haberse chupado el dedo. Hay que contar por algo en los negocios humanos la casualidad, dígase lo que se quiera: esto sin tener en cuenta la muy providencial que puso al mundo america-no en manos de Colon.............................   ....

Hablar de la febril curiosidad con que aplicaron las hormigas todas noticiosas del suceso todos sus ojos á la lente ocular, hablar de su asombro ante la vision de un mundo ignoto: una montaña, un árbol secular, un hombre que por suerte transitaba por allí, es cosa á que renunciamos, porque queremos que lo considere de por sí el lector, y colabore con nosotros, sin quererlo, en esta obra. Alguno, movido de esa incrédula y malsana curiosidad que se levanta siempre en torno de las verdaderas novedades, querrá saber cómo puede haber objetos que por su magnitud se sustraigan á un aparato visual cualquiera; y creerá, quizás, ponernos en un aprieto exigiéndonos la explicacion del fenómeno. Buen chasco se lleva. Pues ni más ni ménos que sucede con lo infinitamente pequeño acontece con lo infinitamente grande: los rayos luminosos que de un cuerpo de gran magnitud se desprenden, caen por fuera del campo visual, que viene á representar todo él un *punctum cœcum....* A estas y á otras cosas más nos tiene acostumbrados nuestra madrastra amantísima y leal la Naturaleza, que ora nos hace aparecer con distinto grueso una misma recta segun se la mire en posicion horizontal ó vertical; ora sustrae á nuestra vista uno de dos discos pintados en el mismo plano si nos colocamos para mirarlos á cierta distancia de ellos; ora consiente que cierto físico famoso haga aparecer decapitados á los cortesanos de cierto rey que conservaban su cabeza sobre los hombres como tú, lector, y como yo mismo; ora nos representa ceñidos por un enorme aro que nos rodea y limita por todas partes el campo visual; ora nos hace lo contínuo cóncavo, representándonos metidos debajo de una enorme tapadera en forma de cúpula, y ora nos tiñe de azul lo que es de suyo incoloro; si no es ya que por divertir sus ocios, nos sorprende muertos de sed en pleno Sahara, y nos regala en falaz espejismo la ilusion del más tranquilo y cristalino lago.... Y el daltonismo?.... ¡Vamos! Por qué no habrian de padecer desde *ab initio* las hormigas de algo así que las hiciese aptas para percibir sólo ciertos cuerpos al modo que los atacados de aquella enfermedad no pueden ver ó no perciben los colores? O lo hemos soñado, ó hemos leido realmente que ahora comienza á usarse una materia singular y áun diríamos maravillosa que hace para el hombre visible lo invisible. Fuera de que no faltan filólofos que sustenten la doctrina de que el mundo ese, que en gerga de Kant se llama *no yo*, no es *no yo*, ni cosa que lo valga; y si alguno, creyente acérrimo en el testimonio de los sentidos, nos disputa aún el terreno, busque y lea el hermoso libro de Jolly *Ilusiones de los sentidos*, y fíese luego, si quiere, de sus propios ojos! Deje, pues, en paz, la crítica nuestro instrumento, y quede sentada como inconcusa la verdad que apuntamos á propósito del restricto poder visual de las hormigas. En cuanto á las lentes del instrumento, sábese tambien que eran perfectamente acromáticas.

Desvelado tuvo al pueblo fórmico el proyecto, muy natural por cierto, que concibieron, de hacer exploraciones completas en el macrocosmo; y cómo, al cabo, lo realizaron, es cosa que verá el que leyere.

———

Penetremos en la sala de las sesiones. Allí, ante todo, se ofrecia á la vista bajo un dosel carmesí, que con sus blandos pliegues cobijaba á la Presidencia, un retrato de cuerpo entero (doble, porque estaba hecho á la vez de frente y de espaldas, para que fuese más completo) del entónces Rey de las Hormigas, cabezudo sujeto que en los dias de su vida se ocupó de Historia Natural, ni sobrenatural; y, llenando la sala, como una masa compacta, ó cubriendo las paredes, cuyos tapices ocultaban, las hormigas, en número infinito, por miriadas; infinitamente varias en tamaños, formas y colores....

Todas las clases, las condiciones todas, todos los sexos estaban dignamente representados en aquel lugar; sin que se echasen de ménos ejemplares de todas las castas y representantes dignísimos de todas las academias y centros de cultura fórmicos: la prensa, el foro, el clero mismo; circunspecto, taciturno, lleno de prudentes reservas, y ántes como inspector y fiscal del acto que como uno de tantos banales concurrentes, pero allí presente, al cabo, cumpliendo un deber casi patriótico. Te haré, lector, como pueda, la sumaria descripcion de mis hormigas:

Estas que ves aquí por el lado de Oriente, las primeras, son las que vinieron al mundo bajo el poderoso conjuro del holandés

Snamerdan, autor de la *Biblia Naturæ, sive historia insectcrum*, que marchitó sus laureles de naturalista dejándose arrastrar por el misticismo de la señorita Bourignon. Aquellas otras, tan numerosas como varias que tienes allí, á tu derecha mano, son las que obedecen la voz del injustamente criticado por Voltaire, Renato Reaumur, autor de la Siderotacosia y autor tambien ilustre del termómetro que lleva su nombre, en ochenta grados dividido, á quien apellidó en su tiempo la Fama, El Plinio del siglo XVIII: esotras, las más apartadas, que ocupan los confines de la gruta, al Occidente, entraron en los campos de la Entomología apadrinadas del francés Latreille, que colaboró en el *Reyno Animal* de Cuvier, vistió hábitos religiosos, y fué autor de eruditísimos trabajos de Historia Natural. Entre estas últimas verás aquellas hormigas que tienen el pedículo del abdómen noduloso ó guarnecido por una diminuta escama: el vientre de las hembras y el de las obreras de esta especie emite un ácido corrosivo, y está armado de finísimo y cruel aguijon; guárdate de ellas! Mira, y echarás de ver que las antenas de éstas son filiformes ó se manifiestan un poco hinchadas en la extremidad, acodadas en su parte media y compuestas de 12 ó 13 menudos artejillos, de los cuales el segundo es cónico, y todos ellos de la misma medida: tienen éstas la lengua deprimida como la concavidad de una cuchara; el lábio superior muy pequeño; los palpos desiguales, filiformes y compuestos de cinco artejos los anteriores. Mas debo decirte, lector benévolo, que el primero de estos caractéres corresponde á dos familias muy distintas: una, la que tiene el pedículo con escama; otra, la que lo tiene noduloso: la primera de antenas afiladas, no armada de aguijon, aunque sí tenga una bosila venenosa y largo el abdómen y compuesto de cinco anillos en las hembras y obreros.

De este otro lado verás las que componen la segunda familia, y has de conocerlas en sus antenas moniliformes que es decir en forma de sarta de apretadas cuentas, abdómen corto armado de aguijon y compuesto no más que de cuatro anillos en las del sexo femenino y en las neutras.

A esta parte de acá mira los machos, cuyas antenas, por extremo largas, harán que los notes y distingas si no es ya que te fijas en su vientre, dotado de un anillo más que el de los otros indivíduos de su especie: no se descubre en el extremo de su abdómen el venenoso dardo; que no es propio de los fuertes y los nobles varones el uso traicionero de esta emponzoñada vira.

Mira allí la *Hércules ó Corta Madera* con el abdómen y muslos rojos de sangre en la *obrera*, y bayos en la *hembra:* la *Etiópica*, de prolongado cuerpo y de velludo abdómen: la *Fuliginosa* de cabeza gruesa y truncada posteriormente: la *Morena*, que tiene los ojos, cabeza y abdómen negruzcos: la *Amarilla*, con su cuerpo pubescente, negros ojos, escama cuadrada, pequeña y entera: la *Leonada* que apénas merece este nombre, porque sus antenas, cabeza, espalda y borde de la escama, como el abdómen, son negros: la *Roja*, de color pálido, luciendo su corselete armado de dos puntas que sobresalen del primer anillo: la *Hormiga de los Céspedes:* la *Negro-Cenicienta*, cuya cabeza se eleva en forma de carena, presentando muy visibles sus tres pequeños ojos lisos: la *Minadora*, la *Rojiza* de abdómen pequeño, globuloso, de fiero aguijon y de velludos tarsos: la *Sanguina*, de ojos y abdómen negros y de ahumadas alas: la *Bibijagua (atta cephalotes)* digna y superior representante de las Hormigas Cubanas; el macho con el tórax armado de cuatro espinas y el peciolo abdominal con un nudo en cada uno de los dos artejos; más chico que la hembra, que en cambio tiene una sola espinita en la cabeza y en la cual se ven tres ocelos en la region frontal: acompañábalos el obrero que casi se confunde con la hembra, aunque es más largo; todos de color rojizo pardo muy oscuro, y entretenidos,—por no desmentir sus aficiones á la rapiña — en desmenuzar con las fuertes mandíbulas el dosel de la Presidencia....

En suma, podian contarse allí todas las hormigas de Latreille, de Huber, de Royer, de Gundlach y Poey: las que saquean el arroz en los graneros de la remota Sérica, y asisten impasibles al espectáculo de la soporosa vida del decrépito pueblo que gime bajo el poder del Tártaro; y cuyas fabulosas maravillas dió á conocer al Mundo Marco Polo: las que roen ávidas el insípido millo con que sustentan su cuerpo los degenerados hijos de los Aryas, en cien castas divididos; ó pretenden, en vano, inquietar al faquir en sus perpétuas meditaciones:

las que labran sus viviendas en donde enciende aún su hoguera el parsi, y en aquel privilegiado lugar que dió al mundo los primeros higos y las primeras granadas que adularon al paladar humano y la más preciosa de las esencias que supo destilar el hombre, robando á la flor su aroma suavísimo; las que beben el ácido Kumis, y ven correr sin asombro las aguas del Oxus en cuyo valle tuvo quizá su orígen (si orígen tuvo) nuestra especie; las que saborean el fruto del preciado arbusto sabeo, y mezclan con la tierra de que hacen sus nidos, el incienso y los perfumes que enervan aquel pueblo que sembró en el mundo una nueva civilizacion y no supo recoger su fruto: las que labran sus galerías en el cuerpo mismo del apergaminado Faraon ó albergan sus larvas en las entrañas de piedra de la temerosa Esfinge: las que discurren por los risueños oteros de la Eubea: las que chupan golosas la miel del Himeto, en aquella un tiempo divina region, que dió su alma en su arte al mundo; y la cual huella hoy impasible el pesimista y sensual Turco que asienta tal vez el pié, para encender su pipa, sobre la tumba de Leónidas; las que muerden el rubio grano (certantem purpuræ) en las caldeadas laderas del monte en cuya infernal sima se agita aún airado Polifemo, ó destrozan por muchos y diversos puntos el deslustrado manto de San Pedro: las que respiran los sanos efluvios de las campiñas que riegan y fertilizan el domado Hudson ó el inmenso Missisipi de frondosas márgenes, Jordanes en cuyas aguas lustrales viene á purificarse, despues de siglos de esclavitud, la servil Europa: las que devoran bajo la ardiente zona el túmido grano del maiz ó la melosa piña: las que recogen el escaso sustento en las nivosas soberbias cumbres de los Andes, ó apagan su sed en las oceánicas corrientes del gigante Amazonas, que torna en dulces y potables las salobres aguas del Atlántico: las que sorben el jugo de la caña cuya miel acendra el sol en los polutos campos de la postrada Cuba, y otras cien especies más, cuyos nombres, caractéres y costumbres me son conocidos; pero que adrede suprimo y callo en este punto.

ESTÉBAN BORRERO ECHEVERRIA.

(Continuará.)

EL ANOBIO DE LAS BIBLIOTECAS (1).

Las cosas están dispuestas de tal modo, que todas las especies animales y vegetales se conservan en la tierra, ocupando cada una su lugar propio, viviendo sus indivíduos, y muriendo sucesivamente, sacándose de la destruccion de unos el alimento necesario para la existencia de los otros. Si los cadáveres de los séres organizados fuesen incorruptibles é incapaces de menoscabo, la suma de los cuerpos muertos se haría, con los siglos, más voluminosa que la de los vivos, y no habría lugar para éstos en la extension del globo. El remedio está á cargo de los séres más diminutos, que el vulgo huella con desprecio y que son necesarios al órden establecido; para lo cual se compensa lo infinito de la pequeñez con lo infinito del número, verificándose la sentencia de que lo pequeño viene á ser lo grande, como lo proclama con este lema de la Sociedad Entomológica de Francia: *Natura maxime miranda in minimis.*

Injustamente se queja el hombre del daño causado á su industria por los insectos destructores de sustancias orgánicas; y tal vez sin agradecer el incesante trabajo de estos séres para purificar sus campos de la fetidez que esparcen por los aires los cadáveres de los ani-

---

(1) De las *Obras literarias de Felipe Poey*, pág. 54.

males muertos, y para purgar sus bosques de los troncos caidos, acusa la providencia, que permite la destruccion de sus pieles acumuladas y de sus herbarios olvidados en los estantes. Lo mismo sucede con sus pergaminos, sus archivos, sus bibliotecas. Si los libros no se visitan, no se sacuden, no se leen; si los hervarios no caen en sujetos entendidos, ni en manos laboriosas, ¿de qué sirven al mundo? Tanto vale quitarlos del medio, y para esto acuden los insectos, que nos dan una leccion saludable, declarando la guerra á la pereza y á la ostentacion, prontos siempre á retirarse delante de la vigilancia del hombre. Tiempo dan para todo; pues ordinariamente sus procedimientos son lentos. En el número considerable de insectos cuyas larvas se mantienen de despojos vegetales y animales y de materias tomadas de estos dos reinos para aplicarlas á la industria, llama nuestra atencion el insecto destructor de las bibliotecas, en la Habana y otros puntos de la isla de Cuba. Pertenece al órden de los Cobópteros, ó insectos mandibulados, de dos alas verdaderas y dos estuches córneos, endurecidos, familia de los *Ptiniores*, género *tnobium* de Fabricio. El vulgo confunde, bajo el nombre de *polilla*, este coleóptero con el género *Lepisma*, de que tenemos una especie bastante grande, destructora de los papeles, á quien corresponde propiamente aquel nombre vulgar, pero que daña royendo la superficie de los cuerpos, y perforándolos á la larga, sin practicar, como el Anobio, agujeros y galerías laberintiformes en la masa de los libros.

El Anobio de la isla de Cuba, que denomino *Anobium bibliotecarum*, apénas se vé en otra parte más que en los libros, que perfora en estado de larva, y destruye poco á poco. Este Anobio tiene $2\frac{1}{2}$ milímetros de largo; cuerpo pardo-oscuro, sin pubescencia, lustroso, pareciendo punteado cuando se mira con fuerte lente; la hembra no tiene estrías en los elitros; el macho tiene dos estrías á lo largo del borde posterior de estos órganos. (Omito la descripcion minuciosa.)

No ha llegado á mi noticia que este insecto destructor se encuentre en otra pátria fuera de la cubana, y aunque he visto en las bibliotecas de Europa algunos libros agujereados á la manera de los nuestros, tengo datos para afirmar que el daño es causado por otra especie del mismo género, ó de un género muy próximo. Durante los muchos

años que recojo insectos en la isla de Cuba, no lo he hallado más que
en los libros, salvo una vez que fué encontrado en una ceiba; pero he
de citar un caso excepcional, y es que el Sr. D. Antonio Bachiller y
Morales me remitió un trozo de cedro desecado y acribillado por las
larvas del Anobio de las bibliotecas, con indivíduos perfectos, machos
y hembras, llamando al mismo tiempo mi atencion sobre un parásito
que no me era desconocido. El insecto parece nocturno: sus estragos
no son causados por el animal perfecto, sino por los hijos en estado de
larva, que viene á ser el gusano ántes de haber cobrado las alas. En
general, esto sucede en toda esta clase de invertebrados, pues que el
macho y la hembra viven el corto tiempo necesario para propagar la
especie, mientras que las larvas, al salir del huevo, crecen con lentitud, mudando muchas veces de piel, y pasando por el estado inactivo
de ninfa ántes de su última transformacion. La madre, atraida por el
olor de los papeles y libros acumulados en bibliotecas cerradas, oscuras y húmedas, se introduce por los mínimos intersticios, y llega á los
materiales que deben servir de alimento á sus hijos: cediendo al imperioso impulso que la guía, deposita sus huevos sobre el lomo ó cantos de los libros. Un corto número de larvas salen de estos huevos, y
penetran, con auxilio de sus fuertes mandíbulas, en el interior del volúmen, que perforan en galerías cilíndricas, comiendo los materiales y
tapando con sus excrementos el camino que recorren. Los intrincados
laberintos que de esta suerte practican, se notan en la orilla, principalmente en el lomo del libro, y sólo cuando la destruccion se encuentra muy adelantada, se resuelven á invadir el centro. En sus
rodeos vuelve la larva á la superficie marginal, para procurarse una
salida cómoda en su última transformacion, Así es que los libros de
márgen ancha salvan muchas veces lo impreso. Los excrementos que
la larva deja tras de sí, son compactos, y pegan las hojas, dejando el
libro difícil de abrir; y causa admiracion que el animal encuentre en
las profundidades en que se aventura, suficiente cantidad de aire para
los fenómenos de la respiracion, necesarios á todo sér organizado.

Mucho importa á la salubridad de la atmósfera y á la salud de los
séres que en ella buscan su existencia, que el cadáver de un buey
desaparezca en breve; para este fin, acuden las fieras terrestres y los

buitres rapaces; acuden los insectos necrófagos que abundan en todas partes, entre ellos unas moscas vivíparas que devoran más que un leon, gracias al número de sus hijos y al desarrollo de las larvas, sucediéndose rápidamente las generaciones, y compensándose la pequeñez con el número. Pero en el caso presente, el enemigo es de fecundidad escasa, de desarrollo lento, de vuelo perezoso, cuyas generaciones se ceban en un mismo volúmen; y cunden á otros tardíamente, por lo que ha sido llamado *Anobio*, esto es, sin vida.

Da, pues, el tiempo necesario para ser combatido y vencido, y sólo llegará á ser temible y peligroso por culpa lata de los encargados de los archivos. Demuestra la experiencia que cualquiera biblioteca establecida en la isla de Cuba, se preserva de por sí, por espacio de 20 y 30 años, sin que acuda de fuera la hembra del Anobio á empezar sus estragos. Para prevenir constantemente el mal, bastará tener los libros y papeles en lugar seco y ventilado, evitando la oscuridad en cuanto se pueda. Con este fin se tendrán las bibliotecas sin vidrios, y en lugar de éstos un enverjado menudo de alambres, para no dar entrada á las cucarachas y otros animales molestos. El mejor preservativo está en la renovacion del aire, para que no se reconcentre el olor de los papeles, el cual puede solamente atraer la madre del Anobio: esto sucedería con más razon, si la humedad del lugar fuese causa de alguna fermentacion en las materias orgánicas que entran en la composicion de los libros. La mayor prueba de que las cosas pasan como las he referido, es que los libreros de la Habana, si no han tenido la imprudencia de comprar libros apolillados, son los que menos han sido molestados por el insecto; no pudiendo atribuir esta dicha á otra causa que á la de tener sus libros al polvo y al aire, en estantes sin puertas y bien ventilados.

Para combatir el mal cuando ha cundido en una biblioteca, importan poco los polvos de diversas sustancias que he visto echar entre las hojas de los libros, y que no penetran en las galerías calafateadas de excremento donde se esconde el insecto: es menester desalojarlo uno á uno con un punzon y golpes de mano, hoja por hoja, sin dejar indicio de excrementos en parte alguna. Aun así, puede suceder que algunos huevos permanezcan y den lugar á la renovacion del daño;

por cuya causa, es prudente pasar los libros, despues de la primera operacion, á un lazareto, donde permanecerán durante algunos meses y se visitarán segunda vez; conociéndose el daño causado nuevamente por el excremento nuevo que la larva depositará por necesidad en las galerías recientes; se repetirá la operacion cada vez que sea necesaria, hasta no dejar un solo libro apestado. Entonces descansará el bibliotecario por muchos años, si se arregla á las instrucciones del párrafo anterior.

Mejor fin se conseguirá si los fabricantes de papel estudian los efectos de ciertos ingredientes que pudieran introducir en la confeccion de aquel material, porque he visto libros que por la calidad del papel se han preservado en medio de la completa destruccion de otros. Recuerdo haber tenido en la mano una obra en fólio, con bellas láminas de historia natural: todo el texto estaba comido, y las láminas quedaron intactas; cuando más, la primera arañada. El folleto de Remírez sobre las aguas de San Diego, impreso en la Habana, salvaba las cubiertas, que eran de una simple hoja de papel, al paso que perdían las demás hojas. Un lomo de pergamino preserva más que el becerro y la badana.

Para terminar este artículo, indicaré un parásito que vive á expensas de la larva del Anobio: es un Himenóptero, ó avispita, de la longitud y color de la hormiga comun, más delgada de cuerpo: pierde muchas veces sus alas. Raro es el insecto destructor que no tenga por enemigo algun parásito, principalmente en el órden de los hymenópteros: á éstos debemos, en gran parte, la conservacion de los naranjos, amenazados por un imperceptible *coccus*, tanto más temible cuanto más pequeño.

FELIPE POEY.

NOTAS CRITICAS.

LA GUERRE ET LA PAIX *traduit du Comte Leon Tolstoï*, par UNE RUSE.—
París 1887 (Hachette).

A la manera de un cometa, cuya existencia era conocida sólo de
unos cuantos sabios, y que la masa del público ignoraba completamente,
surgió de súbito, hace unos tres ó cuatro años, en Francia, la reputacion
del gran novelista ruso, el conde Leon Tolstoï. Fué verdaderamente
la aparicion de un astro inesperado; pero una vez elevado y brillante
sobre el horizonte francés (quiero decir, una vez traducido y encomiado
por las cien voces de la prensa) se ha hecho visible al resto del mundo el nuevo y rutilante cuerpo celeste. Como la lengua rusa es difícil
y por muy pocos estudiada, ha sido preciso, con objeto de andar más
pronto, verterla del francés á los otros idiomas para uso de los paises
que en literatura, lo mismo que en otras cosas, toman de Francia las
variaciones de la moda. Las obras, de ese modo traducidas dos veces,
sufren probablemente graves alteraciones, pues ya las versiones francesas, rápidamente preparadas, eran por sí bastante infieles y de paco-
tilla; pero la reputacion del autor se extiende en poco tiempo, y hoy
el conde Leon Tolstoï es leido y admirado por millares de personas.

El nuevo autor no es, sin embargo, un jóven, es un hombre de sesenta años de edad, cuyas dos grandes novelas, cimiento robusto de su reputacion, LA GUERRA Y LA PAZ y ANA KARENINE, se publicaron en Rusia hace catorce años la segunda, y hace veinte la primera. Pero ahora hemos pasado de un golpe al extremo contrario, y del escritor, conocido únicamente por las contadísimas personas que estudian directamente la literatura rusa, van publicados en Paris más de una docena de volúmenes por tres editores diferentes. Se ha ido aún más lejos que en su propia patria, poniéndose en escena un drama en cinco actos, EL PODER DE LAS TINIEBLAS, nunca ántes representado en ningun idioma.

Circunstancias especiales han contribuido á dar el impulso, permitiendo ganar en breve espacio el tiempo perdido. No porque hubiese en ello nada de inexplicable; compréndese muy bien que todo el que haya leido *la Guerra y la Paz*, que es una novela de primer órden, una obra de grandes proporciones y de eminentes cualidades, desee inmediatamente conocer los demás escritos de artista tan notable. La ᴧerdad es que en Francia actualmente la Rusia, y todo lo que á la Rusia se refiere, atrae vivamente la atencion; hay una vaga simpatía popular hácia esa nacion, producida por ilusiones políticas y alimentada por muy respetables esperanzas patrióticas, que encamina en esa direccion el interés general. Hace cuarenta años el nombre de la Polonia era aquí el tema obligado de toda manifestacion liberal, bastaba mencionarla para despertar el entusiasmo, las obras de Mickievicz se traducían y leían, y la presencia del insigne poeta, nombrado profesor del Colegio de Francia, arrancaba estruendosos aplausos. Hoy ningun francés se acuerda de la Polonia, la pobre nacion, cada vez más quebrantada bajo la enorme mole que la abruma, no despierta interés popular, y es triste y desconsolador contraste observar que es la Rusia, el imperio opresor y tan despótico como antes, quien ha recogido ese interés popular que parecía tan sincero é inspirado por los más nobles sentimientos.

Mas para los que no trasportamos al terreno literario esos motivos de índole enteramente distinta, y consideramos las agrupaciones políticas, la Rusia lo mismo que la Polonia, como factores de problemas históricos que se resuelven por métodos que nada tienen que ver con impulsos sentimentales, el éxito de las novelas de Tolstoï es la consecuencia directa y forzosa de sus cualidades intrínsecas, de ellas y nada más que de ellas. *La Guerra y la Paz* está muy cerca de merecer el nombre de obra maestra en el sentido más amplio de la palabra, á la altura de las mejores composiciones de Balzac, á la altura sobre todo de la *Cartuja de Parma* de Stendhal, que es quizás la novela francesa á que más se parece y aquella cuya influencia sobre las ideas puramente estéticas del autor sea tal vez más fácil de adivinar. Esto, sin embargo, vale como simple indicacion; la semejanza, si existe realmente, no pasa de la superficie, y no podemos poner en paralelo dos obras de arte, cuando sólo conocemos una de ellas al través de una ménos que mediana traduccion.

El interés del argumento, la trabazon de los episodios, tienen un valor secundario á los ojos del autor. La obra es una pintura grandiosa de la Rusia durante el período de las guerras napoleónicas, al mismo tiempo que un estudio profundo de psicología. Pero como novela el argumento se desenvuelve con la más completa libertad sin sugetarse á las reglas habituales, y desdeñando los medios ordinarios de excitar la atencion del lector. Los episodios se amontonan unos sobre otros, se interrumpen á cada instante, y es indispensable quizá ver la obra dos veces para recibir la poderosa impresion de unidad y de fuerza concentrada que reside en el fondo de la vasta composicion. Hay dos personajes principales, que no es posible llamar protagonistas, que no lo son en la mente del autor, en torno de los cuales se agrupa una multitud de otros indivíduos, todos creaciones de sus fantasía; pero copiados directamente de la realidad, llenos de vida, de verdad, almas humanas cuyos sentimientos son notados por un observador de la más penetrante sagacidad, que analiza con inexorable imparcialidad todos los impulsos que las mueven y descubre implacablemente el secreto mecanismo de su existencia. Esa es la parte más original y característica de *La Guerra y la Paz;* la que abre ancho campo al autor como psicólogo incomparable.

Al lado de esos personajes puramente novelescos, que deben todo á la imaginacion del artista, aparecen figuras históricas superiormente trazadas; el emperador Napoleon circundado de sus mariscales, el emperador Alejandro, varios generales rusos con Kutusoff á la cabeza,

muchos otros, que no vienen á tomar parte directa en la accion, como
en las novelas de Walter Scott por ejemplo, sino que conservan su conocida individualidad, para ser descritos en su vida real, en los episodios auténticos de su vida, que el autor concibe y explica de la manera más racional, exponiéndolos como debieron ser, tratando de ir al
fondo del alma del conquistador francés, lo mismo que del jefe del
ejército ruso, y revelar los móviles de sus acciones, las ilusiones de su
posicion, el dominio avasallador de las circunstancias que los arrastra, á ellos del mismo modo que al último de sus soldados. En casi todas las novelas llamadas históricas los sucesos reales resultan desnatu-
ralizados porque es forzoso subordinarlos á una intriga imaginaria;
mientras que en esta obra los incidentes de la novela se subordinan á
la pintura de una época crítica de la historia rusa, cuyas grandes líneas
permanecen inalterables, y en vez de desnaturalizarla concurren á hacer resaltar y comprobar la verdad de la explicacion que presenta el
autor de esos sucesos trascendentales.

Nada más instructivo, nada contribuiría á dar idea más cabal del
génio de Tolstoï, que leer primero en un narrador militar, en Thiers
por ejemplo, el volúmen entero que trata de la invasion de Rusia por
Napoleon Bonaparte el año de 1812 con todas sus sangrientas peripecias hasta el desastre final en el paso del Beresina; y compararlo inmediatamente con la animada, verídica y filosófica relacion de esos
mismos acaecimientos, que contiene la segunda mitad de *La Guerra
y la Paz*. La impresion es decisiva. Thiers parece el novelista, Tolstoï
el historiador. Thiers, siguiendo el método clásico, considera siempre
las batallas y los movimientos decisivos de las tropas como sucesos
completos, susceptibles de ser aisladamente considerados, en que se
puede distinguir principio, medio y fin, y que se han desenvuelto conforme á un plan prévio, concebido por un general en jefe, y sólo parcialmente alterado despues por las circunstancias, bajo la vigilante
atencion del mismo jefe supremo. Todo eso es siempre falso, segun
Tolstoï; nadie ha contemplado jamás una batalla completa, nadie ha
podido nunca dirigir sus diversos episodios hácia un mismo resultado,
y las combinaciones felices, de que hablan los partes militares, son invenciones tardías, posteriores á la batalla, creadas para servir á la glo-

ria del jefe ó hacer recaer las recompensas y los aplausos sobre tales y cuales indivíduos. A su juicio, un número incalculable de fuerzas independientes (y nunca el hombre es más independiente que ante tóda cuestion de vida ó muerte) influye en la direccion de la batalla, direccion que no es posible precisar de antemano, y que jamás coincidirá con la accion de una fuerza individual.

Concebida de esta manera la narracion del duelo entre esas dos grandes naciones durante el año 1812, de la invasion y retirada del gigantesco ejército francés en medio de un vasto país donde todo le es hostil, los hombres y la tierra y los elementos, toma sin esfuerzo el carácter y acento de una epopeya. El patriotismo del autor, que enciende y anima sus descripciones, evita fácilmente, gracias á su serena imparcialidad y su penetrante filosofía, el peligro de parecer intolerante y odioso. Pero la guerra implacable y furiosa, que arrastra en su torbellino y decide de la suerte de todos los personajes de la novela, inspira páginas de la elocuencia más patética, y el tono general de la obra, elevado á tan alto diapason, produce honda é imborrable emocion. Es un gran elogio, es la mayor alabanza que puede hacerse de una obra como la de Tolstoï el reconocer que, en virtud de la sinceridad, de la generosidad de su espíritu, no estalla el molde artístico en que funde su obra, á pesar de la oleada de materia candente en él vertida.

Este carácter heróico pone á *La Guerra y la Paz* encima de *Ana Karenine*, la segunda gran novela de Tolstoï, que es una pintura igualmente poderosa de la Rusia contemporánea.

Por desgracia el autor de libros tan admirables ha resuelto, desde hace ya algun tiempo, colgar su pluma de novelista, y escribe ahora composiciones de un género enteramente distinto, comentando los Evangelios y exponiendo una nueva religion, una religion personal que se ha creado él mismo, y que, segun oigo decir (pues confieso no haber leido esos últimos trabajos) renuevan de una manera muy feliz y original los principios esenciales de la moral evangélica, dejando á un lado toda la maquinaria sobrenatural de las iglesias establecidas, romana, rusa ó luterana, y se detienen en un «dogmatismo inmanente» á lo Schopenhaüer. Muévelo probablemente en esto el deseo de servir á su patria, de satisfacer por medios racionales las aspiraciones de una gran parte de la Rusia y ofrecerle un cuerpo de doctrinas acomodado á su situacion especial, llenando el vacío filosófico allí conocido con el nombre de nihilismo, antes que tomase este vocablo el sentido político, revolucionario que tiene hoy. Pero es lástima que no abandone á otros esa tarea, relativamente secundaria y perdamos así un artista de tan alto valer que sabe crear séres humanos, completos, cabales, presentarlos dramáticamente en lucha con las dificultades de la vida, y muy á menudo descubrirnos en una sola situacion, con una sola frase, como Shakspeare, los repliegues más hondos y complicados del alma de sus personajes.

Ha puesto de luto á los admiradores de Tolstoï, cada dia más y más numerosos, verlo abandonar definitivamente el cultivo de las letras y extraviarse de propósito por esas sendas oscuras. Nada ha podido evitarlo, ni aún el ruego de su amigo y émulo, el ilustre Turgeneff, que le escribió en 1883, desde su lecho de muerte, pidiéndole que atendiese á la última y sincera súplica de un moribundo: «Mi amigo querido, gran escritor de la patria rusa, volved á la literatura. ¡Cuan feliz me sentiría si pudiese confiar en la eficacia del ruego final que aquí os dirijo!»

Súplica perdida. El gran escritor, que tan enérgicamente ha presentado en sus novelas á todos sus personajes como víctimas de incontrastable fatalidad, no ha podido quizás luchar tampoco contra el impulso que lo lleva á consagrar á esa nueva tarea los últimos años de su vida, y es fuerza que nos contentemos con las dos obras maestras que poseemos. Gracias á ellas somos muchos los que conocemos hoy la Rusia, país de que apenas lagrábamos darnos vagamente cuenta por medio de las relaciones de los viajeros y los libros de los historiadores; y serán probablemente muchos más los que en ellas habrán contemplado por primera vez, en toda su salvaje y desnuda verdad, los trágicos episodios de la retirada del ejército napoleónico al través de las ruinas humeantes y las estepas desoladas.

E. P.

NOTAS EDITORIALES.

CIENCIA Y LITERATURA (1).

Grata sorpresa para los amantes de nuestra cultura habrá sido este libro que se nos ha presentado sin prévio anuncio, con la *sans façon* del viejo amigo de la casa, como quien sabe que siempre llega en buen hora, y más cuando trae tantas cosas excelentes que contar ó recordar.

Hubo un tiempo en que los pocos que por aquí leen nuestros periódicos literarios sabian muy bien que D. Felipe Poey era un sábio muy literato, tan amigo de Couvier como de Virgilio, y muy capaz de preferir el Buffon escritor al Buffon naturalista. Sabian tambien que el paciente investigador de los hábitos de los animales inferiores, era un agudo y perspicaz observador de las costumbres del animal superior, que con tanta modestia se ha llamado á sí mismo *homo sapiens*. Y no ignoraban que el ictiólogo que habia de revelar tantos secretos del mundo misterioso de las aguas, con la misma pluma con que añadia una descripcion más al colosal inventario de nuestra fauna marina, ó con el mismo lápiz con que fijaba una nueva forma de las especies acuáticas, escribia al dorso de su borrador un madrigal ó un soneto.

(1) *Obras Literarias de* FELIPE POEY. Habana, La Propaganda Literaria, 1888.

Todo esto se habia ido olvidando, á medida que los años y los dolores, que van á la par con ellos, iban concentrando la actividad del sábio
en su gabinete y en su cátedra, y haciendo cada vez más rara la aparicion de alguno de esos trabajos fugitivos que ántes entregaba tan
amenudo al público. Así es que para no pocos estas páginas serán una
especie de descubrimiento ó revelacion. Verán con asombro qué variedad de aptitudes atesora aquel, á quien una labor gigantesca de más
de medio siglo, en una sola direccion, parecia que debia haber atrofiado
cuanto no fuera la vision interna de las formas típicas y la percepcion
de las diferencias específicas ó individuales; qué vida tan compleja en
el dominio de la inteligencia ha realizado quien parecia absorbido por
un trabajo inmenso de especialista; qué diversidad de gustos y aficiones en la esfera del sentimiento ha movido á quien se creía embargado
por la pasion exclusiva del clasificador.

Ciertamente el naturalista domina desde tan alto al literato y al
poeta, que estos nuevos aspectos no pueden añadir mucho á su mérito
incontestable, pero completan por manera singular su fisonomía intelectual. No nos atrevemos á asegurar que sean absolutamente necesarios los más de los versos, pero tampoco diremos que huelgan todos.
En cambio los rasgos penetrantes esparcidos por todo el libro, la sazo-
nada y bien dispuesta ironía de muchos pasajes, las lecciones discretas
que nos da á cada paso, esas observaciones de moralista amable, severo en el fondo y tolerante en la forma, que se presentan con tanta
espontaneidad y brotan sin ninguna afectacion de su pluma, todo ello
da tan distinto realce á la figura venerable del sábio anciano, que parece aproximarlo más á nosotros, sin empequeñecerlo; y atraidos por
ese aroma de ingenio y sensibilidad que se desprende de estos escritos,
sentimos que se mezcla al respeto y la admiracion antiguos algo como
una nueva corriente de interés y simpatía.

No sabemos de muchos libros capaces de producir este efecto.

PRO SHAKESPEARE.

Hay espíritus que se enamoran de la paradoja con el mismo ardor
con que otros persiguen la investigacion de la verdad. Asombra la
suma de paciencia, de constancia y de agudeza que ponen algu-

nos al servicio de una construccion de su fantasía, para buscarle de cualquier modo asiento en la realidad. No anda más presta y atareada la araña tendiendo sus hilos sutiles y apretando las mallas de su red, que el dedo de un infante rasga luego sin esfuerzo.

La historia literaria ha sido un campo muy vasto, abierto de antiguo á las incursiones de los exploradores de enigmas. Nunca olvidará el autor de estas líneas el sentimiento de cómica indignacion que conservó no pocos dias, despues de haber malbaratado su tiempo, leyendo el libro en que un escritor gaditano, D. Adolfo de Castro, presumía probar que el autor de *El Quijote* apócrifo era D. Juan Ruiz de Alarcon. De puro vacía y pueril la obra resultaba un monumento. Hay una variedad de estos descubridores aún más notable que la generalmente conocida; la componen los que empiezan por inventar el problema que van á resolver. Hoy anda haciendo ruido por el mundo literario un caso de esta especie.

Hará unos treinta años que Mr. William Henry Smith dió en pensar que los dramas de Shakespeare no debian ser de Shakespeare; y habiéndose echado á buscar el autor verdadero, tropezó con el famoso Lord Bacon, de cuyo excelente ingenio podian muy bien esperarse tan sazonados frutos. La especie corria con poca fortuna, hasta que la ha rejuvenecido Mr. Ignatius Donnelly, de los Estados Unidos, discurriendo la peregrina comprobacion, de que ya dió noticias otra vez á nuestros lectores un apreciable colaborador de esta REVISTA. Mr. Donnelly se comprometia á probar que los famosos dramas, considerados como la más excelsa produccion de la musa dramática, habian sido compuestos únicamente para contener *en cifra* la narracion de sucesos coetáneos, que de tan extraña manera queria Bacon, no diremos confiar á la posteridad, sino confiar al acaso, á ver si llegaban á noticia de la posteridad. El hecho resultaba muy parecido al de quien hubiese puesto un manuscrito con alguna interesante noticia en un cofre provisto de una cerradura de su exclusiva invencion, hubiese enterrado la caja á la mayor profundidad posible, y arrojando luego la llave en mitad del océano. El que tal hiciese contaba sin duda, si pretendia que algun dia se leyese su manuscrito, con la habilidad de los buzos del porvenir y con el poseedor de algunas de esas famosas varas, retoños de la saeta de Abaris, que sirven para indicar dónde hay tesoros escondidos. En Mr. Donnelly se han fundido ese buzo y ese descubridor de tesoros.

Ya ha ofrecido al mundo las pruebas, acumuladas en mil páginas en folio de letra menuda y apretada, con el título de *The Great Cryptogram: Francis Bacon's Cipher in the so-called Shakespeare Plays.*» No nos atrevemos á asegurar que el número de sus lectores llegue al número de sus páginas; pero sí á decir que la invencion y el hallazgo, por mucho que exigieran á la credulidad disponible, pudieron parecer más aceptables ántes que despues del libro. Las famosas revelaciones de las memorias tan extrañamente trasmitidas á la posteridad son tan triviales, que no se acaba de comprender cómo un hombre de mediano sentido se hubiera impuesto un trabajo colosal, esa especie de acróstico en millares y millares de versos, para esconder chismes de corte que otros habian de contar con toda sus letras. Pero donde el absurdo cobra proporciones épicas es en el hecho de que esa clave, ese mero instrumento, ha resultado una serie de obras de arte maravillosas, de valor tan positivo, que los siglos, léjos de deslustrarlas, les conservan intactos su brillo y lozanía, y la admiracion que inspiran se trasmite sin menoscabo de unas en otras generaciones.

Naturalmente en la base de toda esta construccion churrigueresca se encuentra—y hé aquí lo más cómico—la necesidad de rebajar y anular á Shakespeare. En este camino, hasta los testimonios más convincentes de la grande opinion en que lo tenían sus coetáneos se trasforman en argumentos desfavorables. Vaya un ejemplo.

Nadie ignora que Shakespeare no fué un humanista. Se ha probado que sus dramas históricos, los del ciclo inglés, tienen por fuente la historia popular de Holinshed. En cuanto á los de argumento romano, quien haya, como nosotros, cotejado su *Coriolano* con la vida correspondiente en las paralelas de Plutarco, sabrá dónde bebía sus inspiraciones clásicas. Aquí la prueba es decisiva, porque los nombres que da Shakespeare á la madre y esposa del héroe son los de Plutarco, distintos de los que traen los demás historiadores. Y no se necesitaba ser muy docto para leer un libro que corria en todas las lenguas vulgares y estaba en todas las manos. A su falta de educacion clásica alude de

un modo claro, como en son de elogio manifiesto, Ben Johnson, cuyo
testimonio no cabe desestimar ni desechar. Allí está el verso bien
conocido:

«*And though thou hadst small Latine and less Greek.*»

Pues bien, Mr. Donnelly, que encuentra en los dramas pruebas deci-
sivas de que su autor era un humanista sin rival, el más docto de cuantos
han ilustrado los anales de la raza humana, «*the broadest schollar that
has adorned the annales of the human race,*» entiende que esas palabras
terminantes de Ben Johnson son una estratajema de quien estaba en
el secreto, para motejar y zaherir á Lord Bacon, negándole lo mismo
que poseía en grado tan eminente. A través de Shakespeare disparaba
un dardo al canciller. Diga el lector qué no se puede probar con este
sistema de interpretación.

En estos dias hemos tropezado con una prueba del aprecio de un
contemporáneo á Shakespeare, tan singular y extremada, que ignora-
ramos cómo habría logrado el intérprete sumarla con las favorables á
su tésis. Precisamente en los Estados Unidos, en un cementerio de
Virginia, hay una vieja lápida, cuya inscripción dice así, segun el
American Medical Standard:

«Here lies the body of Edward Heldon, practitioner in physick
and chirurgery. Born in Bedfordshire, England, in the year of our
Lord 1542. *He was a friend and one of the pall-bearers of William
Shakespeare, the of Avon.* After a brief illness his spirit ascendad in
the year of our Lord, 1618, aged 76 (1).

Véase hasta dónde llegaba ya la admiracion de sus contemporáneos,
que su amistad servía de título para una inscripcion funeraria. Y
véase, volviendo al gran criptograma, cuán terrible puede ser el ingenio de intérpretes y comentadores.

---

(1) Aquí yace el cuerpo de Eduardo Heldon, médico y cirujano. Nació en Bod-
fordshire, Inglaterra, en el año de Nuestro Señor 1542. *Fué amigo y uno de los dolien-
tes de Guillesmo Shakespeare, del Avon.* Despues de una breve enfermedad ascendió su
espiritu en el año de nuestro Señor 1618, á los 76 de su edad.

MISCELANEA.

LOS ESTUDIOS HISTORICOS EN ESPAÑA.

El Sr. D. Joaquin Costa, profesor de la Institucion Libre de Enseñanza en Madrid, acaba de publicar un libro interesante sobre la
«Poesía popular española y la Mitología y Literatura celto-hispanas.»
El cuadro que traza del estado de los estudios históricos en España no
puede ser menos lisonjero. Dice así el Sr. Costa:

«Salvo contadísimas excepciones, que en su lugar se mencionan,
los españoles permanecemos extraños á los nuevos procedimientos de
investigacion que ha acreditado con tan brillante éxito la crítica histórica moderna. No vale callar la verdad: estamos los españoles en punto
á estudios históricos, como en casi todo, en un estado de lamentable
atraso: carecemos de preparacion universitaria y de medios bibliográficos; en nuestras Universidades no se cursa filología, ni etnografía,
ni mitografía, ni estudios especiales de Historia antigua ni moderna;
los catedráticos de Historias generales suelen dar por saldadas sus
cuentas con la sociedad y con su conciencia repitiendo mecánicamente
el contenido de uno ú otro manual elementalísimo, repeticion á su
vez de otros anteriores, sin emprender nunca trabajas de investigacion; carecemos de una Escuela de Estudios Superiores, que centra-
lice é imprima caracter de normalidad y haga más fecundos y activos

los esfuerzos de los escasos cultivadores con que actualmente cuenta nuestra Historia patria y prepare una nueva generacion de historiadores con otra educacion y con otros medios que los que ha alcanzado la presente; las Bibliotecas no tienen cuidado, ni siquiera en la corta medida de su presupuesto, de seguir el movimiento historial europeo, tan variado y tan rico; apenas ven la luz colecciones de documentos; las Revistas especiales, distraidas y agobiadas por la preocupación económica, arrastran una vida lánguida y no aciertan á colmar los vacíos que dejan las Universidades, las Bibliotecas y las Academias; lo cual, unido á la general incultura del país, sobradamente explica que hayamos entrado apenas en la penumbra que divide los descarnados cronicones y registros de los analistas, de la verdadera Historia crítica y filosófica, patrimonio de nuestro siglo.»

DIEGO BARROS ARANA.

Acaba de darse á luz el tomo VIII de la *Historia General de Chile* por el Sr. Diego Barros Arana. Comprende el primer período de la revolucion desde 1808 á 1813, dividida la narracion en doce capítulos.

Como se sabe, esta parte de la historia chilena había sido ya objeto de una obra especial que bajo el título de *Historia de la Independencia de Chile,* dió á luz hace treinta años el mismo señor Barros Arana. Hay, sin embargo, entre ambas obras una inmensa diferencia. La actual, trabajada sobre un acopio mayor de documentos y á la luz de antecedentes de la mayor importancia, ha permitido á su autor rehacer casi por completo el plan primitivo y enriquecer la narracion, tomando en cuenta datos del mayor interés. Ha necesitado tambien amoldarla al espíritu y desarrollo dado á la historia de la conquista, á fin de imprimirle ese sello de homogeneidad tan conveniente en una obra histórica de tan gran aliento. El nuevo volúmen tiene por esto todo el mérito y atractivo de la novedad, á pesar de tener por base una obra ya publicada y conocida.

Cada nuevo volúmen del señor Barros Arana revela una maestría de ejecucion siempre en progreso. De cada uno de los Gobiernos que se suceden, ha formado el historiador un cuadro, que da la fisonomía peculiar y completa de la época. Basta recorrerlos para percibir hasta las más delicadas diferencias que se van operando en las transformaciones de la sociabilidad y del espíritu público. Cada personaje, como cada época, conserva los rasgos característicos del tiempo y de las circunstancias que animaban el teatro de los sucesos. Es un poder admirable de resurreccion con todos los encantos naturales de la pintura sencilla y verdadera de los hombres y de las costumbres. Hasta cierto punto desparece el historiador para dejar que los sucesos se desarrollen por sí mismos.

Al través de esa aparente sencillez, se percibe un esfuerzo poderoso y feliz de síntesis para concretar en corto espacio la abundancia de detalles y de investigaciones que dan la clave de los sucesos. Con este método, cuya ventaja es incomparable, consigue el historiador mantener vivo y palpitante el interés de los lectores y estimularlos á añadir sus propias apreciaciones á las que aparecen consignadas en el libro. El lector tiene á la mano todos los elementos de comprobacion que pueden desearse para tan interesante tarea. De ahí lo ameno de la lectura y el creciente interés con que se sigue al autor en el desarrollo de su historia.

El volúmen, como que versa sobre hombres y acontecimientos más conocidos que los de la época del coloniaje, despierta naturalmente una satisfaccion mayor de curiosidad. El gran movimiento de la independencia está trazado con una precision admirable. Los tres capítulos dedicados al Gobierno del brigadier García Carrasco, dejan presentir las consecuencias inevitables que dán nacimiento al primer gobierno nacional en el país. La influencia de los trastornos de España en sus colonias de América, que vino á determinar el movimiento insurrecciónal, ya preparado por un absurdo régimen gubernativo, queda reducida por los hechos á sus verdaderas proporciones. Esos capítulos forman el punto de partida de un esclarecimiento que se hace por sí mismo y que permiten ver, en los dos años de la administración García Carrasco, las causas inevitables de la caida del poder español en Chile.

No es ménos interesante la historia de las primeras tentativas rerevolucionarias y la de los primeros actos de la soberanía nacional. La historia desde 1810 hasta abrirse el año 1813, la más oscura del nacimiento de Chile á la vida libre, está hábilmente reconstituida en todos sus detalles. A la luz de la exposición del Sr. Barros Arana, pueden seguirse esos hechos con perfecta claridad. Todos los personajes de tan interesante drama aparecen con la parte de gloria y de responsabilidad que les corresponde.

Acompañan á este volúmen los retratos litografidos del Conde de la Conquista, del Dr. Juan Martinez de Rosas, de Camilo Enrique y de José Miguel Carrera.

Lo mismo que los volúmenes anteriores, el actual comprende un gran acopio de documentos y de comprobantes, no ménos interesante que la narración que forma el cuerpo de la historia.

El feliz éxito con que el Sr. Barros Arana ha acometido la tarea de rehacer la historia de estos primeros años de la independencia, es una grantía de lo que debe esperarse del complemento de esa historia en los siguientes volúmenes.

X.

OPINION DE DARWIN SOBRE LA NOVELA.

En la autobiografía de Darwin, que ha incluido su hijo Francisco en su reciente obra *Life and Letters of Charles Darwin*, se contienen interesantes noticias acerca de la aficion que conservó á las novelas el gran naturalista, hasta sus últimos años, y que sobrevivió á sus otro: gustos literarios y artísticos. Con este motivo dice el mismo Darwins

«Para mi gusto una novela no es una obra de primer órden, sino cuando contiene algun personaje que se pueda amar, y si este personaje es una mujer bonita, tanto mejor.»

NECROLOGIA.

El 18 de Abril falleció en Nueva York Mr. Roscoe Konkling, eminente orador político del partido republicano. Era abogado; y grande su reputacion de probidad política y profesional.

—El 21 del mismo mes murió en Montreal Mr. Thomas White, periodista, literato y estadista muy distinguido. Por espacio de quince años había sido primer redactor de *The Gazette*, importante periódico de Montreal; y deja numerosos estudios, entre los que se citan con encomio uno sobre Thomas Hood, *The Newspaper Press in Canada* y *Art Conservative of all Arts.* Habia nacido en Montreal el 7 de Agosto de 1830, y desde Agosto de 1885 era ministro de la gobernacion del Dominio.

—Una pérdida muy considerable para los estudios filosóficos contemporáneos ha ocurrido recientemente en Francia. M. Guyau ha muerto en Menton el 31 de Marzo, á la temprana edad de treinta y tres años. A los diez y nueve se dió á conocer por una Memoria sobre la historia y crítica de la moral utilitaria, desde Epicuro hasta la escuela inglesa moderna, que fué premiada por la Academia de Ciencias Morales y Políticas. Esta Memoria dió materia para dos obras que se publicaron sucesivamente con los títulos de *La Morale d' Epicure et ses rapports avecs les doctrines contemporaines* y *La Morale Anglaise contemporaine*, y establecieron sólidamente su reputacion. Publicó después su interesante y original *Esquisse d'une Morale sans obligation ni sanction*, sus *Vers d'un philosophe* y sus *Problems de l' esthetique contemporaine*, y por último, su famoso libro *Irreligion de l'avenir*, que produjo tanta sensacion. De éste dimos á conocer á los lectores de la REVISTA CUBANA un importante capítulo sobre el pesimismo. Si añadimos á estas el *Étude sur la philosophie d' Épictète et traduction du Manuel de Épictète* tendremos completa la lista de sus valiosas contribuciones á la literatura filosófica coetánea. La *Revue Philosophique*, de que fué asíduo colaborador, ha resumido así las cualidades que lo caracterizaban como autor: «Moralista, estético ó crítico, por la abundancia y originalidad de sus ideas, el brillo de su estilo, el hábito y el vigor de la discusión, por todos los caractéres de un talento penetrante ó incisivo, seducía á sus mismos adversarios.»

—El 29 de Abril fálleció en un duelo, en París, M. Félix Dupuis, pintor notable, discípulo de Cognet.

—El 8 de marzo murió en Greeley el profeser W. D. Gunning, conferencista y escritor científico norte-americano. Entre otros trabajos, dedicados particularmente á la geología, deja una obra titulada: *Life History of our Planet.*

—El renombrado viajero Mr. Dalgleish, que se había dedicado á

exploraciones en el Asia Central, ha sido asesinado, mientras se dirigía á Jarkand.

—Sir Charles Bright, uno de los más eminentes telegrafistas de
nuestros tiempos, falleció en Lóndres el 3 del actual. Considerado
como una de las primeras autoridades en el vasto dominio científico
de la electricidad, deja unido su nombre á numerosas é importantes
innovaciones en la telegrafía, que le debe no pocos inventos de uso
general. Como ingeniero en jefe dirigió en 1878 la colocacion del primer cable trasatlántico, obra grandiosa que preparó muy principalmente por una larga série de estudios y experimentos, y que se le
debe en mucha parte. Tambien dirigió el cable que une á Cuba con
los Estados Unidos. Había nacido en 1832.

—El 7 del actual ha muerto el Dr. Leone Levi, notable escritor,
á quien deben no poco la estadística, la economía política, y el derecho internacional. Aunque natural de Ancona, se estableció desde
muy jóven en Inglaterra, donde ha pasado el resto de su vida. Se
contó entre los primeros y más activos promotores de las Cámaras de
Comercio inglesas. En 1850 publicó su obra *Commercial Law of the
World,* que le aseguró extensa reputacion y le abrió las puertas de
King's College. En 1860 dió á luz *Taxation, how it is raised and how
it is expended;* y despues su *History of British Commerce and of the
Economic Progress of the British Nation from* 1863–1870, que más
adelante completó hasta 1878. Añadamos á éstas, *Work and Pay,
War and its consequences,* y numerosos trabajos de estadística y con-
ferencias. En este mismo año había dado á la estampa un tratado de
derecho internacional. Contaba 67 años.

EL BANDOLERISMO.

La vida en sociedad, considerada en sus caractéres extrínsecos, no es, en resúmen, sino un estado de cooperacion mútua. Para vencer las fuerzas pasivas y resistir á las activas que vienen de lo exterior, se combinan las fuerzas de los indivíduos que forman cada grupo social, y de este modo centuplican su energía. En los caractéres íntimos de la vida asociada, la cooperacion toma la forma del sentimiento de la solidaridad. La parte que á cada uno toca en la obra comun se le hace visible, lo conmueve y lo impulsa.

Para llegar al estado de cooperacion perfecta que supone una sociedad perfecta, tienen los pueblos que subir muchos grados. Lo característico de las primeras etapas es la cooperacion rudimentaria del grupo general, compuesto de pequeños grupos coherentes en sí, pero mal coordinados unos con otros. La familia patriarcal constituía un todo suficientemente adherido y capaz de realizar un fin propio; pero la reunion de familias patriarcales en un mismo territorrio constituía un estado político mal concertado y poco apto para la accion colectiva. La separacion en castas presenta otro ejemplo; y la division en clases cerradas es otra forma de la cooperacion parcial, realizada por medio de grupos no bien unidos entre sí. Cada uno de ellos podía tener, y tenía, sus fines propios, que no siempre concurrían á fortalecer el fin comun, y muchas veces lo contrariaban abiertamente.

Siendo la cooperacion para los fines normales el objeto de una sociedad bien constituida y en vías de progreso, si no en estado perfecto, la cooperacion para fines anormales es, por lo ménos, un caso de regresion, y siempre un caso patológico. Cuando el espíritu de clase, cuerpo ó bandería, es muy vivaz en un pueblo, su evolucion está retrasada. Cuando las asociaciones para objetos ilícitos se forman fácilmente, persisten y duran largos períodos, su estado social, digan lo que quieran las apariencias, es todavía rudimentario, por lo ménos, en elementos considerables y numerosos de su poblacion. Como el concurso de varios hombres, ó de muchos, para una obra comun, es el hecho social por excelencia, donde haya hombres en sociedad, éstos se juntarán para satisfacer más fácilmente sus necesidades, sus apetitos, sus intereses ó sus pasiones. Los fines y los medios pueden ser lícitos, y lo son si se atemperan á las costumbres, á la moral y á las leyes dominantes en el grupo social; pueden ser ilícitos, y lo son en el caso contrario. Pero importa hacer resaltar el carácter eminentemente sociable del fenómeno en el caso de las asociaciones para un fin, áun de aquellas que resultan perturbadoras ó destructivas del órden social.

Donde quiera que aparezca una sociedad para hacer mal *(associazione al mal fare,* Lombroso), la explicacion del fenómeno ha de buscarse en las condiciones sociales del pueblo en que se produzca. Estamos en presencia de un fenómeno sociológico. Quiere esto decir que estudiando los caractéres normales de la evolucion social, será como podremos determinar las causas de la aparicion del fenómeno anormal. El país (medio físico), la raza (herencia étnica), la historia (herencia psíquica), las costumbres, la organizacion industrial y política, la moralidad, la cultura general, son los factores del desarrollo y crecimiento de los grupos humanos. Los hechos que se opongan á su evolucion progresiva—y las sociedades de criminales son de los más eficaces—han de depender de la accion de esos factores.

Puede observarse, por ejemplo, que estas asociaciones tienen dos formas generales muy diversas. Pueden ser públicas, rompiendo abiertamente con las leyes estatuidas, y se caracterizan por el uso habitual de la violencia; pueden ser secretas, tratando de disimular y áun cohonestar su ilegalidad, y se caracterizan por el empleo preferente de la astucia. Las dos formas representan dos grados distintos, y en cierto modo sucesivos, del estado social. Baste decir que la una es genéricamente campesina, y la otra urbana. Siguen la ley de evolucion social que va agrupando cada vez más la poblacion, ántes dispersa en los campos, en grandes centros de habitacion con límites precisos. Marcan el tránsito de la vida nómade á la vida sedentaria; del perío- do depredatriz al período industrial. Todos los pueblos han pasado por ellas; los hay donde coexisten ambas, pero en los más adelantados ha desaparecido la primera.

El bandolerismo, que es la manifestacion más completa de la pri- mera forma, resulta, segun lo expuesto, un signo característico de . atraso social. Tracemos las líneas generales de lo que constituye el progreso de las colectividades, y se verá que cada una de las condi- ciones requeridas es un elemento adverso á esa grave anomalía. El aumento de la poblacion; la extension y perfeccionamiento de las co- municaciones; la mayor eficacia industrial; las grandes aglomeracio- nes urbanas con la policía perfeccionada que requieren; la difusion de la educacion intelectual y estética; la mayor suavidad de las costum- bres; el buen gobierno; la libertad y la igualdad políticas, y el senti- miento de la responsabilidad personal y colectiva en el mayor número de ciudadanos, son circunstancias que, á medida que se reunen y coordinan para formar una gran asociacion próspera y culta, estorban y acaban por hacer imposible la constitucion y permanencia de peque- ños grupos inconexos en guerra abierta con el órden social. Este fenó- meno, pues, no se presenta nunca aislado; es consecuencia de causas fácilmente apreciables, cuando se estudian sin prevenciones ni prejui- cios. Los pueblos que tengan la desgracia de sufrir este azote, y sien- tan, como es natural, la necesidad y la obligacion de combatirlo, están en el caso de examinarse á sí mismos, en todas las manifestaciones de su vida colectiva, si quieren llegar á las raices del mal.

Cuba se encuentra en este caso; y me propongo indicar los puntos fundamentales de este exámen.

Aunque las condiciones externas del país que ocupa un grupo humano influyen en los hechos sociales, lo hacen de un modo indirecto y á través de lo que pudiéramos llamar la atmósfera social. Lo mismo pasa con los antecedentes étnicos. Son factores importantes, pero su accion es difusa. En un caso particular resulta muy difícil determinarla. Y esto, dejando á un lado lo poco que sabemos de ellos en realidad. Podemos, pues, cuando se estudia un fenómeno social concreto, contentarnos con las causas inmediatas, que son las de órden más especialmente sociológico (1).

Lo presente es hijo de lo pasado. Parece ésta una verdad trivial. Pero no la hay más importante en todo el dominio de las ciencias sociales. Es la ley inflexible de la continuidad histórica, formulada en una frase vulgar. Puede heredarse ó no la tierra, la fortaleza física, la cultura; la historia se hereda siempre. Cuba es una colonia española. La variedad étnica que la puebla es una rama del tronco español. Sus elementos adventicios, aún los más importantes, como el africano, no han podido todavía alterar sus caractéres primordiales. La psicología del cubano tiene que explicarse acudiendo á la historia del pueblo español.

Desde el punto de vista que nos interesa aquí, lo característico en esa historia es el largo predominio de la violencia. Entre las naciones que constituyen verdaderamente la civilizacion europea, no hay ninguna donde haya durado más. No hablemos de las guerras extranjeras. La guerra civil ha sido dolencia crónica del español en Europa y América. La reconquista sólo en sus caractéres exteriores fué guerra de razas; en el fondo llegó á ser una larga guerra intestina. Soldados y caudillos que estaban hoy del lado de los cristianos, combatían mañana al servicio de los muslimes. A favor de esta confusion, bandas sueltas de hombres de armas vivían del pillaje, indistintamente en tierra de moros ó en tierra de cristianos. A los monfíes, mahometanos salteadores, podían oponer los cristianos sus almogáva-

---

(1) No es lo mismo tratar de explicar un fenómeno social por los antecedentes étnicos del pueblo en que se produce—y esto es lo que dejo aquí á un lado,—que considerar los resultados de la coexistencia y mezcla *actuales* de diversas razas, como lo haré más adelante.

res, cuyo tipo legendario se nos presenta en el Cid. La guerra podía ir adelantando hácia el Sur; pero dejaba en el Norte una sociedad revuelta y avezada al peligro, no muy dispuesta á sustituir el imperio de la ley al predominio de la fuerza. Al menor agravio, ó á lo que consideraba por tal, el propietario de un castillo ó casa fuerte se encerraba dentro de sus muros, con sus mesnaderos, para precipitarse en la primera ocasion sobre la comarca vecina y saquearla á su sabor. Todavía son tristemente célebres en la historia de España las fortalezas de Cantalapiedra, Alaejos, Trujillo, Cubillas, Siete Iglesias, Toro, Cendímil, Fronseira, San Sebastian de Carbadillo y Castronuño, guaridas inexpugnables de nobles facinerosos (1). Y entre los jefes de bandoleros, pertenecientes á las primeras clases sociales, se citan un arzobispo Carrillo, un marqués de Villena, un mariscal Pedro Pardo de Cela (2).

Lo mismo haclan los conquistadores de América. La intercesion de los frailes á favor de los indios, dió orígen repetidas veces á sangrientos trastornos, en que capitanes y soldados se alzaban contra las autoridades legítimas, y se entregaban á toda clase de desafueros. Para ellos, el derecho de maltratar y tiranizar á los indígenas estaba por encima de todas las audiencias y reales cédulas. A poco de las revueltas de los Almagros y Pizarros, Francisco Hernandez, con buen número de hombres de guerra, mantuvo en gran conmocion mucho más de un año el vireinato del Perú, derrotó en diversas ocasiones las tropas reales, y llegó á amenzar sériamente á Lima, porque no lo dejaban oprimir á sus anchas á los naturales (3).

---

(1) Los Reyes Católicos tuvieron que poner sitio en regla á la fortaleza de Castronuño, que defendía el foragido Pedro de Mendaña, y al fin capitularon con él, concertando que se retirase á Portugal con sus hombres de armas, despues de recibir siete mil florines de oro de Aragon. Véase Zugasti: *El Bandolerismo*. Tomo IV, páginas 326-328. Prescott: *Historia de los Reyes Católicos*, t. 1º, p. 275, nota. Traduccion de Sabau.

(2) Pedro Pardo de Cela tampoco pudo ser reducido por las fuerzas de los Reyes Católicos. Fué necesario apoderarse de él á traicion, valiéndose de la venalidad de algunos de los suyos. Véase Zugasti, ibid. 352-353.

(3) En cartas del rio de la Hacha, de fines de Octubre de 1554, se encuentra la relacion de los daños causados por Hernandez y la pujanza que adquirió su faccion, y se añade literalmente: «Y todo este daño y mal han causado la libertad de los frailes, que han querido dar á los indios; que el Francisco Hernandez y los demás no

A medida que la guerra regular iba alejándose del territorio peninsular, la sustituía la guerra irregular contra la sociedad, provocada por hombres sin otro oficio que dar y recibir cuchilladas, y que habían pasado lo más de su vida en las guarniciones y campamentos. Aun bajo las banderas, aquellos hombres no habían conocido freno, cuando se trataba de apoderarse de la hacienda ajena. Sorprenden la frecuencia y la indiferencia con que emplea el historiador Mariana la frase *talar y robar*, hablando de los soldados españoles (1). En tiempos de Felipe II no había comarca de España que no estuviese infestada de bandoleros, en su mayor parte militares licenciados (2). En lo abrupto de los montes, como en Sierra Morena; en los desfiladeros, como el de las Estacas en Zamora (3); en las ciudades mismas, como en Tudela, se daban cita y se concertaban los bandidos de Andalucía, Castilla, Leon, Aragon, Vizcaya y Portugal. Reinando Felipe III, los malhechores formaban un cuerpo perfectamente organizado en la capital del reino (4). En las principales ciudades hervían cuadrillas de matones y jaiferos, amparados por los miembros de la grandeza, que se servían de ellos sin empacho para cometer las mayores fechorías (5). En el siguiente reinado, el bandolerismo toma los ca-

---

se alzaron sino por ver las libertades de los indios y de como no se tenía cuenta de los querer dar de comer, siendo ellos conquistadores de todo Perú.» Coleccion de Documentos Inéditos del Archivo de Indias. Tomo 3°. págs. 564 y siguientes. Tambien se encuentran en la Coleccion de Muñoz, t. 87°

(1) La observacíon es de WEISS: *España desde el reinado de Felipe II hasta el advenimiento de los Borbones*. T. 2°, p. 152.

(2) El duque de Medina Sidonia, hablando en una carta de los rufianes que mantenía el duque de Pastrana, dice: «Yendo un hombre por su camino salgan á él doce *soldados* y le comiencen á cortar las narices.» En los apéndices del libro de don Gaspar Muro, *La Princesa de Eboli*. Cita de FORNERON: *Histoire de Philippe II*, t. 2°, pág. 136.

(3) Véase el artículo *Estacas* en el Diccionario de MIÑANO. Cita de Weiss.

(4) En carta dirigida al gobierno inglés por Sir Francis Cottington, á 10 de junio de 1610, dice: «En estos últimos tiempos, apénas pasa una noche sin que sean muertas en las calles personas de todos rangos.» WATSON AND THOMSON, *History of the reign of Philip the Third*, Appendix, p. 441.

(5) Léanse los novelistas de la época, sobre todo las obras que constituyen el género picaresco. El marqués de la Favara no se mostraba en público sino rodeado de veinte rufianes armados hasta los dientes. La princesa de Eboli tenía tambien matones á sueldo. Dice el duque de Medina Sidonia que en cierta ocasion «despidió uno por solo que no había muerto más de un hombre en toda su vida.» FORNERON, loc. cit.

ractéres de institucion pública en Cataluña (1). Y durante la minoridad de Cárlos II, el Corregidor de Madrid denuncia oficialmente á
los soldados del regimiento de Aitona, porque ayudaban á los bandoleros á desbalijar á los transeuntes. En 1686 fué robado, á cinco leguas de Madrid, un correo del embajador francés, quien atribuía el
latrocinio á una de las tres cuadrillas que merodeaban en los alrededores de la córte (2).

Y no es lo más grave la existencia, ni la constancia del hecho, que
bastan á explicar la despoblacion creciente de España, la miseria general hasta en las provincias ricas en un tiempo, y la rapiña de los
agentes del fisco, los fraudes de los administradores de la hacienda
pública, erigidos ya en sistema (3). Lo más grave es que el fondo de
violencia que ofrece el carácter español y el descrédito inaudito en
que habia caido la administracion de justicia, concurrían á despojar
en gran parte estos crímenes de su fealdad, por lo ménos en la con-

---

(1) Es típica la descripcion de estos bandidos catalanes, que hace don Francisco
Manuel de Melo: «Llaman comunmente andar *en trabajo* aquel espacio de tiempo que
gastan en este modo de vivir (como salteadores)...... no es accion entre ellos reputada por afrentosa, antes al ofendido ayudan siempre sus deudos y amigos......

Es el hábito comun acomodado á su ejercicio: acompáñanse siempre de arcabuces
cortos, llamados pedreñales, colgados de una ancha faja de cuero, que dicen charpa,
atravesada desde el hombro al lado opuesto. Los más desprecian las espadas, como
cosa embarazosa á sus caminos; tampoco se acomodan á sombreros, mas en su lugar
usan bonetes de estambre listados de diferentes colores, cosa que algunas veces traen
como para señal, diferenciándose uno de otros por las listas; visten larguísimas capas
de jerga blanca, resistiendo gallardamente al trabajo, con que se reparan y disimulan;
sus calzados son de cáñamo tejido, á que llaman sandalias; usan poco el vino, y con
agua sola, de que se acompañan, guardada en vasos rústicos, y algunos panes ásperos que se llevan, siempre pasados del cordel con que se ciñen, caminan y se mantienen los muchos dias que gastan sin acudir á los pueblos.» *Movimientos, separacion y
guerra de Cataluña.* Lib. 1º, pgs. 468-469. Ed. de Rivadeneyra.

Los bandoleros ampurdaneses daban qué decir de sí desde principios del reinado
de Cárlos V, como puede verse en el *Itinerario desde Roma a España,* del canónigo
Blás Ortiz.

(2) WEISS. Ibid, pgs. 153-154.

(3) En una notable carta del capitan Barahona al rey Felipe II, en 1562, le
decía, entre otras cosas no ménos graves: «No he visto escribano, ni bachiller, ni
hombre que tenga oficios de V. M. ó trate en su real hacienda, que no se haga rico
con ellas en dos dias. y que no deje mayorazgo ó rentas á sus hijos.» Documentos
inéditos para la historia de España, tom. L, p. 337. Cita de FORNERON. T. 2º, páginas 227-228.

ciencia del mayor número. Ya hemos visto la frase de Melo: *Esto no lo reputaban afrentoso*. Y el arte mismo llegó á idealizar la resistencia individual contra el poder público (1).

No he de proseguir, ni es necesario, esta relacion cronológica. El bandolerismo florece en todo el siglo siguiente, y llega pujante al nuestro, igualmente aceptado por la conciencia del pueblo, é igualmente protegido por influencias sociales y políticas. No ménos populares que los nombres de Pedraza ó Serrallonga ántes, son aún los de Diego Corrientes ó José María. En torno de los Niños de Ecija se forma una leyenda, como en otro tiempo en torno de los Beatos de Cabrilla. Las *escopetas negras* infestan los montes de Toledo. El bandido Melgares dominaba hasta ayer en Andalucía por el temor y el respeto; y nadie se escondía para decir que tenía padrinos poderosos en Madrid Un escritor coetáneo asegura que ha servido más de una vez de agente electoral (2). La descripcion minuciosa del bandolerismo organizado en Andalucía, hecha por D. Julian de Zugasti, pone espanto; y no ménos por lo que sugiere, que por lo que dice. A juzgar por quien tenía tantos motivos para estar bien informado, podía poner á raya las fuerzas mismas del gobierno (3) Y despues de la ruidosa campaña de este gobernador, no ha mejorado mucho la situacion de esas comarcas,

---

(1) La comedia de Calderon *Luis Perez el Gallego*, es un documento de valor inapreciable para penetrar en el espíritu del pueblo español en aquel período. Es la apología del arrojo personal y de la resistencia á toda costa al poder social. El protagonista hace armas contra un Corregidor, que va en persecucion de un homicida; hiere á varios alguaciles; allana la morada de un juez pesquisidor; mata un testigo falso en su presencia; se hace salteador, y todo le parece justificado, y así lo parece á sus amigos, que lo ayudan, y á cuantos lo rodean, que lo aclaman como un dechado de pundonor y valentía. No es ménos significativa la opinion de Cervantes sobre Roque Guinart, á quien llama valeroso en *El Quijote*, y cortés, comedido y limosnero en los *Entremeses*, y á quien da tan gallardo papel en el episodio de Cláudia Gerónima. En un dietario de los hechos ocurridos en Barcelona desde 1571 á 1655, se pone por las nubes al Roque Guinart, y se dice textualmente *y Deu li ayudá*. Efectivamente; fué indultado y pasó tranquilamente á Nápoles, donde el virrey lo hizo capitan. CLEMENCIN. Comentario, t. 6?· p. 231.

(2) ARMIBALL. *L' Espagne telle qu'elle est*. P. 154.

(3) «Aquella insolencia sin ejemplo presentaba en un país civilizado el doloroso y singular espectáculo, no de un gobierno constituido, cuyas fuerzas perseguían á los malhechores, sino el de dos fuerzas organizadas y poderosas que entre sí guerreaban.» *El Bandolerismo*, t. 3?· p. 320.

segun los testimonios más recientes (1). Y así ha de ser por fuerza, pues subsisten las causas del mal. España es uno de los países de poblacion ménos densa en Europa (2); su agricultura yace en lamentable atraso; su industria está localizada en pocas provincias; y como el fisco es insaciable, y la improbidad de la administracion ha llegado á ser consuetudinaria, la miseria es general (3); los jueces, por indiferencia,

---

(1) «Hemos dicho que España no es ya la tierra clásica de las manolas, los muleteros y los frailes pringosos; pero tenemos que exceptuar el bandolerismo, que, si bien ménos esparcido que hasta hace poco, vive aún y se perpetúa en ciertas comarcas, á la sombra protectora de nuestra inmoralidad política y administrativa.» AL-MIRALL, op. cit., p. 152. Este autor, en la misma obra, publicada el año pasado, habla de las fechorias de los bandidos andaluces despues del gobierno del Sr. Zugasti. A principios de 1878, en el centro de Madrid, un senador fué secuestrado en su propia alcoba, y tuvo que pagar á buen precio su rescate. Y ahora mismo ha anunciado el cable á todo el mundo que en el camino de Córdoba á Granada ha sido robado el equipaje de la princesa María, nuera de la reina Victoria.

(2) Segun los trabajos recientes y muy escrupulosos del Dr. Bertillon, España no cuenta más de treinta habitantes por quilómetro cuadrado. Sólo Grecia, Rusia y Suecia-Noruega están debajo. IVES GUYOT. La Science Economique, p. 202; gráfico 29.

(3) «En algunas comarcas, como por ejemplo, en las Provincias Vascongadas, la huerta de Valencia, la de Múrcia, y en algunos puntos de la costa del Mediterráneo, la Agricultura está muy adelantada; pero esto no representa más que una superficie insignificante, comparada con la totalidad del territorio. En el resto del país, los trabajos agrícolas se hacen de una manera rutinaria y mezquina; en ninguna parte se nota la presencia de la agricultura industrial, la que dispone de capital, de inteligencia, de iniciativa...... La industria se encuentra en estado análogo al de la agricultura; reconcentrada en unos cuantos distritos, y sin relaciones unos con otros, confía más que en sus propias fuerzas, en las tarifas arancelarias elevadas, única medida que exige del gobierno. El comercio es escaso...... se halla localizado, sin iniciativa, sin cohesion. La misma crítica es aplicable á la Banca, que se halla todavía en la infancia.» EL MARQUÉS DE RISCAL: Feudalismo y democracia, págs. 65-67. «Aún continúa en España el desprecio del trabajo, de la vida y del tiempo, como en los bienaventurados tiempos de Cárlos el Hechizado. El promedio de la duracion de la vida en España, es, por lo ménos, inferior de cinco años al de cualquier nacion civilizada. El promedio de lo que gasta cada individuo son cien pesetas al año; el del trabajo no llega de mucho á hora y media por dia laborable y por individuo.» POMPEYO GENER: Heregías, p. 237. Cuando publicó el marqués de Riscal su libro, que fué en 1880, el Estado tenia en venta 175,000 propiedades rurales.

por impotencia ó por corrupcion, no saben cómo atajar la criminalidad, y el gobierno pasa, segun sopla el viento de la necesidad, del
extremo del abandono más lastimoso, á la crueldad más refinada (1).

De dos maneras influyen estos antecedentes históricos en la existencia ya periódica del bandolerismo en Cuba. Por la trasmision
hereditaria de la raza y las costumbres, y por la inmigracion. El emi-
grante es, por lo comun, en bien y en mal, un buen exponente de los
caractéres más enérgicos de su raza; porque siempre emigran los más
osados y emprendedores. Esto por lo que respecta á la emigracion
voluntaria. España además ha mantenido aquí desde el principio del
siglo un ejército numeroso, que ha convertido en desaguadero de todos lo rezagos de sus guerras civiles. Carlistas y cantonales han venido á parar por igual al ejército de Cuba (2). Los gobiernos españoles
además, en los momentos de peligro, no han reparado nunca en des-
poblar las cárceles y presidios para engrosar sus fuerzas. El procedimiento es tan antiguo que ya D. Enrique de Trastamara lo aplicó para
combatir á su hermano D. Pedro. Las *Grandes Compañías* estaban
formadas con la hez de la canalla española (3). El virey de Nápoles
en 1642 franqueaba las puertas de la ciudad á los foragidos del campo,
para lanzarlos contra Masaniello (4). Y más de una generacion recor-
dará entre nosotros el célebre batallon formado en la Habana, y puesto á las órdenes del brigadier Acosta. Hombres de espíritu levantisco
unos, criminales declarados otros, cuando obtienen su licencia, y se
encuentran libres del yugo de la disciplina, dan fácilmente en la vida

---

(1) «Los delitos quedan casi siempre impunes...... La justicia criminal ha conservado los procedimientos más anticuados. La instruccion del proceso es secreta;
todo se hace por escrito...... A la falta de publicidad hay que agregar la lentitud.....
Otras veces la represion se hace tan horrorosa como el crimen mismo, porque indica,
no ya la calma justiciera de la sociedad que se defiende, sino la ceguedad del agente
arrebatado por instintos coléricos.» EL MARQUÉS DE RISCAL. Op. cit., págs. 20-23.

(2) «Los prisioneros carlistas que entónces se hicieron por el ejército isabelino,
empezaron á trasladarse desde principios de 1835 en numerosas expediciones á la isla
de Cuba». JUSTO ZARAGOZA: *Las insurrecciones de Cuba*, t. 1º, p. 449.

(3) LOISELEUR: *Les crimes et les peines*, pag. 249.

(4) LOMBROSO: *L'uomo delinquente*, p. 350.

depredatoria á que se sienten inclinados. Esto nos explica el número de licenciados y de procedentes de las antiguas guerrillas auxiliares que se encuentran en las actuales partidas de bandoleros (1). Y atendiendo á los antecedentes mencionados no nos sorprenderá que en la poblacion criminal de la Isla los españoles europeos estén, con respecto á los criollos cubanos, en la proporcion de 1 por cada 373 habitantes los primeros, y 1 por cada 3,963 los segundos (2).

Al estudiar el estado de nuestras costumbres, para que nos digan de qué modo pueden fomentar esta terrible dolencia, se nos ponen por sí mismos de manifiesto dos caractéres genéricos de influencia decisiva, la crueldad y la improbidad. La esclavitud no amamanta sino tiranos; y la peor especie de tiranía es la doméstica. En campos y ciudades hemos vivido entre hombres cargados de cadenas; hemos

---

(1) Hace poco fueron fusilados dos secuestradores en Matanzas. Uno era español y licenciado del ejército.

(2) Segun los datos oficiales, en 15 de Diciembre de 1886 existian en el Departamento de Presidio 1,147 penados, de los cuales eran:

Cubanos blancos	217
Cubanos de color	429
Españoles europeos	375
Asiáticos	93
Negros afrícanos	22
Extranjeros	7
Porto-riqueños	3
Filipinos	1

Tomando por base el último censo, segun se publicó en la *Gaceta* de Madrid en 1884, nuestra poblacion se descompone así: cubanos blancos: 860,000;—cubanos de color, incluyendo los africanos: 460,000;—españoles europeos, con inclusion de los canarios: 140,000;—asiáticos: 30,000;—y extranjeros: 10,000. De donde resulta la siguiente proporcion:

Cubanos blancos	1 por cada 3,963 habitantes.
Cubanos de color	1 por cada 1,072 »
Españoles europeos	1 por cada 373 »
Asiáticos	1 por cada 322 »
Extranjeros	1 por cada 1,428 »

presenciado tormentos terribles, impuestos por causas fútiles; y hemos oido constantemente referir historias horrrendas de muertes violentas, que han quedado casi siempre impunes. Del desprecio de la persona humana al desprecio de la vida humana no hay más que un paso. Y aquí lo hemos visto salvar constantemente. No ha sido el sudor, sino la sangre de los hombres lo que ha fecundado nuestros campos. El poder de maltratar á otro sin el temor de ninguna suerte de resistencia engendra la peor especie de ferocidad, la ferocidad á sangre fria. Tres largos siglos han durado los horrores de la piratería en el mar, para traernos negros; de las batidas con perros de presa en los bosques, para perseguir á los cimarrones; del cepo, la cadena y el látigo en la finca y en el hogar doméstico, para asegurar la sumision del esclavo. ¿Qué sentimientos han podido engendrarse en la poblacion híbrida, ignorante y fanática que se formaba en nuestros campos, aumentada parte por el cruzamiento, parte por la inmigracion de hombres no ménos duros, crueles, incultos y fanatizados?

El ánsia desapoderada de la riqueza, del lucro por lo ménos, que parece ser característica de los pueblos nuevos en nuestros tiempos (1), ha reinado entre nosotros sin contraste, y ha subvertido los principios fundamentales de la probidad social. Enriquecerse á toda costa ha sido aquí el objeto principal de la vida. Y la fortuna ha podido cubrirlo, cohonestarlo, dorarlo todo. De mozo de cordel á negrero, de negrero á título de Castilla. Esta ha sido la escala. Y una vez en lo alto, nadie ha mirado hácia abajo. Las manos podian estar súcias de carbon ó de sangre, pero con ponerlas á la espalda, la banda de la gran cruz brillaba sobre el pecho en su esplendor inmaculado. De aquí han nacido como de un manantial inagotable, la mala fe en los contratos, el fraude en el comercio, la informalidad en todas las transacciones, el cohecho y la venalidad convertidos en instituciones, el *negocio* sustituyendo naturalmente, sin esfuerzo, sin asombro de nadie, al trabajo, á la industria, á la pericia, á la ciencia. El que no puede *negociar* en grande, *se busca la vida* en pequeño; y cuando se estre-

---

(1) Véanse en prueba de este aserto el último artículo de Matthew Arnold: *Civilization in the United States* en *The Nineteenth Century*, Abril 1888; y otro titulado *Some social aspects of Canada* en *The Westminster Review*, Octubre 1887.

cha un poco el círculo de esta actividad de honradez ménos que du.
dosa, están á la mano la estafa y el garito. El juego, una de las gran.
des plagas de la sociedad española (1), se ha cebado en Cuba, sobre
todo en el presente siglo. Se ha jugado en el rancho del peon de ganados y en la lujosa vivienda del cafetal; en la bodega de extramuros
y en el palacio del conde, del marqués y del capitan general (2). Se
juega á escondidas en el inmundo tabuco del chino, y con los balcones
abiertos en el club confortable y lujoso; se juega en la valla y se juega
en los terrenos del *base ball.* La única institucion del gobierno, popular en la Isla entera, aceptada y sancionada por los habitantes de todas
las procedencias, es la lotería.

Esta influencia constante y deletérea de unas clases sociales sobre
otras, subiendo y descendiendo, encuentra su foco de radiacion más
poderoso en el gobierno, que forma un mecanismo, cuyas ruedas se
dejan sentir en todas las manifestaciones de la vida social, y cuya
accion es la más visible, la que determina más fácilmente al ejemplo.
El gobierno es no sólo un exponente del estado de cada sociedad en
cada época, sino un agente de potencia infinita en cada caso. Los dos
caractéres que he aislado, para el objeto de mi demostracion, la crueldad y la improbidad, se le aplican, como era de esperarse, en toda la
plenitud de su significado.

Desde que empezó á vacilar el imperio español en América, el
gobierno de la Metrópoli dejó caer una mano de hierro sobre Cuba.
El patíbulo no ha descansado más. Proscribir y desterrar por meras
sospechas ha sido cosa habitual; á veces ha bastado la inquina de un
funcionario ó de un particular con buenas relaciones, para consumar
la ruina de una familia, á causa de la expatriacion de su jefe. Desde
abofetear en las calles á un simple detenido, hasta matar á tiros, en

---

(1) Entre innumerables testimonios que pudieran citarse, véanse las curiosas relaciones, coetáneas de los hechos, que ha publicado el señor Rodriguez Villa, con el
título de *La Corte y monarquía de España en* 1636 y 37.

(2) En su famosa Memoria sobre *La Vagancia en la isla de Cuba,* dice SACO que
sólo pudo aludir de pasada á las gallerías, porque el *tolerante y prudentísimo* Capitan
General D. Francisco Dionisio Vives tenía establecida una *para su recreo. Coleccion
de papeles sobre la isla de Cuba,* tomo 1°, pag. 178, nota.

poblado ó despoblado, á los presos, no ha habido violencia que no se hayan permitido los *agentes de la autoridad*. El transeunte ha podido tropezar en la calle con uno muerto por asesinos, y luego con otro muerto por la policía (1). El pueblo ha tenido sangre hasta la saciedad.

---

(1) Los periódicos de la Habana acaban de publicar este suelto entre las ocurrencias de policía:

«—Segun los partes de policía, han sido detenidos dos indivíduos blancos en quienes recaian sospechas de ser los autores del asesinato de D. Valentin Corujo, *y por declaracion de uno de ellos, resulta que el verdadero* lo era el pardo Eligio Rincon, quien, segun participa el Celador del barrio del Angel, al ser conducido en la noche del sábado último al Vivac por el vigilante de dicha dependencia, y al transitar ámbos por la calle del Tejadillo, próximo á la de Aguiar, el pardo Rincon se volvió contra el vigilante y luchando á brazo partido con él trató de desarmarlo, por cuyo motivo el vigilante expresado, en defensa propia, hizo uso de sus armas, disparándole varios tiros de revólver, que le hicieron caer al suelo gravemente herido. A las voces de auxilio que se dieron se presentó en el acto una pareja de Orden Público, que trasladó al herido á la casa de socorro de la primera demarcacion, donde falleció á los pocos momentos.

El pardo Eligio Rincon agrega el citado funcionario que era de pésimos antecedentes y habia sufrido gran número de prisiones.»

El Pais, 12 de Junio de 1888.

Ninguno comentó tan monstruosa noticia. Pocos dias despues, para completar el cuadro, han comenzado á suscitarse dudas sobre la participacion del pardo muerto, en el asesinato de Corujo.

El procedimiento, de uso muy antiguo entre nosotros, ha sido importado de España. Hé aquí lo que dice el marqués de Riscal: «Hace algunos años se mataba á los bandidos de la Mancha y de Andalucía, sin formacion de causa, al conducirlos de una cárcel á otra, bajo el pretexto de que intentaban huir; y como quiera que un hombre político de la oposicion calificara de asesinatos tales ejecuciones, el espíritu de partido ahogó su voz, acusándole de hacer la causa del bandolerismo. Nadie comprende aquí —ó al ménos así lo parece—que la sociedad se deshonra con tales procedimientos; que la violencia no es la justicia, que la ilegalidad, aunque sea contra el peor de los criminales, recaerá al día siguiente sobre los hombres de bien; y, en fin, que en interés de éstos mismos debe la ley ser siempre y en todas partes escrupulosamente respetada.» *Feudalismo y democracia*, p. 23-24. Almirall, entre otras hazañas de los *Mozos de la Escuadra*, refiere el caso, acabado de ocurrir en Barcelona, de un indivíduo á quien sacaron á golpes de la casa en que dormia y mataron de un tiro de revólver en la misma escalera. Luego resultó que lo habian muerto por equivocacion! *L' Espagne telle qu' elle est*, p. 135-137.

Así se ha quebrantado su energía, sin levantar su moral; y el gobierno todo lo que ha conseguido es sembrar el terror por breves intervalos, sin corregir y sin morigerar; ántes al contrario, dando el más pernicioso ejemplo, y alejando cada vez más de sí á la poblacion espantada. El miedo es un gran disolvente social; y donde se aflojan los lazos civiles es donde con más facilidad se forman las asociaciones irregulares y criminales (1). Y lo singular es que se quiera cohonestar esta vuelta á las costumbres sangrientas de las edades más bárbaras con la deficiencia de los jueces y la corrupcion del foro, como si la judicatura no fuera una de las ramas del gobierno, y como si esto no equivaliera á confesar que el Estado es impotente hasta para atajar un mal menor, cual es la venalidad de los curiales.

En el caso especial del bandolerismo nada ha sido tan demoralizador como la acion del gobierno. En momentos de arrebato ha atropellado por todo, y se ha encarnizado por meras sospechas con comarcas enteras; y poco tiempo despues se le ha visto pactar con los bandidos, ó lo que es todavía peor, echar mano de la felonía y la traicion para deshacerse de ellos (2). Donde no se comprenda la monstruosidad de que los agentes del Estado, que debe ser la representacion visible y permanente de los sentimientos más depurados de moderacion, justicia y honor, pongan acechanzas á un hombre—aunque sea el último de los criminales—le empeñen una palabra solemne,

---

(1) El criminalista italiano MONNIER explica por los efectos del régimen de terror, á que han vivido sometidos los pueblos de la Italia meridional, la tenacidad del bandolerismo. El miedo, infundido por la religion y por el gobierno, hacía las veces de la conciencia y del amor al deber. «Se obtenia el órden, no realzando al hombre, sino deprimiéndolo». Y el resultado? Que los violentos han sabido explotar el miedo en provecho suyo. *La Camorra* y *Notizie storiche sul brigantaggio*. Cita de LOMBROSO, p. 358.

(2) El señor Almirrall refiere la trama que urdió el Gobierno para deshacerse del terrible Melgares. Vamos á trasladarnos á plena Edad Media. Uno de los compañeros de Melgares, Francisco Antonio, tenía un hermano cura. Por mediacion de éste se le ofreció el indulto y cuatro mil pesos si mataba á su jefe. Así lo hizo; y cuando se presentó á recibir el precio, se encontró con un subteniente y dos soldados que lo mataron á su vez. Op. cit. pag. 161.

y despues lo maten sobre seguro, no hay que esperar ni un rudimento de moralidad verdadera en el pueblo. Porque lo propio y característico del sentimiento moral es que nos obliga interiormente, no por la presion de las circunstancias. Es que nos fuerza á abstenernos, aunque podamos. Y si el hombre inculto ve que aquel que á sus ojos lo puede todo, el gobierno, comete una traicion, una violencia, el dia que lo arrastre su pasion, ó su apetito, no las cometerá *si no puede,* pero las cometerá *si puede.* Ahora bien, el pretender que el Estado con sus medios de represion se substituya en cada indivíduo á su conciencia, es la mayor de las quimeras. Un gobierno que desmoraliza con su ejemplo, forma él mismo los criminales que habrá de perseguir despues.

Todo esto se aplica igualmente á la falta de probidad de los administradores de nuestra hacienda. Los fraudes más inauditos, los despojos más descubiertos pasan á la vista de todos, se conocen con sus detalles; y se señala con· el dedo á los autores. El clamor de reprobacion es universal. Desde el más modesto ciudadano hasta las primeras autoridades de la colonia no hay quien no denuncie el hecho y no vea las consecuencias; lo que no se ve jamás es el remedio, ni el castigo (1). Desde que se organizó la trata, comenzó á acompañarla

_____

(1) El Intendente D. Mariano Cancio Villamil decia al gobierno en 29 de Mayo de 1873:

«La situacion administrativa en que se encuentran las rentas terrestres y marítitimas de la isla de Cuba no puede ser más lamentable para el país, ni más peligrosa para el crédito del Gobierno. Entregada por regla general en manos poco escrupu losas, ha sido tan fácil llegar al grado de descomposicion que hoy tiene, como es difícil corregir los abusos que la devoran...... La alteracion de documentos para defraudar al Estado ó al contribuyente; la confabulacion para no hacer efectivos los créditos contra particulares; lo ocultacion de los ingresos para utilizarlos indefinidamente, ocasionando los alcances de algunos colectores; el abuso contra los contribuyentes sencillos del campo, exigiéndoles mayores cuotas de las que les corresponden pagar; el sistema de retener el despacho de los expedientes hasta ponerles precio; todo cuanto el ingenio puede crear en perjuicio de los intereses públicos y del Tesoro, todo existe en proporciones verdaderamente aterradoras...... Se han formado costumbres viciosas que, despues de envejecidas, han constituido para los interesados una especie de derecho al abuso. Derecho que, por desgracia, ha confirmado la conducta el cohecho descarado de las primeras autoridades (1). Se conoce la tarifa para repartirse los provechos desde lo más bajo hasta lo más alto de la escala gubernativa (2). A principios del siglo había

de varios gobiernos, que habiendo visto regresar á la Península á algunos funcionarios con fortuna superiores á las que legalmente podria esperarse, y á pesar de presumir los medios empleados para adquirirlas, no se les ha ocurrido formarles expediente de residencia; y ellos y sus compañeros y el país han visto que, léjos de eso, cuanto más ricos más se les abrian las puertas del favor; y los ascensos y los honores, pródigamente concedidos, venían á dar una sancion legal á su reprobada conducta.» *Situacion económica de la isla de Cuba*, p. 45 [Madrid, 1876, segunda edicion].

Y en una exposicion dirigida al mismo Intendente por el comercio de la Habana, en 6 de Noviembre de 1872, se lée:

«Que cesen de una vez el dolo y el engaño por parte de especuladores egoistas y funcionarios prevaricadores contra los intereses de la Hacienda......; que desaparezcan absolutamente la inmoralidad y el fraude.» Op. cit., Apéndices, núm. 1.

(1) «Ninguna infraccion de las Ordenanzas que en la materia regían fué tan escandalosa como la que en Cuba se cometió durante el gobierno de D. Francisco Xelder, Caballero de Calatrava. Deseando éste grangearse el afecto de los Oficiales Reales Arechaga y Arias Maldonado, interesábalos en fraudalentas expediciones. El capitan de un cargamento negrero sobornó á los mencionados oficiales y al factor de registros y para mejor facilitar la entrada del contrabando, Xelder mandó retirar de las fortalezas todos los centinelas. A las diez de la noche del 25 de Junio de 1653 y con antorchas encendidas metióse en el puerto de la Habana un buque que conducia quinientos negros, de los cuales solamente se registraron cincuenta de los peores ocultándose y vendiéndose á buen precio todos los demás á los hacendados de aquella ciudad. Ejemplo de inmoralidad de funesta trascendencia, no sólo para los emplados públicos sino para el pueblo que lo presenciaba.» J. A. Saco. *Historia de la Raza Africana en el Nuevo Mundo, etc.*, tomo I, p. 276.

(2) «La cuestion que tanto se ha controvertido de si puede ó nó sostenerse y prosperar la agricultura en las Antillas sin el auxilio y brazo de los esclavos de Africa, es el orígen de una imposicion sobre este comercio clandestino de que se aprovechan varias autoridades y empleados, y causa principal de su asombroso engrandecimiento y riqueza. Más de 30 pesos fuertes, segun las circunstancias, se satisfacen por los armadores por cada cabeza, sin distincion de sexo ni edad; las que computadas por el mínimum introducido anualmente que es de 2,000, produce una suma de 60,000 pesos que se distribuye entre los partícipes, en la forma siguiente:

8 Al Capitan General.

2 A su Secretario.

2 Al segundo Cabo.

llegado la desmoralizacion pública á este respecto á tal grado, que la guardia misma robó la tesorería (1). Durante la guerra se improvisaron fortunas fabulosas y escandalosas, por los manejos entre contratistas y administradores, mientras que los soldados españoles carecían de pan y de medicinas (2). Despues de la paz el pillaje, organizado contra la hacienda pública, ha tomado las proporciones de una verdadera saturnal. Se han visto desaparecer millones en una sima sin fondo; y todavía nadie sabe á ciencia cierta á cuánto ascienden las defraudaciones colosales de la Junta de la Deuda (3). ¿Hay quién presuma que aprenderá á respetar la propiedad un

---

3 Al Comandante de Marina.

4 Al Capitan del Puerto.

8 Al Intendente, de los que da

2 A su Asesor.

1 A su Secretario.

1 Al Comandante del Resguardo.

2 Al escribiente del Resguardo,

1 Al Subdelegado del Partido.

2 Al Administrador de la Aduana.

Informes del Fiscal de la Audiencia de Puerto Rico, D. Fernando Perez de Rozas, en 1838. Parte Civil.» JOSÉ A. SACO, *Historia de la esclavitud*, pág. 569, t. III de la REVISTA CUBANA, nota.

(1) En 1804, siendo tesorero el marqués de Arcos, don Ignacio Peñalver y Cárdenas, la misma guardia que custodiaba el *Real Tesoro* robó $151,000, que tuvo que resarcir el marqués de su fortuna propia. Véase *Lo que fuimos y lo que somos, ó la Habana antigua y moderna*, por don JOSÉ MARIA DE LA TORRE, p. 63.

(2) «Los soldados son espectros más bien que hombres; operan trabajosamente unos cuantos meses, ó ingresan en los hospitales, donde no se les da ni caldo para reponerse.» Comunicacion al intendente Cancio Villamil. Op. cit., pág. 47. Las malversaciones llegaron á estar tan patentes, que en la misma época (1873) circularon impresos anónimos, con una viñeta que representaba un piquete de voluntarios fusilando un indivíduo, y el título de *Los leales á los ladrones de la hacienda pública*. Concluían así: «RECETA GENERAL. Fusilar á todo el que defraude á la Hacienda pública, sea del color y condicion que sea.»

(3) Los libramientos en firme y de formalizacion expedidos por la Junta de la Deuda, y satisfechos por la Tesorería General, sólo de Abril de 1884 á Noviembre de 1885, ascienden á $17.713,550. Y se ha descubierto que buen número de estos millones han sido robados. Algunos casos explicarán el procedimiento general. Uno de

pueblo acostumbrado al encumbramiento, al esplendor y á la impunidad de los ladrones del caudal público?

En esta atmósfera totalmente viciada vegeta un pueblo, compuesto de elementos disímiles, en que se confunden razas salvajes, razas decrépitas y razas grandemente mezcladas, sumido en la abyeccion y en la ignorancia. El país es extenso y fértil, el clima tropical sin ser muy riguroso gracias á lo estrecho de la isla, húmedo, y por tanto enervante; donde no hay bosques impenetrables hay ciénagas casi inaccesibles; su poblacion escasísima (1). La sociedad ha estado fundada en la explotacion sin misericordia del hombre por el hombre. Es decir, se ha quedado en el primer peldaño de la civilizacion. Donde las llanuras inmensas y los pastos naturales han fomentado la crianza de ganados, que aproxima poco á los hombres, y los endurece á la fatiga; donde montañas alterosas y abruptas han formado una poblacion recia y poco sociable, el régimen social se ha modificado, mejorando las condiciones morales que dan tono al grupo colectivo; si la cultura ha sido deficiente, el carácter se ha conservado más entero. Pero donde se estrecha la Isla, y la poblacion, atraida por las aglomeraciones urbanas, se ha hecho más densa, las razas y las clases han pesado sin contraste unas sobre otras, confundiendo en igual servidumbre á cuantos estaban debajo. El guajiro y el isleño han sido tan esclavos como el negro. El

---

los individuos más prominentes del gobierno insurrecto, el doctor Eduardo Agramonte Piña, murió en una accion en 1872. Pues ahora ha aparecido avecindado en la Habana, ha presentado sus reclamaciones por los bienes que le fueron embargados, y ha cobrado $56,400. El señor Manuel Aguilera, que salió de la Isla con su deudo el general Vicente Aguilera, y jamás ha vuelto á ella, tambien cobró *personalmente* $70,500. Gaspar Socarrás Acosta, que ha residido siempre en Puerto Príncipe, y es hombre de fortuna muy modesta, aparece como vecino de la Habana, con su expediente completo, y en su nombre se cobran $282,070-50. De este modo en poco más de un mes, de Junio á Julio de 1884, ha sido defraudada la Hacienda en $3.318,702-50.

(1) La superficie de Cuba, segun el *Almanach de Gotha*—1887—es de 118,833 kilómetros cuadrados. Su poblacion, de hecho, en 31 de Diciembre de 1877, última datos oficiales de la Direccion General del Instituto Geográfico y Estadístico, era de 1.521,684 habitantes. (*Censo de la poblacion de España*, t. 1?, Madrid, 1883). La densidad correspondiente es de 12.80.

veguero es un siervo adscrito á la gleba. Trabaja sin remision ni esperanza para el bodeguero que lo estafa y para el marquista que lo explota.

No es más lisonjera la situacion de los pequeños cultivadores, con
pocos mercados, malos caminos ó fletes excesivos. Viven del fiado como
el veguero, y son siervos de su deuda permanente. La transformacion
actual para el cultivo de la caña, no se ha iniciado con mejores auspi-
cios. Los *colonos* no prosperan; empiezan por tropezar con la mala fe
del hacendado, hecho á poner al hombre al nivel del buey ó del caballo, del propietario que lo ata con un contrato leonino, y luego le
merma el peso del fruto. El negro campesino, que vive con muy poco,
se va retirando lentamente de las fincas, para formar una gran masa
de poblacion inerte, que consumirá estrictamente lo que produzca. Y
el hacendado que necesita á toda costa jornaleros baratos va á buscar-
los.á los presidios! Parece que no ha llegado todavía á comprender
todo lo que le importa la moralidad de sus obreros.

En ninguna de sus formas se revela el órden social á nuestra poblacion campesina como proteccion, sino como fuente de exacciones
perennes. La iglesia ni la educa, ni la moraliza; le cobra por cada uno
que nace y por cada uno que muere, y apénas si se cuida de nada
más. Todo lo que ve del Estado es el secretario del juzgado municipal, de quien se recela, el ejecutor de apremios, que aborrece, y el
guardia civil, ante quien tiembla.

Estas condiciones, no modificadas aún, mantienen en nuestros campos una institucion sancionada por la ley de la necesidad, el caciquis-
mo. Porque el cacique, que es un tirano, es tambien á veces un protector. Antes era el cacique un hijo del pais, hoy casi siempre es un
español; es el único cambio. Pero tanta gente desvalida é ignorante
se aproxima como es natural al que un dia puede detener al agente
del fisco, al otro *sacar de un apuro*, y cuando llega el caso suavizar á
un juez exigente ó riguroso. De aquí resulta que no se establecen relaciones directas entre el pueblo y la ley, sino relaciones indirectas por
medio de esos hombres influyentes que pueden á voluntad lanzar el
rayo ó detenerlo. La miseria, la ignorancia, el temperamento moral
heredado, y la sumision á la voluntad ajena, he aquí lo que constituye
á nuestra poblacion campesina en semillero de bandidos. Un desalma-

do audaz arrastra unos cuantos, impone á muchos, busca conexiones y encuentra protectores. Las condiciones externas favorecen, las condiciones morales no pueden ser más propicias, y el régimen social conspira de la mejor manera.

Por su parte el gobierno, cuando el mal cobra creces, y la partida que empezó por tres llega á veinte, ensaya el terror; empieza á ver cómplices por todas partes, multiplica las prisiones, los vejámenes, los malos tratamientos, las ejecuciones. Y el nivel moral baja un grado más. Al temor al cacique y al miedo al foragido se une el terror al gobierno. El que tiene algun espíritu ó algunos recursos emigra á otra comarca ménos castigada, el mayor número, el imenso número se pone á esperar el mal que por algun lado ha de sobrevenirle, abyecto, incapaz de prevenirlo y menos de resistirlo.

No es de mi resorte en esta ocasion buscar el remedio del mal, sino descubrir sus raices. Pero sí diré que las grandes enfermedades del cuerpo social no se curan de súbito, y mucho ménos con la violencia. Contra la plaga que hoy nos aflige, se ha probado muchas veces, y siempre en vano. En España, la Santa Hermandad asaeteaba á los bandoleros; luego los descuartizaban, y hasta los quemaban vivos. El bandolerismo, que ya no existe en Sicilia, que ya no existe en Grecia, subsiste en España. En Cuba se les ha perseguido más de una vez á fuego y sangre: y hoy todavía se buscan leyes especiales y tribunales especiales para reprimir los bandidos. Cuando no es que nos falten leyes, sino que nos sobran las causas de disolucion social. ¿De qué nos ha de servir, pues, una reforma legislativa, suponiendo que lo sea, si lo que se necesita es cegar las fuentes de corrupcion, empezando por lo alto; respetar y enseñar á respetar todos los derechos, sobre todo los de la persona humana como tal; abatir las desigualdades artificiales; combatir los privilegios extra-legales; esparcir la cultura verdadera, empezando por la de los sentimientos; en una palabra, regenerar, morigerar y dignificar un pueblo entero? El bandolerismo no retrocede ante la fuerza, sino ante la civilizacion. Y en Cuba lo que avanza es la barbarie.

ENRIQUE JOSÉ VARONA.

Habana 20 de Junio de 1888.

EL POETA MEJICANO MANUEL ACUÑA. (1)

A pesar de lo poco que disfrutó de la existencia, supuesto que su vida no se extendió siquiera ni á cinco lustros, tuvo sin embargo, en tan breve espacio, tiempo más que suficiente para asegurar la perpetuidad de su nombre, inscripto, por cierto, con indiscutible derecho y razon en las páginas más envidiables de la literatura de su patria.

Quiso extinguir con un acto propio de su enérgica y desesperada voluntad, el recuerdo de su sér, quizás presumiendo que todo terminaría para él con semejante accion, y no obstante esto, desde las tenebrosidades de aquella helada y horrorosa tumba en que se precipitó ¡desventurado! por medio del suicidio, reaparece en seguida más radiante la fúlgida é inextinguible luz de su genio, por demás peregrino, iluminando con sus nítidos resplandores hasta el presente no superados, y acaso, acaso ni aún siquiera igualados, los espléndidos horizontes de aquel nuevo y sonriente amanecer de las bellas letras en su nacion.

Con justicia y acierto, pues, cantó la eminente poetisa cubana Gertrudis Gómez de Avellaneda:

> Que la palabra que lanzó el poeta
> A la ley de morir no está sujeta.

---

(1) Estudio crítico-literario leido por su autor en el *Liceo Hidalgo* de Méjico, y dedicado al ilustre vate Juan de Dios Peza.

Y así es en efecto: cuando el que entona en armoniosas y melódicas estrofas sus cantares, es un verdadero bardo de aquellos que bebieron á raudales la célica inspiracion, entonces sin duda que tiene garantida la inmortalidad verdadera y real para los mismos, y su memoria, circuida de prestigiosa alabanza, al par que de recordacion gloriosa, pasará de seguro en álas de la fama á la más remota posteridad.

Tal debia acontecer—y así ha sucedido realmente—con el celebrado vate Manuel Acuña, á quien dedicamos estos mal pergeñados renglones con ánimo de aquilatar el mérito que alcanzó, como poeta lírico, en el desarrollo que semejante forma del Arte literario ha obtenido, durante los dias que corren, en esta importante porcion del mundo latino-americano.

Escaso interés despierta la fugaz existencia del esclarecido vate. El 27 de Agosto de 1849, vió la primera luz en el Saltillo, capital de la entidad federativa denominada Coahuila, y el 6 de Diciembre de 1873 puso fin á sus dias en la Metrópoli de toda la República.

Su rápido vivir fué todo él consagrado á la especulacion racional y libre, dejándose, sin duda, arrastrar con sobrada vehemencia de sus indómitas idealidades y sus no ménos fogosísimas aspiraciones; unas y otras difíciles, si no del todo imposibles de realizar adecuadamente, dado el peculiar carácter y las connaturales propensiones de nuestro malogrado ingenio.

Habiéndole tocado precisamente vivir en la confluencia de dos épocas históricas, diametralmente antagonistas: una cuyos viejos y gastados ideales se derrumbaba con estrépito y escándalo de no pocos, y otra, cuyos sentimientos y propósitos se imponian con indecible terquedad y áun fiereza indomable, Acuña revela y esteriotipa fielmente en su idiosincracia poética, todo el férvido y turbulento oleaje que se origina por la porfiada y resistente conjuncion de estos dos períodos, que luchan obstinados, cada cual por obtener el triunfo definitivo, imprimiendo, por consiguiente, á las inteligencias que se preocupaban con seriedad de sus tenacísimas contiendas, toda la índole crítica y laboriosa por demás de que ellos se encuentran fatalmente saturados.

Pocos, muy pocos espíritus, indudablemente, retratarán con mayor puntualidad aquella crísis de entonces, cuyos efectos áun hoy dia se sienten y tardarán muchísimo en desaparecer, como nuestro simpático bardo. Extraña amalgama de contradictorias cualidades, la inspiracion de Acuña transparenta con fiel exactitud todo aquel choque turbulento de las inteligencias sobreexcitadas por el combate diario, toda aquella movible y horrísona marejada en que estaban envueltos cuantos espíritus pensadores existian en su país, y en fin, todas aquellas desgarradoras é inmensas ánsias que en aquel tiempo, todavía más que ahora, asediaban poco ó mucho, pero siempre algo, á las conciencias investigadoras y amantes del progreso social.

De temperamento demasiado idealista no puede nunca jamás engolfarse de lleno en las negras y pavorosas regiones de un absoluto, y por lo tanto incondicional excepticismo; y así, aunque á veces sus alas aparentan tocar las impuras é infectas fealdades que no escasean en la superficie terrenal, en aquello que la misma tiene de más abrupto y punzante, bien pronto, al sentir el áspero contacto de tan ingratas realidades, se lanza de nuevo con más brío y decision á las supremas alturas por donde acostumbra espaciarse con marcado deleite su delicada cuanto noble fantasía. La verdad es que el papel de espíritu maligno le cuadraba poco, sentándole mucho mejor el de ángel de luz. No era el medio ambiente aquel en el cual nuestro poeta debia respirar el de las tinieblas, sino por el contrario, el de los resplandores vivísimos. De cuando en cuando, debido acaso á influencias y circunstancias extrañas, perdía, sin embargo, su natural sendero, y en vez de volar presuroso, hácia la centellante claridad que lo hechizaba de contínuo con sus refulgencias, se empeñaba, temerario, en peregrinar tardío hácia las repulsivas comarcas de las opacas sombras. Empero, estos desgraciados tanteos duraban muy poco, y áun en medio de su prosecucion, siquiera fuese la más sistemática é insistente, no perdia nunca jamás nuestro Acuña, del todo los rasgos más característicos y salientes de su fisonomía poética. En ningun caso, cierto género de asperezas, harto difíciles de vencer, aún á los espíritus más complacientes y tolerantes, se presentan descaradas en sus composiciones, siempre dignas, nobles y muy bien intencionadas; ni tampoco hay que echarle en cara, con justicia y motivo, la nauseabunda crudeza de algunas deformes y desenvueltas frases, nada convenientes, á causa de su exagerado realismo, por demás antiestético, y que en otros autores se estampan una que otra vez, ya intencionalmente, ya de una manera hasta cierto punto involuntaria.

Su pesimismo bastante consecuente, y hasta connatural, dista mucho, á la verdad, de ostentarse engalanado con el traje que usa para vestir sus desesperantes concepciones, Plaza, el otro aplaudido poeta lírico, su contemporáneo. Compárense las ideas y los sentimientos, y la manera con que se expresan, en alguna de las sentidas composiciones de uno y otro bardo, las cuales guardan determinada analogía en el fondo ó en la forma, y se percibirá inmediatamente lo oportuno de tal observacion. ¿Qué tiene que ver, por ejemplo, *La Ramera* de Plaza, con la poesía del mismo nombre, de nuestro Acuña? Más pulcro y mesurado éste, menos declamador que el otro; más, mucho más idealista que el anterior, es al propio tiempo tambien más trascendental y humano y ménos subjetivo en las apreciaciones que formula acerca de esta casi inevitable y gangrenosa excrecencia del cuerpo social. El uno canta sus individuales y caprichosas impresiones con sacrílego descoco; el otro se lamenta desconsolado de las injusticias é imperfecciones sociales que aún todavía circulan y privan, cual moneda de buena ley, en las humanas sociedades, augurando, confiado, un más progresivo y racional porvenir para esta porcion de la humanidad envilecida.

Y ya que hemos hablado del escéptico y pesimista Plaza, bueno será que advirtamos aquí, de paso, una diferencia notable que podemos determinar con toda seguridad, existió entre uno y otro vate; con tanta más razon cuanto que hay tambien algunos puntos de contacto perceptible entre ambos, á pesar de no ser tan numerosos como pudiera suponerse, despues de un exámen comparativo, superficial y ligero. El escepticismo y pesimismo de Acuña, si bien aparece en sus cantos en dósis harto menores que las ofrecidas por Plaza, fué, sin embargo, más consecuente y racional que el proclamado por su compañero de inspiracion. No fué únicamente una dolencia mental supuesta, ó que tan sólo se padeciese por intervalos, debida á influencias solamente exteriores ó del momento, sin llegar nunca á constituir en su ánimo un permanente estado, ni mucho ménos una enfermedad fantástica ó exclusivamente declamatoria, como la que fingen ó présumen padecer no pocos espíritus histéricos, soñadores, ó sencillamente *simples*, á quienes aqueja, no en realidad esta horrenda epidemia de la duda laboriosísima en que vienen envueltos los tiempos actuales, sino el deseo fátuo de seguir sin conciencia la corriente de la moda, ó bien una monomanía que les embarga y lleva, quizás por el mero prurito de distinguirse, á creerse verdaderamente afectados del mal que están demasiado distantes de padecer, y que no es, despues de todo, tan fácil de sufrirse. Porque es preciso no echar en olvido que *dudar racional y sistemáticamente*, es decir, con criterio propio, no es empresa tan fácil y que pueda dominar, por consiguiente, á cualquier cerebro humano. La duda verdadera, y sobre todo leal y consecuente, es muchísimo más difícil que la afirmacion resuelta ó el dogmatismo absoluto y rotundo.

Ahora bien, si pretendemos medir con exactitud los grados del funesto mal predicho, que se presentan en uno y otro poeta, para conocer su positiva intensidad, francamente no podemos ménos que confesar, ya por el exámen concienzudo, interno y profundo de sus respectivas producciones, ya sobre todo, por la manera con que terminó la existencia del uno y del otro, que la dolencia de nuestro desdichado Acuña fué sin disputa más profunda, más persistente, más tenaz, en una palabra, más *constitucional*, segun el oportuno calificativo con que la designaría un gran escritor español. Acuña, con su muerte, puso el sello imborrable y permanente á la fidelidad y consecuencia sinceras de las ideas y sentimientos que durante su vida toda, sin ambajes, subterfugios ni hipocresías siempre profesó. No así aconteció con Plaza, quien, sin embargo, el desenfreno manifiesto y un tanto cínico de su musa hipocondriaca, con respecto á cuanto dice referencia á las negaciones más absolutas ó á las ideas más pesimistas y desesperantes, cantadas con estro vehementísimo por él en toda ocasion, en las postrimerías de su vida distó mucho—segun se ha asegurado públicamente—de ser, en aquellos instantes supremos y solemnes de su existencia, consecuente con todo aquello que había proclamado clara é incesantemente, durante el trascurso de la misma hasta degenerar casi en la monomanía.

Y no quiere significar esto, en manera alguna, que nosotros aprobemos ni justifiquemos en absoluto el suicidio del· infeliz Acuña: no, y mil veces no. Nuestras arraigadas ideas filosóficas, morales y además religiosas, nos vedan aprobar un acto que, en nuestro leal sentir y entender, no da solucion satisfactoria, equitativa y racional á nada; pero que, sin embargo, puede ser significativo y comprobante de la entereza y lealtad con que se han profesado ciertas ideas, y al propio tiempo alentado y acariciado determinadas y concretas aspiraciones.

Si la existencia humana no ha de ser una indigna y ridícula farsa, carente de toda consideracion y trascendencia, es de imprescindible necesidad que se cumpla en todas sus partes el proloquio latino que reza: *Qualis vita, finis ita,* que en romance dice, ni más ni ménos: *Cual es la vida tal debe ser la muerte.*

Cuando se han escrito aquellos soberbios tercetos que llevan por título *Ante un cadáver,* y en los que, resucitando la inspiracion dantesca, tan valientemente se han vertido sin rodeos de ninguna especie las teorías del más trasparente y omnímodo materialismo, idealizándolas hasta el exceso; cuando tan repetidas veces se ha hecho patente en versos de una tersura inimitable el hastío manifiesto por la importuna y enfadosa existencia humana; cuando, por último, bajo una ú otra forma y con mayor ó menor ingenuidad, se manifiesta á todo el que desee oirlo, que se ha producido ó hecho el *vacío* en lo que denominaremos, por no darle su propio nombre, el *interior* de ser hermano, no hay causa, razon, motivo, ni pretextos bastante plausibles, en verdad, que estorbar puedan que lo hagamos ó produzcamos tambien en el *exterior,* si así nos place ó acomoda, usando cualquiera de los medios que estén á nuestro alcance, ó que merezcan nuestra especial predileccion. A bien que á la postre nos queda el supremo consuelo propinado por el mismo bardo:

«Que al fin de esta existencia transitoria
A la que tanto nuestro afan se adhiere,
La materia, inmortal como la gloria,
Cambia de formas, pero nunca muere».

¡Lástima grande!—quizá podria exclamar el Arte Poético—que no fuese inconsecuente el vate con sus propias teorías!.... Porque es indudable que, á haber vivido siquiera diez años más el poeta de quien nos estamos ocupando ahora, y á haber seguido, cual era de esperarse, su inspiracion y el vigor de su númen una escala progresiva y ascendente, hubiera llegado á ser no tan sólo el primer poeta lírico contemporáneo de Méjico, sino uno de los más excelsos que hubiese producido el mundo de Colon.

Y téngase en cuenta que hemos insistido en hacer constar esta circunstancia, porque ella entra por mucho en la apreciacion del mérito de nuestro insigne vate. Con efecto, en todas sus obras, absolutamente en todas, resalta á las claras, en medio de sus otras cualidades, esta principalísima que en él es nota distintiva, á saber la de su notable y *poderosa ingenuidad*. Acuña siente perfectamente lo que dice, y dice tan solo aquello que siente con ardor y vehemencia. De aquí que sus versos, llenos de robustez y elevacion, se deslicen, al mismo tiempo, siempre fáciles, expontáneos, y tan naturales, en fin, que el que los lee, al gustar su música suave y deliciosa, llega hasta formarse la ilusion de que acaso él tambien podria hacerlos iguales si de veras lo intentase.

Por lo general correctos y bien perfilados los desarrollos de sus planes, que aparecen vaciados siempre en armoniosa forma métrica, los conceptos que los determinan casi nunca se distinguen por una originalidad sorprendente, ni por ser demasiado peregrinos, así como no sería cierto tampoco el afirmar que los asuntos que le sirven de fundamento brillan por su notoria novedad; pero en cambio, todo está expuesto y revestido con tanta frescura, viveza, y por último, con tan irresistible y halagüeña plasticidad, que las emociones despertadas en el ánimo por semejante armónico conjunto, son en extremo placenteras y estéticas tambien en grado sumo. No se echa, pues, de ménos en sus cantos la exigida é indispensable cualidad que debe resplandecer en toda produccion que de artística se precie, en el caso que anhele ser duradera y justamente celebrada.

Aún en aquellos momentos en que su fecunda fantasía se refrescó con la inspiracion de otros bardos, aún entonces, no puede decirse con justicia que lo producido fuera una simple imitacion, agena por completo á su peculiar manera. En imaginaciones del temple de la de Acuña, el servilismo, más ó ménos disfrazado, es de todo punto imposible. Recuerdos hay—es positivo—muy salientes de Campoamor y de Becquer, en las producciones del malogrado ingenio mejicano, como lo testifican sus *Hojas secas* y las *Doloras* que dejó escritas; mas el mérito de semejantes composiciones nos parece tanto, que los mismos bardos españoles no se desdeñarían en colocarlas—y en sitio preferente quizá—entre las por ellos dadas á luz de la misma índole.

Como prueba de lo que acabamos de afirmar, recuérdense la *cuarta, décima* y *décimacuarta* de las *Hojas secas* ya mencionadas.

Hélas aquí:

4

En Dios le exiges á mi fé que crea,
Y que le alce un altar dentro de mí,
¡Ah! Si basta no más con que te vea
Para que yo ame á Dios, creyendo en tí.

10

Las lágrimas del niño
    La madre las enjuga,
Las lágrimas del hombre
    Las seca la mujer....
¡Qué tristes las que brotan
    Y bajan por la arruga
Del hombre que está sólo,
Del hijo que está ausente;
    Del sér abandonado,
    Que llora y que no siente
Ni el beso de la cuna
    Ni el beso del placer!

El cielo está muy negro, y como un velo
Lo envuelve en su crespon la oscuridad;
Con una sombra más sobre ese cielo
El rayo puede desatar su vuelo
Y la nube cambiarse en tempestad.

Ahora prestemos atencion á su bella y melancólica *Dolora* que lleva por título: *Mentiras de la existencia*:

¡Que triste es vivir soñando
Con un mundo que no existe!
Y qué triste
Ir viviendo y caminando,
Sin ver en nuestros delirios,
De la razon con los ojos,
Que si hay en la vida lirios,
Son mucho más los abrojos.
Nace el hombre y al momento
Se lanza tras la esperanza,
Que no alcanza
Porque no se alcanza el viento;
Y corre, y corre, y no mira,
Al ir en pos de la gloria,
Que es la gloria una mentira
Tan bella como ilusoria.
No ve al correr como loco
Tras la dicha y los amores,
Que son flores
Que duran poco, muy poco!
No ve cuando se entusiasma
Con la fortuna que anhela,

Que es la fortuna un fantasma
Que cuando se toca vuela!

  Y que la vida es un sueño
Del que si al fin despertamos,
     Encontramos
El mayor placer pequeño,
Pues son tan fuertes los males
De la existencia en la senda,
Que corren allí á raudales
Las lágrimas en ofrenda.

  Los goces nacen y mueren
Como puras azucenas,
     Mas las penas
Viven siempre y siempre hieren;
Y cuando vuelve la calma
Con las ilusiones bellas,
Su lugar dentro del alma
Queda ocupado por ellas.

  Porque al volar los amores
Dejan una herida abierta
     Que es la puerta
Por donde entran los dolores;
Sucediendo en la jornada
De nuestra azarosa vida,
Que es para el pesar «entrada»
Lo que para el bien «salida».

  Y todos sufren y lloran
Sin que una queja profieran,
     Porque esperan
Hallar la ilusion que adoran....!
Y no mira el hombre triste
Cuando tras la dicha corre,
Que solo el dolor existe
Sin que haya bien que lo borre.

No ve que es un fatuo fuego
La pasion en que se abrasa,
Luz que pasa
Como relámpago, luego;
Y no ve que los deseos
De su mente acalorada,
No son sino devaneos,
No son más que sombra, nada.
Que el amor es tan ligero
Cual la amistad que mancilla
Porque brilla
Solo á la luz del dinero:
Y no ve cuando se lanza
Loco tras de su creencia,
Que son la *fé* y la *esperanza*
Mentiras de la existencia.

Despues de estas ligeras muestras que revelan, no ciertamente bajo su aspecto más elevado el magnífico estro del infortunado vate, bastará citar, como pruebas inequívocas, de su ardiente, apasionada y sublime fantasía, sus tan conocidas cuanto justamente celebradas composiciones, *El hombre*, *La ramera*, *Ante un cadáver*, y su entrañablemente sentido *Nocturno á Rosario*, capaces ellas solas, annque no existiesen otras, de hacer inmortal el nombre de su autor en las páginas más ilustres del «Parnaso Mejicano».

Y no queda duda que á pesar de sus lamentables infortunios, los cuales parece que se empeñan en perseguirle aún más allá del sepulcro, su inmortalidad está asegurada, y, por lo tanto, su memoria no perecerá.

La profunda, trascendental y filosófica inspiracion, tan agena de sus pocos años, la elevacion de sus propósitos, la galanura de la forma y la entonacion robusta, interesante, y en ciertas y determinadas ocasiones hasta avasalladora, de sus valientes concepciones, son títulos harto atendibles y meritorios que garantizan cuanto dejamos sentado hasta aquí, y explican á la vez el entusiasmo creciente que propios y extraños experimentan por tan distinguida personalidad literaria, á medida que el tiempo pasa y se van reconociendo mejor las envidiables y apreciabilísimas dotes poéticas que la adornaron.

Con razon, pues, juzgamos que ha podido exclamar uno de sus admiradores más entusiasta:

«Yo sé que no estás muerto: cada nota
Que se arrancó de tu gallarda lira
Sobre las perlas del torrente flota,
Sobre las alas de los vientos gira:
Modula entre las flores
Y titila en el rayo de la estrella,
Anida en la garganta del sinsonte,
Vive en las crestas del andino monte
Y en la luz del relámpago destella;
Murmura con las almas soñadoras
Plegarias de infinita melodía,
Rueda en el manto de la noche fría,
Y tiembla en el carmin de las auroras ...
¡Adios! ¡Adios! Cantor incomparable,
Lira de arcángel, corazon de atleta;
Calle ante tí la lira miserable
Que no distingue el barro deleznable
Del corazon alado del poeta ...»

E. FUENTES Y BETANCOURT.

Méjico, Diciembre de 1885.

SAN AGUSTIN.

LA ANTIGUA CAPITAL ESPAÑOLA DE LA FLORIDA.

UN TROZO DE HISTORIA.

Como el Fénix que renace de sus cenizas, la capital de la antigua dominacion española en el continente norte-americano, ha recobrado de un salto, vigorosa vida y aumento de poblacion; además, *mirabile dictu*, esta vida manifiesta en su arquitectura, elementos prestados de los mejores tiempos de los moros españoles.

En mi reciente visita, quedé agradablemente sorprendido de encontrarme con sus imponentes edificios moriscos y otras transformaciones notables que me recordaron los cuentos arábigos como los de *Las mil y una noches.*

En medio de aquellos bancos de arena y de toda su pobreza de vegetacion, se extienden las fabricaciones por todos lados, y entre ellas, hoteles palacios, en cuyas cúpulas, columnas y arcadas moriscas, brillan mármoles preciosos de México, Europa, Asia y Africa.

En la construccion de tres de estos hoteles se han invertido más tres millones de pesos.

En uno de estos palacios asistí, durante mi visita, á un baile en sus salones y jardines, alumbrado por luces eléctricas, en el que los concu-

rrentes representaban capitales conocidos de más de quinientos millones de pesos.

De los once grandes hoteles del moderno San Agustin, en dos de
ellos, de última construccion, sus cuatro paredes exteriores son de una
sola pieza de piedra artificial, compuesta de aquellas arenas de coqui-
na, mezcladas con cemento hidráulico, y vertido en moldes, en la
forma adecuada para sus divisiones, ventanas, puertas y balcones, obteniendo así solidez y duracion incomparables. Este método de fabricar se reconoce tambien en muchas tiendas ó mercados de recientes
fechas, como en iglesias y casas particulares, que indican se ha generalizado como modo de fabricar.

La nerviosa actividad, producto de la libre iniciativa, se está es-
parciendo hácia el Sur, y con su sentido práctico ha descubierto elementos de utilidad ó riqueza hasta en aquellas áridas arenas, y ha
demostrado otra vez que no hay nada que no tenga su uso útil.

De los sesenta millones de habitantes que pueblan la vecina república, esta libre iniciativa ha resultado en mayor proporcion de familias acomodadas que en cualquier otro país, y estas clases acomodadas,
como es natural, han encontrado en la Florida puntos de inverna-
cion fuera del alcance del «Júpiter Boreas», y este movimiento está
llenando á la Florida con nuevas y robustas poblaciones, cubriendo
de naranjales y huertas aquella península árida, cuyos productos se
consumen en los hoteles, ó se embarcan para los mercados del Norte.

Un sin número de líneas de ferrocarriles, ya establecidas, son los
instrumentos que han iniciado esta explotacion, aún en su infancia
y ya robusta.

En San Agustin, los pozos artesianos han alcanzado aguas sulfurosas
á la profundidad de ciento cincuenta piés, para surtir los baños, y aquellas salen con una fuerza de corriente tal, que la utilizan como poder
motriz los elevadores de los hoteles, y para operar los dynamos, para
el alumbramiento eléctrico, así como tambien las máquinas de
una fábrica de muebles en la poblacion, y el servicio de las pilas en
los jardines y plazas de los hoteles. Proyectan otras perforaciones más
profundas, para surtirse de aguas calientes en los varios usos de las
casas.

Tambien en esta poblacion, que simboliza el espíritu moderno de innovacion, en sus formas más agresivas sobre la antigüedad, subsisten todavía en buen estado de conservacion, fábricas de los pobladores españoles al lado de las modernas.

Son notables entre ellas, la poderosa (en su tiempo) fortaleza de *San Márcos;* la *Catedral Católica;* la *Casa del Gobernador,* que sirve actualmente de Administracion de Correos, fragmentos de las *Murallas,* casas particulares, etc., etc. Tambien muchos de los más imponentes edificios modernos ostentan formas que se han reproducido de semillas de la vida española de otros tiempos.

Como una nueva revelacion fué para mí la impresion que recibí al encontrarme en medio de estas asociaciones del pasado, en consorcio armonioso con el espíritu progresista del presente; é hizo revivir en mí, recuerdos históricos enlazados con las épocas allí representadas. Tres siglos se han conservado estos edificios, como si fuera con el propósito de comunicarnos provechosas lecciones. Allí están la *Fortaleza* y la *Catedral,* asociados en el siglo XVI para el gobierno y explotacion del pueblo; y allí tambien están los *ferrocarriles,* las *máquinas de vapor* y las *escuelas de ciencias naturales,* modernos confederados para los mismos objetos. Abundantes evidencias en resultados, indican que la explotacion moderna ha sido muy provechosa para el pueblo, por lo ménos para el bienestar material, reconocido hoy como elemento necesario de la felicidad de las gentes.

Pero, estas formas antiguas, revivificadas en la vida moderna, ¿qué significan? ¿Es que la sangre de los mártires de la fé, conducidos aquí por el «Adelantado de España», D. Pedro Menendez de Avilés en 1565, regada en esta tierra, ha fructificado al fin, y va á producir otra vez los frutos de la civilizacion de aquellos tiempos? No, porque estos edificios recuerdan la raza que devolvió á Europa la civilizacion griega, cuyos beneficios estamos actualmente experimentando; raza que fué expulsada ignominiosamente de Europa al empezar aquel mismo siglo XVI; recuerdan los mejores tiempos de Granada; la elegancia fantástica de los últimos moros españoles. .

Que su arquitectura vuelva á estar de moda, y que esto acontezca en la gran república, modelo del espíritu progresista, sorprende á primera vista; pero tiene explicacion racional en su adaptibilidad al clima cálido que la originó, y en parte tambien por otras circunstancias que quedan en el tintero. Tambien, considerándolo superficialmente, puede servir de consuelo momentáneo para las personas que no reconocen ,en el hombre capacidades de progresivo perfeccionamiento, sino lo crean con tendencias de volver atrás, para colocarse en condiciones primitivas, bajo la proteccion de los privilegiados por su gobierno.

Seguro es que la contemplacion, en presencia de la aglomeracion de .las producciones del pasado con los de la presente época, predispone á recordar los tiempos que representan.

El año de 1492 es memorable, por varios sucesos que produjeron notables impresiones en la historia de la humanidad; entre ellos, el descubrimiento de la América, la conquista de Granada, la expulsion de los moriscos de España, la muerte de Lorenzo de Médicis, y el recobrar el poder temporal del Vaticano con el advenimiento del Papa español Alejandro VI. (Rodrigo Borgia, padre de César y de Lucrecia Borgia.)

Para comprender la influencia de estos sucesos sobre aquella época, hay que recordar que la mayor parte del poder temporal ejercido por la Iglesia en los siglos XI y XIII bajo los grandes papas Gregorio VII é Inocencio III, se había perdido á consecuencia de movimientos cismáticos y de inmoralidades dentro de las esferas eclesiásticas. La iglesia estaba dividida en la primera parte del siglo XV bajo tres papas: Benedicto XIII, Gregorio XII, y Juan XXIII; cada uno con sus fieles adictos, y cada uno excomulgando y anatematizando á los otros dos. Estos hechos sobran para demostrar que la fé sola no pudo distinguir cuál de los tres era el legítimo. Así, era forzoso someter esta cuestion de fé y moral al juicio intelectual de los obispos reunidos en el Concilio Ecuménico de Constanza, en el año de 1414. Este Concilio logró persuadir á dos de los tres papas á dimitir, y al otro, Benedicto XIII, desafiándole en un castillo de Valencia, le depuso, y eligió como sucesor de los tres, al Cardenal Colonna, que tomó la designacion de Martin V, dando así al traste con la doctrina de la infalibilidad del Papa, en materias de fé y moral, y estableciendo su autoridad sobre la base del juicio intelectual, que Dios, en su omniciencia, hizo forzoso en este caso. Sin embargo de esta clara demostracion, que impuso á la iglesia la forma parlamentaria para su gobierno, no se curó de sus aspiraciones hácia el poder temporal y de ser la córte de casacion de las naciones.

El mismo Concilio de Constanza que impuso el juicio intelectual en materias de fé y moral, dió muestra notable de intolerancia del mismo juicio, condenando á dos de sus clérigos más intelectuales— Juan Huss y Jerónimo de Praga—á expiar su ejercicio en los horribles autos de fé que llevaron á cabo en la llanura, á media legua de distancia del sitio del Concilio. Una piedra tosca, encerrada por reja de hierro, marca el punto de su ejecucion, y sus nombres aparecen grabados en lados opuestos.

El Pbro. Juan Huss fué inducido á ir desde Praga á presentarse ante dicho Concilio, con salvo conducto del Emperador Segismundo, y la traicion que con él se cometió se ha querido justificar por medio del axioma moral de aquel tiempo, de que, respecto á heréticos, todo compromiso era nulo.

El gran edificio donde se reunía aquel Concilio, que fué durante cuatro años el centro de interés de todo el mundo católico, se conserva todavía en buen estado al borde del lago—dicht am Wasser steht —en la ciudad de Constanza, como monumento conmemorativo de aquel crímen; y cuando mi visita, hace quince años, se estaba adornando su inteior con cuadros históricos referentes á los actos de dicho Concilio, por los afamados artistas de Munich, los señores Ph. Schworer y Friedrich Pecht.

El concilio de Constanza estuvo en sesion cuatro años, hasta 1418, y desde aquella fecha hasta 1492, el Vaticano trabajo contínuamente para recobrar su mermado poder temporal.

Este mismo Martin V fué el que otorgó á Portugal derecho exclusivo para traficar con los países que descubriera en las costas de Africa y al Este de su cabo del Sur; monopolio que vino á ser despues uno de los mayores estímulos para Columbus, para buscar hácia el Oeste un nuevo camino marítimo para la India, habiendo muerto en la creencia de haber logrado este fin. Todavía los lugares que visito se llaman «Las Indias Occidentales.»

Estando Portugal en posesion exclusiva del tráfico por el camino
marítimo del Este, por bula del Vaticano, era racional y consecuente
que el Papa español Alejandro VI, de la época del descubrimiento,
otorgara á España el mismo monopolio de todos los países que descubriera al Oeste.

Tambien era natural, en vista de dicho decreto, que España fuese
el primer defensor del Papa y de sus decretos, con un celo por la fé,
acrecentado por seis siglos de sangrienta lucha para ésta contra los
mahometanos, de los cuales, precisamente en esta época, logró triunfar y arrojarlos de su suelo.

Otra circunstancia tambien contribuyó entonces á aumentar el
poder temporal del Papa. Era la muerte de Lorenzo de Médicis: pues
en la lucha de sus antecesores del siglo xv para aumentarlo, su grande
influencia con los gobiernos italianos y con el de Aragon, había sido
el obstáculo principal á sus esperanzas, y la muerte de éste abrió el
camino que tenía cerrado ántes.

En la misma época, el «Santo Oficio», ó *La Inquisicion de la Fé*,
era eficazmente organizado bajo la administracion de Torquemada,
Inquisidor en Jefe y con influencia casi absoluta sobre los tribunales
así civiles, como eclesiásticos, y con determinado propósito de hacer la
guerra de exterminio á toda heregía. Todo el poder de España estaba
á sus órdenes, aumentado por el de Nápoles y Sicilia, conquistado por
Gonzalo de Córdoba cuando el descubrimiento de Columbus agregó
un nuevo mundo al reino español, que le hicieron nacer visiones de
grandeza ilimitada de otros mundos para conquistar; visiones que no
fueron desmentidas al venir el Emperador Cárlos V á acrecentarlas
con Flandes y todo el imperio aleman. Entonces, de veras, el sol nunca se ponía para el reino español, y la conquista despues de Portugal
con todas su colonias por Felipe II, circunstancia que justificó hasta
cierto grado su orgullosa pretension de disponer del destino del mundo entero. ¿Cómo extrañar entónces tal pretension? ¿A cuántas naciones modernas no se le habría trastornado el juicio con semejantes
contornos?

En pró de todo esto, las maravillosas riquezas de la Nueva España
y el Perú arrojaron rios de oro á sus piés, excitando extraordinaria-

mente su credulidad de un modo, que ninguna maravilla era superior
á su creenciá, pues en toda Europa resonaron rumores de mayores
grandezas para descubrir.

La Iglesia en poder de un Papa español, con su poder temporal
asegurado por tantas circunstancias favorables y por un imperio tan
gigantesco, resolvió acabar con los libre-pensadores que se atrevían á
dudar de su absoluto derecho de interpretar ex cátedra toda doctrina,
independiente del juicio intelectual. En pró de este propósito, Cárlos V citó en 1521 á Lutero, como el más notable de ellos, para comparecer ante él en Wurms, y despues en Augsburgo, para purgarse de su
heregía, inaugurando así la larga y amarga guerra político-religiosa, con
notable aumento de sus terribles *autos de fé*, que caracterizó los reinos
de Cárlos V y Felipe II, y en la cual la humanidad conquistó su derecho para pensar.

La verdad es que sería de todo punto injusto atribuir los excesos
de celo de aquellos tiempos á los caractéres de crueldad de los Papas
y Reyes, sin darse cuenta de las tendencias de la época, y mucho más
atribuirlo á la religion, sagrado consuelo y necesidad para la humanidad.

Hoy sabemos que fueron errores, procedentes más de la falta de
ilustracion, que de crueles intenciones en un principio, aunque sus
efectos secundarios eran la excitacion de mútuas represalias y venganzas.

Las ideas de la inviolabilidad de los derechos individuales que caracterizan el siglo xix, no habían entónces recibido el desarrollo causado por el progreso en las ciencias físicas y las artes industriales que
interpretan y aplican las relaciones naturales del Universo, ocupando
entónces su lugar la metafísica con sus interpretaciones dogmáticas.
Esto no lo digo para condenar en absoluto la metafísica. Tiene su
lugar como suplemento inseparable de la física, como la síntesis al
análisis; pero divorciado de la física, aquella marcha como un ciego,
caminando á la ventura, sin medio de saber si va extraviado ó nó.—
Una poesía fantástica que señala el instinto del hombre á llenar, con
esto, los vacíos en sus conocimientos.

La calamitosa equivocacion que tuvo la antigüedad, fué haber suprimido violentamente sus tendencias hácia el estudio de la física, como tendencia inútil ó peligrosa, y de tratar de enseñar á la humanidad, sin estudiar la enseñanza que Dios tiene preparada en todos los objetos de su creacion.

Quien quiera entender bien la moralidad de aquella época, puede estudiarla en el *Príncipe* de Macchiavelli, obra escrita en aquella época. El arte de ser «zorra y leon al mismo tiempo.» «Hacer mal que el bien puede resultar», obra en donde Talleyrand ha aprendido el axioma de que «las palabras son dadas al hombre para disimular sus pensamientos.» Tambien puede consultar la «Historia crítica de la Inquisicion española», de Llorente, Secretario de la Inquisicion en Madrid á lo último del siglo XVIII, y las obras del gran historiador aleman Ranke.

Era una época en que la fé ciega del misticismo era virtud superlativa, y la fé moderna, con los ojos de todos sus sentidos abiertos, con deseo sincero de aclararla, era un crímen que se había de suprimir con auto de fé.

Como muestra de aquella moralidad, basta citar la más alta gerarquía, el Papa Alejandro VI, con ocho hijos, el mayor, *Piero Luigi*, el primer Duque de Gandia, que murió en 1491, y los demás, *Juan*, (segundo duque de Gandia), *César, Joffré, Lucrecia, Gerolama, Isabella* y *Laura*. Para mejor llevar á cabo la consolidacion de su poder temporal, colocó muchos de sus parientes en altos oficios de la iglesia, y á sus hijos César y Joffré de Arzobispo y Archidiácono de Valencia, y á su hija Lucrecia la casó con Giovani Sforza, *Duque de Pésaro*; y casó tambien á su hijo Joffré despues con Sancia, nieta del Rey Fernando de Aragon. Divorció á Lucrecia despues de cuatro años de casada, y volvió á casarla con el Duque de Besalio, á quien César Borgia procuró asesinar dos años despues. Durante su viudez, Lucrecia dió á luz un hijo en 1498, sin padre conocido, y respecto á su paternidad existen hoy en los archivos de Módena dos bulas pontificias de Alejandro VI, con fecha de Setiembre 1º de 1501; una, declarándole hijo de César Borgia (hermano de Lucrecia), y la otra en que se dice que era hijo del mismo Papa (padre de Lucrecia); en otras palabras, que era al mismo tiempo su propio hijo y nieto.

Es bien conocido que César Borgia procuró el asesinato de su hermano el segundo Duque de Gandía, como el de su cuñado, y que los medios que su padre y él emplearon para aumentar su poder, segun nos han contado en sus escritos, Juan Burchard, Capellan y Maestro de Ceremonias en el Vaticano desde 1483 á 1506, en su Diario; y Giustiniani, Embajador de Venecia, en su córte, en su correspondencia, eran medios que ya están juzgados por nuestra época moderna como crímenes de los más repugnantes.

Concretándome á los métodos de Felipe II, adoptó los ya establecidos por el *Santo Oficio* y por los Borgias.—Una sospecha de racionalismo, ó una denuncia anónima, era lo suficiente para privar á una persona de su libertad; y yo tuve ocasion de ver en Venecia una muestra de los lugares donde solían incomunicar los acusados, como tambien el interior del «Puente de los Suspiros», que era el camino por el cual las víctimas solían desaparecer misteriosamente del mundo. Tambien en unos departamentos construidos á propósito, y ocupados en aquellos tiempos por el *Santo Oficio*, (ese era el nombre de la Inquisicion) en los subterráneos de la fortaleza de Nurnberg, conservados hoy dia, tuve la oportunidad de inspeccionar una coleccion de los varios instrumentos que se acostumbraba emplear para arrancar confesiones de los acusados; detalles demasiado repugnantes para su presentacion á la delicada sensibilidad moderna. Los que deseen estudiar la organizacion del *Santo Oficio* y sus métodos, los encontrarán descritos en el *Directorium Inquisitorum*, de Nicolás Eymeric, jefe de dicho *Santo Oficio* en Aragon; en el *Cardinal Ximenes*, de Hefele, y en la *Historia crítica de la Inquisicion en España*, de Llorente. Este último fué Secretario del *Santo Oficio*, y dice que desde 1483, fecha en que Torquemada fué Inquisidor Mayor, hasta 1808, fecha en que el *Santo Oficio* quedó suprimido, 31,912 personas fueron quemadas vivas por razon de su fé, y 291,450 sometidas á rigurosos tormentos para arrancarles confesiones.

Felipe no perdonó medios de ninguna clase para lograr el objeto de toda su vida.

En Inglaterra no dudó casarse con la vieja Reina prima de su padre, María de Tudor, de cruenta recordacion, y despues que ella murió y la sucedió en el trono Isabel la protestante, organizó contra ésta su *Grande Armada*.

En Francia, con intrigas, dinero y armas, propagó la guerra religiosa y la horrible matanza de San Bartolomé (1572); luego el casamiento del Rey Enrique IV con María de Médicis, y su encarcelamiento y renuncia de su fé para escapar con vida, la cual no le salvó más tarde del puñal de Ravaillac.

En Flandes ordenó la decapitacion de los condes de Horn y de Egmont, y el asesinato del Príncipe Guillermo de Orange por el puñal de Balthazar Gérard, por cuyo servicio, además de las 25,000 monedas de oro que le prometió, premió con título de nobleza á sus herederos. De la sangre de estos mártires brotó la república holandesa, que llegó á ser el primer poder marítimo del mundo, y á arruinar el soberbio poderío de Felipe, barriendo de los mares las galeras que le traían de las Américas sus tesoros.

De los métodos de Felipe, basta decir que ni su propio hijo primogénito y reconocido heredero del Trono de España,—el Príncipe de Asturias, Don Cárlos,—pudo escapar á su intransigencia, siendo una de sus víctimas.

Séame permitido correr la cortina sobre las condiciones morales de aquella época. Este breve vistazo basta á nuestro objeto de poner en claro la injusticia de juzgar sus caractéres históricos con el criterio moderno, cuatro siglos despues.

Era la costumbre considerar las vidas terrestres de los hombres, de poca importancia, comparada con la mejor vida eterna en los cielos, ganada con la fiel observancia de los dogmas de la Iglesia, entónces todo poderosa, y que las heregías comprometian la seguridad de las almas buenas. España, colmada con tanta grandeza como hemos visto, se creía destinada providencialmente para extirpar los heréticos, y sujetar al mundo entero dentro de su fé sagrada. Felipe II, que heredó el trono diez años antes de la fundacion de San Agustin, estaba muy impregnado de esta creencia, y se dedicó á dicha tarea con toda la seriedad y honradez de su carácter melancólico ó ascético. Creia tener derecho exclusivo á todas las Américas, por el doble derecho de su descubrimiento, y por la bula de Alejandro VI. Supo que los hugonotes franceses, huyendo de la persecucion en Francia, inspirada por Catalina de .Médicis, habían establecido colonias en el Brasil y en la Florida, y tomó la determinacion de reivindicar sus derechos al territorio, con el exterminio de los herejes á la fé de que Dios le había hecho defensor; tambien imponerla á Inglaterra con la fuerza de su *Grande Armada*, y á Flandes por el Duque de Alba.

La *Sociedad de Jesus*, formada en tiempo de Cárlos V, para la propagacion de la fé, eligió dos años ántes que Felipe viniera al trono (1554) un Borgia español para su General, y todas estas circunstancias favorecían las intenciones de Felipe.

Este era el estado de Europa en la época que abrió los tres siglos de la historia de San Agustin de la Florida, que estamos contemplando.

El anciano Ponce de Leon se embarcó en 1513 desde Puerto Rico, en busca de unas islas fabulosas que contenían fuentes ó manantiales de propiedades para restaurar la juventud y hermosear á los viejos, y tocó en las costas del continente, cerca de San Agustin, en el dia de Páscua Florida, y tomó posesion del territorio en nombre de España, dándole el nombre de La Florida, en honor del dia de su descubrimiento.

Encargado de la ejecucion del propósito de Felipe en La Florida, D. Pedro Menendez de Avilés, con su carácter de *Adelantado de España*, llegó con treinta y cuatro buques y dos mil seiscientos soldados, frente al rio, en el dia 29 de Agosto (dia de San Agustin) de 1565, para emprender esta nueva cruzada y librar al Nuevo Mundo de la presencia de estos intrusos en el reino de su soberano. A su llegada se encontró con los buques de la colonia francesa, y en respuesta á su ¿quién vive? contestó: «D. Pedro Menendez, Almirante de esta Armada del Rey de España Felipe II, que viene á este país para cortar los pescuezos de los luteranos que se encuentren en esta tierra, ó sobre los mares. Las instrucciones de mi Rey son tan explícitas, que no me deja criterio para perdonarles la vida, y las ejecutaré á la letra en todas sus partes. Mañana, al apuntar la aurora, iré á bordo de sus buques. Si encuentro algunos católicos, los salvaré; pero todos los herejes han de morir,

Hago esta cita para poner en claro el espíritu generoso de aquellos tiempos, ahora felizmente pasados.

La próxima mañana, los buques de la colonia francesa habían escapado, pero la colonia sufría la terrible suerte indicada arriba, y
muchos, despues de muertos, eran suspendidos en los árboles, bajo la
leyenda: *Ejecutados, no como franceses, sino como herejes.*

Allá plantaron el altar bajo la bandera amarilla y roja, y el capellan Mendoza cantó la primera misa, y la música ejecutó el *Te Deum
Laudamus.* Así se fundó San Agustin: al servicio de Jesucristo, cuya
doctrina era que todos somos hijos de un Padre comun que está en
los cielos.

Los buques que escaparon se perdieron en la costa, y sus doscientos cincuenta tripulantes tuvieron que presentarse suplicando la misericordia de D. Pedro Menendez de Avilés, y sufrieron la misma suerte
de sus compañeros. Tres años más tarde llegó una armada francesa al
mando de un católico francés, el caballero Dominique de Gourgues,
con el objeto de vengar á sus compatriotas, y ejecutó su propósito en
la misma forma que sufrieron aquellos, sin escapar ninguno. Los fusiló
todos, excepto á quince, que colgó de los árboles, bajo esta leyenda:
*Ejecutados, no como españoles, sino como traidores, ladrones y asesi-
nos.* El rio aún conserva el nombre de «Rio de las Matanzas.»

Estos hechos horribles, cuya simple relacion extremece los sentimientos modernos, simbolizan los de aquella época, reiterados siete
años despues (1572) en Francia, en el horrible episodio conocido en
la historia como *La matanza de San Bartolomé,* probando que el espíritu de intolerancia era general.

San Agustin fué repoblado y su historia durante dos siglos se caracterizó por las luchas contra las colonias inglesas que se fundaron
en Georgía y las Carolinas, hasta 1763 en que fué cangeada con Inglaterra por la devolucion de la Habana que habia capturado su
escuadra. Bajo la dominacion inglesa la Florida fué dividida en
dos provincias, tomándose medidas para atraer la inmigracion, dió
por resultado aumento de pobladores, atraidos desde las Carolinas y los países de alrededor del Mediterráneo y de las Islas Ba-
leares.

Sin embargo, fué devuelta á España en 1783, en cambio de la Jamaica, y vendida á los Estados Unidos en 1819.

Su posesion por los Estados Unidos despertó movimientos migratorios de poblacion á su territorio y antagonismos con la poblacion india, iniciándose una guerra contínua hasta 1858 en que lograron mudar los indios al oeste del rio Misisipi.

Entónces la Florida empezó á participar de veras de la libre iniciativa que desarrollaba la poblancion y bienestar material de los demás Estados de la Union Americana, pero su verdadero progreso data desde la guerra esclavista que resultó en un cambio completo de ideas y sistemas de trabajo y rescató á todo el continente Norte Americano que habia quedado en los sistemas antiguos de clases privilegiadas.

Es muy instructivo al notar que las tres cuartas partes de la riqueza y bienandanza de la Florida es producto de los últimos veinte y dos años transcurridos desde dicho cambio de sistema, que no ha dejado esperar sus beneficiosos resultados, y no podemos resistir la tentacion á extender nuestra revista sobre esos tres siglos cuyos vestigios estamos presenciando en San Agustin y á buscar los cambios beneficiosos en las mismas causas.

Tres siglos en la edad del mundo, desde el último del siglo xvi hasta el del siglo xix es un período muy corto; pero este corto período nos ha traido cambios estupendos.

Nada puede ser más provechoso para la sociedad que la investigacion de las influencias que han obrado al mejoramiento del bienestar general y en los sentimientos humanitarios que se han hecho notables por su gran crecimiento.

Quince siglos de predicacion de las teorías metafísicas de las doctrinas de vida cristiana, no lograron su adopcion más que en teorías, teorías de las cuales las prácticas corrientes eran horribles sarcasmos. Quince siglos de un sistema de cultura y ¡qué parcos los frutos que nos dió! ¡Cómo extrañar que una parte de la sociedad reclame cambio de sistema! Sistema nuevo que lleva ya tres siglos de competencia con el antiguo. Tres siglos de cultura de las ciencias naturales han convencido al mundo, que no puede haber desacuerdos entre las palabras de Dios y sus obras y que estas son su verdadera revelacion á sus hijos, sirviendo de lazo indisoluble para unirlos en el universo con la fraternidad y el amor que predicó Jesucristo. Las ciencias físicas nos han enseñado nuestras relaciones naturales unos con otros y con el mundo y por consiguiente con su creador; que nuestro aumentado bienestar ha resultado del dominio sobre las fuerzas de la naturaleza, aprovechándolas para nuestros usos por el cultivo de nuestro juicio intelectual respecto de ellas y que al aumentar nuestra inteligencia acrecienta nuestro bienestar general; como tambien el comercio de bienes é ideas en la sociedad. Como las simpatías van ligadas con los intereses materiales, así se asegura su afluencia y confluencia en el fondo comun. Así las confluencias de los intereses y simpatías de la sociedad moderna en empresas industriales vienen á llevar á todos á la fraternidad que es la base esencial del cristianismo y á sembrar la cristiandad práctica en las costumbres.

Antes extraviados por las inciertas luces de los tiempos primitivos, estamos, al fin, encarrilándonos en direccion de la fuente de todas las luces, dejando atrás las tinieblas. En otras palabras, estamos volviendo al helenismo.

Los árabes fueron expulsados de Europa; pero las semillas griegas de las ciencias físicas que trajeron, quedaron y se impregnaron como una levadura en toda la Europa.

Sujetado por represiones inútiles el crecimiento de este helenismo ha sido constante en todos los países de la vieja Europa y ha arrojado 60.000,000 de pobladores en el continente Norte Americano donde la persecucion ya no les alcanza, y donde proclaman por la boca de Monroe cuarentena perpétua contra sus perseguidores.

Armados tan fuertemente con la sinceridad de sus convicciones brindan una buena acogida á toda la humanidad para competir libremente en el descubrimiento de la luz verdadera ó para encerrarse voluntariamente en una fé misteriosa, segun cuadre mejor con su temperamento, garantizándole completa proteccion en eso como en el libre ejercicio del juicio intelectual en sus creencias, con la sola condicion que sus hijos han de educarse en las escuelas cierto número de meses todos los años, entre los 5 y 16 de su edad.

¡Qué cuadro tan grandioso es este! Embarcar á la humanidad en

el sentido del Evangelio, simbolizado en el gran pensamiento de
Bartoldi incorporado en su imponente estátua de bronce.

No es que el juicio intelectual ya ha alcanzado grande inteligencia;
sino que ya ha establecido su derecho providencial y ha empezado á
mostrar sus frutos.

En esto no hay cuestion de *raza*, sino de *sistema*.

Las distinciones y variaciones de raza como de naciones no son
naturales, sino artificiales. Se han creado por las influencias de largos
períodos de educacion y de variados rodeos físicos sobre la humanidad
que es una y única, respecto de sus necesidades y aspiraciones fundamentales.

Los sentimientos de raza y de nacionalidad con opuestos intereses,
simbolizados en las banderas, son ficticias creaciones del espíritu de
discordia fomentados por intereses dinásticos para legitimar las conquistas militares. Hoy dia los intereses del pueblo tienen precedencia
en la categoría del derecho.

Los amigos del antiguo sistema, ahora en rápida decadencia, han
ideado salvarlo por el artificio de hacer creer que es inherente á ó si-
nónimo con la raza latina, usando estas dos palabras como grito de
guerra para reunir sus huestes contra el helenismo representado por
las ideas que marchan adelante; pero esto es una débil estratajema,
pues está bien conocido en todo el mundo que la raza latina dista
mucho hoy dia, de hacer solidaria de los antiguos sistemas.

Las clases privilegiadas en Inglaterra, prontas á ceder ante las
manifestaciones progresivas de lo inevitable, están ya abandonando
sus pedestales y entrando en las profesiones y en el comercio; así
confluyendo en las clases productivas, miéntras las naciones del continente europeo, ménos flexibles, están precipitando lo inevitable con
alardes de adhesiones á las decisiones de la opuesta fuerza militar;
verdadero pigmeo cuando pugna contra el poder acumulativo de las
ideas; contra la inteligencia y su juicio intelectual.

El peso de hierro de los armamentos, está hundiendo igualmente
á gobiernos y gobernados sin lograr ningun principio de equidad, ni
de justicia y las personas que siguen con interés el curso de los even-
tos humanos, pueden convencerse que se está rápidamente aproxi-

mando el dia en que el juicio intelectual impondrá un desarme general, estableciendo su propio dictámen en su lugar para la última
determinacion de todas las cuestiones de los derechos individuales,
nacionales é internacionales, sobre las bases de justicia que Dios mismo ha hecho inherente á la naturaleza de sus creados.

Ya el gobierno de los Estados Unidos tiene entabladas negociacio-
nes con los gobiernos de Inglaterra y de la Suiza para la organizacion de un Tribunal Internacional, permanente al cual han de ser
sometidas como última casacion todas las causas que no logren con-
certar diplomáticamente, y el parlamento inglés ya ha correspondido
á la iniciativa del congreso americano; pues la comision de su seno ha
informado en favor del proyecto.

Tambien, por indicacion del Congreso americano, su presidente ha
invitado á todos los gobiernos americanos á enviar diputados para
reunirse en Congreso Internacional en Washington, y ha renunciado
toda preponderancia con estipular de antemano en el convite, que
habrá perfecta igualdad de representacion entre todas, limitando cada
nacion á un solo voto, para preparar el camino al mismo tribunal y
para unificar las monedas y métodos comerciales con el objeto de
facilitar y multiplicar las relaciones entre todas.

Así la gran república ofrece renunciar su derecho de usar su fuerza militar en cuestiones internacionales porque tiene la conciencia
de la superior rectitud de los fallos intelectuales y de la grande fuerza
moral que su ejemplo ejerce hoy dia en el mundo.

Aquel pueblo se siente un gigante jóven y robusto, con su cerebro
desarrollado y activo, producto de los $115.000,000 anuales que viene
invirtiendo en sus Escuelas Públicas (1), gran productor del bien estar, mensajero de paz en presencia del militarismo viejo y decrépito,
que no tiene razones para estar á la cabeza de los gobiernos, cuando
apenas si debe ser su brazo, y que solo se sustenta en los cañones y
bayonetas; en fin, esta fuerza brutal lleva una existencia ya poco ménos que pestilencial en la atmósfera moral del mundo que le es sofocante, y el Congreso y Gobierno de Washington convida á los otros

_____

(1)   Dato oficial.

gobiernos á preparar su próximo entierro. Aquel Gobierno hace éste ofrecimiento en la conciencia de que para lograr sus ideales le queda un poder inmensamente superior al militar, que es el poder moral de las ideas que le son características. Sus escuelas, en las cuales las ciencias naturales, las artes y lenguas modernas, se han sustituido engran parte, á las lenguas muertas, sus leyes, hechas en legislaturas locales en todos sus estados, expresan la voluntad y protejen los intereses locales de su pueblo, y los precios de sus valores públicos, corrientes en todas las plazas bursátiles de Europa, dan una medida de dicha fuerza moral, que constituye aquel pueblo á la vanguardia del helenismo que marcha sigilosa, pero seguramente, á la conquista del mundo señalándole los ideales naturales del hombre (1).

ERASTUS WILSON.

(1) «*L' Economiste Français* donne une particuliére importance á l'étude du mouvement économique aux Etats-Unis, dont les progrés préocupent actuellement les sociétés européennes.»

(Prospecto de la revista *L' Economiste Français* del año venidero, de la cual es Director el veterano economista M. Paul Leroy-Beaulieu.)

DOCUMENTOS HISTORICOS.

Cartas de la correspondencia del Doctor Félix Figueredo.

De Máximo Gomez á Salvador Cisneros.

Naranjo, 15 de Enero de 1874.

C. Salvador Cisneros, P. de la República.

Estimago amigo: es en mi poder su apreciada del 3 del actual, desde el Realengo, y quedo bien enterado de los particulares que en ella trata. Lamento ahora, más que nunca, la pérdida de su primera correspondencia, tanto por lo extensa que era, segun me dice, como por la particular que nos venía del exterior, que por acá todos ansiábamos conocer.

No se ha podido descifrar bien la comunicacion oficial en clave, pues adolece de muchas equivocaciones de letras; sin embargo, me parece que se ha sacado en claro lo más interesante. Aguardaré lo que usted ha dispuesto.

Sobre el azufre haré lo que usted me dice, sólo que la cantidad que me indica me parece poca, pues se puede disponer de más. Papel he pedido bastante, y lo tendrá usted muy pronto, tal vez ya estará fuera,

Sus recomendaciones sobre elecciones de diputados serán cumplidas; ya están dadas las órdenes al efecto. Poco de importancia tengo que comunicarle, pues por organizar y arreglar todo esto, he tenido que limitarme á ligeras excursiones, sin embargo, han tenido lugar dos combatioos muy buenos: uno en el Ocujon, por el comandante Luis Morejon y el otro por el general Sanguily en las orillas del Camagüey, en ámbos el enemigo ha sido derrotado. En el parte oficial, que siento no pueda ir ahora, pues tengo mucho trabajo y no quiero dilatar este correo, verá usted los pormenores. Espero además otras dos columnas que tengo en operaciones, y de las que me prometo algo bueno.

La reaccion se precipita de un modo admirable; mucha gente de ámbos sexos están saliendo para los campos acosada por el hambre de los pueblos, y por consiguiente, se multiplican las confidencias.

Concluyo felicitándole á mi vez, porque sea feliz y afortunado en este año, rogando al Dios de los hombres que le dé tino y acierto para dirigir los destinos de este pueblo, difícil y penosísima tarea que el mismo pueblo le ha encomendado.

Con sentimientos de mi más sincera amistad quedo de usted servidor y afmo. amigo.

MÁXIMO GOMEZ.

San Diego, 16.

A última hora.

Aún no he recibido los partes oficiales: extraoficialmente recibo las noticias siguientes: El combate que tuvo el general Sanguily, fué en Garrido, á vista del pueblo, con 80 hombres de caballería enemiga; el general llevaba 100, pero no se batieron más que 60, porque el resto quedó de reserva; el enemigo dejó 49 muertos en el campo y ocuparon los nuestros 20 caballos y 36 rifles. El general se retiró al Peñon, á 3 leguas del lugar del combate, y como á las 4 horas, se le presentó una fuerte columna y á los primeros tiros de los exploradores el enemigo se retiró hácia el pueblo; el general sale de la zona sin novedad, y únicamente con las bajas del combate: seis heridos y dos muertos.

Columna de operaciones al mando del coronel Gabriel Gonzalez, sobre la trocha del Este: extrae mucho ganado caballar y vacuno; se le presenta mucha gente; ocupacion é incendio del pueblo de Sibanicú; se le incorporaron más de 500 personas de ámbos sexos.

Columa de operaciones, al mando del brigadier Gonzalez, sobre Santa Cruz; quema de dos ingenios y potreros; extrae caballos y bueyes; ocupacion é incendio del caserío del Rio, de donde tambien han salido muchas familias.

Se dice que el teniente coronel Martin Castillo ha entrado en Nuevitas; no le doy mucho crédito á esta noticia, pues aquel jefe no cuenta con fuerzas suficientes para un golpe de esa clase, sin embargo, Castillo es muy arrojado y no dudo que haya dado algun asalto.

Más tarde irán pormenores, no tengo tiempo para más; estoy en marcha.—Vale.

GOMEZ.

DE ANTONIO MACEO Á FÉLIX FIGUEREDO.

Barigua, Mayo 18 de 1876.

Coronel F.. F .

Mi querido amigo: con el portador de la presente le adjunto la manifestacion hecha por mí al Gobierno de la República, para que usted me haga todas las observaciones que crea prudentes al caso, y al efecto me las hará por escrito con el mismo portador de mi esquela.

Hoy doy principio á los consejos que usted se sirvió darme, y que creo darán muy buenos resultados.

La manifestacion que le remito está sujeta á toda clase de observaciones. No calla nada. Respecto á mi marcha al extranjero, le diré que me es doloroso tocar esa cuestion que siempre he rechazado, pero ya he llegado á conocer los ánimos de muchos, y no quiero ser más tarde acusado: usted sabe que el que evita la ocasion evita el peligro.

Mande como guste á su amigo que le quiere de veras.

ANTONIO MACEO.

———

Ciudadano Presidente de la República.

Antonio Maceo y Grajales, natural de la ciudad de Cuba, Brigadier del Ejército Libertador y en la actualidad Jefe de la 2ª Division 1er. Cuerpo, ante usted, usando la forma más respetuosa, se presenta y expone: Que de mucho tiempo atrás, si se quiere, ha venido tolerando especies y conversaciones, que verdaderamente condenaba al desprecio porque las creia procedentes del enemigo, quien, como es notorio, esgrime y ha usado toda clase de armas para desunirnos y ver si así puede vecernos; pero más tarde, viendo que la cuestion *clase* tomaba creces y se le daba otra forma, trató. de escudriñar de dónde procedia, y convencido al fin no era del enemigo sino, doloroso es decirlo, de indivíduos hermanos nuestros que, olvidándose de los principios republicanos que observar debian, se ocupan más bien en servir miras políticas particulares; por lo tanto, en razon de lo dicho, se crée obligado á acudir al Gobierno que usted representa, para que bien penetrado de las razones que más adelante expondrá, proceda como fuere de justicia, y resolviendo, dicte las medidas necesarias á fin de que en ningun tiempo se tache ni aparezca dudosa la conducta del exponente, ni su honra con la más ligera mancha; pues los deseos de toda su vida han sido, son y serán, servir á su país, defendiendo los principios proclamados y exponer su vida, como tantas veces lo ha hecho, porque la causa triunfe y se mantengan incólumes los sacrosantos principios de libertad é independencia.

El exponente, ciudadano Presidente, supo hace algun tiempo, por persona de buena reputacion y prestigio, que existia un pequeño círculo, que propalaba habia manifestado al Gobierno «no querer servir bajos las órdenes del que habla, por pertenecer á la clase,» y más tarde por distinto conducto ha sabido que han agregado «no querer servir por serles contrario y poner miras en sobreponer los hombres de color á los hombres blancos». Tal es la cuestion que ese círculo agita: y es de creer la han lanzado para herir en lo más vivo al exponente, porque con ella quieren servir intereses políticos particulares, y por de contado, para ver si así inutilizan al que consideran un estorbo pora sus planes; tratando de hundir, ya que de otro modo no pueden, al hombre que ingresó en la Revolucion sin otras miras que la de dar su sangre por ver si su patria consigue verse libre y sin esclavos. Y no obstante no tener ambicion ninguna y de haber derramado su sangre tantas veces cual lo justifican las heridas que tiene recibidas, y tal vez porque sus envidiosos le han visto protegido de la fortuna, apelan á la calumnia y ésta toma incremento: y el que habla como su conciencia la lleva sin sangre, despues de penetrar lo que están haciendo, abordó la cuestion de frente con uno de los que componen el pequeño círculo, convenciéndose despues más y más del inícuo fin que se proponen: como tambien de que plantan sin advertirlo la semilla de la division; siembran, por de contado, el disgusto; enervan los ánimos, y en último resultado será la Patria quien sufra las consecuencias.

Y como el exponente precisamente pertenece á la clase de color, sin que por ello se considere valer ménos que los otros hombres; no debe ni puede consentir, que lo que no es, ni quiere que suceda, tome cuerpo y siga extendiéndose; porque así lo exigen su dignidad, su honor militar, el puesto que ocupa, y los lauros que tan legítimamente tiene adquiridos. Y protesta enérgicamente con todas sus fuerzas para que ni ahora, ni en ningun tiempo, se le considere partidario de ese sistema, ni ménos se le tenga como autor de doctrina tan funesta, máxime cuando forma parte, y no despreciable, de esta República democrática, que ha sentado como base principal la Libertad, la Igualdad y la Fraternidad, y que no reconoce gerarquías.

Y si llega el postulante al Gobierno de la Nacion, es para que se proceda como corresponde, para que aquel que pruebas tuviere las presente, y de no haberlas sea tenido como enemigo de la República; porque debe considerarse como tal enemigo á todo aquel que esgrima armas que directa ó indirectamente favorezcan los planes de nuestros contrarios, y por consiguiente, se hace acreedor á que nuestras leyes le castiguen.

Y si por un evento no creible se le negare al postulante la justicia que demanda, y si por un fin político, ya que se ha puesto la cuestion en el tapete, se le quisiere condenar á la inercia, dejándole como simple espectador de una guerra que abrazó con tanta fe como denuedo, por creer en la santidad de la misma, pide le dén sus pasaportes para el extranjero, donde se reserva hacer uso de sus derechos y protestar ante el mundo civilizado como lo hace ahora aquí; sin que por esto ahora se entienda ni remotamente que este sea un pretexto para abandonar el país, y mucho ménos ahora que la Patria necesita más que nunca del postrer esfuerzo de todos sus buenos hijos; pues ni está inutilizado, apesar de las once heridas que en su cuerpo lleva noblemente, ni está cansado; porque el exponente, ciudadano Presidente, no es de los hombres que se cansan, ni se cansará miéntras no vea á su Patria en posesion de los derechos que reportarle debe la sangrienta lucha que empeñó desde 1868 para librarse de todo aquello que no sea republicano. Y por último:

A usted ocurre con la súplica de que ordene la formacion del correspondiente juicio para que la verdad quede en su lugar y el castigo se aplique á los que á él sean acreedores.

Campamento de Barigua, á 16 de Mayo de 1876, 9° de la Independencia. Patria y Libertad.

Barrancas, 5 de Mayo de 1877.

Coronel Félix Figueredo.

Mi estimado amigo:

Hace pocas horas que llegué á este punto con algunos heridos del combate que sostuve ayer en las inmediaciones de Palma Soriano, y

tomo hacen falta ciertos medicamentos para su curacion, le suplico
envíe las que le indique Benjamin, pues algunos de los heridos son
los hombres que más quiero y los más necesarios.

Mando dos heridos para los Indios con el fin de que sean curados
por usted, otros los he entregado á José de la C. Martinez, y el resto
á cargo de Benjamin Rojo.

En el combate de ayer se dió mucho machete. Ocupé más de 20
rifles, cápsulas, machetes y otros efectos. Sucedió esto á vista de Palma Soriano y Cauto Baire. De ámbos puntos hacían fuego. Una imprudencia de varios ginetes del regimiento y escolta, hizo que fuera
tanto el número de heridos. En un momento de entusiasmo se aproxi-
maron á las fortificaciones, donde fueron heridos 6, entre ellos el jefe
de mi escolta, ascendiendo el número de bajas á 10, entre ellas dos
muertos.

Mande como guste á su amigo.

A. MACEO.

DE MANUEL SANGUILY Á FÉLIX FIGUEREDO.

Junio 30 de 1875.

Doctor Félix Figueredo.

Estimado amigo:

Espero—cuando *vengan los que se ván*, á este campamento —la
carta prometida, en la cual, además de *aquello*, desearia leer los últimos sucesos, narrados por usted.

Pienso vender ese autógrafo suyo, dentro de algunos años, á algun
viajero inglés, ó á algun bibliófilo.

Por acá, antier dos españoles (que se crée), se presentaron de nuevo á los suyos. En la cuestion de Cuba, el equilibrio de los españoles,

es el que los físicos llaman equilibrio indiferente, que es el de aquellos cuerpos que cualquiera que sea su posicion vuelven siempre al centro de gravedad.

Nada más por hoy, sintiendo muy de veras no verle ántes de marchar, y lamentando que usted no se decida á visitar las sabanas de Villa Clara y las colinas de Trinidad.

De usted afmo amigo y s. s. q. b. s. m.

MANUEL SANGUILY.

————

DE CALIXTO GARCIA Á FÉLIX FIGUEREDO.

27 de Mayo de 1872.

C. Félix Figueredo.

Querido Félix: Pasa á esa el C. Juan Rafael Perez. Que vengan con él todos los armados que hay en ese punto, dejando sólo 6 para el cuidado de los heridos.

El enemigo ha marchado para Banes á embarcar sus heridos en una lancha que está allí, y creo volverá. Esta mañana les ha hecho mucho fuego el comandante Peña en el camino de Tasajeras á Banes, y yo marcho ahora para la bahía con toda la fuerza, á ver si puedo darles un Báguano, lo que no creo muy difícil. El punto en que ustedes están me parece bueno; si opinas lo contrario puedes mandar los heridos. Te pondré al corriente de lo que hubiere. Tuyo,

CALIXTO.

Querido Félix: Por los partes que te incluyo veras el bolon que se está formando. Mucho ojo y caña si es preciso para salvar á Cuba de discordias civiles.

Recibe un abrazo de tu hermano,

CALIXTO G. IÑIGUEZ.

PARTE OFICIAL.

Mayor General Calixto Garcia Iñiguez, Jefe del Departamento de Oriente.

General:

Cumpliendo la órden de usted salí al frente del 2º, 4º, 5º y 6º batallon de Cuba y 1º de Holguin, á batir al enemigo acampado en los llanos del Yanal. Los contrarios ocupaban una posicion ventajosa, eran mayor número y estaban apoyados por dos piezas de artillería. Apesar de todo, confiado en el valor de los nuestros, resolví el ataque, ordenando al teniente coronel Félix Francisco Borrero que mandase el flanco izquierdo, el derecho al del mismo grado Limbano Sanchez, y ocupando el centro, en union de los tenientes coroneles Prado, Porfirio Gonzalez y comandante José Maceo, el que tiene la honra de dirigir á usted el parte de este importante hecho de armas. Preparada suficientemente la combinacion, dispuse que las respectivas fuerzas avanzasen sin vacilar, á marcha forzada, hasta lanzarlos de sus parapetos. Así fué efectivamente, y hubo tanto arrojo y decision en los mios, que el enemigo hizo primero esfuerzos para sostenerse, despues vaciló, y por fin nos abandonó el lugar y en él muchos cadáveres y algunos heridos. El capitan Martin Traba, del 2º batallon, con algunos números de ese Cuerpo, llegó á penetrar en el convoy, dió muerte á una parte de los que lo custodiaban, entre ellos á un teniente coronel, dispersando á los demás y llevándose 12 rifles Remington, 10 cananas y varios efectos.

Vueltos los españoles de la impresion de aquel momento, se rehicieron, y organizados avanzaron sobre nosotros en columna cerrada, cubriéndonos con un fuego nutridísimo de fusilería y haciéndonos varios disparos de cañon, lo que nos obligó á retirarnos en buen órden, pero batiéndolos siempre con la firmeza y serenidad que caracteriza á nuestro Ejército ya veterano.

Despues de conceder un pequeño descanso á los mios, de organizarlos y unir á ellos el batallon del teniente coronel Emilio Noguera, que acababa usted de enviarme como refuerzo, avanzó segunda vez, ocupando entónces este jefe el flanco izquierdo, y el derecho el de igual graduacion Guillermo Moncada. En el primer empuje se confundieron españoles y cubanos, hasta tal punto, que algunos de los nuestros arrancaron al enemigo el arma de las manos. Terminada aquella lucha reñida nos replegamos sobre el monte más inmediato, á fin de remitir los heridos á ese Cuartel General. Desde allí sostuvimos un nuevo fuego. El enemigo nos hizo diferentes descargas y algunos disparos de cañon.

Ya próxima la noche y habiendo sido auxiliados los españoles por 50 hombres de á caballo y como 100 infantes, enviados—segun presumo—desde el inmediato campamento de Yara, intentaron venir sobre nuestras posiciones. Mi columna acababa tambien de ser reforzada por el batallon del teniente coronel Mariano Dominguez, y les salí al encuentro, avanzando sobre ellos por toda la sabana. El terreno se disputó palmo á palmo y las dos líneas de fuego se sostuvieron igualmente; pero la escasez de parque de los nuestros—que se me comunicó—me obligó á ordenar á mi gente que se retirara, lo que efectuó sin desmayar sus fuegos y como pudiera hacerlo la tropa mejor disciplinada.

El enemigo nos disparó—durante la accion—36 cañonazos; dejó en el campo varios oficiales muertos y muchos soldados, pudiendo calcularse en más de 200 sus bajas. Nosotros sufrimos 10 muertos y 53 heridos: entre los primeros el valiente capitan Martin Traba.

El combate empezó á las 11 y media de la mañana del referido dia 4, y terminó á las 7 de la noche. En ese tiempo se ocuparon 15 Remingtons, 5 revólvers, machete, un magnífico reloj de oro, como 400 cápsulas y algunos equipos.

Jefes, oficiales, clases y soldados se portaron con valor y son dignos de elogio.

Admita usted el testimonio de mi más distinguida consideracion y respetos.

El Coronel,

Antonio Maceo.

IIISTORIA DE LA ESCLAVITUD

de la raza africana en el Nuevo Mundo y en especial en los países Hispano-Americanos.

APÉNDICE.—DOCUMENTOS.

Informe de la Junta de Fomento de Agricultura y Comercio de la Habana, acerca de la Ley Penal para castigo do los traficantes de negros.

EXCMO. SR.:

El Teniente de Síndico, que hasta ahora no había podido evacuar su informe sobre los particulares que contiene el oficio del Excmo. Sr. Gobernador Superior Civil, comunicando la Real Orden de 2 del mes de Junio del año anterior, se propone por fin cumplir con este encargo, muy penetrado de su alta importancia, y con el doble sentimiento de no ser ni suficientemente calificado para emitir una opinión que baste á ilustrar á esta Junta, ni de haberla consagrado todo el tiempo que demandaba para estudiar una materia que, á más de suponer conocimientos que no le son profesionales, exigía, por su misma trascendencia, otro más lato exámen é ilustracion. Entrará, sin embargo, á discutirla con el candor y la sinceridad de que en otras ocasiones ha dado pruebas á esta Junta; y si tal vez en el calor de su celo se equivocase, espera, al ménos, encontrar en la prudente reserva de este Cuerpo, no sólo la indulgencia que necesita, sino la correccion en las ideas, que es todavía un punto más importante.

El objeto de la comunicacion que motiva este informe, es precisamente el de combinar los grandes intereses de esta Isla, en el ramo capital de su riqueza y prosperidad, con la obligacion que se impuso el Gobierno por el artículo 2° del Tratado concluido en 28 de Julio de 1835, entre S. M. y S. M. B., para llevar á cabo la abolicion del tráfico de esclavos, estipulándose que dos meses despues del canje de las ratificaciones del expuesto Tratado, había de promulgarse en los dominios españoles la ley penal que impusiera un castigo severo á todos los súbditos de S. M. que bajo cualquier pretexto tomasen parte, sea la que fuese, en el abolido tráfico; ley cuya promulgacion, en cumplimiento del artículo, ha exigido repetidas veces el Gobierno Británico, y en que S. M. no había pensado entre tanto, por motivos que no era el objeto de la comunicacion explicar, pero de que por no existir de presente, era ya preciso ocuparse. Y como de dicha ley penal, de no ser prudentemente establecida, pudieran seguirse considerables perjuicios á esta Isla en su agricultura y su riqueza, ha querido S. M., ántes de formularla, que por este Gobierno, oyendo á las Corporaciones y personas instruidas, se le informe sobre los puntos siguientes:

«1° Determinar las bases de la ley penal que el Gobierno está comprometido á promulgar por el artículo 2° del tratado de 1835, combinándola de modo que, sin dañar á los grandes intereses de la Isla, nunca puedan éstos afectarse ni resentirse con el sistema penal que se adoptare.—2° Indicar así mismo la conveniencia y utilidad de crear tribunales especiales, ú ordinarios, para aplicar las penas que se impongan, teniendo siempre á la vista esos grandes intereses recomendados. Y, por último, prefijar el grado de responsabilidad y penas de cruceros apresores y jueces que, so pretexto de impedir el ilícito comercio, perjudiquen arbitrariamente á nuestra marina mercante, ó que, por sospechas infundadas ó motivos privados, dañen ó entorpezcan, de cualquier manera que sea, nuestra navegacion é intereses mercantiles. S. M. reclama y recomienda muy especialmente el pulso y circunspeccion con que debe tocarse una materia grave por su naturaleza, y que lo sería mucho más, si, por falta de la competente meditacion, se aventurasen errores que, sobre no ser oportunamente reparados, harían tal vez retrogradar la futura prosperidad de este suelo, ó su actual engrandecimiento.

Prefijado así el órden de la discusion, y señalado de antemano el método analítico que únicamente la conviene, el Teniente de Síndico entrará: 1º en el exámen de los intereses que pudieran ser de algun modo afectados, ó recibir cualquier perjuicio con la aplicacion de la ley penal que se proyecta; y llenando despues en su totalidad el programa, discutirá las bases bajo las cuales pueda formularse la ley, sin chocar de frente con aquellos intereses; la clase de tribunales á que corresponda su ejecucion; y los medios de evitar que, so pretexto de contener el ilícito, se perjudique y estorbe el legítimo comercio. Dirigiéndose á esta Junta, encargada por su instituto mismo de fomentar y protejer los ramos que forman la base principal de nuestra riqueza y prosperidad, inútil será decir cuánto ha concurrido, para elevarla á la altura en que hoy se encuentra el aprovechamiento del trabajo forzado y de esclavos sobre él mucho más dispendioso, y tal vez ménos acomodado á las tareas aquí emprendidas que pudiera procurarse por hombres libres y asalariados. Este Cuerpo sabe muy bien que la introduccion de los negros de Africa fué casi una necesidad contemporánea de la conquista, menos fructuosa, sin duda, á las naciones de Europa, si por no querer echar mano de aquellos brazos robustos, se hubiera limitado al imperfecto é ineficaz trabajo de los indígenas. Admitida la introduccion, que por cierto no creó la esclavitud, sino que la transportaba de otros climas al nuestro; y constituida ya como un elemento de nuestra organizacion social, importa inquirir hasta qué punto la cesacion del tráfico es susceptible de estorbar la prosperidad de este suelo, y por qué medio se logrará que la ley penal nunca llegue á perjudicar aquellos intereses.

Es una verdad sencilla, demostrada por la experiencia, y de que ya esta Junta tiene sobrados antecedentes, que la poblacion de la Isla de Cuba no es, en manera alguna suficiente, ni la que basta á la ex-

tension de su territorio; como es incontestable que esta falta general
de brazos inutiliza mucha parte de sus terrenos, y no la deja prosperar todo lo que la bondad de su clima y sus recursos pudiera permi-
tirla. No ignora tambien que el sistema de cultivos establecidos y la
carestía del país, se presta poco al trabajo asalariado, y hace hasta
cierto punto indispensable el que es de suyo forzado y se obtiene por
medio de los esclavos. Conoce así mismo que, cerrado de hecho y de
derecho el tráfico, hoy ilícito, de aquellos, es casi imposible, si de momento no se aumenta rápidamente la poblacion blanca de la Isla, que
el espíritu de empresa en las grandes industrias agrarias progrese y se
propague como en épocas anteriores. Pero como aún la queda el arbitrio, y se piensa sériamente en el incremento de la poblacion, no encuentra por esta parte motivo el Teniente de Síndico en que se establezca la ley penal con toda la severidad que se pidió en el tratado, y
que de suyo reclama ya la universal reprobacion de aquel comercio.

Mas hay otro lado político mucho más importante por donde, en
su concepto, debe verse la cuestion, y que, de seguro, ofrece no pocas
espinas y rodea de dificultades la formulacion de la ley que se medita.
Y ese lado es precisamente el de saber como esa ley por sí sola afec-
tará el sistema de la esclavitud establecido entre nosotros, que, como
antes lo ha dicho el Teniente de Síndico, es un elemento necesario de
nuestra organizacion social, derivado de un hecho primitivo á que no
concurrió la generacion presente; que siempre se respetó en los tratados,
y á que no se podría tocar sin comprometer de la manera más impru-
dente é inhumana á la existencia misma de la Isla. Por el efecto indispensable y necesario del giro que ha tomado la cuestion en Europa;
por el loco, tenaz y recalcitrante espíritu de proselitismo con que las
sociedades abolicionistas propagan sus incendiarias doctrinas; por el
empeño insistente con que una nacion poderosa, bien seducida por
ideas de humanidad, ó tal vez guiada por el interés mercantil, y su
innato deseo de hacer emigrar el cultivo de la caña y la fabricacion
del azúcar desde estos puntos á sus posesiones de la India; y sobre
todo, por la peligrosa proximidad en que nos hallamos con las inmediatas islas de Santo Domingo y de Jamaica, se ha hecho tan difícil
toda cuestion que tenga por objeto la suerte y condicion de los africa-

nos entre nosotros, que no hay miramiento bastante para poderlas tratar sin riesgo de incurrir en alguna imprudencia. El Teniente de Síndico habla en momentos en que, descubierta una vasta conspiracion de gente de color, por una tan rara felicidad como la de tener á la cabeza del Gobierno un jefe, cuyo nombre sólo basta para darla la más completa garantía, se cree dispensado de otras pruebas, de que parece relevarle la sola existencia de este hecho. Apoyado, sin embargo, en el voto de cuantos han examinado síncera y lealmente la situacion de las castas en América, presentará, como punto de doctrina incontestable, la que Toqueville deduce de sus observaciones, y es que en adelante será imposible que las dos razas vivan mezcladas de otro modo, como no sea bajo la condicion de opresora y oprimida, de esclava ó víctima la más débil de la más fuerte, y que, por consiguiente, todo proyecto de emancipacion es tan funesto para los unos como desastroso para los otros. Que tal es el término de las aspiraciones, la verdadera palabra de órden y el sentimiento de las razas se encuentra hoy más que nunca comprobado por lo que se trasluce de los actuales movimientos descubiertos: no es el cambio de condicion la tendencia final y el último propósito de la gente de color: sus pretensiones son más altas, y quieren, con aquellas mejoras, el absoluto dominio de la tierra y la total exclusion de la otra raza. Firmes en tal propósito todo acto del Gobierno, toda medida que, de cualquier modo que sea, se intente en su favor, produce entre ellos el efecto de una proclama, que, sirviéndoles de pretexto, los alienta y consolida en sus ideas de subversion; y hé aquí el escollo político que hace sumamente difícil y escabrosa la formulacion de la ley, pero no las miras económicas y de mera prosperidad material, pue pudieran renunciarse en favor de más altos intereses. Para salvarle no será inútil interesar todo el empeño y esfuerzo del Gobierno, que debe con especialidad dirigirse á desvirtuar aquella mala tendencia de la ley, porque, áun cuando se dirige al tráfico, acaso no dejaría de interpretarse en favor de la esclavitud; inconveniente casi de suyo inevitable, y que es preciso neutralizar como se pueda. Obligado ya el Gobierno á publicar la ley penal bajo la fé de un tratado cuyo religioso cumplimiento se propone, y conocida la situacion actual de las razas, si es verdad que de ella pueden derivar, vista la cuestion por su lado económico, algunas desventajas, y tal vez la paralizacion de las empresas, tambien es cierto que, bajo la considera-racion política, resulta un bien en disminuir apuella parte de poblacion que menos nos conviene, y en aumentar la que únicamente puede afianzar nuestra segurıdad, si es que se suple la falta de esos brazos con la de otros más provechosos, y se intenta, llegada la oportunidad, un cámbio en nuestro sistema agrario. Esta medida, combinada con las demás que demanda el presente estado de las cosas, y de que con tanto esmero se ocupa ya el Gobierno, hará quizá imposible en adelante toda ulterior tentativa de subversion, quitando en los unos el poder, y en los otros la voluntad de acometerla, si se consigue que la ley penal se establezca bajo las eternas bases de la humanidad y la justicia, que guarde perfecta analogía con el delito que intenta casti-gar, y que, inflexible, igual, realizable, económica en su aplicacion, imprima al mismp tiempo una tendencia favorable hácia la reforma moral, por medio de la ıntimidacion de un castigo cierto y seguro.

Entrando en estas miras, naturalmente se ve conducido el Teniente de Síndico á la designacion de las bases sobre las cuales debe versar dicha ley, ocupándose, desde luego, del primer punto propuesto en la Real Orden comunicada, y que se ha trasmitido á esta Junta. Como en toda ley penal lo primero que deba definirse es la clasificacion y la naturaleza del delito, importa averiguar si habrá de colocarse, como lo desea la nacion inglesa, el ilícito comercio entre los crímenes de piratería que sustraiga al delincuente de la proteccion de las leyes; ó si, entrando en la clase de los comunes, se le reputará más bien como de mera contravencion á un tratado, y por lo tanto en calidad de simple delito de contrabando. Tal es el punto principal que debe llamar la atencion del Gobierno al tiempo de formular la ley; y el Teniente de Síndico no vé cuál sea el principio, ni deduce la buena razon de que partan los que aspiran á tan extraordinaria y exagerada declaratoria; ni puede persua-dirse que á virtud de los tratados que median entre la España y la Inglaterra, resulte semejante derecho de asimilar el contrabando al crímen de la piratería. Recorriendo el curso histórico de la cuestion desde que en el Congreso de Viena en 1814, los plenipotenciarios de las grandes potencias reunidos en aquella convencion declararon que el tráfico de esclavos era repugnante á los principios de la humanidad y de la moral universal, y que sus respectivos soberanos descaban ardientemente ponerle término: declaratoria que en suma nunca excedía los límites de un simple reconocimiento de principio, sin obligar á nada á los soberanos respectivos, y dejándoles el tiempo y la oportunidad para fijar su cesasion en cada uno de sus estados, hasta la época posterior de los diferentes tratados que el Gobierno de S. M. ha concluido con el de la Inglaterra, no se encuentra ni una sola palabra escrita, ni un acto terminante y positivo que conspire á hacer presumir semejante determinacion. Es verdad que cuando en el parlamento británico se discutió el bill que propuso el ministerio para asimilar entre los súbditos de su gobierno el tráfico, que aún se continuaba con el crímen de piratería, algunos oradores ministeriales opinaron que el Congreso en Viena debió declarar por regla general de derecho internacional que la trata era, en efecto, un crímen de esa clase; pero el mismo Mr. Canning, ministro á la vez y promotor de aquel bill, fué quien primero se apresuró á declarar que la Inglaterra sería de todas las naciones del mundo la última á reconocer en ningun Congreso ó alianza cualquiera, el funesto derecho de dictar leyes universales con el carácter de obligatorias para todos los pueblos. Lo único que nos toca desear, decía aquel Ministro, es que cada Estado, por su espontánea voluntad, se mueva á declarar el tráfico asemejado á la piratería: tal era el deseo del Ministro, y tal el voto que se ha generalizado en su país, voto por cierto que no lo arranca el favor de la humanidad, sino que, encubriéndose bajo su manto, tiene tambien una tendencia meramente especuladora y mercantil, y la mira política de dejar sin rivales y fuera de la posibilidad de competir con la única nacion marítima que hoy posee más colonias, á las demás á quienes, por medios tan sencillos, se procura despojar de las suyas, quitándoles la oportunidad de promover y fomentar el ramo de la navegacion y de la marina mercantil. Contra todo órden racional sería asemejar á la piratería el hecho de un tráfico que antes fué autorizado y protegido por todas las naciones, y que si ha llegado á ser ilícito y á reputarse por delito, es en virtud del establecimiento de la ley y la convencion de las naciones. Considerándole en la clase que se le supone, era la sancion moral la única capaz de corregirle; pero á las leyes civiles y penales únicamente toca colocarle en su legítima categoría de mera contravencion á un tratado con circunstancias agravantes entre nosotros, por la consideracion política y las tendencias manifiestas que esa clase ha descubierto aquí hácia la rebelion.

Fijada la naturaleza del delito, la segunda base para la ley será determinar sus graduaciones desde el conato á delinquir, preparando armamentos y expediciones, ú asociándose en participacion con este objeto; hasta el hecho de ser sorprendidos, ya encaminados en el mar con aquella direccion, ó de vuelta con el contrabando y la consumacion del delito, por la introduccion y venta de los negros conducidos, cuyas graduaciones deben estar sujetas á diferentes grados tambien de la pena que se aplique. La tercera base recaerá sobre la clasificacion de delincuentes, segun sus grados, y á proporcion que intervengan y tomen parte en el negocio, bien como capitanes, maestros, pilotos y tripulacion de la nave empleada en el ilícito comercio, ora como armadores, accionistas y partícipes en la especulacion, ó bien como compradores ó agentes intermedios que de cualquier modo favorezcan ó protejan la empresa ilegal y fraudulenta del comercio. Prefinida así la naturaleza del delito, los grados de la delincuencia y la parte respectiva y que en ella tomaren cada uno de los comprometidos en el negocio, la cuarta base será prefijar la pena que á cada uno corresponda, y para graduarla es ántes que todo preciso considerar cuáles son los motivos determinantes y primarios que conducen á incurrir en el delito. Se trata de una especulacion mercantil que, siendo de suyo esencialmente lucrativa, fué desde luego prevista cuando se estipuló el tratado de 1817, en que las altas partes contratantes, reputando el mal como inminente y necesario, dictaron las medidas que en su sabiduría estimaron como más á propósito para contenerle, constituyendo comisiones mixtas competentemente reglamentadas, para conocer y juzgar de las contravenciones al tratado. El mal, sin embargo, no pudo remediarse enteramente, porque, siendo inmenso el beneficio, la astucia de los especuladores logró burlarse de la vigilancia de los cruceros, á pesar de toda su exactitud y del celo de las mismas autoridades. Reconocida la ineficacia de aquellas medidas, es natural pensar en la adopcion de otras más severas y restrictivas. Pero, ¿será por esto justo que, desnaturalizando el crímen y sacándolo de su categoría, se pretenda elevarle hasta el punto de asimilarle con él en piratería? Nunca ménos que ahora, y abogándose por una medida de humanidad, podría legitimarse el propósito antihumanitario de no guardar en la aplicacion de las penas el principio universal de la justa proporcion que debe mediar entre ámbos. Nacido el delito del injusto deseo de alzar rápidamente una fortuna, importa que el mal de la pena supere al provecho de aquél; excediéndolo de modo que pueda compensar cuanto le falte en certidumbre y proximidad; y que su aplicacion se haga en justa proporcion al grado de delincuencia y á la parte que en ellos haya tomado cada uno de los delincuentes, agravando el castigo á medida que el delito sea más dañoso, para conseguir de este modo más seguras probabilidades de prevenirlo. La pena de 10 años de presidio en las islas Filipinas, y la confiscacion del buque y carga que se impone en el artículo primero de la real cédula de 19 de Diciembre de 1817, á consecuencia del tratado de aquella época, parece al Teniente de Síndico la más propia y acomodada para el capitan, maestre, piloto y tripulacion de las embarcaciones comprometidas en el contrabando, de cualquier modo que se pruebe su existencia de una manera jurídica y legal, añadiéndose otras pecuniarias en el caso de haberse consumado y perfeccionado el delito. Penas tambien pecuniarias deben así mismo emplearse contra los armadores, accionistas y partícipes en la negociacion, sea como compradores, agentes ó comisionados, destinándose esos fondos para restituir á su país á los negros que se exportasen de Africa, si el delito hubiese sido consumado, ó para aumentar el fondo de poblacion blanca, á fin de que, los que por un delito ilegítimo, intentaren comprometer la tranquilidad de esta Isla, concurran con sus capitales á afianzar su seguridad.

El otro punto relativo á determinar qué clase de tribunal haya de conocer de estos delitos en la consiguiente aplicacion de la ley penal; y sí convendrá que sean los ordinarios ya establecidos, ó uno especial y privativo para los casos que ocurrieren, no parece que presenta mayores dificultades. El Teniente de Síndico está léjos de pensar que haya sido la intencion del Gobierno cometer el conocimiento de estos negocios á comisiones mixtas, compuestas de jueces nacionales y extranjeros, que la necesidad del tratado y las exigencias de una nacion poderosa únicamente pudieron obligar á establecer. Entrando el delito de que se trata, en la clase de los comunes, que sólo puede corregir la suprema autoridad de la tierra, sería faltar á los principios más sagrados de la jurisprudencia universal, y deprimir á la vez la independencia de la nacion, otorgar á extranjeros un derecho que no tienen ningun título á exigir, concediéndoles una intervencion opuesta á las doctrinas hoy sancionadas como máximas de derecho público entre todas las naciones. Lo que únicamente se desea averiguar es si este delito, grave hoy por su naturaleza, más grave aún por las circunstancias del país y que se roza con los intereses más vitales de la Isla deberá entrar en el círculo comun de los ordinarios; ó si, como especial y de suyo más comprometido, debe crearse un tribunal del mismo género en calidad de privativo, para conocer y sustanciar las causas á que dieron ocasion. Y fácil será ver, por los principios que deja asentados el Teniente de Síndico, que su opinion inclina á favor de esta última medida, porque, sin embargo de que coloca ese delito en la clase de los comunes, juzga tambien que se halla rodeado, por las circunstancias de la Isla, de motivos agravantes que le hacen mirar como más peligroso y comprometido, y porque recae, además, sobre clases que tienen bastante preponderancia en el país para sustraerse de las penas, si la autoridad del Tribunal no se coloca en manos muy elevadas para negarse á su influencia. Cree, por lo tanto, que este punto de la cuestion debe inclinar á la Junta por el establecimiento de un tribunal especial y privativo que conozca de estos delitos; y que la suma de tal autoridad se deposite en las del jefe superior político de la Isla, como las más dignas para desempeñarlas bien, y al mismo tiempo la más interesada en la conservacion del país; siguiendo, por lo demás, el órden de sustanciacion que se estime más oportuno, á fin de conseguir el triple objeto de la imparcialidad en el fallo, celeridad en el procedimiento, y economía en los gastos, objetos primordiales de todo buen sistema de enjuiciamiento.

El tercer punto relativo á impedir que, so pretexto de contener el ilícito, se dañe al legítimo comercio, cree el Teniente de Síndico que

quedará completamente cumplido, llenando con extricta legalidad lo
que prescribe el artículo 8° del reglamento anexo al tratado de 1817,
para servir de pauta en sus juicios á las comisiones mixtas; y al 7° que
le es consiguiente, del otro que tambien es anexo al tratado de 1835;
señalándose una competente y legítima indemnizacion al cargamento
y buque injustamente detenidos en caso de pérdida total, primero:
por el buque, sus aparejos, equipo y provisiones: segundo, por todos
los fletes debidos y pagaderos: tercero, por el valor del cargamento,
cargas y gastos que se hubiesen hecho para su venta, inclusa tambien
la comision de la misma; y, finalmente, por las demás cargas que
ocurren en las causas de pérdida total. Y cuando sólo sea parcial: 1°,
por los perjuicios y gastos especiales ocasionados al buque en la detencion, y por la pérdida de los fletes debidos ó pagaderos: 2°, por
estadías cuando sean debidas con arreglo á la tarifa que se prescribe:
3°, por cualquiera avería ó deterioro del cargamento, riesgos de seguros adicionales, con más un 5% anual, tanto á los de la una como á
los de la otra clase sobre las sumas que se les liquiden por indemnizacion miéntras se pague por el gobierno á que pertenezca el buque
apresador; calculándose al precio de la moneda á que corresponda la
embarcacion apresada, y el cambio corriente al tiempo de hacerse la
concesion. Estas reclamaciones se harán de Gobierno á Gobierno. mi-
rándose como cuestion de Estado.

Con las bases propuestas y bajo estos principios calculada la ley,
el Teniente de Síndico estima que podrán llenarse las miras del Gobierno, tanto de reprimir un delito que por sus consecuencias puede
ser trascendental á la Isla, como de dar una justa satisfaccion al Gobierno de Inglaterra, cumpliendo el tratado que se impuso como una
obligacion; consagrando á la vez sus principios de humanidad, sin
desatender los grandes intereses de esta Isla, que, si bien excitan su
celo y le merecen la más alta atencion, son al mismo tiempo la envidia
y el blanco y encono de las demás naciones. Desempeñando su difícil
tarea, el Teniente de Síndico está muy léjos de presumir del acierto,
pero piensa tambien que ha puesto cuanto está de su parte para colocar á la Junta en camino de tomar una más segura resolucion.—Habana, Abril 29 de 1844.—Excmo. Sr.—*Joaquin Santos Suarez.*

AVENTURA DE LAS HORMIGAS.

II.

Estaban todas inquietas, excitadas, dándose unas á otras golpecitos con las antenas; hembras y machos volaban por encima de la vulgar, neutra multitud, que los contemplaba envidiosa. Un poeta francés que ha escrito Historia Natural en idilios de inimitable lirismo hubiera hecho la observación de que, entre las hormigas, como entre los hombres, solo pueden volar con las alas del cuerpo ó con las del espíritu los que son capaces de sentir y comprender el amor. ¡Lástima grande que á unas y á otros les duren tan breve espacio de tiempo esas alas! Quizá esa pasion las haya dado á los más apasionados entre esos insectos, como ha irizado las alas de la mariposa, como tiñe de metálicos reflejos la áspera envoltura chitinosa del coleóptero ó como ha llenado de armonías la laringe de ciertos pájaros......

Era llegado el momento de abrir la sesion: el naturalista—que por singular deferencia ocupaba en esos momentos la poltrona presidencial—había hecho colocar sobre la mesilla que tenía delante un macroscopio nuevo, flamante, salido de las fábricas del Nachet de su país: al lado del instrumento figuraban cuidadosa y artísticamente conservados y dispuestos fragmentos de pelos y de uñas, escamitas epidérmicas, hilos y pedacitos de telas, dibujos minuciosos del hombre tomados por medio de la cámara lúcida y por un procedimiento sencillísimo que reducía á un cien mil avos el tamaño del animal: aparecía éste, en unos, vestido de gala, desnudo en otros: aquí blanco, allí negro, acullá amarillo, bien representado siempre, con todos sus atributos intrínsecos. Las miradas todas se dirigían de aquel lado con curiosa y febril insistencia. El Secretario, muezin de nuevo cuño que se usa en estas corporaciones, había anunciado ya la órden del dia........Permítasenos que hagamos ahora y de una vez para siempre esta aclaracion: Entiéndase que traducimos, y no sin esfuerzo, del lenguaje antenal de las hormigas al lenguaje fonético humano; sería enojosa para nuestros lectores esta historia, si hubiéramos de decir á cada paso: «El orador frotó con las de sus vecinos las antenas, imprimiéndoles tales ó cuales vibraciones, equivalente, en nuestro idioma á tales palabras ó á tal discurso; decimos, pues, la hormiga *dijo*, y no se torcerá el sentido á nuestras palabras. No será por cierto esta la vez primera, ni será la última, en que refirámos los fenómenos y funciones de otra vida animal á los de la nuestra traduciendo, los extraños por los propios; que, si pudiéramos, ya habríamos convertido todo el *reino* animal en reino humano. Perdone el discreto lector la digresion.

En medio de aquella silenciosa multitud dejóse al fin oir la voz de nuestra principal hormiga; y fué de esta manera:

—Ya conoceis, señores, la divisa del sabio en nuestra especie: *Nihil mirari*: un sabio de buena casta no se sorprende ni maravilla así, así; eso se queda para los poetas y para las mujeres (especies animales humanas que os daré á conocer en breve); pues bien: declaro que yo, (¡vosotros sabeis cuánta es mi distincion!) yo mismo me ví sobrecojido de asombro ante el espectáculo de ese mundo no sospechado apénas de nuestros sabios y que me ha sido dado contemplar en su infinita variedad de formas. He de confesarlo, señores: El Macrocosmo llegó por un momento á sorprenderme, á desconcertarme casi; por que toda esa region para nosotras hasta ahora vacía y hueca, está habitada; está poblada por animales, por séres vivos como nosotras mismas!

—¡Poblado, habitado por séres vivos!.... dijeron al unísono todos los concurrentes en son de burlona admiracion.

—Habitado, señoras, por animales que tal vez, aunque en grado inferior, compartan con nosotras la inteligencia, la voluntad y la vida! Imposible parece (y hé aquí justificado mi asombro de un instante); pero es lo cierto que existen animales superiores á nosotras en tamaño: animales que viven en sociedades semejantes á las nuestras y á las de nuestras parientas las abejas. Esto rompe con toda tradicion, como veis: esto nos despoja de un privilegio hasta ahora no contestado' esto nos rebaja ...

—Miente, miente ó se engaña como un pulgon, gritaron las hormigas rufas, destilando veneno por el abdómen.

—Suplico que no se me interrumpa, dijo el orador, despues de haber hablado en voz baja con los más inmediatos.

El Presidente agitó la campanilla; y aunque mohinas, callaron las alborotadoras.

El orador prosiguió: Cuando las obreras que me acompañaban en el viaje hubieron dispuesto convenientemente el instrumento de mi invencion (De nuestra invencion, dijeron muchas *sotto voce*); cuando pude ver ya distintamente un objeto, cerciorarme de que existía algo más de allá nosotras, algo superior á nuestro hormiguero, estuve á punto de destrozar las lentes y de volverme con los míos á disfrutar en paz de una vida hasta ahora tranquila y sosegada; pero pudo en mí más que toda otra pasion, mi amor á la ciencia.... Comencé, pues, á observar ese mundo. Pasaron ante mi vista mil séres monstruosos, de forma casi imposible, que se alejaban, sin que pudiese detenerlos para describirlos ó para hacer de ellos un dibujo correcto; pero he aquí que al cabo consigo aquietar á uno de ellos que parecía dispuesto á dejarse observar á mi sabor; y, si he de decirlo todo de una vez, que me observaba á mí mismo como luego supe: es un animal que se nos parece en mucho: pertenece á una especie llamada *humana*, sus indivíduos se titulan hombres, por que se creen hechos de tierra: unos andan completamentamente desnudos y otros tejen, como algunas de nuestras ninfas, una especie de tela con que envuelven su cuerpo: éste se encuentra en unos cubierto de pelos cortos, que se hacen largos, tupidos y lanudos en el cráneo y en la cara: no todos tienen el mismo color. . No riais; no hablo de un sueño: este ser existe y es un animal, no os quepa duda de ello. Tanto es así, que sin que yo lo echase de ver socavó la tierra en derredor y arrancando una enorme porcion de ella en la cual se comprendía mi observatorio, nos llevó á todas á su vivienda, en donde nos instaló cómodamente.

No os admireis, no: ese sér es 288 veces más largo que nosotras y tiene muy bien 570,000 veces nuestro peso, calculando nuestra longitud media en 3 líneas y nuestro peso en un decigramo, con lo cual exagero.

Quisiera daros una descripcion minuciosa de este animal; pero he de declararos que vacilo al asignarle su lugar entre los demás que pueblan el mundo. Cosa es ésta que ha preocupado y preocupa sériamente á sus naturalistas. No saben dónde colocarse. ¿Qué mucho, pues, que yo vacile al clasificar este animal monodelfo, del órden de los bimanos, género *homo* única especie, *homo sapiens?* . . . . . . ¿Qué mucho que yo vacile cuando ellos dicen que el hombre está fuera de la animalidad, y allá sostienen todavía ágrias controversias sobre este punto? Tentado estaría, señoras, de colocarlo á la cabeza del importante órden á que pertenecemos: somos, como arthropodos, segun uno de nuestros naturalistas más eminentes, animales de respiracion aérea, de cuerpo divido en *cabeza, torax* y *abdómen*: tenemos en la cabeza un par de antenas: el tronco compuesto de tres anillos con tres pares de patas; alguna vez con un par de alas; con un abdómen formado de diez anillos.»

Pues así el animal que os describo: su cuerpo está dividido tambien en tres partes distintas: la primera es la cabeza; la segunda el tronco á que está anexo superiormente un par de patas que le sirven para tomar los alimentos, y la tercera es la que puede considerarse desde una ceñidura que comienza más abajo de la region toráxica y que comprende el abdómen y la armazon pelviana: á esta última se unen otras dos patas más gruesas, órganos más bien de locomocion que de prehension, y sobre las cuales se mantiene verticalmente este animal al año, poco más ó ménos de su vida: antes de esta época suele andar en cuatro piés. Tiene este animal una singularidad anatómica que le es comun con otros que en su lengua llaman vertebrados: está todo su cuerpo dispuesto sobre una armazon ó sea constituida por piezas de varia forma y designal tamaño, las cuales contribuyen á darle el aspecto que ofrece: por fuera blando; y por dentro duro; y está probado que sin esa armazon de huesos, este animal sería esférico, ú ofrecería por lo ménos forma semejante á la de los moluscos.

Esta observacion, profunda, como se echa de ver. no me pertenece: se debe á Sappey, gran anatómico que, por otra parte, no cree en el sentido muscular de Bell y Gerdy, quizás á causa de su «excelente vista de miope». Nosotras tenemos una envoltura más ó ménos dura, chitinosa; por eso no andamos ya convertidas en una esferita muy mona....

El hombre, como he dicho, se mantiene erguido sobre las plantas de los piés, lo que no será para nosotras una novedad: ellos creen que este carácter los coloca naturalmente por encima de los demás animales.

—¡Y qué! ¿Nosotras no volamos? dijo una hembra que se sentía ya crecer las alas.

—La cabeza de este animal, continuó el naturalista, comprende el cráneo y la cara.

—Y la nuestra ¿qué comprende sino eso mismo? interrumpió un quidam.

—La cabeza del hombre es redondeada.

—La de todas nosotras es punto ménos, aunque algunos la creen triangular, gruesa en la parte anterior; delgada en el extremo opuesto y terminada en dos grandes dientes llamados mandíbulas....

—En la cara—continuó el orador—en la cara del hombre están situados de arriba abajo los ojos, la nariz y la boca.

—Por debajo de la mandíbula de que hablaba, continuó el intruso sin desconcertarse, está nuestra boca propiamente dicha.... Los ojos, deciais: ¿cuántos ojos tiene el hombre?

—Tiene dos, pues ya no nacen viables de una casta que reconoció San Agustin con un solo ojo en la frente.

—Nosotras tenemos hasta cinco: un par de ellos reticulados, retinianos, que valen por mil, á los lados de la cabeza, y tres más cerca del vértice de ésta, muy pequeños; ¿qué ventaja nos lleva?

El orador, enfadado, prorrumpió:

—Sr. Presidente: No es muy reglamentario lo que aquí sucede; y se tolera.

¿Quién ha concedido á mi insoportable y digna amiga para interrumpirme sólo, el uso de la antena?

—Propongo, señoras, dijo el Presidente, que se escuche hasta el fin á nuestro respetable compañero y que entonces se le arguya como se quiera conforme al reglamento.....

—Lo haré cuando quiera y como quiera; esta ocasion no se presenta todos los dias y no he de perderla por mera fórmula, contestó ágriamente el aludido.

Hubo que ceder: cosas peores suceden en las Academias de los hombres; y díscolos hay, y petulantes, insoportables y enfadosos á quienes es necesario oir en toda sazon. ¿Qué ménos habían de hacer las hormigas?

El orador continuaba: Por debajo de los ojos y en la línea media, presenta la cara del hombre un apéndice que la desfigura, ciertamente, y que sirve como de guardapolvo á una cavidad irregular aunque espaciosa, órgano ú asiento de un *sentido* importante. En la conviccion de que los sentidos de este animal se corresponden con los nuestros, hice una série de experiencias y me condujeron á este resultado: ese sentido equivale á nuestro olfato, es una especie de centinela avanzado y explorador del gusto: por él saborean los hombres aquellas sustancias, que, siendo demasiado ténues, no podrían llevar á la boca y bien que por aquella cavidad no introduzca este animal sus alimentos, no es por eso ménos cierto que ejerce funciones en un todo análogas á las de los órganos del gusto. Estas dos dependencias de un mismo sentido se comunican ámpliamente por detrás, y sus sensaciones son correlativas: he dado á este apéndice el nombre de nariz; y no entro en pormenores anatómicos. Diré sólo, que, respirando este animal el aire atmosférico, la nariz y las fosas nasales (todas vosotras sabeis latin y encontrareis pronto los derivados) respirando el aire atmosférico, repito, representa este apéndice con las fosas nasales el papel de un filtro y de un calefactor para ese gas: al atravesar esas cavidades se calienta el aire, y deja entre los numerosos pelos que tapizan su entrada y entre las anfractuosidades interiores mil y mil corpúsculos extraños, nocivos los más á la salud de este animal. Creo que me pertenece exclusivamente esta última observacion: reservo para más adelante algunas consideraciones sobre este punto.

Pero, señoras, ¿no es bueno que el hombre nos haya negado el olfato? ¡Negar el olfato á un himenóptero! ¡Negar el olfato á un insecto! Ya se vé: el órgano de esa sensacion no está situado en nuestro cuerpo como en el suyo: no nos vieron las narices y concluyeron de aquí que no las teníamos, ni podíamos percibir los olores.... ¿Quién dá noticias á las *Necróforas* de que existe en el campo el cuerpo muerto del batracio ó del tálpido en que han de cebarse? ¿Quién guía la abeja á la flor y le muestra el cáliz que atesora la miel que liba? Hay más: Este sentido nos guía hasta la hembra de nuestras especies; y, cosa singular, la exquisita sensibilidad de nuestro olfato llega á provocar en algunos arthropodos ilusiones comparables á las que sufren esos vertebrados que el hombre llama séres superiores.

—Y, ya que nos lo concedan actualmente, ¿dónde localiza el hombre este sentido?, preguntó sin formalidad de ningun género el perenne interruptor del Naturalista.

—¿En dónde?.... Es lo que no saben: unos colocaron su asiento en los palpos, otros en la cavidad bucal, algunos en las regiones vestibulares de nuestro aparato traqueal; y, los más cuerdos, creen que tiene su asiento en nuestras antenas.

—Cuerdo sería, observó un sábio egoista, que nos reservásemos la verdad sobre este punto: es de suponer que nuestra hermana no habrá hecho á los hombres revelaciones imprudentes.

—Ninguna; como no sea la que me ha arrancado á viva fuerza! Y aquí el orador contó las largas y crueles torturas que han sufrido las Hormigas en manos de los naturalistas hombres.

Hubo un movimiempo general de indignacion; no podían sufrir en calma que una hormiga libre fuese torturada por cosa tan baladí como es saber el sitio en que tiene el órgano de un sentido.

Tranquilizáronse al fin los ánimos y se oyó de nuevo el linneo, que, mientras duró el tumulto estuvo observando con la mayor atencion un corte de nuestra uña; y había llegado á la conclusion de que es idéntica en extructura al cuerno del buey. Sí, distinguidísima compañera, decía en voz baja á su vecina inmediata, sí: la uña rosada y transparente que recorta y pule la remilgada damisela es en un todo semejante al casco que defiende el pié del solípedo; y dirigiéndose en alta voz á la muchedumbre: He de hablaros ahora de la boca y del gusto. Conformado el hombre por nuestro tipo, su boca representa la nuestra; eso sí, sus dientes de él están colocados en fila dentro de esa cavidad y los nuestros lo están á la entrada de ella, en nuestra cabeza; con su aparato molar divide el hombre, rasga y tritura sus alimentos; con nuestras mandíbulas hacemos nosotras otro tanto. ¿Quién, entre nosotras, desconoce la extructura y disposicion de las piezas de nuestra boca? Termina nuestra cabeza en dos grandes dientes, por debajo de los cuales se abre la cavidad bucal: esos dientes son pequeños, en los machos, terminan en punta y están guarnecidos de pelos: las mandíbulas de nuestras hembras son escamosas, cóncavas, corvas, dentadas movibles. Además de estas dos piezas que guarnecen la boca exteriormente, se nota un labio superior poco saliente, dos mandíbulas inferiores que se mueven de derecha á izquierda y el labio inferior que se oculta por debajo de éstas.....; pero los hombres, señoras, dijo el Naturalista elevando la voz y haciéndola más sonora, los hombres nos han negado la lengua, nos han dejado vacía la boca: *os absque lingua*, concluyó, soltando el obligado latin de los sabios; no se contentan con que seamos sordas; nos hacen mudas, nos mutilan y nos privan del órgano del gusto.

Esta vez no fué de indignacion, sino de burla el sentimiento que se apoderó de los oyentes: algunos (sin respeto á la Presidencia y sin tener en cuenta la solemnidad del acto) llegaron á sacar fuera de la boca tres líneas de lengua: un precioso pezon carnoso, golosísimo.

Sólo una, una entre todas no rió: fué Mirmepyros (que este era el nombre de la hormiga interruptora), Mirmepyrus, que en medio de ruidosa hilaridad general vociferaba en una explosion de elocuencia ciceroniana:

—«Y se pretendía aquí por el paciente observador del hombre imponerme silencio. ¡Y había yo de tolerar tamaños desafueros! ¡Sin lengua nosotras! Los deslenguados son ellos. Sin lengua un himenóptero cuyo régimen casi exclusivo y preferente lo constituyen el pólen y las delicadas secreciones florales. Venga, venga Fabricio el *Mutilador*, y vea nuestra armadura bucal totalmente transformada. No encontrará en ella las aceradas y horribles pinzas de los insectos masticadores armados de poderosas mandíbulas, puesto que en nuestro órden ha de limitarse á la funcion más suave y blanda de lamer las paredes anterales ó el lóbulo del pistilo para recojer allí el pólen que la dehiscencia del estambre ha puesto en libertad, pero véanos recojer con la lengua los jugos que el nectario deja fluir entre las anfructuosidades de los carpelos y de los pétalos!».... Su voz había pasado casi inadvertida; y fué lástima que se perdiese así sin eco un trozo de cierto corte oratorio, no purgado á la verdad de todo efectismo, pero que podía pasar cuando ménos por un hermoso arranque *específico*, no digo patriótico.

Una hormiga discreta que lo oyó, decía para sus adentros: ¡Si hablará ésta de las abejas! .....

Eese fué todo el aplauso que obtuvo Mirmepyros.

Sosegados ya, continuó el descubridor del macroscopio de esta manera: A ambos lados de la cabeza del hombre, en línea que limita la base del cráneo y en la union de los dos tercios anteriores con el tercio posterior de esta línea, por delante de la apófisis mastoide, por detrás de la articulacion temporomaxilar y en los límites posteriores de la cara, está situado el pabellon de la oreja: éste representa una especie de concha adherida por su base á las partes blandas de la cara y del cráneo, y cuya extremidad más ancha mira hácia arriba: este grueso repliegue irregular da entrada á un conducto labrado en los huesos del cráneo y que se denomina conducto auditivo: por este órgano, que es muy complicado y cuya situacion y caractéres podría precisar mejor que yo Apuleyo, percibe el hombre una sensacion denominada *sonido*, provocada por la intervencion de un nervio especial llamado *nervio auditivo*, y que funciona cuando lo ponen en movimiento las vibraciones de los cuerpos exteriores: funciona tambien solo, como saben los que padecen de ilusiones del oido: como funcionan solos, *per se* los otros *sentidos* en caso idéntico: parece ser éste un sentido que no llega á su completo desarrollo sino en los vertebrados superiores, en los cuales se compone de tres partes bien distintas, que son la *oreja*, oido externo, la caja del tímpano ú *oido medio*, y el *oido interno:* trabajo ha de costarme haceros entender este órgano y esta funcion del oido; pero no desespero de conseguirlo puesto que, como sabeis, entre los hombres se ha visto más de una vez á los ciegos fallando de colores.

—¿Quiere eso decir; interrumpió una hormiga que se dedicaba entre las suyas al estudio de la Estequiología, quiere eso decir que su señoría no cree que tengamos nosotras ese sentido?

—Esa cuestion tiene sus más y sus ménos, señora mía: Verdad es que la sensibilidad auditiva parece tan delicada entre nosotros todos, los insectos, como entre los crustáceos; pero desde que se trata de localizarla, de encontrarle su asiento y su *órgano*, no sabemos, á la verdad, á qué atenernos.

—¿Pero, no oimos?

—Sí que oimos.

—Entonces, ¿á que ese prurito de localizar y de especializar que domina á su señoría?

—La ciencia tiene sus exigencias, tanto es así, que uno de nuestros fisiólogos ha localizado ese sentido en las antenas: en ellas nos encontró ese sabio un número no pequeño de othocystos, que es como si dijérámos vejiguillas auditivas.

—¡Es curioso ese afan de sintetizar! Y, ¿qué diría mi digna preopinante, si yo le hiciese ver que él hombre oye sin oidos?

—A verlo, á verlo, dijeron muchas á lo vez.

—Pues muy sencillo. Figuraos que he visto con mis cinco ojos á un sordo, precipitar el paso y esquivar el cuerpo en los momentos en que se le aproximaba por al espalda un coche al paso: de que lo oyó no hay duda; pero ¿por dónde? . . . .

—Como no fuese por los piés? . . . . dijo un chusco.

—Pues sí, señoras; por los piés: la trepidacion impresa por el vehículo al suelo se comunicó hasta el sordo, y tuvo conciencia de ella por este medio: tengo tambien averiguado que los hombres *oyen* algo por la boca: nosotras oimos por todo el cuerpo, y punto concluido.

—Eso no es científico dijeron, en coro muchos de los concurrentes.

—Insectos hay, dijo el Presidente, terciando en la cuestion; insectos hay que tienen un aparato auditivo completo: en los acridios (la langosta entre ellos) se nota hácia la region posterior del *torax* una especie de anillo vibrante, en el cual se ajusta una membrana delgada y tensa, detrás de la cual hay un oido completo sin que le falte su nervio acústico, su cadenilla de piezas vibrantes, su tímpano y todo. El aparato auditivo de las Locustas tiene una verdadera caja timpánica.

Ademas: bien pudiera ser que tuviéramos nosotras ese sentido sin saber en que lugar, como han tenido hasta ahora los hombres alma sin saber dónde reside y se asienta; como han tenido un sexto sentido nómade ó ubícuo: el *sentido muscular*, sin órgano especial ni cosa que lo valga.

—No estamos nosotras obligadas á saber más que los hombres, dijo Mirmepyros, que comenzaba á impacientarse.

—*¡Felix qui potuit rerum!*.... Concluyó el Presidente, con cierto cansancio como quien dice *amen*.

—Sí; dichosos los que conozcan la causa de todas las cosas, repitieron varios en romance vulgar.

Se oyó un capanillazo, y reinó el silencio.

—Tiene la palabra nuestro respetable colega para continuar su discurso, dijo al Naturalista.

Este, despues de haber repasado unas notas escritas en griego que tenía en su cuaderno de memorias, continuó:

—«No creo exagerar, señoras, si digo que este sentido, el del tacto, los encierra y contiene en sí á todos: que con ser el último en órden á la gerarquía de los sentidos, es el primero entre todos, porque los otros son sólo diferenciaciones suyas: especialidades del tacto, como si dijéramos. Está exparcido en toda la superficie del cuerpo del hombre, y dispuesto á funcionar siempre: por él aprecia este animal, no sólo el contacto de los cuerpos que chocan con el suyo, en cuyo caso es en cierto modo pasivo, sino que también le sirve para apreciar las cualidades de forma, de peso, de temperatura: en este caso es activo y explorador: dicho se está que, si bien se encuentra rudimentario en todo el cuerpo, reside más vivo en las manos y en los dedos de éstas; en el extremo y cara palmar de los dedos, sobre todo: es, como sabeis, un sentido más intelectual de lo que parece, y el cual poseemos tambien nosotras en grado superior al hombre: éste tiene en la lengua el órgano más exquisito de ese sentido. Los hombres, no ménos llevados que nosotras del afan de las distinciones y especializaciones, han pretendido dividir el tacto en varios sentidos: un sentido de *contacto*, un sentido de *presion*, un sentido de *temperatura*, un sentido de *traccion*......

—Eso es como si nosotras dividiésemos nuestro gusto en un sentido de lo dulce, otro de lo ágrio, y otro de lo insípido, dijo Mirmepyros.

—Eso sería confundir el sentido con la naturaleza de la sensacion, objetó Panmirmes, jóven estudioso que aún no tenía el grado de doctor en las cuatro facultades.

—Algunos hombres discretos, se apresuró á añadir el Naturalista, han rechazado semejantes distinciones, y se atienen á un solo y mismo tacto; pero, lo singular de esto, señoras; lo que os maravillará á todas, es que un naturalista humano, de Blainville, declaró que los Articulados no tenían tacto, ó que, por lo ménos, era en ellos casi nulo este sentido; ¿qué os parece?

La pregunta fué acojida con la mayor indiferencia, áun por parte de nuestra díscola conocida.

—Os leeré, decía el infatigable expositor de esta singular anatomía comparada; os leeré el resúmen de mis conocimientos sobre el tacto y sus órganos entre nosotras. A través de la capa, á veces córnea, que cubre nuestro cuerpo, salen del interior unos pelos más ó ménos duros, que tienen su orígen y raiz en los tejidos subyacentes: á la base de estos apéndices llegan los nervios cutáneos: se adivina fácilmente el papel que representan estos pelos: libres en lo exterior, capaces de sentir la conmocion más leve, recojen con extremada delicadeza y trasmiten á nuestros gánglios nerviosos todas las impresiones tactiles: estos pelos son análogos á los de los mamíferos. Las regiones que sirven de asiento á estos órganos concurren eficazmente á aumentar la delicadeza de este sentido; de aquí el nombre de «palpos» con que los distinguimos nosotras; y bien sabeis que al nivel de estos palpos maxilares, mandibulares ó labiales, la capa córnea es más delgada, y así se aumenta el área sensitiva.

Mirmepyros tomó sin ceremonia la palabra:

—¿Y cree su señoría decirnos nada nuevo? preguntó con sorna,

—Sí que lo creo; ¿lo sabía acaso su señoría ántes de oírmelo? ¿Lo había aprendido en alguna de nuestras escuelas?

—Sí, señora: el más vulgar de nuestros profesores de Entomología sabe que todo eso que nos ha repetido su señoría se aplica tambien á los crustáceos; como es verdad con respecto á los dípteros, orthopteros y coleópteros, etc., etc. Si no creyera ofender á su señoría, me atrevería á decir, con el respeto debido, que su viaje al Macrocosmo le ha contagiado de vicios y resabios puramente humanos.

El orador, que recibió á quema ropa aquel disparo, barbotó colérico, quizá por vez primera en su vida, un insulto sangriento entre las hormigas, y que se usa sólo en las grandes ocasiones: ¡*Impertinente!*

—¡Pedante!

—¡Intruso!......

Palabras amargas y llenas de hiel, dignas más de la boca del hombre que del lábio de una hormiga discreta, y sugeridas por el amor propio herido, que es, entre los sábios y gentes de letras, la pasion más feroz, y cuyas ágrias manifestaciones llenaron más de tristeza que de asombro á las laboriosas hijas de Latreille.

Ambos contendientes, en el paroxismo de la cólera, se arrojaron los objetos todos proyectiles de que pudieron echar mano, á la cabeza: de una á otra parte volaban por el aire granos de arroz y partículas de silícea arena, y se fueron el uno para el otro como si fueran mortales enemigos, centelleantes los ojos, rígidos y vibrantes los palpos y antenas: y no es lo peor, sino que, agrupados los adeptos y simpatizadores de ambos académicos en torno de ellos, sujetando aquí á uno por una mandíbula, amordazando al otro, y revolviéndose por todas partes, contribuían á aumentar la confusion y el tumulto. Caminábase por encima de rotos palpos y destrozadas antenas; respirábase con dificultad en medio de una espesa atmósfera de ácido fórmico: doquiera se veían alas transparentes y aguzadas mandíbulas; aquí se oía el grito de una, la imprecacion ó el lamento de otra, y por sobre todos esos ruidos la campanilla de la Presidencia, que en vano llamaba á todos al órden y á la paz.

Logrando al cabo Mirmepyros desasirse de las manos de los mediadores, sin que fuesen en su espanto poderosos á contenerle, perdido ya todo fórmico discurso, ébrio de furor, cojió entre las coléricas manos el macroscopio (¡quién lo diría!), el cual representaba un arma formidable, y levantándolo en alto por encima de la cabeza, iba á descargarlo sobre el indefenso Naturalista, que no tenía allí á mano almohada de coche que pudiera servirle de escudo, cuando, hé aquí que á deshora se oye un temeroso rumor, un rum-rum sordo y prolongado, como subterráneo trueno, que las paró y puso á todas en suspenso: era un enjambre de abejas que llegaba al lugar de la reunion, con un mensaje de su República para el Presidente de la Sociedad Real de Mirmepolis.

ESTÉBAN BORRERO ECHEVERRIA.

NOTAS CRITICAS.

El escritor eminente que cayó súbitamente muerto en una calle de Liverpool el 16 de Abril último, Mathew Arnold, ha sido frecuentemente llamado por muchos el Sainte-Beuve inglés. Hubo en efecto, numerosos puntos de contacto entre los dos, y han muerto ambos casi á la misma edad, á los sesenta y seis años poco más ó ménos, habiendo nacido en un mismo mes, Sainte-Beuve el 23 de Diciembre de 1804 y Arnold el 24 de Diciembre de 1822. El primero falleció, como es sabido, á fines de 1869. Ambos tambien comezaron su carrera como poetas, compusieron versos muy notables. aunque no de primer órden, durante la primera mitad de su vida, y abandonaron luego su cultivo, dedicándose á la crítica literaria, en que sobresalieron hasta colocarse muy por encima de todos sus contemporáneos. Como no era muy grande la diferencia de edad entre los dos, tuvieron ocasion de conocerse y apreciarse personalmente. Sainte-Beuve lo menciona con elogio más de una vez en sus *Causeries*, y Arnold escribió una esmerada reseña biográfica de Sainte-Beuve para la «Enciclopedia Británica». Nadie quizás ha hablado del célebra crítico francés en términos más entusiastas: he aquí las líneas con que termina ese artículo de la «Enciclopedia», publicado hace poco más de un año, y cuyas grandes alabanzas no seré yo quien juzgue desproporcionadas.

«Hay algunos espíritus que en ciertas líneas alcanzan una excelencia casi ideal, y que el género humano puede muy bien adoptar como sus representantes, reconociendo que en esas líneas por lo que dicen y el modo como lo dicen hablan, no como indivíduos limitados, sino en nombre de toda la raza humana. Así habla Homero con una excelencia ideal en la narracion épica, así Platon sublime al mismo tiempo que profundo en las cuestiones filosóficas; así Shakespeare en la pintura de los caractéres humanos; así Voltaire en la poesía ligera y en la discusion irónica. ¡Que lista de séres, perfectos, cada uno en su línea! y á ese número podemos casi aventurarnos á añadir, en la línea de la crítica literaria, el nombre de Sainte-Beuve».

Es indudable que Sainte-Beuve cultivó la crítica literaria como un arte, un arte especial, que no es ni la poesía ni la elocuencia de los tratados de estética; sino que participa de los dos. Los cincuenta volúmenes que nos ha dejado, y que no fueron en su orígen más que artículos de periódico, coleccionados á medida que los iba publicando, forman un admirable conjunto que inmortalizan seguramente su reputacion. En nuestros dias que todo el mundo escribe en los periódicos y que casi todos coleccionan sus escritos, aún los más rápida y superficialmente zurcidos, es una cosa extraordinaria descubrir que se puede trabajar para la posteridad por medio de las columnas de los diarios. Y ello parece todavía más excepcional si se recuerda que eran artículos hebdomadarios, no lentamente preparados, como los ensayos de Macaulay, por ejemplo, para ser insertados en gruesas revistas trimestrales.. Debían vivir sólo un dia, una mañana, como las rosas del poeta, y duran y durarán eternamente, como piedras preciosas esculpidas.

Mathew Arnol tambien cultivó, como un arte la crítica literaria, y nos ha dejado de ello muestras exquisitas en sus *Essays in Criticism*, notables, lo mismo que las de Sainte-Beuve, por el acento personal, por el vivo y sincero interés que lo llevó en busca del valor real y permanente, de la esencia poética del autor y de la obra que examina. Pero la crítica no fué para él una tarea constante, la ocupacion principal de toda su vida, y el conjunto de sus trabajos, no forma, ni con mucho, panorama tan vasto, tan rico, tan variado como el de las *Causeries du Lundi*.

Etudes sur l' Espagne par A. MOREL-FATIO.—Première série—París. 1888.

Tres trabajos comprende este volúmen, todos muy interesantes. El primero, que es tambien el más extenso, es el resúmen de las seis primeras lecciones pronunciadas el año pasado en el Colegio de Francia al principiar el curso de 1887 á 1888, sobre la manera como se ha conocido y comprendido á España en Francia desde la Edad media hasta nuestros dias. De esas lecciones se ha hablado no hace mucho en estas *Notas críticas* de la REVISTA CUBANA. El segundo trata del *Lazarillo de Tormes*. El último es un análisis detenido de la parte histórica del *Ruy Blas*, conocido drama de Víctor Hugo, en que se deja perfectamente demostrado que el gran poeta tomó todos aquellos detalles históricos que son realmente exactos en su obra, de dos libros franceses: las Memorias de Mme. d' Aulnoy, y el *Estado presente de España*, por el abate de Vayrac, libros que Víctor Hugo no menciona en la nota pretensiosamente erudita que ha puesto al fin de su drama.

M. Morel-Fatio publicó hace dos años una traduccion del Lazari-

llo de Tormes, precedida de un buen estudio de la obra. Ahora re:
produce en este tomo una pequeña parte de esa introduccion, y añade
nuevas y curiosas investigaciones bibliográficas é históricas tanto sobre la novela como acerca de su supuesto autor.

Rechaza desde luego, perentoriamente, como ya antes lo habia
hecho, la paternidad de D. Diego Hurtado de Mendoza, y su razonamiento para dejar bien fijado ese aspecto puramente negativo de la
cuestion es de una fuerza y claridad en extremo notables. Sólo en
nuestro siglo, casi en nuestros dias, se ha generalizado la costumbre
de imprimir el famoso librito atribuyéndolo resueltamente á Hurtado
de Mendoza. Hasta entonces se decía como mera suposicion fundada
sobre rumores sin consistencia; y es bien extraño que sin haberse descubierto ningun dato nuevo para justificar tal atribucion, se haya dado por demostrada, ahora precisamente que esas cosas se miran más
de cerca. Gil y Zárate, cuyo manual fué el texto de historia de la literatura durante muchos años y lo es probablemente en muchos países hispano-americanos todavía, da el punto por averiguado, sin exponer siquiera las opiniones contrarias. Aribau, en el tomo tercero de
la Biblioteca de Rivadeneyra, dijo, con su carencia habitual de espíritu crítico, que la opinion general designa, *probablemente sobre* datos
fundados, á Mendoza como autor de ese *lindísimo juguete*, sin creerse
obligado á decirnos cuáles eran esos datos y en qué consistía lo probable de esos fundamentos.

Para M. Morel-Fatio el Lazarillo fué compuesto y lanzado al mundo por una mano desconocida, y queda siendo obra anónima, como lo
fué desde el primer dia, y como lo será probablemente siempre.

No hay, en efecto, una sola razon de peso para escoger definitivamente á Mendoza, salvo que Nicolás Antonio, el gran maestro de los
bibliógrafos españoles, lo sugiere en su *Bibliotheca Nova*. La autoridad de este erudito, en todos casos muy respetable, está muy lejos de
inclinarse de ese lado, pues en el mismo lugar donde lo indica, invoca como de idéntico valor la opinion contraria que atribuye la novela
al fraile Jerónimo Juan de Ortega, y se abstiene de manifestar preferencia por ninguna de las dos versiones. Ortega fué la primera persona á quien se atribuyó el *Lazarillo*, por un grave historiador de la
órden de San Jerónimo, en 1605, el padre Sigüenza, el cual dice que
se le halló «el borrador en la celda, de su propia mano escritos». La
primera designacion impresa que se conoce de Hurtado de Mendoza
como autor de la misma obra se debe á un bibliógrafo belga, que imprimió en Maguncia, en 1607, un catálogo de escritores españoles
ilustres. De aquí sin duda lo tomó Nicolás Antonio. De todas maneras hacía ya más de medio siglo que el Lazarillo corria impreso y anónimo.

Es muy curioso que ambas diferentes versiones concuerden en
una cosa, en suponer que el autor, bien sea Ortega, ó bien sea Mendoza, escribió esa novela siendo muy jóven, viviendo como estudiante
en Salamanca; y precisamente M. Morel-Fatio, con mucha sagacidad
y mucha verdad á mi modo de ver, dice que «jamás ha podido esa
novela ser escrita por un jóven. Sus rasgos satíricos, llenos á veces

de un exceso de amargura, descubren una experiencia demasiado larga de las tristezas y los dolores de la existencia, para ser lícito atribuirlos á un estudiante, á un segundón de noble casa, que debia sin duda formarse de la vida opinion muy diferente».

En otro lugar de su trabajo condensa en unas cuantas páginas un estudio biográfico muy completo y muy nuevo, del ilustre D. Diego Hurtado de Mendoza, para demostrar lo que, á su juicio, es la más probable explicacion de la insistencia del público español en atribuirle, sin causa real, la paternidad del *Lazarillo*. Desde muy temprano se formó una leyenda en torno del nombre de D. Diego, que llegó á ser personaje·popular y conocido por sus agudezas, su espíritu independiente é indisciplinado, la altanera franqueza de su carácter, y buscando un nombre de literato conocido que poner á obra tan notable, que corría sin la firma de su autor, se fijó en el suyo la opinion general desde principios del siglo XVII ó poco antes, segura de que con él ganaria prestigio el ya célebre librito. Pero la tradicion, como tantas otras, carece de todo fundamento, y ni en la vida ni en las obras de Mendoza se encuentra la menor razon para sostenerla. Ya desde el primer tercio del siglo pasado un erudito de mucho peso, Mayans y Siscar, en una carta citada ahora por primera vez, segun creo, declaró que nunca habia podido aceptar como cierta esa tradicion; y modestamente añade M. Morel-Fatio que le es grato hallarse de acuerdo con hombre tan docto como Mayans.

Todo lo que se roza con el *Lazarillo de Tormes* es asunto de controversia. Así como se ha ido repitiendo sin motivo que lo escribió Hurtado de Mendoza, con mayor insistencia y con unanimidad, si cabe, ha ido todo el mundo repitiendo que la primera edicion apareció en Amberes el año de 1553. Hasta el mismo Ticknor, generalmente muy bien informado y cauto en materias bibliográficas, lo consigna como un hecho averiguado en una nota de su Historia. Sin embargo, semejante edicion no ha existido jamás, nadie la ha visto, nadie ha tenido en la mano un sólo ejemplar. El *Manual* de Brunet la describe *de oidas*, confesando que no la conoce, pero olvidando advertir dónde, ó cómo oyó la noticia de su existencia, los demás se han puesto en fila detrás de él y seguido sus pisadas.

Puede, por tanto, afirmarse sin temor que la edicion príncipe fué impresa en Burgos el año de 1554 por Juan de Junta, de la cual se conocen hoy dos únicos ejemplares; de uno de ellos revela M. Morel-Fatio el paradero, para indicar que allí debe ir á consultarlo el que quiera hacer lo que todavía nadie ha hecho: fijar científicamente el texto genuino de un libro, que por su antigüedad y su mérito extraordinario bien digno es de que se le consagre esa atencion. Encuéntrase en la biblioteca del Duque de Devonshire, en su magnífica posesion de Chatsworth.

La segunda edicion es tambien muy rara; la publicó el mismo año un librero de Alcalá llamado Salzedo, calificándola de *nueva* impresion, *corregida y de nuevo añadida*. Hay de ésta un ejemplar en el Museo Británico de Lóndres, donde lo examinó M. Morel, y reproduce hoy, en el apendice del trabajo que estamos analizando, los dos

principales pasajes intercalados por dicho Salzedo. Ofrece otras va-
riantes de ménos importancia, que el futuro editor de la obra deberá
estudiar y depurar. Por lo pronto ha servido ahora para corregir una
errata probable que contienen todas las ediciones, sugiriendo á M. Morel-Fatio la idea de que un apócrifo conde de Arcos mencionado en
ellas sea más bien una alusion al romance del Conde Claros, «ó á lo
ménos al camarero que le dava de vestir». El texto de Salzedo dice
conde Alarcos.

¡Ojalá se haga pronto esa edicion crítica y definitiva que pide
M. Morel-Fatio, y para la cual ha dado ya preciosas indicaciones!
Ojalá fuese él mismo quien la hiciese! Su aparicion colmaría de regocijo á todos los que amamamos la literatura española por sus méritos
intrínsecos, por su riqueza y verdadera originalidad, aparte de toda
cuestion de patriotismo, el cual no debiera intervenir, ni en pro ni
en contra, en esta esfera puramente de arte y bellas letras. El Lazarillo es, despues del Quijote, y en una línea algo inferior por supuesto, la obra más característica, más curiosa de la prosa castellana, concebida con más vigor y grabada más hondamente que las novelas
Ejemplares de Cervantes. Ofrece la desventaja de ser demasiado corta y la composicion además es bastante desigual. De los siete tratados, ó capítulos, en que está distribuida, los tres primeros ocupan por
sí solos más de las tres cuartas partes del todo, y los otros apenas merecen más nombre que simples bosquejos. Pero los primeros tratados
contienen la pintura magistral, indeleble de tres figuras, tres tipos, el
ciego limosnero, el clérigo avariento y el escudero pobre, creaciones
incomparables por la osadía del pincel y la profunda verdad del efecto, tres aspectos del hambre, de la miseria y de la vanidad humana
como fotográficamente fijados y reproducidos por artista anónimo dotado de talento maravillosamente penetrante. El escudero pobre en
particular, personaje sin nombre como el autor, se destaca de las páginas de la novela lleno de verdad y bañado en luz vivísima; es una
de esas hechuras de la fantasía que superan á la realidad misma y
nunca mueren en la memoria, minuciosamente acabadas y grandemente concebidas como algunos cuadros holandeses, de Terburg ó de
Gerardo Dow.

E. P.

MISCELANEA.

La comision directiva del censo de la capital de la República Argentina, ha formado el programa de las materias que ha de abarcar esa obra, destinada á consignar los resultados definitivos del último empadronamiento. Ese programa encierra materia para dos tomos de 500 á 600 páginas cada uno.

El libro irá profusamente adornado con las mejores vistas de la ciudad, y con numerosos diagramas y cartogramas estadísticos, con lo cual la comision no piensa sino en pagar un tributo á las exijencias que, en nuestros tiempos, se tienen respecto de obras de esta clase.

El programa acordado para la obra es, en sus grandes rasgos, el siguiente:

TOMO I.

1º Crónica de las vicisitudes porque ha pasado la ciudad de Buenos Aires, desde su fundacion hasta nuestros dias.—Pelliza.

2º Consideraciones generales sobre la higiene pública en relacion con el clima, el suelo, la edificacion y demás factores concurrentes á fijar un estado sanitario dado.—Arata.

3º Descripcion topográfica de la ciudad.—Martinez.

4º Historia del movimiento demográfico de Buenos Aires.—Martinez.

5º Estudio matemático estadístico de la mortalidad de los últimos 16 años, basado en más de 100.000 defunciones.—Latzina.

6º Consideraciones generales sobre los resultados del censo de la poblacion.—Latzina.

7º Centro de la poblacion (cuadros).

TOMO II.

1º Estudio estadístico sobre el valor de la propiedad raíz en la capital.—Latzina.

2º Consideraciones generales sobre el censo de edificacion.–Chueco.

3º El comercio y las industrias de la capital.—Chueco.

4º Estadística comparada de la ciudad de Buenos Aires, correspondiente al último quinquenio: hospitales, asilos, manicomios, cementerios, asistencia pública, beneficencia, instruccion, bibliotecas, prensa, teatros, correos, telégrafos, teléfonos, locomocion urbana, movimiento de vapores y trenes, inmigracion y emigracion, provision de agua, alimentacion, alumbrado, empedrado, limpieza pública, finanzas municipales, comercio exterior, bancos, precios corrientes de los principales artículos de consumo, criminalidad, suicidios, incendios, etc.—García.

5º Censo de edificacion (cuadros).

6º Censo del comercio y de las industrias (cuadros).

7º Recopilacion de los antecedentes del censo.

NECROLOGIA.

El 27 de junio del año anterior, falleció en Valparaiso, D. Miguel Cruchaga, jurisperito y economista chileno de gran nombradía. Era profesor de economía política en la universidad de Chile, y deja, entre otras las obras siguientes: *Manual de Moral y de Economía Política*, redactado segun el de J. J. Rapet; *Tratado de Economía Política; Estudio sobre la organizacion y la hacienda pública de Chile*, de que no ha publicado sino dos volúmenes; *De las relaciones entre la Iglesia y el Estado*; Primera parte, 1883; é inédita una historia de la hacienda de Chile durante la época colonial. En union de D. Felix Vicuña fundó en 1886 la *Revista Económica* de Valparaiso.

—Otro abogado eminente de Chile, D. José Eugenio Vergara, falleció el 22 de julio del mismo año. Deja, entre numerosos trabajos profesionales, un volúmen sobre el domicilio político del extranjero en país beligerante.

—Uno de los grandes tratadistas de la legislacion en nuestros tiempos, M. Juan de Molombe, murió el año pasado. Su obra monumental es el *Cours de Code Civil*, cuya reputacion es tan grande en Francia, su patria, como fuera de ella.

—El 27 de febrero, ha muerto en Santiago de Chile, D. Enrique Cood, jurisconsulto y catedrático muy distinguido. En 1880 había publicado *The law of Chili as to the marriage of non catholics;* y en 1883 el primer tomo de su obra *Antecedentes legislativos y trabajos preparatorios del Código Civil de Chile*. Había nacido en Valparaiso en 1826.

—El Dr. Maximiliano Schmidt, geólogo eminente y director de los Jardines Zoológicos de Berlin, ha fallecido no hace mucho, á la edad de cincuenta y cuatro años.

—El reputado astrónomo danes Hans Carl Frederick Christian Schjellemp, murió en el observatorio de Copenhague el 13 de noviembre pasado. Entre otros numerosos trabajos, se recuerda que determinó la órbita del cometa de 1580. Ha publicado un catálogo de las *estrellas rojas* y ha sido colaborador asíduo del periódico *Copernicus*.

INDICE

DE LAS MATERIAS DEL TOMO SÉPTIMO.

———

PÁGS.

———

ENERO.

ABRIL,

MAYO.